华文教育区域国别研究

《世界华文教育》论文选

（2016—2025）

北京华文学院《世界华文教育》编辑部 ◎编

图书在版编目（CIP）数据

华文教育区域国别研究：《世界华文教育》论文选：2016—2025 / 北京华文学院《世界华文教育》编辑部编. 北京：华文出版社，2025. 8. -- ISBN 978-7-5075-6226-2

Ⅰ．G749.1-53

中国国家版本馆CIP数据核字第20250TN222号

华文教育区域国别研究:《世界华文教育》论文选（2016—2025）

编　　者：	北京华文学院《世界华文教育》编辑部
责任编辑：	刘超平
出版发行：	华文出版社
	（北京市丰台区右外西路2号院　100069）
电　　话：	总编室 010-59900723　发行部 010-59900727
	责任编辑 010-59900736
经　　销：	新华书店
印　　刷：	三河市航远印刷有限公司
开　　本：	787mm×1092mm　1/16
印　　张：	37.75
字　　数：	610千字
版　　次：	2025年8月第1版
印　　次：	2025年8月第1次印刷
标准书号：	ISBN 978-7-5075-6226-2
定　　价：	138.00元

版权所有，侵权必究

本书编委会

主　编：王志民
副主编：张衍前　李嘉郁
编　者：盛继艳　王　芳　白　娟　邱丽媛
　　　　王雪溪　文冬梅　韦九报

前　言

随着全球化进程的深入发展和国际格局的深刻变革，区域国别研究已成为学术界关注的重点方向。这一趋势不仅体现在政治、经济等传统领域，在教育、文化等领域也得到广泛关注。在华文教育领域，区域国别研究的重要性日益凸显。当前，海外华文教育面临着新的机遇与挑战，不同国家和地区的文化差异、不同的语言政策和教育体系等因素，使得华文教育呈现显著的区域特征。开展区域国别华文教育研究，探索适合不同地区的华文教育发展模式，对于推动中华文化国际传播、促进中外文明交流互鉴具有重要意义。

《世界华文教育》自2007年创刊以来，始终秉持"立足华侨华人与华文教育研究，全面反映海内外华侨华人社会状况，促进华文教育学科建设"的办刊宗旨，致力于推动全球华文教育研究的深入发展。2016年，甄选43篇已刊成果，推出首部十年研究合集。如今，在创刊18周年暨北京华文学院75周年校庆之际，我们再次集结精华，推出这部《华文教育区域国别研究：〈世界华文教育〉论文选（2016—2025）》。这不仅是对过去十年研究成果的总结，更是面向未来华文教育发展的重要参考。

本合集精选《世界华文教育》2016年至2025年间发表的区域国别研究成果，共收录论文、人物访谈和专题性"大家谈"文章60篇，涵盖亚洲、欧洲、美洲、非洲及大洋洲五大洲有关国家。在内容编排上，既突出地域特色，又注重主题聚焦。

"亚洲"部分主要聚焦东南亚地区华文教育的发展现状与挑战。两篇专访展现了马来西亚和柬埔寨两国华文教育工作者坚守文化传承的实践。马来西亚所选文章展示了马来西亚独立中学华文课程教学改革、中华文化传承、华文教师职业发展以及华文小学的发展；泰国部分关注泰北华人村的华文教育发展以及泰国高校中文师资现状；缅甸研究探讨了华文师资培训等教学实践；印尼研究梳理了百年华文教育发展及民办非全日制华文教育新特点；菲律宾和越南的文章探讨了中文纳入国民教育体系的现状与对策。此外，还涉及日本、柬埔寨、蒙古、朝鲜等国的特色教学案例。这些研究共同呈现了亚洲华文教育的多样性，既有宏观政策分析，也有微观教学实践，为理解亚洲区域华文教育的发展提供了丰富的素材。

"欧洲"部分所选文章聚焦欧洲华文教育的发展现状与创新实践。在对英国与意大利两国华文教育家的专访中，我们可以看到这两个国家华文教育一路发展到今日的艰辛与努力，华文教育逐渐成为促进中国与所在国跨文化交流的桥梁。意大利部分深入探讨了意大利新移民子女教育本土化和华人家庭语言传承等议题，揭示了华文在所在国的语言保持与文化适应之间的复杂关系；西班牙部分关注后疫情时代华文学校（以下简称"华校"）的转型及师资培养问题；英国研究则分析了英国华文教育的新政策和新发展。此外，荷兰、德国、捷克等国的案例研究，呈现了不同的办学模式与管理经验。这些研究共同反映了欧洲华文教育在多元文化环境中的创新探索。

"美洲"部分考察了美洲地区华文教育的发展历程与教育实践。全美中文学校协会会长的访谈中提出了"以学生和社区"助推华文教育创新的理念；旧金山南侨学校百年探索和全美中文学校发展历程研究则展现了美国华文教育的传承与创新。所选文章还关注了拉美地区华文教育的发展现状，包括巴西华文师资培训、巴拿马华文教育百年历程、古巴中文教育概况，以及加勒比地区库拉索首所华校的创建经验，呈现了美洲华文教育的多元化发展路径。

"非洲"部分展现了华文教育在非洲大陆的发展。所选文章研究了南非、肯尼亚、尼日利亚等国的华文教育现状与挑战，特别关注本土化办学实践。其中，从教育经济学视角对赤道几内亚华文学校的构想以及对非洲三国华文教育的综合观察，为理解华文教育在非洲的发展潜力提供独特视角。

"大洋洲"部分聚焦澳大利亚华文教育的特色发展。首先通过对澳大利亚中文教师联会主席的专访，探讨了华文教育本土化与主流文化的平衡之道。另外选取新南威尔士州华校教师培训模式的具体案例研究，为海外华校的可持续发展提供参考。

"华教大家谈"汇集了全球华文教育工作者的实践智慧与理论思考。美国中文学校的管理经验展现了规章制度建设、志愿精神与专业管理融合以及社区合作模式等创新实践。欧洲华裔新生代培养研究聚焦文化自信塑造、组织力提升及文化教学创新，揭示了华文教育的代际传承路径。最后一部分通过泰国、印尼、柬埔寨、意大利和非洲等国的案例，探讨了区域华文教育的挑战与机遇，共同勾勒出推动海外华文教育高质量发展的多元路径。这些来自一线的经验分享和理论探索，为全球华文教育实践提供了参考。

展望未来，华文教育研究尚存广泛空间。我们希望本合集能够起到抛砖引玉的作用，推动学界在以下方面继续深入：一是加强理论基础研究，构建更加完善的华文教育理论体系；二是加强跨学科、多领域融合研究，推进区域国别华文教育研究向纵深发展；三是加强现代科技成果赋能华文教育研究，助推华文教育创新发展。

《世界华文教育》将继续秉持开放、创新的办刊理念，为全球华文教育研究者提供高水平的学术交流平台。我们期待与学界同仁一道，共同推动华文教育研究的繁荣发展，为促进中外文化交流、推动人类文明进步贡献力量。

《世界华文教育》编辑部

2025 年 4 月 10 日

目 录

第一部分 亚洲

栉风沐雨 守护华教
　　——访马来西亚华校教师会总会主席谢立意
　　　　　　　　　　　　　　　　《世界华文教育》编辑部（003）

胸怀家国情怀 发展华文教育
　　——访柬华理事总会常务副会长蔡迪华、秘书长钟耀辉
　　　　　　　　　　　　　　　　《世界华文教育》编辑部（019）

马来西亚独中华文课程教学改革 40 年　　　　　　　　　　林国安（029）
马来西亚独中联课活动中的中华文化传承　　　　　　　　　杨迎楹（042）
马来西亚独中华文教师职业倦怠现状调查　　　　华宵颖　陈素琴（047）
马来西亚华文小学可持续发展情况的调查研究　　王睿欣　王淑慧（064）
泰北华人村华文教育发展述略　　　　　　　　　　　　　　李　屏（081）
泰国高校中文师资现状观察及人才流动个案研究　　　　　　罗秋明（093）
缅甸华文师资培训现状与对策　　　　　　　　　　娄开阳　赵温瑞（110）

缅甸华文师资学历函授问题调查分析　　　　　　　　　张　鹏　魏文鼎（120）

印度尼西亚华文教育百年回顾与展望　　　　　　　　韦九报　张江丽（131）

印尼民办非全日制华文教育新特点探析　　　　　　　　　　　贾　涵（144）

中文纳入菲律宾国民教育体系：现状、挑战及对策

　　　　　　　　　　　　　　　　　　高玉娟　吴晓文　李宝贵（155）

从菲律宾华文报纸看华文教育　　　　　　　　　　　　　　刘统厚（173）

从百廿侨校看海外华文网络教学：回顾、反思与前瞻　　　张岩松（186）

浅谈海外知识文化教学的实践

　　——以日本同源中文学校教学实践为例　　　　　　　吴　梅（196）

柬埔寨公立崇正学校华文教育初探　　　　　　　　　　　盘世卫（215）

2002年后汉语在越南国民教育体系中的地位　　　　　　阮秋姮（221）

对旅蒙华侨蒙中友谊学校汉语教学状况的观察与思考　　白白格勒玛（230）

朝鲜中文教育现状、问题与对策　　　　　　　　　　吴晓文　韩晟逵（241）

东盟六国本土华文教师职业幸福感实证分析　　　　　李　欣　杨雪萍（253）

第二部分　欧洲

华文教育的初心与使命

　　——访英国中文教育促进会伍善雄会长　《世界华文教育》编辑部（271）

以华文教育搭建中意交流桥梁

　　——访意大利佛罗伦萨中文学校校长潘世立先生

　　　　　　　　　　　　　　　　　　　　《世界华文教育》编辑部（282）

意大利新移民子女的中文教育

　　——意大利本土化实践道路　　　　　　　　　　　　蒋忠华（293）

意大利华人家庭语言规划与华语传承

——一项基于NVivo14的质性研究　　　　　张未然　成珈萱（307）

后疫情时期西班牙华文学校面临的挑战与对策　　　　潘丽丽（321）

西班牙私立学校汉语教师的培养　　　　　　　　　　陈思宇（331）

英国华文教育的新政策和新发展　　　　　　　　　　王彩育（340）

让东方清风转动世界同好的风车

——荷兰丹华文化教育中心二十周年校庆活动述评　李嘉郁（347）

德国巴伐利亚中文中心学校经营管理模式探析　　　　李　烨（355）

捷克共和国华文教育发展概况

——以布拉格中华国际学校为例　　　　　　　　张立博（364）

欧洲华文学校的发展逻辑及行动策略

——以欧洲浙江人创办的华文学校为例　　　　　严晓鹏（373）

第三部分　美洲

以学生和社区为本　助推教育创新

——访全美中文学校协会会长倪小鹏博士

《世界华文教育》编辑部（385）

百年侨校的新探索

——旧金山南侨学校办学情况报告　　　　　　　谭　粼（396）

当代美国中文学校的发展历程简述　　　　　　　　　郑良根（401）

巴西华文教师现状及师资培训调查研究　　　　　　　陈雯雯（415）

巴拿马华文教育百年历程与未来展望　　　　　　　　钟采珊（425）

古巴中文教育概况　　　　　　　　　　　　　郭　九　丁　汀（432）

使命就是方向

——记参与库拉索第一所华文学校的初建　　　　　　黎艺青（444）

第四部分　非洲

南非华文教育发展现状、问题与因应对策　　　　　　鲍　蕊（451）
肯尼亚中文教育的发展现状、困境与对策　　　　　　李　静（463）
尼日利亚中文类学历教育本土办学实践与思考　　　　黄长彬（478）
教育经济学视域下的非洲华文学校构想
　　——以赤道几内亚为例　　　　　　　　　　　　许逢春（490）
非洲三国华文教育见闻与思考　　　　　　　　　　　李春风（500）

第五部分　大洋洲

植根中华　融入当地
　　——访澳大利亚中文教师联会主席、澳大利亚首都地区社区
　语言学校协会主席李复新博士　　　　《世界华文教育》编辑部（511）
当前海外华校教师在职培训的若干问题与建议
　　——以澳大利亚新南威尔士州华校模式为例　　　张学丰（526）

第六部分 华教大家谈

美国的中文学校建设及管理经验分享　　　　　　《世界华文教育》编辑部（541）
  Bylaws，SPG 到 Local Policies 规章制度分级管理的探索　　李　竹（541）
  融合志愿精神与专业化管理：美国中文学校的探索与思考　　林　骏（544）
  瑞华中文学校与社区合作的探索　　　　　　　　　　　　　孙金爱（546）
  希望中文学校的建设和管理经验交流　　　　　　　　　　　陈卫平（548）
  关于中文学校的发展、植根华人社区的体会　　　　　　　　陈传起（550）

欧洲华文教育与新生代培养　　　　　　　　　　　　　　　　　蒋忠华（552）
  新生代华文教育面临的机遇和挑战　　　　　　　　　　　　王彩育（553）
  华校提升华裔青少年社会组织力的五大路径　　　　　　　　徐嘉蓉（559）
  海外华裔新生代文化自信培养　　　　　　　　　　　　　　严　萍（563）
  海外华文教学中的中华文化穿插实践给我们带来的启示　　　金　洁（567）

聚合华校力量　引领推动海外华文教育高质量发展
　　　　　　　　　　　　　　　　　　　　　　　《世界华文教育》编辑部（570）
  泰国华文教育的挑战与机遇　　　　　　　　　　　　　　　罗铁英（571）
  印尼华文教育的风雨历程与未来展望　　　　　　　　　　　郑洁珊（575）
  柬埔寨华文教育的复兴与发展　　　　　　　　　　　　　　钟耀辉（577）
  传承与创新：意大利中文学校联合总会的华文教育之路　　　陈小微（580）
  非洲华文教育基金会：推动海外华文教育高质量发展的实践与展望
　　　　　　　　　　　　　　　　　　　　　　　　　　　　　　韩　芳（583）

第一部分 亚洲

栉风沐雨　守护华教*

——访马来西亚华校教师会总会主席谢立意

【编者按】马来西亚是除中国以外，唯一一个保持了从幼儿园、小学到大学的华文教育体系的国家。马来西亚华校教师会总会（简称"教总"）自1951年成立，70余年来，与其他华教组织和华人社团共同为争取华侨华人的教育权益不懈奋斗，经历种种磨难，方有今天的局面。本刊编辑部专访教总现任主席谢立意先生，介绍马来西亚华文教育的最新发展态势、挑战和困难，并探讨解决之道。谢主席以翔实的数据和大量的实例，论证了马来西亚华人社会如何凭着一个理念（华人必须学华文），依托一个机构［马来西亚华校董事联合会总会（简称"董总"）和教总两个华文教育最高领导团体，被华人社团组织（简称"华社"）统称为"董教总"］，建立了一个网络（华校、商会、乡团、华文媒体等）来支撑华文教育，进而形成了一个马来西亚华人社会，并在华人社会与中国之间建立了一个文化的通道，共同构筑一个中华文化的世界。马来西亚华文教育的发展为我们探索中华文化海外传承与传播途径提供了生动的样本，值得深入研究。

问：为了更好地完成教总所肩负的"捍卫母语教育，承传中华文化；促进华教优越，提升教育素质"这一伟大的使命与责任，教总需要什么样的人才？目前的组织建设状况如何？

教总是非营利的民间华文教育组织。参与教总的工作，最重要的条件就是必须热爱华教，而且愿意为了捍卫华教的权益，推进其更好地发展，无所畏惧，勇毅前行，努力不懈。这是教总所有成员的基本责任。

与此同时，教总的团队也必须对教育专业有所认识，致力于提升华文教育的

---

* 本文刊于《世界华文教育》2025年第1期。

素质，带领华文教育与时俱进，追随全球教育发展的大趋势，确保能够为国家培养符合时代需求和具备高竞争力的人才，以展现华文教育的重要价值。

教总是由全国各州和县区44个华校教师会联合起来组成的总会，教师会的会员都是华文学校的校长和老师，目前全国大概有3万名会员。教总的会务由常务理事会全权负责，教总每两年在会员大会上选举新一届的常务理事会。教总常务理事会由31个人组成，是教总的最高领导层，负责带领教总的发展。教总的常务理事都是义务性质的，不但没有享有任何津贴，还必须出钱出力来推动会务的发展。有一部分常务理事还在学校服务，他们忙于校务的同时，也积极参与教总的工作。也有一部分常务理事已经从学校的教学岗位退休，但退而不休，继续在教总服务，为华文教育贡献力量。我自己也已经从学校退休7年了，还没有退休之前，我就已经参与教总常务理事会，并担任教总财政多年，至今我已在教总服务了20年。

与此同时，为了有效开展各项工作，教总设立了一个秘书处，聘请职员来执行相关的工作。目前教总秘书处有12名全职的工作人员。教总的重点工作包括：（1）致力于资料收集和调查研究工作，掌握具体的情况，力争华教权益；（2）密切关注和监督政府的措施，坚决反对各项不利于华教的政策；（3）团结各种力量，致力于解决华文小学（简称"华小"）师资问题；（4）推展"尊师重道运动"，肯定和感谢老师的付出；（5）提升教师的专业能力，强化华小的教育素质；（6）开展父母和亲子活动，推广正确的教育理念；（7）举办学生活动，弘扬与传承中华文化；（8）加强宣教，确保华文教育薪火相传；（9）出版教育刊物。

问：您刚刚提到的教总的重点工作之一是专门负责研究，做各种调查，为其他的工作提供支持。目前教总在做哪些方面的调查和研究？

目前主要是针对微型华小的相关课题进行调查研究工作，比如说每所华小的学生人数。如果没有学生来源，学校就会关闭，所以我们要去做调查，以了解全国每所华小的生源情况，同时也会去鉴定哪个地区需要兴建华小。如果有华小因为没有生源而必须关闭，我们就会要求教育部保留它的执照，然后把它搬迁到需要兴建华小的地方。这些资料和数据非常重要，以便我们随时跟教育部讨论，并提出要求和建议。另外，我们也有长期针对华小老师的相关课题，包括老师在工作上面对的问题和压力，以及师资短缺、老师到站退休或提早退休的数据等，进行资料收集和分析的工作。这些资料和数据都是我们必须掌握的，以作为我们向政府争取华文教育权益的重要依据。

问：我们从资料上看到，目前全马来西亚有近一半的华小是微型华小，这是一个整体的趋势吗？具体情况是怎样的？

根据教育部的规定，学生人数少于150人的学校，就被归类为微型学校。目前马来西亚共有1304所华小，当中有626所是微型华小，占了48%。由于人口往城市迁移，导致许多华小，尤其是乡镇和偏远地区的华小，学生越来越少。在城市或人口密集区，华小往往会出现学生爆满的情况，有些华小甚至有多达3000多名学生；而在微型华小，有些甚至只有不到10个学生。在目前少子化、人口流动和社会变迁因素的影响下，微型华小的数量一直在增加。

事实上，如果这些微型华小能够维持在100名学生左右，而且每年有固定的新生来源，学校的发展基本上不会有问题。我们比较担心的是那些学生只有30人以下，而且没有固定学生来源的超微型华小。因为人数太少，确实对学生的学习和活动方面有所限制。这些学校通常位于比较偏僻的地区，资源相对缺乏，所以需要大家的关注。为了自救，微型学校必须举办更多活动，以吸引家长送孩子来就读，但这些学校往往也面对资源不足的问题，所以即使要举办活动也不容易。近年来，随着越来越多友族家长（马来人、印度人和原住民）喜欢把孩子送到华小读书，也让微型华小增加了学生的来源，有的甚至是以非华裔学生为主。因此，非华裔学生在某种程度上可以说是支撑着华小继续存在的因素之一。

问：在保持马来西亚华小数量和根基的同时，还要提高它们的质量。教总对此是否有比较具体的应对措施？

为了确保微型学校获得足够的资源，特别是必须让学生享有平等的教育机会，教总一再促请教育部必须正视微型学校面对的问题，给予它们更多的关注，尤其是在教育质量上必须得到充分的照顾。

教总方面，为了支援微型华小，我们开展"为微小充电"的活动，主动走进这些学校，为学生举办绘本共读等各种活动，以实际行动来关心微型华小的发展。

除了培养阅读风气，也希望借此提升学生对学习的热诚，并发掘学生更多的潜能。

与此同时，为了更好地处理建校、迁校以及微型华小的问题，由教总和董总联合成立的"董教总华小事务委员会"，特别设立了"建校、迁校以及微型华小专案小组"来开展各项工作。

在当前的国家教育政策下，要求建新华小的申请很难获得政府批准，一般都是在国家进行大选，政府需要选票、需要人民支持时，才会承诺建新的华小。然而，即使是承诺了，往往也要很长的时间才得以落实，因为在整个过程中还会面对许多阻挠和问题。简而言之，要建新的华小是非常不容易的，关一间就会少一间。因此，马来西亚的华人社团组织对此非常谨慎敏感，并喊出了"华小一间都不能少"的口号，这是我们的底线和大原则。

有鉴于此，当微型华小面对没有学生来源的问题时，华社就会要求把有关学校搬迁到其他有需要的地区。如果没有找到适当的地点，就必须将有关学校的执照保存下来，等到有了适当的地点，再把它搬迁过去。总而言之，就是不能取消有关学校的执照，这是我们不可妥协的大原则。与此同时，教总也致力于争取政府落实制度化增建华小的政策。所谓制度化，就是在需要华小的地方，政府主动划地拨款来兴建新的华小，以满足当地家长对华小的需求。如果政府能够落实这项政策，那么没有学生来源的微型华小就可以自动关闭，不需要搬迁，也不需要保留执照。根据马来西亚目前的政策，如果是国民小学（即以马来文进行教学的学校，简称"国小"），政府会根据需要，在各个地区划地拨款兴建新的国小，因此完全不需要担心学校关闭的问题。但华小就无法享有同等的待遇，关一间就少一间。

由于在华小的建设问题上没有得到公平的对待，所以关闭华小对华人社会来说是很敏感的问题。为了解决这个问题，华社向政府争取制度化兴建华小，让华小享有和国小一样的待遇，有需要就建，不需要就关。如果政府能够公平对待各源流学校，包括制度化兴建华小，随时根据需求兴建华小，那么关闭华小就不再敏感，不会再有问题了。

问：前几年我们就注意到当时友族学生在华文学校中的比例已经达到了20%，那根据教总调研的情况，友族家长把孩子送到华小来读书的最大原因和动力是什么？

马来西亚是个多元民族国家，除了华人，还有马来人、印度人及原住民。越来越多非华裔家长把孩子送到华小受教育已经是近年来的趋势，这主要是因为华小对非华裔家长很有吸引力。其中就包括了华小的数理科成绩很优秀，而且也可以学习到中华文化的优良传统，例如纪律很好，孩子很有礼貌，也会主动学习。另外一个很重要的因素就是中国强大了，华语受到全世界的欢迎，有一定的经济价值。因此，他们认为进入华小学习华文，对孩子的将来有很大的帮助，特别是在社会上找工作或者其他方面的发展会有很大的优势，所以纷纷把孩子送到华小就读。当然，非华裔学生在华小就读，也会学习到我们华族的文化，进一步了解中华传统文化，这对于促进华文教育的发展是很好的，特别是可以协助消除一些友族对华文教育的误解。

目前，马来西亚华小大概有50万名学生，其中约有10万名是非华裔学生，占了20%，也就是说每5个华小的学生就有1个是非华裔学生。这个数目相当庞大，而且还会继续增加。非华裔学生来到华小，在学习方面会面临一个问题，就是华文比较难掌握，因为华文不是他们的母语，从小都没有接触过华语。对他们来说，华文是很难深入掌握的科目，事实上，就连一些华裔学生对华文尚且学得不好，那非华裔学生就更难了。一般来说，在会话和交际方面，非华裔学生可以讲得很好，但书写方面就比较逊色。家长一般也认为，孩子只要会听华语、会讲华语，已经足够了，不太在意会不会写。当然，也有一些非华裔学生学得很好，并在考试中获得全A的优异成绩，包括华文作文。

华小老师都非常认真地教学，对待任何族裔的学生都一视同仁，有教无类。非华裔学生面对掌握华文的问题，校长和老师们都会想方设法去协助他们，包括放学后免费为他们补习，或是在早上的晨读协助提升他们的华文能力，努力把他们教得更好。这非常重要，因为在华小除了马来文和英文科，其他所有科目，包括数学、科学、历史、美术、体育、音乐等，都是用华文进行教学，只有掌握了华文，才能跟得上学习的进度。

随着越来越多友族在华小上学，今天大家走在马来西亚的街道上，随时可以看到很多马来人和印度人都会讲华语。这也是马来西亚多元民族和文化的特色。

问：华小有统一的教学要求，那么老师在面对华文基础不一致的华裔和非华裔孩子时，如何用统一的标准进行教学或考试呢？

华小老师都是秉持着有教无类的教学态度，对待各族群学生一视同仁，甚至对非华裔学生照顾有加，因为他们对华语还不熟悉，必须给予更多的关注。那要怎么教呢？每所学校都会依据实际的情况，采取最适合的教学方式，但必须坚守华小的华文课必须以第一语文教学法来进行的大原则。华文在华小是第一语文，这是不能改变的。我们会提醒校长必须遵守这个大原则。当然，这对华文不是母语的非华裔学生来说是不容易的事，所以他们必须用心学习。学校很清楚这些问题，所以都会想办法去协助非华裔学生，例如为非华裔学生安排课后的义务补习班，也有一些学校会根据非华裔学生的能力来准备适当的教材和教学法。还有一些华小会联系幼稚园，或是请来幼稚园老师给予协助，在开始的阶段采用幼儿学习语文的方法来教导一些比较简单的内容，这样学生学习起来就比较快，并看到成效。

也有人担心华小的非华裔学生太多，会使华小"变质"，例如学校的周会会否改用马来语进行、学校的通告会否以马来文为主，等等。我常常告诉校长，马来学生要来华小上课，我们都欢迎，但是我们必须坚守原则，华小一切都必须以华文为主。因此，老师都会要求非华裔学生在上课时必须讲华语，如果有不明白的，就请其他同学给他们翻译。当然，最重要的还是非华裔学生本身必须努力学习，以在最短时间内至少听得懂华语，这是学生的责任。对于重要的通告可用双语，也就是华文和马来文来写，让友族家长们能够了解，但华文绝对不能去掉。总而言之，不管有多少非华裔学生，都必须以华小一贯的做法来经营我们的华小，不能因为有太多非华裔学生，就自我变质来迎合他们，这是不能接受的。欣慰的是，大家在这方面都站得很稳。其实华社一直在想办法如何更有效地帮助非华裔学生，甚至有教授到华小做研究，探讨如何让非华裔学生有效学习华文。

一般而言，非华裔学生在华文书写方面比较逊色，不过在中华传统文化方面，他们却学到了很多。比如在端午节、中秋节的时候，老师会教非华裔学生，甚至学生的家长包粽子、做月饼，他们都学得很快，也很高兴，也很喜欢参加华人农历新年的活动。到了其他族群的节日，例如庆祝马来人开斋节的时候，马来学生的家长也会烹煮马来餐送到学校给学生们吃。所以，华小经常会举办各族群文化交流的活动，对学习和了解各族群文化非常有效。

问：教总是全国性的华校教师公会社团，有44个属会，教总通过哪些方式促进全国教师公会的团结合作，形成合力来推动华文教育发展？在开展全国性活动方面是否存在问题？

教总共有44个属会，分布在全国不同的州属和县市。作为全国性的华校教师会总会，我们通过多个方式来加强各个属会的联系与合作，并致力于促进总会和属会的团结。其中一些主要的方式包括：（1）教总每年都会召开一次会员代表大会，每个教师属会派代表出席，共商华教课题，同时也互相交流，建立共识，增进情谊。（2）教总每年都会出版年度工作报告，详细地记录教总及各个教师属会一年来所进行的工作，包括教总处理一些华教重大课题的过程和成果等。这本工作报告会送给每个教师属会，让他们进一步了解总会及其他教师会一年来的工作和活动。（3）教总从1985年开始举办全国华小华语演讲暨笔试比赛，由各州属的教师会轮流承办，至今已经39年了。每一届的比赛，各个州属和县区的教师会代表都会齐聚在承办此项比赛的州属，大家一起参与和观摩，借此项比赛来加强彼此的联系和交流。教总也会配合此项比赛的举行，在当地召开教总常务理事与各属会代表联席会议。因此，每一年我们基本上可以和属会代表至少见面两次。（4）教总也会不定期拜访各州和县区的教师会，针对华教课题进行交流和讨论，并保持紧密的配合。例如2022年配合教总的筹款活动，我就差不多跑遍了全国。正常情况下，我们每年都会前往拜访不同的教师会，加强联系和交流的同时，也给教师属会加油和鼓励。（5）教总每年都会安排和不同州属及县区的教师会联办各项师资和学生活动，并带动地方上的老师和学生参与，借此增强大家的凝聚力。另外，我们还会安排各州和县区的教师会参与教总主办的各项赴华研习活动。这些由不同州属和县区教师会代表所组成的研习团，非常有效地加强了各个教师属会的联系与团结。总的来说，教总和各教师属会关系密切，而且各教师属会之间也有很好的联系。

各教师会最主要的问题还是经费不足。因为教师会是非营利组织，而且理事会成员都是义务的，完全没有收入，因此教师会的营运经费都必须对外筹集，有赖于外界的支持才有足够的经济能力来推动会务发展。特别是那些位于偏远地区、会员人数较少的教师会，经济问题更加明显，因为他们所在地区的资源相对较少，不容易募集活动经费。教总也是非营利机构，为了确保会务的顺畅运作，包括支付职员的薪金、办公室行政费用，以及推动各项活动和华教工作的经费，教总必须定期开展筹募基金活动。例如2022年，我们配合教总71周年会庆，发起了大规模的筹款活动，全国都跑遍了，获得华社大力支持，一共筹获了马币900多万。这些筹得的款项将作为教总接下来几年的活动基金。我们也从中拨出一定的款额作为各个教师属会的活动基金，协助属会开展活动，并感谢各个属会对教总筹款活动的支持与配合。

问：目前，马来西亚华校普遍存在师资短缺的问题，有政策、教师工作量、薪资水平等多个因素，为了缓解这一问题，教总做了哪些工作？

每年华小师资缺少的数目都不一样，而近几年师资不足的数据都是在1000人上下。在2000年前后，华小师资短缺人数甚至高达4000余人。不过，在大家的努力下，师资不足的情况有所缓解。

华小师资短缺问题有很多方面的原因，其中最关键的还是政府的师资培训政策存在许多缺失。华小老师是公务人员，都是由教育部负责培训。鉴于师资培训政策有很多弊端，因此教总一再促请教育部改善招聘华小师资的相关机制，包括必须准确计算华小对师资的需求，并根据这个需求来统计每年师范学院需要录取的名额，确保培训足够的老师。

其他方面还有：现有的招生机制导致许多符合条件的申请者在招聘过程中被淘汰，比如许多申请者笔试和面试不过关，但却没有被告知不过关的原因。例如去年的师范课程华小组申请者有3000多人，当局准备了600个名额，但最后才录取到500多个，达不到预定目标。2024年，教育部要录取784个华小组的学员，共有4300多人申请，目前还在面试阶段，我们希望最后这784个名额都可以填满。目前华小缺少1300多位教师，即使784个名额全部填满也是不够的。进入师范学院后，这些学员必须经过5年的培训才毕业，然后才会被派到学校当老师。在这5年里，因为有老师陆续退休和离职，但派来填补的新老师又不足，因此老师的空缺会一直增加。所以我们一直向教育部争取，要求提供更多的录取名额来满足学校的需求。刚才我提到，很多申请者在笔试或面试两个环节不过关，我们也很想知道原因，以便能够找到对策，协助更多申请者顺利被录取，可是一直得不到答案。

另外还有课程组别设定不当，严重影响了华小组学员的录取人数。十几年前，华文教师受训可以在华小同时教华文、科学、数学，以及其他非语文科目。近年来，教育部改变了政策，规定每一个科目必须由专职老师来教导，也就是说老师由原来的全科老师转变为专任老师，教华文的就只教华文，教体育的只教体育。这样一来，像体育、音乐、美术等比较冷门的科目，就无法填满名额了；而且这样的模式，也不符合华小对师资的实际需求。

所以我们建议师范学院华小组，不管是什么课程组别，都规定必须主修华文或副修华文。比如设定主修华文副修体育、主修科学副修华文等课程组别，确保每一个学员在受训的5年期间，都能上华文课。这些学员毕业成为老师后，就可以同时教导华文和另一个受训期间主修或副修的科目了。再举个例子，学校每个星期只有两节体育课，如果录取一位老师专职教体育，当这位老师被派去一所只有30个学生的微型华小执教，整所学校的每一个班级加起来，每个星期也只有12节体育课。每个老师原本每个星期平均要教30节课，但这个体育老师却不能教其他科目，这不但是人力资源的浪费，更衍生了许多问题。如果能让老师同时教不同的科目，就能满足不同的需求，并有助于解决师资不足的问题。

除了在政策上争取，教总也主动鼓励和协助华裔子弟申请师范课程，以受训成为华小老师。自20世纪90年代开始，教总就推动华裔子弟加入教师行列，并开展各方面的工作。当时是教总自己在做，近几年我们也联合了其他几个华教团体成立了"我要当老师工委会"，以联合更多的力量和资源来开展工作。如到全国各地去宣讲如何成为华小老师和中学华文老师，并和大家分享老师的福利及教学的点点滴滴，希望鼓励更多年青一代的华裔子弟投身教师专业，确保有足够的师资来源。这个活动很成功，今年有4000多人申请师范华小组的课程。

华小老师都是公务员，由政府支付薪金。经过政府多次的调整，目前老师的薪资已经有所改善，并享有一定的福利，算是相当不错了。比如说刚毕业任教的教师，起薪再加上津贴就超过马币3000令吉，是可以接受的。根据现有的薪金制度，大概执教20多年后，老师的薪资可以达到马币1万令吉；而且任教年资到了所规定的年限就会自动升级，也就是所谓的"8、8、6、3升级机制"，依次执教满八年、八年、六年和三年后自动升级，薪资也会随之增加。此外，老师在职期间还享有房屋津贴、生活津贴等福利。至于退休后，除了在退休当天可以领取一笔恩俸金，每个月还可以领取相当于退休前薪水60%的退休金，并享受免费的医疗福利。总的来说，目前老师的薪资和福利是相当好的，并不是导致师资短缺的主要原因。

近年来老师的工作压力日益增加，行政工作过多，有许多琐碎事务必须处理，以致老师不能够专注在教学工作上。我们已经多次向教育部反映这个问题，应该让老师回归到教学专业的岗位，而不是把太多的时间花在和教学无关的文书工作上。这些问题已经持续多年，不但没有解决，反而日趋严重，这确实是造成老师提早退休或离职情况有所增加的一个原因。教育部的数据也显示，近几年来申请提早退休的政府学校老师一直在增加。例如2020年有4212名老师提早退休，到了2023年，提早退休的老师就增加到6394人，增加了约35%，情况让人担忧。所以，我出席活动时，经常会语重心长地对老师们说："我们都是老师，我们选择了这条华教之路，不管多么艰难，都要坚持走下去。因此，恳请老师们千万不要提早退休。"有时候，我甚至会开玩笑地讲得更加强硬，不准老师们提早退休，一定要服务到法定退休年龄才可以退休。其实，我这样说是因为，一旦老师选择提早退休，就多了一个教师空缺，而教育部又无法及时填补，那就会影响学生的学习。所以我就不厌其烦地向老师们喊出不要提早退休的吁请。

再加上尊师重道精神日益淡化，家长动辄对老师兴师问罪的事件时有发生，这些负面的因素肯定会影响新生代加入教师行列的意愿。为了重振尊师重道的风气，教总在2009年开始启动"尊师重道运动"，感谢老师们的无私付出，并宣扬尊师重道精神，带动社会对老师保持尊重和感恩之心，提升老师的社会地位。

教总也希望通过这项运动给予老师们肯定和鼓励，继续在教育路上献出力量。因此在这项运动下，教总长期展开一系列的活动，向老师表达谢意和敬意。其中就包括配合每年10月5日世界教师日举办"教师表扬大会暨沈慕羽教师奖颁奖典礼"，以鼓舞老师们的士气，并表扬优秀的老师。

近年来，多个华人社团也纷纷设立了一些奖项来奖励对华文教育有贡献的人士，包括华校领导、华人社团领袖和华文老师。例如马来西亚社会企业家基金为了唤起华社重视华文独立中学（简称"独中"）教师与职员的长期奉献精神，今年特别设立了"独中教职员长期服务感恩金"，为那些在独中服务达到25年并且年龄在65岁以上的老师和职员发放每个月马币500令吉的感恩金，为期10年。华文独中是华社自力更生开办的，属于私立学校，无法享有政府的资源，因此老师退休后不像政府公务员那样可以享有退休金。为了落实这项感恩计划，社会企业家基金在短短的几个月内筹集了马币6000万作为活动基金，同时也鼓励各独中一起响应这一活动。比如,社会企业家基金每个月给老师马币500令吉,有关老师执教的独中再另外赞助马币500令吉,那么老师每个月就有马币1000令吉的感恩金了。这对于独中老师是很大的鼓励和帮助。

问:有个说法是,每个马来西亚华人都要交两份税,一份交给国家,一份交给华教事业。这种华教理念是如何一直保持下来的?

鉴于华小长期没有获得政府足够的拨款,因此为了更好地发展,华小每年都会开展筹款活动,以开展各项提升学校软硬件设备的工程,为师生提供更好的教学环境,获得学习的成效。而完全由华社自力更生开办的华文独中,因为没有政府的资助,更是必须依靠华社的长期捐助才得以继续经营下去。有鉴于此,华人社会每年都会捐助华校的发展,不曾中断。因此大家就会说,我们华人除了要向政府交税,也还要"交税"给华教事业。对于华人社会来说,捐助华教发展已经是日常生活的一部分,是很自然的事情,大家都很乐意、很主动地去做这件事。因为大家很清楚,只有大家继续支持,华教事业才会继续存在。这种热爱华教的理念一代传给一代,可以说是我们华社与生俱来的使命。

无论如何,要把华教事业做好不能只靠我们教总或是董总,华社里其他各个方面也非常重要,必须依靠整个华社的力量来支撑华教发展。我们常说,马来西亚华人社会有四大支柱,也就是华教、华人社团、华商和华文媒体。华教的代表是教总和董总,是马来西亚华文教育的最高领导机构;华人社团的代表是华总(马来西亚中华大会堂总会),主要任务是在推动中华文化和社团发展方面;华商的代表是中总(马来西亚中华总商会),主要负责经济领域的发展;而华文媒体则是以马来西亚多家华文报章为主,在新闻与资讯宣传方面扮演重要角色。这四大支柱必须紧密配合,互相支持,才能够确保马来西亚的华人社会屹立不倒,茁壮成长,有所成就。同样的,华文教育的发展,除了董教总的努力,其他三大支柱也是不可或缺的一环。唯有大家同心协力,华文教育在马来西亚才得以永续发展,屡创辉煌。

教总和董总虽然是两个独立的组织,但都有着捍卫华教事业的共同使命,因此教总和董总自20世纪50年代成立以来,就并肩作战,而且联合成立了很多工作小组,关系密切,合作无间,以至于很多人以为董教总是一个组织。马来西亚华文教育能够有今天的成就,在很大程度上是因为有董教总在带领华社积极捍卫和争取华文教育应有的权益。

每当面对重大的华教课题，教总都会联合董总召集其他华团一起商议，寻求对策。必要的时候，我们会联名向政府提呈备忘录，表达华人社会的意见和诉求。在关系到华教存亡的危急问题上，甚至会发动全民抗议大会，凝聚全体华社的力量来维护华教权益。70多年来，教总在捍卫和推动华教发展工作上所做出的努力和付出，大家都有目共睹。

与此同时，我们与各个文教团体一直都保持密切的关系，包括校友会组织、乡团、文化团体、大会堂、商会等，携手为华人社会，乃至国家更好地发展做出努力。因此广大的华社，包括各相关华人社团和华文媒体都给予教总大力的配合和支持，不但壮大了华教团队，而且在争取华教权益的过程中也取得了更大的成效，促进华小更好地发展。比如说教总有一些重大的活动，华文报会详细报道，并放在显眼的版位，给予我们很大的配合；当教总在处理重大问题时，中文媒体也会特别安排在报章头版进行报道，以唤起华社对相关问题的关注，并向政府明确传达有关讯息，促使问题解决。

问：教总目前与中国哪些部门开展了哪些方面的联系与合作？

为了进一步促进马来西亚华文教育的发展，教总除了加强自身的努力，也积极向外寻求支援，中国方面给予我们的支援是非常重要的。教总特别感谢中国各相关单位的大力支持，尤其是在华校校长和教师培训方面给予了很大的帮助，为促进马来西亚华文教育的发展起了很大的作用。在学生方面，中国的一些单位也提供了学习中华文化、提升中文掌握能力的相关活动。

早在20世纪90年代，教总就和中国相关单位建立了合作关系，至今已经有30多年的历史。这当中最重要的合作部门就包括中国驻马来西亚大使馆和国务院侨务办公室（简称"国侨办"）。该大使馆一直以来都非常关心马来西亚华文教育的发展，并不时给予各种不同形式的协助。该大使馆不仅是教总和中国有关方面相互联系的桥梁，还协助推动教总与中国相关方面的合作，以及支援马来西亚华教的发展。中国国侨办是在师资培训和学生活动方面支援教总的重要对口部门，数十年来给予了教总莫大的帮助。教总每年都会向中国国侨办提出申办华小校长和教师赴华研习活动，以及开展中华文化大乐园活动等，希望借此促进马来西亚华文教育更好地发展。例如，近几年来在中国国侨办的帮助下，教总和北京华文学院进行了多项教师研习活动，建立了密切的合作关系。除了组织校长和老师到北京参加研习班，教总也受邀推荐适当人选在北京华文学院举办的教育论坛上发表专题演说，彼此互动频密。此外，中国侨联也在学生文化活动方面，包括参加冬夏令营等活动给予相关的支持，让马来西亚华小学生也有机会前往中国参与相关活动。

在省级方面，教总和福建省侨办建立了长久的合作关系，每一年都会在福建省侨办的赞助下，组织老师和校长前往福建省不同地区学习。近几年来，教总和泉州侨办及福州侨办建立了密切的合作关系，每年都会得到赞助组织校长或老师到泉州和福州参加研习活动。其中在泉州市侨办的赞助下，教总这几年来都和泉州师范学院紧密合作，举办校长和老师的研习活动，深获好评，还在2023年设立了"泉州师范学院—马来西亚华校教师会总会培训基地"，进一步加强彼此的合作，并开展了更多促进华小发展和弘扬中华文化的活动。与此同时，在福建省侨联的支持下，教总这几年也和闽江师范高等专科学校紧密配合，举办校长和老师的研习活动，深受欢迎。为了促进双方之间的长期合作交流，进一步推动马来西亚华教发展，闽江师范高等专科学校和教总于2024年携手共建"海丝学院"，并成立了"中马海丝学院工作领导小组"，共同商议拟订各项工作计划。

此外，为了建立中华文化教育交流合作伙伴关系，在现代文化教育管理等方面开展交流，相互借鉴经验，优势互补，加强区域性中华文化教育教学改革的针对性，以提升中马各区域华文教学水平，促进共同发展，教总和福建幼儿师范高等专科学校在2023年签署了《华文教育合作框架协议书》，以开展相关的教育文化活动。

中国华文教育基金会也是教总非常重要的合作伙伴，一直给予教总各方面的协助。其中包括资助教总开展各项华教工作；邀请教总参加"海外红烛故乡行"，以表彰在海外教育工作中有突出贡献的校长和老师；举办如Z世代华星小记者训练营、全球华语朗诵大赛等各类学生活动，以提升学生的中文能力，促进学生对祖（籍）国的认识和情感交流。Z世代华星小记者训练营活动面向全球，教总受委托作为马来西亚小记者的总站，负责协调鼓励马来西亚地区学生报名参加。这项活动自2022年开始进行，至今已进入第三年。在教总的带领下，越来越多学生报名参加，并取得了很好的成绩。

问：双方合作成效如何？存在哪些问题？

教总和中国各相关单位携手合作开展的各项活动，特别是师资培训活动和学生活动，彼此都有很好的沟通，并不时进行讨论和做出改善，整体而言取得了很好的成效。校长和老师们也非常满意，都很喜欢到中国参加培训班，所以每一次的研习团都是爆满的。

马来西亚华文教育的具体情况和其他国家有很大的不同，例如马来西亚的华小，所有科目都是以华文作为主要教学媒介语，华文水平比较高。只要厘清了这一点，再针对马来西亚校长和老师的实际情况妥善安排课程就没问题了。

基于每个国家华文教育的发展情况不同，如果安排马来西亚华小的老师和东南亚其他国家或地区的老师一起培训的话，可能就会出现问题，因为各国老师的华文水平会有一定的差距，而且教学需求也不一样。例如课程内容太深了，有的老师可能无法理解消化；如果内容过于浅白，或许又不适合我们老师的需求。所以我们希望中国方面针对这些差异做出妥善安排。

另外，校长和老师们难得有机会前往中国参加研习，除了上课听取讲师们传授的专业知识，也希望能够实地考察当地学校并进行交流，通过实际的体验来获得启发并从中学习。特别是对于校长来说，参观和考察当地的学校能获得很大的效益，这是校长团不可或缺的安排。如果可以的话，也希望有机会参观当地的文化景点，体味当地的风土人情，更重要的是让团员们能够亲身感受祖（籍）国的壮丽山河以及中华文化的博大精深，这有助于激励校长和老师们继续奋勇前行。

问：在马来西亚把华教运动提升到母语教育的层面，给东南亚其他国家发展华文教育做出了很好的榜样，也更能得到其他族群的认同和支持。教总在与其他的族群，比如说印度族群社会在争取母语教育方面有没有交流和合作？

各个族群加强交流、相互支持、建立共识，对于母语教育权益的争取是非常重要的。因此，教总成立了一个"跨族群小组"，其目的就是加强和其他族群的联系，以促进彼此的了解和合作。两个月前，我们安排了一场和淡米尔文小学（即以印度族群的淡米尔文进行教学的小学）相关的教育团体及伊斯兰私立学校的教育团体见面交流活动，大家有很好的互动，也进一步了解了彼此的教育情况。

一直以来，印裔族群都很羡慕我们华校，因为华校有教总和董总来守护，而他们的淡米尔文学校却没有这样的组织，一旦发现问题，学校都是各自应对。所以印裔族群要向华社学习，前来取经交流，要成立一个像我们一样的组织，为印裔族群的母语教育做一些事情。他们现在还在起步阶段，也做得不错。我们会继续跟他们交流，因为捍卫母语教育，不能够单靠我们华校，必须连同淡米尔文学校一起争取，甚至必须让马来族群了解我们争取母语教育权益的意义，给予我们支持。只有获得各族群的认同和支持，在争取母语教育权益上才会获得更大的成效。

政府在多年前指示各源流小学，包括华小都必须改用英文来教数理科。这不但违反母语教育理念，也不利于学生的学习，因此教总和董总率先反对，并到全国巡回演讲，带领华社反对改用英文作为数理科的教学媒介语。我们坚持华小必须用母语，也就是华文来教数理科，让学生能够充分掌握数理科的知识。不过，为了让学生能够衔接中学阶段改用英文来教数理科，我们同时也会教学生认识数理科的英文词汇。在华社的坚持和抗争下，华小最后成功争取到以华文为主、英文为辅的模式来进行数理科的教学。

淡米尔文小学因为没有像我们这样的组织，就不能够做些什么，唯有接受政府的指示。这个政策推行了几年后，政府又取消了这个政策，恢复以各自的母语来教数理科。为什么取消呢？因为自从改用英文来教数理科，数理科成绩严重下滑。不用母语教学，导致许多学生听不明白，影响数理科的学习。政府认为这样下去后果严重，必须恢复用母语来教，所以就取消了这个英文教数理科的政策。我们华小没有受到影响，因为一直都是用华文来教数理科。这就是因为华文教育有董教总及其他组织的力量，才得以坚持自己的要求。如果当初淡米尔文小学也有自己的组织，就不会发生这样的事情了。所以，我们会继续跟他们保持密切的联系，给予必要的协助。与此同时，也必须加强和马来人团体以及宗教学校团体的联系，让他们进一步了解华校的情况和诉求。例如，有些友族朋友完全不了解华校，甚至以为华校的课程是来自中国，造成许多误导和猜疑。所以我们必须加强与各方的交流，消除误解。

前几天《星洲日报》针对非华裔学生在华校学习的现况进行专题报道，并采访我发表相关的看法。当时，我谈到非华裔学生在华校上课的好处，也提到他们所面对的挑战和问题。《星洲日报》特别把这些报道翻译成马来文和英文，让马来报和英文报也刊登相关的报道，以便全国各族群的同胞们都可以读到这篇报道，让大家了解非华裔孩子在华校读书的情况。这也是让更多友族同胞认识华文教育的途径之一。

谢立意主席分析了当前马来西亚华文教育在学校经营、生源结构、师资队伍及对外合作等方面的发展趋势和挑战，并分享了以教总等华人社团为代表的马来西亚华人社会为守护和推进华教所做出的种种应对和努力。马来西亚华教同仁致力于唤起和引领华人社会捍卫、守护华教，生动地展示了其对民族语言文化的珍视，诠释了中华民族"路虽远，行则将至；事虽难，做则必成"的信念。从谢主席的讲述中我们可以认识到：马来西亚华文教育是马来西亚华人社会数代人历经艰辛奋斗而来，到如今依然任重而道远，需要唤起全社会对母语教育之于民族语言文化传承根本意义的共识，共同探索适应当代社会变化的发展之路。

（策划：盛继艳　白娟）

胸怀家国情怀　发展华文教育*

——访柬华理事总会常务副会长蔡迪华、秘书长钟耀辉

【编者按】柬华理事总会作为柬埔寨最大的华侨华人社团，自成立以来一直非常重视发展华文教育，为传承中华文化、复兴和发展华文教育做出了突出的贡献。近年来，在推进华校建设、师资培训、教材编写等方面取得了一系列丰硕的成果，促进了柬埔寨华文教育的本土化发展。本期专访邀请到柬华理事总会常务副会长蔡迪华先生、秘书长钟耀辉先生，他们介绍了柬华理事总会在当今时代，如何面对新的机遇与挑战以谋求华文教育在柬埔寨的长远发展。柬华理事总会始终围绕组织宗旨，与当地政府保持融洽的关系，积极融入主流社会，为华文教育发展营造了稳定良好的社会环境；团结带领当地的华侨华人，发挥群体的智慧和力量，极大地推动了柬埔寨华文教育的可持续发展。

问：蔡会长好，钟秘书长好！感谢两位接受我们的专访。第十届世界华侨华人社团联谊大会召开在即，此时能够专访到柬埔寨最大的华侨华人社团——柬华理事总会的蔡会长和钟秘书长，我们感到非常荣幸。首先请谈谈柬华理事总会的基本情况。

蔡：柬埔寨全部华人大概110多万，没有算入华侨。柬华理事总会成立于1990年12月26日，是由柬埔寨华人华社团体共同组织、经柬埔寨王国政府批准的社团，是全柬华人的最大组织。柬华理事总会以"促进柬中友谊，建设繁荣华社，服务百万华人华侨"为宗旨，组织体系较为完整健全，是包括柬埔寨五大会馆（潮州会馆、客属会馆、福建会馆、广肇会馆、海南会馆）、十三宗亲总会、省市县柬华分会、华文学校、华文报社、醒狮团、庙宇、互助会、商协会等约150个

---

* 本文刊于《世界华文教育》2023年第3期。

社团单位的联合体。柬华理事总会的工作内容之一是发展华文教育,向下一代传承华语和中华文化,让华裔子女能够学好华语。第二个重要工作是把全部的华侨华人团结起来,为当地政府做贡献,如给贫困地区和红十字会捐赠物资和资金等。第三是团结全部的华侨华人做好企业,如果中国人去柬埔寨投资发展,一定要先到柬华理事总会这边建立联系,柬华理事总会就是一个平台,这里有各行各业的人才,经过柬华理事总会介绍,来柬埔寨投资会比较踏实一点,不会走太多弯路。同时,我们希望中国的企业在柬埔寨做生意赚了钱后,要回馈当地的社会,为当地的华文教育、当地的人民福利做出贡献。

问:目前柬埔寨共有多少所华文学校?主要的办学形式有哪些?

钟:目前柬埔寨有50多所华校,像金边、西港和马德望等比较大的城市,办学条件比较好,其他比较偏远的地方条件比较差。华校中大概有5万名学生,1200多位老师。柬埔寨实行12年义务教育,按照教育部的规定应该是全日制,但是因为学校和政府的教学资源不够,一是教师不够,另外一个是教室不够,所以实行半日制。乡下有的地方是全日制,但是一些主要的大城市,柬埔寨的国民教育还是半日制,就是一个上午或者一个下午,这样学生就多一个学习其他语言的机会,所以说这个学制还是比较灵活的。

蔡:我是柬埔寨第二代华人,我们那时候跟现在不一样,我们读的是全日制华文学校,是纯粹读华文。现在政府没有那么多的资金,没有那么多的老师,所以办成半日制。正因为这样,政府鼓励我们华文学校开设柬文班,因为他们的学校容纳不了那么多学生,现在我们的华校柬文班和中文班都有,不仅是华人子弟,非华人子弟也可以到华文学校来学习。其实现在好几代过去了,都到第五代了,华人子弟和非华人子弟基本上也分不清了。

问:在柬埔寨,华二代的中文水平普遍比较高,那是因为那时候是全日制学习,现在第四代、第五代的孩子,他们的汉语水平不太一样,他们对汉语学习有没有兴趣,有没有动力呢?

钟:如果是我们华人的家庭,基本上也是希望孩子能够懂中文,比如我是父母让我去华校读书,我就会中文了。但是随着社会的进步,跟蔡会长的时代不一样了，中文已经往专业化方向发展了。像我就是华人家庭，等到我的孩子学习的时候，不会去强制他学习中文。所以现在的孩子不会像蔡会长那时候能够普遍学中文，能够说得很好。我们这里说的往专业化发展的意思是：为了在社会上交流，他们可能会一些中文口语，也会写几个汉字，但是未必能够讲得很好；如果他们的工作涉及用中文，比如说当老师、当律师、在中资企业工作的话，他们的中文肯定是很好的。总体来看，他们的汉语水平基本上就是一般了。

问：目前，华校里有没有设置跟职业有关的教学内容？在教学上有没有这方面的考虑与设计？

蔡：在华校，我们主要还是学语言文字方面的，也就是听说读写等基本的技能。说到专业和职业教学的话，目前华校中还没有用中文来教专业汉语的课程。像商务汉语的课程设置到大学里才有，中小学阶段是没有的，中小学重点抓的是听说读写，最根本的是要提高学生运用汉语的能力。

问：汉语方言曾经在柬埔寨华文教育发展进程中发挥过很大作用，如今，方言在柬埔寨的使用情况如何？

钟：过去的华人家庭，比如我祖父在世的时候，我们在家里面是必须讲方言（潮州话）的，我现在还能懂一些潮州话，但是没有办法这样要求我的孩子。

蔡：以前在柬埔寨会教潮州话或广东话，但是现在方言教学应该是没有了，基本上都用普通话教学和交流。方言的话一般都是在家里面讲，有的家庭讲，但是现在因为通婚等原因，有的也不讲了，方言慢慢地越来越少用了。这跟中国的情况也差不多，方言在很多情况下是用不到了。大家讲普通话也有个好处，就是不会产生误解。

问：您说的情况确实很真实，互相听不懂的话交流感情也是受影响的。学生参加像"寻根之旅"之类的活动来中国的话，有没有一些地域的选择呢？

蔡：说到这个问题，我想说的是，我们的名额太少了，如果学生来得多一点的话，对我们的华文教育是有帮助的。他们来到这里，看到的一些情况跟新闻上讲的是不太一样的。年轻人可能看中文报纸比较少吧，因为中文程度比较低。所以，我为什么说要提高他们的华文水平呢？如果他们能看懂中文新闻，就能够了解到中国这边的情况，这样就能够讲好中国故事。如果他们看不懂，怎么能够讲好中国故事呢？

问：我们曾经见过给柬埔寨编的作文教材，我认为这个华文水平不低。有一些学校觉得学华文只要会交流就可以了，因此很重视听说方面的学习。我看咱们作文教材的感觉是水平相当不错，那么整个社会对于孩子有没有这种文字水平的要求呢？

蔡：对，在柬埔寨学生的华文水平是比较高的，我觉得除了新加坡、马来西亚，柬埔寨应该是比较不错的了，当然学校是有这方面的要求和训练的。我们华校有专门的写作课，应该是从小学四年级开始就有了。我们也有华文媒体、华文报纸，其中华文报纸中中文报道的记者就是从我们的学生中选出来的。当然每个学生有不同的天赋，有的是文字表达方面比较优秀，口语一般；有的口语比较好，文字表达一般。

问：随着中柬两国在各领域的交流与合作的不断深入与推进，一定会有越来越多的学校和机构开设新的汉语课堂，比如说孔子学院的课堂和他们使用的教材，这些课堂和教材的出现有没有给传统华文学校的教学带来挑战与压力？

蔡：我们传统的华校与孔子学院的课堂是不一样的，我们华校属于传承文化的学校，有百年的历史，在当地的民众中已经是一个品牌了。当地民众对华校有一种属于自己的学校的那种亲切感，所以，他们可能更愿意送自己的子女到当地的华校学习。

目前孔子学院的教学方式以教汉语为主，是3个月或5个月短期速成的汉语班，主要学习用汉语进行交流和沟通，跟我们这种既学文化又学文字的学校教育是不太一样的。此外，孔子学院跟官方合作比较多，是由国家的政府部门或者有关单位来支持的。比如我们柬埔寨有三所孔子学院，一是王家研究院孔子学院，与江西九江学院合作办学，其中设有一个专门的汉语课堂，面向柬埔寨政府的警察、军队或者公务员；第二所是马德望孔子学院，是柬埔寨西北地区唯一一家孔子学院；另一所最新的孔子学院是柬华理工大学孔子学院，专门开展理工类和技术类专业教学。所以说，华校与孔子学院牌子不一样，色彩不一样，教学内容和对象也不一样。

我们传统的华校属于本地的学校，本地也会有各种各样的需求。有的家庭可能孩子小时候没有机会在华校读书，到了十几岁的时候，就把他们送到孔子学院去学习，这也是一个学习中文的方式；有的孩子是小学时不学中文，到大学时专门读中文的本科，这也是一种方式。所以，从这个意义上说，华校和孔子学院是一种互补的学习中文的方式。

问：刚刚您提到，传统华校属于传承文化的学校，接受华文教育是华人一直坚守的文化传统。目前在"中文+职业教育"蓬勃发展的背景下，传统华文学校开办学校的初心能否得以继续保持？

钟：我们的传统华校在20世纪开办的时候，就是让华人子弟能够学习中文，能够传承中华文化。现在情况有些不一样了，像蔡会长讲的，他属于第二代华人，那个时候的社会在华人群体里面都使用中文或者汉语方言，蔡会长是广东人讲广东话，他在社会活动或经济活动中全部都可以使用广东话。但是现在的柬埔寨社会不一样了，我们要融入这个大社会的时候必须讲柬埔寨话，要会柬埔寨文字，有的时候还要懂英语，不能仅仅懂中文。在这样的情况下，我们的华校就需要变革，需要不断地更新。所以现在我们一直推动的就是双语办学，把华校融入柬埔寨的国民教育体系中，在华校中办柬文的正规教育。因为不管在柬埔寨也好，在其他国家也好，高考都必须使用本国的语言。在柬埔寨参加高中考试，考试用的语言就是柬埔寨语，如果没有参加高中考试，就没有高中毕业证，就上不了大学。如果只是单纯地学华文，就参加不了高考，必须参加柬文一年级到十二年级的教育，全部学完后才有资格参加高考，所以门槛就在这里。因此，我们的华校要变成双语学校，要把华校变成柬埔寨的学校，而且是柬埔寨国民教育体系内的一类重要的学校，同时能够传授中文，这样功能就更加全面了，这是我们的目标。现在金边很多学校都是这样了，端华学校已经有两三届参加高中毕业考试的学生了，广肇学校也已经转变为类似国际学校的样子。金边这几所大的学校都转型了，外省也有一些学校，好像在西北的吴哥、比粒也是中柬文同步。

问：2022年11月，《中华人民共和国教育部与柬埔寨教育、青年和体育部关于合作开展柬埔寨中学中文教育合作项目的谅解备忘录》签署，已经标志着中文开始正式纳入柬埔寨国民教育体系，这是各方努力的结果。那么随着中文教育开始正式纳入柬埔寨国民教育体系，将会对传统的华文教育产生怎样的影响呢？

蔡：现在随着中文纳入柬埔寨教学体系，很多事情都需要规范起来。比如说，现在使用的柬埔寨华文教材大概是1992—1993年开始编写的，1996年开始使用。虽然中间修改过一两次，但是到现在还在使用。时间太久了，很多新的名词没有编进去。我们跟方会长商量商量，需要改变的时候再重新编写。我们需要有一支队伍，就是中国有经验的编写队伍帮我们做才能比较规范。如果我们要政府承认柬埔寨华校的毕业证书，就需要有一套完整的教材和统一的标准。我们要想想怎么合作与配合，把这个事情做好。

目前我们暂时没有统一的考试，现在每个学校自己发毕业证书，所以会造成学生的水平不一，这也是不规范的地方。我个人觉得由中外语言交流合作中心（简称"语合中心"）或者其他相关考试机构在学生考试的时候去监督评分比较合理。

问：是的，华文教育需要走向正规化、标准化和专业化。这个过程离不开华文师资队伍的建设，目前柬埔寨华文学校的整体师资情况如何？

蔡：柬埔寨目前有1200多位华文老师，现在年轻老师的华文教学水平还是比较低，所以这些年中国国侨办和语合中心每年会派老师来柬埔寨。在疫情之前每一年派给我们的老师全部加起来有280位左右，其中中国国侨办派来的老师有90位左右，其他老师是语合中心的志愿者。

问：外派过去的老师一般从事哪些工作？您认为他们在从事海外华文教育工作中还有哪些方面需要提高？

蔡：中国国侨办派来的老师年龄比较大，有丰富的教学经验，一般都被委任为这个学校的教学管理员，比如说担任校长。语合中心的志愿者老师比较年轻，有的还在读书，所以一般都是参加具体的教学工作。我们整体感觉，派来的老师从事一年的教学工作，时间太短。这个问题很重要，因为每位从中国到柬埔寨的老师都需要适应期和磨合期，一般需要五六个月的时间，等磨合好了，还有六个月就回国了，下一批人又重新再去做。从时间成本上来说这样是很亏的，很浪费资源，所以我们希望教师以后能有两年到三年的外派时间，如果磨合期为6个月，还有一年半到两年半的教学时间，这对我们是很有帮助的。

另外，希望有关部门给临行前的老师尤其是年青一代的老师们讲一讲这边的国情、民情和社会风俗等，讲一讲华文教育史。因为这边毕竟还是比较落后，希望年轻的老师们来了以后任劳任怨一些，将视野放宽一些，心态平衡一些；要了解柬埔寨没有中国的教学条件好，要有心理准备；了解这份工作的意义，有对华文教育事业的奉献精神，提前了解这些情况有助于他们尽快习惯柬埔寨的工作与生活。外派教师不仅是教授汉语的老师，同时也代表了中国教师在外的形象，因此，一定要注意细节，学会入乡随俗，比如要遵从学校的传统等。

问：这是外派教师普遍存在的问题。那么柬埔寨华文教师的发展面临哪些困境？

蔡：柬埔寨是一个比较开放的国家，这里的年轻人一点儿都不落后，他们以英文、柬文为主，对内使用柬文，对外使用英文。中文用在哪里呢？主要用在沟通方面，口头的语言沟通比较多，文字上面使用得比较少。比如公司签合同都是以柬文和英文为主，因为我们那边懂中文的人没有达到可以把合同做得很好的水平。学生读书是要工作的，现实情况是华文只用于沟通的场合，其他正式场合以英文、柬文为主，所以在柬埔寨，英文学校要比华文学校多很多。另外，教英文的老师薪水都会比较高一些。英文学校多数是外国一些大学开的分校，所以，学生的学习都是被外国那些有名的大学认可的。还有，英文学校和柬文学校的老师都是师范学校毕业的，所以薪水都比较高。这样一对比的话，华文学校教师的薪水可能就比较低。这个情况我们也不怪任何人，到现在为止，我们华校的师资水平还是比较低的，因为他们没有参加过培训，也没有从师范学校毕业获得的那些资格证书。

我的看法是这样的，我们要努力追上那些国际学校。华文今天还不是普遍使用的语言，但是不代表5年后或10年后我们的华文不受所在国家的认可。我们可以考虑合作做一些事情，因为我们的中国会慢慢强大，企业会做得越来越大，尤其在东南亚这边。所以我们现在就要努力把华文教育做好，要想得到人家的重视，我们一定要自己先提升起来，这是我们共同的责任。

还有一个重要的情况是，他们问为什么你们不派学生来中国留学？为什么去中国留学的人那么少？因为暨南大学和华侨大学都有一些奖学金，每年会有8—10名学生到这两所学校留学，这些学生跟柬华理事总会有5年的合同，回来以后必须当老师。除了这两所学校，还有其他的学校，但是其他的学校没有这样的合同约束，所以，他们学完后回柬埔寨就做其他工作了。这两所学校的学生虽然有合同，但是回来10个人能有5人以上做老师已经不错了，这说明华校老师的待遇对他们没有更高的吸引力。所以说，为什么去中国留学的人那么少，而且回去不当华文老师，就是这个原因。学生去中国留学没有薪水，而且去留学本身也没有资源，如果留在柬埔寨工作的话可以有薪水。说句老实话，当老师对家庭的经济贡献不大，大概只是中等收入。

这10年来，到柬埔寨的中国企业有很多，企业需要翻译，所以华文比较吃香。但是他们很多应该都是柬文大学毕业来这里的，如果只会中文解说而不懂英文的话，是上不了国际场合的；如果懂英文，你就可以去。但人的时间是有限的，你读了9年中文以后，读英文的时间就比较少了。所以很多读柬文或英文的学生，就能够有薪水比较高的工作，而且很多国家都能提供很多学习英文的学位。而读了中文以后出来找工作，薪水就比较低。虽然中国企业这么多，但是学完中文后的收入有限，这是我们的一个难处。如果是中文、柬文、英文都比较好的，那就厉害了。老师也一样，我就是这样鼓励老师去学中文的。我们鼓励他们去学好中文，告诉他们你写的方面可以不好，但是你的语言一定要沟通得了。

问：所以培养本土化教师，促进本土化教师的成长是解决华文教育师资问题的关键所在。您能否详细谈一谈目前柬埔寨的师资培训情况，培训能不能满足目前的需求？

蔡：方会长特别重视华文教育，但是由于时间、精力有限，很多事业都需要同时做，所以一些事情要与中国国侨办、语合中心合作，南京大学也承担了一些，给我们开了孔子学院的海外分院。目前培训的内容有两个部分，一个是专门的语言培训，一个是职业培训。语言培训是培训想当老师的人，职业培训完以后可以出去找工作。还有一个比较高级的，是上柬华理工大学，里面有专门进行职业培训的，学习工程之类的专业，但是以英文授课为主。一是因为一般学生的中文水平比较低，接受不了中文专业课；二是因为用英文授课的话，英文老师比较容易找，而如果用中文授课的话，老师的中文程度不够，没有办法用中文上专业课。

对于培训的针对性问题，我认为不管参加哪一个班、去哪个学校工作，都可以参与进来提高自己的技能，培训完以后，就算不在学校里工作，在外面工作也很好，也能提高中文水平。所以，我们不只是让他们当老师，他们到社会上去工作，文化水平也会得到提高，那么整个社会的华文水平都会随着提高上来。这跟理事会的宗旨是非常契合的，就是要提高整个华文社会的中文水平，提高整个华人社会的凝聚力。

为了提高柬埔寨华文教育的水平，应该把师资培训做好。我个人觉得可以用函授和直接派师资去中国培训的方式进行。函授的方式，一是覆盖面更广，比如一个学校有50位老师，我们当然希望50位老师全部可以参加，如果现实情况不允许，30位、40位也好；二是时间比较灵活，我们可以在教学的时候抽出一个时间让老师参加，比如可以一个星期抽出一天或者两天，有空闲的时间就可以进行。用这样的方法，可以慢慢提高老师们的水平。

问：如果有线下培训的话，您希望跟现在的培训有什么不同呢？

蔡：肯定要让老师有一些新的感触，如果只是坐在这里学习的话，那就跟线上、函授没有什么区别了。线下培训不是单方面就可以做好的，需要大家的配合。目前我们华校的老师一是课比较多，工作量比较大，让他们抽出时间来学习的话比较难，所以培训一般都安排在假期。如果连个休假的时间都没有，他们也没有精力去学习，对老师来讲也不太公平。老师要有放松的时间，否则没有创新。所以很多事情，不是说某一方面强压下去就能做好，需要各方的协调。如果学校那边有这样的意思，而且能够给老师们提供一个专门学习的时间和机会，中方这边再给予支持就更有效了。我们也一直鼓励各个学校能够安排时间，给老师们尤其是本地的老师提供机会去学习。我想在我们的推动下，以及在中方各个院校的帮助下，我们每个老师在一年时间里起码能够参加一次培训，不管是两个星期还是一个月、三个月都可以，这对老师的教学是很有帮助的。

每一所华校建立起来都不容易，因为没有国家的支持和资助，政府也没有这个条件支持我们，都是我们社团捐钱出力，慢慢发展到今天这个规模。但是政府在政策上面给我们大力的支持，对我们也很宽容，这非常重要。所以我觉得现在华文教育一定要把基础打好，因为目前政府对华文教育是很开放的，鼓励我们开办学校，也鼓励我们开柬文学校，所以一定要抓住这个机会。可能到第二代领导人的时候，他们都是从美国、英国、法国等国家留学回来，想法可能就不一样了。做华文教育不是一两天的事情，我们这一代华人不在的时候，后面一代华人对国家的思想观念就没有那么高了。因为他们大都是接受较高水平的柬文和英文教育的一代人，中文只能达到一定程度而已，他们的想法就跟我们这代人有点不一样了。还有一点就是，柬埔寨与中国向来比较友好，我们一定要维护好这个情感，像我前面说的，我们中国的老师到柬埔寨的时候，形象和素质一定要提高，而且要多一点包容，树立一个好的形象，其实很多老师是很好的。很多中国人到柬埔寨投资时也一样，要做到互相尊重，不要把关系搞砸了。现在的状态是很多人辛辛苦苦努力的结果，不要因为个别人的言谈埋下不良的种子。所以对于一个华文教师来说，业务能力其实还是次要的，道德、情怀和素质才是最重要的。一是每一位中国人在外都代表了中国的形象，要注意自己的言谈举止；二是作为老师，要传递给学生正确的价值观念，所以一定要注意修炼自己的道德与内心的涵养。

非常感谢蔡会长和钟秘书长接受我们的访谈。蔡会长满怀家国情怀，投身华文教育事业的努力与奉献值得我们敬重；他对于发展华文教育事业的追求，对于华文教师的关怀与期望，对于华裔儿童的殷切希望，语重心长，一腔爱国之情令我们感动。钟秘书长年轻有为，代表了海外华人社团的新生代力量，在他们身上，我们看到了华人社团的新老传承。通过两位嘉宾的介绍，我们不仅了解到了柬埔寨华文教育的现状，也看到了柬华理事总会审时度势、积极调整华校的办学理念与办学模式，以谋求华文教育在柬埔寨长远发展的智慧。希望此次专访能够给海内外华文教育界同仁带来一定的启发与思考。

（策划：李嘉郁　王芳）

马来西亚独中华文课程教学改革 40 年 *

在马来西亚华文独立中学（简称"华文独中"或"独中"），华文是主要教学媒介语文，也是基础工具学科，作为第一语言教学，每周课时至少 240 分钟，全年上课 40 周，总课时约 160 小时，系必修、必考、必须及格的科目。

一、独中华文课程教学发展沿革（20 世纪 80 年代—2020 年）

（一）20 世纪 80 年代初启课程教学改革

20 世纪 80 年代以前，马来西亚独中华文课程教学侧重道德伦理、文化文学知识、阅读与写作，在教学过程中产生了诸如"重道轻文""重文轻语""重读写轻听说"等偏向（林国安，1998）。

1983 年，马来西亚教育部实施小学新课程，强调读、写、算基本学习技能培养。小学华文课程教学目标提出"学生听说读写四种语文技能全面发展"的要求。配合小学华文新课程的实施，马来西亚董教总独中工委会、雪兰莪中华大会堂、教育部联邦视学团华文组联合成立"马来西亚中学华文教学改革工委会"，负责主办中学华文教学研讨工作营，草拟《马来西亚中学华文课程纲要建议书》，编纂中学华文教科书（邓日才，1990）。本时期中小学华文课程教学改革的要点包括匡正传统教学偏向，确立华文教学目标、方向、原则，研拟新课程纲要和编纂新教材，重新规划教学内容，明确听说读写语文技能训练要素，引进现代汉语语文基础知识教学，全面采用简化汉字和汉语拼音教学，以期学生能有效地学习华文，并能应用华文来思考、叙事说理、表情达意和创作，与此同时传承民族文化、学习各民族文化精华，增进道德价值观，激发爱国精神。这是马来西亚中小学华文课程教学第一次全新、全方位的改革，可谓开启华文课程教学的新时代。

---

* 作者：林国安，马来西亚。本文刊于《世界华文教育》2021 年第 3 期。

（二）20世纪90年代探索"素质教育"华文课程教学改革

进入20世纪90年代，中文的地位和应用价值提高，促进了华文课程教学改革的深入发展。1992年8月，马来西亚董教总独中工委会课程局举办"面向21世纪独中课程规划工作营"，对独中华文课程教学总目标和高初中阶段基本语文能力教学要求做了规划。在课程教学总目标方面，提出三项要点：①培养语文能力——培养学生聆听、说话、阅读、写作和思维能力；②陶冶品德——在语文训练的过程中进行思想品德教育；③开发智力——在语文训练过程中开发学生的智力，如观察能力、思维能力和想象能力等。高初中"基本语文能力教学要求"提了四项，即"听的能力""说的能力""读的能力""写的能力"，同时规定了这些方面的基本内容和实施标准（马来西亚董教总独中工委会课程局，1992）。

随着课程教学总目标和基本语文能力教学要求的确立，独中华文课程的教学目的、教学内容、教学实施、教学评价等相关领域也进行了重大的改革，主要包括以下几方面：

（1）新订《马来西亚华文独中华文课程纲要》，"教学目的"确认华文课程教学的本质属性——工具性和思想性，既让学生掌握语文工具，以利于沟通交际、表达思想感情和进行思维活动，又通过华文教学进行思想教育，培养学生高尚的真善美的情操和审美情趣，提高学生的文化素质。

（2）新编《华文》教科书，建立以学生语文能力的培养和训练为核心的新的结构体系，按单元设置听说读写和思维能力的知识点和训练点。依据教科书各单元训练中心，实行定向的单元教学。

（3）精简化语文基础知识教学，降低难度要求，注重学用结合，以利于知识转化为能力；培养学生在理解、运用语言的基础上提高规范语言的能力。

（4）独中统考华文学科语文能力测试层级化，即划分为记忆、理解、应用、分析、综合、评价六层级（林国安，1998）。

90年代中期，马来西亚华文独中顺应世界基础教育改革趋势，试行"素质教育"。素质教育课程改革，要求华文课程教学培养和全面提高学生的语文素质，即致力于发展语文能力。与此同时，提高思想水平，发展思维能力，丰富文化素质，培育审美观念，锻炼心理意志，扩大知识视野，开发智慧潜能，发展个性特长，塑造理想人格。为适应新的教育教学任务，董教总独中工委会课程部门当即探讨了素质教育导向的华文课程教学改革。具体思路包括：

（1）华文课程目标需要体现培养全面发展的人的需要，涵盖学科知识（语文基础知识、科学文化知识）领域、技能操作（语文能力训练、语文应用实践、语文自学习惯）领域以及情感（价值观、审美观）领域。

（2）华文课程设计要体现民族母语教育的特点与规律，课程内蕴民族性，让学生了解民族文化的渊源和传统，要充分发挥语言文字在智育、德育、美育等方面的教学优势。课程内容也要反映多元文化社会现实，培养学生与友族和谐共处、建设祖国的美好情操。

（3）华文课程结构从单一型转变为复合型，包含必修课、选修课和活动课三位一体，既面向全体学生共同基础，又能兼顾学生个性特长发展需要。课程实施要适应因材施教、关注个体情志发展和人格形成的需要。

（4）华文教学模式要能学用结合，培养学生结合所学知识联系实际发现问题、分析问题、解决问题的能力，实现知识向能力转化；提供学生创新意识和创新能力形成的条件和机制。

（5）华文教学评价与考试从单纯的知识测试转型为综合素质评价，以考查学生语文能力为核心（林国安，2008）。

上述"素质教育"华文课程教学改革思路主要体现于教材建设方面。1994年新编独中初中华文教科书，改变传统以记叙、说明、议论三大文体为主干的结构体系，建立以学生语文能力的培养和训练为核心的新结构体系。教科书把课程纲要规定的关于知识点设置和听说读写及思维能力培养的要求，分编在6册课本中，每册课本8个单元，每单元设一个训练中心；围绕这一训练中心，标示单元题目，提出学习要求，提示有关知识和学习方法，选编课文，设置作业。各个单元训练中心呈纵向结构，由简至繁地发展，使各种能力训练得到螺旋式的提高（林国安，2008）。教师紧密结合各单元目标和要求进行定向教学，以培养学生具备各单元所要求训练的能力。1997年，华文单元式教材教学延伸高中阶段，单元组织元素除了听说读写和思维能力培养，还增加了文学单元，以中国文学发展线索进行作家作品教学。2000年，初中华文课程教学进行微调，对一些单元知识点进行了整合，单元结构仍以纵向结构为主，也兼顾单元知识点学习的横向联系；另设置"读写一体"单元，以把阅读教学和写作教学紧密结合起来，做到"读中有写，写中有读，以读带写，以写促读"，达成"读写并举，双效并重"（林国安，2008）。

（三）新世纪华文课程教学意图协调"核心任务"与"基本任务"的关系

华文课程教学"工具性与人文性统一"的本质属性，决定了华文教学的"核心任务"（语文知识学习和语文能力训练）和"基本任务"（文化文学知识学习和人文素质培养）（林国安，2008）。因此，独中华文教学原则要求正确处理两大关系：

其一，语文训练与思想教育的关系。中学华文教学既要培养学生的语文能力，又要提高学生的思想认识和道德情操。教学过程要依据学科特点和教学规律，着重熏陶渐染，潜移默化；因文解道，因道悟文，引导学生通过语言文字正确理解课文的思想内容，进一步在领会思想内容的基础上，加深对语言文字的理解（马来西亚董教总独中工委会课程局，2000）。

其二，语文知识学习与语文能力训练的关系。学习语文知识，是为理解语用规律，科学训练，以利于知识转化为能力，提高语文应用水平。传授语文知识应遵循精要、好懂、有用的原则，紧密联系学生应用语文的实际，不宜为教知识而教知识。

这是长期以来独中华文课程教学发展的难点，也是教材建设不能规避的问题。20世纪90年代中期以至新世纪第一个十年期间推进的语文能力单元式教材教学，目的即在于协调上述两大关系，以更好地落实华文课程教学目标。然而，教师在教学过程中并未能正确把握"核心任务"和"基本任务"的关系，语文学习与思想教育、知识学习与能力养成的关系相互分离，各行其是，形成"两张皮"现象。

2009年，董教总独中工委会课程局修订独中高中华文课程纲要，从高中教育使命任务和语文教育功能出发，提出"培养学生的语文应用、思维、创造能力，提高学生的语文素养和整体素质，形成正面价值观，为学生个性和智慧的发展奠定基础"的总体要求，并基于此规划了高中华文课程目标的10项具体内容，以及"阅读训练""写作训练""听说训练""语文思维训练""语文知识应用训练"五大教学要点（马来西亚董教总独中工委会课程局，2009）。高中华文课程纲要修订，整体方向目标和教学要点基本上是前期的延续与发展，只是在课程设计和教材结构方面做了较大幅度的调整。

高中华文新课程设计沿用前期的单元式组织结构，但扬弃前期的以语文能力训练为主题的单元式结构，改以文章体裁和独立专题为单元主题（如"说明文""书信""诸子散文""现代诗歌"等，每册课本设置5个单元），突出"阅读训练"；"写作训练""听说训练""语文知识应用训练"则独立于单元组织之外，另设置教学材料和实践活动。教科书结构是以文章体裁和中国文学样式为单元组织要素，选文也以文学作品为主，整体教学侧重文学教育，启迪思想，陶冶情性（马来西亚董教总独中工委会课程局，2009）。

随着世界基础教育改革的深化发展，强调学生发展核心素养的培育，2016年董教总独中工委会课程部门新订初中华文课程标准。初中华文新课程标准突出独中华文课程的民族母语教育课程性质，课程目的在于"让学生掌握语文知识与能力，提高思想水平，丰富文化素养，培养正确价值观，塑造理想人格"（马来西亚董教总独中工委会统一课程委员会，2016）。课程标准为此确立了10项课程宗旨，其具体内容包含了一般"核心素养"的基本内涵。在课程教学实施方面，课程标准建议教师通过"聆听与说话""阅读""写作""思维""文学与文化""语文基础知识"的教学内容，"有效地帮助学生掌握阅读鉴赏的方法，提升语文应用和信息处理的能力，同时关注学生的语言积累、语感和思维的发展，重视语文的熏陶感染作用和教学内容的价值取向，给学生在情感、态度、价值观方面正确的引导"（马来西亚董教总独中工委会统一课程委员会，2016）。初中华文新教科书（2020新学年出版启用）在沿用原有单元结构体系的基础上，以人文情境（如"真情印记""天地有大美""进步的阶梯"等）为单元主题；每册课本设置5个单元，单元下设选文、阅读、聆听与说话、写作、思维、文学与文化、语文基础知识等教学内容（马来西亚董教总独中工委会统一课程委员会，2019a）。这样的课程教材设计主要用意在于整合各项教学内容和要求于一体，以协调华文课程教学的"核心任务"与"基本任务"的关系。

马来西亚华文学校源于中国，与中国教育有着深厚的历史渊源。20世纪80年代以来，一方面，独中华文课程教学较多借鉴中国的语文课程教学改革经验，深受其教改思潮的影响。另一方面，由于华文课程教学功能的多样性，既要让学生掌握基本的语文理解与运用能力，又要承担文化文学与伦理道德教育，传承民族文化，形塑学生理想人格。因此，40多年来，独中华文课程教学发展导向摇摆不定，时而侧重语文知识学习和语文技能训练，时而倾向人文思想道德教育，甚而循环往复。

如今，《马来西亚华文独中教育蓝图》和《马来西亚华文独中课程总纲》都提出"核心素养"的概念，以此擘画独中教育和课程教学改革发展的方向原则。独中华文课程教学宜致力凝练学科核心素养，以培养和提高学生的语文核心素养为课程教学的重中之重。这是华文独中推进素质教育的深层次课程教学改革，牵涉教育思想理念更新、课程标准研拟、课程设计与教材建设、教学实施、教师专业发展、教学评价与考试改革、学生学习方式转变等方面，可谓任重道远。

二、独中华文课程教学面临的问题与挑战

20 世纪 80 年代以来，马来西亚独中华文课程教学探索前行，进程虽曲折往复，却也取得了一些重要的发展和成就。随着马来西亚国内外基础教育改革的深入发展，以及时代进步对课程教学功能提出新的、更高的要求，马来西亚独中教育教学工作者自觉有些根本性问题必须正视与解决，否则就很难继续前行发展。

（一）课程教学碎片化，不利于语文素养体系构建

马来西亚独中华文课程秉持语文课程"工具性与人文性统一"本质属性。一方面，学生学习华文，要求能在生活、学习以至日后工作中正确、熟练、高效地运用华文，同时养成良好的思想道德修养和科学人文素养，以及传承和发扬民族文化。另一方面，也能以民族语文阅读、理解、学习学科知识，发展学科能力，提升思维品质，并能转化信息为知识进而创新知识，启迪族群智慧。

然而，现实中我们听到数理学科教师抱怨华文学科教师"没有教好学生华文"，学生看不懂中文数理科课文，也不能正确顺畅得体地以中文表达。

理想与现实的反差，启人深思。

20 世纪 80 年代初，独中华文课程教学改革意旨，即定位于听、说、读、写语文能力的训练；在训练过程中，发展学生的智力，并形塑高尚的思想品德。其后 90 年代中期，课程设计更是建立了语文知识学习和语文能力训练点的主题单元结构，实行定向单元教学，系统培养与提高学生的语文运用能力。但是，在实际教学中大部分教师不适应这种改变，仍习惯传统的单篇范文教学，每教一课都展开全面的分析，课文有什么就讲什么，按作者介绍、时代背景、分段和归纳段意、中心思想、写作特点的老程序，一项不漏地教学（林国安，2008）。语文知识学习和能力

训练，未能按语文学科特点紧密结合口语交际、阅读与写作"随文教学"，至多蜻蜓点水式轻率而行。语文知识学习与能力训练体系因而被弱化，甚而被拆解了。近年，独中华文课程设计和教材建设，强化人文性，以选文体裁和人文情境为单元主题，语文知识学习和能力训练或"被独立于"主题单元结构之外，或与课文相互切割、独立教学、零敲碎打、不成系列，必要的语文知识学习和能力训练得不到恰当的落实。课程教学内容碎片化，忽略了语文教学的规律，教学也就失去了必要的梯度，势必妨碍语文学习体系的构建，不利于学生语文核心素养的形成与发展。这是当前独中华文课程教学改革必须思考解决的问题。

（二）教学模式同质化，较难促成学生个性发展

课程教学是一门艺术，贵新颖、求创新，多姿多彩。课堂教学是教师因材施教、展现教学艺术风格的讲台，是学生求知问学、施展个性特长的学习平台，切忌"千人一面""千课同构"。

然而，独中华文课堂教学普遍上是"千篇一律"，教师甚少根据学生身心发展规律和个性发展需求，精准施教。这自有其主客观因素。

首先，教师在课程管理机制上囿于"课时主义"（中国教育部基础教育课程教材专家工作委员会，2018）的局限，为完成教学任务而赶教学进度，重量轻质。课堂教学划出一共同基础以满足一般学生需求为要，学困生得不到个别辅导，资优生没有机会进阶学习，未能满足发展需要。

其次，教学设计对学情把握不足，重预设，轻生成。课堂教学情况复杂，动态多变，教师备课不仅要"备教材"，还要"备学生"，依实际"学情"灵活调整教学策略。可是现实课堂多是教师"预设"的展现，虽有提问、思考、讨论、交流，最终导向"预设的标准答案"的揭晓，实现预设的教学目标。

最后，教师包揽一切，代替学生学习。教师应是学生个性化学习的重要推手，扮演"引导""启发""点拨"的角色，但有些教师连"理解""感悟""品味"等学生实践活动也一手包办，"以教师的见解来代替学生的思考"。近来有教师实施"翻转教学"，设计"导学案"，学习流程、思维活动、问题解决等完全是教师自己预设完成的任务和目标。这是"以模式化的解读来代替学生的体验和思考"（中华人民共和国教育部，2012）！

（三）语文训练浅表化，延宕学生思维品质提升

独中华文课程教学体认思维能力，是说话、阅读、写作的基础，语言学习和运用与思维品质的提高是同一个过程。因此，要把思维能力训练和说话、阅读、写作教学结合起来进行。中国语文课程把语文实践活动总合为"阅读与鉴赏""表达与交流""梳理与探究"（中华人民共和国教育部，2018），其背后的机理即是思维。因为在语文实践活动中优化学生的思考，有助于学生形成内在的品质和能力。

然而现实中，独中华文课程教学存在着较多浅表化的语文训练和浅层次的语文知识与能力考查，并不能生成学生的批判性思维和创造性思维，促进思维深刻化发展。首先，我们看到华文教材中还有一些简单、重复的操练和肤浅、缺乏深度的练习题。例如：

【语文知识练习题】
一、试分辨下列哪些是动词、形容词或名词：（陆素芬，2012，第59页）

1. 场所（　）	11. 重逢（　）	21. 力气（　）
2. 铲除（　）	12. 得意（　）	22. 耐性（　）
3. 畅快（　）	13. 炊烟（　）	23. 和煦（　）
……	……	……
8. 拒绝（　）	18. 泛滥（　）	28. 流利（　）
9. 脆弱（　）	19. 火焰（　）	29. 冒失（　）
10. 感情（　）	20. 合作（　）	30. 名义（　）

二、试分辨下列各类短语：（陆素芬，2012，第104—105页）
　A. 并列短语　B. 偏正短语　C. 主谓短语　D. 动宾短语　E. 谓补短语
　1. 灯火辉煌（　）　　　8. 著名的小吃（　）
　2. 茁壮的小树（　）　　9. 转个不停（　）
　3. 资源和财富（　）　　10. 壮丽雄伟（　）
　…… ……　　　　　　…… ……
　35. 追问结局（　）　　58. 河水冰冷（　）
　36. 才能卓越（　）　　59. 咒骂和恐吓（　）
　37. 游戏规则（　）　　60. 震撼全球（　）

【课文—基础练习】试完成下表,理解作者如何通过今昔对比,论证现今的人"不认不识"的情形。(马来西亚董教总独中工委会统一课程委员会,2019b,第 197 页)

项目	古时之人	今时之人
工作		分工细致
生活	同住村庄	
感情		
美德	作为生活准则	

还有独中统考《华文》试卷考查语文知识辨识,着眼于理解知识,而不在于知识运用,无助于考查学生语文应用能力。例如:

【独中统考《华文》试题】(马来西亚董教总独中工委会统一考试委员会,2019)

1. 对句中画线部分充当句子成分判断正确的一项是(　　)

A. <u>皎洁</u>的月光洒落在空荡的街道。(状语)

B. <u>坐在课堂里</u>的孩子正专心地听讲。(定语)

C. 华乐团在张老师的带领下,取得了骄人的<u>成绩</u>。(补语)

D. <u>在这几双鞋子之中</u>,她选择了这双舒适的小白鞋。(主语)

2. 下列句子的修辞手法依次判断正确的一项是(　　)

① 野径云俱黑,江船火独明。

② 远处的街灯灭了,向人们说声早安。

③ 当出现灾难的时候,迷彩服和白衣天使总是冲在最前面。

④ 对于未来,大家在探索着,大家在思考着,大家在判断着。

	①	②	③	④
A.	对偶	比喻	比喻	反复
B.	对比	比拟	借代	对比
C.	比喻	夸张	比喻	排比
D.	对偶	比拟	借代	排比

教师认为这样的练习题设计和考试命题,"不会难倒学生""让学生容易拿分数",可是学生却要为这些零零碎碎的浅表化学习任务而记忆知识,活用知识、培

养思维品质的深刻性和创造性也就无从落实了！

三、独中华文课程教学改革的出路与方向

20世纪90年代中期，华文独中试行"素质教育"，华文课程教学致力语文"知识传授"与"能力训练"相结合，培养学生语文运用能力；新世纪华文独中探索"素养教育"改革，华文课程教学尝试推进"知识与技能、过程与方法、情感态度与价值观"的融汇与整合，以切实提高学生的语文核心素养。新一轮独中华文课程教学改革，旨在克服既存在和新出现的问题与挑战，为改革发展方向定锚，寻求质的飞跃。

（一）确立"素养教育"为改革发展方向

独中华文课程教学发展沿革，与世界基础教育课程发展历程（"知识导向"至"能力导向"再至"素养导向"）是相呼应的。新世纪独中华文课程教学改革以"核心素养"为核心概念，致力发展与提高学生的语文核心素养，有其发展延续性和必然性。

根据"核心素养"意涵，"核心素养可以引导各学科领域/科目内容的发展，各教育阶段领域/科目的课程内涵应具体统整并融入核心素养。各教育阶段领域/科目的课程内涵应能呼应所欲培养的核心素养，将各领域/科目课程内涵与核心素养的呼应关系具体展现出来"（蔡清田，2014）。因此，独中华文课程可以根据华文学科特点及其理念与目标，将核心素养的内涵转化为初中和高中阶段华文学科的核心素养体系，以资统整华文学科的"学习重点"（包括"学习内容"和"学习表现"）；再结合现行课程标准已有的"学习内容"，规划初中和高中华文课程的"学习表现"或"表现标准"；具体展现初中和高中华文课程内涵与核心素养的呼应关系，以资课程设计、教材建设、教学实施、教学评价与考试命题互相参照。

独中华文课程与教学确立"素养教育"改革发展方向，要构建以学生"语言学习与运用"为基础的语文核心素养体系，并在这个基础上整合思想教育、文学教育、文化教育的素养内涵要素，形成"语言学习与运用""思维品质与提升""文化传承与互鉴""生活善美与陶养"的语文核心素养完整体系。

马来西亚独中华文课程教学"素养教育"新探索，是语文教育发展历史阶段的必然选择，也是语文学科育人价值取向的体现，它将形塑独中学生新图像，对"独中教育培养什么人"和"华文课程教学如何培养人"的问题，做出时代的回应。

（二）重建"整合式"改革发展思维

当代基础教育课程教学改革提出"整合"的概念，整合不是简单的相加或混合，而是融汇，寻求 1+1>2 的功效。就宏观层面看，独中教育系统的课程发展、教师教学、学生学习与评价诸领域的改革与发展，应相互关联，整合规划，而不是现在各自为政，改革发展互不协调的局面。就微观层面说，华文课程是一门高度综合性课程，整合既是课程组织形态、课程目标，也是教学的思维与方法论。华文课程教学内部诸要素的整合主要包括：

（1）独中统一课程校本化。这是董教总独中工委会课程部门编制独中华文必修课程与学校开发的校订华文选修课程的整合，属于学校课程结构的整合。

（2）民族文化主体性与跨文化教育的整合。独中华文课程教学要坚持民族文化主体性，增强学生文化自信，积淀身份认同，传承民族优秀传统文化；同时，也要面向马来西亚国内多元民族社会现实和全球化国际环境，吸纳多元文化精华，互学互鉴，形成跨文化教育心态。

（3）华文课程教学"核心任务"与"基本任务"的整合。这是体认"语文工具性与人文性统一"学科属性而需要处理好的教学关系；华文教学的"核心任务"是语文知识学习和语文能力训练，"基本任务"是文化文学知识学习和人文素质培养，两大任务相辅相成，不可偏废。

（4）"三维"课程教学目标的整合。这是"知识与能力，过程与方法，情感态度与价值观"三维课程教学目标的整合，以切合学科核心素养的意涵。

（5）华文课程教学内容的整合。基于学科课程设计、教材体系、学生语言建构与运用的结构化，华文课程教学与学习生态，要体现整合的理念，具体教学实施统整于单元主题目标，避免流于单独篇章的碎片化教学。还需要进行跨学科、跨领域主题教学，项目式学习，鼓励"读整本书"等，也是整合的教学意识。

（6）多元教学评价方式的整合。华文教学评价与考试，要整合诊断性评价、形成性评价、终结性评价等多种方式，适当引进行为观察、情境测验、学习日记、成长档案等评价方法；另结合纸笔测验，采用口试、项目学习、作业报告、案例分析、小论文写作等开放动态的测评方式，考查学生语文核心素养的发展情况。

（三）呼唤华文课堂教学转型

语文学科核心素养要以学生为主体，华文课堂教学要从"以教为主"向"以学为主"转变，致力构建"以学为本"的课堂教学结构。

华文课堂教学价值取向的转变，将促使教师改变教学形态，实施基于学生学习的教学模式，以学定教，教学过程从重视预设转向重视生成，有助于学生自我构建知识，实现个性发展，从根本上解决课堂教学同质化问题。当前一些独中华文教师在课堂实施"学思达翻转教学""学习共同体"等教学新模式，把学习的主动权归还给学生，就是很好的尝试。

独中华文课堂长期经历"满堂灌"的洗礼，激活课堂教学氛围，要避免为提问而提问，陷入"满堂问"的窠臼。无论课堂教学现场还是作业练习设计，教师的提问都要"为教学或学习目的"而设计，其旨意不仅在于确认学生学习结果，更要让学生"产生学习"，激发思考、探究事理、构建概念。

教师教学设计不妨"以终为始"，逆向而行。首先确立教学目标和课程预期结果，接着确定达成学习目标的证据，而后从预期教学目标和结果倒推学生的学习历程，创设情境脉络，安排学习任务，导入学习内容，进行教学。"逆向教学设计"可以避开课堂教学中的"满堂灌"和"满堂问"，引导学生深度学习；而教学过程中基于学习体验的有效提问，可让学生实际探究，从事与专家一样的思考历程，发现事物背后的抽象概念。

此外，独中华文课程结构可以预留时间和空间条件，鼓励学生根据个人兴趣和特长，自主选择学习内容和学习方式，开展自主学习，并自我监控、自我管理学习。在自主学习过程中，能够激发问题意识，主动发现问题、探究问题、解决问题，与同学相互协作，完成共同学习任务，交流学习经验，培养"自主、合作、探究"的学习能力。

参考文献

［1］蔡清田. 十二年国教课程改革的核心素养与学习内涵创新［J/OL］.

（2014）. http://www.cnsaes.org/homepage/Upfile/2014121/2014120139578229.pdf.

［2］邓日才. 马来西亚华文教学全面革新［C］. 第二届世界华语文教学研讨会论文集·教学与应用篇（下册）. 中国台北：世界华文教育协进会，1990.

［3］林国安. 语文教学与学生素质培养——对中学华文教学中实施素质教育的思考［J］. 课程·教材·教法，1998（1）.

［4］林国安. 马来西亚华文独中华文教材建设之路［C］. 首届上海华文教育研讨会论文集. 上海：上海华文教育研究中心，2008.

［5］陆素芬. 中学华文语文知识［M］. 加影：董总出版，2012.

［6］马来西亚董教总独中工委会课程局. 面向21世纪华文独中课程规划工作营资料汇编［G］. 吉隆坡：董总出版，1992.

［7］马来西亚董教总独中工委会课程局. 马来西亚华文独中初中华文课程纲要（2000年修订）［S］. 2000.

［8］马来西亚董教总独中工委会课程局. 马来西亚华文独中高中华文课程标准［S］. 2009.

［9］马来西亚董教总独中工委会统一课程委员会. 马来西亚华文独中初中华文课程标准［S］. 2016.

［10］马来西亚董教总独中工委会统一课程委员会. 马来西亚华文独中教科书·华文初一上册［M］. 加影：董总出版，2019a.

［11］马来西亚董教总独中工委会统一课程委员会. 马来西亚华文独中教科书·华文初一下册［M］. 加影：董总出版，2019b.

［12］马来西亚董教总独中工委会统一考试委员会. 2019年度马来西亚华文独中统一考试初中组华文试卷［Z］. 2019.

［13］中国教育部基础教育课程教材专家工作委员会. 普通高中语文课程标准（2017年版）解读［M］. 北京：高等教育出版社，2018.

［14］中华人民共和国教育部. 义务教育语文课程标准（2011年版）［M］. 北京：北京师范大学出版社，2012.

［15］中华人民共和国教育部. 普通高中语文课程标准（2017年版）［M］. 北京：人民教育出版社，2018.

马来西亚独中联课活动中的中华文化传承*

一、前言

19世纪末至20世纪初,中国广东、福建一带的居民大规模移民到了东南亚多个国家。马来西亚在这些国家中,在中华文化的传承上表现得较为深入与完整,这有赖于华人社会、乡团组织以及华文教育等各方面在马来西亚的落地生根和发展。

近几年,马来西亚多所华文独中纷纷庆祝百年校庆。它们大多是20世纪初开始发展的新式学堂,经历太平洋战争时停办而后复校,并逐步由小学发展至初中部及高中部。

华文独中的成立有其历史因素。马来亚联合邦(马来西亚前身)独立后,政府于1961年通过了教育法令,要求接受政府津贴的学校须改制为以马来语为教学媒介语的"国民型中学",有些学校不接受改制,或在改制后以同样的校名另办以中文作为教学媒介语的"独立中学"。

由于教学媒介语为华语,师生也多为华人,华文独中对于华人文化在马来西亚的保存与传承扮演着重要角色。除了课堂上的语言、历史及文化学习,独中的课外活动对于中华文化的传承同样发挥着重要作用。

"联课活动"即课外活动,董总自2003年起,积极宣导学校把"课外活动"易名为"联课活动"。马来西亚北部的日新独立中学(简称"日新独中")规定所有学生必须参与联课活动。本文以日新独中为例,探讨中华文化在联课活动中的传承。

---

* 作者:杨迎楹,马来亚大学。本文刊于《世界华文教育》2019年第3期。

二、日新独中联课团体概况

日新独中目前共有 39 个联课团体，即 7 个制服团体、2 个学术团体、18 个学艺团体、7 个自治服务团体，以及 5 个球类团体。其中与中华文化相关的团体有 12 个，占总团体数的 30.8%；团体学员共 921 人，占全校学生总数的 40.5%（详见表1）。这些团体有些是以中华文化为核心，有些则是在多元学习中包含了中华文化元素，如棋艺研究会包含中国象棋、技艺班包含剪纸和结绳、健言社包含相声等。

表 1　日新独中含中华文化元素的团体概况

	团体名称	学生人数	占全校学生人数百分比（%）
1	廿四节令鼓	128	5.6
2	舞蹈团	114	5.0
3	华乐团	111	4.9
4	美术学会	102	4.5
5	技艺班	86	3.8
6	棋艺研究会	64	2.8
7	健言社	61	2.7
8	合唱团	55	2.4
9	戏剧学会	54	2.4
10	扯铃队	50	2.2
11	书法学会	50	2.2
12	少林武术团	46	2.0
合计		921	40.5

这些与中华文化相关的联课团体大都已有 20 多年的历史，其中舞蹈团、华乐团、书法学会更是从创校初期保留至今，团体学员人数众多，表明文化团体在日新独中发展稳定。

近 10 年才成立的团体有健言社与合唱团，均以推广中华文化为其目标之一，由此可见校方对中华文化的支持。日新独中早期设有华文学会，旨在提高学生们对母语的学习兴趣，以及推动各项学术性的活动以发扬中华文化。当时华文学会的活动包括书法、演讲、歌咏、辩论、写作等。后来，随着不同活动的逐渐深化，或归并到其他独立的专属团体，如舞蹈团、书法学会；或发展为新团体，如健言社、合唱团。

日新独中的廿四节令鼓队在 1993 年由学生自主创立。当时学校四名学生到首都吉隆坡参加全国廿四节令鼓培训营，回来后与同学们创办了鼓队。廿四节令鼓 1988 年由马来西亚新山中华公会理事陈再藩与著名歌乐教育家、作曲家陈徽崇创办，他们以中国传统的廿四节令为创意，结合广东狮鼓和传统书法艺术特点，创作了廿四节令鼓。如今廿四节令鼓从马来西亚推广至中国等多个国家，全球有超过 400 支鼓队，是中华文化在地创新后再次向外推广与传播的典例。

三、中华文化在联课活动中的传承

日新独中联课活动传承中华文化的方式可以分为以下几类。

（一）技艺传承

技艺的传承离不开长时间的训练。日新独中的联课活动属于正课之一，每周有 90 分钟的联课时间，一年约有 25 次联课活动。不过，不少团体都会在联课时间以外进行大量的练习，如华乐团、舞蹈团、廿四节令鼓队、少林武术团等，都在放学后和周六选择留校或返校进行训练。年中和年底也会利用学校长假举办培训营，提升学生们的技艺与团队默契。

学校不仅为这些联课团体聘请专业教练，同时还会安排具有相关专长的老师来当团体的指导老师。平常的小组练习则会以学长带领学弟学妹的方式进行训练，传授技艺。正因为有专业的指导以及长时间的锻炼，中华文化和艺术得以在日新独中奠定良好的传承根基。

（二）舞台表演

每年华人农历新年前，日新独中会举办迎新春活动，其中包括舞台表演及庙会，让学生有机会展示自己的才华。全校师生也会在当天集体挥春，新春气息浓烈。华乐团、扯铃队、廿四节令鼓、舞蹈团等文化团体会每隔一两年举办各自的成果展，如华乐演奏会、舞展、廿四节令鼓会演等。

据日新独中联课主任所提供的校外服务与演出记录，该校接到来自校外的邀约平均每年约30场，对象包括当地华人社团、会馆、小学、政府组织等。而含有中华文化元素的联课团体占了总演出量的80%以上，当中又以舞蹈团和廿四节令鼓的次数最多。

不论是全校性的表演还是个别团体出外的演出，都让表演者与参与者从中体会到了中华文化的精妙，同时也影响了台下的观众，使他们对该文化有了更进一步的了解，进而产生兴趣。

（三）活动与比赛

根据日新独中2017年和2018年的联课获奖纪录，少林武术团、舞蹈团、美术学会、华乐团等与中华文化相关的联课团体，在区域性、洲际、全国甚至国际比赛中所获得的奖项，占了该校校外比赛获奖总数的50%以上。

参与各类型的比赛和活动是一种基于文化艺术活动的锻炼方式，能潜移默化地影响或改变学生的身心与思想。学生通过交流与竞技提升自己的技艺，同时学会欣赏与理解中华文化。

（四）个人修养与成就

学生长时间的投入不仅练就了好技艺，不少学生在毕业后仍然把它当作兴趣爱好，有些还把兴趣发展为职业。

如日新独中毕业生郑洲升，在求学时期是廿四节令鼓队的主席兼指导，大学毕业后回到日新独中执教，同时担任鼓队教练。他曾任多所中小学以及大专院校的廿四节令鼓队教练。郑洲升不仅是传承者，也是打鼓文化的创新者，他把中国其他文化，如太极、武术和民族舞蹈等元素融入廿四节令鼓，发展了节令鼓的艺术价值。2015年，他成立了北马区第一支专业鼓队——北野鼓队，积极推广打击乐与廿四节令鼓。今年郑洲升被马来西亚廿四节令鼓协会委任为马中廿四节令鼓文化推广大使，负责推动高校廿四节令鼓发展及讲学、交流等工作。

同样是毕业自日新独中的徐诗尧，从初中就开始接触华乐，专攻扬琴，2010年中国音乐学硕士毕业，其论文题目依然与扬琴相关。目前他回到日新独中教书，是华乐团的首席顾问老师，也是扬琴的首席指导。此外，他也在校外教扬琴，学校假期还会到其他独中指导打击乐。

2018年荣获"扯铃至尊"称号的方庭良，从初中一年级开始便加入了日新独中扯铃队。毕业后仍持续参加各种大型赛事，在一次次的竞技中提升自己的技艺，在技术、创意、身体素质等方面不断进行打磨，成为一名优秀的扯铃表演艺术家。去年日新独中百年校庆，方庭良专程回来为母校表演。

四、结语

总的来看，日新独中的联课活动在培养学生的文化涵养上扮演着与课堂教学同样重要的角色。学校领导层对中华文化的重视与支持，以及学生自身的投入与努力，都是中华文化得以在独中持续发扬的重要因素。

据日新独中联课主任李宗持称，学校在审核新团体成立时并没有刻意强调须含有中华文化的元素，但从既有的联课团体的性质与活动来看，传承中华文化的办校理念已经潜移默化地融入并反映在学校领导层、老师，以及学生的态度、思维与价值观上。无形的文化内涵通过有形的文化活动得以体现与传承，日新独立中学丰富的联课活动很好地体现了中华文化有形层面与无形层面的有效结合。

马来西亚独中华文教师职业倦怠现状调查 *

一、引言

"职业倦怠"是美国临床心理学家Freudenberger在20世纪70年代提出的，用以概括他和志愿者在帮助那些滥用药物的年轻人的过程中的心理生理状态和情绪体验。而后，英美等国家由于社会政治经济发展不足而使教育陷于经费等困境，而人们又将教育的失败归咎于教师，教师因此产生压力，导致职业倦怠。教师职业倦怠问题开始引起研究者的关注，使研究走向深入。职业倦怠专指助人行业中的工作人员因工作强度过高、工作时间过长，并且无视自身的个人需要所引起的疲惫不堪的状态，是过分努力去达到个人或社会的不切实际的期望的结果。

美国研究者Maslach认为，职业倦怠由情绪衰竭、去个性化和低个人成就感这三个维度构成，并据此编制了专门的测量工具——Maslach职业倦怠量表（Maslach Burnout Inventory，简称MBI），至今仍被广泛使用。另一些学者则探究了教师职业倦怠的影响因素，并将之概括为个人因素（如性别、年龄、教龄、教育程度等）、组织因素（如学生问题、工作压力、角色冲突、角色模糊、缺少社会支持等）、学校的领导（如校长的领导工作）等主要因素（Byrne，1993；Dunham，1998）。

进入21世纪后，"教师职业倦怠"理论被介绍进中国，逐渐成为教师研究中的一个热点问题。除了对西方学术界相关理论研究的介绍，学界也开始进行实证研究，但对象大都为中小学教师，针对汉语教师职业倦怠的研究不多，主要有郭睿（2014、2017）关于对外汉语教师职业倦怠和教学效能感的调查报告，而以海外华文教师为对象的研究尚未发现。但是，根据已有研究成果我们知道，教师职业倦怠现象往往发生在个体专业水平不高、面临的学生问题多、工作压力大、缺少社会

---

* 作者：华霄颖，华东师范大学；陈素琴，马来西亚巴生滨华中学。本文刊于《世界华文教育》2018年第2期。

支持等情境中，而这些恰恰与海外华文教师的群体特征相似。海外华文教师很多为非专业出身，师资的缺乏造成他们的教学任务繁重，学校的经费难以维持学校的发展，甚至影响到他们的收入，付出大于收获，这些极易引发职业倦怠。这就促使我们关注海外华文教师的职业倦怠问题。

在海外华文教育中，马来西亚华文教育一枝独秀，保存了较为完整的学历教育体系，尤其是中学教育。马来华人创办的华文教育始于1819年在槟城设立的五福书院，当时是以方言为媒介语的私塾教育，延续了百年之久。以华语为媒介语的新式华文教育则始于1914年，至今也已有百年历史。这200年，尤其是后100年中，马来华人社会为了维护华文教育、捍卫后代接受母语教育的权利，坚定地与不利于华文教育生存和发展的教育政策进行艰苦卓绝的斗争。1961年，马来政府推行单一化的语文教育政策，主张"一种语言、一种源流学校"，欲建立以马来语为中心的国家教育体系，16所华文中学奋力相争，拒绝接受政府的改制，由华人社会筹措经费创办和运营管理，称为"华文独立中学"。独中以华语作为教学媒介语，肩负着继承与发扬中华文化、发展母语教育、培育民族后代的重任。

为了使华文教育能在马来西亚持续发展和生存，华人社会成立了专门的华教团体，即马来西亚华校董事联合会总会。长期以来，董总在提高马来西亚独中的教学质量、培训华文教师、规划其专业发展方面尽心尽力，保证了独中在不利的社会政治环境下能顺利发展。

一个显而易见的事实是，华文教师的教学素质和能力的提升受到了关注，而最能影响教学效果的教师心理健康问题却可能被忽略了。马来西亚独中的华文教师在那么艰苦的社会环境下坚守华教事业，长期面对繁重复杂的教学及教务工作，还须面对个体差异很大的学生，背负着社会和家长的期待，自然会面临职业倦怠的问题。这不但会影响华文教师的心理健康，进而影响其身体健康，严重的甚至可能影响教学质量，进而影响华文教育的顺利发展。以往有关马来西亚独中华文教师的研究更多关注的是教师的专业化发展、素质及培训问题，几乎没有从华文教师所处的特殊教育环境着手探讨其职业心理问题。本研究旨在希望通过对马来西亚独中华文教师职业倦怠的实证研究来填补这方面的空白。本研究的结果能使独中的管理人员了解独中华文教师的职业倦怠现状与来源并加以关注，为马来西亚独中华文教师的培养和培训工作提供参考，有利于华文教育事业在马来西亚持续而稳健地发展。

二、研究设计与实施

（一）研究内容

本研究以马来西亚独中华文教师为主要研究对象，调查华文教师的职业倦怠状况，分析人口统计学变量对华文教师职业倦怠的影响，并探讨影响华文教师产生职业倦怠的各种因素，希望能对缓解华文教师的职业倦怠现象、提升华文教师教学效能有所启发。

（二）研究工具

本研究主要采用问卷调查并结合访谈的方式进行。访谈对象主要是从学校选取不同教龄段的华文教师，以便更深入地了解华文教师的职业倦怠特点和形成因素。

（三）问卷设计

问卷包括三个部分：第一部分为个人基本资料；第二部分为教师职业倦怠量表；第三部分为教师职业倦怠影响因素调查问卷。

本研究采用了国际广泛应用的Maslach的MBI-ES职业倦怠量表，因考虑到量表原来的负向问题会引起教师不必要的负面情绪，因此将其改为正向问题，再以反方向的计分方式计算。本量表采用5点自评方式，分别以1到5分表示"从未如此、很少如此、有时如此、经常如此、总是如此"出现症状的频次。本部分内容共有22个项目，包括三个维度，分别是情绪衰竭维度（第1至9题），去个性化维度（第10至14题），低成就感维度（第15至22题）。

在查阅大量相关文献的基础上，我们参考有关教师职业倦怠的调查和研究，再依据马来西亚华文教师的情况，从职业因素、学生因素、社会因素、学校因素和个人因素五个层面进行设计，编制出教师职业倦怠影响因素。本部分内容共有28个项目，其中职业因素共7题（第1至7题），学生因素共5题（第8至12题），社会因素共4题（第13至16题），学校因素共8题（第17至24题），个人因素共4题（第25至28题）。问卷也采用5点自评方式，从"1——很不符合"到"5——完全符合"。

（四）研究实施

我们向马来西亚全国14所独中的华文教师发放了调查问卷，共收集到来自马来西亚雪隆区、马六甲、森美兰州、霹雳州、沙巴州以及砂拉越州9所独中华文教师填写的问卷。本次研究共发放了200份问卷，收回有效问卷130份。研究对象的基本情况见表1。

表1　研究对象的基本情况

特征	类别	人数	百分比（%）
性别	男	34	26.2
	女	96	73.8
婚姻状况	已婚	57	43.8
	未婚	73	56.2
年龄	20—29岁	47	36.2
	30—39岁	34	26.2
	40—49岁	31	23.8
	50岁及以上	18	13.8
教育程度	专科	4	3.1
	学士	101	77.7
	硕士	24	18.5
	博士	1	0.8
教龄	5年以下	47	36.2
	5—10年	32	24.6
	11—20年	26	20
	20年以上	25	19.2
任教级别	初中	54	41.5
	高中	32	24.6
	初高中[①]	44	33.8
班主任	是	97	74.6
	否	33	25.4

---

① 指同时承担初中和高中的教学任务。

三、马来西亚独中华文教师职业倦怠总体状况的调查分析

（一）马来西亚独中华文教师职业倦怠总体状况及各维度的统计结果

1. 马来西亚独中华文教师职业倦怠的总体状况

表2 马来西亚独中华文教师职业倦怠总体状况及各维度的统计结果

维度		平均值	标准差	1.0—1.8[①]	1.8—2.6	2.6—3.4	3.4—4.2	4.2—5.0
职业倦怠总分		2.61	0.53	8人	56人	60人	6人	0人
各维度	情绪衰竭	2.91	0.61	7人	33人	61人	27人	2人
	去个性化	2.38	0.77	35人	52人	32人	11人	0人
	低成就感	2.41	0.50	9人	69人	49人	3人	0人

表2的统计结果显示，马来西亚独中华文教师职业倦怠的平均值为2.61，接近中数；其标准差为±0.53，说明马来西亚独中华文教师的职业倦怠程度在整体上并不是太严重。

若将华文教师职业倦怠程度分为五个等级，即得分为1.0—1.8之间为无明显倦怠感，1.8—2.6之间为有一点倦怠感，2.6—3.4之间为有明显倦怠感，3.4—4.2之间为有较强倦怠感，4.2—5.0之间为有很强倦怠感。由此可以发现，华文教师职业倦怠得分在2.6以上的有66人，占总人数的50.8%，这表明有一半以上的马来西亚华文教师有明显的职业倦怠感。

2. 马来西亚独中华文教师职业倦怠各维度的统计结果

表2的统计结果还显示，马来华文教师职业倦怠的三个维度：情绪衰竭、去个性化和低成就感的平均值和标准差分别为2.91±0.61、2.38±0.77和2.41±0.50。这说明，从总体上来看，马来西亚独中华文教师的情绪衰竭程度相对较高，低成就感次之，去个性化现象比较低。

在情绪衰竭方面，得分在2.6分以上的有90人，占总人数的69.2%，这表明有超过2/3的华文教师在工作中明显感觉到挫折感及压力，容易疲惫，进而产生倦怠感。

在低成就感方面，得分在2.6分以上的有52人，占总人数的40.0%，即有超

---

① 本统计中，凡分界数字归入前一档（如1.80归入1.0—1.8档，1.81归入1.8—2.6档），全文同。

过 1/3 的华文教师所感受到的成就感不大；而得分在 2.6 分以下的则有 78 人，占总人数的 60.0%，即表示有接近 2/3 的华文教师在工作上体验到较高的成就感。

在去个性化方面，得分在 2.6 分以上的有 43 人，占总人数的 33.1%，即约 1/3 的华文教师在对待学生或同事的态度和行为上可能较为疏远冷淡。

（二）马来西亚独中华文教师职业倦怠的人口统计学变量统计结果

在本研究中，人口统计学变量包括教师的性别、婚姻状况、年龄、教育程度、教龄、所任教的级别及是否班主任。

1. 不同性别马来西亚独中华文教师的职业倦怠及各维度差异比较

表 3　不同性别马来西亚独中华文教师的职业倦怠及各维度差异比较

		性别	人数	平均值	标准差	P 值
职业倦怠总分		男	34	2.5348	0.55094	0.346
		女	96	2.6340	0.51702	
各维度	情绪衰竭	男	34	2.8235	0.57580	0.320
		女	96	2.9456	0.62481	
	去个性化	男	34	2.2471	0.76286	0.257
		女	96	2.4208	0.76584	
	低成就感	男	34	2.3897	0.57551	0.787
		女	96	2.4167	0.47109	

从表 3 可知，男女华文教师在职业倦怠程度上的 P 值皆大于 0.05，这表示马来西亚独中华文教师的职业倦怠程度在性别上不存在显著的差异。本研究结果还显示，男女华文教师在职业倦怠各维度上的平均值得分还是存在一定的差异，女教师在情绪衰竭、去个性化和低成就感这三个维度上的平均值得分皆略高于男教师。总体来看，男女华文教师在职业倦怠的三个维度上的差异不大。

2. 不同婚姻状况马来西亚独中华文教师的职业倦怠及各维度差异比较

表 4　不同婚姻状况马来西亚独中华文教师的职业倦怠及各维度差异比较

	婚姻状况	人数	平均值	标准差	P 值
职业倦怠总分	已婚	57	2.4968	0.55344	0.033*
	未婚	73	2.6949	0.48947	

续表

	婚姻状况	人数	平均值	标准差	P值
情绪衰竭	已婚	57	2.7505	0.65643	0.007**
	未婚	73	3.0411	0.54732	
去个性化	已婚	57	2.2667	0.73905	0.153
	未婚	73	2.4603	0.78080	
低成就感	已婚	57	2.3553	0.49764	0.273
	未婚	73	2.4521	0.49810	

注：*$P<0.05$；**$P<0.01$。

从表4可以看出，不同婚姻状况的马来西亚独中华文教师的职业倦怠程度及各维度方面存在显著的差异。在职业倦怠的各维度方面，华文教师的情绪衰竭程度存在显著的差异，去个性化和低成就感程度不存在显著的差异。未婚华文教师的职业倦怠和情绪衰竭程度显著高于已婚华文教师。

3.不同年龄马来西亚独中华文教师的职业倦怠及各维度差异比较

表5　不同年龄马来西亚独中华文教师的职业倦怠及各维度差异比较

		年龄	人数	平均值	标准差	P值
职业倦怠总分		20—29岁	47	2.7805	0.45616	0.002*
		30—39岁	34	2.6390	0.37112	
		40—49岁	31	2.5191	0.57887	
		50岁及以上	18	2.2525	0.66590	
各维度	情绪衰竭	20—29岁	47	3.0969	0.58088	0.004**
		30—39岁	34	2.9869	0.49143	
		40—49岁	31	2.7742	0.65262	
		50岁及以上	18	2.5370	0.65152	
	去个性化	20—29岁	47	2.4766	0.64815	0.094
		30—39岁	34	2.4588	0.67784	
		40—49岁	31	2.3677	0.86886	
		50岁及以上	18	1.9667	0.93368	
	低成就感	20—29岁	47	2.6144	0.45207	0.001**
		30—39岁	34	2.3603	0.36250	
		40—49岁	31	2.3266	0.46287	
		50岁及以上	18	2.1111	0.68585	

注：*$P<0.05$；**$P<0.01$。

从表 5 可知，不同年龄马来西亚独中华文教师在职业倦怠程度及各维度方面存在显著的差异。多重比较检验的结果显示，50 岁及以上的华文教师的职业倦怠程度和情绪衰竭程度与 20—29 岁和 30—39 岁的华文教师存在显著的差异。20—29 岁的华文教师的低成就感程度与 40—49 岁和 50 岁及以上的华文教师存在显著的差异。数据显示，马来西亚独中华文教师的职业倦怠程度随着年龄的增长呈下降的状态，20—29 岁华文教师的职业倦怠、情绪衰竭和低成就感程度显著高于其他年龄段的华文教师。

4. 不同教育程度马来西亚独中华文教师的职业倦怠及各维度差异比较

表 6　不同教育程度马来西亚独中华文教师的职业倦怠及各维度差异比较

	教育程度	人数	平均值	标准差	P 值
职业倦怠总分	专科 本科 硕士及以上	4 101 25	1.9318 2.6521 2.5382	0.75560 0.49424 0.55417	0.019*
各维度　情绪衰竭	专科 本科 硕士及以上	4 101 25	2.2500 2.9450 2.8933	0.89523 0.58681 0.63544	0.082
各维度　去个性化	专科 本科 硕士及以上	4 101 25	1.6500 2.4158 2.3280	0.78951 0.75614 0.77218	0.138
各维度　低成就感	专科 本科 硕士及以上	4 101 25	1.7500 2.4703 2.2700	0.79057 0.45109 0.54806	0.005**

注：*$P<0.05$；**$P<0.01$。

从表 6 可知，不同教育程度马来西亚独中华文教师的职业倦怠程度及各维度方面存在显著的差异。在职业倦怠的各维度方面，华文教师的低成就感程度存在显著的差异。所得数据显示，马来西亚独中华文教师的职业倦怠随着学历的增加呈现出先上升后下降的状态，本科学历华文教师的职业倦怠和低成就感程度显著高于专科学历和硕士及以上学历的教师。多重比较检验的结果显示，专科学历的华文教师的职业倦怠和低成就感程度与本科学历的华文教师存在显著差异。

5. 不同教龄马来西亚独中华文教师的职业倦怠及各维度差异比较

表 7　不同教龄马来西亚独中华文教师的职业倦怠及各维度差异比较

	教龄	人数	平均值	标准差	P 值
职业倦怠总分	5 年以下	47	2.7689	0.42869	0.001*
	5—10 年	32	2.6790	0.45891	
	11—20 年	26	2.5472	0.48710	
	20 年以上	25	2.2782	0.66304	
情绪衰竭	5 年以下	47	3.0591	0.56173	0.002**
	5—10 年	32	3.0625	0.58109	
	11—20 年	26	2.8162	0.48782	
	20 年以上	25	2.5511	0.71397	
去个性化	5 年以下	47	2.4894	0.62667	0.062
	5—10 年	32	2.4563	0.74007	
	11—20 年	26	2.4231	0.84157	
	20 年以上	25	2.0080	0.88219	
低成就感	5 年以下	47	2.6170	0.45847	0.001**
	5—10 年	32	2.3867	0.36389	
	11—20 年	26	2.3221	0.42891	
	20 年以上	25	2.1400	0.63258	

注：*$P<0.05$；**$P<0.01$。

从表 7 可知，不同教龄马来西亚独中华文教师的职业倦怠程度及各维度方面存在显著的差异。在职业倦怠的各维度方面，华文教师的情绪衰竭程度和低成就感程度存在显著的差异，只有去个性化程度不存在显著的差异。所得数据显示，马来西亚独中华文教师的职业倦怠程度随着教龄的增长呈下降的状态，5 年以下教龄的华文教师的职业倦怠和低成就感程度显著高于其他教龄段的华文教师，而 5—10 年教龄的华文教师的情绪衰竭程度则显著高于其他教龄段的华文教师。多重比较检验的结果显示，20 年以上教龄的华文教师的职业倦怠程度和情绪衰竭程度与 5 年以下和 5—10 年教龄的华文教师存在显著的差异，而 5 年以下教龄的华文教师的低成就感程度与 20 年以上教龄的华文教师则存在显著的差异。

6.不同任教级别马来西亚独中华文教师的职业倦怠及各维度差异比较

表8　不同任教级别马来西亚独中华文教师的职业倦怠及各维度差异比较

		任教级别	人数	平均值	标准差	P值
职业倦怠总分		初中 高中 高初中	54 32 44	2.6961 2.4105 2.6436	0.45522 0.58661 0.53450	0.043*
各维度	情绪衰竭	初中 高中 高初中	54 32 44	2.9671 2.7535 2.9646	0.59175 0.59517 0.64289	0.236
	去个性化	初中 高中 高初中	54 32 44	2.5222 2.1188 2.3818	0.71788 0.89133 0.68988	0.060
	低成就感	初中 高中 高初中	54 32 44	2.5000 2.2070 2.4460	0.40121 0.56047 0.52717	0.025*

注：*$P<0.05$。

从表8可知，不同任教级别马来西亚独中华文教师的职业倦怠程度及各维度方面存在显著的差异。在职业倦怠的各维度方面，华文教师的去个性化程度存在显著的差异。初中华文教师的职业倦怠和低成就感维度显著高于其他任教级别的华文教师。多重比较检验的结果显示，初中华文教师的职业倦怠、去个性化和低成就感程度与高中华文教师存在显著的差异。

7.是否班主任的马来西亚独中华文教师的职业倦怠及各维度差异比较

表9　是否班主任的马来西亚独中华文教师的职业倦怠及各维度差异比较

		是否班主任	人数	平均值	标准差	P值
职业倦怠总分		是 否	97 33	2.6387 2.5179	0.54155 0.47251	0.256
各维度	情绪衰竭	是 否	97 33	2.9439 2.8249	0.63224 0.54999	0.337
	去个性化	是 否	97 33	2.4351 2.2000	0.77406 0.72457	0.128
	低成就感	是 否	97 33	2.4227 2.3712	0.50597 0.48056	0.610

从表 9 可知，是否班主任的马来西亚独中华文教师的职业倦怠及各维度都不存在显著的差异。由此可知，是否班主任对华文教师的职业倦怠的影响不明显。担任班主任的华文教师在职业倦怠和各维度上的平均值得分都比非班主任华文教师来得高。

四、马来西亚独中华文教师职业倦怠影响因素的调查分析

在本次的调查研究中发现，虽然马来西亚独中华文教师的职业倦怠程度在总体上并不十分严重，但还是有一半以上的华文教师有明显的职业倦怠感。那么影响马来西亚独中华文教师职业倦怠的因素究竟有哪些？本文结合问卷调查和访谈对此进行深入探讨，分析华文教师产生职业倦怠的根源。

表 10　马来西亚独中华文教师职业倦怠影响因素的调查结果

因素	平均值	标准差
社会因素	3.4731	0.53215
职业因素	3.3934	0.45769
学生因素	3.2985	0.50317
个人因素	3.1519	0.50817
学校因素	2.9163	0.41308

从表 10 可知，独中华文教师职业倦怠的影响因素，依据平均值得分从高到低依次为社会因素、职业因素、学生因素、个人因素和学校因素，下面分别述之。

（一）社会因素：华文教师社会地位不高，工资和福利不理想

调查和访谈显示，大部分华文教师都认为独中华文教师的社会地位不高，对目前的工资和福利不太满意。报酬与工作不成比例是诱发教师职业倦怠的因素之一。马来西亚独中教育长期被隔离在国家教育体系之外，因此，独中教师无法与国民学校的教师一样享有如房屋贷款或补助、医疗保险与补助、长期服务奖励金和退休金等福利待遇。由于没有政府的资助，独中必须自行筹措办学经费，各校各自独立招聘教师，各自有不同的薪资和福利制度。由于生源不稳定，大多数独中向学生收取

的学杂费不高，不仅致使办学经费短缺，连带独中教师的福利待遇也受影响。独中教育的特殊背景和微薄的经济收入使得华文教师处在孤立而不确定的环境中，不但影响教师的专业自尊，也会影响到教师的情绪。长期在这样的社会环境中工作，必然对华文教师的身心产生负面的影响。

而从社会大众来看，他们对教师的角色却有高度的期待，无私奉献是传统华人社会对独中教师的期望。马来西亚华人社会普遍认为身为独中教师，为了马来西亚华文教育，要有甘于奉献的精神，有为民族教育牺牲的情操。作为一名华文教师，被寄予了这样的厚望，背负着民族教育的使命，这对华文教师来说，一方面是光荣的责任，另一方面也有可能成为无形的压力。

（二）职业因素：工作任务繁杂，工作时间久

独中华文教师最典型的超负荷工作包括备课、批改作业、处理学生问题、参加学校会议等。目前，大多数独中每周上六天课，有76.9%的华文教师每周课时在20节以上，这表明他们每天差不多要上4节以上的课。上课节数多意味着要负责的班级也多，每位华文教师至少要负责4个班级的教学。马来西亚有些独中每个班级的人数达到50人以上，这对华文教师来说也是个负担，不但课上无法兼顾到每一位学生的学习状况，课下需要批改的作业量也很大，尤其是批改学生作文时。

身为主科教师，华文教师必定担任班主任工作，调查对象中，担任班主任的占到调查总人数的74.6%。独中的班主任除了课堂教学，还要处理班上学生的问题，另外还得负责周记的检阅、学生的仪容检查、个别谈话、各种费用的代收、各种学校通告回条催收等繁杂的事务，同时还得组织学生参与各种班级活动以及校内比赛，这些都需要花费大量的时间和精力去完成。庞大的工作量让担任班主任的华文教师在生理和心理上承受沉重的压力，这也是造成华文教师职业倦怠程度较高的原因。有的班主任还身兼学校社团及学会的指导教师，负责社团及学会的所有活动及事务，这类教师占了调查总人数的60.8%。另外，教师还得应付学校行政方面所交办的各项事务。除此之外，校内所举办的如演讲比赛、辩论比赛等，华文教师除了负责承办，还要负责学生的训练。

工作量大，必定导致工作时间过长。在本问卷的开放式题目中，许多华文教

师表示每天的工作时间已经远远超过了法定的 8 小时工作时长。由于马来西亚独中是全日制，华文教师每天早上 7 点 30 分之前就得到校，通常是下午 4 点过后才能下班，若有负责的活动、出席学校行政会议或处理学生的问题，则更晚才能离开学校。

由于独中是被隔离在国家教育体系之外的学校，所以无法享有政府的津贴，必须靠向社会人士筹款来筹措学校的办学经费。因此筹款活动被独中列为学校的重点工作之一，教师被要求负责这项与教学工作无关的事务，带着学生到处去筹募款项。若是以义卖游园会的方式进行筹款，身为班主任的华文教师则需带领并监督各自班级的学生筹办义卖工作，如找生产商赞助商品、售卖票券等。另外，如果学校的生源不理想，为了确保有稳定的生源，教师还得负责招生的工作，挨家挨户或者到小学去宣讲以招收更多的学生。总而言之，身为独中的教师，华文教师就必须负责许多与本身专业无关的工作。

纵观以上所列出的工作项目可以发现，独中华文教师所负责的工作其实非常繁杂，这要花费教师大量的心力与时间，所面对的压力可想而知，身体和心理的健康难免受影响，产生职业倦怠也是自然的。

（三）学生因素：班级人数过多，学生学习意愿不高

调查中，不少教师表示，教师不仅要承担繁重的教学任务，而且要时刻关注学生的心理成长，在教育管理学生方面投入了大量的精力和时间，这对教师来说是一项又累又沉重的工作。

在本次问卷调查中，大部分华文教师认为自己所任教的班级学生人数过多，有华文教师在访谈中表示自己所负责的班级人数达到 50 人左右。这不仅造成课堂教学和作业批改上工作量的增加，在教育管理上同样要耗费更多的时间和精力，双重责任导致教师身心疲劳。

在马来西亚的多元文化环境下，学生的华语普遍不太标准，学习积极性也不太高，华文教师面对这一现象总是有种无力感。因为对学生来说，华文并不是非学不可，只要在日常生活中能沟通就行了，因此他们并不太重视华文课程。教师的成就感常常源自学生，学生对华文的态度造成教师教学的挫败感，也会影响他们的教学动力。

中学生是拥有独立思想行为的个体，随着社会的发展，学生的个性越来越强，这使得教师的教学压力也逐渐增大。访谈中，有华文教师表示，刚踏入教育界时，总想着无论在知识或品德上，都要让学生有所提升。执教一段时间后，却发现要改变学生并不是一件容易的事。由于家庭、社会等的影响，学生的行为问题也日益严重，缺乏学习的动力和兴趣、扰乱上课秩序、打架、破坏学校公物、不尊重教师等问题层出不穷。Friedman（1995）的研究也指出，学生不尊重教师、缺乏学习动机、不用心学习等行为问题容易引起教师的职业倦怠感。我们的调查也印证了这一点。

（四）个人因素：诸多因素长期累积造成负面影响

这里主要结合人口统计学变量因素来看个人因素对马来西亚独中华文教师职业倦怠的影响。

1. 婚姻状况及年龄、教龄对华文教师职业倦怠的影响

调查发现，未婚华文教师在情绪衰竭维度上显著高于已婚华文教师。Maslach等（2001）的报告指出，未婚者更容易有职业倦怠的倾向，而且单身人士的职业倦怠水平比离婚者来得高。这可以用心理病理学中的家庭范式来解释，家庭具有经济和情感的功能，是个体获得支持和资源的重要基础（田宝、李灵，2006）。已婚华文教师拥有家庭这一重要的支持和资源，相对于未婚华文教师来说，不但较不容易经历倦怠，还能调整在工作中长期累积的负面情绪。

另外，据本研究调查，有52%的未婚华文教师在20—29岁年龄段以及5年以下教龄段。这些年轻的新手教师，在工作上除了要熟悉教学以及新的工作环境，还得学习如何处理教学事务。初任教职，他们往往会对教学抱有高度热情和期待，但当现实状况和所预期的有很大差别时，当工作中不断体验挫折时，他们的成就感就会降低，较容易产生职业倦怠的现象。

调查结果显示，华文教师的职业倦怠程度随着年龄、教龄的增长有降低的趋势，这是由于华文教师与教学有关的专业技能随着年龄、教龄的增长也相应有所增长，各方面的工作经验有所增加，更能胜任教学上的工作，并懂得及时调整自己的心态，能肯定自我在教学工作中的成就。

2.不同教育程度对华文教师职业倦怠的影响

不同教育程度的华文教师在低成就感维度上存在显著的差异,本科学历华文教师的成就感显著低于专科学历和硕士及以上学历的华文教师。调查结果显示,专科学历华文教师的职业倦怠和低成就感程度与本科学历的华文教师存在显著差异。一些研究发现,具有较高教育水平的人的职业倦怠水平比低学历的人来得高,这有可能是因为高学历的人的工作承担和压力较大,或者是学历高的人对工作有较高的期望,当期望无法实现时则会出现倦怠感(Maslach等,2001)。大部分人都期望能在工作中获得成就感,一旦发现现实与理想之间产生冲突,付出后却得不到相应的回报时,失望之余自然产生挫折感,也无法在工作中获得当初所预期的成就感。本研究中大多数专科学历的华文教师都是拥有十几年甚至二十年以上教龄的教师,研究结果显示,华文教师的教龄越高,职业倦怠的程度越低。这一阶段的华文教师,积累了一定的教学工作经验,教学技能趋于成熟,能胜任繁重的教学工作,因此体验到较高的成就感,职业倦怠的程度自然不高。

3.不同任教级别对华文教师职业倦怠的影响

本研究显示,初中华文教师的职业倦怠程度较高,成就感显著低于其他任教级别的华文教师。初中华文教师的职业倦怠程度较高的原因与教师在教学上所接触的对象有关。初中阶段的学生处于生理及心理变化不稳定、问题最多的青春期,此时极易出现叛逆的现象,以消极的态度面对教师的管理,有的则缺乏学习动机和兴趣,使得教师在课堂管理上的难度加大。很多国家的实证研究均表明,课堂上学生的问题行为、不遵守纪律和学生态度冷漠是教师主要的压力源(朱旭东,2011)。初中华文教师往往需要在学生问题上投注大量的时间和精力,这造成教师身心疲惫,精神上充满压力,因而引发职业倦怠感。而在管理教育学生的过程中所体验到的挫折感,也无形中降低了初中华文教师的职业成就感。

(五)学校因素:组织的支持效应未能显现

学校是教师的工作场所,一天中教师有大半的时间都在学校,所以学校的行政组织、文化环境与工作氛围对教师的工作情绪和效率有很大的影响。国外的研究表明,感受到来自学校领导支持的教师更少产生工作倦怠(王晓春、甘怡群,2003),因此来自学校行政层的支持是非常重要的。

上文在谈及职业因素时，我们已经了解到独中华文教师除了要承担超负荷的教学任务，还得承担繁重的非教学事务，如担任学生社团或各类比赛的指导教师、为招生亲赴生源小学或家庭宣传、为义卖和赞助等活动筹措办学经费，等等。尤其是后两者，投入的体力、精力及时间巨大，而收效却未必成正比。我们认为，这种工作中的挫折也在某种程度上潜在地使华文教师在精神上受挫，产生职业倦怠和低效能感。如果学校层面的组织能充分意识到这类工作不仅增加了教师的工作量，更可能产生教师的心理不适，从而加以行政干预，采取适当的措施，可以适当减轻华文教师的职业倦怠。

又比如，根据我们的调查，20—29岁华文教师的职业倦怠水平显著高于其他年龄段的华文教师。这主要是因为他们刚入职，缺乏经验，如果此时学校未能及时安排资深华文教师在教学与工作方面，如教学技巧、课堂管理、处理学生问题等给予引导，并在工作上给予各种支援和帮助，光靠青年教师自身去摸索、克服，必定增加其适应时间，并可能造成职业倦怠。

良好的学校文化氛围有助于减轻职业倦怠，使教师保持工作热情，拥有积极的心态。学校行政组织应多鼓励华文教师建立教师共同体，彼此间互相合作学习，共享教学资源，分享教学经验，共同营造互助和谐的工作环境。

五、结语

综上所述，本研究对马来西亚独中华文教师的职业倦怠现状及影响这些现状的因素做了较为深入的调查和分析，在一定程度上填补了华文教师职业心理实证研究的空白，为深入了解马来西亚独中华文教师的专业发展现状做出了一些努力。本研究结果有助于马来西亚独中的管理人员了解并关注华文教师的心理现状，为华文教师的培养和培训工作提供参考，有利于华文教育事业在马来西亚持续而稳健地发展。本研究的尝试，对研究其他国家华文教师的职业心理亦有借鉴意义。

由于时间、条件的限制以及学校的配合度等客观因素，使得本研究的样本数量只涉及9所马来西亚独中，而不同地区独中华文教师的职业倦怠必定存在差异性，调查样本的不足有可能使研究结果存在一定的局限性。再者，本研究的问卷参考已有的量表修改而成，未能编制出完全符合马来西亚独中华文教育实际情况和马来西亚独中华文教师特点的量表。希望今后能有更多有关马来西亚独中教师的职业心理、职业压力和教学方面的实证研究，从多角度进行深入探讨，将更多相关的变量纳入研究，以期使相关研究更为全面、深入。

参考文献

[1] 郭睿. 对外汉语教师职业倦怠：现状与对策［J］. 语言教学与研究，2014（6）.

[2] 郭睿. 对外汉语教师教学效能感、职业倦怠及其关系研究［J］. 语言教学与研究，2017（2）.

[3] 田宝，李灵. 学校组织气氛对教师工作倦怠的影响［J］. 心理科学，2006（1）.

[4] 王晓春，甘怡群. 国外关于工作倦怠研究的现状评述［J］. 心理科学进展，2003（11）.

[5] 朱旭东. 教师专业发展理论研究［M］. 北京：北京师范大学出版社，2011.

[6] Byrne, B. M. The Maslach Burnout Inventory: testing for factorial structure and invariance across elementary, intermediate and secondary teachers［J］. Journal of Occupational and Organizational Psychology, 1993（66）.

[7] Dunham J., Varma V. Stress in teachers: past, present and future［M］. London: Whurr Publishers Ltd., 1998.

[8] Friedman I. A. Student behavior patterns contributing to teacher burnout［J］. Journal of Educational Research, 1995.

[9] Maslach C., Shaufeli W. B., Leiter M. P. Job burnout［M］. Annual Review of Psychology, 2001.

马来西亚华文小学可持续发展情况的调查研究*

一、引言

马来西亚是东南亚最重要的华侨华人聚居地，也是全球唯一依然坚持把华语当成母语学习的区域，其华文教育历史之悠久、受众之广泛、体系之完整、教学之规范，在世界华文教育中首屈一指。因此，当地华人对华语的使用以及对中华文化的传承在中国之外绝无仅有，而华小在其中更是发挥了举足轻重的关键性作用。

马来西亚是一个主要由马来人、华人和印度人构成的多民族国家，因此其国民教育体系下的小学分为三个语言源流：以国语即马来人的母语——马来语作为教学媒介语的国小、以华人的母语——华语作为主要教学媒介语的华小和以印度人的母语——淡米尔语作为主要教学媒介语的国民型淡米尔小学（简称"淡小"）。国小由教育部全权管理，华小和淡小则由教育部、民间教育机构和学校董事会联合管理。目前，全马有1301所华小，其学生总计50.7万余人。在华人生育率大幅下降的情况下，仍有超过90%的华人家长把孩子送到华小接受基础教育，这反映出华人社会对母语教育的重视（马来西亚华校教师会总会，2021）。由此可见，华文小学在华人民族文化传承的需要中产生，在多元语言文化的社会环境中成长，作为华文教育的起点，其发展不仅关乎华人的基础教育素质，更关乎华裔子弟的文化传承与思想建构。

近年来，随着华文实用价值的不断提升，华小由于其华文教学的优势而获得马来西亚非华裔家长的青睐，吸引他们把孩子送往华小就读。目前，在50万华小学

---

* 作者：王睿欣，马来西亚新纪元大学学院；王淑慧，马来西亚新纪元大学学院。本文刊于《世界华文教育》2024年第2期。

生中，非华裔就占到了 10 万（《东方日报》，2023）。这显示在马来西亚，华小已不仅仅是华人就读的学校，而是各族群皆会选读的学校。在华小日益成为全民共享教育资源的情况下，其发展也越来越关系到马来西亚基础教育的整体水平。因此，马来西亚华小可持续发展情况的研究，对于了解海外华文学校目前面对的新情况、新变化，促进海外华文教育在新时期的发展具有重要的参考价值。

二、文献回顾

马来西亚华文教育是华侨华人在马来西亚兴办的民族语言文化教育，其以华文学校的办学为主要载体与依托，不仅经历了由旧式私塾向新式学校、由华侨教育向华人教育、由中国教育的域外生存向本土发展的历时演变过程，而且再现了多元民族国家的国家认同与民族认同、单元同化与多元并存的共时发展历程（王焕芝，2019）。其经过 19 世纪初到 20 世纪初整整一个世纪得以建立，历经第二次世界大战洗礼获得重建，通过 20 世纪七八十年代的复兴不断拓展，经由 20 世纪 90 年代以来的改革得到发展（郑良树，2003）。目前，已形成了从小学到大学的完整教育体系，共有学校 1366 所，学生约 60 万人。[①]

有关马来西亚华文教育的研究，数量可观，内容丰富，主要集中在宏观整体研究和微观具体研究两个层面。宏观整体层面的研究不仅包括马来西亚华文教育的发展历程、存在的问题及其前景、教育政策及法令的改变对华文教育的影响等（洪丽芬，2008；莫顺生，2017；柯嘉逊，2020），还包括在马来西亚政治体制下对华文教育与族群、政治、文化、民族国家建构之间关系的讨论（胡春艳，2012；王焕芝，2010；Samuel，M.，2017）。对于马来西亚华文教育的微观具体研究则体现在华文学校的具体考察中（Lee Ting Hui，2011；林敏萍，2019），同时也涵盖课程与教学、教材、师资及学生等问题的探讨（叶俊杰，2012；余可华等，2017），其中华小亦成为微观具体研究的重要对象。

华小在马来西亚不同历史时期的生存与发展，都面对着来自教育政策方面的挑战，政府将其主要教学媒介语从华语改变为马来语（国语）的企图一直存在。

---

① 数据整理自马来西亚华校董事联合会总会官网、马来西亚华校教师会总会官网。

华人社会和华教机构为此进行了长期的抗争，从而确保华小作为母语教育的存在（黄雪玲，2012）。进入21世纪，华小面对着单元政策与多元需求抗争、与知识经济时代脱轨等问题，因此一场教育观念的改革是其首要任务。叶翰杰（2001）、钱伟（2018）则分析了媒介语困扰、经费不足、迁建校困难等华小的生存问题，指出政府对华文教育的认知与态度只有从"歧视"转变为"需要"、从"压制"转变为"扶持"，华文基础教育才能突破"瓶颈"，获得发展。郭素芬等（2017）指出华小学生族群背景的多元化倾向使华小变为多种语言为教学媒介和交际用语的场所，这给教学、行政带来了一定挑战。在此基础上，部分学者对华小的教学、教材、师资、学生学习情况等做了更为具体的研究，但大都以华文课程为研究焦点。

从已有文献资料看，目前研究日趋关注新时代背景下马来西亚华小的发展与变革，但相关研究不多且因实证性分析的缺乏而削减了其研究的客观性和科学性（张笛新，2020；蒋炳庆、刘迪，2019）；其次，具体性研究虽涵盖了华小的课程、教学、师资等教育教学核心层面，但基本是围绕华文教学展开的，其他课程及教学的研究较少，教学、师资、学生等各个层面的情况较缺乏综合考察，而在此类内部因素探讨的基础上加入华人社会、教育政策等外部因素的研究更加稀缺。基于上述背景，本文试图通过实证研究，反映马来西亚华小发展的状况，探究其发展的问题，从而为其持续发展提供客观的依据和建议。

三、研究设计

（一）研究问题

本研究以整体性研究为视角，采用量化分析的方式，探讨马来西亚华小的发展状况，具体研究问题是：（1）华小的发展现状；（2）华小可持续发展的情况；（3）如何推动华小的可持续发展。

（二）研究对象

本研究选择华小校长作为调查对象。校长作为学校最核心的领导者、管理者和建设者，对学校的各方面状况会有更为全面和深入的掌握，对学校发展面对的问题会有更为真切的认识，因而能够在一定程度上保证调查的真实性。共有344所华小的379位校长参与了此次调查。调查对象在性别、年龄、从教时间、学历等方面已覆盖到华小校长的基本层面；从调查对象所属学校的类型、州属和区域分布看，本次调查已经涵盖到华小的各个类别且比例差距不大，从而能够在一定程度上保证问卷调查的普遍性和客观性（见表1）。

表1 调查对象基本情况

基本资料		人数	百分比（%）
性别	男	114	30.08
	女	265	69.92
年龄	≤30岁	2	0.53
	31—45岁	88	23.22
	46—59岁	287	75.73
	≥60岁	2	0.53
从教时间	1—5年	3	0.79
	6—10年	8	2.11
	11—19年	75	19.79
	≥20年	293	77.31
具有教育专业背景	是	366	96.57
	否	13	3.43
学历	专业文凭	45	11.87
	大学	282	74.41
	硕士	44	11.61
	博士	2	0.53
	其他	6	1.58
所属校况	类型 大型	101	26.65
	中型	144	37.99
	微型	134	35.36
	州属 东马	88	23.22
	南马	42	11.08
	中马	116	30.61

续表

基本资料			人数	百分比（%）
所属校况	州属	北马	124	32.72
		东海岸	9	2.37
	区域	乡村	203	53.56
		城市	176	46.44

（三）研究方法

本次调查采用网络问卷的方式在线进行。问卷分为三个部分：第一部分为"个人基本情况"，包括性别、年龄、所在学校的类型等；第二部分为"学校发展的现状"，主要采用李克特五级量表对学校各方面的发展情况做出评估，即"完全同意、同意、不确定、不同意、完全不同意"，并分别记录5、4、3、2、1，数值越高代表此题目显现状况越好，反之亦然；第三部分为"学校可持续发展的情况"，以封闭和开放相结合的混合式问题调查学校可持续发展面临的问题、措施等。调查回收有效问卷379份，"学校的发展现状"量表的内部一致性系数（Cronbach's Alpha）为0.950，信度很高；其KMO检验值为0.929，巴特利特球形检验的P值小于0.01（Sig.=0.000），说明问卷具有良好的效度。

四、调查与分析

（一）马来西亚华文小学发展的现状

本研究从学校发展、教师发展、学生发展和学校内外部关系四个维度，调查并反映华小发展的现状。在此基础上，对调查对象在学校发展现状上的各项指标进行了差异分析。

1.发展现状分析

通过表2可以看出，华小目前在学校发展、教师发展、学生发展和学校内外部关系上的整体均值均超过李克特五级量表的中位数3.0，并处于较高的数值水平上。

表 2　华小发展现状的调查统计

一级指标	二级指标	平均值	标准差	整体均值±标准差
学校发展	学校的发展定位、办学目标及对华文教育的践行	4.18	0.69	4.05±0.54
	学校的管理制度及其实施	4.17	0.66	
	学校的教育教学质量	4.02	0.63	
	学校的课程、教材及相关资源	3.98	0.68	
	学校的校风、教风、学风	4.10	0.68	
	学校的环境设施（如课室、图书馆、体育馆等）	3.84	0.84	
教师发展	教师的职业道德、教学态度、对学生的爱心和责任心	4.16	0.62	4.07±0.52
	教师的学科专业知识	4.20	0.59	
	教师的教育教学理念与知识	3.98	0.65	
	教师的教学能力与素质	4.07	0.60	
	教师的专业发展与成长	4.15	0.64	
	教师的教育科研活动	3.83	0.73	
学生发展	学生的学业表现	3.59	0.66	3.72±0.53
	学生通过情境、互动、讨论、自我探索等学习过程获得知识、技能和态度	3.60	0.72	
	学生参加社团活动和社会实践的情况	3.57	0.73	
	学生形成同伴关系的情况	4.14	0.63	
	学生的学习习惯（如预习、复习、积极发问等）	3.53	0.72	
	学生的课业负担	3.87	0.62	
学校内外部关系	学校对其他学校成功经验的主动学习与借鉴	3.74	0.72	4.04±0.52
	家长（如家协）和社会（董事会、其他社团）对学校教育工作的参与	4.04	0.77	
	家长对学校和教师的评价	4.07	0.59	
	学校和家长之间的沟通与交流	4.15	0.59	
	学校对社区的人文关怀	4.03	0.64	
	学校的社会形象和声誉	4.18	0.63	

从学校发展看,华小的办学定位、学校管理、学校风气情况良好,其均值皆在 4.10 以上;教育教学质量的均值为 4.02,状况也较好;而环境设施与课程建设的均值虽都高于中位数 3.0,但低于此维度中的其他指标,说明华小在环境设施和课程建设方面还有继续提升的空间。

从教师发展看,华小教师的学科知识、职业态度、专业发展、教学能力的均值都在 4.07 以上,远超过中位数 3.0,发展状况良好;而教师的教育教学知识及其教育科研活动的均值虽都高于中位数 3.0,但相较此维度中的其他指标较低,说明华小教师的教育教学知识和教育科研还有待进一步提高。

从学生发展看,华小学生能够形成较好的同伴关系,其均值远高于中位数 3.0;而学生的学业表现、学习方式、社会实践、学习习惯、课业负担的均值虽都高于中位数 3.0,但除课业负担外,都低于其他指标。这使得学生发展的情况比起学校发展、教师发展和学校内外部关系的情况不那么理想。

从学校内外部关系看,华小在社会参与、家长对学校的评价、家长与学校的交流、社区关怀、社会形象方面都有较好的表现,其均值皆在 4.03 以上,远超过中位数 3.0;而华小在校际经验借鉴上的均值虽然超过中位数 3.0,但低于此维度中的其他指标,说明在校际交流及经验借鉴方面还有待加强。

2. 发展现状的差异分析

对调查对象在学校发展现状上的各项指标进行差异检验,结果发现调查对象的性别、年龄、教育专业背景、学历、所在学校的州属这几个因素与学校发展现状的调查结果不存在显著性差异,而调查对象所在学校的类型和区域与学校发展现状的调查结果则存在显著性差异。

所在学校类型不同的校长在学校发展、学生发展和学校内外部关系三个维度存在显著性差异(见表 3:Sig.均小于 0.05,分别为 0.000、0.000 和 0.014):微型华小校长在这三个维度上的均值均显著低于大型华小校长,其在学校发展和学生发展上的均值与中型华小校长也有明显差距,中型华小校长在学生发展上的均值与大型华小校长也存在差异。这说明微型华小在学校发展、学生发展和学校内外部关系方面均明显落后于大型华小,在学校发展和学生发展的水平上也低于中型华小,中型华小在学生发展上与大型华小还有一定距离。所在学校区域不同的校长在学校发展和学生发展两个维度存在显著性差异(见表 4:Sig.均小于 0.05,分别为 0.002 和

0.002）：乡村华小校长在这两个维度上的均值皆明显低于城市华小校长。这说明乡村华小在学校发展和学生发展方面明显落后于城市华小。

表3　所在学校类型不同的样本在学校发展现状上的差异

学校类型分组		平均值	标准差	标准误差	F值	Sig.（双尾检验）
学校发展	大型	4.23	0.53	0.05	15.019	0.000**
	中型	4.10	0.47	0.04		
	微型	3.87	0.56	0.05		
教师发展	大型	4.10	0.53	0.05	0.216	0.806
	中型	4.06	0.49	0.04		
	微型	4.05	0.56	0.05		
学生发展	大型	3.90	0.46	0.05	12.467	0.000**
	中型	3.73	0.50	0.04		
	微型	3.56	0.56	0.05		
学校内外部关系	大型	4.15	0.51	0.05	4.319	0.014**
	中型	4.04	0.48	0.04		
	微型	3.95	0.54	0.05		

注：**$P<0.01$。

表4　所在学校区域不同的样本在学校发展现状上的差异

学校区域分组		平均值	标准差	标准误差	F值	Sig.（双尾检验）
学校发展	乡村	3.97	0.54	0.04	9.387	0.002**
	城市	4.14	0.52	0.04		
教师发展	乡村	4.05	0.54	0.04	0.383	0.536
	城市	4.08	0.51	0.04		
学生发展	乡村	3.64	0.55	0.04	9.364	0.002**
	城市	3.81	0.49	0.04		
学校内外部关系	乡村	4.00	0.52	0.04	1.547	0.214
	城市	4.07	0.51	0.04		

注：**$P<0.01$。

（二）马来西亚华文小学可持续发展的情况

为了验证华小发展现状调查所反映的情况并对其进行进一步探究，本研究对华小可持续发展情况做了调查。

1. 发展条件

调查显示（见图1），有25%左右的校长在发展思路、发展内力上没有做出明确选择，52.8%的校长在发展外力上没有做出明确选择。由此可以推断，接近六成的华小具有清晰的发展认识和思路，六成多的华小具有较充足的发展内力，但接近七成的华小仍然可能面对国家、地区的办学条件、素质不佳，发展外力不足的情况。

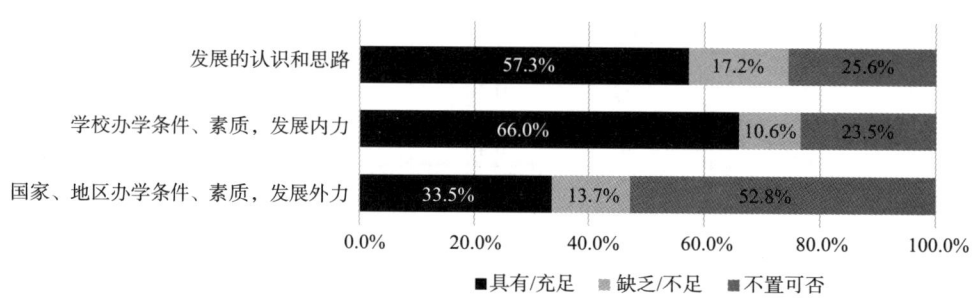

图1 华小的发展条件

2. 发展问题

国家教育政策、第四次工业革命的冲击以及华文教育与国民教育接轨是当前华小发展的主要外部问题（见图2）。国家教育政策与其他问题的落差皆在40%以上，这说明一直以来困扰着马来西亚华文教育发展的国家教育政策，仍然是华小发展的最大问题和掣肘。学生的全面发展、课程与教学改革和师资缺乏是华小发展面

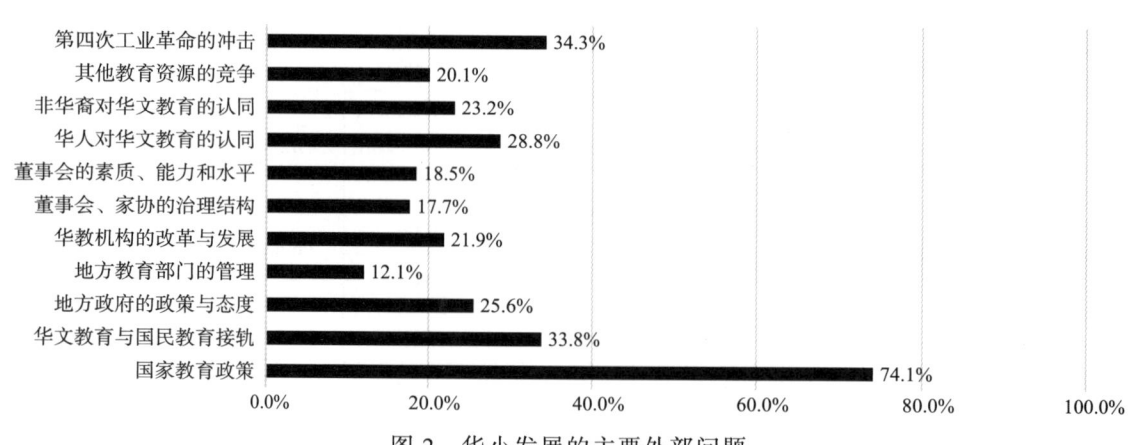

图2 华小发展的主要外部问题

对的主要内部问题（见图3）。学生的全面发展与课程与教学的改革及师资状况有密切的关系，这说明学生的全面发展是华小发展的核心问题。这也佐证了发展现状中课程建设有待加强、学生发展不甚理想的情况。

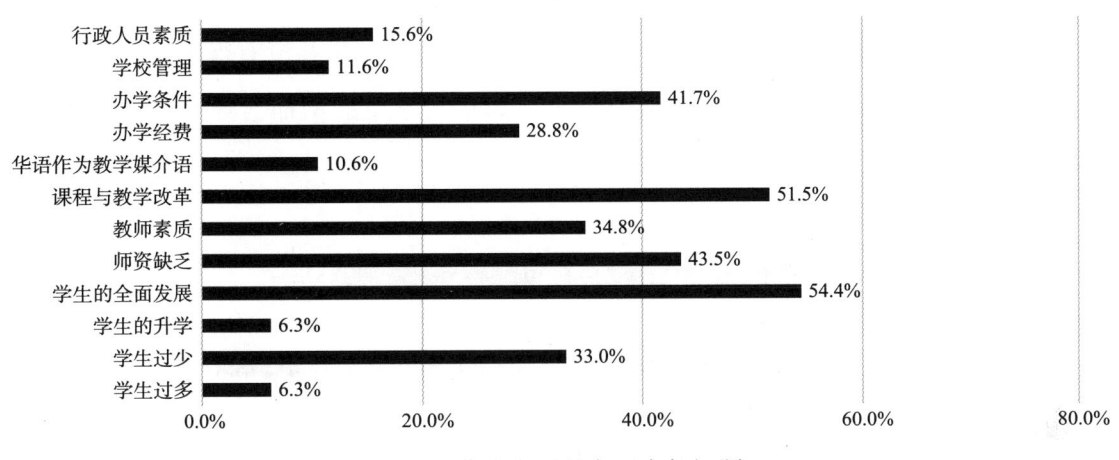

图3　华小发展的主要内部问题

3.发展参与者

调查显示（见图4），在推动华小发展的过程中，董事会①作为学校的领导决策者、家长与教师协会②作为学校工作的配合者，将继续扮演重要角色；政府教育部门和华文教育民间机构在教育政策和教育实践中将继续起关键性作用；而华人企业和社团对华小的支持，特别是经济上的支援也非常重要。由此可见，马来西亚政府、华人社会、学校的董事会及家长与教师协会是推动华小发展的核心力量，其很

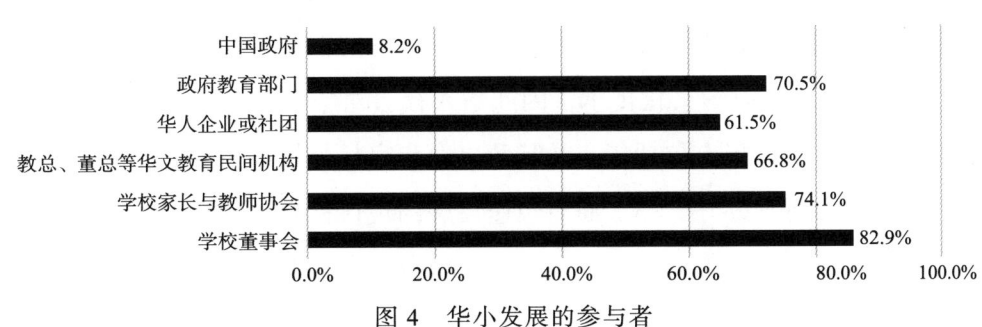

图4　华小发展的参与者

---

① 董事会是华小的创办者、管理者与经营者，其捍卫并争取华小的合法权益，发展并管理学校，解决华小面对的各种问题，特别是办学经费问题。
② 家长与教师协会由华小的教师与家长组成，主要为学生的发展和福利提供服务并协助提升学校的办学水平。

大程度上决定着华小的走向和前途。

4. 发展措施

争取公平发展的教育政策、加强中华文化的传播和增强学校竞争力是目前共识最高的发展举措（见图5）。虽然近年来华小的非华裔学生不断增加，而华裔学生因华人生育率下降有所减少，但吸引非华裔学生就读的措施并没有得到校长们的广泛认同（占比仅为10.6%），其主要原因来自非华裔学生的增加会导致对华小华文母语教育的特质被逐渐蚕食的忧虑。

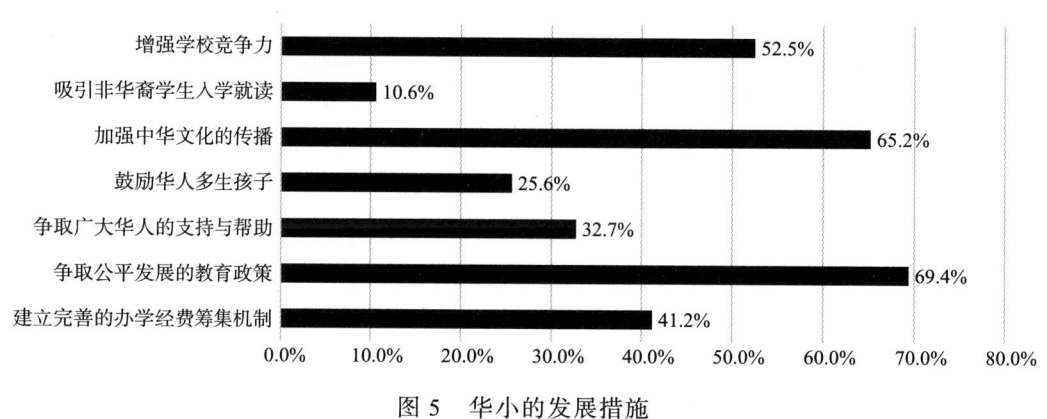

图5 华小的发展措施

5. 发展意见

在开放式问题上，共有272位校长表达了他们对华小可持续发展的具体意见，其可归纳为四类：（1）教育应"去政治化"，让教育回归教育，因而政府应采取公平、公正的教育政策对待少数族群的母语教育，比如解决华小的师资短缺和经费不足问题，取消津贴与半津贴学校[①]的区别等。（2）华文教育是马来西亚华人的"留根教育"，关乎华裔子弟的文化传承，因此华人社会对华文教育要有使命感、责任感；对于华小的发展，华人包括华小及其董事会和家长与教师协会应团结一心、群策群力，共同努力将其办好。（3）面对极速发展的现代社会，华小要与时俱进，重新定位，进行教育教学改革；在教育理念上应摒弃成绩至上的思维，创新教育教学模式，改善师资素质，体现教育的多元化和人才培养的个性化，以实现学生的全面

---

① 全马目前得到政府完全经费支持的华小（津贴学校）有415所，其他只得到政府部分经费支持的华小（半津贴学校）有886所。这些半津贴华小需自行负担硬件设备的增建、软件设施的购置、水电费等经费，其发展因经费上的艰难而处于非常被动的状态。

发展。(4) 随着华人生育率的逐年下降,华裔学生数量不断减少,华小生源面临挑战;乡村华小因华人人口的流失而日益微型化,由此而形成的师资、经费、办学质量等问题更应得到关注。

五、研究结论

根据马来西亚华文小学发展现状的调查分析,我们可以看到,经过不断地改革和完善,华小目前的整体发展状况较好,其在学校发展、教师发展、学校内外部关系上都有较好的表现,已有的办学素质和体量规模已经为其可持续发展奠定了较坚实的基础。相较而言,华小在学生发展方面稍显逊色,还有进一步提升的空间。具体来看,微型华小与大中型华小的发展存在显著差距,乡村华小与城市华小的发展存在显著差距。根据此调查结果并结合华小可持续发展情况的调查,我们可以进一步探讨华小可持续发展所面临的问题。

(一) 宏观上华小发展依然受到国家教育政策的限制

调查显示,接近七成的华小可能面对国家和地方办学条件不佳、外力不足的情况,国家教育政策因此成为华小发展的最大外部问题,华文教育与国民教育接轨的问题也被普遍关注。这说明华小虽然在国家独立后就被纳入国民教育体系,但长期以来并没有受到完全接纳和公平对待。马来西亚的语言政策赋予了马来文的国语地位,同时也保障其他语言的使用和发展权利,这奠定了马来西亚基本自由的语言环境,造就了多语社会,为华文教育的发展确立了法理基础;同时,也将马来文化和非马来文化的不平等关系合法化了(王焕芝、洪明,2011)。因此,诚如许多校长在开放式题项中指出的,非马来族群的语言及其教育在政策与资源层面备受歧视,华小不得不一直面临拨款不足、委派师资短缺、增建搬迁困难等问题。

(二) 中观上华小发展存在不平衡的问题

本研究发现华小在类型和区域上发展不平衡、存在较大差距,究其原因,在于华人社会的人口变迁。目前,城市华小的学生人数大约占了华小学生总人数的90%,但其数量只占全国华小总数的67.5%;乡村华小的学生人数则只占华小学生总人数的 10% 左右，其数量却占全国华小总数的 32.5%（马来西亚华校教师会总会，2021）。可见，随着城市化的发展，华人不断向发达城市流动，乡村人口大量减少。由于政府对华小的增建及搬迁进行严格控制，在华小的数量和区域分布长期不变的情况下，华人向城市大量聚集的状况使得城市华小常常爆满，因而获得更多的资源和经费；而乡村华小却因生源减少而日益萎缩为微型华小，其师资、经费等资源都处于严重萎缩的艰难境地，因而影响了其学校和学生的发展。

（三）微观上华小发展亟待教育教学素质的提高

调查表明，华小发展的主要问题是学生的全面发展及课程与教学改革，同时也面对第四次工业革命的冲击，这与学生发展相对逊色的现状相呼应。另一项关于华小现行课程标准 KSSR（Kurikulum Standard Sekolah Rendah）实施情况的调查也显示：虽然此课程试图削弱"应试教育"的倾向和影响，让课程生动、有趣、多元化，从而全方位提升学生的高阶思维能力，但华文、马来文、数学等科目的教学内容过于深奥，超出了一般学生的学习能力；许多课程由于教学资源的缺乏只能停留在课本知识的理解上，而不能以实践的方式进行，从而导致学生能力培养上的缺陷；传统填鸭式的教学方式仍然主导着课堂教学，并被视为应对考试的有效方式（马来西亚华校教师会总会，2021）。此外，母语教学性质改变的忧虑使得非华裔学生的发展，特别是其华语二语学习不同于母语学习的需求并没有得到正视（Heng Buai Chin 等，2021）。由此可见，以学生的全面发展为指向、以课程与教学改革为核心的教育教学素质的提高是华小发展面对的重要课题。

六、建议

鉴于以上关于华小发展的调查结论，结合华小发展的措施及意见的相关调查，为推动华小的持续发展，本研究提出以下建议以供参考：

（一）宏观层面：马来西亚政府需采取更开明的教育政策

作为教育政策的制定者和华小的管理者，马来西亚政府一直以来深刻影响着华小的发展。当前，华小已成为华裔和非华裔学生共同学习、相互融合的场域，政府应该消减华文教育不利于国家团结的偏见和疑虑，理解平等的语言政策对维护国家各民族和谐的重要性。同时，在华小华文教学的实用价值不断显现的情况下，政府应开明地给予其作为国民教育的更多发展权益：第一，根据学生人数和规模，给予华小公平、合理的财政拨款；第二，加大师资培养的力度，拓展师资培养的渠道，放宽师资的教育背景限制，为华小提供足够而合格的教师；第三，放宽增建、搬迁方面的政策、审批、用地等严苛限制，使华小的区域发展日趋符合华人人口流动的变化。

（二）中观层面：华人社会需合力解决华小发展的不平衡

华人社会是华小生存的根基，作为根本力量推动着华小的发展。因此，校长们在调查中提到华人社会应团结起来，以华小民间领导机构——"马来西亚华校教师会总会"为核心合力解决华小发展的不平衡问题：首先，根据华人人口的变迁，统筹协调华小在区域和类型上的整体发展，积极向政府争取华小的增建和搬迁；其次，关注并扶持微型华小的发展，除引导华人企业和社团给予其经费上的资助外，更应通过校际交流的方式，即城市优质的大中型华小帮扶乡村的微型华小，给予其教育资源上的帮助；再次，突破华文教育边界的固化认知，加强中华文化的推广和传播，提升华裔和非华裔对华小的认同，接纳并融合非华裔生源，形成华裔、非华裔共建华小的合力，从而以跨族群的力量谋求解决华小发展不平衡的更大政策空间和社会资源。

（三）微观层面：华小需着力提升教育教学素质

华小作为华文教育的载体，不仅肩负了文化传承的使命，也践行着人才培养的功能。面对学生全面发展的需求，华小应着力提升其教育教学素质：第一，真正落实课程标准KSSR的理念和目标，改变以考试和分数为导向的教育观念，转向以多元智能开发和综合素质培养为核心的"素质教育"。目前小学六年级的毕业评估考试（UPSR）已被取消，这为教育观念的彻底转变提供了契机。第二，积极推进课程与教学的改革。以学生的一般学习能力来设置课程内容，以现代化立体、多样的教学方法和手段取代填鸭式的教学，以多元评量取代考试成绩，在知识、实践与能力的统一培养中实现学生的全面发展。第三，借鉴华语二语教学的方式和经验，积极应对非华裔学生的华语教学问题，深入探索华裔和非华裔学生合流下华语教学的具体模式，革新教学方法，从而提升华语教学的效率。在此过程中，董事会、家长与教师协会也应积极推动并相互配合，发挥华小在华语教学上的优势，增强其在多元教育资源中的竞争力。

七、结语

华小作为国民教育的重要组成部分，其发展影响着整个马来西亚基础教育的素质。本研究通过定量分析的方式，对马来西亚华文小学的可持续发展情况进行了整体性的考察，对其现状进行了较客观的反映，对其问题进行了较全面的探究，从而为华小的发展提供了实证性的参考。只有在马来西亚政府、华人社会和华小的共同努力下，华小面对的问题才能得到解决，华小的持续发展才能实现。本研究只采取了单一对象的问卷调查，研究方法和调查对象还不够多元，因而所得结果难免有偏颇之处。未来研究可增加对学生、教师及家长的调查，以形成对此问题更为全面的认识；亦可采取访谈、观察等方式弥补问卷调查的不足，从而得到更为细致和深入的结果。

参考文献

［1］东方日报．华人选择影响华小华裔学生人数华小非华裔生人数突破 10 万大关［N/OL］.（2023）. https://www.orientaldaily.com.my/news/nation/2023/07/14/580202.

［2］郭素芬，洪丽芬．马来西亚国民型华文小学多元化现象［J］．八桂侨刊，2017（1）.

［3］洪丽芬．马来西亚语言教育政策的变化及对华人的影响［J］．八桂侨刊，2008（3）.

［4］胡春艳．抗争与妥协：马来西亚华社对华族母语教育政策制定的影响［M］．广州：暨南大学出版社，2012.

［5］黄雪玲．大马华文小学教育发展史论［J］．集美大学学报，2012（2）.

［6］蒋炳庆，刘迪．国内学者关于马来西亚华文教育研究现状分析——基于 Cite Space 的可视化分析［J］．昆明学院学报，2019（4）.

［7］柯嘉逊. 马来西亚华教两百年奋斗史［M］. 吉隆坡：马来西亚华校董事联合会总会，2020.

［8］林敏萍. 体制外生存：马来西亚华文独立中学研究［M］. 南京：南京师范大学，2019.

［9］马来西亚华校教师会总会. 2010—2021 年华小数目和学生人数演变概况［OL］.（2021）. https://jiaozong.org.my/v3/index.php/7773-2010-2021.

［10］莫顺生. 马来西亚教育史 1415—2015 与华教发展［M］. 加影：新纪元大学学院，2017.

［11］钱伟. 马来西亚华文小学可持续性发展的考察与分析［J］. 海外华文教育，2018（1）.

［12］杨静林，黄飞. 新世纪以来菲律宾华文教育的新发展及其困境［J］. 八桂侨刊，2017（1）.

［13］叶翰杰. 挑战与回应：21 世纪华小展望研讨会资料汇编［G］. 吉隆坡：马来西亚华校教师会总会，2001.

［14］叶俊杰. 马来西亚华文教学研究［D］. 北京：中央民族大学，2012.

［15］余可华，邓晨佑，徐丽丽. 马来西亚本土华文师资培养现状、问题及对策［J］. 华文教学与研究，2017（4）.

［16］王焕芝. "一带一路"视阈下海外华文教育发展的动力机制与策略：以东南亚为中心的探讨［J］. 海外华文教育，2019（3）.

［17］王焕芝. 文化民族主义与马来西亚华文教育［J］. 西南民族大学学报（人文社会科学版），2010（10）.

［18］王焕芝，洪明. 马来西亚华文教育政策的演变及未来趋势［J］. 福建师范大学学报（哲学社会科学版），2011（4）.

［19］张笛新. 新世纪马来西亚华文教育研究综述［J］. 八桂侨刊，2020（1）.

［20］郑良树. 马来西亚华文教育发展史（第四册）［M］. 吉隆坡：马来西亚华校教师会总会，2003.

［21］Ang Ming Chee. Institution and Social Mobilization: The Chinese Education Movement in Malaysia, 1951—2011［M］. Singapore: Institute of Southeast Asian Studies, 2015.

［22］Heng Buai Chin, Neo Yee Feng, Chan Jie Yan. Investigating the attributes of Chinese primary school adoption among the Malay community in Malaysia［J］. ESTEEM Journal of Social Sciences and Humanities, 2021.

［23］Lee Ting Hui. Chinese Schools in Peninsular Malaysia: The Struggle for Survival［M］. Singapore: ISEAS Yusof Ishak Institute, 2011.

［24］Samuel, M., Tee, M. Y., Symaco, L. P. Education in Malaysia: Developments and Challenges［M］. Singapore: Springer Verlag, 2017.

泰北华人村华文教育发展述略*

在泰北与缅甸交界的山区，包括清迈、夜丰颂、清莱等府一带，有百余个华人村。这里处处洋溢着中国特色，家家户户贴着春联，村民都说云南方言，吃着云南菜。总之，泰北华人村的风俗习惯与云南大致相同，看上去更恪守中华文化传统，而且几乎每一个华人村都有一所华文学校。泰北的这些华校近年来不断得到外界的关注。

一、华人村的形成

泰北华人村，又称难民村、云南村，其由来与泰北孤军有着密切联系。

1949年，中国国民党败退，把一小部分军队留在了中缅边境，即93师，它曾是抗日战争时期中国远征军之一。随着形势转变，1953—1954年、1961年先后两次撤军后，余下约5000人，即李文焕的第三军和段希文的第五军。他们辗转流离进入泰北，总部和第五军军部驻扎在清莱美斯乐，第三军军部则位于清迈唐窝。1961年第二次撤军后，各种援助随之断绝。为维持生计，加之靠近"金三角"，孤军开始筹建、护送马帮，贩运毒品。

事实上，"中国的云南人出现于泰国北部这一现象由来已久。中国云南人可能自13世纪起就在东南亚北部各王国的一些集镇零星暂住了。但是，大量的云南人离开故土定居云南境外的泰国，是以19世纪70年代中国回民起义失败和20世纪50年代初云南的解放引起的移民高潮为标志的"（安·马克斯韦尔·希尔，1985）。20世纪六七十年代，也有一些云南人进入泰国。

---

* 作者：李屏，华侨大学。本文刊于《世界华文教育》2017年第3期。

二、华人村华文教育发展史

（一）华文教育的萌芽

孤军在频繁的征战中，在荒芜残破的绝地中，不忘传承中华文化的薪火。只要战事稍定，孤军将领就会将随军的官兵子女集中起来，委派军中文官教习汉字，背诵诗词。虽时断时续，但一直坚持下来，直至在泰北安居，兴办华文学校。真的是"军队走到哪里，学校就办到哪里"。正如清迈新村自治会万会长所说："只要部队停下来，军长就会把我们这些小孩集中起来，找一个老教官来教我们读书，那时没有课本，他就教我们背唐诗，然后在一块平地上，用树枝写字给我们看，让我们跟着学。我的国文就是这样学出来的……"（段颖，2012）

由此可见，这一时期泰北华人村的华文教育是融合在孤军的征战中的，没有专门的老师，没有统一的教材，更没有固定的教室。但就是在这样简陋的背景下，华文教育得以萌芽，中华文化得以传承。

（二）早期华校的创办与停办

20世纪70年代，孤军开始帮助泰国政府剿灭境内异端分子，以换取居住权。70年代的叭当战役使孤军获得成立"泰北民众自卫队"的权利。1981年考牙之战胜利后，泰国政府给有战功的和伤亡人员家属发放泰国公民证，他们的子女到了15岁即可入泰国籍。泰北孤军的难民生活这才渐渐有了转机。从这一年起至1984年，泰北孤军逐步向泰国政府交出武器，战士全部退役成为纯粹的农民。泰国政府准予他们以难民身份留在泰北，并在清迈、清莱和夜丰颂三府划定13个村落让他们及眷属居住。

由于难民身份，华人村的适龄儿童无法进入当地学校就读，筹设华校刻不容缓。一些华人村开始陆陆续续创办华校，当时办学条件的艰难是可想而知的："村中知识分子权充老师，教材自编自制"；"搭盖茅草教室，制造竹片桌椅，简陋无比，初期教学内容只有国文一科"（周聿峨，1995）；大都只能办到小学四年级，之后要到山下学校就读。一些华校创办的具体情况如下：

1954年，泰北华人集体致信中国台湾当局，陈述生活颠沛流离之苦。随后，中国台湾当局开始关注泰北华人的教育、农业和医疗问题,这样,泰北华人地区第一所华文学校"难童学校"(即后来的建华中学)于1954年在今清莱府美赛县满堂村正式成立(杨文安,2011)。1958年,清迈万养村创办了忠贞小学;清莱茶房村由康良惠先生搭建茅舍创办了光复小学(魏国彬、周伦,2013)。

在异邦立足后,段希文军长大力兴办华文教育。1962年,段希文出资在美斯乐创办了兴华中学,从军中抽调干部充任教师,一开始学生才数十人。由于免收学生一切费用,并为全体学生制发制服,清寒而品学兼优者予以副食供给,故学生人数迅速增加,一度成为泰北山区一带赫赫有名的华校,人数一度高达1500人左右。[①]

在李文焕军长的推动下,新村于1965年创办"中兴初级小学",有学生27人,老师1位,1966年增设初中部,1970年更校名为"一新中小学校"(即一新中学)(段颖,2012)。

20世纪七八十年代是泰北华校创办的高峰期,泰北的很多华校大都在这一时期创办。其中最有影响力的当数金三角"大毒枭"坤沙于1975年创办的满星叠大同中学(其前身是1968年创办的满星叠小学)和黎明新村培德中学。其他一些华校创办的具体情况如下[②]:

1. 清迈府华校

1970年,黄果园村创办群英小学。

1973年,大谷地村创办"中华难童识字班",在简陋的茅屋下,30多名小学生带着自备的桌椅,点着煤油灯,开始了中文的学习。1979年,学生人数已增至600多名,识字班正式命名为"华兴小学"。不久就开设了初中部,改校名为"华兴中学及附小"(即华兴中学)。

1974年,昌良村创办育英小学;唐窝村第三军部队长官创办育群小学;新寨村创办复兴小学(三爱中学的前身)。

1975年,安康村创办立德小学。

2. 清莱府华校

1974年,民模村创办仁爱小学。

---

① 教育心爱无界. 泰北地区学校介绍 [OL]. http://edulove.seven.com.tw/school.php?cid=846.
② 参见魏国彬、周伦(2013)及教育心爱无界. 泰北地区学校介绍 [OL]. http://edulove.seven.com.tw/school.php?cid=846.

1976年，包大平先生创办治平学校。1980年，治平学校迁至永泰村，教师从军中抽调。1982年由中国台湾地区基督教会接办，免收学费，学生由百余名增至300余名。为满足村子发展所需，改名为治平农业试验学校，每天安排2小时的农业课程，并请中国台湾地区专家做实地指导。

1976年，帕党村创办一所文化补习学校（培英中学的前身）。

1980年，满乐福村创办怀恩小学，从美斯乐兴华中学借课本，招收学生近30人，聘请2位华文教师，使用住家暂作课室，早晚学习华文。由于学生人数日增，1983年起，借用本村基督教主日学教室。

总之，为了能够让下一代说中文，泰北华人在穷山恶水的山村坚持推广华文教育，竭力维持着一个村落一所华文学校。在"中国大陆灾胞救济总会"（现名"中华救助总会"，简称"救总"）的资助下，这些学校得到了发展。自1982年（一说1979年）起，除资助泰北华人村创办华校、免费提供教材、定期举行师资培训外，中国台湾当局还承诺每年给予泰北华人村孤军后裔（约50名）不等的免费到中国台湾地区升读专科以上院校的名额（段颖，2012）。这个政策极大鼓舞了泰北华人的信心，泰北的华文教育因此蓬勃发展起来。截至1983年，当时泰北的89个华人村共创办了79所华校（魏国彬、周伦，2013）。

初时，对于泰北华人村的华文教育，泰国政府未加管理。正当华人村华文教育蓬勃发展之时，却遭到突如其来的打击。泰国政府于1983—1985年间陆续停办了泰北华人村所有的华文学校，并将其改为泰文学校，以进行乡村泰文教育。上述公费留台教育政策也于1991年被取消。可以说，自1983—1985年起直至20世纪90年代初是泰北华教的黑暗期。

为使学子不中断学习，华校的校长和老师们借用偏僻的民宅或空屋，以偷偷摸摸的补习方式继续授课。为逃避军警的查封，有时课堂甚至设在屋后的猪圈、牛棚、马房中。孩子们清早学中文，白天上泰文学校，晚上再学中文。还有一种形式是举办农技讲习班，以讲授农业技术为名，暗地里进行华文教育。一个华人村村民说："当时的'农技讲习班'就在我家堆放马铃薯的大棚里讲课，里面讲习中文，外面还有人放哨，一有情况，里面就改讲农技，讲怎样施肥、打虫等。"（段颖，2012）

（三）当代华文教育的发展

随着中国人，特别是云南人的不断迁入，经过几十年的变迁，在最初的13个村落附近又形成了大大小小的一些村落。到21世纪初，泰北形成了大约108个华人村，居住着近20万华人，大部分为云南人，其中孤军及其后裔约有6万人。华人村目前基本上都处于自治状态，由华人村长和华人自治会主席共同管理。村长是泰国官方认可的一级官员，负责与泰国官方的联系；自治会主席由村民选举产生，负责村民之间的内部事务。

自20世纪90年代以来，泰国实行宽松的华文教育政策，泰北华人村的华文教育开始由地下转移到地上，华文学校逐步得到复办和创办。一些华校复办与创办的具体情况如下[①]：

1. 清迈府华校

一新中学于1990年复办，1999年开始设立高中部，目前有40多位教师、1400多名学生（段颖，2012）。

群英小学于1990年复办，改名为群英中学，目前有400多名学生。

新寨华校于1998年复办，改名为三爱学校，目前有9位教师、230多名学生。

华亮、唐窝、新寨三村华校曾有两年时间合并于新寨三爱学校办校，后因交通不便等因素，又分开自行办校。目前唐窝育群小学有5位教师、100多名学生。

半槐崇圣小学于2007年创办。此前当地的华文教学只能依附在泰文学校中，华校创办后，教师有了稳定的教学环境。

大谷地华兴中学1999年开始设立高中先修班，2008年正式设立高中部。

2. 清莱府华校

帕党村华校于1986年复办，改名为培英小学。

永泰治平学校于1993年复办，2002年迁入新校址，改名为治平中学，目前有11位教师、约260名学生。

美斯乐兴华中学于1993年复办，段希文军长长子段湄川先生接任校长，目前有18位教师、约700名学生。美斯乐华兴小学创办于1994年，2005年建成新校舍，目前有7个班级、7位教师。

---

① 教育心爱无界. 泰北地区学校介绍 [OL]. http://edulove.seven.com.tw/school.php?cid=846.

满乐福怀恩小学于 1997 年迁入新校舍上课，目前有 9 位教师、230 多名学生。

美赛光明华侨公学（前身是大其力华侨公学）于 2008 年创办。

与此同时，一些宗教团体也更加关注泰北华人村的华文教育，先后创办了十余所华校，并资助了一些华校。例如：

基督教会于 2004 年在大谷地创办恩惠小学（其前身是 2002 年开办的儿童补习班）。2012 年开设初中部，改名为恩惠中学，有 26 位教师、800 多名学生。同年 9 月在泰国教育部成功注册，正式成为合法学校。

清迈慈济学校是由著名的佛教团体——中国台湾地区慈济基金会创办的。1995 年起，慈济基金会展开"泰北三年扶困计划"，包括老兵赡养、重建难民村、农业辅导讲习与提供茶果苗种植、急难救助、建设中文学校等。慈济基金会于 1997 年成立设校筹备会，校址选定在泰北清迈府芳县，2002 年动土兴建，2005 年小学部正式上课，2008 年中学部开班。[①]

截至 2004 年，泰北四府共有 80 所华校，其中清迈府 23 所，碧瑶府 1 所（即中正小学，后来何时停办时间不详），夜丰颂府 3 所（即山地村海育中学、黎明新村培德小学、密窝村青华小学），清莱府 53 所（修朝，2005）。这 80 所华校中有 20 所中学，其余都是小学。称作中学的，一般还办有幼儿园和小学；称作小学的，一般还办有幼儿园。

截至 2015 年，泰北清迈、夜丰颂、清莱三府共有 96 所华校、1.9 万多名学生、约 760 名教职员工。[②]其中清莱府的华校最多，共有 63 所（见表 1），但只有 3 所华校具备泰国教育部认证的合法办学资格，学生约 1.3 万名，华文教师约 490 位[③]；这 63 所华校中有高中 4 所、初中 20 所、小学 39 所。清迈府共有 30 所华校（见表 2），其中有高中 5 所、初中 11 所、小学 14 所。夜丰颂府还是 3 所华校，只是培德小学改为培德中学。

[①] 清迈慈济学校十年挹穷乡［OL］. http://www.tzuchi.org.cn/index.php?option=com_content&view=article&id=5298:2014-03-02-04-00-04&catid=101:2009-07-30-10-04-05&Itemid=394.
[②] 探访泰北华人村［OL］.（2015-04-16）. http:news.xinhuanet.com/world/2015/04/16/c_127696809.htm.
[③] 泰北华教现状［OL］.（2015-01-06）. http://www.douban.com/note/476740951.

表1 清莱府华人村华校名表[①]

高中（4所）	大同中学（满星叠）、光复中学（茶房）、复华中学（联华）、建华高中（满堂）
初中（20所）	建华中学（满堂）、兴华中学（美斯乐）、泰华中学（老象塘）、中华中学（回鹏/辉鹏）、中兴中学（漂排）、明朗中学（民养/湄南河）、华云学校（美赛）、治平中学（永泰）、健行中学（回莫）、健群中学（康兴）、文明中学（芒冈/芒岗）、回龙中学（回龙）、培英中学（帕党）、道济中学（前身为密额小学，密额）、普门中学（前身为康复小学，康泰/老刘寨）、云兴中学（龙传）、光明华侨公学（美赛）、鹏博冠学校（美赛）、莲花中学、慈光中学
小学（39所）	华兴小学（蒋家寨）、怀恩小学（满乐福）、回海小学、育才小学（可达苏/温港）、明恩小学（完塔）、仁爱小学（民模）、汉光小学（邦麻汉）、美华小学、玉堂小学（明利）、光中小学（回中坡）、德中（一说德忠）小学（刘家寨）、恩泉小学（回马）、云华小学（正德）、光华小学（莱掌）、峡东小学、龙文小学（回菊）、海明小学（美斯乐）、培文小学（八卡）、复明小学（昌复）、古塔小学、旭光小学（辣蒜地）、光兴小学（回凯）、广华小学（芒夏拉/满嘎拉）、清华小学、福民小学（回贺）、复兴小学（回兴）、泰光小学（密康）、仁德小学（茂兰）、福德（一说德福）小学（董家寨）、成功小学（永乐）、光明小学、美浸学校、慈光小学、民族小学、明德小学（回鹏/辉鹏）、象苗小学（莱掌）、博爱小学（美斯乐）、耿耿小学、恩典小学

表2 清迈府华人村华校名表

高中（5所）	一新中学（热水塘/新村）、华兴中学（大谷地）、光华中学（边龙）、教联高中（大谷地）、清迈慈济学校（芳县）
初中（11所）	忠贞中学（万养）、群英中学（黄果园）、育英中学（昌良）、雷岭中学、中正中学、立德中学（安康）、中华中学（盘龙）、暹华中学（猛纳）、圣心中学（前身是孟安小学，孟安）、三爱中学（新寨）、恩惠中学（大谷地）
小学（14所）	三民小学、芳华小学、云台小学、自诚小学（华亮）、育群小学（唐窝）、崑华（一说崑寨）小学、振华小学（马房）、中兴小学、华生小学（昌龙）、王孔小学、崇圣小学（伴怀/半槐）、孟克小学、清迈华起学校、东龙小学

由此可见，泰北华人村华文学校不仅数量有所增加，办学层次也有了提高，不仅初中数量有所增加，高中也从无到有，并且有9所之多。其中，清莱府联华村

---

① 表1、表2主要参考修朝（2005），魏国彬、周伦（2013）及教育心爱无界. 泰北地区华校地图［OL］. http://edulove.seven.com.tw/school_view.php?cid=846&news_id=467.

1990年开办复华高级中学，成为全泰北第一所中文高中[①]；清迈教联高中创办最晚，2011年才建立，于同年8月在泰国教育部成功注册，正式成为合法学校，目前学校有30余位华文教师、830余名学生。

三、华人村华文教育现状与问题

（一）上课时间

泰北山区的每一个华人村庄几乎都有两所学校，一所泰文学校，一所华文学校。华人村的学生每天要去这两所学校上课，8点至16点在泰文学校学习，16点以后到华文学校学习，有的华人村早上8点以前也要到华文学校学习。此外，学生还利用周六半天或全天在华文学校学习。为减轻学生的负担，近年来部分华人村泰文学校上课时间改为7点至15点，之后学生们再去华文学校学习。此外，泰文学校放暑假、寒假时，一些中学基本上还是照常上课，学生一年中正式的假期很少，除去周末，仅有一个月左右（段颖，2012）。

从上课时间来看，泰北华人村的华校实际上只能算是补习班。由于上课时间有限，华文学校教学进度自然很慢，一篇简简单单的课文，他们往往要一个星期才能结束。如果课程要求和全日制学校的要求一样，那几乎是不可能完成的。也正因为这一点，华校教材的编写才显得尤为重要。

（二）教材的使用情况

华人村华校长时间使用的是中国台湾地区南一书局出版的中小学《国文》教材（简称"南一版"），教学使用繁体字和注音符号。当年交通不便，教材是翻越千山万水，经空运、邮递，再由马帮运进山里来。教科书是公共财物，每学完一门课程，书本要留给下一届学生。[②]后来的教材是中国台湾地区侨务会针对泰北实情专门编写的（即"泰北版"）。中国台湾地区对泰北华人村华校的教材赠送一直延续至今。

[①] 流落泰北的国民党军残部后裔：自办华文学校改变屈辱命运［OL］. http://ihl.cankaoxiaoxi.com/2015/0422/753027.shtml.

[②] 少小离家，乡音无改，文化坚守——泰北美斯乐华文学校带来的感动［OL］. http://360.mafengwo.cn/travels/info_weibo.php?id=53826031.

近年来中国资助的华校日益增多，这些华校使用中国国家汉语国际推广领导小组办公室（简称"国家汉办"）赠送的汉语系列教材，教学使用简体字和汉语拼音。使用中国台湾地区泰北版教材的华校也在改变，如满星叠大同中学校长张明光说："简化字也不错嘛。笔画简单，好写好认，有利于文化普及。"[①]满堂村建华中学校长段家寿表示，简体字可能取代繁体字。茶房村光复中学校长颜协清说，未来的世界，两种字体都要学。当然也有坚持繁体字教学的，如美斯乐兴华中学校长杨成孝就坚持教繁体字。[②]

除了简繁体字与拼音注音问题外，中国台湾地区教材大部分为文言文选读，有一定难度，且在生活和工作中用处不大，这对本来上课时间就很短的华文教学极为不利。不仅教学效果不佳，还影响到学生的学习态度，从而形成一种恶性循环。有些学生本来就不愿意学华文，繁重的课业负担又使学生，特别是中途插班的学生不堪重负，更加不愿意学，最终可能出现学生辍学问题。

（三）经济状况

各校经济状况差别很大。镇上的华校每学期对每个学生收学费2000—3000泰铢，稍远一点的华校收600泰铢、700泰铢或者1000多泰铢不等，这些学校基本上能够维持。其中的佼佼者当数美斯乐兴华中学，收学费2000—5000泰铢，实现了教学与经济运行的良性循环；新村一新中学收学费500—2000泰铢（6个月）。一新中学还有一个特殊的传统——决不因家庭困难、无法缴纳学费而拒收学生。学生如果没钱付学费，可以先给学校打借条，等以后工作挣钱后再还（段颖，2012）。而偏远学校由于村民生活贫困，可能只收很少的学费甚至免费。回马村恩泉小学有60多个学生，学费是每人每月1公斤大米，但就这一点米还收不齐；民模村仁爱小学每学期有三分之一的学费无法收齐；大密康村泰华学校是免费的，由泰国政府资助给贫困学生的一杯奶粉是大密康村泰华学校学生一天所能够汲取的全部营养来源。

学费低廉甚至免费，就无法支付教师的工资。华人村华校教师的工资和办学经

---

① 向风友：支教金三角 7、坤沙的革命理想（下）[OL]. http://blog.sina.com.cn/s/blog_4587215f0102v176.htm.
② 推广繁体字泰北华校孤军奋战 [OL]. http:blog.renren.com/share/257687812/3110281577.

费更多的是来自校长自掏腰包或拉赞助，以及善心人士的捐助。如清莱莱掌村象苗学校的运转主要靠李兴唐校长的咖啡种植收入；明利村玉堂小学校长李开明和他父亲是依靠销往中国的茶叶生意支撑起玉堂小学的；美斯乐村茶叶店明泰轩的店主戈明泰每年拿出自己经营收入的很大一部分，用于支付同村兴华中学的教师薪酬，戈明泰自主自愿、无求无获任何回报的行为至今已经延续了10年之久。①

由于中国台湾地区相关政策的改变，加之经济不景气，官方及慈善组织对泰北华人村华校的资助正在逐渐减少。一些影响较大的华校，或多或少还能得到一些资助，而一些小村寨的华校，则时刻面临着关闭的危机（段颖，2012）。近年来，中国对泰北华人村华校不断加大资助的力度。此外，华校间的守望相助也非常重要，其中贡献最大的是满星叠大同中学。例如：莱莫切明伦小学校长凌军荣也是学校唯一的老师，每月的工资是大同中学给的；密康村泰光小学在大同中学的资助下，才把原来的茅草房建成现在的砖瓦房。

（四）华校的"中华情"

华人村的华文教育在中华文化传承方面发挥了重大作用。许多华校的校园里到处张贴着"仁义礼智信"之类的中国传统道德格言警句。大同中学的办学宗旨之一就是"发扬中华文化，弘扬孔孟之道，增进泰中友谊"。

华校课程一般设置语文、数学、英语3门主科，还有常识、电脑等副科。在清莱中华文化教育协会的推动下，清莱府所有的华校都无一例外地设置了一门讲授《弟子规》的课程，并且把这门课的上课时间安排在每周的重要时段。除了讲授《弟子规》，各华校还会安排其他内容的道德课。例如：完塔明恩小学从幼儿园到小学四年级讲《弟子规》，小学五、六年级讲《朱子治家格言》；清莱温港村育才学校的道德课是讲《弟子规》和《常礼举要》。

另外，一新中学每年岁末都要举行毕业典礼，其中的"薪火相传"仪式意味深长。毕业生依次上前，由校领导帮他们点燃各自手中的小蜡烛，象征中华文化代代相传、生生不息。毕业典礼与中国台湾地区乡村中小学的毕业典礼几乎一模一样，在典礼中，我们可以明显体会到一新中学的华文教育与中国台湾地区的文化关联；

---

① 流落泰北的国民党军残部后裔：自办华文学校改变屈辱命运［OL］. http://ihl.cankaoxiaoxi.com/2015/0422/753027.shtm.

而且，学校平素接受来自中国台湾地区的资助、师资培训，使用中国台湾地区的教材，学校的分班、管理及教学进度也基本与中国台湾地区的国民教育相同。日常教育的熏陶与典礼仪式的强化，使得学生学习华文的同时，也逐渐建立起自身对于中国台湾地区以及"华人特征"的意识和认同（段颖，2012）。

四、华人村华文教育发展建议

除了上面提到的华文教学时间不足、教材繁体字与简体字之争、学生辍学率较高、经费严重不足等问题，目前，泰北华校还面临着教师流动性大、教师素质有待提高、师资严重缺乏等问题，导致华人村华校在华文教育面临转型升级的关键时期无法适应华文教育发展的新形势。这一方面需要华校自身加强改革，另一方面还需要寻求各方面的帮助。

（一）提升办学层次，培训师资，发展职业教育

华人村的华文教育，仅以补习性质开展是不够的，还要努力提升办学层次。一方面要培训师资，如建华中学在高中二年级设有师范班，在地培育师资；另一方面要发展职业教育，如泰国云南商会监事长吴南江建议中国帮助当地兴建职业技术学校，为华文学校毕业生提供职业培训。泰北华文教育功能已完成从最初的"语言文化传承"到"经济的实用价值"，再到两种功能并存但经济占主导的转变（杨文安，2011）。

（二）加入泰北华文民校联谊会，与其他华校积极互动

华人村华校应着力发展与泰北华文民校联谊会的友好关系，积极加入泰北华文民校联谊会，并借助它的影响，与泰北乃至全泰其他华校积极互动，让更多人了解并关注华人村华文教育，从而实现师资、教材等方面的资源共享与信息交流。目前，华人村百余所华校中，只有清莱美赛光明华侨公学加入了泰北华文民校联谊会。

（三）加强和中国的联系与交流

泰北华人村多年以来一直未能跟随泰中交往主流，华文教育也一直步履维艰。2003年，清迈地区23所华校成立了"清迈地区华人村华文教师联谊会"。联谊会

成立以来，所属华校在本土教师培训进修、"寻根之旅"夏（冬）令营、学生毕业深造、中国国务院侨办公派教师及各高校学生志愿者、教材赠送、经费资助等方面得到清迈总领馆、中国各级侨办、各类院校的支持和关注。例如：2005 年输送首批学生回国深造，几年来，共输送 70 多名学生前往中国华侨大学、云南师范大学和昆明华文学校等院校深造；2006 年促成清迈地区华人村华文教师联谊会会员学校领导两度考察中国，同年 5 月，迎来了中华人民共和国驻清迈总领馆彭仁东总领事首次视察大谷地华兴中学，之后继任的总领事也都会视察联谊会所属华校；自 2006 年 10 月起，中国海外交流协会组织的讲学交流团每年都来华人村培训各校教师，每年都组织学生回国参加"寻根之旅"夏（冬）令营，同时又首度获得中国国务院侨办赠送的教科书《汉语》系列教材 4 万册；2009 年 3 月首次向中国国务院侨办、云南省侨办申请了公派教师；2011 年共向中国国务院侨办申请 7 位公派教师来联谊会所属华校任教[1]；等等。今后，中国将面向泰北华人村全部华校展开包括师资、教材、经费等方面的全方位支援，从而给泰北华人村华校注入活力。

近年来，中国商人赴泰投资越来越多，中国赴泰游客也日益增多，泰国国内急需双语人才。如今，华文和泰文对于泰北华人村村民生活的改善同样重要，华人村的华文教育虽然问题还很多，却也充满希望。

参考文献

［1］安·马克斯韦尔·希尔. 泰国北部的中国云南人［J］. 东南亚，1985（1）.

［2］段颖. 泰国北部的云南人——族群形成、文化适应与历史变迁［M］. 北京：社会科学文献出版社，2012.

［3］魏国彬，周伦. 泰北华人村华文教育的发展变迁——来自泰国金三角地区的田野调研系列报告之一［J］. 保山学院学报，2013（4）.

［4］修朝. 泰国华文教育发展史，泰中研究：泰国华侨华人史（第三辑）［M］. 泰国北榄府：华侨崇圣大学泰中研究中心，2005.

［5］杨文安. 泰北云南华人社会及华文教育探析［J］. 思想战线，2011（S2）.

［6］周圭峨. 东南亚华文教育［M］. 广州：暨南大学出版社，1995.

---

① 华校简介：清迈教联高级中学［OL］. http://www.qmjlgjzx.com/introduce.

泰国高校中文师资现状观察及人才流动个案研究[*]

一、引言

泰国高校中文师资队伍是伴随着泰国中文教育事业发展培养起来的，充足的师资力量和高水平的教师队伍是泰国中文专业建设和汉语人才培养的关键。目前，泰国高校中文师资人员构成主要有泰籍本土教师、中国籍自聘教师、中泰合作院校交换教师、国际汉语公派教师、国际汉语教师志愿者和赴泰代岗实习生等6种。通过搜索中国知网（CNKI）和谷歌学术（GS）资源，对所得文献进行考察发现，对泰国高校中文师资进行整体调研的文献偏少。学界在考察泰国高校中文教育教学情况时，仅有小部分篇幅谈及师资现状与存在问题，考察的对象集中在泰籍本土教师和国际汉语教师志愿者，缺少对其他师资类别的专题研究。调查的范围主要围绕教师结构展开，包括"教师的年龄结构、性别结构、专业构成、教育程度构成和学历构成、职称构成等"（杜成宪、郑金洲，2014）。因此，本文基于已有学术成果，对泰国五个地区不同办学性质的部分院校中文教师结构展开调查，借助高校官网、学院主页和课程设置中涉及师资的具体信息收集，对获得的一手材料进行筛选和数据统计，并结合个别访谈，对泰国高校中文师资现状进行分析。同时，就乐德纳可信皇家理工大学汉语教师情况，从个案研究的角度考察中文师资人才流动的特点。最后，尝试提出泰国高校中文教师职业发展和师资队伍建设的一些优化建议。

---

[*] 作者：罗秋明，泰国乐德纳可信皇家理工大学，暨南大学。本文刊于《世界华文教育》2021年第4期。

二、泰国高校中文专业设置及师资队伍发展历程

（一）初创艰难期（1973—1991年）

1970年前，泰国的中文教育仅在民办小学和职业学校，高等院校均未开设中文课程。1973年6月，朱拉隆功大学首开汉语选修课，开启中文在高校教学的序章（巴屏，2003）。1978年，宋卡王子大学北大年校区率先把汉语作为专业主修课程，首开泰国中文专业本科学历教育。师资方面，由于20世纪50年代至70年代的政治原因，泰国"华语学校被迫停止，华语师资力量也随之大大减弱"。这一教育的断层，造成了汉语教师人才的严重短缺。80年代，泰国政府放宽了汉语教师资格和教师名额的管制（赵惠霞，2019），但直到80年代中期才有一批大学汉语教师去美国和中国台湾等国家和地区留学，另外也有些是从华语学校毕业，前往中国大陆进修后回来任职（吴琼、李创鑫，2001）。在中文专业设置的初创阶段，即1991年前，泰国开设中文专业的高校仅8所，且各校的师资极其缺乏，数量存在很大不足，中文师资队伍建设颇为艰辛。

（二）持续探索期（1992—2005年）

20世纪90年代至21世纪初，是泰国中文教育发展的政策铺垫期。一系列的中文教育政策，为泰国中文专业的发展提供了政策支持，也为高校中文师资培养和队伍壮大做出了重大贡献。2001年，泰国12所大学开设中文专业，2004年增至21所。师资上，2005年，黄汉坤对21所开设汉语专业的高校泰籍汉语教师情况进行统计，师资总量为77人，其中博士7人、硕士44人、学士26人（图1）。加之经中国教育部批准，"国际汉语教师中国志愿者计划"于2004年3月26日正式实施。这一时期，泰国大学中文师资缺乏的状况有所缓解，教职人员构成也较为丰富，由本土中文教师、华人华侨、在泰工作或读书的中国籍教师、以交流合作途径聘请中国各院校的汉语教师、赴泰任职的汉语本科毕业生或研究生及中国外派志愿者等组合而成（游辉彩，2005）。但整体而言，中文师资力量还很薄弱，教师缺乏课程背景，教员流动性强，难以保证教学质量与学科水平。师资数量不足、水平参差不齐仍然是亟须解决的问题。

（三）稳步发展期（2006年至今）

2006年至今，是泰国"汉语热"和中文教育高速发展的时期。2006年，泰国启动《泰国汉语教师本土化策略》，致力于培养本土中文教师。2008年，泰国44所大学开设中文专业，2010年上升到55所，2014年增加至58所，2020年达到73所。随着泰国中文专业建设力度的提升，高校中文师资队伍也获得了从量到质的飞跃。根据黄汉坤（2005）、朱拉隆功大学亚洲研究所中国研究中心（2008）和泰国教育部教育委员会秘书处办公室（2016）的调查数据，泰国高校中文师资的学历层次及数量分布，见图1。2016年，泰国高校中文师资的职称及在不同办学性质高校的数量分布，见图2。

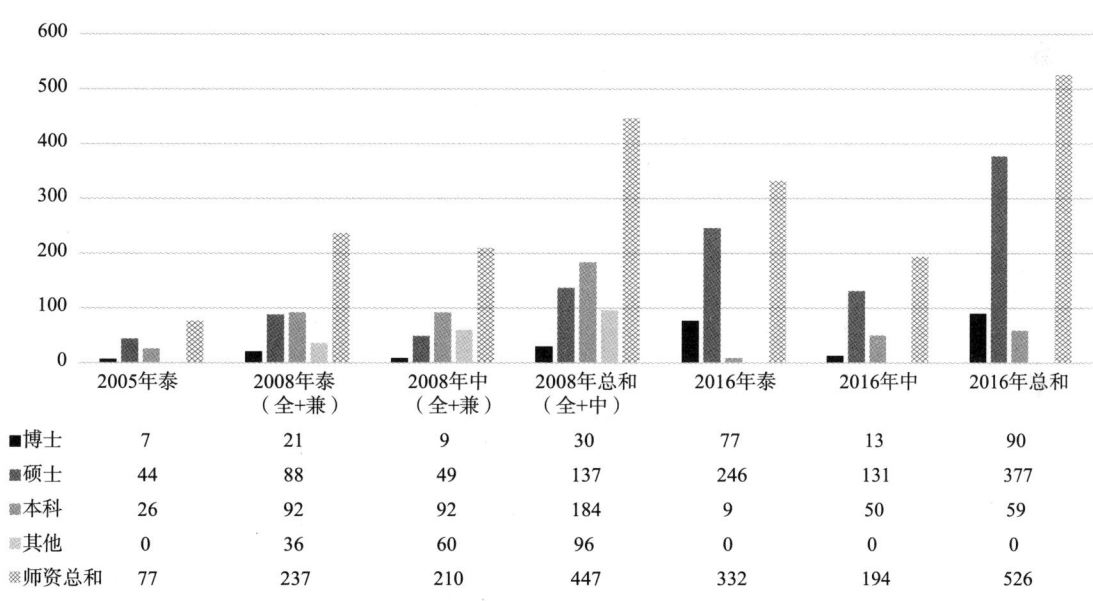

图1 2005年、2008年和2016年泰国高校中文教师最高学历对比（单位：人）

2014年，泰国高教委发布新版教学质量标准，规定中文专业教师成员不得少于5人，以保证师资最基本数量。同时，泰国积极引进国际汉语教师志愿者，较好地保证了中文师资队伍来源。在稳步发展期，现有中文师资体量能满足课程教学需要，教师的学历和职称亦在逐步提升。

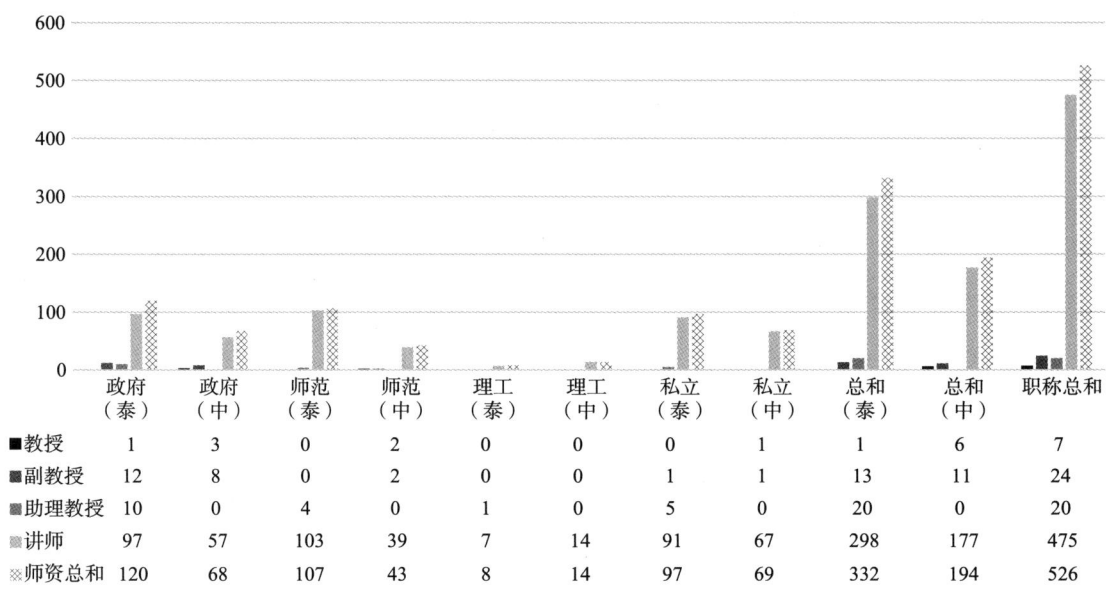

图 2　2016 年泰国高校中文教师最高职称对比（单位：人）

三、泰国高校中文师资现状调研与分析

（一）泰国高校中文师资队伍情况

本文从两个方面调查泰国高校中文师资情况：一是收集中文专业教师的基本信息，包括人数、最高学历、专业方向和最高职称等。二是收集中文专业的计划招生及预期毕业数、课程总学分及专业课学分、学制及培养方式等资料。调查中发现，诸多高校官网没有公开中文教师的在职情况，部分公开的专业课程资料亦极为陈旧，又因人才流动使调研难度增大。因此，本文收集的相关信息，均以近几年各高校院系公布的最新中文专业课程大纲为基础，结合官网师资信息，经仔细筛选，最终确定泰国五个地区不同办学性质的 20 所大学作为研究对象。具体调研情况，见表 1。

表 1　20 所泰国高校中文专业汉语师资情况（2021 年 7 月）

地区属性	校名	人数	最高学历（获取国/地区）	专业方向	最高职称	计划招生	培养方式	总/专业学分
中部公立政府大学	蓝康恒大学	泰 5 中 2 兼 3	博士 2（中 2） 硕士 5（中 2+台 1+泰 2） 兼硕士 3（中 1+台 1+泰 1）	高等教育学 1 中国现当代文学 3 汉语应用语言学 1 汉语国际教育 1 语言学 1 工商管理 MBA 2 中国文学 2	副教授 2 助教授 1 讲师 7	200/50	4 年单证 本土培养 文学学士	139/90
	泰国艺术大学	泰 4 中 1 兼 1	博士 2（中 1+泰 1） 硕士 3（中 2+泰 1） 兼硕士 1（泰 1）	语言学及应用语言学 1 课程与教学 1 汉语国际教育 2 泰—中语言文学 1 成人继续教育 1	讲师 6	75	4 年+本土培养 4 年+联合培养 云南大学	145/109 172/136
中部公立自治大学	泰国农业大学	泰 6 中 4	博士 1（中 1） 硕士 8（中 6+泰 2） 本科 1（中 1）	语言学 1 汉语史 1 汉语言文字学 1 汉语作为外语教育 1 汉语国际教育 2 汉语言文学 1 中国古典文学 1 比较文学与世界文学 1	副教授 2 讲师 8	25	4 年单证 本土培养 文学学士	141/105

续表

地区属性	校名	人数	最高学历（获取国/地区）	专业方向	最高职称	计划招生	培养方式	总/专业学分
中部公立师范大学	庄甲盛皇家大学	泰6 中0	博士1（泰1） 在读博士2（中1+泰1） 硕士3（中2+泰1）	汉语国际教育1 汉语1 汉语语言学1 汉语教学2 语言学及应用语言学1	讲师6	30	4年单证 本土培养 文学学士	136/106
	瓦拉亚隆功皇家大学	泰4 中2	硕士5（中3+泰2） 在读博士1	汉语国际教育4 汉语教学1 中国现当代文学1	讲师6	60	4+1单证联合培养 华中师范大学	139/103
中部公立理工大学	乐德纳可信皇家理工大学	泰7 中2	博士2（中2） 硕士4（中4） 在读博士3（中2+台1）	汉语国际教育4 课程与教学论1 教育学原理1 汉语言文字学1 比较文学与世界文学1 世界经济体系中的中国和东盟1	讲师9	60	4年单证 本土培养 文学学士	138/100
中部私立大学	泰国商会大学	泰8 中2 兼3	博士4（中4） 硕士6（中6） 兼硕士3（中3）	中国现当代文学2 汉语言文字学2 汉语言文字学3 现代汉语1 中国现代文学1	助教授2 讲师8 兼讲师3	70/40	4年单证 本土培养 文学学士	141/105

续表

地区属性	校名	人数	最高学历（获取国/地区）	专业方向	最高职称	计划招生	培养方式	总/专业学分
中部私立大学	斯巴顿大学（春武里校区）	泰4 中2		汉语国际教育2 中国学1 工商管理1				
东部私立大学		泰6 中2	博士2（泰2） 硕士4（中2+泰2）	应用语言学1 教育行政1 汉语国际教育1 工商管理DBA 1 教育管理1	讲师6	50	2+2双证联合培养 贵州大学	128/98
北部公立政府大学	纳瑞宣大学	泰6 中2	博士5（中4+泰1） 硕士3（泰3）	国际关系史1 比较文学与世界文学2 语言学及应用语言学1 中国学1 中国现当代文学2 语言学1	助教授2 讲师6	60	4年单证 本土培养 文学学士	141/105
北部公立师范大学	清迈皇家大学	泰10 中0	博士5（中4+泰1） 硕士5（中5）	语言学及应用语言学4 汉语语言学1 比较文学与跨文化研究1 中国古典文学1 湄公河和萨尔温江流域区域研究1 汉语国际教育1 中国文学与汉字研究1	助教授1 讲师9	60	4年单证 本土培养 教育学士	138/102

续表

地区属性	校名	人数	最高学历（获取国/地区）	专业方向	最高职称	计划招生	培养方式	总/专业学分
北部公立师范大学	甘烹碧皇家大学	泰13 中1	硕士13（中11+泰2）本科1（泰1）	汉语国际教育9 语言学及应用语言学1 汉语2 应用语言学1 管理学1	讲师14	60	5年单证 本土培养 教育学士	163/127
北部私立大学	泰国西北大学	泰3 中1	博士1（中1）硕士3（中1+泰2）	语言学及应用语言学1 汉语国际教育1 汉语作为外语教学2	副教授1 讲师3	60	1+2+1双证 联合培养 上海师范大学	160/124
南部公立自治大学	瓦莱岚大学	泰8 中0	博士5（中5）硕士3（中3）	语言学及应用语言学1 华语与华文教育1 中国现当代文学2 比较教育学1 旅游管理1 汉语国际教育1 课程与技术方法论1	助教授1 讲师7	70	4年单证 本土培养 文学学士	153/105
	南方大学	泰4 中1	博士2（中2）硕士3（中3）	汉语语言学1 汉语言文学1 语言学及应用语言学3	讲师5	60	4年单证 本土培养 文学学士	129/93
南部公立师范大学	素叻他尼皇家大学	泰5 中0	博士3（中3）硕士2（中1+泰1）	中国现当代文学1 语言学及应用语言学1 民族学1 汉语国际教育1 中国研究1	讲师5	60	2+2双证联合培养 云南师范大学	142/103

续表

地区属性	校名	人数	最高学历（获取国/地区）	专业方向	最高职称	计划招生	培养方式	总/专业学分
南部公立师范大学	也拉皇家大学	泰5 中0	博士1（中1） 硕士4（中5）	文艺理论1 汉语国际教育2 中国现当代文学1 文学艺术1	讲师5	60	4年单证 本土培养 文学学士	130/100
南部公立理工大学	泰国宋卡利佛逝皇家理工大学	泰3 中7	博士3（中3） 硕士7（中7）	汉语国际教育6 亚非语言文学1 语言学1 汉语语言学1 汉语语言文学1	讲师8 助教授1 副教授1	30/30	4年本土培养 2+2双证联合培养 重庆邮电大学	130/93
南部私立大学	合艾大学	泰4 中1	硕士5（中5）	语言学及应用语言学1 汉语国际教育2 汉语作为外语教学1 汉语语言学1	讲师5	30/25	4年单证 本土培养 文学学士	129/93
东北公立师范大学	乌隆他尼皇家大学	泰5 中0	博士1（中1） 硕士4（中4）	汉语国际教育2 汉语作为外语教学1 语言学及应用语言学2	讲师5	80	4年单证 本土培养 文学学士	137/98
东北公立师范大学	四色菊皇家大学	泰5 中1	硕士6（中6）	汉语国际教育6	讲师6	80	4年单证 本土培养 文学学士	133/97

注：文字后的数字均为人数。如"泰1"表示泰籍教师1人；"博2（中1+泰1）"表示最高学历博士2人，学历获取国中国1人、泰国1人；"汉语国际教育1"，表示所学专业汉语国际教育1人；"讲师5"表示最高职称讲师5人。

经统计，20 所大学中文教师总数为 151 名，不同教师类别、最高学历和最高职称的教师数量及所占比例，见图 3。

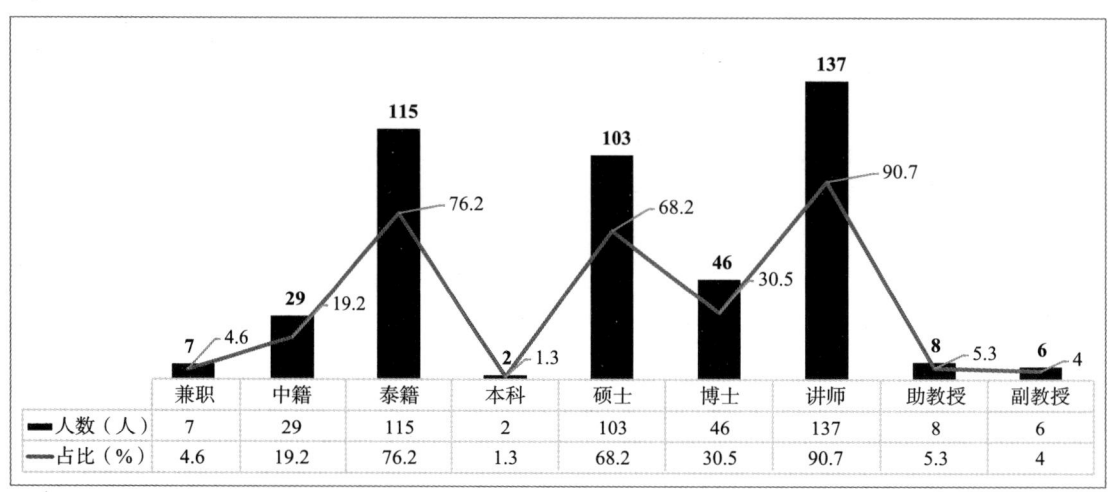

图 3　20 所泰国高校中文师资情况

1. 数量明显增多，本土化程度高，学历提升显著

从表 1 "人数"和图 3 "类别"上看，各校中文师资主要由泰籍和中国籍教师构成，泰籍在 3—13 人之间，普遍 5—6 人。中国籍保持在 1—2 人，兼职教师占少数。多所院校泰籍所占比重超过 80%，这强有力地说明中文教师本土化程度较高。原因是近 10 年来，中国设立各类奖学金吸引泰国学子赴华留学，完成学业的学生回国并到高校任教。随着师资数量呈稳步、持续增长趋势，泰籍本土教师搭配中国籍自聘教师构成高校中文师资的主体，这也解决了一直以来师资不足的问题，满足了教学需求。从图 3 "学历"可知，教师集中在研究生学历，除 2 名本科，泰籍和中国籍教师为硕士、博士学历的占 98.7%。泰籍以硕士为主，在读博士和博士的数量持续攀升，中国籍硕士居多。总体上，目前教师的数量和学历水平满足中文专业本科建设要求，泰籍教师本土化进程迅速，师资队伍稳步发展。

2. 学术背景专业化，职称评定缓中有升

据表 1 "专业方向"和图 3 "职称"统计，教师专业背景排名以汉语国际教育 49 人居首，同类型的汉语作为外语教学、汉语教学专业与工作内容吻合。其次是语言学及应用语言学、汉语言文字学等，在语言学和教学理论上非常契合。现当代文学、古代文学、文艺理论等方向和中国语言文学学科密切相关，教师能多方位综合掌握汉语语言文学文化知识，也接触到一些教育学、心理学等学科内容。因此，从高校中文专业学科建设角度考虑，中文教师人才普遍专业对口，所学方向与教授课程关联度高，达到专业化程度，整体教育水平较高。职称方面，泰籍以讲师居多，助理教授和副教授的数量亦在缓步提升，泰国青年教师职称提升空间还很大。中国籍以硕士讲师为主，在泰国无法参与职称评定。目前，专业化的中文师资队伍已经形成，教师"教与学""教与研"相结合的发展态势良好。经过职业发展，这类教师的教学技能和科研能力也将日渐扎实。

3.学生培养方式灵活，教师教学任务减轻

就表1"培养方式"看，有本土培养和中泰联合办学两种，联培又分"2+2"、"3+1"和"4+1"模式。一些5年制汉语教育（教学）专业在新课纲中缩短学制为4年，如艺术大学、清迈皇家大学等。调查中发现，中泰校际合作的短期交换留学和夏（冬）令营项目也不少，学生培养方式较为灵活。各校虽有计划招生，但多数普通高校每届中文专业在校生人数为40人左右。教师课时量，公立高校为6—15节/周。如某理工大学泰籍教师中，有行政头衔不低于7小时/周；无行政职务不低于10小时/周；中国籍教师不低于15小时/周。也有不分国籍的，如某政府大学不低于12小时/周，某师范大学不低于14小时/周。针对课时任务，多名教师反馈，以专业学生总数100—200名计算，师资配置为泰籍5—8名，中国籍1—2名，每学期承担2—4门课程，是完全能够满足教学工作需求的。加之不少学校采取中泰联合培养，教师配置得到合理改善，工作任务亦得到减轻。

（二）泰国高校中文师资存在的问题

1.教师教育背景脱离课程设置职业化需求

中文教师所学专业、取得学历和学术背景实现专业化，但课程设置的职业化需求却与此产生脱离，这也是教师专业培养带来的教学局限性。教师学术背景向专业化转变，且多集中在人文科学领域，这样的专业化使得学术背景变得相对狭窄，即容易造成中文师资队伍中缺乏跨学科的复合型人才，由此导致教师教育背景与所授课程不一致。反映在课程设置上，即众多中文专业大三及大四课程偏向职业汉语，属实践性、操作性较强的课型。作为专业必修的职业方向课程，需要授课教师掌握和具备不同职业方向的专业技能，如商务、旅游、医学、酒店、航空、工业等。据访谈和调查资料，泰国高校中文教师普遍缺少职业汉语教学经验，具有校外公司企业、政府部门等背景知识和从业经验的教师微乎其微。所以，教师教育背景单一、缺乏社会工作经验，一定程度上影响了课程设置的职业化需求。

2.教师行政管理任务挤压教学与科研时间

教学和科研是高校教师的两个重要抓手，需要教师合理平衡二者的关系。但在访谈中，泰籍教师普遍反映学校的行政工作和管理事务过多，变相压缩了教师对教学及科研的时间与精力投入。除日常教学，泰籍教师的行政事宜主要体现在会议和办文工作。此外，教师还须辅导学生参加校内外比赛、组织学生举办各类活动、指导毕业生实习等。加上近几年各校课程设置更新变化较大，一直以来的教材老大难问题又难以解决，授课内容多靠教师自编教材。近两年受新冠疫情影响，线上授课又加重了备课量。泰籍教师作为高校中文教学工作的主力军，教学任务相对较为繁重，某些教师的专业知识掌握还不扎实，亦不能及时掌握学科前沿学术动态，视野不够开阔。各种因素综合导致中文教师的教学实践水平提高缓慢，教师对教学和科研的投入不足，最终使得教师的科研能力不高，学术成果普遍偏少，难以取得较好的学术成就。

3.教师综合职业素养缺乏规范的考评标准

中文师资不断增长，但无论是学历提升、教学业务，还是科研成果或职称评定，都缺乏统一规范的考评标准。一般而言，泰籍教师无论是辅导学生比赛、参与文化活动、指导学生实习，还是参加师资培训、学术研讨或论文发表，都能获得绩效考核加分，与薪酬及职称评定挂钩。但多数中国籍教师的整体业务水平无法获得学校的综合评定，加之高校对中国籍师资职业发展尤为不重视，从薪资水平、学历提升到职称评定，均缺乏有效的激励机制，中国籍教师难以在泰国申请科研项目，无法在泰国教育系统内参与职称评定，职业发展前景堪忧。另外，泰国有针对基础教育学段的教师学历教育和资格考试，但缺少高校教师相关的持证上岗制度和教师资格考评标准。新入职的教师普遍缺乏职前培训，后续也较少有专业的、有针对性的师资培养计划。教学期末考评简单，职称评定以专业方向、学术研究和教材编写等为主，无法全面衡量教师的综合职业素养。

四、泰国高校中文教师人才流动个案研究

乐德纳可信皇家理工大学是泰国中部公立皇家理工办学性质的一所普通高校，中文专业开设在紧邻曼谷唐人街的Bophit Phimuk分校区。2005年中文系第一届本科招生，至今培养毕业生500名左右。目前，四个年级在校生共139人。中文专业发展至今，历时16年，几经人事变动。本文考察该校区中文专业师资人才流动情况，从泰籍本土教师、中国籍自聘教师和国际汉语教师志愿者三方面整理材料，对10年来教师的任教年份、离职及留任情况做统计，见表2。

表2 2011—2021学年乐德纳可信皇家理工大学中文专业教师人事变动情况

类别	教师名单	任教年份（学年）											任职情况
		2011	2012	2013	2014	2015	2016	2017	2018	2019	2020	2021	
泰籍本土教师	AL	✓	✓	✓	*	*	*	*	✓	✓	✓	✓	在职
	BH	✓	✓	—	—	—	—	—	—	—	—	—	离职
	CC	—	✓	✓	*	*	*	*	✓	✓	✓	✓	在职
	DL	—	✓	✓	—	—	—	—	—	—	—	—	离职
	EC	—	—	✓	✓	✓	*	*	*	*	*	✓	在职
	FC	—	—	✓	—	—	—	—	—	—	—	—	离职
	GC	—	—	✓	✓	✓	✓	✓	✓	✓	✓	✓	在职
	HC	—	—	—	✓	✓	✓	✓	*	*	*	*	读博留任
	IZ	—	—	—	✓	✓	✓	—	—	—	—	—	离职
	JY	—	—	—	✓	✓	✓	✓	✓	✓	✓	✓	在职
	KY	—	—	—	—	—	✓	✓	—	—	—	—	离职
	LM	—	—	—	—	—	—	—	—	✓	✓	✓	在职
中国籍自聘教师	MJ	✓	—	—	—	—	—	—	—	—	—	—	离职
	NW	✓	✓	✓	—	—	—	—	—	—	—	—	离职
	OS	✓	—	—	—	—	—	—	—	—	—	—	离职
	PL	—	✓	✓	✓	✓	✓	✓	✓	✓	✓	✓	在职
	QL	—	—	—	—	—	—	—	—	✓	✓	✓	在职
	RL	✓·	—	✓	✓	✓	✓	✓	—	—	—	—	离职

续表

类别	教师名单	任教年份（学年）											任职情况
		2011	2012	2013	2014	2015	2016	2017	2018	2019	2020	2021	
志愿者	SZ	✓·	—	—	—	—	—	—	—	—	—	—	离职
	TM	—	✓·	—	—	—	—	—	—	—	—	—	离职
	UL	—	✓·	—	—	—	—	—	—	—	—	—	离职
	VS	—	—	—	—	—	✓·	—	—	—	—	—	离职
在职总和/人		7	8	10	7	7	8	7	7	7	7	8	

注：①✓表示在职；✓·表示以志愿者身份在职；*表示读博留任但不在职；—表示离职，不在职。
②任教年份按学年计算，如 2011 表示 2011 年 6 月至 2012 年 3 月，为一学年。

结合表 2 的数据，对该校中文专业汉语教师人才流动做分析，可以发现：

（1）泰籍教师。表现为：一是泰籍教师总量稳定，每学年在职师资数量为 5—6 人，职业流动相对较低。2013 年后虽有读博、纳新和离职，但整体保持稳定。二是泰籍教师学历提升和职称评定空间较大。7 名教师职称均为讲师，博士 2 人，在读博士 2 人，学历和职称有待提高。三是泰籍教师数量已趋于饱和。据调查，全系最少 5 位教师时，也能完成中文教学任务。目前在职教师 8 人，师生比例合理，教学任务均衡，教师有余力从事科研工作。

（2）中国籍自聘教师。10 年来，中国籍教师数量稳定，保持在 2—3 人，留任时间长，任期均在 3 年以上，流动性较低。至于离职原因，一位教师是另谋高就，如拥有副教授职称的 MJ 老师，特别受到拥有汉语硕士学位授予资格高校的欢迎。因泰国高校教师职称评定严格，副教授和教授数额偏少，拥有高级职称的中文教师属急需的紧缺人才。另两位教师离职原因，一是提升学历攻读博士，一位是回国发展。

（3）国际汉语志愿者。经学校申请，中国国家汉办于 2011 年始向中文系输送志愿者。从接收数量上看，呈逐渐减少趋势，乃至停招。2011 年首次接收志愿者 2 名，2012 年 2 名，2013 年至 2015 年停招，2016 年 1 名，2017 年 2 名泰籍博士毕业回校工作，停招至今。据调查，5 名志愿者的学术背景及教学经验方面，4 名是在读硕士，1 名为应届硕士毕业生；所学专业为汉语国际教育、语言学及应用语言学、中国古典文献学和英语。志愿者在中国均没有教学经验，最后也都没有留任。

（4）个案研究反映的泰国高校中文教师人才流动特点。一是泰籍本土教师是中文教学的主力军，负责学校大部分的教学工作，教师本土化程度非常高。配额中国籍教师 2—3 名，教师结构合理。二是多数教师所学专业与从事的汉语教学工作相符或相近，学历高、专业背景良好，教龄在 4 年以上，慢慢脱离了初出茅庐、教学经验不足之状。三是中国籍教师受聘名额限定，流动性很小，留任年数较长。少数中国国家汉办派出的志愿者，流动性大，教师更换频繁。四是中文教师职业相对稳定，教师人才流动性整体偏低，事业型和稳定型中文教师已经逐渐形成。五是在泰籍本土教师人才充裕之余，对志愿者的接收会相对减少。一方面，由于教龄较长的中国籍自聘教师在语言上的适应能力比志愿者教师更好；另一方面，从长远来看，泰国高校更倾向于接收泰籍本土教师和长期任教于泰国的中国籍教师。

五、泰国高校中文师资发展的优化建议

根据泰国高校中文师资现状的调查结果及存在问题，结合个案研究的具体情况，对泰国高校中文师资职业发展及队伍建设提出以下优化建议：

（一）加强学历提升，扎牢"教学相长"

在学历获取地区方面，调研显示，大部分泰籍教师在中国大陆（少量在中国台湾地区），部分在泰国境内，如朱拉隆功大学、泰国农业大学、华侨崇圣大学等开设的汉语硕士、博士专业。部分泰国高校开设的语言学和应用语言学硕士、博士点，也是不少中泰籍教师获取学位的途径。学历是专业基石，教与学相长是从业目的。除提升学历，中文教师还应注重强化教学实践，扎牢"教学相长"。一是在学历教育和职业培训中，学习先进的教学理念和教学手段，改进教学方法，提升教学质量，提高教学效率。二是在新冠疫情常态化情况下，加快中文教育技术信息化程度，提高教师网络教学技能，使教师在中文教育事业上获得可持续发展的能力。

（二）重视学术科研，深化"以研促教"

针对教师科研时间不足、教学与科研结合能力普遍较弱的情况，建议各高校及中文教师重视学术研究，把更多精力放在教研与教师自我提升上。目前泰国学

术刊物中，已有泰国农业大学《中国学研究期刊》、正大管理学院《社会科学与管理》和华侨崇圣大学《中国语言文化学刊》，共 3 种接收泰中英三语的 TCI2 级期刊。2020 年创刊的博仁大学《中国东盟研究》开设教育教学栏目，接收中文稿件。2020 年泰国华文教师公会成立学术组，致力于开展泰国本土的华文教育学术相关活动。2021 年，泰国多所孔子学院相继开展科研项目，培育及探索学术期刊建设。另外，泰国创办的泰语、英语教育期刊亦较为丰富，教师可以泰语发表中文教育教学相关文章，一些本土大学也会定期举办汉语教学论坛。基于泰国良好的中文学术环境，建议教师要善于在教学中总结经验，用理论武装教学，更要勤于练笔，尝试发表，形成研究成果，提高论文写作水平，深化"以研促教"。

（三）完善考评制度，彰显职业吸引

针对泰国高校中文教师综合职业素养缺乏规范的考评标准，提出建立科学合理的考评制度，以提高职业吸引力。合理的考评制度不仅包括日常的教学计划、教案检查、学生平时作业及考试测评、期末学生评教、工作量及出勤考核，还应包括指导学生参赛、组织文化活动、参加师资培训、参与学术研讨会、发表学术成果等。在合理的条件下，使教师公平地申请课题合作乃至职称评定，甚至包括薪酬绩效、教研补贴、文化体验活动、假期探亲等。但凡涉及教师的师德为人、育人能力、工作实绩和学术贡献等方面都应纳入考核，给予泰籍和中国籍教师公平合理的职业环境，明晰教师的职业规划，增强教师的职业能动性。同时，制定高校中文教学标准和教师资格标准，建立与完善高校中文教师的教学、培训、薪酬、科研等方面的考核评价机制，助力提升教师职业素养，激发教师职业发展动力。

六、结论

中文师资是泰国高校中文专业建设、中文教育教学及汉语人才培养的重要力量。了解泰国高校中文师资现状及人才流动趋向，有助于推进泰国高校中文专业建设，优化中文师资队伍，培养符合时代发展需求的新型汉语人才。本文通过对泰国高校中文师资现状考察、人才流动个案研究及分析可知，泰国高校中文师资发展已经取得了较为显著的成效，各校中文专业已经基本建成专业水平高、相对稳定的泰

籍本土师资队伍，在职教师的数量、学历提升和职称评定亦有明显提高，现有中文师资力量基本满足高校中文教育教学和汉语人才培养需求。未来泰国高校中文师资职业发展和队伍建设，须关注教师教学实践与科研能力的融合培养，扎牢"教学相长"，深化"以研促教"。实践证明，海外中文教师是需要终身投入的职业，培养事业型和稳定型的中文教师是今后泰国高校中文师资发展的重要方向。

参考文献

[1] 巴屏．泰国华文教学现状［J］．国外汉语教学动态，2003（3）．

[2] 杜成宪，郑金洲．大辞海·教育卷［M］．上海：上海辞书出版社，2014．

[3] 黄汉坤．泰国高校泰籍汉语教师及汉语教学现状［J］．暨南大学华文学院学报，2005（3）．

[4] 黄汉坤．浅谈泰国高校汉语言专业的课程设置及未来趋向［J］．海外华文教育，2009（2）．

[5] 黄汉坤．泰国高校汉语专业与中泰校际合作交流今谈［J］．海外华文教育，2011（2）．

[6] 黄汉坤，徐武林．泰国高校汉语言专业研究生教育现状［J］．云南师范大学学报（对外汉语教学与研究版），2014（3）．

[7] 泰国教育部教育委员会秘书处办公室．泰国高等教育汉语教学发展研究报告［R］．曼谷：普里旺图形有限公司，2016．

[8] 吴琼，李创鑫．泰国华文及华语教育现状［J］．暨南大学华文学院学报，2001（4）．

[9] 徐武林．泰国高校泰籍汉语教师现状及研究［J］．中国石油大学学报（社会科学版），2009．

[10] 游辉彩．泰国华文教育现状分析［J］．东南亚纵横，2005（12）．

[11] 赵惠霞，鲁芳．泰国的汉语教育政策变迁与汉语教育的发展［J］．河南理工大学学报（社会科学版），2019（1）．

[12] 朱拉隆功大学亚洲研究所中国研究中心．泰国华文教学研究报告·高等教育［M］．曼谷：Sri Boon电脑—印刷联合出版社，2008．

缅甸华文师资培训现状与对策*

缅甸是"一带一路"周边国家，是海外华文教育的重点区域之一，现有华侨华人 200 多万人，办好缅甸华文教育对中国具有重要战略意义。

目前困扰缅甸华文教育的仍然是"两教一金"问题，即教师、教材和资金（李嘉郁，2008）。为解决教师问题，中国国侨办等单位自 2002 年开始了大规模教师培训活动，大大缓解了当地华文师资短缺与培训不足的问题。不过目前我们对缅甸师资培训的具体情况不甚明了，缺乏数据性的描述。前人有关缅甸华文师资培训的研究也多包含在缅甸华文教育的总体论述之中（范宏伟，2006；林锡星，2003；熊琦、张小克，2006；徐祥生，2013；寸晓红，2014；郭熙，2006、2013、2015 等），鲜有专门针对华文师资（尤其是教师培训）的相关研究（李祖清，2012）。

为弥补上述不足，我们通过问卷调查和个别访谈的形式调查了缅甸中部和北部地区 64 位华文教师，初步摸清了缅甸华文师资培训的大致情况[①]。下文将首先报告本次调查的结果，并从培训对象、培训内容、培训方式、培训效果和培训需求等方面分析当前缅甸华文教师培训的现状特点；然后指出当前缅甸华文师资培训存在的缺陷与不足；最后提出我们的建议和对策。

一、缅甸华文教师培训基本情况与分析

我们一共分三次调查了 64 位缅甸中北部地区的华文教师，下文将依次用数据介绍：（1）培训对象的具体情况；（2）被调查者的总体受训情况；（3）培训项

---

* 作者：娄开阳，中央民族大学；赵温瑞，缅甸曼德勒福庆学校。本文刊于《世界华文教育》2016 年第 2 期。
[①] 缅甸华校曾于 1965 年被收归国有，20 世纪 80 年代逐渐恢复后的华文教育主要集中在中北部地区，靠近仰光的南部地区由于政治原因恢复得不是太好。因此，本调查可视为对整个缅甸华文教育的一个抽样调查。

目的总体设置情况;(4)培训内容的相关情况;(5)培训方式;(6)培训效果;(7)培训需求。限于人力物力,本次调查的范围和样本量有限,这里得出的数据仅供参考。

(一)培训对象的具体情况

主要了解受训者的年龄、性别、学历、入职状况(专职或兼职)等情况。

第1题:受训者的年龄是多大?

	17—25岁	26—35岁	36—50岁	50岁以上	合计
福庆学校	7	9	6	1	23
缅北地区	17	4	1	0	22
曼德勒地区	12	7	0	0	19
频数	36	20	7	1	64
比例	56%	31%	11%	2%	100%

结果显示:受训教师大多是年轻人,35岁以下教师占到87%。

第2题:受训者的性别是什么?

	男	女	合计
福庆学校	5	18	23
缅北地区	1	21	22
曼德勒地区	0	19	19
频数	6	58	64
比例	9%	91%	100%

结果显示:在64位被调查对象中,女性教师占到91%,这说明男女教师比例严重失衡。目前男教师比较缺乏的主要原因是缅甸教师待遇较差,所以很少有男性当老师。

第3题：受训者的中文学历是什么？

	初中	高中	本科	外国语大学中文系毕业	硕士	博士	合计
福庆学校	1	11	3	0	7	1	23
缅北地区	16	6	0	0	0	0	22
曼德勒地区	3	9	4	3	0	0	19
频数	20	26	7	3	7	1	64
比例	31%	41%	11%	5%	11%	2%	101%[①]

结果显示：缅甸华文教师的中文学历并不高，主要为初高中学历，共占比例达72%。

第4题：本人的职业是什么？

	专职教师	兼职教师	家庭教师	补习教师	其他（实习老师）	合计
福庆学校	12	9	0	2	0	23
缅北地区	18	2	0	1	1	22
曼德勒地区	14	1	3	0	1	19
频数	44	12	3	3	2	64
比例	69%	19%	5%	5%	3%	101%

结果显示：专职教师的比例占69%，这说明缅甸的华文教师正在向专业化、正规化迈进，但仍有相当比例的教师为非专职教师。

（二）总体受训情况

第5题是关于受调查者此前是否接受过培训。在受调查的64位老师中，接受过培训的老师有45人，所占比例达77%；没接受过培训的老师为19人，占23%。这说明缅甸的大部分华文教师都接受过正规培训。

在接下来的第6题有关受训次数的调查中，接受过三次以上培训的老师有32人，占50%；接受过两次培训的老师有10人，占16%；接受过一次培训的老师为22人，占34%。这说明缅甸大部分华文教师接受过三次以上培训，专业化水平在不断提升。

---

① 因计算过程中"四舍五入"的问题，表中比例合计出现了101%或99%的情况。

(三)项目总体设置情况

主要了解培训项目的主办方与承办方、项目设置的地点与时间、培训师及培训教材情况。

第7题是关于培训项目主办方和承办方情况的调查。根据对缅甸曼德勒福庆学校教师参加过的培训项目次数的统计,中国国侨办是华文教师培训方面的主力军,投入最大。

第8题是关于受训地点的调查。结果显示:在64位老师中有17位老师同时在中国和缅甸接受过培训,16位老师只在中国接受过培训,31位老师只在缅甸参加过。这说明教师培训的主要地点还是在缅甸本土(占75%),本土化培训是当前华文教师培训的主流,也是未来的趋势。

第9题:培训的时间有多长?

	一周以内	两至三周	一个月	两到三个月	合计
福庆学校	1	11	8	3	23
缅北地区	14	6	2	0	22
曼德勒地区	9	6	3	1	19
频数	24	23	13	4	64
比例	38%	36%	20%	6%	100%

结果显示:绝大多数培训项目都属于一个月以内的短期培训(占94%),同时也说明在职教师很难有大块的时间脱离教学一线参加培训。

第10题:授课培训的老师是谁?

	本土教师	中国大学讲师	中国学者教授	中国中学教师	其他	合计
福庆学校	0	17	12	2	0	31
缅北地区	15	5	5	3	0	28
曼德勒地区	14	6	5	1	6	32
频数	29	28	22	6	6	91
比例	32%	31%	24%	6%	7%	100%

此题为多选。结果显示：一是尽管中国培训师总体比例仍然过半（讲师与教授合计55%），但缅甸本土培训师在单项统计中所占比例是最高的（32%），约占到1/3，这一点值得引起我们的重视；二是培训师的职称大多是教授或讲师，总体素质和水平较高。

第11题是关于培训班用的教材。由于接受调查的培训班属于本土教材培训班，因此使用的是中国国家汉办出版的有缅甸语翻译的《跟我学汉语》《当代中文》《快乐汉语》《汉语乐园》等教材；此外还有普通话水平测试、对外汉语、高级口语、语法理论以及中国国家汉办主编的教材等。这说明培训班里使用的教材，华文教学的特色不明显，使用的多为汉语作为第二语言/外语教学的教材。

（四）培训内容的相关情况

主要了解培训项目中的具体培训内容，如汉语本体知识方面、第二语言教学法方面、中华才艺方面及中国文学方面等。

第12题：你参加过的培训内容有哪些？（可多选）

	语言知识	教材培训	第二语言教学法	才艺	文学	不同课型教学法	合计
福庆学校	20	11	13	16	8	5	73
缅北地区	10	16	5	0	5	0	36
曼德勒地区	10	13	8	3	4	6	44
频数	40	40	26	19	17	11	153
比例	26%	26%	17%	12%	11%	7%	99%

结果显示：培训内容主要集中在汉语本体知识、教材培训和教学方法方面。

（五）培训方式

主要希望了解具体的培训方式与方法，如是否采用多媒体教学、师生互动情况如何。

第13题：培训的方式是什么？

	用多媒体教学	分组讨论	只讲课	合计
福庆学校	18	8	5	31
缅北地区	5	9	6	20
曼德勒地区	8	15	1	24
频数	31	32	12	75
比例	41%	43%	16%	100%

从数据上来看,培训方式并不单一。但在个别访谈时,仍有不少受访者反映授课方式枯燥,师生互动不足。这可能是多媒体形式也仍是以培训师讲授为主,受训者试讲结合培训师点评等互动性较强的方式并未采用的缘故。

第14题:你参加过的培训形式是什么?

	教学演练	授课	讲座	工作坊(讨论)	合计
福庆学校	10	12	5	0	27
缅北地区	14	4	3	1	22
曼德勒地区	14	3	2	4	23
频数	38	19	10	5	72
比例	53%	26%	14%	7%	100%

结果显示:教师们参加过的培训形式比例最多的是教学演练,为53%;其次讲授形式两项合起来为40%(授课为26%、讲座为14%);工作坊(讨论)为7%。这说明培训师还是比较注意教学演练的,并不是完全采用讲授形式。这一点与访谈时受训学员所提的意见相左,他们认为培训方式讲授较多,单一枯燥,缺乏师生互动。具体原因有待进一步调查。

(六)培训效果

主要了解受训者接受培训后的反映,我们设计了两道题:第15题是了解受训者对培训效果的总体感受;第16题是调查受训者的具体收获。

从收集到的数据和受训学员反馈来看,培训效果普遍较好,大部分学员的回答都是很满意。受训者普遍认为培训是有必要的,不仅让他们学到了本体知识,还让他们掌握了教学的方法,进而提升了教学信心。

（七）培训需求

主要了解受训者的培训意愿及具体培训需求，结果显示：绝大多数受访者都有较强烈的继续接受培训的意愿；具体需求主要集中在教学方法和本体知识两方面。

第17题是关于是否愿意再次参加类似的培训。结果显示：98%的学员愿意再次接受培训；不愿意的仅占2%。这说明受训教师有进一步接受培训的意愿。通过个别访谈，我们进一步了解了培训的具体需求，发现受训学员的培训意愿主要集中在提高自身华语水平和学习更多教学方法上。

第18题：你希望得到什么内容的培训？

	汉语教学法	汉语知识	汉语教学训练	其他（HSK考试培训）	其他（才艺、音乐、舞蹈）	合计
福庆学校	13	7	8	0	1	29
缅北地区	13	10	0	1	0	24
曼德勒地区	9	7	4	0	0	20
频数	35	24	12	1	1	73
比例	48%	33%	17%	1%	1%	100%

结果显示：有关教学方法的培训最多，占48%；本体知识方面的培训占33%；教学训练占17%；HSK考试培训和中华才艺等只各占1%。这说明学员们的培训需求主要还是集中在教学方法和本体知识方面，对才艺和考前辅导的培训需求不大。

二、特点分析

通过数据分析，可以看出目前缅甸华文教师培训的基本特点是：

（1）总体趋势：当前的培训还是一种粗放式培训，还处于教师培训的初级阶段，需要向精细化培训的方向努力。因为2002年之前尚无大规模的华文师资培训，所以所有培训项目的培训效果都很好。

（2）培训对象：缅甸华文教师有三个突出特点，一是华文师资大多数都很年轻；二是男女比例严重失衡，极缺男教师；三是教师华文学历水平较低，亟须提高。

（3）项目设置：目前主要为短期培训，教师很需要进行长期的系统培训。鉴于缅甸华文教师的中文学历普遍较低，因此中文学历教育是非常需要的[①]。培训地点大部分是在缅甸国内，这说明本土化培训是主流，有其自身的优势，也是未来发展的趋势。

（4）培训师：数据显示中国培训师约占2/3（61%），但缅甸本土培训师所占比例也不小（32%），约占1/3，这很值得我们重视，说明有必要增加本土培训师的数量。

三、现存问题与建议对策

从目前情况来看，当前缅甸华文师资培训还处于粗放型的初级阶段，仍有很大的改进完善空间。下面我们从两个方面来具体阐述：

（一）缅甸本土教师的建议

对缅甸情况最了解的当然还是当地的华文教师，我们对部分受训学员进行了访谈，询问他们对培训班的总体看法以及对当前华文教师培训的意见。在受训学员的意见和建议中，除了缺乏资金以外，主要有如下几条：

（1）很希望能继续接受培训，希望培训项目能坚持，这是几乎所有受访者共同的心声。

（2）培训时间太短，在有限的时间培训那么多内容不现实，建议增加培训时长。这一反馈在总体意见和建议中属于高频反馈意见之一，应引起我们足够的重视。

（3）缺乏针对性，希望能解决教师们的教学问题和现实生存问题。目前的培训对学员的具体需求缺乏较细致的了解，对受训学员一线教学中存在的问题不甚了解。

（4）教学方法单一，建议增加师生互动，进一步激发学员的积极性。有学员认为"知识培训老师单纯在讲，而没有考虑到学员们的感受"。

---

① 在教育学上学历教育属于教师培养，而短期教师培训属于教师发展，此处不做教育学性质上的区分。

(二)我们的建议与对策

首先应充分肯定当前缅甸华文师资培训已经步入正轨,解决了许多问题。根据本次问卷调查和深度访谈,结合缅甸本土教师的反馈,针对当前存在的问题,我们提出以下几点建议供决策机构参考。

(1)充分提高认识,意识到缅甸华文师资培训的重大意义。缅甸是"一带一路"共建国家,中国是缅甸最大的贸易伙伴和最大的投资国,缅甸华文教育的地位非其他东南亚国家可比。在缅甸大量培养华文教师,从根本上解决好教师的问题不仅有利于缅甸华文教育,更有助于未来中缅之间的友好关系,这一点从长远来看具有战略意义。

(2)展开全面调查,建设"海外(缅甸)华文教师数据库"。只有摸清基本情况,才能找准方向,正确决策,实施精准培训。需要培训哪些人,优先培训哪些人,需要培训什么,重点培训什么,培训到何种程度,这些问题都需要建立在前期大规模调研及数据库的基础之上才能给出答案,否则很难提高培训的针对性。

(3)加强基础研究,使海外华文师资培训向标准化、精细化方向发展。目前对海外华文教师培训的专门研究不够,如制定培训大纲、建设项目评估系统,以及设立华文教师资格证制度,等等。这方面的研究不单单是为缅甸华文教师培训服务,对整个海外华文教师培训均有理论意义和实践价值。在困扰海外华文教育的"两教一金"问题中,教师作为人的因素无疑是最重要的,也是推动海外华文教育的抓手,而师资培训则是突破当前瓶颈的突破口。

(4)更新培训模式,由常规培训模式向"福庆培训模式"转变。当前的常规培训模式为"走出去(送教上门)"和"请进来(国内培训)"两种形式,但这种常规模式只是一种"输血"培训模式,即便在缅甸本土的培训项目也多是由中国的培训师来培训缅甸本土教师,从根本上来说并未改变"输血"的根本性质。缅甸曼德勒福庆学校在实践中采取了一种新的行之有效的师资培训模式,可为海外华文师资培训提供借鉴,该模式可称之为"福庆模式"(李祖清,2012)。具体来说就是先由中国培训师培训缅甸本土基础较好的种子教师,再由这些种子教师来培训缅甸当地的华文教师。这一新型培训模式有诸多好处,将有助于实现当前海外华文教师培训由单纯"输血"向本土"造血"的彻底转变。

尽管本次调查也大致反映了缅甸华文教师培训的基本情况，但限于人力物力及调查者本身的学历，调查的范围及问卷设计、访谈提纲等方面均有诸多不尽如人意之处。如果有资金支持相关的大范围调查，建立起完备的缅甸华文教师数据库，不但可为未来对缅甸华文教师培训提供决策支撑，同时对东南亚华文教育也具有借鉴意义。

参考文献

［1］寸晓红．缅甸华文教育发展的趋势与策略［J］．德宏师范高等专科学校学报，2014（2）．

［2］范宏伟．缅甸华文教育的现状与前景［J］．东南亚研究，2006（6）．

［3］郭熙．海外华语教学研究的现状与展望［J］．世界汉语教学，2006（1）．

［4］郭熙．对海外华文教学的多样性及其对策的新思考［J］．语言教学与研究，2013（3）．

［5］郭熙．关于新形势下华侨母语教育问题的一些思考［J］．语言文字应用，2015（2）．

［6］李嘉郁．海外华文教师培训问题研究［J］．世界汉语教学，2008（2）．

［7］李祖清．论汉语国际推广中培养本土教师的重要性［J/OL］．（2012-06-30）．http://www.mhwmm.com/Ch/NewsView.asp?ID=1226.

［8］林锡星．缅甸华文教育产生的背景与发展态势［J］．东南亚研究，2003（3）．

［9］熊琦，张小克．缅甸汉语教学概况［J］．世界汉语教学，2006（3）．

［10］徐祥生．缅甸南方华文教育概况［D］．苏州：苏州大学，2013．

缅甸华文师资学历函授问题调查分析*

一、引言

缅甸华文教育是世界汉语教学的重要组成部分，目前缅甸华文教育主要还是依靠民间华人社会力量在办学，华校普遍存在师资短缺、教师教学能力参差不齐的问题。以往华校主要采取让中学毕业生留校任教的方式来缓解师资紧张的矛盾，但由于年轻教师学历层次低、专业素质不高，课堂教学效果并不理想。师资队伍学历提升和教师素质培养，成为当前缅甸华文教育最迫切需要解决的问题。缅甸华校师资的问题，在海外华校中也具有典型代表性。

为了解决华校缺少高素质华文本土教师难题，中国海外交流协会、云南省海外交流协会自2000年开始，委托云南省相关高校，在缅甸曼德勒、东枝和腊戍[①]等地开展华文本土教师学历函授教育，成效显著。为了加快华文本土师资队伍建设，优化学历函授教育方案，我们有必要对这种学历函授教育模式进行系统的梳理，对存在的问题进行分析，提出优化和解决对策，为新时期面向海外华文师资培养提供借鉴和参考。

以往缅甸华文教育研究主要对缅甸华文教育发展史、教育现状、教学策略和教学模式做描写和分析，如范宏伟（2006）、鲜丽霞（2008）、李祖清（2011）、叶星（2012）、夏玉清（2015）等介绍了缅甸华文教育在历史夹缝中求生存、在新时期焕发蓬勃生机的现状；赵温瑞（2013）、王丽（2014）、邹丽冰（2014）等介绍了缅甸华校的分布特点、华校学制、课堂教学模式等情况；黄锐（2013）、刘涛（2014）、寸琳（2015）、董思凡（2015）等则以具体的缅甸华校为研究对象，考察了当地华校汉语教学的情况，分析了制约华校发展的师资、教材、教法等问题；黄

---

* 作者：张鹏，云南师范大学；魏文鼎，云南师范大学。本文刊于《世界华文教育》2019年第4期。
① 曼德勒、东枝、腊戍是缅甸华人聚居最多的城市。曼德勒位于缅甸中南部内陆，是缅甸第二大城市；东枝位于缅甸东南部，是缅甸掸邦首府；腊戍位于缅甸东北部，是缅甸北部掸邦首府。

金英（2013）则通过五套汉语教材对比，讨论了缅甸小学本土化汉语教材建设的问题；马勇、马克力（2005），张鹏（2016）则分析了缅甸华文师资跨境学历函授教育模式的特点和优势。

从以上研究来看，我们可以发现，目前研究缅甸华文师资培养，尤其是研究"区域化""学历化""本土化"师资培养问题的还不多，现有的研究也多是从总结师资培养的策略和模式入手，对于华文"本土"师资学历函授培养实践过程中发现的问题缺少分析和应对方案。由于缅甸华文教育具有"区域化"特点，有的地区偏重汉语母语文教学，有的地区偏重汉语第二语言教学，而缅甸中南部曼德勒、东南部东枝和东北部腊戌地区，由于华人数量居多，华人社会基础坚实，加之其他民族有学习汉语的迫切需求，上述地区"以母语文为主，兼顾第二语言教学"的华文师资培养特点尤为明显，具有典型的地区代表性。从2010年起，笔者全程参加了云南师范大学面向缅甸三地的华文本土师资学历函授工作，对华文师资学历函授进行了考察，并针对师资培养成效问题对当地华校领导、函授教师和华校学生进行了访谈调查。以下我们将从缅甸华文本土师资学历函授教育培养背景、缅甸三地华文本土师资学历函授教育培养模式、学历函授对当地本土师资培养的作用，以及存在的问题和解决问题的建议四个方面进行讨论。

二、缅甸华文本土师资学历函授背景

早在第二次世界大战前后，缅甸就存在数百所华文学校。1964年，缅甸推行国有化运动，缅甸政府宣布关闭华人创办的华校并将华校收归国有。1967年6月缅甸爆发排华暴乱，政府宣布华文教育非法，自此缅甸华文教育陷入沉寂。1988年新军人政权执政后，在国际经济制裁背景下，缅甸经济日益倚重中国，中缅贸易日渐频繁，沉寂了20多年的华文教育在缅甸政府"睁一只眼闭一只眼"的情形下，借用佛寺、道观、基督教堂等宗教场所，采用果文[①]学校、电脑商业技术学校的办学形式开始缓慢发展。进入新世纪以来，尤其在中国"与东盟国家积极开展

---

① 果文，指缅甸定居果敢地区果敢族（实为汉族）的民族语。将汉语借用果文形式来组织教学，是缅甸华校在教学尚未合法化，借助缅甸少数民族语教学的一种变通方式。

合作""一带一路"和"孟中印缅经济走廊"共建倡议下,大量中资企业在缅甸投资,企业对华语人才需求倍增,华文教育开始迎来了蓬勃发展的历史时期。想要培养高素质的汉语人才就必须要有高素质的汉语教师。然而,由于缅甸华文教育在历史发展中曾出现过断层等原因,华文师资培养成了制约缅甸华文教育发展的首要问题。

陆俭明教授(2011)曾指出"本土化汉语师资培养是解决各国各地汉语师资缺乏的主要途径"。郭熙教授(2007)也认为海外华文教育发展有赖于华文本土教师队伍数量和质量的提升,华文本土师资培养是海外华文教育工作的重中之重。为了应对缅甸华文本土师资不足的问题,中国海外交流协会依托云南省海外交流协会、云南高校和部分中小学,不断加强对缅甸中小学华文教师培训扶持的力度,采取了选派中国教师赴缅甸华校教学和培养缅甸华文本土教师等多种策略。前者"输血"培养,暂时可以缓解华校师资短缺矛盾;后者"造血"培养,从华文教育长远发展考虑,着眼建设一支稳定合格的当地教师队伍。在上述师资培养策略中,华校选派当地华文本土教师到中国参加短期培训,费用高昂,时间受限,受训教师没有学历认证;向缅甸派送华文教师,所派教师数量又难以满足各地教学需求;相关专家赴海外巡回讲学,不仅培训时间受限,而且教学内容无法深入。为了加大对缅甸华校师资培训的力度,让当地教师不离土、不离岗,既解决工学矛盾,减轻经济负担,又能得到系统的学历教育;既能提高华校师资素质,提升教学水平,又能培养接受正规学历教育的华文教师队伍,解决华文教育发展中遇到的师资瓶颈问题,云南省海外交流协会和云南大学、云南师范大学等地方高校在中国海外交流协会领导的支持下,发挥地缘、亲缘优势,依靠驻缅甸使领馆,对外调动华人华侨社团积极性,对内集成教育教学资源,积极面向缅甸开展跨境学历函授教育。

自 2000 年至 2018 年,云南省海外交流协会先后组织云南大学、云南师范大学在缅甸曼德勒、东枝、腊戌三地举办了 7 届"汉语言文学"专业函授教师学历培训,共计培养华文教师 800 名,其中专科 657 名,本科 143 名。目前许多毕业学员积极投身当地华校华文教育工作,成了教学和管理骨干,获得当地社会好评,华文本土师资学历培养效益逐步显现。

三、缅甸华文本土师资学历函授教育培养模式

缅甸曼德勒、东枝、腊戍等地区,长期以来一直是华人族群相对集中的聚居地。据不完全统计,2017 年缅甸三地华人数量超过 31 万,华人约占该地区总人口的 15%,其中华校、教师、学生人数如表 1 所示。

表 1 缅甸三地华校、教师、学生数统计表①

地区	总人口（万）	华人人口（万）	华人比例	华校数	华文教师数（人）	学生数（人）	师生比例
曼德勒	135	9.5	7%	10 所	508	11182	1:22
东枝	42	2	4.8%	11 所	211	6169	1:29
腊戍	33	20	61%	98 所	1056	34789	1:33

截至 2017 年,上述三地各类华校超过 119 所,专、兼职华文教师超过 1775 人,在校学习汉语学生人数超过 52140 人,师生比例约为 1:29,华文教育发展优于缅甸其他地区。缅甸三地华校的汉语教学性质主要属于"华语文教学",主要教学对象为华裔子弟,学生学习汉语的目的主要是传承民族语言文化并掌握汉语交际工具。这类华校规模都比较大,如曼德勒云华师范学院、东枝兴华学校、腊戍黑猛龙学校,学生人数都超过 1500 人;另外兼有少部分"汉语作为第二语言教学"性质的语言课堂,主要针对当地缅族、傣族、景颇族、德昂族、佤族等非华裔学生,学生学习汉语主要是为了掌握汉语这门交际工具,开设这类课堂的华校有曼德勒福庆学校、东枝东华学校、腊戍果文学校等。

由于缅甸三地华校教师大多由华校高中毕业留校,学历层次和专业素质不高,为了培养高素质的华文本土学历教师,该三地华文教育联合会向中国海外交流协会、中国高校积极争取培训资源。自 2000 年开始,云南海外交流协会组织缅甸三地华校教师、社会各界人士参加云南大学成人教育学院"汉语言文学"专科函授,至 2009 年成功举办了 4 届函授班,共招收了 515 名学员。此举在当地华文教育界引起轰动,被中国驻缅甸使领馆誉为"具有开创性事件"的华文教育。云南大

---

① 统计表中,曼德勒、东枝华校相关数据由云南海外交流协会驻缅甸中心主任唐建军调查提供,腊戍华校相关数据由掸邦北部文教会提供。曼德勒、东枝两地华校数、教师数和学生数为不完全统计。

学利用函授的形式为缅甸华校培养汉语教师，这样做可以让学员不离土、不离乡，既解决了工学矛盾，又减轻了学员的经济负担，且为当地培养了一批"用得上，留得住"的汉语师资。

从2009年8月开始，云南师范大学接替云南大学，面向缅甸三地华校招收了3届华文教师"汉语言文学"专业函授学历培训班（含1届专科、2届专升本），共计9个班、285名学员，其中专科142名，本科143名。学员全部来自曼德勒、东枝、腊戍和周边华文学校，如曼德勒孔教学校、育才学校、明德学校、和平育华学校、东枝果文学校、瑞仰瑞华中学、东宜光华中学、猛邦华文学校、腊戍圣光学校、圣辉学校、果邦学校、果庆学校、蛮沾猛稳佛经学校等。函授培训班采取"走出去+请进来+网络远程教育"三结合的培养模式。按照全日制专、本科班入学考试方法，云南师范大学面向华校每届招收30—45名华文教师或有志于从事华文教育的工作者。平时教师主要利用网络手段开展课程远程教育，指导学员学习专业课程，并答疑解惑；每学年2月至3月、7月至8月，则组织任课教师赴缅甸三地函授点（曼德勒福庆学校、东枝东华学校、腊戍果文学校）开展面授和考试；利用最后一个学期3周面授时间组织学员到云南师范大学参加汉语教学观摩与实践、现代教育技术、华文教师资格认证等课程的学习。

以专科为例，课程设置语言类、文化类、文学类、教育类等16门课程，具体为：高级汉语教程、高级汉语写作、现代汉语通论、古代汉语基础、语言学概论、HSK专题、中国概况、简明中国史、中国文化常识、中国古代文学、中国现当代文学、教育心理学、华文教学概论、汉语课堂教学技巧、汉语教学观摩与实践、现代教育技术与中文教学，共计1260学时，其中面授480学时。

缅甸专升本学历函授班课程设置语言类、文学类、教育类、文化类等26门课程，共计1110学时，其中面授390学时。具体课程安排见表2。

表2 缅甸专升本学历函授班课程安排表

学期	课程			
第1学期	现代汉语（上）	普通话语音教学	汉字教学	中国文化概论
第2学期	现代汉语（下）	教师口语技能训练	中国古代史	中国概况
第3学期	中国文学（上）	第二语言习得概论	语言学概论	古代汉语

续表

学期	课程			
第4学期	中国文学（下）	国学经典导读	中国古代诗歌赏析	汉语写作
第5学期	教育学	汉语教学法	跨文化交际概论	
第6学期	教育心理学	多媒体教育技术	毕业论文写作指导	安排论文指导教师
第7学期	教学观摩与教案编写	华文教材教法	中国民俗概论	论文开题答辩
第8学期	中华民族歌舞	中国传统手工制作	太极拳	中国书法

函授培训对所有学员都是免费的，最后一学期来华的境内交通、食宿等费用都由中国海外交流协会补助，所以学员们经济上没有压力。整个培养按照学员的要求尽量调整上课时间，这样就不会打乱学员们原先的生活工作节奏，只要是通过了入学考试的学员，都可以免费上课或参加旁听。对于学员来说，函授教育给予了他们一个继续深造和免费学历教育的机会，培训课程针对性和实用性强，所以参加云南高校跨境学历函授成为缅甸华文教师在岗继续教育的首选。

四、学历函授对缅甸华文本土师资培养的作用和存在的问题

缅甸三地华校的华文教师，以往只要具有华校初中、高中学历，具备一定的汉语书写会话能力，就可以担任教职，大部分教师缺乏华语文和师范教育经历。教师在教学过程中常出现不知道如何解答学生遇到的问题的情况，一些教师不懂汉语语法，普通话发音不标准，甚至错别字连篇，更别提运用系统的华文教育知识指导学生学习。部分教师虽然理解了教学的内容，但由于不具备科学的教学方法，没有掌握适合中小学学生心理的教学手段，教学效果往往不够理想。一些教师教法单一，多以灌输式教学为主，课堂以老师为中心，只重视输入不重视输出，教学缺乏师生互动。久而久之，学生的学习兴趣和积极性都在下降，导致教学效果不尽如人意。

华文本土教师"汉语言文学"学历函授，通过专业系统培训，使华校在职教师和准备入职的新手教师具备了与教学相配套的汉语语言文字能力；具备了华语文和汉语作为第二语言教学的能力，包括实施教学和控制课堂的能力、处理教材的能力、评价与测试的能力、恰当运用教学方法和技巧的能力，以及具备专业职业发展

潜力，使其胜任汉语教学工作。这些受训教师将所学知识再带回所在的华校，起到了"种子"教师的"传帮带"示范作用，促进了当地华校师资队伍建设，提升了教师专业素质，推动了当地华文教育的发展。

在函授教学实践中，通过对42位华校领导、64位函授学员访谈，并对150位函授教师进行了问卷调查，我们发现华校领导和学员反馈学历函授尚存在以下问题：

（1）课程安排面面俱到，重点不突出。目前函授教学受专业课程限制，主要以理论概念、汉语本体知识为重心，以语言类、文化类、文学类和教育类面面俱到的拼盘式课程设置为教学框架，对于缅甸本土教学环境下教师的汉语课堂教学能力提升重视还不够，平均用力的课程设置在一定程度上影响了旨在提高华校教师教学技能的培训效果。36%的受访华校校长表示，本校函授毕业的教师虽然汉语言文学方面的知识提升很大，但由于所学课程没有充分考虑缅甸华文中小学教学环境和条件，没能通过大量实践训练提高学员的华文中小学课堂教学能力，学员毕业就能成为教学骨干的预期效果大打折扣。

（2）面授时间紧迫。函授每门课程的面授时间平均为3天到4天（30学时），问卷调查中56%的学员表示面授时间太紧张，由于基础薄弱，要在3天到4天时间内熟悉教材内容、掌握教材重难点并通过考试，任务实属太重。60%的学员认为自己只能以死记硬背的方式去记住授课内容，很多知识由于没有足够的时间消化，考试一过就迅速遗忘。

（3）远程教学组织松散，缺乏有力的督促。问卷调查中28%的学员表示，由于学校华文师资函授远程教学平台教学资源有限，学员除面授课程课件外，很难通过网络平台学到更多的专业知识；而且教师也缺少目的明确、步骤清晰的自学指导，缺乏学习检测手段和自习效果监控反馈手段，师生互动答疑周期长。学习内容难，有问题得不到及时的指导，学习督促乏力，直接导致了一些学员不重视面授前的自学。另外，52%的受访学员认为，由于一些学员学习较懒散，应建立严格的自习督促和考核机制。

（4）缺乏教师职业意识培养。缅甸的华文教育由于没有得到缅甸教育部门的官方正式认可，因此华文教育仍是以补习的方式在缅文学校的课外时间进行。上课时间一般在早上7点之前或节假日，因大部分老师都把教师这个职业当成副业或兼职，缺乏职业意识，自然不会全身心投入教学工作。83%的受访校长也认为，培养华校年轻教师的职业意识对华校教学工作非常重要。然而，目前的函授课程在华文教师职业意识强化方面尚缺乏专门教育指导，未见开设相关思想教育课程。

（5）缺乏约束机制，培训教师容易流失。由于教学组织方和华校没有与参训教师制定培养约束机制，学员在培训过程中"来去自由"，一些函授学员本科毕业后往往到中资企业另谋高就，从事收益较高但与华教事业无关的工作，造成了培养项目的损失。因为缅甸华文学校都是依靠民间华人力量在办学，在华校任教的教师，幼儿园到初小四年级平均一个月能拿到15万—18万缅币（人民币750—900元），五、六年级的教师20万—23万缅币（人民币1000—1150元），初中教师22万—26万缅币（人民币1100—1300元），高中教师的薪资为25万—30多万缅币（人民币1250—1500多元）（按照各校的情况和能力发薪水）。加上学费较低，都是以公益性质教育为目的，所以华校能给予教师的薪资待遇并不理想，甚至不足以维持生活。尤其是年轻教师，需要背负家庭的经济重担，毕业后往往会选择高薪的中资企业或华人私企工作。一方面是华文教师学历函授培养没有从业约束机制，一方面是其他行业的高薪待遇，以致很多华校学员毕业后便选择了离职。

（6）缺乏教师职业发展教育。在函授教育过程中，一部分就读的函授学员中途选择了退学，造成了损失。48%的受访函授学员认为，退学教师主要都是兼职教师，需要一边教书，一边做其他工作，加上家庭因素等问题，可能发现精力有限便无暇顾及学历提高；52%的老师则认为，缅甸华校领导和华校教师对教师职业发展不够重视，在岗教师薪酬只与教学经验挂钩，与专业学历高低没有太大关系，很多函授学员也并没有意识到接受系统的学历教育对华教工作的重要性，从而缺乏学习提升的动力和热情。教师是一个终身接受教育的行业，知识新旧更新，离不开专业素质的提高，恰恰在这一方面，函授教育忽视了学员职业发展意识的教育培养。

五、建议

针对缅甸华文师资学历函授教育工作存在的问题，我们建议改善如下：

（1）加强中国政府与缅甸高层互访，推动教育文化交流与服务，增进政治互信，建立双边教育协作机制，积极开展学历认证，促进缅甸政府将华校纳入正规化教育体制序列，为华文教育和师资培训工作铺路搭桥，营造有利条件。

（2）整合华文教育资源，组织华人社会力量，成立华语文教育协会，筹集华文教育基金，为华校教师的职业化发展提供一定的经济保障。对有学历的华文教师提供奖金和退休金，激励他们走职业化发展道路，不断提高教学水平。

（3）建立优秀教师薪酬补助机制。为了能够稳定已培养的华文师资队伍，建议参考中国国家汉办给予本土汉语教师薪资补助的做法，由华校和委培教师签订工作协议，经中国海外交流协会等机构考核，给予具备专业学历的优秀教师一定的薪资补助，补助从200美元（约缅币26万）到500美元（约缅币65万）不等。这样，优秀的华校教师就能专职从事华文教学工作，不必再为微薄的华校薪酬担忧。

（4）适当增加面授课程时间。对于函授课时过于紧张的问题，访谈往届的学员时，大家都建议延长面授时间，认为一门课程一周时间比较合适。这样，函授教师就有足够的时间讲解教材内容，学员也有时间思考，并可以跟老师互动讨论。

（5）函授中布置学习任务，加强督促指导。多数受访学员表示，尽管面授前会提前领取教材自学，但如果教师明确划分学习内容和学习任务，及时督促指导学习，学员们会带有任务意识，按要求完成自习内容。

（6）利用网络发展远程教学。教师要积极利用网络手段开设教学指导、资源服务、教育资讯、管理信息等专栏，丰富远程教育资源。尤其要重视利用网络组织平时的远程教学。具体来看有三个方面工作：首先，组织优秀教师录制精品课程，连同其他教学资料和相关课件上传网络，供学员平时观摩学习；其次，开设在线课堂时间，督促学员利用好业余时间学习，这样学员遇到问题就能及时得到指导；最后，定期考核远程学习效果，监督学员学习。

（7）建立教育培训监管机制和海外华文教学效果反馈机制，聘用函授点通信员和顾问，及时收集并通报函授工作情况。

（8）建立师资函授专家库，组织专家、教师开展交流活动。函授教师必须有较高的理论指导，还必须有丰富的华文教学实践经验和教学理论水平。考虑到海外华文教师的实际需求，函授培训也可以从幼儿师范教育系统、中小学语文教育系统中选拔专家组成员和授课教师。

（9）申报和修订专业设置。根据缅甸华文教师的需求，设置华文教育本科函授专业，突出教师培养的针对性和应用性。

（10）积极调整函授培养模式。缅甸华校华文教师的首要任务是胜任当地华校课堂教学，所以原有的强调理论基础和专业知识结构的"汉语言文学"学历培养，脱离了以当地华文课堂教学实践为中心的模式，亟待调整为"专业知识＋师范技能"并重的培养模式。以缅甸中小学课堂教学能力培养为中心，将知识型师资培养转型为"知识型＋技能型"师资培养模式需要依托缅甸相关教育机构，走跨境教育机构联合培养途径。例如目前云南师范大学依托缅甸曼德勒云华师范学院（从幼儿园到大专有完整教育层次），以中小学课堂教学实践为重点，采取缅甸境内完成三年制师范专科学历，外加一年制专升本函授培养；前三年着重师范专业知识和技能培养，后一年着重理论教育和教师素质提升，这可能是未来缅甸华文本土师资学历培养更有效的一种模式。

参考文献

[1] 寸琳. 缅北腊戌华文教育发展研究 [D]. 昆明：云南大学硕士学位论文，2015.

[2] 董思凡. 缅北腊戌国文中学汉语教学现状调查研究 [D]. 昆明：云南大学，2015.

[3] 范宏伟. 缅甸华文教育的现状与前景 [J]. 东南亚研究，2006（6）.

[4] 郭熙. 华文教学概论 [M]. 北京：商务印书馆，2007.

[5] 黄锐. 缅北腊戌市区华文学校汉语教学现状初探 [D]. 昆明：云南大学，2013.

[6] 黄金英. 基于五套汉语教材自建语料库的缅甸小学本土化汉语教材建设研究 [M]. 北京：中央民族大学出版社，2013.

[7] 李祖清. 曼德勒福庆孔子课堂校长谈缅甸华人汉语教学现状 [J]. 海外华文教育动态，2011（6）.

[8] 刘涛. 缅北华校汉语课堂教学策略调查及研究——以东枝东华语言与电脑学校为例 [D]. 昆明：云南大学，2014.

[9] 陆俭明. 汉语教师的素质和师资培养的针对性 [J]. 汉语国际，2011（1）.

[10] 马勇，马克力. 发展海外函授教育实施教育"走出去"战略 [J]. 职业

与教育，2005（15）.

［11］王丽. 关于缅甸汉语学习传播的研究［J］. 湖北科技学院学报，2014（9）.

［12］夏玉清. 缅甸华人社团与缅甸汉语教育：现状、问题与对策［J］. 东南亚纵横，2015（4）.

［13］鲜丽霞. 曼德勒华人的语言生活［J］. 东南亚研究，2008（1）.

［14］叶星. 解读缅甸华文学校的高中学历教育［J/OL］.（2012-05-07）. http://www.hwjyw.com/content/2012/05/07/24651.shtml.

［15］张鹏. 云南高校对境外华校师资学历函授教育的思考［M］. 区域国际化人才培养理论与实践. 昆明：云南人民出版社，2016.

［16］赵温瑞. 缅甸中部与北部汉语师资培训状况调查［D］. 北京：中央民族大学，2013.

［17］邹丽冰. 缅甸汉语传播研究［M］. 北京：中央民族大学出版社，2014.

印度尼西亚华文教育百年回顾与展望*

国际中文教育的事业主体和主要研究对象均在中国以外的广大区域和众多国家，其中海外华裔子弟大约占到中文学习人数的七成，低龄学习者大约超过了五成。因此，以低龄的华裔子弟为主要教育对象的华文教育可以被认为是国际中文教育事业中的重要组成部分。研究世界各国华文教育不仅是世界华文教育研究的一部分，也是推动世界各地"中文①发展"的一项基础工作。

研究印度尼西亚（以下简称"印尼"）的华文教育具有三重意义。第一，印尼是东南亚最大的经济体，也是"一带一路"倡议的重要参与者和合作者，是全世界华侨华人人数最多的国家，约占全球华侨华人总数的六分之一。印尼人口约为2.38亿，是世界第四人口大国，有100多个民族，其中华侨华人的人数约为1000万，约占印尼总人口的4%。研究印尼华文教育能为世界华文教育发展提供一个具有代表性的样本。第二，印尼华文教育的历史超过百年，其间跌宕起伏，有繁荣期，也有低谷期。研究这一段历史，有助于我们以百年为尺度，观察中文在海外发展的历史，思考百年未有之大变局背景下中文国际化的问题。第三，印尼语是印尼宪法规定的唯一官方语言，观察印尼华文教育发展，有利于我们探讨作为非主流社会的语言，中文在当地如何发展壮大的问题。印尼法律规定，在印尼共和国统一国家的地方世代相传使用的语言才能被认定为"地方语"，如第一大方言爪哇语；而华族散居印尼各地区，不是印尼某一地区的民族，因此华语只能作为一种"外语"而存在。

新形势下，回顾印尼百年华教发展历史，清点华教"家底"，剖析当前问题，对于促进印尼乃至世界华文教育的未来发展及推进中文的国际化均不无意义。

---

* 作者：韦九报，北京华文学院；张江丽，北京华文学院。本文刊于《世界华文教育》2025年第1期。
① 本文所指"华文"是从华侨华人内部角度对以汉语普通话为基础的共同语文的称谓，而"中文"是从国别角度对华文的称谓，虽然二者内涵、外延有所差别，但在本文中权为华人共同语文从不同角度的称呼，以便论述。

一、印尼华文教育百年发展回顾

百年来，印尼华文教育的历史曲折坎坷，跌宕起伏，大致可以分为四个时期。

（一）起步发端时期（1901—1941年）

印尼的华文教育最早可以追溯到1690年在巴城（即今雅加达）创建的明诚书院。此后的一两个世纪，华文教育的主要形式为，华人领袖为教育后代、传承祖（籍）国语言文化自发开办的各类私塾、义学、华校，但与祖（籍）国清朝的教育体制类似，均属旧式学校。

20世纪初，印尼华文教育迎来了初步发展，新的办学形式层出不穷。1901年，印尼建立了第一所真正意义上的近代华文学校，即巴城中华会馆中华学校。1908年，印尼的华文学校已达到44所；到1911年，更达到100多所；到了1912年，爪哇岛有65所华文学校，学生5000余人；1926年，爪哇岛华文学校增至173所，学生1.7万余人。同时，爪哇岛以外岛屿的华文学校也有了较大的发展。1914年，爪哇岛以外的岛屿有华文学校65所，学生约4000人；到了1926年发展到140所，学生达1.4万人左右。尽管荷兰殖民政府对华文学校严查取缔，但无法阻挡华文教育的发展势头。

（二）低谷挫折时期（1942—1989年）

第二次世界大战爆发后，日本占领印尼（1942—1945年）期间对印尼华文教育进行了毁灭性的打击。1945年印尼建国之后，在华侨华人的不断抗争和努力下，首任总统苏加诺统治初期，对华校的态度较为温和。但在1957年，政府直接下令禁止印尼公民就读华校。1965年，苏哈托发动"9·30"事件，大量华文学校被关闭，学生失学。印尼第二任总统苏哈托执政期间（1967—1998年），印尼与中国断交，华侨华人和华文教育遭遇灭顶之灾。1967年，苏哈托颁布法令，强制同化华人，取缔所有华文学校，大量华侨华人子女辍学。此后，印尼华文教育进入了长达二十多年的低谷期。

(三)复苏发展时期(1990—2000年)

1990年,中国和印尼恢复了中断23年的外交关系。此后,由于发展经济和改善国际环境的需要,印尼开始有限度地放宽华文教育,对华文教育逐渐重视。1999年5月5日,总统哈比比颁布第4号总统训令,要求政府各部门解除华人讲授华文的禁令。政府逐步放宽了对华文教育的限制,将华文纳入国民教育体系,鼓励对华文师资的培养,支持举办各种华文补习班,同时开始支持华人文化习俗活动,支持华文媒体杂志的兴办。印尼华文教育逐渐走出困境,迎来了复苏和发展。

(四)高速发展时期(2001年至今)

2001年,印尼政府正式把华文纳入国民教育体系,将华文作为初、高中的外语选修课程,全国的高等院校均可开设汉语系。同年10月,印尼首次举办汉语水平考试。2004年,雅加达华文教育协调机构正式成立,宗旨是"印尼的华文教育不仅仅是华族的工作,更是印尼全民族的事业"。该机构负责人蔡昌杰指出:"让印尼华文教育跟印尼的国民教育体系接轨,不和印尼社会脱节,这样印尼华文教育才能避免重蹈覆辙,才能有生命力,才能走得远、走得稳!"同年,中国国家汉办派往印尼的首批20名汉语教学志愿者到任。2005年,中国与印尼在关于建立战略伙伴关系的联合宣言中强调了"加强教育合作,积极开展培训交流,鼓励相互教学对方语言"的共识。截至2020年,印尼已经建立7所孔子学院和2个孔子课堂,赴印尼的汉语志愿者教师人数从2004年的20人增至2019年的130多人。

未来,随着中外文明互鉴交流的持续深入和与区域经济一体化的发展,印尼华文教育将朝非政治化、国际化、本土化及多样化等方向进一步发展。

二、印尼华文教育当前发展现状

下面从学校机构及其教育教学、师资力量、教材资源三个方面梳理印尼当前华文教育的发展状况。

(一)华文学校机构及其教育教学状况

当前印尼从事华文教育的学校和机构比较多,情况比较复杂。按照教育层次,分为基础教育阶段和高等教育阶段进行分析。

1.基础教育阶段华文学校机构及其教学状况

据我们调查，截至2022年，印尼开设中文课的幼儿园、中小学校共有1493所。其中幼儿园有275所，小学514所，初中409所，高中218所，高职77所。有公立国民学校、三语学校、国际学校、教会学校和私人补习机构等形式。

基础教育阶段，印尼的一些公立国民中小学也会以选修课的方式开设汉语课程，但每周的课时仅为2节，且科目不列入考试。按照印尼教育部制订华文学校发展四年计划（2004—2007年），将逐步在全国各地80个城市的8000所国民高中开设汉语选修课，有的学校还把汉语、英语、日语和阿拉伯语作为学生选修的四种外语。

三语学校是同时教授印尼文、英文、中文三种语言的私立性质的学校，办学主体有华校校友会、华人社团、宗教社团、私人创办四种类型，主要分布在爪哇岛和苏门答腊岛两个大岛上，教学内容分为中文主导型、"国+中"双媒介语型、中文强化型三种类型。三语学校把印尼语、华语和英语放在并重的位置上，但在实际操作中，主要特色是突出华语。三语学校的中文课程每周至少4课时（最低课时标准），实际上最多的有16课时，平均为4—8课时。一些规模较大的三语学校从幼儿园到高中均有中文课程。目前，印尼已创办了50余所三语学校（表1）。由于三语学校的华文课时比公立学校更多，但学费远不及动辄十多万元人民币的国际学校，因此越来越受到家长的欢迎。

表1 印尼三语学校分布情况

所在省份	各省学校数量合计（所）	所在城市	学校数量（所）	学校名称
雅加达特区	11	雅加达	11	八华学校、必利达三语国民学校、崇德三语国民学校、圣道学校、顺德学校、立德国际学校、纯洁中小学、巴中三语学校、吉祥山学校、卫理学校、NAPADA SCHOOL
东爪哇	9	泗水	4	小太阳三语国民学校、新中三语学校、小星星天赋幼儿园、艾利学校
东爪哇		玛琅	1	德智国民学校
东爪哇		岩望	1	民族希望三语国民学校

续表

所在省份	各省学校数量合计（所）	所在城市	学校数量（所）	学校名称
东爪哇	9	茉莉芬	1	茉华三语国民学校
东爪哇		南海漳	1	漳华三语国民学校
东爪哇		任抹市	1	任华三语国民学校
中爪哇	7	三宝垄	3	南洋三语国民学校、NUSA PUTERA国民学校、中华会学校
中爪哇		马吉朗	1	培德三语国民学校
中爪哇		梭罗	1	培育三语国民学校
中爪哇		普禾格多	1	普华三语国民学校
中爪哇		直葛	1	直华三语国民学校
西爪哇	6	万隆	6	崇仁三语国民学校、曙光三语学校、劲松三语学校、基督教三一学校、基督教荣星学校、立人三语学校
北苏门答腊	4	棉兰	4	崇文三语国民学校、卫理学校、菩提学校、SEKOLAH ISKANDAR MUDA（棉中中小学）
廖省	4	巴淡	3	启星三语族学校、郑月和学校、环球学校
廖省		宁岳	1	广福三语学校
北加里曼丹	4	达拉根	2	达华三语学校、印华三语学校
东加里曼丹		麻里巴板	2	共培三语学校、育德三语国民学校
巴厘省	3	巴厘	3	文桥三语学校、光明三语学校、印华三语学校
日惹特区	2	日惹	2	崇德三语国民学校、殊途同归三语学校
万丹省	2	丹格朗	2	忠孝学院，菩提学院
南苏门答腊	1	巨港	1	开心三语学校
西努沙登加拉	1	龙目	1	崇德三语国民学校
楠榜省	1	楠榜	1	PLEITA BANGSA学校
合计				55所

部分教会学校也开设华文课程，如在雅加达有一所著名的基督教学校，学生2000人左右，98%为华裔，该校从幼儿园到高中都设有华文课，也有完整的课程

体系。

华文补习机构的数量还缺乏统一权威调查，但是据估算有几百所。机构学生年龄跨度也很大，主要是儿童和中小学生，也有少量成人。一项调查显示，成人学生比例最高的约为三分之一。华文补习机构多为私人创办，其教学内容、课程安排、班级规模、教材等都是由学校自己决定的，没有统一的标准；且大多是"一锅炖"式的综合教学，缺乏分技能、分水平的教学课程。但是有的机构水平相当之高，可以提供受教育部许可的学历教育课程。

2.高等教育阶段华文院校及其教学状况

高等教育阶段的华文教育主要有印尼本地大学、孔子学院和中外合作办学三种形式。

早在1984年，印尼大学就开设了华文职业科专业课程。到2022年，有29所高校开设31个中文专业课程。目前印尼高校有两类七种中文专业课程。两类是本科类和职业类，七种指汉语教育本科专业课程、中国文学本科专业课程、汉语与中国文化本科专业课程、汉语言本科专业课程、汉语言职业科专业课程、中国语言与文化职业科专业课程、商务与职业沟通汉语职业科专业课程。

目前印尼已经建立了8所孔子学院：雅加达汉语教学中心孔子学院（雅加达汉语教学中心）、哈山努丁大学、玛拉拿塔基督教大学、阿拉扎大清真寺、玛琅国立大学、泗水国立大学、丹戎布拉大学、印尼三一一大学。各所孔子学院均为所在大学提供汉语教学，开设本科或专科层次的中文课程，同时举办一系列汉语桥比赛、中国文化周、孔子学院日、汉语日、中国传统节日庆祝等活动。

此外，还有中国与印尼联合培养华文人才的院校和机制。如华侨大学面向印度尼西亚招收"1+3"式全日制本科学历学生，最终获得华侨大学颁发的学历证书。再如，雅加达的印尼基督教大学与福建师范大学联合培养学生，印尼慈育大学与中国上海师范大学和中国广西师范大学联合培养学生，北苏门答腊大学与中国暨南大学联合培养学生等。

（二）华文师资力量

历经30多年华文教育断层后，以往华校教师大多已经转行或者年迈，只有一小部分业余补习班教师还在坚持。他们中的大部分都未接受过汉语专业知识技能的系统学习,以当地年龄较大的华裔为主。补习机构的教师队伍庞大,是印尼华文教师的主体,但是教学素质普遍不高。近十年来,从中国留学归来的华文教育相关专业的本科生、硕士生、博士生越来越多地加入了印尼本土汉语教师的队伍,在一定程度上充实并改善了印尼华文教育的师资队伍。特别是一些国际学校的师资相对较为优质,多来自中国,基本上为国际中文教育等相关专业出身的年轻毕业生,接受过系统的专业学习,教学热情较高,师资质量普遍优于其他学校。

新教师的培养以学历教育和长期教育为主要形式,以师范生为教学对象,从基础开始培养。如经印尼教育部批准的高等院校"印度尼西亚亚洲国际友好学院"可以颁发华文专业本科文凭。该校毕业生拥有扎实的学识和过硬的教学技能,在当地华文教育界很受认可。

在职教师的进修以短期培训为主。第一种是印尼本土机构主办的各类培训。例如,从2008年9月份开始,西加华文教育协调机构启动了密集强化式师资班培训项目,创建了华文师资培训班(以下简称"西加师资班"),该培训班得到印尼教育界认可,结业证书由西加省教育厅颁发。学员的良好素质与上佳口碑,使得近几年印尼各省、地区的学校,都纷纷向其申请华文教师。据调查,西加师资班的学生学成后,从事华文教学事业的占80%以上。第二种是中国主办的各类培训。如由教育部中外语言交流合作中心、中华海外联谊会主办的各种培训层出不穷,成为当地在职华文教师"充电"的有益补充。

(三)华文教材和教学资源状况

印尼中小学使用的中文教材来源较为复杂,主要有四种类型。

第一类是中国出版的中文教材。如《中文》、《汉语》(后更名为《华文》)、《汉语教程》、《轻松学中文》、《桥梁》、《标准中文》、《天天汉语》、《新实用汉语课本》、《长城汉语》等。

第二类是印尼与外界合作编写的教材。如《小学华文》、《华语》、《跟我学汉语》(印尼语版)、《千岛娃娃学汉语》、《印尼版新编华语课本》、《好学生华文》、《好儿童》、《欢乐伙伴》等。

第三类是从新加坡等地引进的、以英语为媒介语的教材,多由国际学校使用。

如《欢乐伙伴》《小学华文》《好儿童》《好学生》等。

第四类是印尼本土的自编教材，如《千岛华语》《基础汉语》《育苗华语》等。

三、印尼华文教育现存问题

尽管当前印尼华文教育事业发展蒸蒸日上，但放眼未来发展，还存在诸多问题。下面从学校、师资、教材、事业、研究五个方面逐一分析。

（一）学校：供需失衡，市场呼唤更多高品质、中价位的学校

虽然印尼能够提供华文课程的学校大大小小有1000余家，但从家长和市场需求看，存在一定失衡现象：公立学校虽然费用低，但华文课时少，教学水平参差不齐；国际学校的教学和师资相对较为优质，但学费较贵。相比之下，三语学校的师资较为优质，性价比较高，成为最主流的华文教育形式。但是它们的办学时间不长，且办学地点主要分布在爪哇岛以及爪哇岛外的几个省会城市。相对于印尼大规模的华裔人口来说，三语学校的辐射范围仍明显不足。有学者做过详尽的调查，结果显示，有68%的补习班一直亏损，21%的补习班持平，只有12%的补习班盈利，有的补习班连续五六年亏损，不得不关闭。

（二）师资：年轻力量不足，数量缺口较大，总体素质有待提高

经历过30余年的华文教育断层后，华文教师多为老一代华裔，师资队伍老龄化特征明显。一项对印尼华文补习机构教师的调查表明，年龄最大的78岁，最小的23岁，平均年龄57岁，平均教龄6.5年。老教师具有极高的华教热情和奉献精神，但是教学方法相对落后，难以满足低龄化学生的需求。近年来，越来越多的年轻人加入教师队伍，但整体年龄结构仍不够合理。

印尼教育部曾制订过2004—2007年的4年计划：逐步在全国各地80个城市的8000所国民高中开设华文选修课。如果按照每所学校需4名华文教师计算，仅这些国民高中就需要3万余名华文教师。而据印尼三语学校协会主席陈友明的乐观估计，印尼的华文教师有3000—4000名。在高等教育阶段，截至2022年，印尼全国高校中文专业教师团队仅有230余位华文教师。整体而言，华文教师缺口巨大。而

且新任教师的理论素养不足、教学经验不足，海外学习归来的华文人才又很少从事华文教师的工作等问题，也不断影响着华文教师队伍的质量。

（三）教材：质量参差不齐，选用缺乏科学性，缺少高水平的本土化教材

印度尼西亚华文教材使用情况比较复杂，因为各类学校、学生的需求各有不同。因此，当前印尼华文教材的建设还存在一些问题。

一是缺乏统一的教学大纲，教材编写及使用"百花齐放"。目前印度尼西亚官方并未颁布统一的教学大纲和教材，加上各地区、各学校的教学情况差异性很大，因此教材编写与选用也各有不同。印尼使用的华文教材很大比例是中国赠送的，或者是新加坡和印尼本国编写的以英语作为媒介语的教材。

二是教材选用的科学性有待提高。教材选择涉及了学校管理者的喜好、与代理商的合作关系、学生的家庭经济状况等诸多方面，教师在教材选择上话语权也不大，而且由于教师本身缺乏系统的华文教学理论，在教材选择上存在一定的主观性与盲目性。

三是缺乏适用的本土教材。真正融合印尼当地文化、适合当地文化教学情境、符合当地学生特点与需求的华文教材较少。已有的少量本土教材，如印尼当地华文教育协调机构编写的《千岛华语》《育苗华语》，印尼与外界合作开发的《千岛娃娃学汉语》《印尼版新编华语课本》《好学生华文》《华语》等在全国覆盖面有限，且教材使用的持续性不强。

四是华文教材市场发展不成熟。海外图书进入印度尼西亚大大增加了运输和关税成本，会进一步提高教材的价格，进而影响教材的销量。从教材发行角度来看，学校与教育部、出版商、图书代理的关系比较复杂，中国的华文教材直接进入印度尼西亚市场的难度较大。

五是华文教学数字资源建设滞后。印度尼西亚华文教育数字化教学资源并不丰富，使用率较低。主要原因是教学方法比较单一，教师对于实物教学卡片、教具等有更大的需求，同时也受当地社会经济发展水平和网络条件的限制。

（四）事业：主流社会影响力有待提升、职业教育发展空间广阔

一是社会支持力量不够，主流社会影响力有待提升。印尼穆斯林人口约占全国

人口的 87%，华人人口约占 4%。目前华文教育的影响力主要还局限在华人社会内部，虽然有越来越多的非华裔学生加入学习队伍中来，但是总体而言还是少数，在主流社会的影响力还比较弱。孔子学院主要靠中国教育部中外语言交流合作中心资助，华文学校主要靠华人社团公益支持，企业、市场等社会力量参与支持力度不够。

二是华文的经济价值释放不够，职业教育发展比较滞后。虽然如印尼慈育大学、印尼建国大学、彼得拉基督教大学、智星大学等学校的华文专业历史已超过 20 年，但是课程更多集中在华文本体的教学上，很少涉及职业技能。学生毕业后拥有较好的华文技能，但离许多企业的人才需求还有一定距离。

随着"一带一路"倡议与"全球海洋支点"政策的推进，大量中国企业进入印尼市场，急需一大批会华文的职业人才。例如在印尼新兴的电子商务领域，阿里巴巴、京东等中国企业对印尼电商平台 Lazada、Tokopidia 进行投资布局，在本土汉语人才的电商岗位上存在较大的缺口。有的行业甚至自办华文培训班，例如印尼国家警察教育和培训机构就成立了语言中心教授华文，东爪哇省政府日前下令属下数十个县、市政府，必须至少派出 5 名官员参加华文进修班，学好华文。总体来看，职业华文教育的供给不足，华文教学与职业技能相结合的教育模式还未成形。

（五）研究：事业研究、语言研究较多，课堂教学研究不足

纵观印尼有关华文教育的研究成果发现，事业方面的研究，如华文教育历史与现状、学校发展、教材建设、教师培养等相对较多；语言方面，从教学角度，对华文与印尼语在语音、词汇、语法方面的对比研究相对较多，但是关于课堂教学的研究却相对较少。2023 年 9 月 30 日，在中国知网（CNKI）以"汉语""中文""华文""教学""印尼""印度尼西亚"为关键词进行了多轮检索，得到文献 343 篇，其中与"课堂教学"直接相关的文献仅 23 篇，内容包括课堂游戏和活动、教学设计、教学法、师生互动、教师语言等。对于印尼学生学习风格、学习策略的关注也不多，如何面向印尼学生组织课堂教学、课外活动、文化教育实践等问题的研究还有待大力开展。

四、从印尼华文教育百年看中文在海外的发展

（一）对印尼华文教育百年发展的基本认识

纵览印尼华文教育百年兴衰，对照中文在印尼的发展脉络，我们可以得出四个基本认识。第一，华文教育是中文在海外发展的早期"源头"和"蓄水池"。在中国借助现代传媒对外进行中文直接传播之前，中文走向世界大抵是通过5次中国人向外移民潮而实现的。华侨华人基于传承族内语言文化的需要而进行的华文教育，客观上成了中文在当地生根传播的"源头"。百年以来，随着国际政治经济形势的变化，中文在当地遭遇逆境的时候，是华文教育涵养并保存了中文；当遇到发展春天的时候，华文教育又为当地社会提供了充沛的中文供给。可以说，中文国际化、在地化发展之路的根基之一便是华文教育。

第二，决定中文在海外兴衰的根本原因是中国的综合国力和当时国际的关系，并与华文教育和华族的身份认同息息相关。每当中国综合国力上升时期，中外关系相对较好，当地国家对中文的态度也较为积极，它们发展中文的一个方便抓手就是本国的华文教育；而当中外关系遇到波折的时候，华族基于身份认同的坚守，将中文以华文教育的形式保存下来。这种坚守在不同国家、不同地区的效果不一，但即便是如印尼般"中断"了30余年，依然拥有"春风吹又生"的韧力。

第三，华文教育是中文发展的基本推力，虽有长足进步，但依旧力量不足。除了外部因素外，华文教育工作本身的发展，受到学生数量、教师数量和质量、教材及教学资源、华校与华人社会等互相作用的影响。就目前来看，虽然各方面均在改善，但是教师数量不足、年龄偏老、质量滞后，教材资源科学性、标准化程度不够，教学法陈旧等问题依旧突出。

第四，华文教育转型升级是中文发展的加速器。华文教育面临诸多问题，有望通过转型升级实现跨越式发展。就印尼而言，一个突出特征是新兴的三语学校异军突起，首先带来的是华文教育整体模式的革新。同时，中文经济价值被充分释放，"华文+职业"教育发展空间广阔，在客观上又加速了中文在当地的应用和传播，有助于实现从"中文学"到"中文用"的转变[①]。

---

① 李宇明观点，析出自：华东师范大学国际汉语文化学院"全球中文发展研究中心揭牌仪式成功举行". [OL].（2022-11-20）. https://chinese.ecnu.edu.cn/cd/53/c37812a445779/page.htm.

（二）华文教育促进中文海外发展的路径

基于历史经验，对比现实发展情况，需要充分认识华文教育在中文发展中的重要作用，加大其投入，通过促进其转型升级来实现华文教育、中文发展的共同进步。

第一，充分认识并发挥华文教育在中文海外发展事业中的独特作用。与中国国内力量、海外主流社会力量相比，华文教育是独特的第三股力量，其拥有跨语言、跨文化的先天优势，拥有扎根当地、民众支持的便利优势，将其纳入中文发展事业版图，有助于中文的国际化步伐行稳致远。在我们未来的研究、教师培训、青少年夏令营和文化活动当中，应有意识地关注华文教育工作，在中外语言交流合作中也可以引入当地华文学校的力量。

第二，以三语学校为抓手，推动华文教育转型升级、提质增效、系统革新。前文论述的华文教育各类问题之所以长期未能根本解决的一大原因，在于传统华文学校缺资金、少教师，因而教育教学质量难以提升。当前印尼三语学校广受家长和市场欢迎，在世界其他地区也有类似情况，因此可以考虑以三语学校建设为目标，推动华文教育系统革新。具体包括在"三语"视角下如何看待学生，学生学习的目标水平如何确定，要将学生培养成什么样的人才，如何对待教学，教学大纲的内容和水平如何做出调适，如何供给适合三语教学需要的教学资源，如何融入印尼本土文化以适应多元文化交际的需求等问题，均有待学界和业界回答。当然，这并非说不关注传统华文学校、国民学校、补习机构，而是说以三语学校为主要抓手，完成华文教育革新后，为其他类型学校的发展提供借鉴范式和资源支持，最终促进中文在印尼的整体发展。

第三，以"华文+职业"教育为突破口，推进华文教育经济价值的提升，形成中文市场化运作模式。印尼等华侨华人聚居的国家或地区，华裔青少年人数众多，传统华商和现代中企提供了不少中文就业岗位。通过"华文+职业"教育培养华裔成长为中文职业人才，会对其他非华裔中文学习者形成示范作用，吸引更多人学中文，推动中文成为当地高经济价值语言。要支持当地华文学校开展职业华文教育，培养"华文+职业"复合型教师人才，开发相关教材和资源；鼓励华文学校与华商和中企联合开展人才培养，打通"学校—就业"直通环节，吸引有志于在华商中企工作的当地青年进入华校学习；适时支持筹建以华侨华人力量为基础的高等职业院校。

第四，以语言科技发展为契机，实现华文教育跨越式发展，推动中文快速走向世界。华文教育百年发展至今，在取得巨大成绩的同时，一直面临一些老问题，通过借助语言科技的力量，有望予以缓解。如ChatGPT和百度文心一言、科大讯飞星火等语言大模型对语言教育的影响已经显而易见，未来将会促生华文教育新模式，造成华教机构的优胜劣汰。当此之时，如果视而不见，继续以传统思路进行"三教"建设，可能会继续落后于时代；反之，则有望在解决自身问题的同时，实现弯道超车。这需要在语言科技基础建设、在线教育、教学资源数字化、师生数字能力、数字化赋能创新教育评价和智慧教育教学法等方面发力，引领世界华文教育未来，加速中文走向世界。

印尼民办非全日制华文教育新特点探析*

印度尼西亚人口2.71亿（2020），仅次于印度、中国、美国，位居世界第四位。[①]印尼是全球华裔人口最多的国家之一，含文化认同者情况下总数约1000万。[②]华裔企业占印尼私营上市公司市值的60%—70%，并在零售、金融、房地产等关键领域占据主导地位。[③]21世纪以来，随着经济的发展，民主与人权的进步，印尼华人社会呈现出欣欣向荣的景象。但是，与其庞大的华人总量、蓬勃发展的华商经济息息相关的华文教育，在印尼的发展却并不顺利。苏哈托时期（1967—1998），对华文教育进行了长达30余年的封闭与镇压。直至20世纪90年代，印尼政府以允许兴办导游华语班为开端，逐步解禁华文教育（温广益，1997），继而开放华文补习班、大学华文专业、国民学校华文课程，印尼华文教育渐入起势。进入21世纪，随着印中两国国际关系及经济交往的日益紧密，印尼华文教育得以蓬勃发展。华文学习高潮迭起，各种形式的华文教育机构相继成立，其中就包括大量民办非全日制华文教育机构。民办非全日制华文教育机构是指独立于国民教育体系之外的非学历华文补习教育，包括华文补习学校（班）以及家庭补习两种形式，本文研究对象为前者。

在印尼华文教育的定性定位问题上，贾益民（2002）曾提出："印尼的华文教育是'双轨制'，目前华文教育应侧重在民间性质的华文教育，即华人华社自己开办的属于华语补习班性质的华文教育。"笔者认为这一定位对现今印尼的华文教育仍旧适用。历史记载第一间海外华人学校是1771年诞生于印尼的明诚书院，即为华文补习学校性质（潭江，2006）。2014年HSK及YCT考试雅加达25个报名点中，设在华文

---

* 作者：贾涵，北京华文学院。本文刊于《世界华文教育》2020年第2期，收录时部分数据有更新。
① 中华人民共和国商务部.对外投资合作国别（地区）指南——印度尼西亚［OL］.（2024）.http://fec.mofcom.gov.cn/article/gbdqzn/.
② Suryadinata L, Negara S D .The Indonesian Chinese community: Contested belonging in a digital age［M］. Singapore:ISEAS Publishing, 2021.
③ Negara S D, Suryadinata L. Chinese Indonesians in the digital economy［M］//YEOH C. Southeast Asian diaspora in the digital economy. Singapore: ISEAS Publishing, 2019.

补习学校的就有 12 个[①]，其余分布在华文教育协调机构、教师协会、校友会、国立大学及国民三语学校。可见华文补习学校在印尼华文教育领域的地位不容忽视。

华文补习学校是印尼民办非全日制华文教育的主体与代表，较之全日制学校，它具有天然的应变性、自主性与适应性。印尼华文教育市场潜力巨大，而现实中的印尼华文教育又存在着种种问题。如以往研究中提到的定位不清（王爱平，2005）、师资力量薄弱（宗世海、王妍丹，2006）、教材混乱针对性不足（蔡丽，2011）、缺乏统一管理等，而这些普遍性的问题同样也在印尼华文补习学校中存在。由于其私人学校性质，在办学资金、规模等方面有所局限，特别是针对一些办学时间长的老牌华文补习学校，对其大刀阔斧改革并不现实。尽管如此，为了在日益激烈的华文教育市场中与同类学校竞争，在国民公立华校的夹缝中生存，改革与进步又势在必行。故而，近几年来印尼华文补习学校在改革的催生下呈现出一些新特点。

雅加达作为印度尼西亚的首都，不仅是印尼政治、经济与文化中心，也是印尼华人最集中、华文教育发展最为成熟的区域。雅加达华文补习学校的情况在很大程度上反映了全印尼民办非全日制华文教育发展的基本趋势。本文主要采用访谈、问卷调查、课堂旁听等形式，对位于印尼首都雅加达市 9 所[②]规模大、知名度高且运转成熟的华文补习学校进行调研。随机选取教师、校方管理人员与若干名学员作为访谈对象，力求做到深入取得第一手资料，调研结果贴近事实并具有一定代表性，翔实反映本地华文补习学校情况。

一、印尼华文补习学校近年来出现的新特点

（一）办学主体方面

1.运营领域多样化

20 世纪 90 年代，华文教育的解冻以华文补习学校为先驱。以雅加达东方语言文化中心、印尼智民学院为代表的老牌华文补习学校，在推动印尼华文教育正规

---

① 印度尼西亚国际日报［N/OL］．2014-01-22.
② 包括雅加达东方语言文化中心（1992）、雅加达汉语教学中心（1996）、优利联印尼国际汉语学院（1997）、印尼智民学院（2000）、Mandarin Expert（2004）、印尼北京学院（2004）、长城汉语中心（2004）、茉莉语言教研中心（2006）、圣道语言培训发展中心（2008）。

化、师资培训、教材编写等方面做出了不可磨灭的贡献[①]。但是近年来，收费低廉、生源不稳定使单纯依靠上课维持的老牌华文补习学校出现困境。鉴于此，他们在商业化运营的同时不断开发多种衍生业务，主要包括代理留学中介、主办赴华留学教育展以及组织赴华短期游学班等。

华文补习学校积极利用各方面关系，同中国高校海外教育部门接洽，获得其印尼招生代理权。2010 年至 2016 年，印尼赴华留学生总量由 7921 人上升至 13689 人，居全球生源国第六位，在东南亚地区排名第二（仅次于泰国）[②]。2015 年印尼初次赴华留学生约 3200 名，占当年印尼在华留学生总数的 28%[③]，据统计，通过以上 9 所学校赴华的学生超过 600 名，较 2010 年以来呈快速增长趋势。

另外，印尼每年都会举行数场赴华留学教育展。截至 2016 年，印尼北京学院已成功办展 22 届，印尼智民学院已成功办展 8 届，长城汉语中心已成功办展 7 届。这些由华文补习学校主办的教育展大多规模较小，每次邀请的参展院校也多为已建立合作关系的中国高校。除了办展外，华文补习学校也参加每年由中国（教育部）留学服务中心举办的大型"留学中国教育展"。办展可为主办方盈利，在办展和参展的同时，各方宣传对提高印尼主办方和中国高校知名度以及留学中国推介发挥着积极的作用。

2.办学类型拓展化

运营领域多样化保证经济基础，作为华文学校，教学产品才是稳定根基并扩大声誉的关键。中国是华文教育的基地与大本营，相关机构与院校拥有丰富且优质的华教资源，其办学实力与研究水平可以为印尼民办非全日制华文教育发展提供多方面支持。同时，与印尼华文教育另一支柱即全日制华文学校的优势互补与资源共享，也是华文补习学校不断发展的推动力之一。

近年来，印尼华文补习学校办学类型不断拓宽，陆续开展与中国高校、政府机构以及印尼本地全日制华文学校、公立大学的合作，逐步走向多样化、正规化。

---

① 1993 年至 1999 年间由东方语言文化中心牵头，后自费由雅加达文教界人士组成的汉考团到新加坡考区参加汉语水平考试。经该校考前培训后，参考的 162 位考生达标率为 99%，其中包括拿到中、高级证书的 80 位华文教师，他们成为印尼第一批师资人才。资料来源于乔客：海外华教社团简介——东方语言文化中心，2003 年 1 月。

② 中华人民共和国教育部.2016 年度来华留学生情况报告［R］.北京：教育部国际合作与交流司，2017.

③ 中国教育年鉴编辑部.中国教育统计年鉴 2016［M］.北京：人民教育出版社，2017.

雅加达东方语言文化中心早在1995年就与厦门大学海外教育学院合作开展学历教育，于2002年开办本科学历函授班。2006年第一届中文本科班圆满毕业，并于2012年运用多媒体网络技术实现远程论文答辩。Mandarin Expert于2011年开始与对外经贸大学签订协议，成为该校招生基地与预科教学院校，联合招收1+3、2+2本科课程学员。印尼智民学院于2000年与华侨大学合作开办本科、专科自学考试点，2007年继续合作开办中文专业硕士班，2012年开办1+3全日制本科班，截至2016年，共7届本科毕业生获学士学位，3届研究生获硕士学位。印尼北京学院也于2012年推出与中国高校合作的1+3、1+4预科转本科课程。

雅加达汉语教学中心与海南师范大学合作，于2007年向中国国家汉办申请成立了印尼第一所孔子学院，多次举办"中国文化月"和汉语桥中文比赛、师资培训等活动。与2011年揭牌成立的以印尼六所著名大学为依托的孔子学院不同，这也是唯一一所以非全日制补习学校为依托的孔子学院。

3.管理模式严格化

在教学与运营管理方面，印尼华文补习学校相较全日制华文学校更为随意和无秩序。没有固定的教室，教师流动频繁，课程安排随意，教学流程和效果缺乏监督。在谋求生存和发展的驱动下，华文补习学校积极采取措施改善状况。如聘请专业人员从事教务管理，进行课表编排、课堂巡视以及教学纠纷和学生投诉处理；严格教师考勤，以书面形式规范教师言谈、穿着；制定教室纪律、约束学生散漫行为等。在教学效果监督方面，除常规的作业批改评分外，还须填写"教学进度表"与"学校、家长交流表"，并定期约见学生家长面谈。为进一步规范教学流程，方便教师间衔接，东方语言文化中心、印尼智民学院、印尼北京学院等校甚至对课堂教学时间和教学内容做出严格规定。如时长120分钟的青少年华文综合课进度表（见表1）。

表1 青少年华文综合课进度表

青少年华文综合课（一级二班，周二、周四16∶30—18∶30）				
教材	《汉语教程》		《汉语听力教程》	《看图说话》
时间分配	10分钟	50分钟	10分钟	20分钟	30分钟
第1次课	学生老师自我介绍	第1课生词及课文一	学生提问/作业讲评/课间休息	第1课1—3题	第1课2—3页图片词汇认读、讲解

续表

青少年华文综合课（一级二班，周二、周四 16:30—18:30）					
教材	《汉语教程》			《汉语听力教程》	《看图说话》
时间分配	10分钟	50分钟	10分钟	20分钟	30分钟
第2次课	听写第1课生词	第1课课文二，讲练课后题1—4题	学生提问/作业讲评/课间休息	第1课 4—6题	4—5页课文讲解，学生练习
第3次课	提问第1课句式	课后题5—8题，语言点、重点词汇复习，课文操练		第1课泛听练习	复习第1课，学生替换练习

表1为3次课的进度安排，以此类推，每级青少年华文综合课共26次，约13周完成，之后通过考试进入高一级。严格规定上课进度的方法非常适合教师更换频繁的华文补习学校。

（二）师资方面

师资年轻化且学历上升化明显。印尼华文教师师资的数量型和质量型短缺是长期存在的突出问题。其中，教师老龄化是造成数量型短缺的原因之一，特别是在各类教师协会、国民三语学校中较为突出。华文补习学校师资方面，汪敏锋在2012年的调查中也给出了平均年龄57岁的数据。不过，目前这一状况已在改善中。笔者在走访以上9所华文补习学校过程中，通过现场询问、填写调查问卷等方式与42位本地华文教师交流，其中30岁以下教师20位，30—50岁教师15位，50岁以上教师7位；且这7位年长教师均在学校兼任教学主管、校长等职位。笔者又对2014年、2015年由国务院侨务办公室主办，北京华文学院承办的"东盟十国华文教师语言文化研修班""华文教育·教师研习印尼班"共58位来华培训的印尼华文教师进行资料查询，其中60岁以上4人，50岁以上6人，40岁以上9人，其余39位年龄均在40岁以下。在这58人中，曾在或正在华文补习学校就职的教师达到70%以上。

质量型短缺的原因为教师的学历、职业化程度、专业水准处于较低水平。2014年印尼政府和教育部出台相关法令，要求提高外语任教教师学历，由此促使那些原本取得专科或进修学历的老一代华文教师有进一步提高学历的要求。而在新一代从事华文教育工作的教师中，入行之初就具有高学历的教师越来越多。在以上笔者交流过的 42 位华文补习学校教师中，拥有本科及以上学历的达 22 人[①]，其中 82% 是 30 岁以下的年轻人，另有 10 人曾赴华进修汉语半年以上，8 人曾赴华短期培训或参加过在印尼举办的华文教师培训班。又如印尼智民学院拥有全职华文教师 12 人，其中博士 1 人，硕士 6 人，本科 4 人。Mandarin Expert 拥有全职华文教师 25 人，其中本科 6 人，专科 12 人。

值得注意的是，近年来中国通过国家汉办和国侨办外派至印尼华文补习学校的教师数量有所增加，这为整体师资质量的提高做出了巨大贡献。在 2011 年至 2016 年间，印尼智民学院先后有 9 位中国国侨办外派教师任教。雅加达汉语教学中心、优利联印尼国际汉语学院和茉莉语言教研中心则有数位中国国家汉办派遣的志愿者任教，这些外派教师和志愿者的最低学历为本科。其中优利联印尼国际汉语学院还作为河北师范大学、广东外语外贸大学海外教学实践基地，每年接收 10 余位对外汉语本科或国际汉语教育硕士生进行为期半年或一年的实习任教。与对任课教师经验要求高、班容量大造成教学难度增加的正规华校相比，华文补习学校对教师经验要求一般较低，小班教学减少了维持课堂秩序环节，使得上课难度相对减小。随着大批印尼留学生归国，一部分人会选择华文教师作为实习、兼职或全职，老一辈华文教师则会更多承担华教联络、管理、建设工作。华侨大学于 2005 年成功申报"华文教育"本科专业，中国国侨办同年设立海外华文教育专业奖学金资助该专业就读学生，截至 2015 年，华文教育专业累计培养毕业生 412 人，其中 98.7% 返回侨居国，于华人社团、华文学校或补习班等机构从事华文教育教学工作[②]。

印尼华文补习学校任课教师年轻化且学历上升化是必然趋势，这种现象在雅加达、泗水等大城市非常明显，但相对偏远地区的师资学历提高与更新换代速度则较为缓慢；而且，年轻华文教师的学历上升也存在一定问题，华文教育专业留学生所占比例小，对于经济、管理或其他专业归国学生而言，短期内从事教师工作只是权宜之计。这在一定程度上使得华文补习学校师资专业化程度不高、数量不稳定、流

---

① 其中在中国高校取得学历的 16 人，另 6 人为在印尼修读本科后赴华进修汉语两学期以上并取得相应证书或学历。
② 华侨大学华文教育研究院. 华侨大学华文教育发展报告（2005—2015）[M]. 厦门：厦门大学出版社，2016.

失严重等问题有所凸显。

（三）教辅方面

1. 班级种类多样化，课程类型全面化

华文补习学校的班级划分以结合学生年龄与学习目的为首要原则，同时参考汉语水平测试成绩。普遍来说有两种类型：按照学生年龄划分为幼儿班、少儿班、青少年班与成人班；按照学习目的划分为同步辅导班、汉语进阶班①、成人实用汉语班、赴华留学强化班等。以上每个类型都会根据汉语水平再分为初、中、高级班，或更为细致地用数字标明等级。近年来，以特殊课程类型组成的班级日益增多，如HSK辅导班、商务汉语班、会话班、汉语拼音班、汉字班、中国历史文化班、中文电脑班、期末考前辅导班、公司中文业务培训班等。此外，随着部分学校办学类型的拓展，引入中国高校预科、大专、本科、研究生等学历教育后，相应的班级也随之设立，同时对师资水平提出更高要求。

不同班级催生不同课型，但大部分班级采用集听、说、读、写、练为一体的汉语综合课即能满足需求。在综合课基础上，会话班、商务汉语班、成人实用汉语班等多强调实用性交际，其课程以听说一体的口语课为主。而赴华留学预备班，与中国高校接轨的预科、本科班则同时实现课程接轨，必修的口语、听力、阅读、写作，选修的商务汉语、影视汉语，以及中国文学、现代汉语等专业课一应俱全。

班级种类和课程类型的丰富是华文补习学校的特点，国民三语学校、国际学校华文课程一般都不具备这些分类。而缺少中国文化课程，则是印尼华文补习学校与全日制华校的共同特点。如圣道语言培训发展中心在成立初期设有烹饪、武术、手工等中国文化课程，但具体开展情况并不理想。不过，雅加达汉语教学中心等老牌补习学校会不定期举办一些中华文化，如书法、绘画、剪纸等展示活动，或者华语歌演唱比赛、华语演讲比赛等，这些活动还是得到了学生和当地华人的支持与积极参与。

---

① 同步辅导班采用与学生本人所在全日制学校华文课同步教材，与学校教学进度相仿，以达到补充并扎实课本知识、应付考试的目的，学生以自主学习能力差的小学阶段学生为主。汉语进阶班多采用印尼大学汉语系教材，为有志于将来赴华留学或进入印尼本地大学汉语专业就读的学生准备，学生多为青少年，教学内容及课程安排与赴华留学强化班相仿，但进度较慢。

2. 上课时间灵活化

华文补习学校上课时间一般为周一至周六的下午至晚间，与全日制中小学放学时间配合。以课程类型较为全面、管理正规的印尼智民学院为例，幼儿园及少儿华文课共分6个等级12个班，即从1A、1B至6A、6B班，学生大致为6岁到12岁。新生由任课教师测试其汉语水平，根据水平协商上课时间后入班。课程全部安排在15：00至18：00，同一个幼儿或少儿班，每周2次课，每次1.5小时；也有的少儿班安排在周六，每周1次课，每次2小时；青少年班从16：30至18：30，每周2次课，每次2小时；夜间班从18：30到20：30，大部分为成人汉语培训班，小部分为青少年班，均为每周2次课，每次2小时。

部分补习班开设的留学预备班强化课程，每周3次课，每次上课3小时或以上，这类课程通常会安排在下午课程开始之前完成，即上午10：00至下午14：00，以达到对教室、教师等资源的充分利用。除此之外，所有补习班还可以根据学生的时间安排一对一或一对多的私人补习课程。此类课程时间安排灵活，多避开下午和晚间的繁忙时段，费用大概是普通班级的1.5—2倍。

3. 教材使用丰富化

华文补习学校的课程辅导性质决定其教材需与全日制学校华语课接轨，这也是其教材选取所遵循的普遍原则。通过对以上9所学校的调研，笔者发现，补习学校的教材选用具有传统性，同时随主流华校教材更替而变化。就小学阶段而言，部分与国民教育体系学校（包括全日制公立学校和三语学校）华语课教材接轨，如雅加达汉语教学中心使用《汉语》，优利联印尼国际汉语学院使用《中文》。新加坡华文课程改革后，一部分全日制华校和国际学校改用《小学华文》，随之华文补习学校也做出相应调整。东方语言文化中心、印尼智民学院、印尼北京学院、茉莉语言教研中心等都使用《小学华文》，此教材为新加坡教育部参考2007年《小学华文课程标准》与中国人民教育出版社合编，其中东方语言文化中心、印尼智民学院即由之前使用《汉语》改为《小学华文》，经历了教材更替阶段。

中学阶段，包括初中和高中，华文补习学校与之相对应的是13—17岁青少年学生，这一阶段的教材选用则较为多样。此9所学校中，5所使用北京语言大学对外汉语本科系列教材，包括《汉语教程》以及与之配套的《汉语听力教程》《看图说话》，2所使用《汉语会话301》，其余2所学校分别使用《中文》与《新实用汉语课本》。《汉语教程》改版后由印尼Legacy Utama Kreasindo出版社于2012年引进,共六册,所有生词均采用印尼文注释,为学生学习和教师讲授带来了便利。《汉语教程》在雅加达全日制初高中汉语课的使用率极低,因此,它被华文补习学校较多使用的原因并不是与全日制中学华文课接轨,而是为学生选择印尼国立大学汉语系做准备,或是与中国对外汉语教学体系接轨,为留学中国打基础。在笔者所调研的9所华文补习学校中,以留学中介及其衍生业务为支撑的学校,如印尼智民学院、雅加达汉语教学中心、印尼北京学院、优利联印尼国际汉语学院、长城汉语中心都选用该套教材,甚至部分学校的成人培训也选用该套教材。

值得注意的是,近年来华文补习学校使用自编、改编教材越来越多。自编教材如印尼东方语言文化中心与新加坡合编的《好学生》,圣道语言培训发展中心使用与新加坡合编的《华语入门》,印尼智民学院成人班使用自编的《实用汉语教程》(初、中、高三册)和《汉语会话教程》。改编、拆分教材的现象则更为普遍,如Mandarin Expert把《新实用汉语课本》每本拆成两册,自行复印装订,学生学完一册通过考试后即升入高一级别。印尼智民学院、优利联印尼国际汉语学院、茉莉语言教研中心在教授《汉语教程》《中文》《汉语会话301》等教材时也按此原则拆分,并加入部分印尼语释义,使课本内容更适合于补习学校的课时数量与时长。

二、原因及发展建议

本文所调研的补习学校仅限于雅加达,尚有局限之处,但却不妨为全印尼民办非全日制华文教育发展趋势的一个探索与引证。政府对华文教育的开放与扶持政策为其提供了利于发展的大环境,对教育质量和规模要求的提高又促使其做出改革,取得进步。印尼民办非全日制华文教育的市场虽不断扩大,但生源抢占也日趋激烈。不仅小型教学机构如雨后春笋,全日制华校、大专院校,如巴中三语学校、圣道中小学、吉祥山基金会学校、印尼国民大学、印尼新雅学院等,也陆续成立补习中心抢夺生源。与此同时,家长和学生对于补习质量要求越来越高,促使各老牌大型补习学校不得不加强教学、运营的管理与监督。从整个印尼华教社会来看,华文补习学校的教学主体与中华文化传承的主体作用逐步弱化,让位于正规全日制华校及国民三语学校仍为有益补充,其全新定位已在悄然形成。

要生存并谋求发展，仍需以足够维持运转的盈利为前提。印尼民办非全日制华文教育的进步应从以下几个方面做出努力：（1）秉承教育产业化运营特色，以市场需求为导向，注重信用培育、品牌塑造、市场开发与公众评价（李善邦、姚雪嘉，2014），利用学校单一、较少股东经营、决策灵活等优势，贯彻注重实效的办学理念，拓展多样化业务渠道，依托赴华短期游学、留学推介、教育巡展等项目辅助运营，积累资金。（2）维持其运转规模、生源多样性，加强作为学校品牌效应产生根基的教学建设，根据年轻教师从业特点加强师资专业化与职业化培训。延续其教学规范严谨性、班级与课程设置的灵活性，以及注重汉语交际能力培养的模式。（3）着重开发留学中介与教学产品结合点，强化并扩大赴华留学预备班教学的品牌效应。（4）开拓合作途径，加强与印尼华文教育协调机构、教师协会的联系，争取得到更多本地国民学校、三语学校和高等院校的支持与合作，实现优势互补与资源共享。同时深化东南亚地区华文教育领域的交流，借鉴他国华文教育发展经验，扩大合作平台，建立合作机制。（5）根据侨情，发展与中国高校和华文教育官方机构，如和中国的国侨办、国家汉办联系与合作①，提高办学层次，充分利用中国丰厚的华文教育资源，获得教材编写、师资培训、公费留学与进修、孔子课堂、华教图书馆建设、多媒体教学与网络建设等多领域的支持。

目前，印尼民办非全日制华文学校教学与赴华留学中介业务一体的商业经营模式还将继续扩大并日趋成熟，并有望实现业务分离，即同一品牌独立经营的华文补习学校和赴华留学中介公司。就整个印尼华文教育界而言，它覆盖了全日制华校不易涉足的领域和职能，为完善整个印尼华文教育界运转填补了空白；就学习中文或有意赴华留学的学生而言，这无疑提供了巨大的便利与保证；就印尼民办非全日制华文教育本身而言，也不失为持久发展并壮大的一个有益途径。

参考文献

[1]蔡丽．印尼正规小学华文教材使用及本土化华文教材编写现状研究[J]．华文教学与研究，2011（3）．

---

① 据中国驻印尼大使馆领事部资料统计，2014年由中国国务院侨办新派驻印尼华文教师52位，在已知详细资料的41位教师中，被派往华文补习学校的仅6位，其余26位被派往国民三语学校，2位派往华教机构，2位派往幼儿园，3位派往基督教学校和国际学校，2位派往华人大学。

[2] 贾益民. 印尼华文教育的几个问题[J]. 暨南大学华文学院学报，2002（4）.

[3] 李善邦，姚雪嘉. 泰国曼谷民办非全日制华文教育的现状与特色[J]. 东南亚纵横，2014（8）.

[4] 潭江. 最早的海外华文学校是哪一家[N/OL]. 人民日报（海外版），2006-12-22.

[5] 王爱平. 印尼华文教育定位问题的再探讨[J]. 华侨大学学报（哲学社会科学版），2005（4）.

[6] 汪敏锋. 印度尼西亚华文补习班学校现状之调查与分析[J]. 东南亚纵横，2012（7）.

[7] 温广益. 1967年以来印尼华文教育的沉浮[J]. 华侨华人历史研究，1997（3）.

[8] 宗世海，王妍丹. 当前华文师资瓶颈问题解决对策[J]. 暨南大学华文学院学报，2006（2）.

中文纳入菲律宾国民教育体系：
现状、挑战及对策*

一、引言

  汉语纳入国民教育体系指海外各国通过颁布法令、教学课程大纲等形式，以大中小学开课、高中会考、汉语专业学历教育、公务员考试等方式，在国民教育体系的各个学段进行汉语教育（李宝贵、庄瑶瑶，2020a）。在中国"推力"和海外对象国"拉力"的共同作用下，中文教学进入海外多国国民教育体系。2017年中共中央办公厅、国务院办公厅印发的《关于加强和改进中外人文交流工作的若干意见》提出，要着力加大汉语国际推广力度，支持更多国家将汉语教学纳入国民教育体系（新华社，2017）。到2019年，汉语已经进入70个国家的基础教育体系（李宇明，2020），这"大大提高了汉语在对象国教育体系中的地位，标志着汉语国际传播开始向纵深发展"（王祖嫘、吴应辉，2015）。

  近年来，中文纳入海外各国国民教育体系这一发展新现象引起了学界的重视。目前，学界对中文纳入海外各国国民教育体系相关的研究成果比较少，主要包括中文纳入国民教育体系的宏观研究和区域化、国别化的具体研究。宏观研究方面：陆俭明（2016）指出："汉语纳入国民教育体系是汉语走向世界的重要标志之一。"李宇明、王春辉（2018）指出："中国的汉语国际教育事业正步入第三阶段。第一阶段是外国学生来中国学习汉语；第二阶段是与国外合作，在国外兴办孔子学院等汉语教育机构；第三阶段是汉语进入国外的国民教育体系，成为基础教育的外语课程。"黄彩玉（2019）指出："汉语被纳入多国国民教育体系，有利于汉语在海外的推广和中华文化的进一步传播。"李宝贵、庄瑶瑶（2020a）指出："汉语纳入国

---

* 作者：高玉娟，辽宁师范大学；吴晓文，辽宁师范大学；李宝贵，辽宁师范大学。本文刊于《世界华文教育》2020年第4期。

民教育体系是汉语国际教育发展的新趋势,在推进的过程中要把握好'五个度',全面推动汉语纳入更多国家的国民教育体系,助力汉语国际教育实现健康可持续发展。"区域化、国别化的具体研究方面:李宝贵、庄瑶瑶(2020b)针对中文纳入"一带一路"沿线国家国民教育体系的研究指出:"中文平稳而有序纳入沿线国家国民教育体系,是助力中文成为全球性语言的新动力,也有助于沿线国家通过语言互通,积极参与共建'一带一路',实现经济发展和民生改善。"李宝贵、庄瑶瑶(2019a)针对中文纳入非洲国民教育体系的研究指出:"非洲各国重视青少年中文教育对推动中文学习普及发展的基础性作用,陆续将汉语纳入国民教育体系,为中非世代友好持续培养生力军。"李宝贵、庄瑶瑶(2019b)针对中文纳入意大利国民教育体系的研究指出:"意大利作为将汉语纳入国民教育体系的先行者,受益于'推力'和'拉力'两端的不断调整与优化,在'全民汉语学习机制'的建设中取得了丰硕的成果。"李宝贵、庄瑶瑶(2019c)针对中文纳入俄罗斯国民教育体系的研究指出:"汉语已成为俄罗斯国民心目中的'未来语言',俄各教育阶段汉语学习需求的持续提升,使汉语纳入俄国民教育体系,进行系统化发展阶段成为现实的迫切需求,汉语在俄罗斯的普及潜力巨大。"这些研究成果为中文纳入菲律宾国民教育体系的研究提供了借鉴和参考。

菲律宾的中文教学历史悠久,华文学校中文教学体系较为完善,相较其他国家,针对菲律宾的中文教学研究成果丰富。东南亚的汉语教学主要由当地华人社会的华文教育和主流社会的中文作为外语教育两大部分构成(郑通涛、蒋有经、陈荣岚,2014)。菲律宾的中文教学现有研究主要包括华文教育和主流社会的汉语教学研究。华文教育研究方面:菲律宾华文教育综合概述的专著有菲律宾华教中心出版的《井蛙说大海——菲律宾华文教育面面谈》《菲律宾华文教育综合年鉴(2005—2014)》等,对菲律宾华文教育的历史概括性论述(颜长城,1996;吴端阳,1996;耿红卫,2007),20世纪90年代后华文教育改革研究(蓝小玲,1999;黄耀东,2006;朱东芹,2014),新世纪华文教育的现状及发展研究(杨静林、黄飞,2017)。主流社会汉语教学研究方面:主流高校汉语教学发展研究(黄端铭,2011),主流学校汉语教学现状调查研究(许璐,2012;何微微,2015;邱丽慧,2018)。菲律宾华文教育和主流社会汉语教学的研究比较充分,而针对中文纳入菲律宾国民教育体系的研究稀缺。相关研究仅见章石芳、范启华

（2013）针对菲律宾语言教育政策的研究指出："2011 学年增设汉语和阿拉伯语为外语特别项目。此举标志着汉语教学正式进入了菲律宾国民基础教育体系，无疑具有划时代的意义。"曾小燕等（2020）针对东南亚国家汉语传播途径类型的研究指出："泰国、菲律宾、印尼、越南等国家已将汉语教学纳入国民教育体系，鼓励学校积极开展汉语教学，较好地推动了汉语传播。"本文以已有研究为基础，结合作者对菲律宾部分学校的实地调查，探讨中文纳入菲律宾国民教育体系的现状、挑战及对策。

二、菲律宾的教育体制

菲律宾教育体制分为 K 到 12（"K-12"）基础教育阶段和高等教育阶段。

（一）"K-12" 基础教育

2012 年菲律宾教育部为改善教育系统，提高教育质量，培养具有国际竞争力和学习能力的合格公民，采取选择性发展模式（Alternative Delivery Modes）和选择性学习系统（Alternative Learning System），分阶段实施"K-12"基础教育体制（孟世悦，2017）。"K-12"基础教育以政府办学为主，实行 13 年义务教育。"K-12"计划涵盖了 1 年幼儿园和 12 年的基础教育（6 年的小学教育，4 年的初中教育，2 年的高中教育）。每个菲律宾儿童都可以获得幼儿园教育，以便逐步适应小学教育。小学阶段从一年级到六年级为期 6 年，小学毕业的学生将自动进入初中，初中阶段从七年级到十年级为期 4 年。过去，菲律宾的中学教育只有 4 年，"K-12"教育体制改革后，增加十一年级到十二年级 2 年高中教育。高中教育的目标是为学生掌握基础知识和职业技能打下基础，提升学生就业、创业的竞争力和接受高等教育的学习能力，课程包括核心课程和专业课程。核心课程包括：语言、文学、传播学、数学、哲学、自然科学和社会科学七个领域；专业课程包括学术类、职业技术类、体育类和艺术类。学生可以根据自己的兴趣、能力、学校课程设置来选择专业[①]。

---

① 参见：https://www.officialgazette.gov.ph/k-12/.

（二）高等教育

菲律宾的高等教育包括副学士学位教育、学士学位教育、硕士学位教育和博士学位教育。学生在农业技术、文秘、商业、美术等专业学习2年后，可获得副学士学位。本科阶段的学习通常需要4年（工程学士需要5年），取得学士学位的学生继续学习1年或2年可以获得研究生毕业证书，学习2年并提交学位论文（教育学硕士可无论文），可以取得硕士学位。在此基础上，继续学习2年并通过公开的论文答辩，可以获得博士学位（伍金球，2006）。为适应全球化发展，菲律宾不断提升高等教育质量，拓展国际合作渠道。一方面，高等教育委员会配合"K-12"教育改革，制定高校"K-12"改革期的过渡策略和教育标准，以提高高校的教育质量；另一方面，积极推行国际合作项目，促进校际合作，鼓励学者互访，积极为联合开展科学研究创造条件。

三、中文纳入菲律宾国民教育体系的现状

随着中国经济实力的增强和国际地位的提高，使得中文的影响力不断提升，菲律宾主流社会对中文教学的关注持续增加，同时菲律宾教育部门颁布相关政策正式将中文纳入国民教育体系。现阶段，菲律宾的中文教学主要集中在华人社会的华校和主流社会的高校及公立中学。华校和主流学校的中文教学协同发展，菲律宾中文教育呈现出良好的发展态势。

（一）华校的中文教学

菲律宾的中文教学可追溯到120多年前的华文教育。华文教育的主旨是：保留民族语言、传承民族文化（菲律宾华教中心，2015）。因此，华校注重学生的中华语言文化传承与认同，培养学生成为具有"中华文化素质的菲律宾公民"。经过多年发展，华校的中文教学实力较强。最初华校的学生多为华人子女，如今越来越多的非华裔学生也进入华校学习，加速拉动了华校中文教学的发展进程。

自1899年菲律宾开办第一所华文学校——中西学堂以来，菲律宾华文教育分为"菲化"前的华侨教育时期和"菲化"后的华人教育时期。1973年，马斯科政

府颁布"菲化"令,对全菲华校进行管制。到1976年,所有的华文学校开始全面"菲化",成为菲律宾国民教育体系的一部分(郑通涛、蒋有经、陈荣岚,2014)。华校"菲化"导致华文教育的课时受限、教师队伍素质下降、教材陈旧、学生缺乏积极性等,造成20世纪70年代到90年代初,华文教育在菲律宾日趋衰微。20世纪90年代后,菲律宾政府放宽了华文教育政策,以菲律宾华教中心为首的华社积极探寻华文教育改革方案,菲律宾华教中心研制的《菲律宾华校幼儿园教育大纲》和《菲律宾中、小学(十年制)华语教学大纲》,对华校的中文教学起到了指导作用。菲律宾华文教育逐渐走出低谷,迎来新生。目前,全菲共有143所华校[①],多数华校开设了幼儿园、小学、中学的中文课程,侨中学院等几所华校开设了大学中文课程。

首先,在课程设置方面,华校中小学的中文课为必修课,能保证每周4—5课时,有的学校可以达到每周10课时。除语言技能教学,大多数华校开设了中华文化知识课,并且积极组织学生参加各类文化活动和文化知识竞赛,注重学生中华文化素质的培养。其次,在教师队伍方面,华校的中文教师来源广泛,主要由菲律宾华人教师、中国国家汉办项目的汉语教师志愿者、中国国侨办的公派教师、中国台湾地区派出教师以及华校自主招聘的来自中国的教师构成。菲律宾华教中心为解决师资短缺问题启动"输血计划"和"造血计划"[②]。据华教中心统计,2019年旅菲中国教师共356人[③],这些教师从事华校中文教学或者管理工作,壮大了华校的师资力量。再次,在中文教材方面,华校没有统一的教材,当前使用最广泛的教材是华教中心和中国专家合作编写的本土教材《菲律宾华语课本》,还有一部分华校使用中国编写出版的教材《成功之路》《轻松学汉语》《生活华语》等。《菲律宾华语课本》是结合菲律宾情况编写的繁体字版教材,为满足一部分华校使用简化字教学的需求,菲律宾华教中心策划出版了《菲律宾华语课本》(简体字版)。最后,在教

---

① 数据来源:菲律宾华文教育中心. 华校一览[OL]. http://www.pcerc.org/Schools/Schools.htm.
② "输血计划"指的是从中国引进一批资深外派教师和教学督导,随后又从中国国家汉办吸收汉语志愿者教师来到菲律宾各个华校教书;"造血计划"指的是菲律宾华教中心选拔一些华校的学生到中国的大学攻读华文教育专业本科学位,毕业后回到菲律宾从事华文教育工作。
③ 数据来源:菲律宾华文教育中心. 2019—2020年度旅菲中国教师名录[OL]. http://www.pcerc.org/TEACHERS/Lists/Lists.htm.

学法方面，菲律宾华教中心根据菲律宾华校的教学情况，将华校的中文教学定性为第二语言教学，并按照第二语言教学理论指导教学，很大程度上提高了华校的中文教学质量。目前华校多数教师注重在传统教学方式的基础上结合学生特点，开展丰富的教学活动，但仍有一部分教师使用传统教学方式，教学与实践脱钩。另外，在多媒体使用方面还不够广泛，有的学校不具备多媒体设备或者教师多媒体设备操作不熟练。

（二）主流社会的中文教学

主流社会的学校以教授菲律宾语、英语为主，注重学生菲律宾文化及其价值观念的养成。主流社会高等教育领域最先引入中文课程，而后向基础教育领域辐射，反映出菲律宾开始关注主流社会基础教育领域的中文教学，从而为中文人才培养夯实基础。

1.高等教育阶段的中文教学

菲律宾主流社会的中文教学始于1971年，西里曼大学是第一所开设中文课程的高校。到2001年开设中文课程的高校增加到12所[①]，中文课程以选修课或者必修课形式开设在旅游、商务管理、外语、教育等专业内。进入21世纪，菲律宾政府鼓励中文教学在主流社会的推广。2001年，阿罗约总统首次公开要求高等教育委员会鼓励各高校开设中文选修课，同年中菲高校互访，建立友好关系，初步达成合作意向并且签订了合作备忘录。2003年，中国国家汉办与菲律宾国家高等教育委员会（简称"菲高教委"）签署了《中菲汉语教学合作备忘录》。这份备忘录是中菲建交以来两国在高等教育领域签署的第一份专项合作协议。根据这项协议，中国国家汉办将协助菲高教委分批分期培训大学汉语教师（孙笑天，2003）。2010年菲高教委颁布《将外语作为选修课纳入高等教育课程的实施指南》[②]，该指南旨在将汉语、西班牙语、法语、阿拉伯语及其他外语作为选修课纳入高等教育课程提供指导方针。此后，菲律宾高校积极开设中文选修课程，中文教学在高校呈现蓬勃发展的趋势。2019年12月，菲律宾教育部与中国孔子学院总部签署了《关于联合培

---

① 数据来源：黄端铭.井蛙说大海——菲律宾华文教育面面谈［M］.菲律宾：菲律宾华教中心出版部，2012：250.

② 参见：https://ched.gov.ph/cmo-23-s-2010/.

养汉语师范教育硕士专业本土汉语师资协议》。根据协议，双方将在5年内联合培养300名菲律宾公立中学汉语教师，获取汉语师范教育专业硕士学位（孔子学院总部，2019）。联合培养汉语师范教育硕士项目的开办，标志着中文教学以培养硕士的方式进一步纳入菲律宾国民教育体系，菲律宾的中文教育将迈上新的台阶。

此外，在菲律宾政府的支持和中国国家汉办的协助下，两国高校积极合办孔子学院。从2006年开始，亚典耀大学孔子学院、布拉卡国立大学孔子学院、红溪礼示大学孔子学院、菲律宾国立大学孔子学院、达沃雅典耀大学孔子学院相继开办。菲律宾孔子学院进行中文教学的同时，还协助高校开设中文相关专业课程。2013年，布拉卡国立大学孔子学院开设"英语—汉语本科双学位"项目；2014年，红溪礼示大学孔子学院设立汉语师范专业；2015年，亚典耀大学孔子学院与加洛干大学合作建立了菲律宾首个中英双语双学位师范专业；2017年，亚典耀大学孔子学院设立菲律宾首个汉语国际教育硕士专业[①]。高校中文相关专业的开办，提高了菲律宾中文教育的办学层次，使菲律宾高校的中文教育向专业化、规范化方向发展。

第一，在课程设置方面，菲律宾高校的中文课程主要有两类：一是中文作为专业的教学，例如在汉语师范专业和中英双学位专业，中文课程设置比较系统化，主要培养掌握中文语言知识和中国文化的中文教师；二是中文课以选修课或者必修课形式开设在其他专业内并计入学分系统，属于应用型语言技能教育，培养掌握中文语言技能的复合型人才。第二，在教师队伍方面，高校中文教师以菲律宾华人教师为主，中国外派教师和汉语教师志愿者是中文教师重要的辅助来源。由于菲律宾本土师资力量缺乏，从2003年开始，中菲开启联合培养高校教师项目，输送本土教师到中国培训，缓解了高校师资力量不足的状况。第三，在中文教材方面，目前菲律宾高校使用的教材有《快乐汉语（菲律宾语版）》《成功之路》《跟我学汉语》《新实用汉语课本》等，其中《快乐汉语（菲律宾语版）》反应较好，并于2012年启动本土化修订工作。第四，在教学法方面，高校中文教师注重以学生为中心的教学理念，让学生主动参与课堂活动，锻炼学生的语言交际能力。高校基本配备多媒体设备，多数教师在上课过程中重视结合多媒体教学手段，使教学内容越来越丰

---

① 数据来源：菲律宾教育部网［OL］.（2017-02-20）. https://www.deped.gov.ph/2017/02/20/deped-enhances-learners-foreign-language-skills-through-special-program-in-foreign-language//.

富，教学形式越来越多样化。

2. 基础教育阶段的中文教学

菲律宾为适应时代发展，制定"依据母语学习多种语言"的语言教育政策，依据此政策，中学将开设外语选修课。2011年，菲律宾教育部将中文列为特别外语项目（Special Program in Foreign Language，简称SPFL）中的外语选修课。菲教育部在三所公立中学试点中文选修课教学，并且选定红溪礼示大学孔子学院为中文教学项目合作伙伴，负责教学项目和本土师资培养，此后公立中学的中文教学迅速发展。2017年2月共有10526人参加特别外语项目（SPFL）的外语学习，共有71所公立中学的2280人学习中文[①]，到2019年12月，菲律宾共有93所公立中学开设中文课程，约有1.1万名公立中学生学习中文。[②]在孔子学院的指导下，公立中学在中文课程建设、师资培养、教材选用、课堂教学等方面取得了很大进展。

首先，在课程设置方面，中文选修课程主要从七年级开设到十年级，课型以综合课为主，一部分学校开设了汉字课、文化课、口语课、听力课等。其次，在教师队伍方面，公立学校中文教师主要由汉语师范毕业生和参加中文培训的在职教师构成，孔子学院派出的汉语教师志愿者负责协助和指导本土中文教师的教学工作。再次，在中文教材方面，菲律宾教育部对公立中学没有制定统一教学大纲和教材要求，各学校可根据实际情况安排课程和选用教材。孔子学院推荐的教材《快乐汉语》在公立中学应用最广泛，有的学校也使用其他教材，如《成功之路》《HSK标准教程》《跟我学汉语》等。最后，在教学法方面，课堂以本土中文教师用菲律宾语或英语讲授中文语言知识为主，由于一些公立中学硬件条件有限，教师上课无法充分利用多媒体教学手段。

综上所述，中文纳入菲律宾国民教育体系有以下特点：第一，从中文纳入的形式看，菲律宾教育部门通过颁布法令和规定正式将中文纳入国民教育体系。第二，从中文纳入的方式看，中文以开课的方式纳入国民教育体系，但尚未纳入高校入学

---

① 数据来源：菲律宾教育部网［OL］.（2017-02-20）. https://www.deped.gov.ph/2017/02/20/deped-enhances-learners-foreign-language-skills-through-special-program-in-foreign-language//.
② 数据来源：菲律宾教育部启动中菲联合培养汉语师范教育硕士专业项目［OL］. http://www.hanban.org/article/2019-12/05/content_795096.htm.

考试体系。第三，从中文纳入的层次看，在华校，中文教学已实现全学段纳入，形成从幼儿园到大学相对完备的中文教学体系；在主流学校，中文教学已纳入初中阶段和高等教育阶段，幼儿园、小学及高中阶段还是空白层面，尚未形成完整的中文教学体系。第四，从课程设置看，华校的中文课程为必修课；主流社会公立中学的中文课程为选修课。高校的中文课程最初以选修课形式开设，逐步增加必修课和中文相关专业课程，今后将开展汉语师范教育硕士项目，说明菲律宾注重本土教师和高端中文人才的培养。

四、中文纳入菲律宾国民教育体系面临的挑战

中文纳入菲律宾国民教育体系为菲律宾的中文教育带来发展新机遇，加快了中文在菲律宾的多层次推广，促进中文教育融入菲律宾的社会文化。与此同时，从华校和主流学校两个维度考量，中文纳入菲律宾国民教育体系也面临诸多挑战。

（一）中文纳入公立中学比例较低

菲律宾的国语是菲律宾语，官方语言是菲律宾语和英语。菲律宾语和英语为必修课程，主流学校开设的第二外语选修课程包含的语种有西班牙语、法语、日语、德语、汉语等。菲律宾的多语教育体制为中文正式纳入国民教育体系提供了有利条件，也使中文纳入基础教育体系面临其他语种的竞争。公立中学可以自选一门外语向教育部申请纳入课程体系，由于多语种可供选择，一些公立中学出于缺乏中文教学资源的原因而没有选择开设中文课程，导致中文纳入比例较低。菲律宾共有公立中学 7470 所[①]，截至 2019 年开设中文课程的公立中学有 93 所，公立中学纳入比例仅为 1.24%。中文纳入公立中学比例过低，会造成进入高等教育阶段继续学习中文的人数较少，也会影响高等教育阶段的中文教学成效。因此，要想进一步推进中文纳入国民教育体系，使主流社会中文教学的普及发展获得坚实的基础，亟待提升中文纳入公立中学的比例。

---

① 数据来源：Sam Bostwick Education in the Philippines ［OL］. https://borgenproject.org/education-in-the-philippines-2/.

（二）中文教学尚未覆盖整个国民教育体系

首先，华校高中阶段的中文教学存在空窗期。菲律宾"K-12"教育体制改革分阶段实施，2016年全菲实行高中教育改革，华校中小学的中文教育面临10年制向12年制转型。高中阶段的中文课程与初中阶段不同，华校增设高中阶段的中文课程有一定难度。菲律宾政府没有规定华校高中阶段必须开设中文课程，目前多数华校开设了高中阶段的中文课程，少数华校高中阶段或者十二年级减少中文课程、缩短中文课时，甚至不开中文课程。这种情况造成华校高中阶段的中文教学存在空窗期。华校高中阶段的中文教育在学生的中文学习生涯中起到承上启下的作用，如果缺少高中阶段的中文教育，会影响华校学生深入地学习中文，也会影响中文平稳持续纳入国民教育体系。

其次，中文教学尚未纳入主流学校全学段。主要原因有两点：一是在语言政策方面，按照菲律宾2009年实施的"依据母语学习多种语言"语言教育政策，小学一年级起学习地方方言（区域母语），小学二年级起可以开设菲律宾语课，小学三年级起可以开设英语课，中学起开设外语选修课。菲律宾民族语言推广政策与中文纳入主流学校全学段可能形成冲突，英语在菲律宾根深蒂固的地位及其广泛影响制约中文的纳入进程。二是在菲律宾中文教学实践方面，菲律宾正式将中文纳入国民教育体系，中文学习需求迅速增加，主流学校的中文教学供不应求。具体表现为师资力量不足、缺乏适配的教材、教学方法不规范等，这种情况在公立学校尤其突出。公立学校的师资力量、生源构成、教学目标、管理模式与华校不同，不能完全照搬华校的中文教学经验，在师资培养、课程安排、教学方法等方面需要慢慢摸索和靠孔子学院的帮扶。除试点的几所学校，多数公立学校的中文教学现状无法满足快速增长的中文学习需求，不具备各学段开设中文课程的基本条件。主流学校的中文教学断层导致基础教育阶段和高等教育阶段的中文教学衔接不畅，影响青少年在学生生涯循序渐进地学习中文，也会影响中文教学的良性循环。

（三）中文课程设置亟待优化

中文课程主要以选修课形式正式进入菲律宾国民教育体系，丰富多样的选修课能够给青少年带来中国语言文化的初体验，但选修课课时较少、内容相对简单，不利于学生扎实地掌握中文语言技能。公立中学的中文教学体系还不完善，中文选修课程质量不高，不能与高校中文课程有效衔接。与此同时，高校缺少对接"一带一路"建设需求的中文专业课程，学生修完一两年中文选修课程，只能掌握基础的语言知识，与用人单位要求的专业水平差距还很大。菲律宾"大建特建"计划与"一带一路"建设对接，合作项目涵盖基础设施建设、能源、农业、金融、海关等领域，这对菲律宾中文人才提出了更高的要求。如果高校不能完善中文课程体系建设，将会成为"中文+"复合型人才培养的制约因素。因此，中文课程设置有待进一步优化，以满足人才培养的需求，助推中文纳入国民教育体系走向深入。

（四）中文纳入国民教育体系后劲不足

中文纳入考试体系是中文教育发展的高级指标，需要所在国建立较为完善的中文教学体系和统一的教学评估标准，一般为中文教育历史悠久、基础深厚的国家选用（李宝贵、庄瑶瑶，2020b）。虽然中文以开课的方式纳入菲律宾国民教育体系，但是菲律宾还未建立较为完善的中文教学体系和统一的教学评估标准。现阶段，中文尚未纳入高校入学考试体系，对中小学生保持学习中文的动力产生了一定影响。一方面，华裔学生虽然对中文和中华文化有学习和传承的愿望，但是没有高校入学考试的约束，他们更重视英语学习而放松中文学习；另一方面，对于非华裔学生来说，中文不作为高校入学考试科目，学校、家庭及学生个人对学习中文的要求不高。由于缺乏语言环境，学到的中文应用性不强等因素影响，非华裔学生学习一段时间中文后产生畏难情绪，学习中文的动力逐渐减弱。

五、加快推进中文全面纳入菲律宾国民教育体系的对策

菲律宾是古代"海上丝绸之路"的重要枢纽，也是21世纪"海上丝绸之路"的重要节点国家。中文平稳纳入菲律宾国民教育体系，有助于中菲通过语言互通，共建21世纪"海上丝绸之路"，为中菲加深战略合作关系和菲律宾经济社会发展提供更多动力。结合中文纳入菲律宾国民教育体系的现状及面临的挑战，从以下几个方面提出加快推进中文全面纳入菲律宾国民教育体系的对策。

（一）提升中文纳入公立中学比例，夯实中文教育普及发展的基础

任何一个国家政府和主流社会，支持外来语言文化教育事业在本国落地生根、普及发展，主要目的就是看这种语言文化在多大程度上能够有效地服务于国家的经济社会发展，其中包括有利于保持本国语言文化安全、社会稳定、经济发展、就业扩大、对外交流、人口素质提升等（贾益民，2018）。菲律宾公立中学学生人数较多，提升中文纳入公立中学的比例，有利于中文教学在主流社会"落地生根、普及发展"，进而实现中文教育有效服务当地经济社会发展。与此同时，中文和中文人才为社会发展做出贡献，会使当地社会力量自发推进中文纳入国民教育体系。现阶段受现实因素影响，菲律宾公立中学中文纳入比例较低，这成为菲律宾中文教育普及发展的制约因素。因此，需要提升中文纳入公立中学比例，为主流社会中文教育的普及发展夯实基础，继而发挥中文教育的优势，促进当地经济社会发展。

首先，对于已将中文纳入课程体系的公立中学，以现实需求为导向，提供中文教学项目的人力和物力支持，通过培训在职教师、研发适配教辅材料、完善课程体系等措施，确保这部分学校的中文教学平稳发展。其次，对于尚未将中文纳入课程体系的公立中学，调查其未申请开设中文课程的原因，充分尊重学校的自主选择权，对有意开设中文课程的学校按需提供优质中文教学资源和理论指导，保证其中文教学顺利开展。菲律宾教育部门及负责公立中学中文教学项目的孔子学院加大力度协助和指导公立中学开设中文课程，不仅可以提高公立中学开设中文课程的积极性，还能进一步提升中文纳入公立中学的比例。

（二）精准服务中文教育需求，逐步实现中文教学覆盖整个国民教育体系

在全球化时代，东南亚国家在制定语言教育政策方面以实用主义语言观作为指导，立足通过学校教育培养具有一定创新能力的人才（刘泽海，2018）。"一带一路"建设对菲律宾中文人才需求大幅增加，中文的使用领域也从学校教育层面扩展到政府机构层面和社会民众层面。中菲两国应抓住"一带一路"建设新契机，加强政策沟通，精准服务菲律宾中文教育需求，有节奏、分阶段、逐步实现中文教学覆盖整个国民教育体系。

首先，菲律宾华侨华人创办的华校，是基础教育领域中率先开展中文教学的场

所,也是中国优秀语言文化在菲律宾深入传播的重要途径。在新的"K-12"教育体制下,华校高中阶段的中文教育是在中小学 10 年学习的基础上,以开拓中文思维、提高中文运用能力为目标的教育。因此,需要根据华校的教育目标和实际需求,为华校开设高中中文课程提供精准服务。其一,中菲有关部门应共同探讨适合华校高中的课程模式,为研发华校高中教材、创新高中教学方法等提供帮助,全方位支持华校高中阶段中文教育的普及发展。其二,菲律宾华文教育中心及有关部门需根据高中阶段的中文教学特点,在华校中小学使用的 10 年教学大纲的基础上,尽快制定统一的高中中文教学大纲和考试标准,助推华校高中中文教育向统一化、标准化方向发展。其三,中国政府有关职能部门(国务院侨务办公室等)在师资培训、课程体系建设、学术交流等方面逐步加大对菲律宾华校中文教育工作的精准服务,支持华校全面普及高中阶段的中文教育,助力华校中文教育全覆盖。

其次,菲律宾主流学校中文教学得到中国提供的教学资源迅速发展,受菲律宾语言政策和中文教学资源不匹配的影响,中文教学尚未纳入全学段教育。为使中文教学纳入主流学校全学段获得稳定持续发展,第一,中菲加强语言政策规划沟通,根据公立学校基础教育阶段的实际需求,制订特色纳入计划,为中文教学纳入各个学段提供政策保障和智力支持。第二,中国派出具有一定水平和经验的中文教师的同时,还要加大力度协助菲律宾培养本土教师、开发适配的当地化教材、创新教学方法等,多方面支持全学段开展中文教学。学界普遍认为本土(当地)教师在中文教学的发展中起到关键作用。李宇明(2017)指出:"好的当地化教材,也许最终有赖于当地教师的成长。"陆俭明(2019)指出:"有了一支本土化的汉语教师队伍,他们为了自己生活和生存,自己就会向本国政府提出加强汉语教学的要求,而这是使汉语教学进入对象国国民基础教学体系的一个很重要的助推力量,也是汉语走向世界的一个很重要的条件。"因此,中菲有关部门需要加强合作,为开展培养高学历、专业化的本土教师项目提供精准服务,促成本土教师本、硕、博一体化培养。这样才能解决菲律宾中文师资等教学资源不足的问题,最终发挥本土力量推动中文教学纳入国民教育体系全学段。

(三)优化中文课程体系,助力中文学习者"人力资本"增值

菲律宾孔子学院为中文纳入国民教育体系,在教学实践和学科建设方面做了

很多工作，虽然取得了一定成效，但目前公立中学和高校的课程体系建设还存在一些问题。对一个社会来说，"人力资本"是经济增长的核心驱动力，而对一个个体来说，教育则是"人力资本"的建构过程（胡范铸，2018）。优化中文课程体系可以促进学习者"人力资本"的增值。因此，推进中文纳入国民教育体系要重视中文课程体系建设，使中文纳入形式不局限于选修课，日益形成选修课、必修课、专业课、特色课等完善的课程体系。

其一，公立中学中文课程设置应由选修课逐渐转变为必修课。孔子学院协助公立中学优化中文课程体系，增加单项语言技能课，使中学课程与高校课程有效衔接，助力形成完善的中文教学体系，促进中文教育高质量发展，为高质量中文人才的培养提供保障。

其二，高校加快中文专业学科建设。在学科基础较好的高校整合优势教学和科研资源，开设中文作为第一学历教育的中文本科专业，从而更好地发挥中文本科专业课程建设在中文人才培养中的作用。

其三，校企合作开发"中文+"特色课程品牌项目。孔子学院协助高校创新教学模式，搭建校企合作平台，共同开发"中文+"特色课程品牌项目。例如在菲律宾高校以专业为依托，建立起涵盖中文和贸易、旅游、电子商务等相结合的双专业，致力于为中菲各领域专业人才提供语言工具；在菲律宾对学生进行中文培训，派他们到中国强化学习一段时间中文后，再到中国相关学校进行职业技能的培训，致力于培养精通中文的专业技术人才。泰国孔敬大学孔子学院自2016年开始开办"中泰高铁汉语培训项目"，为泰国培养了100多名铁路技术人才，促进了中泰职业培训领域的交流合作，成为"汉语+职业技术"人才培养模式的典范（孙广勇，2019）。菲律宾高校可以借鉴泰国经验，将人才培养与就业岗位紧密结合，满足当地企业人才需求的同时，帮助学生开拓就业渠道，拓展上升空间。

（四）增强中小学生中文学习动力，积聚中文纳入的充足后劲

中小学是中文教育普及开展的重要场所，也是中文纳入事业持续发展的关键阶段。低龄学习者在中文学习上具有一定优势，少年儿童凭兴趣习得语言，最易建立语感和语言感情，甚至产生跨文化认同（李宇明，2018）。积聚中文纳入的充足后劲，需增强中小学生中文学习的动力，可以从以下三个方面考虑。

首先，激发中小学生学习中文的兴趣。中菲有关部门应加强针对中小学生教材、教学法、课程、考试测评等相关教学要素的研究，开发针对少年儿童的配套教材和教辅资料，安排符合少年儿童心智发展特点的教学内容，探索引发学生兴趣的教学方法，统一考试测评标准，以增强中小学生中文学习的动力，提升中小学生中文学习的获得感。

其次，改善中小学生语言学习环境。一是学校、孔子学院结合当地情况开展丰富多彩的中文教学和文化活动，客观上为少年儿童等中文学习者提供良好的学习环境和氛围，增强其中文兴趣和中文交际意识。二是重视语言和文化资源开发利用，中菲有关部门利用现代教育技术和互联网技术，共同开发语言、文化教学资源，打造本土化的多媒体教材、教辅等资源平台，创造线上虚拟语言"习得"环境，调动学生的积极性和创造性。三是中菲有关部门加快推动人工智能与中文教学融合。人工智能技术优势表现为打破时空限制，实现全天候学习要求；因材施教，提供多元化、个性化培养方案。通过开发推广中文人工智能平台，对学习者进行智能测评、智能训练、线上指导等，以此提升学习效率和效果，从而为中文纳入事业拓宽发展视野，提供新的发展思路和实现路径（李宝贵、庄瑶瑶，2019a）。

最后，发挥华侨华人中华语言和文化传承的作用。基于华人身份认同和对中华文化的认同而产生的学习动机是华裔学生学习汉语最重要的动机之一。对华裔学生来说，学习汉语的过程就是对中华文化认同的过程（王爱平，2000）。菲律宾新一代华侨华人基本是在当地出生的，他们的政治认同倾向当地，但是一些华人还保有中华民族文化特质，带有民族文化认同。中菲有关部门通过组织一系列夏（冬）令营等"文化寻根"活动，让华裔学生在实践中体验中华语言和文化的魅力，拉近华裔学生和祖（籍）国的距离，增强其中华语言和文化传承的愿望，进而产生学习中文的内在动力，助力中文纳入国民教育体系保持充足后劲。

六、结语

习近平主席在菲律宾媒体发表题为《共同开辟中菲关系新未来》的署名文章中强调，坚持民心相通，实现中菲关系恒久如一（新华社，2018）。民心相通是"一带一路"的社会根基和民意支撑，"一带一路"建设的各项工作能够顺利、深入进行的根本保证也在于民心相通，其所蕴含的人文影响力可以跨越国界、超越时空（李宝贵、尚笑可，2018）。中文教育在促进中菲民心相通方面起着不可替代的作用，中文纳入菲律宾国民教育体系必将为中菲关系发展增添新的活力。虽然菲律宾中文教育呈现出良好的发展态势，但中文纳入菲律宾国民教育体系仍有很大的拓展空间。加快推进和完善中文纳入菲律宾国民教育体系对于菲律宾中文教育纵深发展、推进中菲文明互鉴、民心相通，进而推进"构建人类命运共同体"等均具有重要意义。

参考文献

［1］菲律宾华教中心．菲律宾华文教育综合年鉴 2005—2014 ［M］．菲律宾：菲律宾华教中心出版部，2015．

［2］耿红卫．菲律宾华文教育的历史沿革及现状 ［J］．广西社会科学，2007（5）．

［3］何微微．菲律宾主流学校汉语教学调查研究——以红溪礼示孔院合作的教学点为例 ［D］．广州：暨南大学，2015．

［4］胡范铸．目标设定、路径选择、队伍建设：新时代汉语国际教育的重新认识 ［J］．世界汉语教学，2018（1）．

［5］黄彩玉．汉语纳入多国国民教育体系之后 ［N］．光明日报，2019-12-12．

［6］黄端铭．世界汉语热背景下的菲律宾汉语教学 ［J］．世界汉语教学学会通讯，2011（4）．

［7］黄耀东．浅谈菲律宾华文教育 ［J］．东南亚纵横，2006（9）．

［8］贾益民．新时代华文教育发展理念探讨 ［J］．世界汉语教学，2018（2）．

［9］孔子学院总部．菲律宾教育部启动中菲联合培养汉语师范教育硕士专业项目 ［OL］．（2019）．http://www.hanban.org/article/2019-12/05/content_795096.htm．

［10］蓝小玲．菲律宾华文教育的现状与改革 ［J］．世界汉语教学，1999（2）．

［11］李宝贵，尚笑可．"一带一路"背景下汉语国际传播的新机遇、新挑战与新作为 ［J］．辽宁大学学报（哲学社会科学版），2018（2）．

［12］李宝贵，庄瑶瑶．汉语正走进非洲——为中非世代友好持续培养新生力量 ［N］．光明日报，2019-12-05．

［13］李宝贵，庄瑶瑶．意大利：将汉语纳入国民教育体系 ［N］．光明日报，

2019-03-21.

[14] 李宝贵, 庄瑶瑶. 汉语纳入俄罗斯高考——中俄语言文化互学互鉴的新篇章[N]. 光明日报, 2019-06-13.

[15] 李宝贵, 庄瑶瑶. 汉语纳入海外各国国民教育体系之方略探索[J]. 现代传播, 2020（1）.

[16] 李宝贵, 庄瑶瑶. 中文纳入"一带一路"沿线国家国民教育体系的特征、挑战与对策[J]. 语言文字应用, 2020（2）.

[17] 李宇明. 汉语国际教育"当地化"的若干思考[J]. 中国语文, 2017（2）.

[18] 李宇明. 海外汉语学习者低龄化的思考[J]. 世界汉语教学, 2018（3）.

[19] 李宇明. 中文怎样才能成为世界通用第二语言[N]. 光明日报, 2020-01-04.

[20] 李宇明, 王春辉. 全球视域中的汉语功能[J]. 云南师范大学学报（哲学社会科学版）, 2018（5）.

[21] 刘泽海. 东南亚国际语言教育政策发展研究[M]. 北京：社会科学文献出版社, 2018.

[22] 陆俭明. 第13届对外汉语国际学术研讨会总结[OL].（2016-07-27）. http://www.cssn.cn/yyx/yyx_tpxw/201607/t20160727_3137098_3.shtml.

[23] 陆俭明. 汉语国际传播方略之我见[J]. 汉语应用语言学研究, 2019（00）.

[24] 孟世悦. 追求卓越, 实现公平——菲律宾发展研究院[J]. 外国中小学教育, 2017（9）.

[25] 邱丽慧. 菲律宾公立中学汉语教学现状调查——以菲律宾教育部汉语合作项目为中心[D]. 曲阜：曲阜师范大学, 2018.

[26] 孙广勇. "汉语＋职业技术"模式助力泰国培养铁路技术人才"盼望早日实现我们的高铁梦"[N]. 人民日报, 2019-11-20.

[27] 孙笑天. 中国国家汉办与菲高教委签订合作备忘录[OL].（2003-03-20）. http://news.sohu.com/54/66/news207036654.shtml.

[28] 王爱平. 东南亚华裔学生的文化认同与汉语学习动机[J]. 华侨大学学报（哲学社会科学版）, 2000（3）.

[29]王祖嫘，吴应辉.汉语国际传播发展报告2011—2014[J].新疆师范大学学报（哲学社会科学版），2015（4）.

[30]吴端阳.菲律宾华文教育的历史演变及其振兴对策初探——菲华文教育考察报告[J].泉州师专学报，1996（1）.

[31]伍金球.菲律宾高等教育发展的经验及对我国的启示[J].高教探索，2006（1）.

[32]新华社.中共中央办公厅、国务院办公厅印发关于加强和改进中外人文交流工作的若干意见[N/OL].（2017-12-21）.http://www.gov.cn/xinwen/2017/12/21/content_5249241.htm.

[33]新华社.共同开辟中菲关系新未来——习近平在菲律宾媒体发表署名文章[N/OL].（2018-11-19）.http://www.gov.cn/gongbao/content/2018/content_5346494.htm.

[34]许璐.菲律宾主流学校汉语教学现状调查研究[D].福州：福建师范大学，2012.

[35]颜长城.菲律宾华文教育的过去和现在[J].华侨华人历史研究，1996（2）.

[36]杨静林，黄飞.新世纪以来菲律宾华文教育的新发展及其困境[J].八桂侨刊，2017（1）.

[37]曾小燕，吴应辉，缑世宇.东南亚国家汉语传播途径类型研究[J].中国大学教学，2020（1）.

[38]章石芳，范启华.菲律宾语言教育政策的回顾与反思——兼论华文教育的新机遇[J].海外华文教育，2013（4）.

[39]郑通涛，蒋有经，陈荣岚.东南亚汉语教学年度报告之二[J].海外华文教育，2014（2）.

[40]朱东芹.20世纪90年代以来的菲律宾华文教育改革：探索、成效与思考[J].华侨大学学报（哲学社会科学版），2014（3）.

从菲律宾华文报纸看华文教育*

一、引言

"有海水的地方就有华人",华文报纸也因华侨华人应运而生。华文报纸既是华人社团组织和华人沟通的桥梁和纽带,也是华人了解故乡事以慰藉思乡情的窗口。华文报纸丰富了华侨华人的文化生活,让漂泊的灵魂有了休憩的精神港湾。

"有华人的地方就有华文教育",华文教育赓续着与华人社会的民族特质。华文教育和华文报纸是华人社团不可分割的重要组成部分,它们不仅维系着华侨华人的民族特性,还在传承中华文化、凝聚族群观念等方面做出了重大贡献。

本文拟梳理菲律宾华文报纸对华文教育报道的内容,加以分析,以这个独特的视角,看华文教育的现状,并对存在的问题展开分析,以期有助于菲律宾华文教育的改进与提高。为了保证华文教育工作的完整性,我们以2018—2019学年一整学年为采样时段,其中也包含假期,具体时间为2018年5月1日至2019年4月30日。这一学年,在全球持续至今的新冠疫情尚未暴发,能客观反映菲律宾华文教育的常态。

二、华文报纸与华文教育的关系

(一)华文报纸的基本情况

菲律宾《商报》于2019年11月19日举办创刊百年庆典,标志着菲律宾的华文报纸已历经百年的发展历程。目前,在菲律宾正在出版的华文报纸有《世界日报》《商报》《联合日报》《菲华日报》和《菲律宾华报》(见表1)。

---

* 作者:刘统厚,菲律宾华教中心。本文刊于《世界华文教育》2023年第1期。

表 1 菲律宾华文报纸一览表

名称	创办时间	总部所在地	发行范围	周期
《世界日报》	1981年6月1日	马尼拉	全国	日报
《商报》	1919年12月25日	马尼拉	全国	日报
《联合日报》	1973年2月1日	马尼拉	全国	日报
《菲华日报》	1983年3月23日	马尼拉	全国	日报
《菲律宾华报》	2007年9月27日	马尼拉	全国	日报

由表1可见，这五家华文报纸的总部都设在首都马尼拉华人区岷伦洛，发行范围都是全国性的。由于菲律宾报纸发行渠道不畅通，华文报纸主要还是在华人相对集中的大马尼拉地区发行。《世界日报》和《商报》通过商家代理方式向外省发行，但发行量不大，其他的华文报纸更难实现在全国范围内发行。

《世界日报》于1981年6月1日由菲律宾知名人士吴永源、陈华岳等人创办。版面内容包括：要闻、本岛新闻、国际新闻、经济新闻、侨乡新闻、社团新闻、体育新闻、世界广场（言论版）、文艺副刊等。

菲律宾《商报》是菲律宾第一份用华语出版的日报。1919年，时任马尼拉中华商会会长的李清泉提出菲律宾华侨经济需要随着世界潮流发展，发起出版菲律宾《华侨商报》月刊。

《联合日报》于1973年2月1日创刊。20世纪80年代尚有较强实力及市场份额，但进入90年代后，发行量逐渐减少。

《菲华日报》创刊于1983年3月23日。创刊时名为《菲华时报》，主张"鼓励华人热爱菲律宾，促进华人融入主流社会"。《菲华时报》命运多舛，几易其主，1999年3月1日改名为《菲华日报》。

《菲律宾华报》于2007年9月27日问世，成为菲律宾华文媒体中的新生力量，是菲律宾历史上首次使用简体汉字横排版面的华文媒体。《人民日报》海外版的"菲律宾版"与《菲律宾华报》联合主办，随当日《菲律宾华报》发行。

华文报纸与菲律宾华人社会相融共生。五家华文报纸都不吝版面，大篇幅刊登社团、宗亲会、商会、华校等新近举办的一些活动，有的还开辟了华人社会专版，比如《世界日报》的"华人世界"，《商报》的"华社动态"，《联合日报》的"华社要闻"。这些报道不仅起到了沟通与交流的作用,还增加了社团和侨领的曝光度和影响力。像社团成立、庆典、新一届职员就职,亲朋好友结婚、升学、获奖等喜事都会在华文报纸上刊发"红版"表示祝贺,这已经成为华社的民俗。广告和"红版"成为华文报纸的主要营收渠道。

(二)华文报纸与华文教育扶携前行

20世纪80年代起,华文报纸遭遇到前所未有的挑战,报社经营遇到麻烦,入不敷出,难以为继。究其原因是华文教育发展受到限制。20世纪70年代中期,菲律宾开始"菲化"侨校,华语只能作为选修课,规定上课时间每天不超过120分钟,华文教育质量严重下滑,新生代华人中文水平极速下降,对华文报纸缺乏兴趣。华文教育日渐式微,因此菲律宾华人社会展开了"拯救华文教育"的行动。华教中心作为一个专业机构更是义不容辞,他们积极参与,并主导了菲律宾华文教育的改革。菲律宾华人社会对"菲化"以来的华文教育进行了大反思、大讨论,有关华文教育的不同观点和不同看法在华文报纸上报道,引起了华社的强烈反响,为菲律宾华文教育改革营造了有利的舆论氛围。通过改革,华文教育获得了新生,教育教学质量不断提升。

可见,华文报纸和华文教育有着密切的联系,它们相互携扶,相互促进。华文报纸构建起华侨华人共同的文化认知圈,形成菲华社会重视华文教育、共同参与华文教育的良好氛围。华文教育的发展为华文报纸培养了大批的读者群,使得看懂华文和会用华文的人群不断增加,这为华文报纸的发展提供了人才和市场资源。

三、报道单位分析

目前,菲律宾有华校152所,包括大学、中学、小学、幼儿园。华人社团林林总总、数量庞大,甚至没有人能确切地说出一个具体的数目。如果按照"有规模、有实力、有注册"的"三有"标准来统计,大概有200个。菲律宾华侨华人社团主要有:以地缘为基础的同乡会,以血缘为基础的宗亲会,以业缘为基础的商会、行业协会和工商业团体,以文缘为基础的文化性团体。近年来,华人社团出现大联合的趋势,进而形成一些规模更大的综合(联合)性社团。本学年度,五家华文报纸共刊发有关华文教育的稿件847件，发稿单位涉及华校、社团、机构等122个（见表2）。

表2 报道单位行业分析

类别	发稿单位	数量（单位：个）
华文学校	侨中学院、中正学院、育仁中学、晨光中学、计顺菲华中学、中西学院、立人中学、圣公会中学、菲律宾中山中学、能仁中学、怡朗华商学院、怡朗中山中学、三宝颜中华中学、近南学校、纳卯中华中学、怡朗新华学院、百阁公民学校、灵惠学院、马尼拉爱国中学、尚爱中学、嘉南中学、淡描戈培青中学、光启中学、亚虞山培青中学、计顺基督学院、拉允隆文化书院、普贤中学、碧瑶爱国中学、崇德学校、基中书院、景祥爱心幼儿园、罗申那同和中学、宿务中华、基立学院、罗申那振声中学、吗拉汶文化书院、密三密斯光华中学、七色光学校、培德中学、三巴乐中华中学、尚一中学、圣军中学、务端信心学校、新生佳音学校	44
文化性团体	华教中心、菲华校联、侨中学院校友会、大马尼拉华教协会、棉兰老华教协会、中正学院校友会、菲华体育总会、圣公会中学校友会、中新社马尼拉、菲律宾红烛华文教育基金会、广总华文教师联谊会、陇西华文李氏教师联谊会、中华文化复兴与运动总会菲律宾分会、菲华文学馆、嘉南中学校友会、吕宋华教协会、旅菲石光中学校友会、陈延奎纪念图书馆、东方体育会、菲华历史博物馆、菲华乒乓联合会、菲华校联教学研究会、菲律宾华星艺术团、菲律宾乒乓联合会、旅菲石狮市第八中学校友会、旅菲苏浙校友会、吗拉汶文化书院校友会、浔江施氏干才研习中心、中华传统文化促进会、菲律宾弟子规学会、纳卯中华中学校友会马尼拉分会、立人中学董事会、那牙嘉南中学董事会	33
综合性社团	菲华商联总会、菲律宾各界联合会、菲华各校友会联谊总会、菲华商会、菲华文经总会、菲华新联公会、旅菲各校友联合会、中吕宋嵩岩社	8
商会	菲律宾电器厂商联合会、工商、纳卯航	3
同乡会	菲律宾晋江同乡总会、菲律宾安海工会暨菲律宾安海商会、菲律宾南安同乡总会、广东侨团总会	4
宗亲会	菲律宾六桂堂宗亲总会、菲律宾河源张颜同宗总会、菲律宾许氏宗亲总会、菲律宾弘农杨氏宗亲会、菲律宾宝树谢氏宗亲会、菲律宾太原王氏宗亲总会、华文教师联谊会、妈汭五姓联宗总会、旅菲临濮总堂、旅菲清真五姓联宗总会、菲律宾曾丘宗亲总会、菲律宾董杨氏宗亲总会、菲律宾放动堂联宗总会、菲律宾济阳柯蔡宗亲总会、菲律宾聚书丁氏宗亲会、菲律宾烈山五姓联宗总会、菲律宾宋戴宗亲总会、菲律宾朱倪宗亲会、林氏宗亲总会、陇西李氏宗亲总会、潘氏宗亲总会、让德吴氏宗亲会、西河堂林氏宗亲会、荥阳郑氏宗亲会	23

续表

类别	发稿单位	数量（单位：个）
其他	佛光山万年寺、加洛干菲华义诊所、妙德菩萨学会、李国箴许美真伉俪基金、岷市区青年会、菲律宾中国洪门竹林协义总团、佰利春仙庄志愿消防会	7

由表2可知，发稿单位涉及菲华社会的各行各业。华人社团由最初的互助互济、携扶发展的功能，发展到现在已经具有很强的社会功能、公益功能和文化功能。华侨华人一直秉持兴学传薪的华教精神，设立大大小小、名目繁多的华文教育基金，捐资助学。华文教育已成为华人热心公益、回馈华社的重要平台。本学年度有78个社团（44所华校除外）涉及华文教育报道，如2018年9月，中正学院在《菲律宾华报》《商报》分别报道了陈永栽、许嘉真、蔡建立等校友捐赠巨额资金建设中正学院分校的壮举。随着中国经济实力的增强，华社越来越重视中华文化的传播与传承，在华校举办各种文化活动，比如2018年12月8日，《联合日报》报道《〈四海同心　盛世梦圆〉华侨华人与改革开放四十周年图片展在侨中开展》。

根据表2我们也可以了解到发稿单位在全菲的分布情况，马尼拉地区有100个、吕宋地区有10个、棉兰老地区有8个、米沙鄢地区有4个。报道单位主要集中在马尼拉地区，一方面是因为马尼拉作为首都是政治和文化中心，华人、华校、社团相对集中，五家华文报纸总部都设在这里；另一方面是因为马尼拉地区的华校和社团对外宣传报道的意识较强。

如图1所示，本学年度发稿量位列前10的为：华教中心、侨中学院、中正学院、育仁中学、晨光中学、菲华校联、计顺菲华中学、中西学院、立人中学、圣公会中学。其中，有8所华校，2个文化性团体。排在第一位的是菲律宾华教中心，该中心于1991年5月24日成立，是一个服务于菲律宾全国从事华文教育和汉语教学单位的学术研究和行政协调机构，宗旨是发展菲律宾华社的华文教育和主流社会的汉语教学。其发表的133篇报道涉及华语教学、华语师资队伍建设、华语教师福利待遇、对外交流合作、华校评价、竞赛活动、华文教育服务等，真正体现了它的专业性和行政协调能力，为菲律宾华文教育的改革与发展做出了重大贡献。

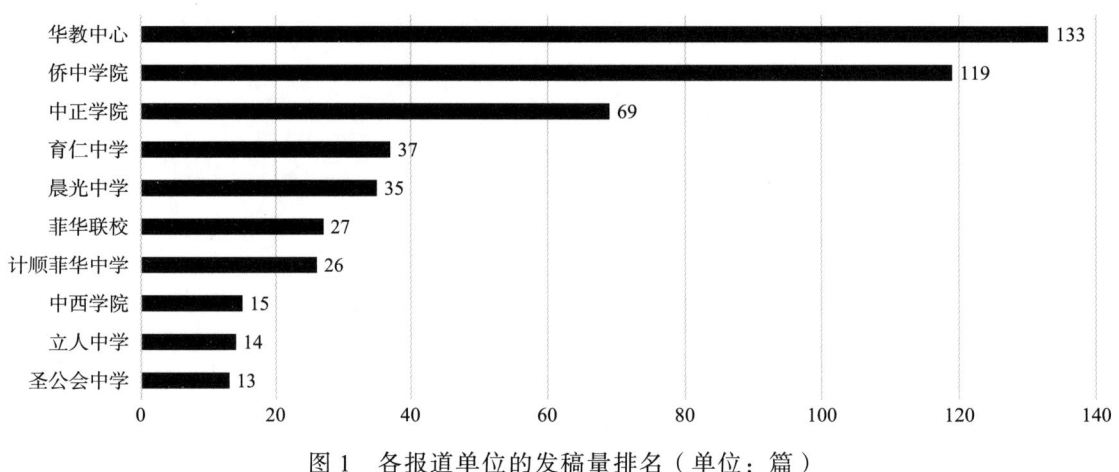

图 1　各报道单位的发稿量排名（单位：篇）

四、华文报纸关于华文教育的热词分析

华文教育热词是指本学年度五家华文报纸关于华文教育的新闻报道出现频率较高的热门词语及短语。我们从 847 条华文教育报道中整理出 531 个关键词及短语，然后按照出现的频次排序（见图 2）。

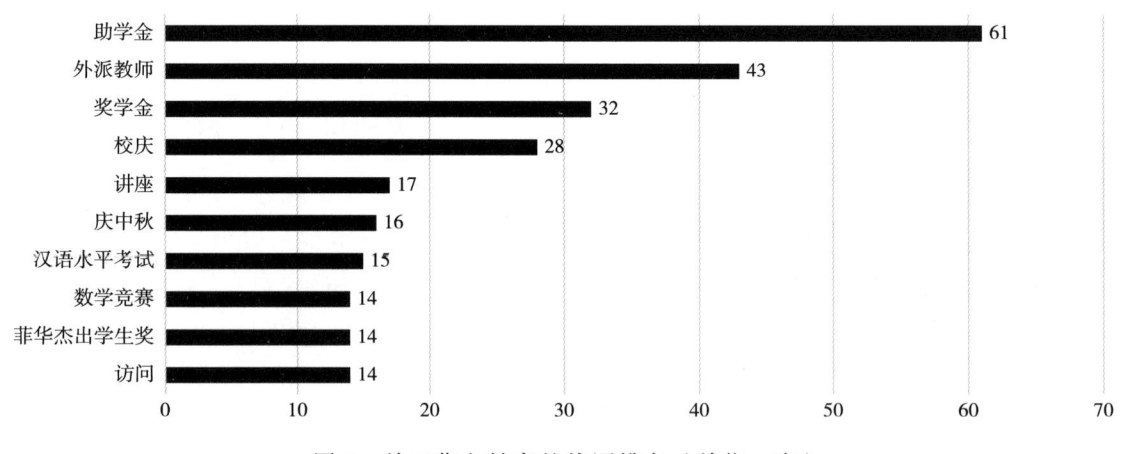

图 2　关于华文教育的热词排名（单位：次）

由图 2 可知，居于前 10 位的华文教育热词为：助学金、外派教师、奖学金、校庆、讲座、庆中秋、汉语水平考试、数学竞赛、菲华杰出学生奖、访问。我们抽取前 5 个热词进行重点分析。

（一）助学金

助学金旨在对学习刻苦、品行良好、家境清寒的学生提供资助，以减轻清寒家庭子女教育负担，避免华校学生辍学、流失。"助学金"一词成为本学年度热词榜首，客观反映了华社对华校学生流失问题的关切。菲华商联总会自2004年开始实施"挽救华校学生流失补助金"方案，每学年向家境清寒的学生发放10000比索的助学金，惠及学生逐年增加，由最初的500人增加到现在的近1000人。本学年度，共有包括菲华商联总会、恒昌基金会、菲律宾宋庆龄基金会、菲律宾中信慈善基金会等在内的20个社团和机构向清寒学生提供资助，惠及学生众多。

"中国大使教育基金"奖助学金项目2013年在菲律宾启动，符合条件的清寒学生可得到10000比索的资助。在"中国大使教育基金"奖助学金项目的带动下，越来越多的社团及侨领慷慨解囊，形成了菲华社会关注华社弱势群体、关心清寒家庭子女教育的良好局面。

（二）外派教师

菲律宾华语教师短缺一直是困扰华校的老大难问题。华教中心自成立以来，就特别重视华语师资队伍建设，为解决教师短缺的问题，华教中心启动了"221"工程，即两个计划（输血计划和造血计划）、两个方案（督导方案和专业化方案）和一个行动（华校新生行动）。输血计划就是聘请中国教师到菲律宾华校任教，也就是后来所说的外派教师，即由中国国侨办派出，在菲律宾华校从事华语教学工作的教师。督导方案就是聘请中国有丰富教学和管理经验的教师到华校指导华语教学工作，早期的督导都是从中国聘请的专家、教授。华教中心1993年启动输血计划，1994年启动督导方案。多年来，中国国侨办通过派遣教师助力输血计划，缓解了华校华语教师短缺的燃眉之急，支持了菲律宾华文教育事业的发展。

（三）奖学金

奖学金旨在奖励勤奋好学、德才兼备、全面发展的学生。一般要求在华校就读中学、小学和幼稚园的学生，各科成绩在80分以上，也有的要求考试成绩必须在本校取得前三名才可以申请。本学年度向优秀学生颁发奖学金的有：李国箴许美真基金会、旅菲临濮总堂、旅菲清真五姓联宗总会、中国大使奖助学金、菲律宾河源张颜同宗总会、菲律宾六桂堂宗亲总会、菲律宾南安同乡总会、菲律宾宋戴宗亲总会、菲律宾许氏宗亲总会、西河堂林氏宗亲会、中正学院校友会、陇西李氏宗亲总会、侨中学院校友会、让德吴氏宗亲会等14个社团。

（四）校庆

"校庆"一词成为本学年度的热词第四名，在预料之中。实际情况是，每所华校不论规模大小、办学质量如何，都会高度重视这一庆典活动。校庆时，学校组织在校师生、校友及社会知名人士举办独具特色的系列庆祝活动，展示办学成果、增进家校沟通、增强学生的荣誉感和学校凝聚力，是一种特殊的教育活动。比如中西学院举办的120周年校庆系列活动有命题作文大赛、华语故事和朗诵比赛、词语听写大赛，校庆活动紧紧围绕华语教学设计，彰显个性，别具一格。

（五）讲座

讲座是一种有效的集体学习形式。华文教育教学专题讲座针对性强，信息量大，有助于华语教师拓宽视野，转变观念，提升教学能力。本学年度共举办17场讲座，其中3场属于校内组织的关于健康、消防等方面的讲座，其余14场是邀请国际知名专家进行的华文教育教学专题讲座。

华文教育热词既是华人社会对华文教育的关注点的可视化呈现，也是华校华文教育教学工作的日常写照。热词能在一段时间内引起华人社会的高度关注，并透过表象挖掘本质，引发对华文教育问题和现象的思考。

五、涉及华文教育话题分析

华文教育涉及华社千家万户，华裔青少年是菲华社会的未来与希望。所以，华文教育热点话题与每一个华侨华人息息相关。

图3是本学年度所涉及的13个华文教育话题的排名。下面就华社参与、师资队伍和华语教学三个话题具体分析。

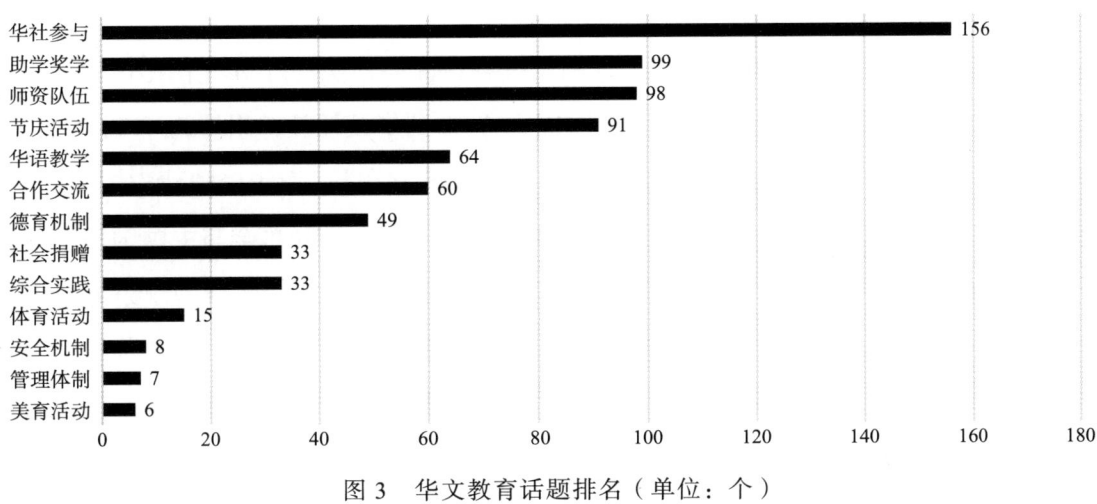

图 3　华文教育话题排名（单位：个）

（一）华社参与

"没有华文教育就没有华社"已成为菲律宾华侨华人的共识，发展华文教育是菲华社会的共同责任。华社参与不仅是办好华文教育的基石，也是衡量华校办学水平的一个指标。良好的华社参与是双向互动的。一方面是华社、社团、机构积极参与华文教育，献言献策；另一方面是华校广泛听取各界对华文教育的意见和建议。"华社参与"成为本学年度华文教育话题榜首，是华社关心支持华文教育的客观体现。比如 2018 年 3 月，菲律宾《商报》一则《退休华文教师流落街头沦为乞丐》的报道引爆华社，迅速成为舆论焦点，引发菲律宾华人社会对黄爱治（Juanita Uy）老师的同情与救助。黄老师退休前所在的华校校友会送她到医院检查身体，菲华妇女会接纳黄老师到菲华妇女养老院安度晚年，菲律宾红烛基金会拜托华教中心向黄老师捐赠爱心款，中国驻菲律宾大使馆派人前往慰问。令人欣慰的是，在华文媒体、华社和公益团体的通力配合下，黄老师得到了妥善安置。

（二）师资队伍

华语教师是华文教育的根本。然而，菲律宾华文教育长期面临着师资短缺、华语教师专业化程度不高的问题。培养高素质华语师资队伍成为华社十分关心的事情。近年来，华教中心、晋江同乡总会、菲华商联总会、菲华校联等社团为华语师资队伍建设做出了各种努力，取得了重要成效。

1. 多措并举破解师资短缺难题

为解决华校师资短缺难题，华人社团发挥各自优势，积极行动。华教中心1993年实施"输血计划"，截至2019年，聘请中国教师到华校任教，累计约4900人次。1994年，华教中心与晋江同乡总会合作开启"督导方案"，为华校聘请中国专家、教授以及优秀教师到华校指导教学、培训华语教师。菲华商联总会与中国国家汉办合作，2002年启动"汉语志愿者教师方案"，为华校输送了相当数量的汉语志愿者教师。2004年，华教中心实施"造血计划"，截至2019年，共有250余位华校学生参加"造血计划"，到暨南大学华文学院、华侨大学等大学留学。2014年，菲华商联总会在创会60周年之际，提出创设"1+2+1华校师资培训计划"，首批29位学生经过四年培养顺利毕业。在各种华语师资建设方案、计划的推动下，社团和侨领积极响应，多措并举，破解师资短缺难题，最大程度缓解了华语教师短缺的矛盾。

2. 华语教师的专业化与资格认证

菲律宾华语教师专业化程度不高，很多华语教师并不是语言学及教育学的相关专业。为了提高华语教师专业化程度，华教中心推出华语教师"专业化方案"，与暨南大学华文学院、华侨大学合作举办华语教师本科、硕士班，鼓励学历不达标的华语教师参加培训。为鼓励华语教师积极参加学习，菲律宾中信慈善基金会于2014年与华教中心合作，设立"中信菲律宾华校华语教师专业奖"，受到菲华社会的普遍赞誉。本学年度，有73位华文教育工作者获奖，其中博士6人，硕士16人，本科51人。华文教师资格认证是由中国国侨办和中国海外交流协会推出的，以顺应海外华文教育师资专业化发展的需要，提升海外华文教师的综合素质和教学能力。华文教师参加培训和考试，依据成绩获取"华文教师证书"。华教中心已承办了四期华文教师证书班，2018年11月第四期华文教师证书班结业，53位教师完成培训课程。

3. 学习赋能建立华语师资培训长效机制

陆俭明（2005）提出，汉语教师除了应该具有一定的职业意识外，还要有很强的学科意识、学习研究意识以及自尊自重意识。经过多年的摸索探讨，菲律宾华文教育形成了"请进来，走出去"的华语师资培训模式。从培训范围上看，既有全国、区域范围的，也有校本的；从培训内容上看，既有理论知识，也有教法与技能。本学年度，华文报纸报道的华语教师培训有22次。其中，华教中心及下属华教协会组织地区范围的培训 5 次，组织华校校长、华语教师到中国参加中国国侨办主办的研习班和教师证书班培训 3 批次；晋江同乡总会组织华校校长参加海上丝绸之路华文教育校长培训班，举办第 21 次华文教育研习班；菲华商联总会组织中国国家汉办汉语教师志愿者岗中培训；菲华校联组织暑期师资讲习会；侨中学院、中正学院、育仁中学、拉允隆文化书院、马尼拉爱国中学开展校本培训，邀请专家、督导为华语教师授课或专题讲座。多年来，社团和专业机构持续助力华语师资培训，培训效果和水平发生了质的变化，取得了良好的效果。

（三）华语教学

华语教学既是华文教育的主体，又是达到教育目的的基本途径。华语教学在本学年度华文教育话题排名位列第五。关于华语教研活动的报道有 13 篇，其中侨中学院 8 篇，怡朗新华学院 2 篇，怡朗中山中学 2 篇，立人中学 1 篇。关于华语教学改革的报道有 2 篇，中正学院和嘉南中学分别报道了关于推行IBPYP国际文凭项目课程的实施情况。考试评价是华语教学的重要组成部分，"汉语水平考试"在本学年度成为排在第七的华文教育热词，这也反映出华校对汉语水平考试的认可与重视。华教中心自 1994 年起，开始承办汉语水平考试，截至 2019 年 1 月共举办 31 届，累计考生 5 万余人次。

六、结语

通过对华文教育热词和话题的分析，不难看出菲律宾华文教育在各方面取得的发展与进步，但也能透过这些报道看到华文教育存在的问题和不足。

（一）建立清寒学生救助机制，实现精准资助

华侨华人有重视子女教育的优良传统，但也有不少清寒家庭学生因经济困难而辍学。菲华社会为挽救华校学生流失纷纷出台资助计划和方案。随着资助方的增加，资助资金持续增长，申请助学金的学生也越来越多。然而，各社团、宗亲会、基金会等机构实施的助学金方案都是各自为战，缺乏统筹兼顾，造成华校和地区间的不均衡。本学年度，华文报纸报道了 20 个社团和机构参与了清寒学生救助。当

然，也有些社团和机构做了这件事，但并未通过华文报纸报道，使得无法被统计到。那么，本学年度菲华社会的助学金项目惠及多少清寒学生？用于助学的资金共有多少？尚无法统计。因此，华社亟须建立清寒学生救助机制，整合华社资源，统筹安排，实现精准资助，避免造成资源浪费或低效使用。

首先，要确立清寒家庭认定标准。比如家庭年收入低于多少；家庭遭受自然灾害损失巨大的；家庭突发意外事件（因病致贫、父母意外身亡等）的；家庭成员失业或者丧失劳动能力的；家庭背负巨额债务等。有了标准才能准确认定清寒学生，摸清清寒家庭的基数是精准资助的基础。

其次，要规范管理，加强各方联动。华校要积极配合资助机构的救助工作，要对清寒学生进行动态管理，每学年认定一次，建立清寒学生档案；华社推选一个机构负责各方协调工作，对华校上报的清寒学生信息汇总，纳入清寒学生数据库，做到应助尽助；要规范资助标准，规范资金管理，确保资金的有效使用，定期向华社及资助机构发布清寒学生资助年度报告。

（二）综合施策解决华语教师队伍建设问题

从近年来的数据看，外派教师和汉语志愿者数量与本土教师培养数量比例不合理，输血和造血功能失衡。有些华校对外派教师和汉语志愿者达到严重依赖的程度，本土教师占比急剧下降。"造血计划"一词在本学年度华文教育热词中仅排在第 22 位。可见，培养本土教师还没有引起华社足够的重视。呼吁华社要像资助清寒学生一样，关心本土教师的培养。当然，华语教师流失或者年青一代不愿意从事华文教育的根本原因是华语教师的薪资低，各项福利待遇难以保障。退休华语教师黄爱治流落街头的报道令广大华文教育工作者心寒，在华人社会引起广泛热议，引发了对华文教育的反思。华文教育是菲华社会的公益事业，华社要承担社会责任，有义务支持华文教育，积极争取菲律宾政府对华文教育的政策支持。同时，华校要从办学体制、办学模式、办学理念进行改革，着眼于华文教育的未来，建立华语教师队伍建设的长效机制。

（三）树立质量意识，坚持华语教学中心地位

本学年度，有关华文教育的报道 847 篇。其中，关于华校活动的有 231 篇，占

27.27%；有关华语教学的有64篇，占7.56%。华校活动大体分为两大类：一是节庆活动，包括校庆、开学典礼、毕业典礼、升级典礼、落成典礼、教师节、春节、中秋节、圣诞节、新年等节日庆祝活动。二是竞赛活动，包括短剧、歌唱、歌舞、合唱、话剧、讲故事、朗诵、童谣、演讲、听写、写字、阅读、翻译、啦啦操、篮球、排球、乒乓球、跆拳道、游泳、国标舞赛、国际象棋、科学常识、数学、数学与科学、机器人、中国知识、作文、诗文、写作、摄影、书法、绘画、汉字创意、传统服装、商业策划、学校先生/小姐、菲华先生/小姐等。林林总总的活动报道让人眼花缭乱，但华语教学方面的报道却相当少见。学校开展活动、报道活动毋庸置疑，但也要牢固树立质量意识，坚持华语教学的中心地位。

本文统计的新闻报道是从华教中心资讯部《华文教育剪报》整理出来的，难免会存在遗漏。加之华文报纸有关华文教育的报道有其局限性，毕竟不是所有的华校都有对外宣传的意识，也不可能把所做的工作都加以报道。外省的不少华校很难看到华文报纸，这也是导致外省新闻报道少的一个重要因素。基于此，本文依据菲律宾华文报纸关于华文教育的新闻报道来看华文教育，客观上来说并不全面。我们主要想通过这一独特视角，来审视菲律宾的华文教育，据此得出的观点只是管窥蠡测之见。

参考文献

陆俭明．汉语教员应有的意识［J］．世界汉语教学，2005（1）．

从百廿侨校看海外华文网络教学：
回顾、反思与前瞻*

一、从百廿侨校看网络教学的整体设计

从 2020 年 2 月开始，我校研讨如何在休校期间进行网络教学。平台选定和技术培训是每个学校都要面临的课题，从开始的匆忙上马到反思教学效果，让我们越来越清醒地意识到：网络教学的根本目的还是在华文教育领域更好地"育人"。"立德树人，留根铸魂"是海外华文教育的根本任务，过分强调技术的作用而忽视"育人"的根本目的就是本末倒置。

（一）网络教学整体设计总原则：以人为本、技术辅之

网络教学的"以人为本"就是要处理好教师之间的关系、师生之间的关系、家校之间的关系、学生之间的关系。"技术辅之"就是如何利用网络、ICT 设备、电子教材、视频等技术手段处理好以上关系。

1. 教师之间的关系

我校能平稳、从容地应对疫情，教师团队起到了关键和主导作用。学校要保障教师团队在居家的条件下可以进行网络教学。硬件方面，我校为每位教师提供了一台笔记本电脑（包括摄像头、手写板等），以及在家里上网的设备和资金。电子办公方面，我校从 2015 年导入教师电子办公平台，使教师之间、学校与教师之间实现文件传送无纸化，所有资料都储存在云端。组织方面，2020 年 2 月开始迅速成立以校长为组长的应急小组，连续 6 次早于日本政府判断疫情走向，以及决定学校休校、分散登校等重大决策。成立各种技术小组，有组织、有计划、有步骤地逐步解决教师实际网络教学面临的技术难题。

---

* 作者：张岩松，日本横滨山手中华学校。本文刊于《世界华文教育》2021 年第 1 期。

笔者认为，最为重要的是学校领导要时刻保持"方向大致正确，团队充满活力"的方针。教师之间的团结友爱、互相帮助是战胜困难的制胜法宝。每位教师时刻保持学习、挑战、创新的精神，不断发现自己、挑战自己、战胜自己，建立起面对疫情及战胜各种困难的自信。经此一役，我校每位教师都有了成长，学校自然也会不断地发展、壮大，从而激发出更强大的动力和活力。

2. 师生之间的关系

2020年4月是日本也是我校新学年度的开学季，也是各年级、各班级重新建立师生关系的关键时期。绝大部分日本学校延迟开学，甚至到6月才举行开学典礼，导致学生新学年不知道自己的班主任或任课教师，无法维持正常的师生关系。我校3月底决定在4月按期举行网上开学典礼，之后马上进行网络授课，这样既保证了正常师生关系的建立，班主任和任课教师也可以及时应对学生在长期休校期间的各种状况。这是我校4月至6月连续进行网络授课的最重要基础。

网络教学的核心是教师如何利用网络、ICT设备、电子教材、视频等技术手段保证师生之间的信赖关系，理解学生、引导学生，让学生可以自己主动地学习知识、认识社会。

3. 家校之间的关系

经过1个月左右的网络教学后，我校召开了全校的线上班级家长会，及时向家长阐明了学校网络教学的思路和家长配合事项，得到了家长们的理解和支持，也使家长们积极参与到网络教学中。之后，学校还在线上举行了中二、中三的三者面谈，解决了家长、学生关于升高中的困惑和担忧。

学校还动员家长会（PTA）及时在线上定期举行理事会，有效组织家长，让家长之间互通有无，分享各自家庭如何面对疫情，使家长们在居家隔离的状态下找到自己的组织。

我校4月至6月共向家长和学生提供了1500多个网上授课回放视频，向学校网页的家长平台提供了1600多个文件、学习资料，向家长发了300多个通知，充分保证学校和家长之间的线上沟通和互动。在学校针对家长进行的关于网络教学的调查中，共有96.7%的家长表示十分满意或满意。

构建家校共同体，发挥家长们的主动性，使得学校在面对困难时，家长们可以热情伸出援手，与学校共渡难关，实现家校共育。

4.学生之间的关系

在海外华校育人的过程中，学生之间的关系非常重要。从我校百廿校史来看，好的同学关系会让学生终身受益，学校主导处理好学生之间的关系会使教育事半功倍。面对疫情，让学生在居家的状态下更好地交流沟通、共同研究、协同学习是处理好学生之间关系的关键。

我校4月至6月网上授课期间，在课程表里专门设置了集体活动课、班会课，让班长组织同学们一起讨论如何解决网上授课的困难，让居家的学生们找到自己的组织。

在放学后，每天组织学生参加线上课后加油站、线上心理保健室等活动，帮助学生做心理辅导，疏导长期休校给学生带来的心理压力。

（二）学校活动的网络化

1.中华文化活动

中华文化活动是海外华校开展华文教育的重要组成部分，比如我校每年开展的国庆游行、狮子采青活动、春节全校师生包饺子活动、中学生回中国的毕业旅行活动等，对培养学生的中国心和民族归属感起到了非常重要的作用。这也是把中华文化的种子播种在学生心里，相信日后这个种子会生根、发芽、开花、结果，对学生的人生产生深远的影响。

但受疫情影响，以上活动无法正常开展。我校便收集以往活动的视频，在有限的条件下尽可能让学生体验这些中华文化活动的魅力和精髓。2020年10月1日，国庆中秋双节同日，我校为全校师生免费发放红白喜包和月饼，并采用录播和直播相结合的方式，让学生更加生动、直观地了解横滨华侨庆祝国庆节的历史，以及中秋佳节的传统习俗，同时给他们留下难忘的味觉记忆。

2.交流体验活动

校外学习体验活动和与日本学校的交流活动也是我校多文化理解教育的重要一环。但因避免人员接触和移动，2020年很多预订好的交流体验活动不得不取消。于是我校与经常交流的学校经过协商，实现了学生之间在线上进行交流。并开始利用网络接待来访客人，请名人、专家为学生、家长开设讲座，突破了空间的限制，弥补了线下活动的不足。

3. 学校日常活动

我校每学年要举办三次开学典礼、三次结业典礼、一次毕业典礼、十次全校早会等大规模学生集会活动。但2020年为了避免人员聚集，以上活动均尝试在线上进行。4月，经过近两年的多方努力，学校区域实现Wi-Fi全覆盖。2018年，学校所有教室均安装了有电子黑板功能的高亮度固定大型投影仪。这是学校日常活动网络化的基本条件。校长在校长室、学生在各班教室，校长通过网上直播边演示PPT边跟全校学生讲话。比起以前线下的集会，每个学生可以更清楚地看到校长，通过PPT可以更好地理解校长讲话的内容。活动结束后，校长将回放视频和PPT共享给各班班主任，班主任可以按照校长讲话的精神进一步深入指导学生，强化教育效果。

毕业典礼是学生离开母校前最重要的仪式和活动，师生抱头痛哭、依依惜别的场面感动了几代教师、学生和家长。但因为疫情，2020年学校无法让家长亲临现场，于是进行多机位网上现场直播。家长们观看后感动不已，因为现场直播比实际参加能更清楚地看到自己的孩子，也能了解整场活动的全貌。活动结束后，学校免费提供回放视频，观看次数超过2万次，远远超过以往线下活动的参与度和关注度。

（三）线上线下融合的各种模式

经过2020年近10个月的摸索，我校的网络教学和学校活动尝试了以下几种模式，逐步向线上线下融合的方向进行探索。

1. 线上直播+录播

录播的视频一定要短小精悍，能起到画龙点睛、吸引眼球、直抵主题的作用。直播可以是授课、讲话、活动等内容。直播和录播要契合度高、节奏紧凑，这样观众（学生、家长）就会保持持续的关注，达到授课和活动的目的。

2. 分散登校+网上直播

在疫情缓和期间，为了实现从长期休校到正常登校的过渡，我校实行了一个月左右的分散登校，即一半学生居家，一半学生到校。教师授课时，既要面对在教室上课的学生，又要同时顾及居家通过网络上课的学生。这就要求教师PPT和板书、面对面授课和线上授课相结合，能统观全局。

3. 全体登校+网上直播

在疫情稳定期间，学校在严格防控的前提下要求全体学生登校，但有个别家庭因为担心疫情或乘坐公共交通工具通学时间长，家长不让学生登校。虽然增加了工作量，但为了保证全体学生都能接受教育，学校还是为个别学生提供了网上直播。

4. 师生分离+网上直播

全体学生登校后，基本恢复了传统的课堂教学。但发生了学生已经在教室准备好上课，但教师无法到校的突发情况。如果是在疫情之前，传统的做法是请别的教师临时代课，但肯定无法完成正常教学任务。因为有了网络教学经验，学校决定让教师居家进行网上授课。学生在教室通过网上直播顺利完成了授课内容。这也是有益的尝试和探索。

5. 线下活动+网上直播

正如前文所述，我校已经尝试了多次线下进行活动、网上进行直播、事后提供回放视频，取得了非常不错的效果。

6. 线上活动+翻转课堂

近些年，想让孩子就读我校的家长与日俱增，学校每年都要为报名的家长举办多场家长说明会。疫情之前受到时间和场地的限制，学校要说明的内容无法面面俱到，家长们也总是有很多问题要提问，虽然尽量答复但也无法满足家长的需求。2020 年的家长说明会均在线上进行，第二场说明会还借鉴了翻转课堂的方式，把第一场说明会的视频事前发给预定参加的家长，并要求仔细观看，说明会当天则不再重复说明相关内容，而是集中时间回答提问，达到了前所未有的良好效果。参加的人数、地域也都有大幅增加，最远的家长是在美国、中国香港特别行政区参加线上说明会。这也提示我们，今后还有很多活动可以借鉴这种模式。

二、面对疫情海外华校如何转危为机

2020 年全人类都在面对疫情，各行各业也在思考和探索如何生存和发展。海外华校有其特殊性，董事会、校长等华校管理者更应该调整心态，励精图治，把准方向，团结合作，带领团队走出自己的特色之路，从疫情的困局中"杀出一条血路"。以下是笔者作为一名海外华校校长的几点思考。

（一）面对疫情心态

1. 从"after"（之后）到"with"（共存）

面对疫情要有打好长期战，长期与疫情共存的心理准备。虽然世界各国疫情局势不同，但经过近10个月的作战，难免产生疲惫、倦怠的情绪，会有再熬过一段时间就挺过去了的感觉。我们要时刻提醒自己，世界不可能完全回到疫情之前，不是疫情结束后我们就好了，而是要思考在长期与疫情共存的情况下我们该怎么办，也就是从after到with。

2. 从被动到主动

我们不能总是有等待的心理，不能等到发生问题了才想如何解决，要从被动等待转为主动出击。这就要求华校领导者勇于担当、敢于选择、善于判断。

3. 挑战→创新→引领

现在大家经常说新时代来了，我们要紧跟新时代，与时俱进。但如果面对疫情时也要先观察、观望，这样是很难创新的。华校领导者应该自己不断学习，始终有"敢为天下先"的意识，在更大的视野和全球格局内看待疫情和新时代，在自身不断提高的同时，带领团队不断学习、自我挑战，才能走出具有自己特色的创新之路，才能想出应对疫情的办法，形成引领新时代的态势。新时代是通过自己努力创造出来的，不是墨守成规、亦步亦趋得来的。

4. 自助→共助→公助

纵观我校百廿校史，自力更生永远是排在第一位的。面对疫情，海外华校要先自己想办法，自己做大做强，不能有"等靠要"的心态，即自助；这之后，才是抱团取暖，取长补短，横纵交流，即共助；最后，等待国家或政府的救援和救助，即公助。三者的顺序千万不要搞错，这也是海外华侨华人在异国他乡生存发展应有的普遍心态。

（二）海外华校的定位

1. 侨社灯塔

"有钱出钱、有力出力"这八个字说起来容易，做起来很难。海外华校要得到广大华侨华人的支持，必须用"侨社灯塔"的标准来要求自己，广泛发动群众，造福华侨社会，才能达到侨心所向、众望所归的境地。

2. 华校公信力

海外华校往往还可以起到联络中国与住在国的桥梁作用。我校长期以来已经成为日本民间公认的中国民间代表，形成了华校特有的公信力，可以作为中日友好交流的重要桥梁和纽带，在民心相通、民间外交方面发挥着独特的作用。在面对疫情时，我校成为开展抗疫防疫工作的一支奇兵，一股不可替代的民间力量。

3. 防控基础工作

面对疫情，海外华校应该加强对学生、家长、教师的防护意识教育，并在力所能及的范围内发放防控物资，增强大家的防控信心。从 2 月到 12 月，我校面向学生、家长、教师免费发放了 12 万余枚口罩、2000 多瓶消毒液。在抗疫初期，口罩脱销，一枚难求，当家长收到学校的口罩时感动得泪流满面，大大增强了我们的防控信心。

（三）华校立场的判断

从 2020 年 2 月到 8 月，关于休校、网上授课、开校，我校共做出 6 次判断，都比日本政府迅速、准确。海外华校要有基于华校立场的独立思考，要站在了解认识中国社会、住在国社会、华侨社会的第三方视角进行综合判断。这就需要华校领导者具备以下四个方面的能力，也是领导力的构成要素。

1. 信息力

如今的信息社会，信息力是最重要的。华校领导者要懂得如何、去哪里收集信息，之后把信息分类整理，按照自己的想法和思路进行分析，得出合理且有说服力的结论。信息力是四个力的基础和依据。

2. 思考力

思考力有三个要素，独立思考（think independently），即领导决策时不受周围意见的左右，在民主的基础上，提出自己的独到见解；深度思考（think deep），简单地说就是像下棋一样能否看到后三步、五步，深入理解问题的原因和要素，建议可以借助思维导图进行深度思考；广度思考（think big），即心胸、见识、视野、格局等要素，也可以用大局观、全球观来概括。思考力是四个力的内化输入（input）过程。

3.判断力

判断力是四个力的核心，也是最不容易掌控的，可视为一种综合能力。简单地说就是华校领导者要成为华校的主心骨，起到定海神针的作用，在第一时间可以做出及时准确的判断。

4.表现力

表现力是四个力的外在表现，也是外化输出（output）的过程。即华校领导者要把信息、自己的思考和判断表达出来，向学生、教师、家长说明，表现形式包括书面通知、口头演讲、视频、网页、公众号等。总体要求是通俗易懂、深入浅出、生动活泼。如果表现力不够，会直接影响团队活力和华校走向。在表现力方面，新时代对华校领导者提出了新的要求，需要依照"挑战→创新→引领"的心态来应对。

（四）构建华校共同体

无论是否面对疫情，海外华校都要尽最大可能团结所有能团结的人，整合内外资源，为己所用。也就是让学生、家长、教师、华侨社会都紧密团结在华校周围，构建华校共同体。

回顾2020年我校面对疫情的一系列举措，目前教师团队分工合作、步调一致、团结互助、逐步成长，学生们朝气蓬勃、团结友爱、精勤向学、关注社会，家长们理解关注、互动支持、与校共进、家校共育，华侨社会有钱出钱、有力出力、乐捐助学、产学合作。可以说，我校在危难之际显身手，做到了转危为机。我们百廿侨校历经天灾、战争、人祸，校舍几次被毁、几次重建，百廿载历久弥坚，始终立于不败之地，正是几代华侨先贤不断转危为机才做到的。

三、后疫情时代华文教育网络教学前瞻

（一）新挑战：从网络教学到"华文教育+"

1.疫情防控期间的网络教学将彻底改变传统课堂教学

2020年疫情袭来，海外华文教育纷纷开启网络教学，初期主要是将传统课堂教学搬到网上。之后，各国华校做了很多网络教学方面的探索，以中国华文教育基金会、暨南大学华文学院、华侨大学华文学院、北京华文学院为代表的中国华文教

育专业院校和机构逐步开展了如何进行网络教学的网络师资培训，使大部分海外华校都可以开展不同形态的网络教学，简单的直播、录播、共享PPT的初级形态已经不能满足海外华文教育网络教学的需求。网络教学已经不仅仅是疫情防控期间的应急之举，而是成为海外华文教育的标配，在后疫情时代会彻底改变以前的传统课堂教学，促生出线上线下融合的华文教育新形态。

2. 全球华文教育从网络教学迈向"华文教育+"

疫情防控期间的网络教学使全球华文教育更大程度地与互联网结合起来，华文教育中的学生学习、家校共育、教师培训、跨国会议等各领域都深切体会到了互联网带来的便利，华文教育逐渐网络化，也开始ICT化、AI化。我们应该建立"华文教育+"的概念和意识，今后将更多的新技术应用在华文教育领域，"华文教育+互联网""华文教育+ICT""华文教育+AI""华文教育+5G"……为华文教育插上迎接新时代的翅膀。当然，这也给全球华教同仁带来了新挑战，如果不积极主动、挑战创新，可能不但无法插上翅膀飞，甚至连正常走路都困难。

（二）新要求：华文教育师资培训的"三化"

疫情防控期间利用网络进行的华文教育师资培训较以往有了很大的突破和创新，全球多个国家、人数众多的华文师资及华校管理者都接受了网上培训，不仅解决了海外华校应对疫情开展网络教学的燃眉之急，更为华文师资今后长远的职业发展创造了有利条件，可以说是突破之举、创新之举。随着网络培训的进一步深化，也对华文教育师资培训提出了"三化"的新要求。

1. 精准化

精准化的最终目标是建立华文教育师资培训大数据。要考虑中华传统文化中的"天地人"三个因素。

一是"天"，即因时制宜。比如，疫情防控期间就要结合疫情重点培训网络教学，因为这是这个时候大家急需的。再如，为了迎接中国传统节日，培训节庆习俗，协助华校开展节庆活动。

二是"地"，即因地制宜。比如，根据不同国别、不同区域、不同学校的培训对象采用不同的、有针对性的培训内容。

三是"人"，即因人制宜。比如，根据培训对象是新移民或是华二代、华三代、不同专业、不同年龄采用不同的、有针对性的培训内容。

按照以上三个因素将培训对象的原始资料汇总，为华文教育师资培训大数据做准备。

2. 碎片化

随着全球网络化、智能化、5G时代的到来，华文教育师资培训要避免固定时间短期集中强化，应充分利用微课、短视频、慕课、翻转课堂等新技术、新手段，使师资培训碎片化，华文教师、华校管理者可以充分利用自己的碎片化时间细水长流地进行学习和提升。

具体来说，要在得到授权的情况下，将授课专家的授课内容按照专题编辑成短小精悍的短视频，放在网络平台供华文教师、华校管理者随时随地学习。

3. 常态化

后疫情时代的华文教育师资培训应该打破传统培训的项目化，培训的组织者、授课专家、培训对象三者要建立长期的交流与互动关系。培训不是一次性的，而是三者一起的终身学习，这样才能真正解决华文教师、华校管理者在海外华文教育一线面临的实际问题，做到学以致用。

（三）新趋势：全球华文教育互动、互补、协同发展

全球华文教育从来没有像2020年这样因为疫情而面临共同的课题和挑战，需要更加频繁的海内外互动和互补，需要不同国家、不同区域的华教同仁交流共享，需要各国、各区域、各华校群策群力，分享智慧，交流经验，协同发展。

2020年8月15日，笔者出席由华侨大学主办的"全球疫情下华文教学研讨会"时，首次提出"全球华文教育共同体"的概念和构想，倡议全球华教同仁共同打造全球华文教育网上平台。10月24日，笔者出席由暨南大学主办的"2020年（首届）海外华校管理人员研习班"开班仪式，作为学员代表和授课专家首倡发起成立"全球华校联盟"。12月31日，"全球华校联盟"正式成立，秘书处在暨南大学华文学院正式挂牌。目前已有来自全球56个国家的近500所华校、华教组织加盟。作为发起人，笔者希望"全球华校联盟"能够秉承"团结协作、齐建共享"的宗旨，按照"有步骤、有规划、有组织、有纪律、有顶层设计、有实践落实、有经验共享、有愿景前瞻"的方针造福全球华文教育。大道不孤，天下一家，相信华文教育的明天会更好！

浅谈海外知识文化教学的实践*

——以日本同源中文学校教学实践为例

一、引言

在课堂上，笔者时常会问学生："你爸爸妈妈是哪里人？"初中班学生都能够回答上来，大部分小学生回答不上来。他们只知道暑假妈妈带他们回中国了。而当笔者问道："你在哪里出生的？"这样的问题对他们太简单了。几乎所有的学生都能说出来自己是出生在中国还是日本。而笔者问："你的故乡在哪里？"在中国出生的孩子回答："我的故乡是中国。"而在日本出生的孩子，不管他是不是中国国籍，都会回答：我的故乡是东京都或是埼玉县，即他们现在居住的地方。这样的回答告诉我们，他们在身份认同上存在困惑。由此可见，在日华裔儿童大多出生、成长在日本，在日本社会接受日本教育，因此他们的文化首先是日本的，其次才是中国的。他们对中国文化的理解不仅不是自觉的，甚至是有抵触和冲突的。

潘懋元、张应强（1996）指出，海外华人认同中华文化有心理内因和心理外因。心理内因是，海外华族文化，无论与中华文化有多大的差别，它与中华文化总是有着共同的文化渊源，即共同的文化之根。心理外因是，无论中华文化本土化程度如何，也不论华族后裔的主观愿望如何，在其他民族看来，华人属于华族，与中华文化是不可分割的（赵贤洲，1989）。

因此，海外华文教育中的文化导入关系到海外华裔子女继承中华民族优秀文化的千秋大业，也是海外华裔子女解决"身份认同"危机的大事。期待通过本研究，能够让学生在愉快的氛围里受到中华文化知识的熏陶，喜欢上中国。

---

* 作者：吴梅，日本同源中文学校。本文刊于《世界华文教育》2022年第1期。

二、华文教育中文化教学研究现状

赵贤洲(1989)对文化差异与文化导入进行了论述;程棠(1993)考察了国内外汉语和中国文化的教学状况,特别是国外的教学状况;金宁(1994)讨论了对华裔学生文化教学的若干问题;潘懋元、张应强(1996)则就海外华文教育与弘扬中华文化受所在国教育政策法规的约束和管理等问题进行了探讨。陈桂德(1997)指出语言教学必须重视文化因素,尤其必须重视直接影响用目的语进行交际的交际文化因素。常大群(2002)认为中国文化课的内容应该包括必要的儒家和道家知识、中国古代全面而深刻的修养身心的内容和方法、书法绘画艺术以及太极拳、健身术等。李嘉郁(2002)着重探讨了民族文化教育在华文教育中的重要意义、施行的途径和方法,以及在进行民族文化教育中应该注意的几个问题;进而又探讨了文化实践活动的形式、作用、所存在的问题以及发展方向(李嘉郁,2003);此外还就多媒体技术在文化教学中的应用问题进行了论述(李嘉郁,2004)。苏泽清(2004)探讨了中华文化在华人教育中的主导地位、培养兴趣、民族感情以及人格作用。朱晓文(2006)探讨了文化教学在当今东南亚地区华文教育中的重要作用。安熙贞(2006)思考文化教学对沟通的重要性,探讨如何从文化教学的层面进行韩国高中生的汉语教学。董于雯(2011)论述了菲律宾华文教育中的文化导入,指出在教学内容上不但要教交际文化,还要教知识文化,在教学设计、教材编写和课堂教学方面也应有所突破。娜明(2015)针对蒙古中学体验式中国文化教学现状与教学设计进行了调查研究。瞿玉蕾(2015)对缅甸东枝华文学校中华文化传播现状、感兴趣的文化内容及传播方式进行了分析。宋婧婧(2006)从文化传承性与工具性的角度,对马来西亚独中教材《华文》中的"古文阅读训练"与"听说训练"部分进行了分析。魏霞(2009)对《中文》中国文化因素的导入及文化误读问题进行了探讨。何慧宜(2017)对六套海外华人教材中国知识文化内容项目进行了统计,建立了数据库。夏思桦(2016)分析了《中文》第7册中的知识文化内容,探索从课文相关内容出发的中国文化延伸教学,设计并实践了具体的中国版画视听课教学,最后从实践中获得了有参考价值的经验反馈。陈小桦(2007)在全球化条件下审视中华文化,探讨中华文化传承的特点与方式。黄薇(2009)指出在传授传统文化的教学中要坚持:横纵结合、对比教学;

寓教于乐；温故而知新；因地制宜、因材施教、不宣扬带有政治色彩的超文化内容等原则。吴勇毅（2010）从教学对象、教学环境、培养目标、华人的语言观和文化观等方面讨论了新时期海外华文教学与华文教育的形势及主要变化，并指出存在的问题和契机。蓟伯象、白少玉（2010）论述了海外华文教学中的文化传播的三层内涵：目的是文化共享；基本策略是努力培养域外学生的跨文化交流意识、能力；华文教师须准确把握角色定位并不断提升文化才艺。廖崇阳（2013）从华文教育的文化教学课程研讨的必要性以及文化教材编写、课堂教学和实践活动的实施形式等方面展开讨论，尝试从中国名胜古迹、中国传统节日、中国经典电影三个方面的内容来进行文化教学。许念一（2014）分析了华文教育中的文化教学重点，提出了文化教学的两个原则，一个是针对性原则，另一个是趣味性原则。陈荣岚、方环海、郑通涛（2016）具体分析了两岸华文教育体系的构成特点及其间的共性与差异，以实地考察、调研访谈、舆情分析和实证案例为切入点，论述两岸华文教育与中华文化传播协同创新的必要性、可行性及其走向；探讨了两岸华文教育与中华文化传承传播协同创新的建构机制与运作模式；预测和分析了两岸华文教育和文化传播协同创新的过程中可能遇到的问题，并提出了相应的措施与建议。

由此可见，30多年来，学界关于华文教育中文化教学的探讨比较多。但由于各自所在国、施教对象的文化背景等千差万别，因此有必要根据所在国的国情摸索出适合所在国华裔儿童的文化教学法。

三、有关知识文化教学的问卷调查

（一）问卷调查的目的和对象

讲了这么多的中国知识文化，效果如何呢？笔者为了了解和调查周末中文学校学生对知识文化课的兴趣、知识文化课的效果以及必要性等，展开了问卷调查，以期为今后的知识文化教学提供依据和参考。笔者在自己任教的日本周末中文学校以及澳大利亚的一所周末中文学校展开了问卷调查，调查的对象是这两所学校的部分学生和教师。

（二）问卷的发放和回收情况

本次问卷调查是在中国的"问卷网"（wenjuan.com）这一平台上进行的。笔者制作了2套问卷。一套是"有关华文教育文化教学的调查（学生用）"，共收到147份答卷，有效答卷147份；另一套是"有关华文教育文化教学的调查（教师用）"，共收到28份答卷，有效答卷28份。

（三）问卷分析工具与方法

笔者采用Excel对调查问卷进行分析。主要采取了描述统计分析法统计各选项的数量、频率，然后通过图表展现出来。

（四）问卷分析

1.学生对中国知识文化的了解程度

学生在回答"对中国知识文化的了解程度"问项时，5人回答"A.非常了解"，约占3%；17人回答"B.比较了解"，约占12%；80人回答"C.了解一点"，约占54%；46人回答"D.不了解"，约占31%（图1）。

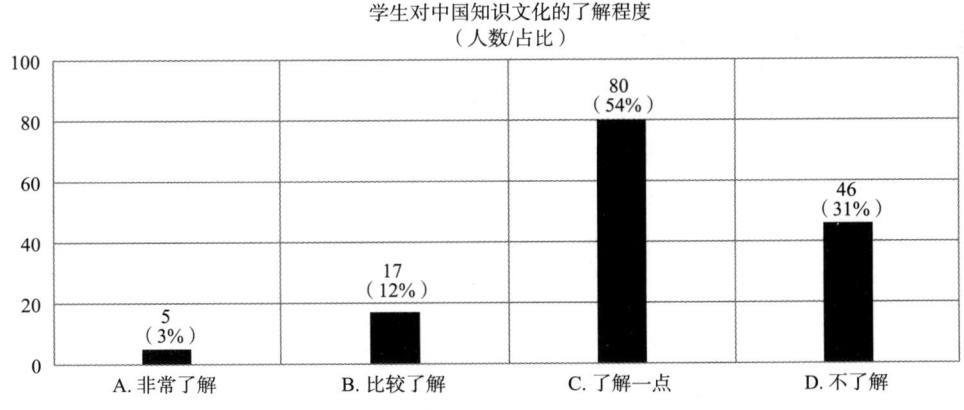

图1　学生对中国知识文化的了解程度

2.学生对文化课感兴趣的程度

对"你（你的学生）对文化课是否感兴趣"的问题，如图2所示，回答"A.非常感兴趣"的学生有47人、教师23人；回答"B.有一点感兴趣"的学生有75人、教师5人；回答"C.不感兴趣"的学生有3人、教师0人；回答"D.不清楚"的学生有22人、教师0人。

从占比来看，约32%的学生选择了"A.非常感兴趣"，51%的学生选择了"B.有一点感兴趣"。由此得知，83%的学生不同程度地表现出对文化课感兴趣；而选择"C.不感兴趣"的只占2%，选择"D.不清楚"的学生占15%。82%的教师选择自己的学生"A.非常感兴趣"；18%的教师选择自己的学生"B.有一点感兴趣"。可见，100%的教师都认为自己的学生不同程度地对文化课感兴趣。

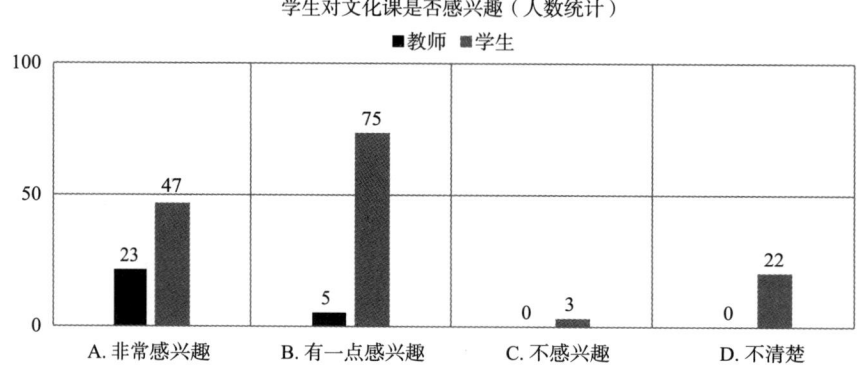

图2　学生对文化课感兴趣的程度

3.文化课的开设情况

在问及"在中文学校里是否上过文化课"时，67名学生回答"A.上过"，占45%；61名学生回答"B.没上过"，占41%；21名学生回答"C.不清楚"，占14%。22名教师回答"A.上过"，占79%；6名教师回答"B.没上过"，占21%；回答"C.不清楚"的教师为0（图3）。

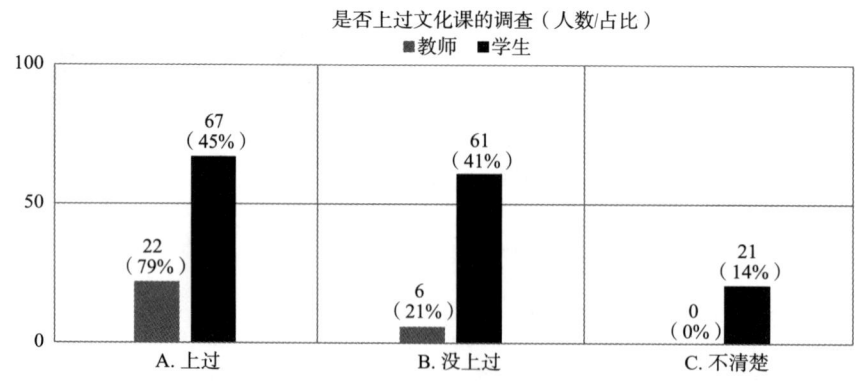

图3　是否上过文化课的调查

由此可见，一半以上的学生没有上过或不清楚自己上过文化课；而教师的回答则是79%的人"上过"，"没上过"的教师只有21%。

4.文化课对学生的影响

文化课对学生会产生怎样的影响？为了调查了解文化课的效果，笔者对上过文化课的学生和教师进行了进一步的提问。选项有 8 项，可以多选。选项的具体内容如下：

☐A.增加了学习中文的兴趣

☐B.更加了解中国

☐C.增长了知识

☐D.增加了与中国人的交流

☐E.有了一定的归属感

☐F.懂得了尊重和理解不同的文化

☐G.没什么意义

☐H.其他

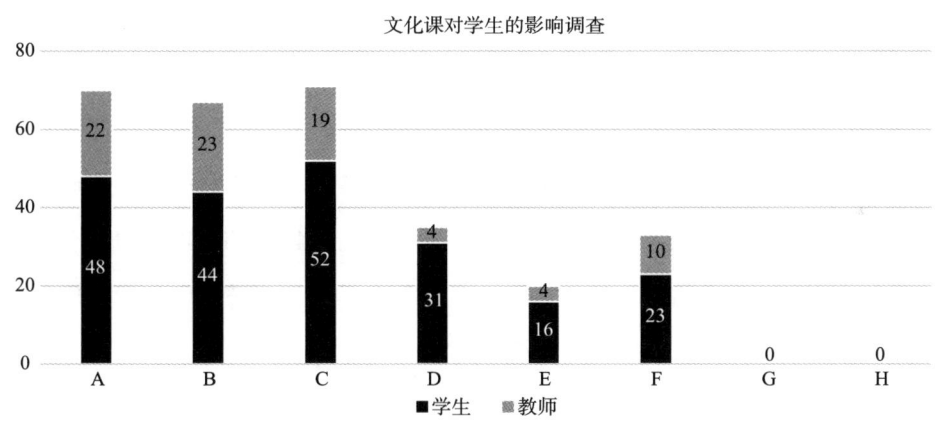

图 4　文化课对学生的影响

如图 4 所示，48 名学生和 22 名教师选择"A. 增加了学习中文的兴趣"；44 名学生和 23 名教师选择"B. 更加了解中国"；52 名学生和 19 名教师选择"C. 增长了知识"；31 名学生和 4 名教师选择"D. 增加了与中国人的交流"；16 名学生和 4 名教师选择"E. 有了一定的归属感"；23 名学生和 10 名教师选择"F. 懂得了尊重和理解不同的文化"；"G. 没什么意义"的选项学生和教师的回答都为 0；"H. 其他"选项的回答学生为 0，教师为 1。这个结果表明，上过文化课的人对文化课产生的影响都有一定程度的正面评价，给笔者增添了不少信心，证明我们坚持上文化课的努力没有白费，效果是显著的。

具体来说，在学生群体中，选项"C.增长了知识"的最高，约占24%；其次是"A.增加了学习中文的兴趣"，为22%；第三是"B.更加了解中国"，为21%；第四是"D.增加了与中国人的交流"，为15%；第五是"F.懂得了尊重和理解不同的文化"，为11%；最后是"E.有了一定的归属感"，为7%。而教师群体中，选择"B.更加了解中国"这一选项的占比最高，为28%；其次是"A.增加了学习中文的兴趣"，占比26%；再次是"C.增长了知识"，占比23%；接下来依次是"F.懂得了尊重和理解不同的文化"为15%、"E.有了一定的归属感"为5%、"D.增加了与中国人的交流"为5%、"H.其他"为0.9%。

不难看出，无论是在学生还是教师群体中，选项A、B、C均位列前三名。可见，"增加了学习中文的兴趣""更加了解中国""增长了知识"这三项是文化课给学生带来的主要影响。

5.加强文化课教学的必要性

最后，问卷对所有人设问"你觉得今后是否有必要加强文化课教学"。如图5所示，对于这一设问的统计如下：回答"A.非常有必要"的学生有68人，教师有18人；回答"B.有必要"的学生有65人，教师10人；回答"C.没必要"的学生有1人，教师0人；回答"D.不清楚"的学生有13人，教师0人。选项"A.非常有必要"在学生和教师的回答中均占第一位，分别占46%和64%；"B.有必要"均占第二位，分别占到44%和36%。可见，无论是学生还是教师，绝大多数被调查者都不同程度地认为有必要加强文化课教学。

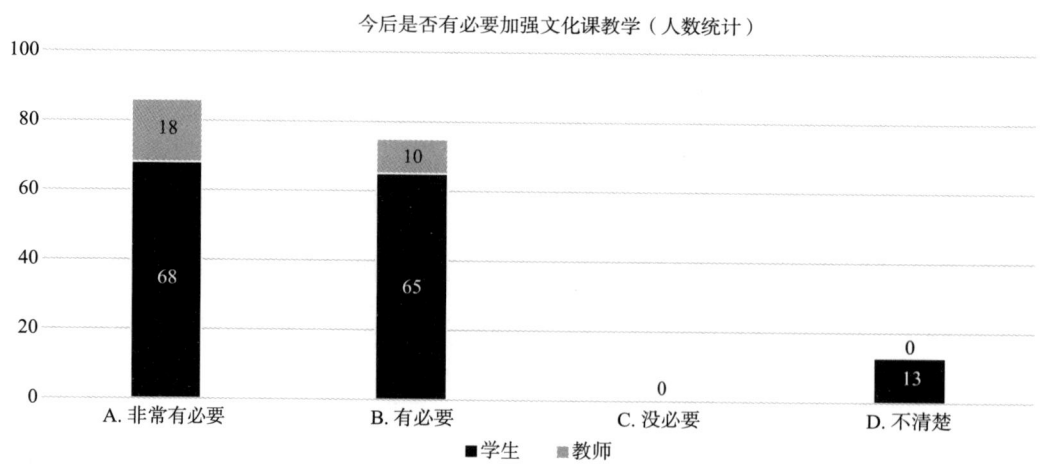

图5 加强文化课教学的必要性

综上不难看出，知识文化教育对华裔学生产生了比较大的影响，不仅使华裔学生增长了知识，增加了学习中文的兴趣，而且使他们更加了解中国，增加了与中国人的交流，懂得了尊重和理解不同的文化，有了一定的归属感。调查结果还显示，绝大多数学生认为今后有必要或非常有必要加强文化课的教学。总之，海外华文教育中的中国知识文化教育是不可或缺的，应该加大力度，实践得当的教学法。

四、体验型知识文化教学在华文教育中的实践

（一）体验型教学法的界定

体验型教学法是指在教学过程中为了达到既定的教学目的，从教学需要出发，引入、创造或创设与教学内容相适应的具体场景或氛围，以引起学生的情感体验，帮助学生迅速而正确地理解教学内容，促进他们的心理机能全面和谐发展的一种教学方法。

体验型教学法就是在教学过程中创设或模拟一个个具体而生动的场景，使学生获得临场感，为学生提供更多的感知对象，以激发学生的情感，促使学生更好地进行认知活动。也就是根据体验型教学需要提出教学任务，选择教学方案，根据教学任务、班级特点及教师本人素质选择创设情境的途径。

（二）教师的主导作用

教师主导就是在教学过程中，在教师的指导下决定学生的学习内容、过程、结果和质量。教师在课程中起到引导、评价和纠正的作用。教师采取怎样的教学方法，直接影响学生学习主动性的发挥和学习习惯的形成。

"以教师为主导，学生为中心"是海外华文教学中的一项重要的教学原则。日本的学生与欧美的学生不同，大多数比较内向、害羞、安静、不善言谈。如果采用老师讲学生听这种满堂灌的教学方式，会造成只有少数学生参与教学活动，而多数学生因为不愿参与活动而缺乏语言的实践，从而影响这些学生对语言的感受、体验、掌握和应用等不良后果。因此，教与学、教师和学生是一对辩证关系，我们在

教学上强调以学生为中心的同时，也要充分发挥教师的主导作用，虽然教师不是主体，但在教学活动中依然要起到主导作用。学生是学习活动的参与者，教师是学习活动的组织者。特别是我们的教学对象大多是6—12岁的少年儿童，他们对教学目的不明确，也没有很强的学习动机，这就更需要教师在教学过程中发挥主导作用，引导学生参与学习活动。教师要尽量考虑到学生这个主体，根据学生已有的汉语水平、特点和需要，设计难易度适当、大多数学生都能积极思考并踊跃参加的课堂教学，充分体现以学生为主体的原则（新井田美树，2015）。

与此同时，体验型教学法强调教师应该成为杂家。作为教师，必须具有驾驭教材、运用教材的能力。不仅要全面了解教学大纲，认真钻研教材，对重点、难点做到了如指掌，还要注意平时自身知识的积累，努力成为一个杂家。

（三）知识文化教学方法与实践

体验型知识文化教学可以通过多种教学方法来实现，如图文并茂式教学法、手工制作教学法、讲故事教学法、实物展示教学法、亲身体验教学法、仿写续写教学法、中日文化对比教学法、多媒体教学法、知识竞赛教学法、发表会教学法等。接下来我们主要以图文并茂式教学法、手工制作教学法、亲身体验教学法这三种教学法为例，介绍笔者是如何把这些教学法应用于中国知识文化教学实践，并在其中穿插了讲故事教学法、多媒体教学法、中日文化对比教学法、实物展示教学法等方法。

1.图文并茂式教学法

图文并茂式教学法并不是指教师的课件做得怎么图文并茂，而是指在课堂上通过让学生自己动手，绘画和抄写诗歌或重点字词句，即绘制图文并茂的图画来完成知识文化学习，实现教学目的。

（1）讲汉字，画甲骨文。现代汉字是由甲骨文、金文、大篆、小篆、隶书、楷书、草书、行书的不断演变而来的，最早出现的甲骨文就是图画符号，是象形字，非常直观。笔者在教授一年级学生汉字时，会把相应的甲骨文展示给学生。比如学习"人""手""口""立""子""家""日""月""明""天""云""雨""山""水""田""土""牛""羊""马""鸟"等汉字时，这些字都有甲骨文，笔者先让学生们在A4纸上写上汉字，再出示这些汉字的甲骨文图片，让学生们画在相应的汉字旁边进行对比。学生们很快就能发现原来汉字来源于图画，而且能理解这些汉字的意思。《中文》第2册第8课《月亮会不会跟我走》中的"跟"字比较难记。以前都是讲"跟"和"很"的右边一样，都读"艮（gěn或gèn）"，可是"艮"字的读音和字义更难。有没有什么好办法能记住这个字呢？原来"艮"字也是有甲骨文的，"艮"的甲骨文也像一幅画，下面是一个人一条腿在前一条腿在后，上面是一只大大的眼睛。"艮"字最初的意思是回过头来怒目而视。"跟"字就像一个人后面跟着一个人，前面的人回过头来瞪着后面的人说：你干吗跟着我呀？同学们不仅画了"艮"字的甲骨文，还记得了这段笑话，很快就把"跟"字记住了。

笔者给初中班学生讲仓颉造字、甲骨文和金篆隶楷草行等几种字体时，也用到了同样的方法。但先给出的是甲骨文，让学生们来猜字。比如"望""祝""朋""富""宝""灾""家""学""男""鹿""车""首""臣"等汉字，再把相应的汉字以及甲骨文画下来。不管是一年级学生还是初中生，都对甲骨文表现出浓厚的兴趣。通过图文并茂式教学法，一年级小学生掌握了汉字的发音、写法和字义，初中生则懂得了甲骨文以形、音、义相统一为特征的文字保留至今，且对中国人的思维方式、审美观产生了重要的影响，为中国书法艺术的产生与发展奠定了基础。

（2）在教授"负荆请罪""同舟共济"等成语故事、《白蛇传》《梁山伯与祝英台》等民间故事时，先用动画或影视作品导入，再运用图文并茂教学法让学生绘制图文，以确认学生对文章和作品的理解。比如在学习初中版《中文》第5册第6课《负荆请罪》时，笔者在电视剧中找到了"完璧归赵""渑池之会""负荆请罪"三个片段来放映，让学生们深刻了解蔺相如的有勇有谋、宽宏大量、深明大义以及廉颇的忠贞爱国、知错就改、直爽豪放。课堂上，学生们不仅在纸上写出了对人物的分析，而且还都配了插图。一位学生画了一个跪在地上的男子，赤裸着上身，背上背着荆条，还用艺术字体写了"负荆请罪"四个大字。

（3）在学习《草船借箭》《宝黛初识》等古典名著时，运用了图文并茂教学法和其他教学法相结合。比如教授初中版《中文》第6册第10课《宝黛初识》，将课时延长为6课时，历时三周。作为预习作业，让学生事先收看了1987年版《红楼梦》1—2集，还让学生在"喜马拉雅"平台上收听了《红楼梦》第1—3回。然后在学习《宝黛初识》课文之前，还利用PPT让学生们了解了开篇的"女娲补天"和"木石前盟"两个神话故事，为宝黛初识、两个人都觉得十分熟悉进行了铺垫。

然后又给学生提供了宁国府、荣国府及大观园的平面图，让学生在图上画出林黛玉初进贾府那一天的动线，从而了解荣国府的富贵荣华。

初中版《中文》第4册第9课《草船借箭》是《三国演义》中赤壁之战时的一个插曲。虽然这个故事与正史不同，但我们需要了解的是《三国演义》这部小说。因此也是用动画导入，再用PPT讲解历史背景，给出画有三国地图的A4纸，让学生给三国分别涂上颜色，标出"魏蜀吴"三国的名称、霸主的名字以及三方出场人物的名字、做了什么事，并请学生按照示意图复述。由此来理解三国时期错综复杂的时代背景和人物关系。

2.手工制作教学法

学生们特别是低年级小同学，培养他们的动手能力是不可忽视的重要环节。孩子们的智慧在指尖上。手工制作教学法主要是培养学生动手制作的能力。用折纸、纸盘、纸杯、线团、彩笔、剪刀、糨糊、筷子等来进行一些简单的手工制作，以刺激学生的兴趣，促进学生对知识文化的高效认知。

（1）清明节学杜牧的《清明》，用折纸折老牛、杏花、剪柳枝。这节课的课堂设计是先用多媒体播放《清明》这首诗的动画，笔者选择的是儿童版的动画。第一步是跟读，动画里的每个句子由儿童领读，而且会领读两遍。第一遍学生可以听，第二遍可以跟着读。第二步是给出标注拼音的文本，再次朗读。第三步是让学生和电脑比赛快慢，每行文字会在电脑上显示3秒钟，然后就自动消失，学生要尽量在3秒钟的时间内把每行文字读完。通过上面三步，学生们基本上可以在课内实现大声、流畅地朗读甚至背诵的目的。接下来是理解。教师会用讲故事的方法讲解诗的意思和诗人所要表达的情感。接着就是学生们动手制作的环节。学生们事先设计好A4大小的版面，把古诗抄写上去，然后按照视频动手折纸。褐色的纸折成老牛，粉色的纸折成杏花，棕色的纸剪成柳树干，绿色的纸剪成细长的柳条。有的同学还特意画上去一些雨点和墓碑，用来体现诗人凄迷纷乱的心境。最后把这些手工折纸贴在A4纸上，一张春意盎然、活泼有趣的手工折纸图作品就完成了。

（2）在学习《中文》第3册第1课《红绿灯》时，先让学生们在纸盘上涂上红、绿、黄三种颜色制作红绿灯，让学生们找出中日红绿灯有什么不同。同学们在涂颜色的时候就已经发现了中国的绿灯是绿的，而日本的是蓝的。然后找几个同学分别扮演红绿灯、司机、哥哥和弟弟妹妹进行表演。司机说：街道宽，街道长，街道交通真是忙。红绿灯说：好在有了红绿灯，人来车往很通畅。哥哥说：弟弟妹妹手拉手，一起走到街道口。弟弟妹妹说：看见红灯停一停，看见绿灯往前行。扮演红绿灯的同学要负责举起红灯或绿灯。通过表演，同学们还发现了中日间的其他不同：日本的车是靠左行的，中国的车是靠右行的；日本小朋友过马路时要举起右臂。这充分体现了体验型教学的独特之处。

（3）春节之前的知识文化教学通常是配合学习春节的风俗来做手工的。我们做过的手工主要有剪"春"字、做舞龙。简单一点儿的春字剪纸和带一些花边的春字剪纸同学们都剪过。舞龙是在硬纸板上画出舞龙的头和尾，涂上自己喜欢的颜色；中间用彩色纸张折成风琴的样子，用糨糊将头尾身粘起来，再用两根筷子分别粘在左右两边，这样就完成了一个可以用两只手拿着舞动的龙。同学们个个才气横溢，每一条龙都是由不同颜色组合成的不一样的彩龙。课上我们还穿插了一部分有关春节的知识竞赛。在这节课上笔者以手工制作教学法为主，结合多媒体教学法复习春节的各种习俗，再用知识竞赛教学法将课程推向一个高潮。

（4）元宵节时我们用彩色卡纸做灯笼，点燃小小的烛火放在灯笼里，很有情趣。元宵节时是不能不学《生查子·元夕》的，有时还会讲解"元宵"和"汤圆"在制作上的区别，汤圆是包出来的，元宵是"滚"出来的。学生们似乎对这一点特别感兴趣。

（5）重阳节用剪纸剪寿字，学《九月九日忆山东兄弟》；父亲节、母亲节做贺卡送给父母；还讲过"中国红""青花蓝""水墨黑"中所蕴含的中国精神。那时刚好有中国中央电视台（简称"CCTV"）来拍纪录片，拍下了学生们在纸盘上描绘青花瓷的图案，画京剧脸谱；还记录下学生从家里带来的妈妈的大红旗袍、爸爸的水墨画、爷爷的对联、老师的青花瓷。手工制作教学法和实物展示教学法高度结合，演绎了一段浓郁的中国篇章。

3.亲身体验教学法

亲身体验教学法主要是指运用唱歌、吃月饼、喝茶、打字、为动画配音等方式让学生亲自体验中国知识文化的方法。学生们的参与度很高，兴趣盎然。

（1）体验中国茶道。在讲初中版《中文》第4册第12课《中国茶》时，笔者从家里搬来景德镇的青花瓷茶具和从中国买回来的各种茶叶，把教室变成了茶室。烧好开水后，在几把茶壶里分别沏上乌龙茶、白茶、红茶、绿茶、花茶、紧压茶等，让学生对几种茶进行审、观、品。从闻香气、观茶色、品茶味这三方面来体验中国的茶文化。有的同学还特意从家里带来茶叶给大家喝，同学们通过品茶，了解到了中国茶文化的优雅和闲适。

（2）学唱中国歌曲和儿歌，如《两只老虎》《数鸭子》《但愿人长久》等。在学习初中版《中文》第4册第7课《宋词二首》时，我们首次接触到宋词。在学习苏轼的《水调歌头·明月几时有》这首词时，笔者带着同学们学唱了邓丽君的歌曲《但愿人长久》。

（3）为动画配音。小学版《中文》第3册第10课《小猫钓鱼》、第11课《龟兔赛跑》以及初中版《中文》第4册第8课《渔夫和金鱼的故事》都是非常经典的童话故事。笔者采取了让同学们分角色来给动画配音的亲身体验教学法。也就是把动画下载下来，播放时静音，让同学们分角色为动画现场配音。特别是小学同学们的配音，童声童语，绘声绘色，十分可爱。同学们自身也很满足。

4.文化知识教学课堂实例

案例一：讲中国书法

中国书法古老而独特，承载着中国传统文化的内涵，体现了我们民族的审美意识，是中华民族聪明才智的集中表现。

笔者事先准备了"迎春"这个词语的篆、隶、楷、行、草五体字帖、120张宣纸、5支毛笔、一瓶墨汁，同时也通知学生自己带笔墨包。这次教学运用的是亲身体验教学法。

书法文化课的知识点概括起来有六个字："识五体，知十家。"五体为篆、隶、楷、行、草；十家说法不一，前五位都一样，后五位各说不一：（东晋）王羲之、（唐）欧阳询、颜真卿、柳公权、怀素、（宋）苏轼、黄庭坚、米芾、（元）赵孟頫、（明）董其昌。这部分用PPT课件把"五体""十家"的作品展示给同学们。

同学们看了笔者准备的篆、隶、楷、行、草五种字体的"迎春"字帖后，没有一个不摇头的。日本也使用汉字，学生们对楷书驾轻就熟，但是对篆、隶、行、草，除了专门练过书法的学生以外，则是只见过没练过。对于王羲之、颜真卿、柳公权等书法大家更是完全不了解。所以这是一次比较有难度的体验课。但是这种情况在意料之中。笔者告诉学生先用描红的方法用铅笔描下来试试，写过一两张之后，再看着写。在学生们练习时笔者主要纠正他们拿笔的姿势。

同学们挥毫泼墨，写了一张又一张，体验了一把中国书法。同学们的作品篆、隶、楷、行、草都有，那情景可谓：一纸墨香，几番思量。

案例二：玩枫叶学《山行》

远上寒山石径斜，白云生处有人家。

停车坐爱枫林晚，霜叶红于二月花。

深秋枫叶经霜正红时，总是让我们想起杜牧的这首《山行》。重点讲解"斜：倾斜、蜿蜒""坐：因为""晚：夕照""霜：霜打"这四个字，学生可以很快理解这是一首意境唯美、意味隽永的诗。为了让学生们感受大自然的美丽，欣赏唐诗的魅力，笔者准备让学生们动手用叶子做贴画。两个多星期前就留下作业，让他们捡叶子。有的学生是全家出动，有的是把叶子夹了整整一本子。

当天，只有一节课的时间可以上文化课。由于时间紧张，笔者事先考虑了几种作画的方法，以对应绘画水平不一的学生们。根据笔者的建议，对画画儿有信心的学生直接看着叶子画画儿。有的同学用工笔画了一片鲜红的枫叶，有的描绘出五颜六色的叶子，有的同学则用彩笔或墨笔把叶子拓下来，也有的同学直接把叶子贴成花草画。学生们的积极性被充分调动起来，于是一节课轻轻松松就完成了给诗配画的作品。

案例三：低中高年级不同方式过中秋

宋代诗人曾几的诗句有："年年岁岁望中秋，岁岁年年雾雨愁。"笔者改了三个字："年年岁岁讲中秋，岁岁年年教法愁。"

第一年讲了中秋的习俗，第二年讲什么？高年级学了《水调歌头·明月几时有》，低年级怎么讲？那烦恼，怎一个愁字能了？

下面介绍一下几年来笔者实践的几种关于中秋节的讲法：

讲法1：后羿嫦娥玉兔陪，月饼赏月兔纸杯。

讲故事，看动画，适用于初级班。《后羿射日》《嫦娥奔月》《玉兔捣药》是几个有关月亮的传说，笔者用看动画和讲故事的方法向学生们介绍了这几个传说。然后再学习和朗诵李白的《静夜思》，问问他们是否想念自己远在中国的爷爷奶奶外公外婆，让同学们了解中秋是个思乡和团聚的日子。再简单说说吃月饼、赏月的习俗。最后用纸杯做个可爱的小兔子。

讲法2：月宫月坛天地有，灯笼灯谜画中秋。

讲中秋节的来历、传说、习俗、做灯笼、猜灯谜，适合于中级班。传说天上有月宫，嫦娥奔月，吴刚伐桂；北京有月坛，是明清两代皇帝祭月的地方。中秋节的主要习俗有：祭月、赏月、吃月饼、猜灯谜、喝桂花酒、燃灯等。中级班的同学做过灯笼，猜过灯谜，也用全家福照片画过中秋贺卡。

讲法3：唐诗宋词共欣赏，传书鸿雁为思乡。

适用于高级班（第一年）。唐诗宋词中有很多与中秋有关的名句，比如李白的《静夜思》："举头望明月，低头思故乡。"张九龄的《望月怀远》："海上生明月，天涯共此时。"苏轼的《水调歌头·明月几时有》："人有悲欢离合，月有阴晴圆缺，此事古难全。但愿人长久，千里共婵娟。"

邓丽君的《但愿人长久》直接把苏轼这首望月怀人、豪放洒脱的词唱了出来："明月几时有，把酒问青天。不知天上宫阙，今夕是何年。"笔者把这首歌找出来，教学生们演唱，甚至笔者也放开歌喉唱给学生们听。邓丽君在日本是家喻户晓的，学生们很愿意学唱邓丽君的歌。笔者把上述唐诗宋词名句和邓丽君的歌曲都做成PPT逐步展示给学生。学生们不仅能够理解唐诗宋词名句中的含义，情绪也会伴随着歌声逐渐高涨。随后笔者还安排了给远在中国的亲人写问候信的环节，并让学生用上述诗句表达自己的思念之情。学生们从中体会到从古时起中秋月圆之时就是远离家乡的游子思乡怀人和盼望团聚的时刻，而我们生活在海外的人此时此刻怎能不思念自己在中国的亲人呢？这几年有了微信，中国的亲人可以及时地看到这封信。很多家长反映，爷爷奶奶读了信非常感动。

讲法4：吟诗赏月盼团圆，团子芒草祈丰年。

比较中国的中秋节和日本的"お月见"。适用于高级班（第二年）。日本和中国一样，也有中秋节。阴历八月十五，日本称为"十五夜"，又叫"仲秋""月见"，但与中国的中秋节在形式和内涵上都存在差异。一是日本人没有吃月饼、饮桂花酒的习俗。"十五夜"相传是平安时代从中国传来的，那时的贵族们在这一天设宴饮酒、咏诗赏月。而到了江户时代，赏月的习惯传到了民间。老百姓们在这一天不仅赏月，还祭月并供奉糯米粉做的团子、芋头和稻穗。"十五夜"成为人们祈盼丰收的节日。也就是说，到了江户时代，月亮变成了日本百姓的一种信仰，人们通过祭月来祈求下一个丰收。直到现在，日本各地仍然有赏月、吃月见团子、芋头、装饰芒草（代替稻穗）的习俗。第二个不同是在日本吃供奉过的月见团子，有祈求家人健康和幸福的说法，但找不到"团圆"的字眼。有讲到团圆的，也是说近邻中国有中秋节团圆的说法。

笔者事先留作业让学生们对日本"十五夜"的习俗进行调查，课上复习中国的中秋习俗，找出自己的关注点进行中日对比，并组织成一篇作文。有的同学把关注点放在了中日饮食的不同上，有的同学说中日有关月亮的传说不一样，有的同学说节日的内涵不一样……其中一位同学的作文曾经在学校的作文比赛中获奖。

能够进行中日文化对比的内容还有很多，例如新年、端午节、珠算、剪纸、书法、古琴、针灸、中医、日本初高中教材中的古文等。这些都可以通过中日文化对比的方法进行教学。

讲法5：月饼花茶杯盘盛，此时无声胜有声。

运用亲身体验教学法让学生品尝自制蛋黄月饼。这种教学法适用于各年龄段（第三年）。笔者为3个班的学生手工制作了50个蛋黄月饼，从家里拿来中国茶道用的茶具，沏上茉莉花茶，开了45分钟的中秋茶会，受到家长和同学们的赞誉。有的同学表示，以前不爱吃月饼，嫌太甜，但吃了老师做的蛋黄月饼，爱上了月饼。

讲法6：中秋对联红纸写，新年比赛墙上贴。

对联是一种独特的文学艺术形式。它不仅短小精悍，通俗易懂，朗朗上口，而且民俗性强，实用性强，人们在很多场合都会张贴对联，渲染气氛。

书写对联的方法适用于中高级班。在学习初中版《中文》第3册第10课《一副春联的故事》时，笔者安排了写对联的活动。而中秋节前夕，笔者也安排学生写了对联。这两次都是事先让同学们自己到网上去找自己喜欢的对联，同时笔者也用PPT准备了一些唐宋大家的有关诗句备用。对联用的红纸是笔者暑假回中国时买回来的。

课上笔者介绍了有关对联的知识，对联有上联、下联，是中国传统文化的瑰宝。

笔者所在学校每年年底都以班级为单位举办中文朗诵比赛，届时会请家长们参观和担任评委。笔者和学生们每年都会把红纸对联和宣纸大字贴在教室的墙壁上作为我们比赛用的背景墙，场面非常壮观。同学们得意扬扬，家长们纷纷赞赏。朗诵比赛结束后，每位同学小心翼翼地揭下自己的作品带回家中。

五、结语

本文在对已有相关研究进行梳理总结的基础上，对周末华校展开问卷调查，结果显示知识文化教育对华裔学生产生了比较大的影响，使华裔学生增长了知识，增加了学习中文的兴趣，更加了解中国，增加了与中国人的交流，懂得了尊重和理解不同的文化，有了一定的归属感。问卷调查结果还显示，绝大多数学生认为今后有必要或非常有必要加强文化课的教学。总之，海外华文教育中的中国知识文化教育是不可或缺的，应该加大力度，实践得当的教学法。

本文将体验型教学法运用于海外华文教育中国知识文化教学之中，发挥教师主导作用与学生主体作用，设计出难易度适当、大多数学生都能积极思维、踊跃参与的课堂教学。本文总结和归纳出图文并茂式教学法、手工制作教学法、亲身体验教学法三种主要的教学法，同时穿插了讲故事教学法、实物展示教学法、中日文化对比教学法、多媒体教学法、知识竞赛教学法等。引入和创设出与文化教学内容相适应的各种场景或氛围，引起学生的情感体验，帮助学生迅速而正确地理解教学内容，为促进日本华裔学生理解和接受中国知识文化教育收到了可喜的效果。

参考文献

［1］安熙贞. 韩国高中汉语课程中文化内容教学策略研究［D］. 上海：华东师范大学，2006.

［2］常大群. 海外华文教师培训中的中国文化课教学［J］. 海外华文教育，2002（4）.

［3］陈桂德. 文化与华文教学［J］. 华侨大学学报（哲学社会科学版），1997（3）.

［4］陈荣岚，方环海，郑通涛. 两岸华文教育与文化传播协同创新研究［M］. 北京：世界图书出版公司，2016.

［5］陈小桦. 试论全球化条件下华文教育中的文化传承［J］. 教育探索，2007（1）.

［6］程棠. 汉语和中国文化教学争议［J］. 中国文化研究，1993（1）.

［7］董于雯．菲律宾华文教育的文化导入［J］．云南师范大学学报（对外汉语教学与研究版），2011（2）．

［8］何慧宜．六套海外华人教材中国知识文化内容项目研究［D］．广州：暨南大学，2007．

［9］黄薇．再议华文教育中的文化教学——不容忽视中华民族优秀传统文化的传承作用［J］．牡丹江大学学报，2009（7）．

［10］蒯伯象，白少玉．论海外华文教学中的文化传播［J］．五邑大学学报（社会科学版），2010（2）．

［11］金宁．关于华裔学生文化教学的若干探讨［J］．华侨大学学报（哲学社会科学版），1994（3）．

［12］李嘉郁．对华文教育中文化问题的几点认识［J］．海外华文教育，2002（1）．

［13］李嘉郁．浅谈文化实践活动在华文教育中的地位和作用［J］．八桂侨刊，2003（4）．

［14］李嘉郁．多媒体技术在文化教学中的应用［J］．暨南大学华文学院学报，2004（2）．

［15］廖崇阳．华文教育文化教学中的课程探索［J］．海外华文教育，2013（1）．

［16］娜明．蒙古中学体验式中国文化教学现状调查与教学设计［D］．济南：山东大学，2015．

［17］潘懋元，张应强．海外华文教育与弘扬中华优秀文化传统［J］．教育研究，1996（6）．

［18］瞿玉蕾．缅甸东枝华文学校中华文化传播现状分析［D］．北京：中央民族大学，2015．

［19］宋婧婧．马来西亚独中教材《华文》：文化传承性与工具性的统一［J］．海外华文教育，2006（1）．

［20］苏泽清．论中华文化在华文教育中的地位和作用［J］．华侨大学学报（哲学社会科学版），2004（2）．

［21］魏霞．浅析《中文》中国文化因素的导入及"文化误读"［D］．上海：复旦大学，2009．

［22］吴勇毅．新时期海外华文教育面临的形势及主要变化［J］．浙江师范大

学学报（社会科学版），2010（2）.

［23］夏思桦. 基于《中文》课本的视听课文化教学设计及研究［D］. 广州：广东外语外贸大学，2016.

［24］新井田美树. 情景教学法探索与思考［D］. 泉州：华侨大学，2015.

［25］许念一. 浅析华文教育中的文化教学［J］. 学习月刊，2014（2）.

［26］赵贤洲. 文化差异与文化导入论略［J］. 语言教学与研究，1989（1）.

［27］朱晓文. 华文教育中的文化教学［J］. 理论界，2006（1）.

柬埔寨公立崇正学校华文教育初探*

2016年8月，笔者有幸外派到柬埔寨首都金边公立崇正学校支教，经过近一年的耳闻目睹，对该校华文教育的状况有了深入细致的了解，现简述如下，以飨读者。

一、学校简况

崇正学校是柬埔寨第二大华校，坐落在繁华的首都金边市中心，与端华学校、广肇学校、民生学校、集成学校、立群学校、铁桥头华明学校、雷西效培华公校并称"金边八大华校"，均仅有数公里之隔。崇正学校隶属于柬埔寨华人民间机构客属会馆管理，客属会馆是柬埔寨五大华人会馆（潮州会馆、广肇会馆、客属会馆、福建会馆、海南会馆）之一，其上层领导机构是柬埔寨华侨民间组织柬埔寨华人理事总会（简称"柬华理事总会"）。1991年柬埔寨红色高棉统治下台，1992年客属会馆成立"筹委会"，并千方百计筹建华文学校。筹建之初百废待兴，经济拮据，举步维艰。幸得乡贤冯俊南先生等社会贤达热心人士及广大乡亲的资助，才购下了一幢三层的旧楼，经过修葺后作为会馆会址和崇正学校教室。1993年8月20日崇正学校正式招生复课，学生逐年增多，班级人数超额，校舍不敷应用，师资力量不足。1999年，全校师生增至4200人左右，教室里座无虚席。

目前，崇正学校地处金边的中心地带，寸土寸金，仅有A、B、C、D四幢教学楼近100个教室，无任何运动场地。学校有华文班和柬文班，华文班又分为幼教、小学、初中、专修（二年制，相当于中国的高中）四个学段，全校共93个班，3200余人。其中，幼教14个班，小学43个班，中学13个班，专修7个班，柬文

---

* 作者：盘世卫，广西玉林市育才中学，柬埔寨公立崇正学校外派教师。本文刊于《世界华文教育》2018年第2期。

16个班。班级学生人数呈下大上小的"金字塔"形状，从幼教到专修，学生人数逐级减少：幼教和小学人数较多；到中学逐级减少，一般是30人左右，极少超过40人；尤其是专修班，大多只有一二十人。学校共有教职员工106人，除了一名总务主任和几名校工外，没有其他任何专职的教辅人员。由于是按课时给报酬，因此除校长和总务主任之外，所有教师都得上课；教务处、训导处、总务处的工作都是由任课教师兼职，每个人的工作效能都发挥到了最大化。

公立崇正学校由柬埔寨客属会馆创办。这里所说的"公立"，并非国家层面的"公立"，而是指客属会馆的"公立"，仅区别于个人拥有而已，学校的盈亏完全由会馆负责。学校与柬埔寨政府无多大关系，除了办学要取得政府同意、毕业证书要政府加盖公章外，当地政府对华人学校无任何业务上的指导，政府的教育部门也极少到学校检查工作。会馆和柬华理事总会都设有"文教处"，但在教学业务上没有任何指导，所有教学工作都由学校自行决定。学校的领导班子由校长、总务主任、教务主任、训导主任四人构成；教务处、训导处各设置三到四名教师兼任教务和训导工作。

二、学校的华文教学概况

（一）上课制度

学校分上午班和下午班，实行半日制教学，即学生每天只上半天课，另半天到柬文（或英文）学校上课。一个教室往往是上午一个班，下午另一个班，满一个月后换午别，上午班的改成下午上课，下午班的改成上午上课，循环往复。上下午班都是排四节课，每节40分钟。每个学期上课和放假时间与中国略有不同，学校每周只有一天休息日。

（二）课程设置

学校设定的主科有：华文（语文）、代数、几何、中国历史（小学是常识）、柬文、会计；副科有：地理、电脑、英文、拼音、音乐、美术等。作文（小学是造句）每周安排一课时，每三周写一篇作文，作为一个独立学科由语文老师执教，作文考试与语文考试分开。有少量的图画、音乐课程，但由于场地限制，无任何体育课程，也没有专门的班会课。教学用书是柬华理事总会文教师资基金处以中国2003年出版的人教版《义务教育课程标准实验教科书》为蓝本编成的柬埔寨《华文教育初中华文实验教科书》，此书于2010年修订再版，一直沿用至今。虽然说是修订，其实和中国的内容基本一致，课文基本不变，只是在每个单元后适当添加了一些柬埔寨的风土人情知识。由于这里是半日制教学，再加上学生知识水平参差不齐，所以学校根据实际情况选择性地教授部分内容。如初中二年级上册语文共有24篇课文，学校仅要求上12篇，对于语文基础知识的内容也没有特殊的教学要求。

（三）教学模式

崇正学校经过20多年的发展，和所有的华文学校一样，已经形成了一套较为定型的教学模式。以语文为例：每个学期上多少课书、测验多少次、进度怎么样都有严格的要求。一般每课书授课课时为5节课，教授内容有课文阅读、生字词的认识、课文讲解、重点语句的讲解背默、段落大意、重点难点、中心思想等，这些教学内容一般由各个教师掌握，教务处没有很具体的要求。学生的作业也很简单，两个作业本，一个是抄生字、词的，另一个是抄笔记的。笔记本并非学生上课时所作的笔记，而是老师花一定的时间把整篇课文的知识点重抄在黑板上，学生再照搬抄到笔记本上。笔记的具体内容由老师自由设计，但不得脱离以下内容：作者、文章体裁、生字和词、辨字组词、词语解释、中心思想、造句、填空、问答、选择、精彩语段背默、翻译（文言文）。学生抄完后上交给老师批改，平时测验和段考、期考的内容必须从笔记里选取，不得超出里面的范围，学生平时复习只需照笔记内容背就行了。其他各学科也都是大同小异地采取这样的教学模式。

（四）考试和评价模式

由于汉语对于柬埔寨的学生来说是一门外语，所以学校的考试内容相对中国同年级的学生来说简单了许多。考前圈定了范围，学生只需死记硬背即可，极少有主观分析题，连代数、几何也是如此。段考考过了的，期考一般不会考；一年级学过的，二、三年级绝对不会再考。学校的考试纪律很严格，如毕业会考，连手纸、矿泉水都不得带入考场；但平时的考试中，作弊的学生会比中国多许多。每个学段、每个学期都有毕业考试，会把小学、初中、专修的所有毕业生都集中在礼堂里考试，不忌讳相互间的影响；考试的时间也与中国不同，时间到了必须停止作答，这里没有严格的开始和终止时间；考试结束，试卷也不用密封，也不是流水批改，而是各改各的，主科试题虽然是教务处出，但也没有具体的评分标准。按照规定：每学期分上下两段，段与段之间是分开的，就像中国的学期一样。主科每学段测验两次，占总评的40%，段考和期考占60%。综合评定（平时测验和段考、期考）有两科不及格，则不能升级，这对于学生来说是最残酷的条例。但班主任有加分的权力，如果相差不是太多，班主任一般都会让学生升级或者毕业。

三、学校华文教育发展存在的问题和对策

（一）教师方面

现在崇正学校的华文教师分三类：第一类是中国的国侨办外派教师和国家汉办外派教师共7人；第二类是从中国来柬埔寨任教的独立老师8人；第三类是占绝大部分的本地老师，这类老师又分老华人教师和年轻华人教师。目前，前两类老师是学校的教学中坚力量。本地老华人教师数量最多，但他们一般都超过了60岁，很难胜任高年级的汉语教学工作。而少数的几个年轻华裔教师，是从往届优秀毕业生中聘用的，没有就读过师范类学校，汉语水平和教学水平有限。更重要的是，由于当地教师待遇偏低，许多年轻人不愿意从事华文教育。笔者建议：一是客属会馆要认识到这个问题的严重性和紧迫性，尽量提高当地教师的工资待遇，激发当地年轻人争当华文老师的兴趣。庆幸的是，柬华理事总会已经意识到了这个问题，方侨生会长也就提高华人教师待遇问题做了具体的部署，在2017年的三四月份，总会下属的文教师资基金处已完成对柬埔寨华校大量的摸底调查。二是采取"走出去，请进来"的办法，提高年轻老师的业务水平。会馆和学校方面，应该让年轻华人教师分批到中国跟班学习；也可以加大与中国的国侨办、国家汉办的联系，争取中国派人到学校举办各类师资培训班，全面提高本地老师的业务水平。另外，为了保持教师人才的阶梯性，学校也需注意从毕业生中培养接班人，做到未雨绸缪。

（二）教学方法方面

学校现在采用的教学方法已沿袭了许久，不再适应教育发展的需要了。笔者建议：在教学、命题、考试、改卷、评价等各方面应该尽量慢慢地向中国靠拢。一是在学校内要多开展教研活动，相互听课，请有经验的外派老师或者中国过来的独立老师上公开课，评课，取长补短，共同提高。二是会馆方面也应该派出部分教务处的领导到国内学校取经学习，只有教务处领导的整体教学理念提高了，才能有效地带动全校进行教学改革。

（三）教材方面

学校目前沿用的是柬华理事总会根据中国 2003 年出版的人教版《义务教育课程标准实验教科书》改编而成的柬埔寨《华文教育初中华文实验教科书》。但这套教材并不适合柬埔寨的学生使用，比如初中二年级上期下半学段共学 6 篇课文，其中就有 5 篇是文言文，这显然是不合适的。尽快制定出适合柬埔寨孩子的教材是很有必要的。可喜的是这个问题也引起了中国有关专家的重视，据悉早在几年前，中国暨南大学华文学院的教授就多次到柬埔寨华校调研过教材问题。

（四）学科的开设方面

崇正学校有些学科的开设是值得商榷的，如代数、几何、英语、中国地理等。前三门学科在柬校里都有，到了华校是否还要开设呢？柬埔寨的孩子学中国地理，多少有点尴尬。笔者认为，既然是华文学校，就应该向中国靠拢，不妨开设音乐、美术、书法、常识、舞蹈、体育等课程。这些课程都是学生非常喜欢的，中国元素更多，更吸引学生的眼球，对于增加生源会有一定的帮助。当然，就目前来说，由于场地、器材的原因，崇正学校无法开展体育课。

（五）生源和教学质量之间的矛盾

崇正学校学生的知识水平参差不齐，如笔者任教的初二上（2）班共 40 多人，有 10 个左右的学生即使在中国也可以跟得上正常的语文教学进度，但其余 20 多个学生的语文水平甚至低于中国的小学三年级学生。如果严格执行学校规章制度，每学期都会有一大批学生留级，辍学、转学人数也会逐渐增加，直接影响到学校的生存。如何在教学质量和生源的夹缝中取得平衡，是摆在会馆和学校领导面前的一道难题。笔者认为：教学质量应该服从于生源。为了达到这个目的，建议学校采取分层次教学的模式来提高升学率。每个年级一般有 2 个班，按学生的水平分班、分层次教学和考试，就可以有效减少留级率。

四、结语

此文完稿后不久，笔者完成了柬埔寨的支教任务回到中国。新学期，就在笔者改赴老挝百细华侨公校支教之时，崇正学校的林老师告诉笔者：学校采用暨南大学的新教材了！这让笔者感到非常高兴。崇正学校建校 25 年来，一直在进步，她的发展过程也是柬埔寨近 60 所华校的一个缩影。在笔者之前曾经有人零星地写过一些有关崇正学校的文章，但多是历史沿革之类的内容，鲜有涉及教学方面的内容。因此，笔者力图从多角度勾画出该校的原貌。由于笔者在柬埔寨时间不长，而柬埔寨的华文教育有 100 多年的历史，可谓底蕴深厚，非我等所能穷尽，再加上学识有限，对崇正学校的一些观点，错漏在所难免，敬请读者斧正为盼。

2002年后汉语在越南国民教育体系中的地位 *

随着越中两国全方位合作的不断深化，汉语逐渐成为越南最重要的外语之一，也深受越南和中国学者的关注。目前汉语在越南作为外语教学的研究主要集中在越南高等教育的汉语教学现状分析，其研究对象可分为三大类：一是越南高等教育中汉语教学的相关因素，如院校体系、教学大纲、教材编写、课程设置、师资队伍等；二是越南高等教育中汉语教学的教学法，如听、说、读、写等语言技能的教学方法，词汇、语音、语法等语言知识的教学方法等；三是越南学习者的汉语习得过程，其中以偏误分析为主。由此可见，有关汉语教学的研究主要从中微观角度着手，鲜有从宏观角度切入，即少有分析汉语在越南国民教育体系中的外语身份、地位及教学规模。本文从外语身份角度切入，全面分析2002年汉语为何能够纳入越南的基础教育，全面描述2002年以来汉语在越南基础教育和高等教育中的教学规定及教学规模的面貌，了解汉语教学在越南的地位变化，发现教学现状与实际需求的矛盾，进而预测其未来的发展趋向。

一、汉语成为越南基础教育外语的触发因素

李宇明（2018）从国家发展状况与国家语言的向外传播两个角度对外语的身份进行分类，把外语身份分成六种：外事外语、领域外语、成人外语、基础教育外语、第一外语和第一语言。2002年，汉语正式成为越南中学的外语，正式升级为越南的基础教育外语。在前一阶段（1991—2002），虽然越中关系已正常化，但汉语只是重返越南的高等教育，成为越南的成人外语。汉语的外语身份之所以变化，主要原因有二：一是越南想要踏上融入世界之路，需要多元外语铺路；二是中国在多方面世界领先，使汉语在全球的地位上升。

---

* 作者：阮秋姮，扬州大学。本文刊于《世界华文教育》2022年第3期。

（一）融入世界之路，多元外语铺路

越南在改革开放之后已敞开大门迎接世界各国的来临，同时也怀有走向世界的梦想。2001年11月27日，越南政治部颁布了《融入世界经济》的07-NQ/TW号决议。该决议指出，越南融入世界经济的目标为拓展市场，争取更多的资金、技术及管理知识，以便推动顺着社会主义方向的工业化、现代化进程，实现国强民富、社会公平、民主、文明，成功实现2001—2005年经济社会发展战略和2001—2005年五年计划所提出的任务。为了实现以上任务，07-NQ/TW号决议提出了一系列办法，其中包括有关人才培养的方案。该人才培养方案特别强调外语教学。

从2001年开始，尤其是从2007年1月11日越南正式成为世界贸易组织的成员以后，"融入世界"成为越南社会的热门话题和热门词语。截至2019年3月1日，越南已与世界189个国家及地区建立外交关系，与220个外国市场建立经济关系，成为世界众多组织和平台的成员。以上各种国际合作肯定离不开外语，而且需要多元化的外语。越南想要走向世界，首先要掌握好世界的语言，包括世界通用语、地区通用语言和某些重要合作伙伴国家的语言。

融入世界经济的发展趋势包括扩展对外贸易范围与加大对外贸易力度。在扩展对外贸易范围的层面，由于市场范围过大，官方语言过多，掌握所有官方语言是难以完成的任务，因此使用世界通用语（英语）或地区通用语显得更为合理。而加大对外贸易力度的层面则不同，试图与某个国家进行深化合作，应当使用该国家的官方语言。此举不仅可以体现出对对方的尊重和诚意，还能提高工作的效率和效果。因此，在融入世界之梦的推动下，越南需要一个多元化的外语教学政策。

为了能够主动、独立且高效地融入世界经济，充分运用全球的市场、资源、技术和智力，在越南外语教学结构里面，除了国际通用语英语之外，至少应该包括与越南贸易总额最高、全面战略合作伙伴国家、战略合作伙伴国家和全面合作伙伴国家的官方语言，即汉语、韩语、日语、马来语等。

（二）中国多方面世界领先，汉语地位上升

21世纪初，中国以神奇的发展速度吸引了全世界的目光。经过几十年的快速发展，2010年中国成为仅次于美国的世界第二大经济体。随着经济的迅猛发展，

中国科学技术的发展步伐也从未停止，许多方面已经取得了举世瞩目的成绩，甚至在某些领域处于领先地位，如移动支付、航天技术、高铁技术、电磁弹射技术等。在中国强大的经济支撑之下，汉语在世界上的地位不断上升，世界上众多国家为了与中国展开全方面合作而将汉语纳入国民教育体系。

因地域接壤、文化相似，越中双方的合作交流本来就很频繁。中国突飞猛进发展之后，成为越南最大的经济合作伙伴，双方贸易更加频繁，规模进一步扩大。在外交领域，两国关系也更上一层楼。2008年5月，两国领导人一致同意推动越中关系迈上新台阶——建立全面战略合作伙伴关系。越南政府高度重视与中国的合作关系，希望深化两国合作，坚持互利共赢。

在经济和政治的推动之下，汉语人才的需求量，无论在国家层面、地方层面还是社会个体层面，都大为增加。

二、汉语日益深入越南基础教育

（一）汉语于2002年成为中学的外语

根据越南2002年《初中教学大纲》和2006年《基础教育教学大纲》，从2002年开始，汉语被正式定为中学外语教学的语种之一。2006年《基础教育教学大纲》中附带了六年级至十二年级的汉语教学大纲。

2006年《初中汉语教学大纲》和《高中汉语教学大纲》都分为四大部分：目标、内容、知识与技能标准和解释指导。该汉语教学大纲设计较为完善且合理，与前期汉语教学内容相比，此阶段教学大纲最大的亮点在于，教学内容不再过于注重政治教育，而是更加接近学生的日常生活，符合学生的心理发展规律。

根据越南政府2016年的报告，2000—2014年高中毕业考试中，外语均被定为三门必考科目之一。从2015年开始，越南教育部规定，高中毕业考试的结果，除了作为高中毕业的标准，还作为审核学生入选高校的依据。2002年以来，高中毕业考试中外语语种均包括汉语。可见，汉语除了被定为中学教育阶段的课程之一，还被定为升学的一个条件。这一方面明显提升了汉语的重要性，另一方面也扩大了汉语的用武之地。

(二)汉语于 2017 年成为小学的第一外语

2016—2020 年,越南《国民教育外语教学计划》的目标之一是建设俄语、汉语和日语的十年制必修教学大纲,并且从 2017—2018 学年开始在三年级进行试点教学。2016 年 9 月,越南媒体报道了关于汉语和俄语教学计划试点的消息,此消息引发了不少舆论争议。支持单一外语教学的人认为,为了融入世界经济,越南只需要英语;另外,教学条件不够,难以保证其他外语教学的质量。支持多种外语教学的人则认为,越南想要更深入地融入世界经济,需要实行多种外语教学。最后,越南《国民教育外语教学计划》的负责人声明,目前基础教育教学框架中,第一外语是必修课,但选择哪一种外语作为第一外语是学生的自由。学生有五种选择:英语、法语、俄语、汉语和日语。目前,英语教学已试点进行十年制必修教学。为了给不同语种外语教学营造平衡环境,《国民教育外语教学计划》建议五种外语教学都采用十年制必修教学。

根据越南《国民教育外语教学计划》负责人的声明内容,汉语十年制教学大纲是根据越南六级外语能力标准框架所给出的要求编写的。越南教育部告知,2018 年《总体基础教育教学大纲》从 2020—2021 学年起实施,即到 2020 年,英语被定为第一外语试行十年制必修教学,其他外语都作为第二外语实行七年制选修教学。如此一来,到 2020 年,2017 年汉语十年制教学大纲就与 2018 年《总体基础教育教学大纲》发生冲突。近两年关于如何处理这一问题,我们将会进一步考察。

总之,从 2017—2018 学年开始,越南教育部已颁布并试点汉语十年制教学大纲,即汉语以第一外语身份从三年级至十二年级进行教学。此教学大纲表明汉语教学在越南的低龄化趋势。

(三)汉语于 2020 年成为中学的第二外语

2018 年,越南教育部公布了《总体基础教育教学大纲》,其中汉语被规定为中学的第二外语之一。第二外语被定为选修课,第一外语(即英语)被定为必修课。此教学大纲从 2020—2021 学年正式实施。

2018 年《汉语教学大纲》分成八大内容:课程特点、大纲建设原则、教学目的、教学具体目标、教学内容、教学方法、教学结果评估和解释指导。与 2006 年汉语教学大纲相比,2018 年有两大不同之处,具体见表 1。

表1 2006年和2018年汉语教学大纲的主要不同点

	2006年汉语教学大纲	2018年汉语教学大纲
输出标准	制定原则没有根据外语能力标准框架所规定的输出标准,教学大纲只对汉语四大技能提出具体要求。	按照越南外语能力标准框架,初中和高中的外语输出标准分别为一级和二级;初中和高中教学大纲都根据此标准而设计。
教学内容设计	教学内容分成不同话题,每个年级的话题都不同且连贯性不大。	教学内容分成若干模块,每一模块分成不同话题。在同一教育阶段内,每个年级的模块相同,但话题不同,模块发展原则为同心圆形。

由表1可见,与2006年相比,2018年汉语教学大纲设计得更为标准化、规范化。

(四)汉语教学规模排名第四

越南基础教育中,汉语教学规模不大。根据越南教育部2016年的统计,英语是越南基础教育的主导外语,选择英语为第一外语的学生占学习外语学生总数的99%,这意味着选择其他五种外语的学生只占1%。其他五种外语教学规模具体如图1所示。

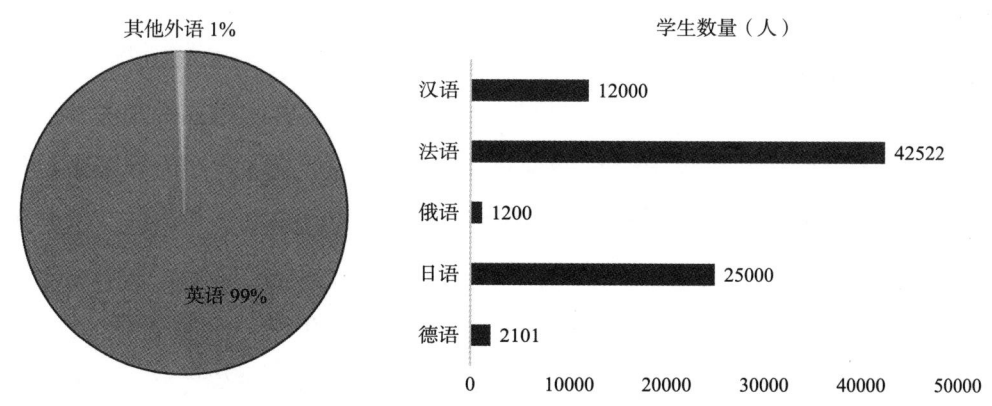

图1 越南基础教育各种外语教学的规模(2016年)

从图1中可看出,越南基础教育六种外语教学当中,汉语教学规模排名第四,大约占0.14%。汉语主要以第一外语身份在越南9个省份①的28所初中学校和18

---

① 包括:河内(Hà Nội)、河江(Hà Giang)、老街(Lào Cai)、海防(Hải Phòng)、广宁(Quảng Ninh)、和平(Hoà Bình)、太原(Thái Nguyên)、芹苴(Cần Thơ)和胡志明市(thành phố Hồ Chí Minh)。

所高中学校中教授。9个省份当中，除了4个直辖市之外，其余都是靠近中国的北部省份。由此可见，汉语教学与地方社会经济发展需求密切相关。

三、越南高等教育的汉语教学

从2003年开始，外语被规定为越南高等教育所有专业的必修课。与基础教育不同，高等教育外语教学的语种选项没有具体的规定。然而，实际上在外语院校中，语种结构与基础教育基本相符，甚至更为多元化，尤其是在重点外语院校；而在非外语院校中，语种选项较为单一，大多只能选择英语。在《国民教育外语教学计划》的推动下，高等教育的单一外语教学逐渐转变成双外语教学。在这种情况下，对于第一外语非英语的学生，英语是第二外语的唯一选项；而对于第一外语为英语的学生，汉语则成为第二外语的首选之一。第二外语的语种较为有限，一般只包括法语、俄语、汉语、日语和德语的其中之二或其中之三。

从2002年开始，汉语成为越南高考D班科目中外语的选项之一[①]。接受D4班考试的高校与科系不多，其中大多是外语专业和人文领域的少数专业，如汉喃学、中国学等，经济领域极少，技术领域则基本没有。

（一）汉语专业的汉语教学

2004年10月25日，越南教育部签批《高等教育本科层次外语领域的教学框架》的36/2004/QD-BGD&DT号决定，其中包括汉语教学框架。该教学框架的教学目标为：

第一，提出综合目标为汉语本科毕业生需具备以下条件：政治品质与职业道德良好，身体健康，能够处理好业务专业范围内的工作，满足越南经济、社会在融入世界背景下所提出的要求。

第二，制定具体目标包括：一是具备语言专家应有的社会科学、人文科学、自

---

① 1991—2014年，越南高考科目主要划分为A、B、C、D四班。其中，D班考试科目包括数学、语文和外语。D班外语的选项与基础教育外语语种相同。从2002年，汉语被规定为基础教育的外语之一，意味着从2002年开始，汉语成为高考D班外语的选项之一。选择汉语的D班的代码为D4。

然科学的知识；二是汉语听、说、读、写四种技能熟练，初步形成科学研究能力；三是具备针对汉语教学的师范学、教育学、教学法的基本知识。

由此可见，越南教育部所编写的汉语教学框架的主要目的是培训汉语教师。汉语专业中，不同学校建设不同的小专业方向，如汉语师范、汉语翻译、中国学、汉语经济、汉语旅游等。在越南教育部公布的汉语教学框架的基础上，开设汉语专业的高校和科系，编写了具体的汉语教学大纲。

越南高校中，规模较大的汉语科系包括：河内国家大学和胡志明市国家大学下属外国语大学的中国语言文化系、河内大学中文系等。由于近期越南教育部没有公布有关越南高等教育外语教学现状的任何统计报告，我们无法从官方渠道取得关于目前高等教育中汉语实际教学规模的相关资料。我们对越南2018年高考指南所提供的数据进行统计，汉语专业的招生名额为4095人，其中187人为汉语师范专业。汉语专业2018年的招生情况如图2所示。

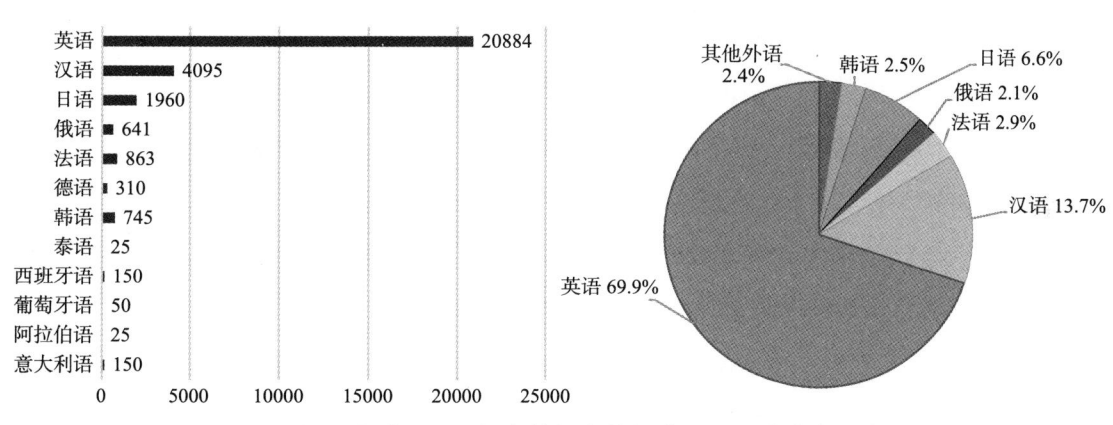

图2　越南2018年高等教育外语专业的招生名额

从图2中可以看出，汉语专业的招生名额所占比例约13.7%，虽然排名第二，但与排名第一的英语相比，数量方面有明显的差距。汉语专业2018年的招生情况，一定程度上能反映出汉语在越南高等教育的教学规模。

（二）非汉语专业的汉语教学

越南教育部从2003年以来颁布的系列高等教育不同专业的教学框架中，汉语没有被指定为任何专业的必修内容（汉语专业除外），但被推荐成为某些专业的外语，如汉喃学、中国学、东方学等。自从实行双外语教学，部分高校已将汉语纳入第二外语课程。在越中经济合作快速发展的情况下，不少学生已选择汉语作为第二外语。但因没有具体的统计数据，我们无法描述非汉语专业中的汉语教学规模。

四、汉语教学政策与实际需求的矛盾及其原因

根据以上所统计的汉语教学规模，可看出其与越中双方经济、外交等领域上的合作程度并不相符。中国是越南最大的经济伙伴，来自说汉语地区的进出口总额明显多于来自说英语地区的进出口总额，而越南国民教育体系中，汉语教学的比例不高（基础教育中约为0.14%，高等教育中约为13.7%），尤其是与英语教学规模相比，两者比例过于悬殊。

如上面所述，在与世界各国的合作过程中，以英语为媒介语较为适合扩大范围层面，而在加深合作力度层面上，应该采用双方官方语言为沟通语言。因此，同既是全面战略合作伙伴，又是最大经济伙伴的中国合作，越南应该使用汉语。

越中合作次数频繁、工作量庞大，越南汉语教学的比例却如此之小，如何能完成如此之多的工作量？原因可能在于：

第一，使用英语为媒介语言。越南与中国相同，都是外语教学以英语为主的国家，因此双方合作过程中使用英语为媒介语言是可以理解的。

第二，越中合作关系，很多项目都是国家层面的合作，而国家层面合作的特点是少数人群能解决巨额经济任务。

第三，利用现有人才。汉语教学在越南的"黄金时代"是1951—1973年。截至2002年，经历汉语"黄金时代"的人群，年龄大约在40岁到60岁，这些人在越中2002年以来的合作过程中发挥了重要的作用。

第四，依靠社会教育体系。大约从2000年开始，汉语就成为越南社会的热门外语。当时，越南基础教育尚未教授汉语，高等教育也鲜有开设，为了满足越南社会对汉语的需求，一系列汉语中心大量涌现。至今，越南私人的汉语培训中心仍然保持一定的数量，吸引了众多人士参加学习。

在越南与中国的合作持续深入发展的情况下，以上四种替补因素逐渐失去了自

己的优势。如上文所分析，越中合作使用英语作媒介语，可能导致双方应有的默契消失。越中合作并非永远以国家层面为主，地方层面、企业层面、个人层面合作的比例必将上升。在这些合作层面中，一人负责巨额合同的现象想必将会减少。经历过去汉语教学"黄金时代"的人群年龄逐渐增高，难以继续担当重任。另外，社会外语培训中心的汉语教学难以保障标准化和规范化。

总之，为了能够推动越中全面战略合作伙伴关系，为了促进越中经济合作深入发展，越南外语教学需要为国家与社会提供大量汉语人才。目前，越南教育部需要针对越南使用汉语人才单位、越南原有的汉语人才、越南培训单位进行考察，从而了解使用单位的需求量与需求标准，然后给出合理的汉语教学规模。

参考文献

李宇明. 海外汉语学习者低龄化的思考［J］. 世界汉语教学，2018（3）.

对旅蒙华侨蒙中友谊学校汉语教学状况的观察与思考[*]

一、学校发展简史

旅蒙华侨蒙中友谊学校在蒙古国是一所创办多年、汉语教学一流、知名度极高的华文学校。该校创办于1964年，创办初期，一直处于非常艰难的境地。20世纪90年代以后，随着中蒙两国关系的日益友好，该校的办学环境和办学条件也逐步得到改善。在中国国务院侨务办公室及中国驻蒙古国大使馆等单位的大力支持下，该校的办学规模日益扩大。1999年9月29日，学校由"华侨子弟学校"更名为"旅蒙华侨蒙中友谊学校"，标志着学校的华文教育开始向第二语言教学过渡。2001年，该校在蒙古国教育部门登记备案。2004年，该校被蒙古国教育当局正式纳入国民教育体系，这标志着该校的发展进入了一个崭新的阶段。2009年8月4日，中国国侨办公布了第一批海外"华文教育示范学校"名单，旅蒙华侨蒙中友谊学校入选。从此，该校作为华文教育示范学校，在带动蒙古国其他中文学校加快发展、促进蒙古国的华文教育发展、增进中蒙文化教育交流等方面起到了举足轻重的作用。

二、学校发展现状

（一）汉语教师现状

旅蒙华侨蒙中友谊学校是蒙古国唯一一所华侨学校和华文教育示范学校。现有汉语教师15人，其中10人为当地华侨，拥有十年以上教学经验，4名从中国聘请

---

[*] 作者：白白格勒玛，北京华文学院。本文刊于《世界华文教育》2018年第4期。

的志愿者教师，1名中国国侨办公派教师。学校教师全部拥有本科以上学历，其中硕士5名。教师们为了能够更好地传播中华文化，牺牲自己的休息时间继续为周末补习汉语的学生讲解汉语知识。该校采用全日制双语教学，利用严格的教学制度，重视教学质量和评优工作。

1.汉语教师历史资料和数据分析

表1　旅蒙华侨蒙中友谊学校2011—2018年汉语教师构成情况（单位：人）

年份	华侨教师	中国志愿者教师	中国国侨办公派教师	汉语教师总数
2011	10	2		12
2012	10	2		12
2013	10	2		12
2014	10	2		12
2015	10	2		12
2016	10	3		13
2017	10	4	1	15
2018	10	4	1	15

从表1可以看出，华侨教师队伍基本稳定在总人数的66.7%，是教学的主力。该校从2010年9月至今长期聘请汉语志愿者教师，中国志愿者教师的人数也有上升的趋势；另外该校为了扩大汉语教师队伍，于2017年开始聘请公派教师，这对本土华侨教师更新教学理念和教学方法、提高教学质量起到了推动作用。

2.现状

表2　旅蒙华侨蒙中友谊学校的全体教职工总人数（单位：人）

汉语教师	当地华侨教师	10	15
	中国志愿者教师	4	
	中国国侨办公派教师	1	
蒙古国教师			18
校领导			3
职工			8
合计			44

从表2可以看出，目前（截至2018年），旅蒙华侨蒙中友谊学校的全体教职工总人数为44名，其中包括15名汉语教师，18名蒙古国教师，3名校领导和8名职工。汉语教师主要有三种来源：一是定居蒙古国的本地华侨（10名），二是来自中国的志愿者（4名），三是中国国侨办公派教师（1名）。

（二）学生状况

现有学生主要由蒙古国学生和华侨学生组成，共660名，其中周一至周五全日制班学生有530人，周末汉语补习班学生130人，蒙古国学生占学生总数的94.3%。

1. 学生基本情况

表3 2018年旅蒙华侨蒙中友谊学校学生人数统计表[①]（单位：人）

序号	班级表	人数
1	一年级	68
2	二年级	57
3	三年级	63
4	四年级	48
5	五年级	40
6	六年级	43
7	七年级	42
8	八年级	45
9	九年级	50
10	十年级	25
11	十一年级	16
12	十二年级	33
合计		530

从表3可以看出，小学至高中人数有下滑的趋势，导致这种现象的主要原因有几点：第一，学生的学习能力，随着高年级汉语课程难度的加大，学生自身认为学习吃力而放弃继续学习。第二，家庭条件困难，虽然该校目前是蒙古国所有语言

---

① 此学生人数统计表不包括周末补习班的人数，周末补习班人数为130人。

学校中收费最低的一所，但由于蒙古国整体工资收入较低，因此承担不了学费而选择退学。第三，学生选择转学，学生为了今后升学的需求，报读各个大学的附属学校，提前进修专业课程，但这部分学生为极少数。

2.学生构成（全日制班）

表 4　旅蒙华侨蒙中友谊学校2011—2018年学生国别情况（单位：人）

年度	蒙古国学生	华侨学生	其他国家学生	学生人数总数
2011	418	25	5	448
2012	493	26	4	523
2013	531	29	1	537
2014	475	25	2	502
2015	506	24	1	531
2016	495	28	6	529
2017	438	25	2	465
2018	500	27	3	530

从表4可以看出，2011年以来，该校学生人数一直比较稳定。这一方面反映了该校稳定的生源和教学质量；另一方面，由于学校教学条件的限制，学生数量已经趋于饱和，制约了学校的进一步发展。

建校初期，旅蒙华侨蒙中友谊学校是一所华侨子弟学校，只招收当地华侨子女。随着汉语热的升温，该校顺应蒙古国当地家长的要求，自1993年起，该校开始面向蒙古国全国招生，目前该校主要的教学对象是华侨子女和当地的中小学生。

大部分华侨子女主要就读学校周六、周日开设的汉语补习班，另外还有极少部分华侨子女在学校的全日制班级就读。出现这种现象主要是由于学校的教学对象和教学性质发生了变化。学校的生源由以前的华侨子女占主体到现在的蒙古国学生占主体，教学性质也相应地由针对华侨子女的华文教育变为对外汉语教学。但是学校没有针对华侨学生的需求，在教学性质改变后，开设针对华侨学生的课程，导致学校的教学现状已经不能够满足华侨子女的需求，学到的知识偏少，很多学生选择就读学校的周末补习班。

另一个方面的原因是，随着华侨群体经济条件和社会地位的提高，他们有了更多的选择机会，很多华侨选择让自己的孩子去中国读书，或者去其他语言学校读书，多学一门外语或知识，对孩子将来的发展也有很大的帮助。

（三）学校取得的成绩

旅蒙华侨蒙中友谊学校的办学成绩得到了当地教育界的一致认可，获得了很多成就和荣誉。校长每年都会获得教育界颁发的各种奖项，尤其难能可贵的是现任校长江仙梅女士获得了蒙古国总统颁发的教育界最高奖项——"北极星勋章"，这是带有蒙古国国徽的个人荣誉勋章。江仙梅女士还获得中国国务院侨办颁发的用以鼓励长期致力于海外华文教育事业并成绩卓著的"热心海外华文教育杰出人士奖""海外华文教育杰出贡献奖"等奖项，成为海外优秀华人的代表，是在蒙华侨的骄傲。

教师方面，2012年，蒙古国旅蒙华侨蒙中友谊学校江仙梅校长代表蒙古国教育部，为达震鑫、王明蒙两位汉语教师志愿者颁发了蒙古国杰出青年教师奖，以表彰他们在旅蒙华侨蒙中友谊学校任教期间，在汉语教学、中华文化传播、汉语课程建设、教学制度建设、汉语教师培训、组织课外汉语活动等方面做出的突出贡献。2014年，该校数名教师获得当地教育界颁发的先进教师奖及模范教师奖；2016年，有两名教师获得模范教师奖；2017年，有一名教师获得先进教师奖。

学生方面，在蒙古国每年举办的汉语奥林匹克比赛中，该校都取得了优异的成绩。在首届世界中学生"汉语桥"比赛中，荣获团体三等奖；在2009年第二届"汉语桥"比赛中荣获团体二等奖。2013年，在由蒙古国立大学孔子学院和蒙古国汉语教师协会共同承办的第六届"汉语桥"世界中学生中文比赛蒙古国赛区决赛中，该校2011届学生恩赫珠乐获得了第三名，获得了前往中国观摩决赛的资格。2014年，毕业生格·阿努达日荣获第七届"汉语桥"世界中学生中文比赛总决赛个人综合二等奖，团队赛荣获总决赛冠军；同年，该校学生代表蒙古国到厦门参加"第三届海外华裔青少年中华文化大赛"知识竞赛，荣获总决赛冠军。2015年，荣获蒙古国第八届中学生"汉语桥"优秀组织奖。2016年，毕业生斯·艾尔登奥其尔荣获第九届"汉语桥"世界中学生中文比赛总决赛个人综合二等奖，团队赛荣获亚洲冠军；同年，该校学生代表蒙古国到厦门参加"第五届海外华裔青少年中华文化大赛"知识竞赛，荣获总决赛冠军。2017年，荣获蒙古国第十届中学生"汉语桥"最佳组织奖。2018 年，荣获蒙古国第十届中学生"汉语桥"最佳组织奖。

2000 年，旅蒙华侨蒙中友谊学校在中国政府和社会各界，特别是中国香港浸信会联会的帮助下，建筑面积约 1440 平方米的二层教学楼开始建设，教学楼共设 12 个班和 6 间教师办公室。因经济因素，学校依然延续着传统的教学模式，黑板、粉笔、教科书就是该校的基本教学用具，唯一的现代化教学模式也仅仅是一间不足 10 台电脑的简易电脑室，此外还有一批简单的体育器材。2001 年 9 月，教学楼落成，实现了侨校办学条件的历史性大跨越。

新教学楼可容纳 700 余人（分上下午两部制），基本满足了教学需求。2002 年，学校接受中国驻蒙古国大使馆捐赠的 11 台旧电脑和中国香港浸信会联会捐赠的 10 台新电脑，开始步入电化教学时代。

2012 年，旅蒙华侨蒙中友谊学校文体中心竣工仪式在该校院内举行，该文体中心的落成得到热心教育事业的各界人士的大力支持。

（四）师资培训

为使教师能够达到对外汉语教学的专业教育水平，校方领导积极组织教师参加各种教师培训活动。同时，为适应蒙古国汉语教学，校方还专门在蒙古国教育学院培训在职汉语教师，进修蒙古教育学，并获得了学士学位。教师培训体系建设逐步健全，教师素质和教学水平进一步提高。为了适应新形势、新机遇下的汉语教学发展，学校积极探索建立长效的教师培训机制，为提高教师素质和教学水平提供保障。在中国国务院侨办和内蒙古自治区侨办的协助下，该校教师到呼和浩特进行了系统的电脑培训，为教师适应在新的条件下利用多媒体进行教学，探索丰富多彩、富有成效的教学方法创造了条件。

中国国家汉办委托山东大学对海外汉语教师进行培训，该校校长以及两名教师赴山东大学进行了为期四周的教师培训。通过接受对外汉语教学理论、教学法、语言学理论等方面的培训，教师们对自己的教学性质有了更为深刻的认识，把学到的知识和教学方法应用于自己的教学中，推动了该校汉语教学水平的提高。

2001 年，中国安排全体华侨教师共 15 人，利用暑假到北京语言学院（今北京语言大学）进行为期一个月的业务培训。2004 年，中国香港浸信会联会资助 13 位华侨教师进入当地教育学和心理学专修学校恩赫奥其隆大学攻读教育心理学专业本科。此外,学校还组织全体汉语教师到广州、珠海、深圳、香港特区和北京的一些学校进行考察和学习。2013年,旅蒙华侨蒙中友谊学校校长江仙梅率领十几位学校华侨教师参加了由中国华文教育基金会主办、北京市人民政府侨务办公室承办、首都体育学院协办、金辉集团赞助的华文教师教学技能"金辉"北京培训班。2015年1月,金辉集团赞助该校全体汉语教师参加了海南师范大学的师资培训。

(五)办学经费的来源及分配情况

1. 办学经费来源

旅蒙华侨蒙中友谊学校的办学经费的主要来源是学生的学费。2018年9月全日制学生学费从180万蒙图①涨到280万蒙图,周末汉语补习班学费80万蒙图,2017年共收到学费约9.54亿蒙图。蒙古国当地政府根据每个学生的年级及人数来计算,每年拨给学校教学基金用来帮助学校的办学。小学阶段每人为11.76万蒙图,一年共3245.76万蒙图;中学阶段每人为16.97万蒙图,一年共3054.6万蒙图;高中阶段每人为17.86万蒙图,一年共1321.64万蒙图。除此之外,对于一年级至五年级(小学)的学生,当地政府付给每位小学生午餐费600蒙图,一天共16.56万蒙图。

2. 经费分配情况

教职工工资一年约为3.14亿蒙图,其他开支一年约计8.70亿蒙图,其中包括社会保险、个人所得税、电费、供暖费、水费等学校的各项开销。这些开销都是来源于学生的学费和当地政府的补贴金。

由于2009年学校被评为"华文教育示范学校",因此中国国务院侨办教学基金会补贴14587美元(10万元人民币)的资助款,主要分配于奖励优秀师生(737美元)、对教师进行培训(4500美元)、购买教材(3400美元)、增添办公用品(3950美元)、成立校图书室(2000美元)。同期2009—2010学年,中国驻蒙古国大使馆大使基金补贴给旅蒙华侨蒙中友谊学校,主要用来安装每个教室的多媒体设施,一台电视及DVD机(共10台),此两项款只补贴这一年,作为补助学校的教学进展(白白格勒玛,2011)。

---

① 人民币与蒙图的汇率为:2018年9月,1元人民币兑换362蒙图;2017年,1元人民币兑换380蒙图。

(六)教材使用情况

旅蒙华侨蒙中友谊学校拥有一套系统完善、适合对外汉语教学的教材。由于该校母语非汉语的蒙古国学生占学生总数的94.3%,该校全日制班使用的汉语教材分别为《博雅》《标准中文》《中文》和《说话》,周末补习班使用的汉语教材为《语文》和《中文》。

为了更好地促进汉语教学的发展,学校向中国国务院侨办申请新编对外汉语初中配套教材,以便于更好地服务于汉语教学,使学生通过学习适合于自己的教材进一步提高汉语水平。

中国广东省人民政府侨务办公室也曾捐赠HSK教材,给予该校师生莫大的帮助,不仅丰富了该校汉语教学的内容,而且填补了学校欠缺HSK教材的空白,更重要的是中国人民的一片心意,给予这些海外游子莫大的精神支柱。

综观该校20世纪90年代之后的发展,不难看出该校所代表的蒙古国华文教育和华文教学在此阶段确实呈现出了欣欣向荣、蓬勃发展的态势。旅蒙华侨蒙中友谊学校即使在最困难的历史年代也没有停办过,反观该校不同时期的校名,我们可以清晰地看出时代历史的巨大变迁,可以说,该校的发展史也是蒙古国华文教育发展的一个缩影。

三、存在的问题与对策

(一)华侨学生与蒙古国学生一起培养

蒙古国大部分学习者都是从学前班就开始学习汉语,汉语的学习和蒙古语的学习同时进行。从学习效果上看,也比较令人满意。有很多班级把已经初步掌握母语的华侨学生和完全没有接触过汉语的蒙古国学生组织到一起培养。从一年级至十二年级毕业,这些学生都在同一个班级,接受同样的汉语教育。两种学习者的汉语水平最初可能无明显差异,但是随着年龄和认知能力的增长,到了高年级,华侨学生的汉语水平要明显高于蒙古国学生。虽然这是一种不合理的安排,但是从另一方面也说明了全日制中小学蒙古国学生学习汉语的独特特点和能力。因为如果两种学习者的水平过于悬殊的话,这种现象是不可能存在的。

当然，需要指出的是，这种教学上的安排没有考虑华文教育和对外汉语教学各自的培养目标、特点和规律，必然在教学上存在缺陷，会遇到问题。最突出的是，到了高年级阶段，普遍存在华侨学生"吃不饱"、蒙古国学生"吃不了"的现象，作为教师很难平衡这种需求。

（二）汉语学习环境缺乏

对于蒙古国学生而言，汉语是作为第二语言学习的，缺乏适当的使用语言的环境。所谓第二语言教学，其根本目的就是能够让学生运用汉语进行交谈。问题是，课堂教学虽有意对学生进行听、说、读、写等能力的训练，可是学校的教学毕竟会有很大的局限性。对第二语言学习者而言，只有在学校的汉语课堂中才会有机会运用汉语进行交谈，但除学校外，几乎没有机会运用汉语；而且所运用的语言与所在场合的谈话对象与交际目的等语境的实际使用情况必须相互适应，这就对汉语教学的提高造成了一定的难度。因此，我们需在学校的汉语教学中增加其学习课时，当然，这与学校的教学计划会有一些冲突，但使学生能够流利地使用汉语进行交谈才是汉语教学的主要目的。

随着近几年蒙古国"汉语热"的兴起，蒙古国各类中小学不仅在学校的汉语教学上表现出较高的热情，同时也开始积极地举办各类有关学习中国文化的活动及比赛。例如，由中国驻蒙古国大使馆、蒙中友协以及蒙古国电台联手举办的"谁了解中国"知识竞赛；由乌兰巴托市教育局、中蒙友好协会、蒙古国《今日报》、中国驻蒙古国大使馆等举办的"蒙古国中小学生汉语奥林匹克比赛"；由中国驻蒙古国大使馆与蒙古国汉语教师协会举办的"蒙古国汉语征文比赛"；由中国驻蒙古国大使馆与蒙古国留华学生联谊会举办的"东方旋律"中文歌曲演唱大赛；等等。这些都很好地给蒙古国的汉语学习者营造了可以在课后运用汉语的环境。

（三）蒙古国华侨学校的教材使用

从1957年到1990年，由于中蒙关系紧张，两国不能通邮，学校的教材只能通过中国驻蒙古国大使馆邮寄二三十本，所以特别珍贵。但学校有学生数千人，完全不能满足需求。为了解决教材问题，蒙古国华侨学校的师生们只能自编教材，然后自己刻蜡版，数学、几何、语文、自然等各年级教材都是用刻蜡版的方式印出来的。刻板刻好后，再用油印机印出来，装订成册，发给学生。

20世纪90年代以后，旅蒙华侨蒙中友谊学校所用的教材为《语文》和一本口语书（《说话》或《中文》），以语文为主，占总课时量的70%—80%。一直以来，该校选用的是人教版的《语文》教材和中国国务院侨办捐赠的对外汉语《中文》和《说话》教材。人教版语文教材的学习对象是中国学生，或者是不存在语言障碍的学习对象；而学校的教学对象94.3%为当地学生，5.7%为华侨子弟，所以在选用这套教材时，学校的教师在如何使用和驾驭教材上也存在很大的困难。

但是为了更好地、有针对性地进行汉语教学，汉语教师们通过多年的教学经验，该校将汉语教材换为《博雅》《标准中文》《中文》和《说话》作为全日制班的教材，而由于周末补习班的学生较多为当地华侨，因此将原来使用的《语文》和《中文》作为补习班的教材。

（四）华侨学生的高等教育和就业出路

2003年前，华侨学生的高等教育出路十分狭窄，由于以前的华校只提供小学至初中的课程，大部分的华侨学生在初中毕业之后就开始在蒙古国找工作了，根本没有资格和能力考蒙古国或中国的大学。因此，2006年前上大学的华侨数量极少，华侨子弟的教育水平普遍偏低。

令人振奋的是，2003年，旅蒙华侨蒙古友谊学校现任校长江仙梅女士赴中国暨南大学探讨录取华侨学生相关事宜，通过磋商，暨南大学认可了该校的高中学历，这比蒙古国政府承认该校高中学历提前了3年。江仙梅女士成了暨南大学的蒙古国招生总代理，她每年都按照暨南大学的华侨入学规定，为其输送几名优秀的华侨毕业生，这极大地解决了蒙古国华侨学生高等教育难的瓶颈问题。

2003年，蒙古国政府承认了旅蒙华侨蒙中友谊学校的初中学历；2006年，又承认了该校的高中学历。从此，华侨学生终于可以继续到蒙古国大学读书，或者考入中国的高校继续深造获得学士或硕士学位。

2006年之后，虽然华侨学生在华校毕业后得到高中毕业证，但是与蒙古国学生相比，华侨学生因华校课程设置，考入蒙古国大学的实属凤毛麟角。同时，华侨学生在中国接受高等教育的出路也仍然比较狭窄。原因之一是中国政府并没有实施相关的奖学金政策，为希望在中国上大学和考研究生的蒙古国华侨提供奖学金；而蒙古国学生在中国上大学的优惠政策和奖学金制度却相对完善得多，这就造成了华侨学生非常尴尬的高等教育问题，造成蒙古国华侨子弟回国无门的问题。

四、结语

据估计，目前居住在蒙古国土生土长的华侨华人共有 2000 人左右，其中绝大部分都是华侨。与人数众多、经济实力雄厚的东南亚华人社会或者是人才优势明显的北美华人社会相比，蒙古国华侨华人不仅少，而且相对来说势单力薄。蒙古国华侨华人人数骤降跟之前世界政治局势与中蒙关系有着十分密切的关系。随着中蒙关系的缓和以及双方经济合作的发展，蒙古国的华侨华人人数还会回升。

与世界各国特别是东南亚以及北美地区的华文教育明显不同的是，在 2004 年旅蒙华侨蒙中友谊学校纳入蒙古国民教育体系之前，该校尚保留着较为完整的华侨教育模式。类似于第二次世界大战爆发之前东南亚的华侨教育，民族教育与文化传承的色彩特别浓厚。发展到目前，由于蒙古国汉语热的兴起，越来越多的蒙古国当地人进入华校，为华侨华文教育注入了新的活力，华侨教育模式也随之瓦解，华文教育与汉语作为第二语言教育相融合的模式应运而生。

历史证明，华侨子弟要融入当地社会中，几乎是一股不可抗拒的历史潮流。而要在当地谋生、在当地发展，首先就必须学习并掌握当地语言。只有实现华侨教育的彻底转型，把华语从第一语言教学改为第二语言教学，对所有想学习华语的学生，无论是华裔还是非华裔，一律表示欢迎，同时制定科学严谨而又符合当地实际的教学大纲，把培养学生的华语交际能力放在首位，突出语言教育的实用性，这样对于想学习华语的华裔学生来说才会更有吸引力。除此之外，中国政府若能针对蒙古国华侨高等教育现状实行相关的中国政府奖学金制度，蒙古国的华文教育将会焕发出其真正的青春活力。

参考文献

白白格勒玛. 蒙古国旅蒙华侨蒙中友谊学校汉语教学调查及研究［D］. 广州：暨南大学，2011.

朝鲜中文教育现状、问题与对策[*]

一、朝鲜及其中文教育简况

朝鲜全称"朝鲜民主主义人民共和国",位于亚洲东部朝鲜半岛北半部。北部与中国为邻,东北与俄罗斯接壤。朝鲜国土面积约12.3万平方公里,人口约2500万,是单一民族,通用朝鲜语。朝鲜奉行"自主、和平、友好"的外交政策,目前朝鲜与160余个国家(含欧盟)建立了外交关系。朝鲜的主要贸易伙伴为中国、俄罗斯、韩国等[①]。

朝鲜半岛是最早接触和吸收汉字与汉文化的地区。早在公元前,汉字、汉文和儒家思想就已经传入了朝鲜半岛(张西平,2019)。在朝鲜王朝时期(1392—1910年),朝鲜半岛的中文教育达到全盛。国家开设专门的汉语教育机构,以正统汉文经典为主要内容进行汉语教育,形成了比较完整的汉语教育体系(张西平,2019)。20世纪初到1945年,朝鲜半岛被日本殖民统治,中文教育发展受到限制。1948年以后,朝鲜为了鼓励广泛使用朝鲜语,慢慢废止使用汉字书写公文和其他正式文件,仅在中学阶段保留短期汉字教学。21世纪以来,随着中朝经贸合作的快速发展,朝鲜各领域对中文人才的需求不断增加,中文成为朝鲜最受欢迎的外语之一。朝鲜中文教育历史悠久,其中文教育发展的现状和问题值得关注和研究。但从目前朝鲜中文教育的研究现状来看,相关研究成果非常稀缺,未见有关朝鲜中文教育发展状况的系统性研究。因此,本文通过对朝鲜中文教育情况的实地考察,梳理朝鲜中文教育发展现状,分析其发展过程中存在的问题,并提出对策建议。

---

* 作者:吴晓文,大连外国语大学;韩晟逵,金日成综合大学。本文刊于《世界华文教育》2023年第2期。

① 参见:中华人民共和国外交部[OL]. https://www.fmprc.gov.cn/web/gjhdq_676201/gj_676203/yz_676205/1206_676404/1206x0_676406/.

二、朝鲜中文教育发展的影响因素

（一）中朝友好合作伙伴关系助力中文教育发展

中朝两国人民友谊源远流长，自1949年中朝两国建交以来，两国领导人多次互访，一直保持着友好合作关系。近年来，双方积极推动两国关系全面发展，在政治、经济、文化、教育等领域开展广泛的合作与交流。2019年习近平总书记访问朝鲜期间表示"中朝关系已经进入新的历史时期"，这预示着中朝关系新的变化和新的提升（李成日，2019）。中朝友好合作伙伴关系对朝鲜经济发展和东北亚经济一体化产生重要影响，为朝鲜开展中文教育创造良好的社会环境，为民众学习中文提供了充足的动力。

（二）中朝教育交流夯实中文教育基础

2009年中朝两国签署了《中华人民共和国教育部与朝鲜民主主义人民共和国教育省2010—2020年教育交流与合作协议》，2019年签署了《中华人民共和国教育部与朝鲜民主主义人民共和国教育委员会2020—2030年教育交流与合作协议》。根据协议，中朝实现教育代表团互访、交换留学生、高等教育合作、中文教师派遣等多项教育交流合作。双方互派各种类型的教育代表团（组）450余个，2000年以来，校际交流的各种代表团互访达80余个[①]。中国16所高校与朝鲜8所高校签订协议并建立了校际交流关系，朝鲜每年向中国派遣的各类学生包括本科生、硕士生、博士生和进修生共400人左右，专业涵盖理工农医等领域。中朝两国的教育交流活动增加了本土中文教师交流培训的机会，中方派遣中文教师赴朝鲜任教，为中文学习者提供来华留学等服务，扩大了中文教育的发展空间。

（三）朝鲜外语教育政策支持开展中文教育

朝鲜从1958年开始实施外语教育，当时俄语是朝鲜的第一外语。1964年开始，朝鲜初中阶段开始实施俄语和英语教育。1972年，朝鲜11年制义务教育（学

---

① 参见：中华人民共和国驻朝鲜民主主义人民共和国大使馆［OL］. http://kp.china-embassy.org/chn/zcgx/jyjl1/jyjljk/.

前班 1 年，小学 4 年，中学 6 年）实行双轨制，包含普通义务教育和英才教育。外语教育属于英才教育，双轨制的目的是集中优势教育资源培养国家急需人才。20 世纪 90 年代初期，英语取代俄语成为朝鲜第一外语。2013 年朝鲜颁布《第一次全局性 12 年制义务教育纲领》，义务教育由 11 年增至 12 年。根据朝鲜《第一次全局性 12 年制义务教育纲领》，小学 5 年级开始开设英语课程，英语是国民基础教育体系的第一外语。基础教育阶段除了英语课程，一些外国语学院（相当于高中）还开设了其他外语课程。如平壤外国语大学附属外国语学院开设中文、日语、德语、法语、西班牙语和阿拉伯语课程，其他外语学院开设了中文或俄语课程。高等教育阶段，朝鲜教育委员会倡导选择中文或者俄语当第二外语。此外，朝鲜还开设一所汉语中心及两所中文培训机构，以满足民众的中文学习需求。

三、朝鲜中文教育的发展现状

（一）基础教育阶段的中文教育

朝鲜基础教育阶段开设中文课程的学校包括首都的平壤外国语大学附属外国语学院、平壤市外国语学院和其他直辖市所在地的外语学院。

1. 平壤外国语大学附属外国语学院

平壤外国语大学附属外国语学院于 1958 年建校，该校从全国招考初中毕业生，除了常规科目，重点进行英语、中文、俄语、日语等多种外语教育，毕业生绝大部分升入平壤外国语大学。该校学生学习两门外语，英语专业的学生可以选择其他语言作为第二外语，大多数学生选择中文为第二外语，中文专业的学生通常选英语作为第二外语。朝鲜各外国语学院中，平壤外国语大学附属外国语学院的中文教育规模最大。截至 2021 年，该校高中三个年级，中文教师 5 人，在校中文系学生约 100 人[①]。该校中文课程包括中文讲读课、听力课、口语课、写作课等，每节课 45 分钟，每天有两节到三节中文课，一年共有 300—400 课时。该校使用的中文教材包括自编教材《中国语》、北京语言大学出版社出版的《汉语口语速成》《初级汉

---

① 本文有关各学校的中文学习者人数、教师人数、课时、使用的中文教材等信息由笔者访谈的朝鲜各学校教师提供。

语听力》《中级汉语听力》《高级汉语听力》、北京大学出版社出版的《初级汉语口语》《中级汉语口语》《高级汉语口语》等。

平壤外国语大学附属外国语学院的中文教育具有以下特点：一是为学生创造良好的语言学习环境。学校规定学生进入学校不许说母语，必须说所学的外语，因此校园内中文学习氛围浓厚，学生的口语能力得以快速提升。二是考试测评体系较为完善。该校通过周测和月考全方位督促学生学习和评价学生中文学习效果，并定期举办口语大赛，激发学生的学习动力。三是拥有高水平的师资队伍。该校的中文教师大多毕业于平壤外国语大学，多数获得硕士学位，这些教师具有较强的中文教学能力，指导的学生多次在"汉语桥"中文比赛中获奖。

2. 平壤市外国语学院

平壤市外国语学院是为培养外语教师而建立的中学，建校之初仅开设英文系，2000 年之后增设中文系。截至 2022 年 2 月，平壤市外国语学院有中文教师 3 人，在校中文系学生 50 多人。该校开设的中文课程主要有讲读课、听力课和口语课等，每节课 45 分钟，一周有三节到五节中文课，一年共有 100—150 课时。该校使用的中文教材包括自编教材《中国语》、北京语言大学出版社出版的《初级汉语听力》《中级汉语听力》《高级汉语听力》、北京大学出版社出版的《初级汉语口语》《中级汉语口语》《高级汉语口语》等。

平壤市外国语学院中文系由于建系的时间短，教学实力与平壤外国语大学附属外国语学院相比还存在一定的差距。一是朝鲜有志于学习外语的优秀中学生将平壤外国语大学附属外国语学院作为升学第一志愿，其他外语学院的生源质量相对较差。二是该校设置的中文课程种类较少，课时不到平壤外国语大学附属外国语学院的一半。三是该校的中文教师通常来自普通师范院校的本科毕业生，师资力量相对较弱。因此，该校的中文教学质量及人才培养质量不及平壤外国语大学附属外国语学院，毕业生一般升入普通大学或职业院校。

3. 其他直辖市的外国语学院

朝鲜直辖市的部分外国语学院开设有中文课程。比较知名的外国语学院有新义州市外国语学院、清津市外国语学院、南浦市外国语学院、罗先市外国语学院、咸兴市外国语学院、江界市外国语学院、海州市外国语学院、沙里院市外国语学院、惠山市外国语学院、远山市外国语学院。这些外国语学院每所学校只有 1 名中文教师，二三十名学生学习中文。中文课程类型主要是综合课，大多没有具体细分课型。每周有一节到两节中文课，每节课45分钟，一年约80课时。这些外国语学院使用的主要是自编教材《中国语》。

直辖市的外国语学院中文教学水平因地区而不同。在与中国距离较近的新义州市和惠山市，中文教育比英语教育更受欢迎。新义州市外国语学院和惠山市外国语学院的学生中文学习动机较强，因而这两所学院的中文教育较为发达。其他外国语学院更重视英语教育，学生更重视英语学习，以后升学目标并不局限于外国语大学，相较英语学科，中文教育的发展相对缓慢。

（二）高等教育阶段的中文教育

朝鲜高等教育阶段的中文教育主要集中在平壤外国语大学、金日成综合大学、平壤观光大学和平壤科技大学。

1.平壤外国语大学

平壤外国语大学于1949年建校，是朝鲜综合性外语教育的最高学府，教学实力雄厚，现有包括中文系在内的6个语言大系，教授22个语种，本科和硕士、博士研究生共3600多人。[①]该校中文系于1952年设立，中文系是平壤外国语大学的三大系之一。截至2021年年底，平壤外国语大学中文系有中文教师9人，学生350多人。中文系开设的中文课程包括中文基础讲读、中文经济讲读、中文新闻讲读、中国文化讲读、口译、汉语语言学、翻译学、中文口语、中文听力等。中文系的中文课程周学时达到20—24课时。

平壤外国语大学中文系以外的其他专业学生一般可选修一门第二外语。一方面，由于朝鲜保留汉字教育，相比其他语言，中文对于朝鲜学生来说更易习得；另一方面，中朝两国往来密切，学习中文能使学生掌握一门实用的外语，增加更多的发展机会。因此，中文成为该校学生首选的第二外语。中文作为第二外语选修课的课型以综合课为主，课程设置的目标是提升学生的中国语言文化素养和中文交际技能。

---

① 参见：中华人民共和国驻朝鲜民主主义人民共和国大使馆［OL］. http://kp.china-embassy.org/chn/zxxx/t1715661.htm.

平壤外国语大学的中文教育以培养中文高端人才为特色。目前中文专业已经形成本、硕、博一体化培养体系，为朝鲜国家机关培养了大批优秀的外交人才。该校毕业生除了进入国家机构工作，还有一部分学生选择经商或继续深造，他们活跃在朝鲜经济、教育和外交等领域。

2. 金日成综合大学

金日成综合大学于1946年建校，是朝鲜最知名的高等学府。现有36个系、14个研究所、500多个教研室和研究室，本科在校生逾2万人。[①]1958年金日成综合大学开设了中文系，截至2021年年底，金日成综合大学中文系有中文教师7人，学生200多人。中文系开设的中文课程有中文基础讲读、中国文化讲读、中国文学史、中文口译、汉语语言学、中文翻译学、中文口语、中文听力等。此外，金日成综合大学其他专业的学生可选修一门外语，中文是一门选修人数较多的外语选修课。中文选修课的教学重点是口语教学，目的是提高学生的口语交际能力。中文选修课课型包括综合课、口语课和听力课，每节课90分钟，每周有一节到两节中文课，一年共有100—150课时，学习中文时间为一学年到两学年。

作为一所综合性大学，该校的中文教学呈现出中文专业教育和中文作为第二外语教育并重的特点。中文专业重视中文高级人才的培养，中文系的毕业生主要从事外交或外贸工作，成为推动中朝两国友谊的友好使者。中文作为第二外语教育，注重学生的第二外语能力和人文素养的培养，这类学生毕业后活跃在与中国关系紧密的各行各业。

3. 平壤观光大学

平壤观光大学系朝鲜观光总局下属唯一一所专门培养旅游专业人才的大学，其前身为成立于1987年的平壤导游翻译学校，2002年更名为平壤观光学校，2014年4月正式升格为平壤观光大学。[②]该大学主要培养有关旅游的工作者和专家，反映了朝鲜发展旅游业的需求。该校现下设管理学系、经营学系、导游学系和研究生院四个院系。该校的中文课程包括综合课、中文口语、中文听力等，每节课90分钟，每天有一节到两节中文课，一年共有300—400课时，学习中文时间为一学年到四

---

① 新华网［OL］. http://www.xinhuanet.com/mrdx/2019-03/22/c_137914676.htm.
② 参见：中华人民共和国驻朝鲜民主主义人民共和国大使馆［OL］. https://www.fmprc.gov.cn/ce/cekp/chn/dshd/dshd/t1663489.htm.

学年不等。

平壤观光大学的中文教育以"旅游+中文"为教学特色。朝鲜70%的游客来自中国，为配合国家旅游业的发展，中文成为该校旅游相关专业学生的主要外语。该校1000多名在校生中，有一半以上的学生学习中文。部分学生毕业后分配到朝鲜国家旅游部门工作，其他学生大多从事旅游相关的工作。

4.平壤科技大学

平壤科技大学是朝鲜第一所也是目前唯一一所国际化大学。该校用英语授课，中文是该校的第二外语。本科设有六个专业，每个年级有115名学生。本科生们在三年级时开始学习中文，为期4个学期。中文课的周课时为每周两次，每次90分钟，全年共140个课时。博士院（相当于中国的研究生院）的中文课每周上3次，每次90分钟，全年共98个课时。该校春季和秋季学期以中文综合课为主，使用北京语言大学出版的教材《发展汉语》系列教材和《汉语口语速成》等教材。夏季学期开设HSK汉语水平考试相关课程，教材为HSK考试相关教辅材料。

2019年，朝鲜在平壤科技大学设立第一个汉语水平考试考点。朝鲜是全球第137个设立汉语考试考点/中心的国家，平壤科技大学汉语考试中心是全球第1141个考点，该中心可组织实施汉语水平考试（HSK）、汉语水平口语考试（HSKK）、中小学生汉语考试（YCT）和商务汉语考试（BCT）4种汉语考试。[①]汉语水平考试考点的开设极大地促进了朝鲜各类中文学习者积极参与中文考试，提升了朝鲜学生的中文水平。以平壤科技大学为例，本科生的HSK5级通过率达20%以上，硕士研究生HSK5级通过率达90%以上，硕士研究生HSK6级通过率达20%以上。[②]

（三）汉语中心及其他中文教学机构的中文教育

2019年9月，平壤外国语大学与中国的辽东学院和对外经济贸易大学共同建立朝鲜首家汉语中心（即孔子学院），这是第一家由中朝合作设立的中文教学机构，在朝鲜的中文教育史和两国语言交流合作史上具有重要意义。汉语中心的主要职责包括平壤外国语大学及其附属外国语学院讲授中国文化课程，为朝鲜本土中文

---

① 参见：中华人民共和国驻朝鲜民主主义人民共和国大使馆［OL］. http://kp.china-embassy.org/chn/zxxx/t1662260.htm.

② 信息来源：https://www.sohu.com/a/315902708_184655.

教师开展学术交流活动，开展HSK模拟考试和预备考试等，充分发挥了孔子学院的平台作用。

此外，朝鲜有两所有名的中文培训机构——人民大学习堂外国语培训所和平壤外国语大学外国语培训所（见表1）。人民大学习堂外国语培训所汉语班的学生达到300人左右，平壤外国语大学外国语培训所汉语班的学生达到150人左右。两所中文培训机构按上课时间分为一年班和两年班。一年班主要面向到中国留学的学生，以达到短期速成的目标。两年班面向有长期学习中文计划的学生，两年班的毕业生能够获得参加朝鲜汉语考试的机会，考试通过后，颁发中文翻译资格证。由于培训所的中文课时和师资力量有限，无法分口语、听力、阅读等班型授课，仅设置中文综合课，以达到快速提升中文语言能力的目标。

表1 朝鲜两所中文培训机构中文教育情况[①]

名称	规模	课程/教材	课时
人民大学习堂外国语培训所汉语班	中文教师5人，学生300人左右	中国语综合课/《初级汉语》《中级汉语》《高级汉语》《发展汉语》《博雅汉语》	每节课45分钟，每天两节课，全年共有300—400课时
平壤外国语大学外国语培训所汉语班	中文教师4人，学生150人左右	中国语综合课/《初级汉语》《中级汉语》《高级汉语》《HSK标准教程》	每节课45分钟，每天两节课，全年共有300—400课时

四、朝鲜中文教育发展过程中的主要问题

（一）中文尚未广泛纳入朝鲜国民教育体系

中文纳入海外国民教育体系是中文国际化的关键步骤（李宝贵、吴晓文，2022），是中文教育本土化发展的必经阶段。中文已成为朝鲜的第二大外语，高等教育阶段的中文教育取得显著成效，但是基础教育阶段只有外国语学院开设中文课，中文并未广泛进入基础教育体系。朝鲜各外国语学院的学生进入大学后，大多继续学习中文，大学毕业后成为各界的外语精英。"汉语桥"比赛获奖的朝鲜学生，

---

① 相关信息由笔者实地调查和访谈获取。

无不是从小就接触中文并一直保持中文学习的连续性。可见，基础教育阶段的中文教育至关重要。为进一步推进中文广泛纳入朝鲜基础教育体系，需要两国共同商讨，做好长远规划。

（二）中文师资力量不均衡

朝鲜中文师资主要以本土中文教师构成，中文师资力量不均衡体现在高等教育阶段和基础教育阶段的不均衡和不同学校之间的不均衡。朝鲜高校的中文师资力量较强，中文教师一般毕业于平壤外国语大学博士院（相当于中国的研究生）和金日成综合大学外文系博士院，具有硕士或博士学位。而外国语学院的中文师资力量相对薄弱，除了平壤外国语大学附属外国语学院以外，其他外国语学院的中文教师一般毕业于师范大学外语系，大多数只有本科学历。基础教育阶段各校中文师资力量不均衡，导致中文教育发展水平在校际之间出现很大差距，形成平壤外国语大学附属外国语学院一家独大的局面。过去中方每年派遣中文教师到朝鲜任教，为朝鲜本土中文教师提供培训服务。但在新冠疫情防控期间，中国的中文教师无法派出，同时朝鲜本土中文教师的来华培训项目暂停。由于朝鲜网络不发达，很难开展线上中文教师培训，中文师资力量不均衡问题越发凸显。

（三）中文课程设置亟须优化调整

朝鲜大学传统的中文课程为学科基础课程和中文专业课程，重视中文听、说、读、写、译能力的提高。目前中文专业的课程设置仍以中文语言文学为主，主干课程包括中文讲读、汉语语言学、中文翻译、中国文化、中文口语、中文听力等。随着中朝贸易合作的发展，社会对中文人才的语言需求主要表现为良好的语言素养、国际贸易知识和跨文化交际能力。虽然大学的中文课程中增加了中文经济讲读课，但是仍然缺少实用的商务中文课程，商务中文人才的培养远远不能满足社会的需求。

（四）中文教学资源未能充分利用

中文教学资源既包括纸质中文教材，也包括数字化中文教学资源。优质的中文教学资源有助于提升中文教育质量。朝鲜的中文教学资源大多是纸质本土教辅材料，朝鲜外国语中学和高校使用的自编中文教材主要以掌握日常生活中使用的基础汉语或专门汉语为目标。随着科学技术的发展，现有纸质教辅材料无法满足中文学习的多元需求。2011年，中国曾向朝鲜10所大学和20所中学赠送5000余册教材，但是日益更新的数字化中文教学资源仍然较少利用。

五、朝鲜中文教育发展的对策建议

（一）加强政策沟通，夯实中文教育合作基础

中文传播的历史经验表明，对象国的政策支持是中文教育与传播发展的保障。中文纳入国民教育体系是对象国根据本国的中文需求而做出的外语教育规划，各有特色，但目标一致，都是为丰富民众语言生活，提升个人和国家语言能力。因此，中朝两国应加强政策沟通，配合和支持朝鲜中文教育项目的开展。第一个层面是外语教育发展规划的对接，寻求中文教育的双赢合作，分步实现中文教育合作的目标。第二个层面是机制对接，保证各部门有效衔接。第三个层面是中文教育项目对接，增加朝鲜中文学习者留学中国的机会，通过派遣中文教师、中文教育资源援助等方式解决项目实施过程中的具体困难。

（二）提供精准服务，缩小本土中文师资差距

中国向世界传播中文，是中国在为人类命运共同体贡献一个公共产品；外国朋友学习中文，是要掌握未来世界的一个重要公共产品（李宇明，2020）。中文教师是这一公共产品的传授者，中文师资培养关系到中文教育发展的可持续性。因此，首先，应加强顶层设计和规划，按需向对象国提供教育服务。国际汉语师资需求具有动态发展性和国别差异性（吴应辉，2016），针对朝鲜本土中文教师教学特点，组织有针对性的来华培训，在培训中互相交流，提升本土中文教师的教学水平。其次，根据朝鲜社会经济发展需要，提供"中文+旅游""中文+贸易"等复合型本土中文教师的培训方案，为朝鲜复合型中文教师的培养提供"中国经验"和"中国方案"。第三，在中朝解除入境限制之后，加派中文教师到朝鲜院校指导，辅助其开展中文教学和师资培训。

（三）优化中文课程设置，实现与中文人才需求相衔接

中朝经济文化交流迫切需要复合型、应用型的中文人才。朝鲜中文人才的培养目标应与时俱进，即培养具备中文语言技能、国际商务知识，具备较强的跨文化交际能力，能在中朝经济文化交流中充分应用中文语言技能和行业专业知识的复合型人才。在中文专业的课程设置方面，相关部门可协助朝鲜高校优化中文专业培养方案，合理配置中文专业基础课、技能课和公共选修课，适当增加商务中文知识相关课程比例。可根据现实需求开设"中文+商务""中文+贸易"等课程，形成以中文语言技能为主、语言素养为辅、与就业相关的实用课程为支撑的课程体系。

（四）发挥汉语中心平台作用，突破中文教学资源困境

平壤外国语大学汉语中心的建立具有非凡的意义。世界各国的孔子学院正发挥中文教育交流的平台作用，成为中文教育发展的重要支撑。首先，应充分发挥平壤外国语大学汉语中心的优势平台作用，引领其他外语院校开展中文教学。其次，汉语中心开展多项中文教育交流活动，增进朝鲜民众对中国的了解，树立良好的中国形象。第三，汉语中心应丰富中文教学资源，将中国最新研发的中文教育资源推介到当地，提升朝鲜中文教育质量。

六、结语

中国与朝鲜的友好关系源远流长。2021年7月11日，《中朝友好合作互助条约》签订60周年之际，习近平主席同朝鲜最高领导人金正恩互致贺电，共同表示把握好中朝关系前进方向，引领两国友好合作不断迈上新台阶（新华社，2021）。中文教育能够促进两国人民互相理解、交流，培养更多的知华、友华人才，搭建中朝两国民间友好往来的桥梁。面向未来，我们应坚持相互尊重、加深双方文明差异的认知，提供精准的中文教育服务，为朝鲜中文教育的发展创造条件，夯实中朝命运共同体的人文基础。

参考文献

［1］李宝贵，吴晓文. 东南亚各国中文教育政策对中文纳入国民教育体系的影响［J］. 天津师范大学学报（社会科学版），2022（1）.

［2］李成日. 新时代的中朝关系：变化、动因及影响［J］. 现代国际关系，2019（2）.

［3］李宇明. 中文怎样才能成为世界通用第二语言［N］. 光明日报，2020-01-04（10）.

［4］吴应辉. 国际汉语师资需求的动态发展与国别差异［J］. 教育研究，2016（11）.

［5］新华社. 习近平同朝鲜最高领导人金正恩就《中朝友好合作互助条约》签订60周年互致贺电［N］. 中国新闻报，2021-07-12.

［6］张西平. 世界汉语教育史［M］. 北京：商务印书馆，2019.

东盟六国本土华文教师职业幸福感实证分析*

随着"一带一路"的实施和中国在世界影响力的提升,作为"21世纪海上丝绸之路"的重要节点国家,东盟国家的华文教育进入了蓬勃发展的新时期。作为全世界华侨华人最集中的地区,东盟国家在文化根源上深受中国文化的影响,习俗相通(洪柳,2018)。因此,东盟国家的华文教育历史悠久且具有特色。目前已有六个东盟国家将华文教育纳入国民教育体系(赖林冬,2017)。比如泰国是第一个将华文教学列入国民教育体系的国家;随后印度尼西亚也在2001年将华文纳入国民教育体系中;新加坡和马来西亚都拥有从小学到大学完整的华文教育体系;菲律宾在2011年把华文纳入其"特别语言项目"。"一带一路"建设推动了东盟国家人民学习汉语的热情,引发汉语热的浪潮,同时也产生了一些问题。如华文教师社会地位低、薪资待遇不高等,这些都易造成东盟华文教师的职业心理状态不稳定,亟须对该地区的本土华文教师的职业幸福感进行调研。在东盟十国中,泰国、新加坡、马来西亚、菲律宾、印度尼西亚和缅甸作为华文教育发展较好的国家,对这六个国家的本土华文教师的职业幸福感进行调查分析有利于深入了解东盟地区本土华文教师的职业心理状态,具有重要的现实意义。

一、研究现状

关于职业幸福感的研究,最早可见于Scott(1998)的研究,他探讨了通过入职培训来减轻新手教师的焦虑与压力,以此提高教师职业幸福感的机制与途径,拉开了教师职业幸福感研究的序幕。20世纪以来,各国政府开始关注教师的职业幸福感,纷纷结合本国实际情况出台相应的措施来保障教师的工作和生活品质。国内外学者对教师职业幸福感的研究也取得了显著成果,当前研究主要集中于职业幸福

---

* 作者:李欣,华侨大学;杨雪萍,华侨大学。本文刊于《世界华文教育》2023年第3期。

感的内涵研究、影响因素以及策略建议等方面。

作为一种主观感受，职业幸福感表现为个人通过自身努力在工作中实现自我价值，从而产生的满足感和愉悦感。不同学者对于职业幸福感内涵的界定有着不同的看法。Wright 和 Cropanzano（2004）认为职业幸福感是个体工作者的主观幸福感，是员工对于所有与工作有关的事务的认知和情感的积极及消极的体验。Horn 等（2004）提出职业幸福感是个体对工作各方面的积极评估，表现在情感、动机等方面。有学者认为教师职业幸福感具有满足性、愉悦性等特征，比如刘慧英等（2017）认为职业幸福感是指个体从工作中获得的满足感、安全感、愉悦感和价值感等综合的情感体验。还有学者认为教师职业幸福感来自自身价值得到实现或自身潜能得到发挥，如苏会佳（2017）提出"教师职业幸福感是指教师在从事教育教学工作时感受到这个职业可以满足自己的需要，能够实现自身价值，并且能够产生愉悦感"。

学者从不同角度对教师职业幸福感的影响因素进行了研究，认为可以大致分为外部因素和内部因素。其中，影响教师职业幸福感的外部因素可分为职业因素和社会因素两个方面。职业因素主要包括职称、人际关系、工作环境等（刘强、傅其娅，2022）；社会因素指的是教师的社会地位、家长对教师工作的评价等（郑孝玲，2011）。同样地，影响教师职业幸福感的内部因素可以分为态度因素、能力因素和生理因素三个方面。态度因素更多倾向于教师的心理状况与信念感（刘强、傅其娅，2022）和职业认同等（王姣艳、万谊、王颖，2020）；能力因素指教师的教育教学能力；生理因素则指教师的身体健康状况（夏斌，2020）。但教师的职业幸福感不只受单方面的影响，还受到多因素的相互影响。如 Juan（2013）的研究中发现，教师职业幸福感受价值观、动力、能力素养、满意度和情感的交互影响。

职业幸福感的提升策略引起了学者很大的关注，学者主要从社会、学校以及教师自身这三个方面来进行研究。如赵岚、伊秀云（2022）提出要倾听教师诉求，丰富政策内涵；加强学校的人文关怀以及增强社会理解与支持。而李广、盖阔（2022）提出从教师专业素养的提升和专业尊严的塑造来提高教师的职业幸福感。也有学者从改善人际关系这一方面来提出策略，如 Lysaker（2004）提出良好的师生关系有益于教师职业幸福感；柳海民、郑星媛（2021）则提出通过提升教师人际和谐感和道德感来增加职业幸福感。

经过文献查阅发现，现有关于教师职业幸福度的研究大多将关注点放在高校教师、乡村教师和小学教师这些群体，本土华文教师职业幸福感的研究较为薄弱。如蔡秀琴、田友谊（2018）就对马来西亚华文独立中学华文教师进行研究，发现独中华文教师的职业幸福感水平较高，容易实现自己的人生价值。除了国别研究较为单一，国家间的横向比较也较为缺乏，本文将在多国别及跨国别方面进行尝试。

二、调查设计及数据说明

（一）调查设计

根据相关文献并结合东盟本土华文教师的自身特点，研究人员在参考Ryff（1995）编制的心理幸福感量表的基础上设计了东盟六国本土华文教师职业幸福感问卷。设计的问卷包括教师基本信息、职业幸福感量表与影响因素三部分。除了东盟六国本土华文教师基本信息以外，其余题项均采用李克特五级量表式，用数字1—5来表示受试者对题项所述内容的满意程度，分值越高，代表受试者对题项内容的满意程度越高。其中，职业幸福感量表部分以ERG理论为基础对职业幸福感进行划分，该理论由美国学者奥德弗对马斯洛的需求层次论加以修改而形成，主要分为生存需要、相互关系需要和成长需要。基于此，本研究将华文教师的职业幸福感题项分为三个维度进行设计，分别是物质幸福感、社会幸福感和精神幸福感。而影响因素部分则从身体健康、地区认同、工作负面情绪等方面来进行设计。根据正式发放问卷的试测结果，最终确定了30个题项。

问卷调查采用简单随机抽样，通过电子问卷进行发放；问卷使用问卷星、谷歌表单、电子邮件等平台，主要针对东盟六国本土华文教师；调查从2022年6月至2023年2月进行问卷的发放和收集。在泰国华文教师公会、菲律宾华文教育中心和新加坡华文教研中心等东盟国家华教机构、多个华文教师团队及个人的帮助下，共计回收有效问卷2065份，按照问卷中六个国家的样本量依次为马来西亚515份、泰国502份、菲律宾376份、新加坡341份、印度尼西亚176份、缅甸155份。问卷的信度为0.923，效度为0.945，信度和效度较高，所测量的结果可以较好地反映东盟六国本土华文教师的真实状态。

（二）研究对象：基本调查样本的东盟六国本土华文教师群体特征分析

根据回收的问卷对调查对象的基本信息进行了数据统计，发现调查对象存在如下特征，如表 1 所示。

表 1　东盟六国本土华文教师样本特征表

基本信息		样本数	百分比	基本信息		样本数	百分比
性别	男	528	25.6%	家庭背景	华裔	1574	76.2%
	女	1537	74.4%		非华裔	491	23.8%
年龄	30 岁及以下	682	33.1%	专业	汉语国际教育	454	22.0%
	31—45 岁	992	48.1%		文史类	613	29.7%
	46—55 岁	254	12.3%		理工类	190	9.2%
	56 岁及以上	134	6.5%		其他	808	39.1%
学历	博士	58	2.8%	教龄	0—5 年	554	27.1%
	硕士	456	22.1%		6—10 年	578	28.2%
	本科	1146	55.5%		11—15 年	416	20.3%
	大专	296	14.3%		16—20 年	191	9.3%
	大专以下	109	5.3%		21 年及以上	309	15.1%
任教机构	中小学	1418	56.4%	任教对象	学前儿童	543	16.7%
	个人创办补习班	157	6.2%		小学生	1060	32.6%
	周末制学校及机构	315	12.5%		初中生	800	24.6%
	大学	99	3.9%		高中生	497	15.3%
	孔子学院及课堂	101	4.0%		大学生	184	5.7%
	其他	428	17.0%		社会人士	172	5.2%

首先，东盟六国本土华文教师以华裔居多，性别结构失衡，学历呈现"中间大，两头小"的特征。东盟六国本土华文教师女性居多，占七成左右，男女教师比例约为 3∶7，性别结构不合理也是如今海外华文教师的常态。华裔身份的本土华文教师占七成左右，非华裔身份的本土华文教师占三成左右。东盟六国的师资学历主要以本科学历和研究生学历为主，相较于早期的本土华文教师，当前的本土华文教师学历水平已有大幅提升。这是因为东盟六国都在为提高本土华文教师的学历采取相应的措施。以菲律宾为例，菲律宾华教中心于 2004 年启动"造血计划"，所培

养的本土华文教师学历均为本科,在 2013 年就与中国华文教育基金会、中国华侨大学联合举办硕士研究生班,很大程度上推动了本土华文教师学历水平的提高(赖林冬、江连鑫,2023)。

其次,东盟六国本土华文教师年龄呈现年轻化,师资结构较合理。年龄 30 岁及以下教师的人数占 33.1%,31—45 岁的教师占 48.1%,46—55 岁的教师占 12.3%,56 岁及以上的教师占 6.5%。可见中青年教师成为东盟六国华文教育的重要力量,但 31—45 岁和 46—55 岁这两个年龄段所占比例落差大,存在断层现象。近些年来,东盟六国都通过各种途径培养年轻的本土华文教师来补充师资,使得当前师资队伍朝年轻化发展。由于部分国家师资短缺,六七十岁的教师仍需在工作岗位上兢兢业业。按照连榕(2008)的教师发展阶段的划分理论,教龄在 5 年以下的新手教师和教龄在 16 年以上的能手教师各占两成左右,教龄在 6—15 年以上的熟手教师占近五成。可见教龄分布整体呈现椭圆形,说明东盟六国华文教育师资结构虽未达到理想状态,但相对较为合理。

最后,东盟六国本土华文教师专业背景多元化,主要任职于中小学。东盟六国的华文教育广义上主要由各国政府教育体系的官办华文教育机构、华文团体主办的华校和孔子学院三部分组成(曹云华,2020),这与我们的调查结果大致上一致。东盟六国本土华文教师主要任职于中小学,其中私立小学占 33.8%,这也说明中小学成为华文教育的主要教学场所。再加上部分国家的汉语补习学校不断涌现,也吸引了一部分教师前来任职。在问卷中将任教对象设置为多选题,调查结果显示:东盟六国本土华文教师的任教对象以中小学生为主,其中小学生占 32.6%,中学生占 39.9%;从专业背景上看,大部分教师的专业背景主要是文史类(占比 29.7%)和其他(占比 39.1%);此外本专业毕业的本土华文教师占比 22%,理工科专业背景的为 9.2%。这些数据表明,东盟六国本土华文教师背景多元化,以非科班为主。而如何发挥不同教师在华文教育的学科优势来获得成就感、拥有幸福感是值得关注的问题。

三、东盟六国本土华文教师职业幸福感现状

(一)东盟六国本土华文教师职业幸福感总体描述

本研究采用因子分析的主成分分析法,经过方差最大正交旋转后,共得到三个

因子,解释总方差64.07%,特征值均超过1。说明得到的这三个因子解释程度较高。在ERG理论和文献查阅的基础上,这里将其分别命名为物质幸福感、社会幸福感和精神幸福感。其中,物质幸福感主要是教师对学校工作环境、学校管理以及薪资待遇等的感受;社会幸福感对应的是教师在人际关系中所产生的情感体验,比如与领导、家人、同事等的关系;精神幸福感对应的是教师在工作中获得的成就感、自我价值的实现以及个人能力的提升。

进一步描述性分析发现,东盟六国本土华文教师的职业幸福感处于中等偏上,高于中间值3,均值为3.69。这三个方面的幸福感从高到低依次为社会幸福感(3.78)、精神幸福感(3.73)和物质幸福感(3.56)。

在物质幸福感方面(见表2),东盟六国本土华文教师在薪资待遇上的幸福感最低,均值为3.43,而且只有13.7%的教师对目前的薪资待遇十分满意。从已有的文献数据来看,东盟国家的华文教师工资和福利待遇不高。马来西亚、菲律宾的本土华文教师月工资在2000元左右,其余四国的本土华文教师收入也不高(周玉,2017)。因此,对于大多数教师来说难以维持正常生活。其次,在学校条件上,东盟六国本土华文教师对于"学校奖惩公正"这一选项的均值为3.51,说明东盟六国本土华文教师对于学校的一些管理感到不满意。以菲律宾为例,由于华校的经费紧张难以高薪聘请懂管理、有经验的教育管理者,管理者的管理理念不符合现状(赖林冬、江连鑫,2023),使得教师对于学校的一些管理不满意。

表2 东盟六国本土华文教师物质幸福感描述性分析

子层面	题项	均值	标准差
学校条件	学校设施条件良好	3.65	.868
	学校重视华文教学	3.89	.843
	学校提供教学资源	3.63	.928
	学校公平对待所有教师	3.80	.932
	学校奖惩公正	3.51	.939
薪资待遇	满意当前薪酬待遇	3.46	.958
	收入符合预期	3.40	.926

在精神幸福感方面(见表3),东盟六国本土华文教师在价值实现的均值

为 3.63。虽然大部分本土华文教师在工作上感到很有成就感，但对晋升机会并不是很满意。在东盟六国中，除马来西亚外，其他国家一般将汉语作为学校开设的一个科目，更多的是作为国民教育体系的外语教学（郑通涛、蒋有经、陈荣岚，2014），导致教师职业发展路径不完善，自我价值实现所带来的幸福感较低。在专业发展方面，东盟六国的本土华文教师对自身拥有的进修机会并不是十分满意，均值为 3.60，仅有 17.3%本土华文教师觉得学校经常提供学习和进修机会。培训机会少导致本土华文教师专业发展受限。以马来西亚为例，自从KPLI、DPLI中学组师资课程先后被教育部取消后，目前培养中学华文师资的国民教育机构仅依靠苏丹依德理斯师范大学汉语教育课程，每年培养人数不过数十人而已。而且，师资培训项目多数面向国民体制内学校，面向民办学校的培养项目不足（余可华、邓晨佑、徐丽丽，2017）。

表 3 东盟六国本土华文教师精神幸福感描述性分析

子层面	题项	均值	标准差
价值体现	参与部门决策	3.53	.988
	获得工作成就	4.08	.838
	拥有晋升机会	3.28	.997
专业发展	研究教学问题	3.87	.803
	进行教学反思	4.01	.791
	拥有进修机会	3.60	.951

在社会幸福感方面（见表 4），东盟本土华文教师在人际关系中感受的幸福感较高，但与同事和谐相处的幸福感一般，均值为 3.23。这是由于教师处于共同的部门，存在一定的竞争关系，比如职业晋升、自身在领导心目中的喜爱程度等都会使教师产生竞争心态，形成竞争关系（项冰、林培锦，2021）。其次，由于部分本土华文教师同时在多所学校或者机构代课，缺少培养与其他教师人际关系的时间和精力，造成教师之间疏远。最后，教师的性格和处事风格也会影响到人际关系（项冰、林培锦，2021），例如一些本土华文教师性格内向、不善交际，这就不利于他们与同事保持较好的人际关系。

表 4　东盟六国本土华文教师社会幸福感描述性分析

子层面	题项	均值	标准差
人际和谐	领导抱有期望	3.83	.841
	同事相处和谐	3.23	1.104
	工作氛围良好	3.73	.873
	受到学生的喜爱	4.06	.762
	受到家人的支持	4.04	.889

（二）国别差异：基于国别的本土华文教师职业幸福感的描述性分析

由图 1 可以看出，东盟六国本土华文教师职业幸福感从高到低依次为菲律宾（3.89）、缅甸（3.79）、泰国（3.72）、马来西亚（3.65）、印度尼西亚（3.55）和新加坡（3.51）。菲律宾职业幸福感均值最高，新加坡职业幸福感均值最低。此外，东盟六国本土华文教师的社会幸福感和精神幸福感明显高于物质幸福感。这说明如何从物质条件方面增加教师的职业幸福感，已成为各国关注的问题。其中，菲律宾在职业幸福感的各维度的均值最高，新加坡与此相反。

经过进一步数据分析，发现菲律宾只在薪酬待遇这方面均值比较低，而在其他方面均值都较高。原因如下：第一，菲律宾华教中心一直致力于菲律宾的华文教学改革，同时积极与中国合作，通过"请进来，走出去"等方式来帮助华校华

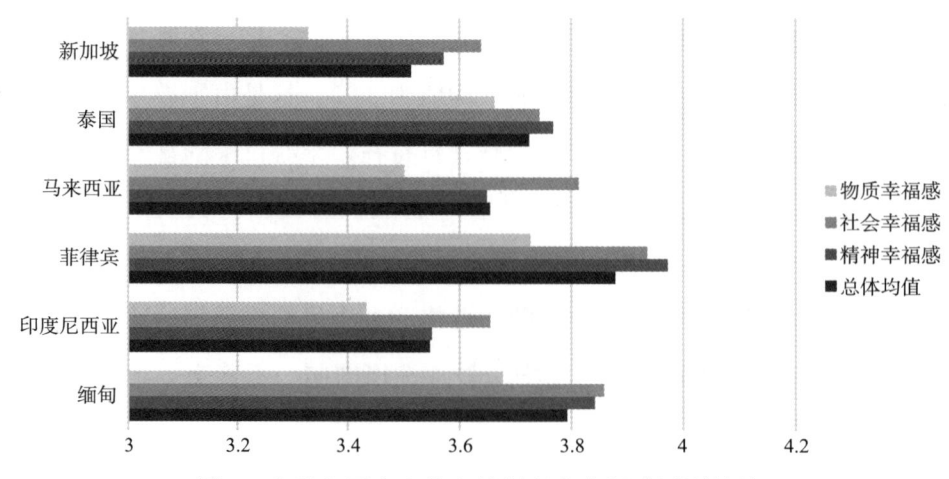

图 1　东盟六国本土华文教师职业幸福感国别差异

文教师提高汉语教学水平,从而菲律宾华文教师易在教学中获得成就感。第二,菲律宾本土华文教师师资年龄结构呈现"两头大,中间小"的特征,大部分老教师都是菲律宾华文教育发展到鼎盛时期培养出来的(杨静林、黄飞,2017),在工作岗位上兢兢业业,对华文教育事业鞠躬尽瘁,从中获得了较高的幸福感。第三,大部分菲律宾本土华文教师的薪资和福利水平与其他职业相比存在不小差距。这些年来,菲律宾华文教育界一直在动员社会力量改善教师福利,通过提高教师福利,增加教师的职业幸福感,比如资助范围从医疗补助扩大到困难补助。

新加坡本土华文教师的职业幸福感低与华文地位、师资管理有关。首先,华文在学校教学中的地位日趋下降(郑通涛、蒋有经、陈荣岚,2014)。虽然国家采取了一些措施进行改革以提升华文地位,如在中小学扩大以华文为第一语言的学校范围等,但华文依旧被当成外语进行学习,这种现象不管是华裔家庭还是非华裔家庭都是非常常见的。同时在一些学生心目中,华文似乎是影响他们学习其他科目以争取优越成绩的一个包袱,甚至是累赘(吴元华,2004)。学生对华文学习的积极性不高,并且华文不被重视,这些都会影响到教师的教学热情,从而产生职业倦怠。其次,师资管理随意性强(陈巧芳,2019)。一些幼儿华文教师只能被动接受各种培训活动,培训活动的实用性不强,且私立托儿所华文教师参加培训和教研的机会不多,阻碍了幼儿华文教师的专业发展。

(三)群际差异:东盟六国本土华文教师职业幸福感差异性分析

经过对样本进行单因素方差分析,发现东盟六国本土华文教师在年龄、最高学历和教龄这三个方面存在显著的差异性(见表5)。

表5 东盟六国本土华文教师职业幸福感差异性分析

自变量		均值	标准差
年龄	30岁及以下	3.6517*	0.62512*
	31—45岁	3.6589*	0.55073*
	46—55岁	3.7717*	0.50311*
	56岁及以上	3.9725*	0.55812*

续表

自变量		均值	标准差
最高学历	博士	4.1055***	0.60915***
	硕士	3.7620***	0.54744***
	学士	3.6557***	0.57133***
	大专及以下	3.6472***	0.59300***
教龄	0—5 年	3.6444***	0.58824***
	6—10 年	3.6505***	0.57760***
	11—15 年	3.6603***	0.58904***
	16—20 年	3.6774***	0.54714***
	21 年及以上	3.8571***	0.57593***

注：*** 表示 $P<0.001$，** 表示 $P<0.005$，* 表示 $P<0.05$。

其一，东盟六国本土华文教师的年龄越大，职业幸福感越高。其中，30 岁及以下的东盟本土华文教师的职业幸福感均值最低，56 岁及以上的教师职业幸福感均值最高。从业多年的老教师大多是各国华文教育事业鼎盛时期培养出来的本土教师，他们对于华文教育事业的热情最为高涨，并把华文教育当作一项事业而非职业，从中感受到较高的职业幸福感。而 30 岁及以下的年轻本土教师在薪资福利待遇低的情况下，其积极性在很大程度上会被挫伤，成就感低，尤其与导游、中企等高薪行业进行比较，其职业幸福感就呈现较低水平。

其二，东盟六国本土华文教师的职业幸福感随学历的提升而增加。这一结果与一些学者的研究相一致。随着东盟国家（除缅甸外）把华文教育纳入国民教育体系，这也意味着华文教师门槛的提高。以印度尼西亚为例，印度尼西亚教育部早就规定在国民学校任教的华文教师必须获得学士学位（林奕高，2011）。这一政策给一些没有本科学历的本土华文教师带来危机感，从而其职业幸福感均值较低。随着知识更新越来越快，社会对于高层次人才的需求越来越多，具有博士学位的本土华文教师更能满足当前华文教育学科的发展需要，更能为华文教育做出贡献，实现自己的人生价值。

其三，东盟六国本土华文教师的职业幸福感随着教龄的增加而缓慢增加。其中 0—5 年的新手教师职业幸福感均值最低，有 21 年教龄以上（含 21 年）的教师职业幸福感均值最高。相较于新手教师而言，21 年教龄以上（含 21 年）的教师教学经历较为丰富,对于学校的管理(如考核方式)也较为熟悉,在人际关系上也更加娴熟,所以其整体的职业幸福感较高。相反,新手教师教学经验较少,教学压力比较大,对自身的职业规划也较不清晰,与其他高薪行业的薪资相比,心理容易产生落差,这些都会导致低水平的职业幸福感。

(四)影响因素:东盟六国本土华文教师职业幸福感回归分析

为了更好地探究东盟六国本土华文教师职业幸福感的影响因素,研究人员对职业幸福感产生潜在影响的自变量进行因子分析,根据结果得到两个因子,即动力因素和压力因素。动力因素包括"身体健康状况""地区对华文教师的支持""华文教育工作有意义";压力因素包括"同事关系带来的压力""工作负面情绪带来的压力""教学带来的压力"。将职业忠诚度作为因变量,用Y表示,影响因素作为自变量,用X表示,根据它们之间的关系得到模型,如图2所示。

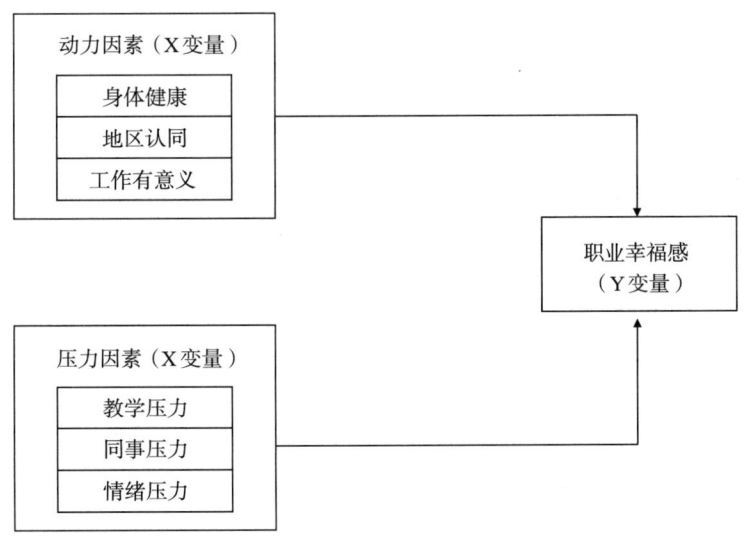

图2 东盟六国本土华文教师职业幸福感影响因素模型

为了探究上述影响因素是否对职业幸福感产生显著影响,通过多元线性回归方程进行验证。经过数据分析,各变量的方差膨胀因子VIF值均小于3,说明该模型不存在明显的共线性,相应的F值具有统计意义。$P<0.001$,说明本模型具有一定的合理性,适于分析;调整后的$R2=0.643$,说明该模型具有较强的解释意义。表6显示东盟六国本土华文教师的职业幸福感是动力因素和压力因素共同影响的结果。

表 6 东盟六国本土华文教师职业幸福感回归分析

维度	变量	系数
动力因素	身体健康	.136*
	地区认同	.236***
	工作有意义	.121***
压力因素	教学压力	-.181***
	同事压力	-.068***
	情绪压力	-.207***

注：***表示$P<0.001$，**表示$P<0.005$，*表示$P<0.05$。

在动力因素中，"身体健康""地区认同""工作有意义"均对教师的职业幸福感产生显著的积极响应（$P<0.05$）：身体越健康、地区对于教师职业的认同越高、从工作中获得的意义越大，教师的职业幸福感就越高。其中，地区对于教师职业的认同每提高一个单位，教师的职业幸福感大约提高 0.24 倍。这说明了教师的职业幸福感有一部分源自社会对于教师职业的认同。因此，如何提高教师当前的社会地位，提高教师的职业幸福感，这是需要进一步思索的问题。

在压力因素中，"教学压力""同事压力""情绪压力"均对教师的职业幸福感产生显著的负相关（$P<0.05$）：在教学上感受的压力越大、从同事身上感受的压力越大、工作上的负面情绪带来的压力越大，教师的职业幸福感就越低。也就是说，东盟六国的华校如果能够提高教师的专业水平、关注教师之间的竞争心理、减轻工作中带来的负面情绪，教师的职业幸福感将会大大提高。特别是情绪压力，每降低一个单位，教师的职业幸福感将提高 0.21 倍。

四、研究结论与建议

（一）研究结论

根据调查数据，本文得出的研究结论归纳如下。

第一，东盟六国本土华文教师的职业幸福感处于中等水平，其均值为 3.69，有很大的提升空间。在各子维度上，社会幸福感均值最高，物质幸福感均值最低。由于薪资待遇、福利待遇等不高，导致东盟六国本土华文教师低水平的物质幸福感。在职业幸福感的国别差异中，菲律宾本土华文教师因资深教师较多、华教中心的支持等原因居于榜首；在群际差异方面，年龄越大、教龄越高且学历越高的本土华文教师的职业幸福感也越高。

第二，在影响因素方面，动力因素（身体健康、地区认同、工作有意义）对本土华文教师的职业幸福感产生显著的积极影响，其中"地区认同"的推动作用最为显著。压力因素（教学压力、同事压力、情绪压力）对本土华文教师的职业幸福感产生显著的负面影响，其中"情绪压力"的负面影响最为显著。

（二）相关建议

第一，提高社会地位是提高东盟本土华文教师职业幸福感的最佳途径。

社会地位是影响教师职业幸福感的重要因素，源于公众定位、社会评价以及薪资待遇（刘强、傅其娅，2022）。从已有的文件和相关数据来看，东盟本土华文教师的社会地位不高。本文的影响因素结果也显示东盟本土华文教师的职业幸福感受社会认同的影响，提高教师的社会地位首要的是提高教师的薪资待遇（蔡秀琴、田友谊，2018）。正如1966年联合国教科文组织颁布的《关于教师地位的建议》中所强调的："应当承认改善教师的社会及经济地位，改善他们的生活与工作条件，改善他们的就业条件和职业前途，是解决教师所有问题的最佳途径。"因此，提高教师的社会地位和经济资本是提升教师幸福感的关键。此举不仅能够稳定当前教师的队伍，而且也能吸引更多优秀人才长期投身于华文教育事业。

第二，提升专业素质是提高东盟本土华文教师职业幸福感的动力来源。

此次调查发现，教龄长的东盟六国本土华文教师职业幸福感明显高于教龄短的教师。并且，教学压力对教师的职业幸福感呈现显著的负相关。可见，教师的职业幸福感源于教师专业素养的提升（李广、盖阔，2022）。因此，学校要有计划、有组织地给教师提供校内外专业培训机会，让教师通过培训加强自身的专业知识、专业能力等，提升教师的文化资本，在教学中找寻适合自己的教学风格，实现自我价值，从而在职业发展的道路上不断前进。此外，学校还可以采取"老带新"的帮扶措施，教学经验较少的年轻教师与教学经验丰富的老教师结成"对子"，老教师可以帮助年轻教师更快地适应教学环境，减轻教学压力。

第三，关注身心健康是提高东盟本土华文教师职业幸福感的基本保障。

此次调查发现，身体健康和情绪压力对教师职业幸福感产生显著的影响。可见，拥有健康的身心状态对提升教师的职业幸福感具有十分重要的意义（赵岚、伊秀云，2022）。华校作为教师生存的重要场所，应承担起提高教师职业幸福感的责任。首先，要关注教师的身体健康。只有拥有好的身体状态，才能够更好地处理工作事务。其次，也要关注教师的心理状态。一些东盟六国本土华文教师由于教学、工作量等方面的压力产生一些负面情绪，华校等用人单位应建立与教师的沟通机制，及时为本土华文教师进行压力疏解。

第四，完善华校管理是提高东盟本土华文教师职业幸福感的外在支持。

研究表明，一个被视为有能力组织集体开展有效工作并思想开放的"好"的行政主管人员，常能成功地为其学校引进重大的、促进质量提升的举措（蔡秀琴、田友谊，2018）。此次调查中发现，东盟本土华文教师对学校的管理存在不满意之处，如职业发展路径过窄、奖惩制度不公等。因此，华校管理应以教师为本，完善本土华文教师职业发展路径，比如教师晋升方式、教师技能考核方式等，为本土华文教师提供成长支持。

参考文献

[1] 蔡秀琴，田友谊. 马来西亚华文独立中学教师职业幸福感的现状调查与对策研究 [J]. 教师教育学报，2018（5）.

[2] 曹云华. 全球化、区域化与本土化视野下的东南亚华文教育 [J]. 八桂侨刊，2020（1）.

[3] 陈巧芳. 新加坡私立托儿所华文教师专业发展途径调查研究 [D]. 泉州：华侨大学，2019.

[4] 洪柳. "一带一路"背景下东盟国家汉语教育发展研究 [J]. 河北师范大学学报（教育科学版），2018（20）.

[5] 赖林冬. "一带一路"背景下东盟孔子学院的发展与创新 [J]. 南洋问题研究，2017（3）.

[6] 赖林冬，江连鑫. 菲律宾华文教育转型升级路径 [J]. 云南师范大学学报（对外汉语教学与研究版），2023（21）.

［7］李广，盖阔．中小学教师职业幸福感调查［J］．教育研究，2022（43）．

［8］连榕．教师教学专长发展的心理历程［J］．教育研究，2008（2）．

［9］林奕高．印尼华文教师现状调查研究［J］．华文教学与研究，2011．

［10］柳海民，郑星媛．教师职业幸福感：基本构成、现实困境和提升策略［J］．现代教育管理，2021（9）．

［11］刘慧英，张丽琴，包慧君．积极心理学视角下高校辅导员职业幸福感提升途径［J］．大学教育，2017（5）．

［12］刘强，傅其娅．我国教师职业幸福感研究的现状、热点及趋势——基于CiteSpace的文献计量分析［J］．兵团教育学院学报，2022（32）．

［13］苏会佳．中小学教师自我情绪智力与职业幸福感的关系研究［D］．信阳：信阳师范学院，2017．

［14］王姣艳，万谊，王颖．特殊教育教师职业认同对职业幸福感的影响：一个有调节的中介作用机制［J］．中国特殊教育，2020（3）．

［15］吴元华．华语文在新加坡的现状与前瞻［A］．国家疆界与文化图像国际学术会议，新加坡南洋理工大学，2004．

［16］夏斌．中小学教师职业幸福感研究综述［J］．吉林省教育学院学报，2020（36）．

［17］项冰，林培锦．人际关系视角的教师群体凝聚力形成研究［J］．闽南师范大学学报（哲学社会科学版），2021（35）．

［18］余可华，邓晨佑，徐丽丽．马来西亚本土华文师资培养现状、问题及对策［J］．华文教学与研究，2017（4）．

［19］赵岚，伊秀云．中小学高级教师职业幸福感的现实困境与纾解之策［J］．现代教育管理，2022（2）．

［20］郑通涛，蒋有经，陈荣岚．东南亚汉语教学年度报告之二［J］．海外华文教育，2014（2）．

［21］郑通涛，蒋有经，陈荣岚．东南亚汉语教学年度报告之四［J］．海外华文教育，2014（4）．

［22］郑孝玲．国内教师职业幸福感研究文献综述［J］．教书育人，2011（36）．

[23] 周玉. 东盟六国华校办学经费及华文教师待遇问题调查研究[D]. 广州：暨南大学，2017.

[24] De Pablos-Pons Juan, et. al. Teacher Well-Being and Innovation with Information and Communication Technologies; Proposal for a Structural Model[J]. Quality & Quantity, 2013（47）.

[25] J. Lysaker, et al. Hope, happiness, and reciprocity: A thematic analysis of preservice teachers' relationship with their reading buddies[J]. Reading research and Instruction, 2004（44）.

[26] Joan E. Horn, Toon W. Taris, Wilmar B. Schaufeli, Paul J. G. Schreurs. The Structure of Occupational Well-Being: A Study Among Dutch Teachers[J]. Journal of Occupational and Organizational Psychology, 2004（77）.

[27] Ryff C. D. Keyes C. L. M. The structure of psychological well-being revisited[J]. Journal of Personality and Social Psychology, 1995（69）.

[28] Scott, Neil H. Careful Planning or Serendipity? Promoting Well-Being through Teacher Induction[J]. Beginning Teacher Induction, 1998（17）.

[29] Thomas A. Wright, Russell Cropanzano. The Role of Psychological Well-Being in Job Performance: A Fresh Look at an Age-old Quest[J]. Organizational Dynamics, 2004（33）.

第二部分 欧洲

华文教育的初心与使命*

——访英国中文教育促进会伍善雄会长

【编者按】海外华文教育与每一个华侨华人家庭都息息相关，是海外华侨华人传承中华民族优秀语言文化的重要途径。教授中华优秀传统文化、实现中华语言文化的薪火相传是华文教育的初心与使命。

本期访谈我们邀请到了英国中文教育促进会伍善雄会长与我们分享英国华文教育数十年的发展历程。伍会长以弘扬中华优秀传统文化为使命，带领会员学校不断开拓思路，创新教学形式，在推进英国中文教育正规化、专业化、标准化建设方面取得了一系列令人瞩目的成绩。促进会的成立，凝聚了英国的华教力量；华文教师节，激发了作为老师的自豪感；校长论坛中关于重要议题的探讨，引领了英国华文教育发展的方向。从国学启蒙到华文教师节到校长论坛再到青年华校校长联合会，这一系列层层推进的举措更是体现了伍会长对中华优秀传统文化的执着与坚守。国学启蒙点燃华裔孩子内心深处对中华文化的热爱，让中华文化的种子在他们心中生根发芽；华文教师节体现了我们中华民族"尊师重教"的优良传统，并进一步将尊师的美德自然延伸至孝顺父母的传统伦理之中，让孩子们学会尊重与感恩；校长论坛培养青年一代奉献、分享与担当的精神，体现了传承、创新、发展、共享的理念。

应伍会长邀请，来自英国格拉斯哥里仁中文学校的王立新校长全程参加了访谈，并就华文教师节和校长论坛问题谈了自己的亲身经历与感受。

问：尊敬的伍善雄会长，非常感谢您接受我们的访谈。我们知道英国中文教育促进会是英国侨界推动华文教育事业发展的重要团体，首先请您简单介绍一下促进

---

* 本文刊于《世界华文教育》2024年第4期。

会成立的初衷和目前的基本情况。

英国中文教育促进会成立于1993年,得到了使领馆的支持和无数侨胞的关注。当时英国的华文教育还处于起步阶段,主要是由香港英国政府主导的。他们为了照顾那些从香港到英国的华侨,用香港纳税人的钱来资助华文教育事业。英国政府免费提供了校舍,每年拨款八百英镑作为办学资金,并免费将教材从香港送到英国。

当时在英国,大概仅有40所中文学校,这些学校主要教英国出生的华侨子弟广东话,以提高孩子的中文听说读写能力,开展粤语和繁体字教学。这一时期,由于历史与地理因素,所有教材均由英国政府从香港引进,内容局限于香港一隅,如香港的太平山、维多利亚海港,以及英国人对香港的援助等。这些教材如同一扇半开的窗,只透出中国南部香港一地的剪影,未能充分展示中国广袤腹地的深厚底蕴与民族精神。比如,教材中我们看不到长江、长城、黄河,看不到中国的民族英雄。面对这样的情况,我们深感责任重大,在促进会成立之际,我们首要的任务便是推动一场意义深远的改革。我们呼吁各中文学校实行"字同文,语同音",积极引入普通话和简体字教学,希望英国的中文教育能够顺畅适应于现代中国社会。

在英国推广普通话简体字教学的初期阶段,我们面临着诸多的挑战与困难。当时英国的华人社会几乎完全由广东人组成,几乎所有华侨都来自香港,他们的母语是粤语,缺乏使用普通话的环境。因此,当我们决定在英国进行普通话教学,与祖(籍)国同步时,这一举措引起了不小的争议。许多人认为这会削弱中华文化,甚至有人发表文章批评我们将中华文化"砍掉"。面对这样的质疑和反对声浪,我们并没有退缩;相反,我们采取了一系列措施来推进这项事业。首先,学校的老师们成为我们努力争取的重点对象。比如,我们请中文学校的老师们喝茶聊天,慢慢地把为什么要推广普通话简体字教学的大前景告诉他们,与他们分享中国近年来的发展成就与进步。更重要的是,我们强调了一个事实:随着全球化趋势的加强以及中国影响力的不断扩大,掌握普通话已经成为连接世界各地华人社区、促进文化交流不可或缺的技能之一。我们还特别指出,虽然老一辈可能习惯于在特定区域内生活,但新一代需要以更加开放包容的心态去面对更加广阔的世界。如果他们不了解普通话,那么当他们走出家门,尤其是前往中国旅行或学习时,将会遭遇沟通障碍，无法顺畅地与他人进行交流互动。这种情况对于个人成长而言是一种限制；而对于整个华人群体来说，则可能导致与主流文化脱节。就这样，越来越多的学校开始认识到普通话简体字教学的价值所在，并乐意尝试将其纳入课程之中。

接下来是更换教材。我们首先与中国联系教材，那时候中国国侨办文化司只有给东南亚的教材。后来，中国国侨办文化司委托暨南大学编写了适合我们使用的《中文》教材。我们积极与中国国侨办文化司和暨南大学联系，跟他们沟通我们对教材的要求与意见，促进会与暨南大学也因为《中文》教材建立了非常密切的关系。经过一系列努力，我们当时成功地让七八十所学校接受了普通话教学，把英国的中文教学转变成普通话简体字教学，并向他们推荐《中文》教材。经过这样的一个过程，促进会在英国华文教育领域中的影响力也逐渐增强。

我们办促进会的主要目的是推动英国的华文教育发展。目前，跟我们合作的学校有150多所，其中有密切合作关系的学校有130多所；有4000多位老师、6万多名孩子在学习中文。此外，我们在全国各地都有义工，有近70人，分布在苏格兰、曼彻斯特、伯明翰还有伦敦等地。他们都是热心华文教育事业的人士，用实际行动诠释着对华文教育事业的热爱与奉献。在资金筹集方面，2018年之前，我们每年都能筹到2万多英镑，通过筛选与分配，每年有50—60所贫困学校能从中受益，每所学校能够获得300—500英镑的支持。尽管这笔资金只是杯水车薪，无法彻底解决所有问题，但是它作为一种鼓励，激励着这些学校克服困难，坚持开展好华文教育事业，同时也传递了我们老一辈华侨对华文教育、对中华文化传承的殷切期望和情怀。提高中文学校教师的社会地位，也是促进会的一项核心使命。此外，促进会还关注在英华裔青少年的成长，鼓励华裔青少年学习汉语与中华文化，激发孩子们的中国心，因为他们都是黄皮肤、黑头发、黑眼睛的华裔。

问：促进会以明确的目标宗旨、高效的运作模式和广泛的社会参与度，正逐步成为推动英国华文教育发展不可或缺的力量。我们了解到，自促进会成立后，在推进英国的中文学校向"正规化""专业化"和"标准化"发展方面取得了一批实实在在的成果，提高了英国华文教育的办学质量，请与我们分享一下您的成功经验。

促进会成立之前，全英国的中文学校分散在各地，大多是由聚居的华侨华人家长自己组建的。从当时家长反馈过来的情况我们可以发现，中文教学存在很多需要改进的地方，如教学不规范、教学内容和教学进度都比较随意。先讲一个故事吧。有个学生家长是开快餐店的，他说每逢星期六，最痛苦的事情是为了孩子学汉语，他得八点钟起床煮饭给孩子吃（凌晨三点才能下班睡觉），吃完饭再把孩子送到中文学校去。过了两年，当看到孩子的学习效果时，他特别不高兴。他说牺牲休息时间辛辛苦苦把孩子送到中文学校学习，学了这么长时间，孩子只会写自己的名字、父母的名字，效率太低了。确实，那时候英国中文教师的教学水平比较低，他们中的很多人都是从香港过来的，之前或是种地的农民，或是出海的渔民，懂多少就教多少。比如他只念到三年级，最多就只能教三年级的知识给小孩子。

后来情况有所变化，中国改革开放后，英国这边过来了很多中国留学生，他们的到来提高了中文学校老师的教学水平。因为在那个年代，英国很多中文学校找中文教师是非常不容易的，他们不能像大学的学院那样能够请中国的志愿者过来帮忙，基本上都是找这些留学生周末来帮忙。虽然这些留学生在知识水平方面肯定比以前那些家长高多了，但是他们并非教育学专业出身，也没有丰富的教学经验，只是懂得汉语、会写汉字而已。因此在师资方面，我们需要寻找一种更好的解决方案。幸运的是，中国国侨办在这方面的工作做得非常好。他们积极地将中文教学专家派送到英国，促进会安排这些专家在各地巡回培训与指导当地的中文教师。同时，他们还邀请我们的老师在暑假期间回到中国接受专业训练，把我们的老师照顾、接待得很好。由此，英国学校的中文教师专业水平慢慢就提升起来了。

那时候，不同中文学校的中文教学水平参差不齐，教学进度和教学内容千差万别。这就涉及教学标准化的问题。我们在2019年召开了第一次关于教学标准化的研讨会——"英国中文教学统一考试国际研讨会"，把中国的暨南大学、华侨大学、香港大学都请过来参与研讨。教学标准化需要统一的考试，没有推手是不行的。如果能够做到用同一个标准来衡量全英中文学校的教学水平，既有利于对各学校的办学状况进行有效评估，对教学管理提供更为专业的质量体系参照，也能够实现中文学校的教学标准化。

我们今年首先尝试在一年级开启统一考试，这次考试总共有26所学校参与。明年6月份统考期中考试，我们就增加到二年级了。我们为什么要统一考试？放眼全球，马来西亚的华文教学水平最高，中国国侨办举办的中华文化方面的比赛，基本上每次都是马来西亚得冠军。我们要以马来西亚为榜样，希望有一天我们的中文教育能够像马来西亚那样，每个学校的水平都是标准化的。

关于教学的标准化，除了统一的考试，还需要有统一的教学大纲，要与英国的中文GCSE公考接轨。以考试促进教学的标准化，这是非常重要的。我觉得，实现教学的标准化无疑相当于英国华文教育的第二次革命。

问：促进会在标准化、规范化方面的建设，真的已经走在前面了，不仅是有了想法，还有课程、大纲和统一的考试，这些成果都特别令人振奋，我们也非常迫切地想要了解和学习这些内容。在师资方面，我们也有很多想要跟您请教的问题。促进会几千名老师，关于他们的培训有没有什么规划？或者说，目前主要有哪些培训形式，对于中国提供的师资帮助还有一些什么想法和要求？

关于师资培训的规划问题，要在海外中文学校实现实际上是很困难的。因为第一，我们没有固定的校舍；其次，当然还有自身的问题。其实，在师资专业化方面，我们已经做了大量的工作，取得了比较显著的成效。在此基础上，我们也会根据英国的具体情况再补充一些更有针对性的辅导。例如，每年开学之前，我们会组织一些中国的专家来英国，为我们当地的教师提供面对面交流培训的机会，分享最新的教学理念与方法。此外，我们也有幸得到了众多在英国的汉语专家的大力支持。他们认为，参与这样的培训与交流活动是非常有价值的事情。我最期盼的事情是，无论是校长还是教师，大家都秉持同一个信念：无论条件多么艰苦，作为教师的使命就是要让孩子们在快乐中学习汉语，让他们在轻松愉快的氛围里感受中华文化的魅力，激发孩子们的中国心，点燃他们内心深处对中华文化的热爱，让中华文化的种子在他们心中生根发芽。最后，我希望中国国侨办增加师资研习班。

问：确实，孩子们在海外学好汉语、了解中华文化非常不容易，不仅需要选择适合孩子学习的内容，也要采用孩子喜闻乐见的方式。我们了解到，自促进会成立以来，您一直致力于向华裔孩子传承中华优秀传统文化，您是通过什么方式让华裔孩子们对中文、对中华文化感兴趣的？

孩子们学好汉语确实不容易。为鼓励孩子学好普通话，爱上中文，主动用普通话进行表达，我们在2000年举办了第一次普通话比赛，得到了中国驻英国大使馆总领事的支持。当时，我们是允许用普通话唱歌的，比赛中有学生唱了《我的中国心》这首歌，现在回忆起来仍然很让人感动。到现在为止，我们已经办了21届普通话朗诵比赛，通过这种比赛形式，增强了孩子们对祖（籍）国语言的热爱和文化自信。

除了普通话朗诵比赛，我们还陆续举办了书法比赛、成语故事比赛等形式多样的比赛，以不同的方式激发孩子们对中国传统文化的兴趣。我们深知中国传统文化的重要性，因此不遗余力地推广国学启蒙教育，比如引导孩子阅读《论语》。可以说，在欧洲范围内，在国学启蒙教育方面，我们确实是先行者。现在，上海市侨办看到我们的国学启蒙活动，找到我们一起合办了"诵读国学经典·传承华夏文明"首届全英华裔少儿国学经典比赛活动。这是促进会推广国学教育的又一项重要活动，这项活动也被上海市侨办纳入其"华语侨心"的重点项目。

我认为，传统国学启蒙教育的价值不应被忽视，尤其是对孩子而言，这是塑造其身份认同、增强其文化底蕴非常重要的一环。让孩子从小接触并了解自己的文化根源，这是我们的责任与使命。这次我请王立新校长过来，也是希望他能够把中国的国学经典在欧洲乃至更广阔的范围内传承下去。我们不能因为孩子小，觉得他们可能不懂就不去教。其实，我们的国学启蒙读本《论语与邯郸成语精选学习》，由于有英语翻译，小孩们是能看得懂的。我记得我们把这本国学启蒙读本介绍给一些学校时，很多孩子看到后跟家长说："爸爸，我们这本书好像《圣经》一样。"孩子们对《论语》的认识和理解，更加坚定了我们推广国学启蒙的决心。

问：在英国有一个令所有华文教师特别自豪的节日，就是华文教师节，这是由英国华侨华人自发创立的节日。请您介绍一下您当年创立华文教师节的初衷是什么？教师节的例行活动有哪些？这些年来，教师节在提高华文教师的待遇、提高英国华文教育质量方面，发挥了什么样的作用？

2000年，我们开始举办第一届华文教师节活动。为了表彰那些自愿牺牲周末休息时间、致力于传播中华语言文化的教师，我们举办了第一届华文教师节活动。这个节日不仅体现了对教师们的尊重与感激，更是为了提升华文教师们的社会地位，让辛勤奉献的华文教师拥有了属于自己的节日。当时的汉语课大多在周末进行，许多老师不辞辛苦地利用休息时间为学生们传授知识，他们的付出与奉献值得我们深深地敬佩。因此，设立一个属于华文教师的节日显得尤为必要。这不仅是对教师们辛勤工作的肯定，更是对他们为中华文化传承所做出的贡献的认可。

从第二届华文教师节开始，我们设立了教师表彰环节。对于不同规模的学校，我们都给予了相应的表彰名额。例如，200人左右规模的学校表彰两名教师，300人左右规模的学校表彰三名教师，1000人以上规模的学校表彰五名教师。

自从华文教师节在英国侨界设立以来，其影响日益显著，已经成为英国侨界的一件大事。每届活动都备受瞩目，规模宏大且隆重。华文教师节也获得了使领馆的重视与支持。近年来的每一届活动中，使领馆都有代表参加，宣读教师表彰名单，并为获奖教师颁发证书，为华文教师节增添了更大的影响力。

除了表彰教师之外，教师节也给教师们提供了一个展示自我、交流经验的平台。在这个平台上，他们受到整个侨界的认可和尊重。大家纷纷以隆重的方式对待他们，为他们献花、送礼品，表达对他们的敬意与感激之情。孩子们也会通过献诗、唱歌等方式感谢教师的辛勤付出。对教师们来说，这是非常光荣的时刻，是一种荣誉，也是一种慰问和鼓励。我记得有一次，北京外国语大学的专家受邀参加了我们的教师节活动。活动结束后他们认为，我们的华文教师节比中国的类似活动还要隆重。

我觉得华文教师节不应该只在英国设立，其他国家有华文教育的地方都应该设立华文教师节来表彰教师、鼓励教师。这一节日不仅是对教师辛勤付出的认可，也体现了我们中华民族"尊师重教"的优良传统，是传承中华文化的重要实践。自古以来，中华民族便有"一日为师，终身为父"的尊师观念，孔夫子作为万世师表，其形象深入人心。在教师节活动上，我们都是站起来向孔夫子像鞠躬的，没有人是坐着的。这是非常令人感动的场面。

华文教师节活动不仅体现了尊师重教的中华传统文化，活动本身也是一场知行合一的实践。通过国学启蒙课程，我们告诉孩子要尊师重教；通过华文教师节活动，我们做到了尊师重教，这就是知行合一。

"一日为师，终身为父"，从尊敬教师延伸到孝顺父母，这是中华传统文化的精髓，我们一定要传承下去。现在有些孩子直接叫爸爸妈妈名字，那真的不像样，不成规矩。你看，在教师节活动上，孩子们多开心。看到我们这些老师、侨领等都向孔夫子像三鞠躬，这一举动，无声胜有声，让在场的每一个孩子都能深刻理解到，尊敬老师不仅仅是一句口号，而是一种需要内化于心、外化于行的实际行动。他们亲眼看见了老师们对教育事业的虔诚与敬畏，这样的场景无疑在他们心中种下了一颗尊师重教的种子。更为深远的是，我们的活动也能够潜移默化地将尊师的美德自然延伸至孝顺父母的传统伦理之中。通过教师节这样一个节日，孩子们学会了如何将对老师的尊敬转化为对父母的孝顺，学会了尊重与感恩。

24年来，我从未缺席一次华文教师节活动。记得最初的时候我是能从台上跳下去的，台子很高，现在不行了，只能慢慢走下来。以前我都是穿着工作制服参与到具体的活动准备中的，现在校长们不让我做了，由他们来做这项工作了。我想这也是一种传承，代表了我们海外华文教育永葆青春，后继有人。

问：除了华文教师节活动，您也策划筹办了校长论坛等活动，请问校长论坛与华文教师节活动的侧重点有什么不同？

每年春节之后，校长论坛活动都会如期举行。这是一个备受重视和欢迎的活动，为英国所有的中文学校校长提供交流、沟通和启发的平台。这个活动的初衷就是为了让校长们能够聚在一起，分享学校的情况，探讨面临的困难，并寻找改进的方法。

校长论坛是一个非常好的平台，它能够让校长们有机会互相学习和借鉴，大家可以共同研究如何把学校办得更好，分享各自的经验与成果。这种奉献精神和分享精神是校长论坛的核心价值所在。在校长论坛上，大家畅所欲言，谈自己学校的情况，分享他们在办学过程中遇到的困难和挑战，有助于大家互相了解，也能激发更多的思考和解决方案，并能从他人的成功经验中获得启示。比如办理保险的事情、师资培训如何开展、如何找到优秀教师等问题，大家都能分享经验和信息。当然，还有一件非常重要的事情，就是实现教学标准化的问题，这项工作也离不开校长论坛这个平台。我们提出的教学标准化首先是得到了校长们的支持和同意才能顺利开展。

王立新校长：说到校长论坛和华文教师节，这两个活动在英国华文教育界具有重要的地位，我每年也是一定要参加的。今年我们学校的一位老师被评为优秀教师，这对她来说是莫大的荣誉，也是对她多年辛勤工作的认可。她和家人为了参加这个教师节活动，甚至不惜凌晨乘坐飞机前往伦敦，活动结束后又连夜赶回家。这样的例子足以说明华文教师节在我们华人教师群体中的影响力有多大。

校长论坛则是另一个我每年必须参加的重要活动。刚刚伍会长说到的教学标准化统一考试、教学大纲的研讨，包括校长间交流等重要的关键性的议题都发生在校长论坛中。在校长论坛中，我们通常会分成几个小组进行讨论，每个小组都有一个组长负责引导讨论。我们小组的名字是非常有创意，也非常有意思的，叫"香蕉组""苹果组""橘子组"什么的。这样的命名方式不仅增加了我们论坛的趣味性，也让来自不同地方的校长们更加轻松地参与到讨论中来。

在这些小组讨论中，我们会分享各自的教学经验和面临的挑战，共同探讨解决问题的方法。有时候，我们讨论的问题可能会涉及学校运营等深层次的问题，比如保险问题。在英国办华文教育，租用场地是必要的一环，而英国的法律要求我们必须购买保险。我们购买的保单金额高达十万英镑，这不仅是为了遵守法律，更重要的是为了保障学生和学校的权益。一旦发生意外，这份保险可以为我们提供必要的保护。

通过校长论坛，我们解决了许多实际问题，也建立了一个相互支持、共同进步的网络。

问：刚刚过去的另外一件盛事，就是2024年8月1日世界青年华校校长联合会在北京成立，由伍会长担任顾问。首先我们对您的支持和慷慨捐助表示深深的敬意。作为德高望重的资深华文教育工作者，对于华文教师和领导者的新老接力换代，对于青年华校校长联合会，您如何看待？特别是对于青年华校的领导者，您认为他们应具有什么样的素质，或者说您对他们有什么期望？

现在全球人口老龄化问题越来越严重，年龄是无法改变的事情，不管你多热情、多热心，如果你太老了的话，现实已经不允许你做很多事情了，这是没办法的事情，我们必须正视这一现实。作为海外华文教育界的一分子，我们身上肩负着传承中华文化的重任。在这个过程中，我们需要老中青三代人的共同努力，实现接力换代，培养出更多的接班人。

罗坚会长组织世界青年华校校长联合会时，我毫不犹豫地表示支持。因为我相信，只有源源不断的新鲜血液的输入，才能让华文教育事业永葆青春活力。我们要筛选和鼓励有能力的年轻校长来参与我们的华文教育事业，让他们在实践中成长。我们的华文教育事业在未来应该不局限于义务与慈善工作，一定要鼓励这些年轻人来接班。我们要怎么培养与鼓励这些年轻老师呢？我认为要关注年轻人的勇气和奉献精神。比如，在活动中观察有哪些主动、愿意带头的年轻人。当每年学校组织旅行活动时，你就要盯住这些老师，可以让他们担任领队，锻炼他们的组织能力和领导力，将来有机会鼓励他们做到传承和接班。

现在有很多新的科技手段，比如AI、机器人什么的，我们这代人都不懂了，年轻人在新的科技、信息化管理、企业化管理方面有很大的优势，对教学管理和新的方法比我们懂得多，也比我们优秀得多。要鼓励他们当领导，我们非常高兴也乐意支持年轻人大胆地去改革，改革我们现在的华文教育。如果一直用20多年前我们的办学理念和教学方法教现在的孩子肯定是不行的，他们接触的世界比我们要广阔得多，他们的思维方式也与我们有很大差别。过去与今天已经完全不一样了，所以我们一定要鼓励年轻人，引导他们、激发他们的才干，大胆地进行改革创新。改革是永恒的主题，学校有太多空间等待我们去改变。

我们要鼓励年轻的校长们，明确地告诉他们，要勇于奉献自己的力量去推动华文教育的发展。这不仅是为了我们自己的学校，更是为了整个中华文化在海外的传承与发展。

青年华校校长联合会成立之后，我也跟他们沟通交流，把我的想法、时代的要求、时代的呼唤传递给每一位校长，让他们明白，中华民族的复兴需要他们的参与，需要他们贡献自己的力量。回顾历史我们可以看到，不同时代的教育有着不同的任务。那么，现在的教育目的又是什么呢？我认为，现在的教育是为民族的复兴贡献力量。我们要激发孩子们的中国心，要让他们从小就热爱自己的祖（籍）国文化。

我很支持罗坚会长的工作，我们对年轻的校长寄予厚望，我鼓励他们要做更多的好事，为民族复兴贡献自己的力量，这样我们的华文教育事业才能永葆青春、发扬光大。现在是全球化的世界，我们更应该重视和弘扬中华优秀传统文化，这是我们的祖先留下来的宝贵的精神财富，是我们全人类的财富。你看，我们的《论语》多好，这么好的东西，我们应该与全世界、全人类共同分享。

谢谢伍会长的分享。您对英国华文教育所做的全景式回顾以及深刻的分析，情不自禁展现出的对华文教育事业的热爱与深厚情感，令我们钦佩与感动。这 20 多年是一段激情燃烧的岁月，是伍会长带领英国中文教育促进会践行华文教育初心使命的 20 多年，让我们看到了您对于华文教育的深刻理解与洞察，对海外传承中华文化的精心设计和敏锐判断；也让我们感受到了华教前辈的情怀和对中华文化的无比热爱。我们非常敬佩伍会长作为一位教育家的战略眼光与责任感。英国华文教育不止于坐而论，更能够起而行，卓著成就值得我们所有从事海外华文教育事业的同仁思考与共勉。

（策划：李嘉郁　王芳）

以华文教育搭建中意交流桥梁*

——访意大利佛罗伦萨中文学校校长潘世立先生

【编者按】意大利佛罗伦萨中文学校创立于2001年,在开办之初,就定位于高质量的正规学校,制定了一整套符合国外办学实际的完备的教育管理制度,确定了"以特色求生存、以制度求质量、以交流求发展"的办学理念。经过近20年的发展,该校从仅有60名学生、2位瑞安市教育局选派的老师发展到现在共有学生将近700人,涵盖小学、初中、高中30多个班级,20位专职教师,并成立分校的大规模学校,不仅得到了当地华侨华人的欢迎,也得到了中国政府与当地政府的支持。2011年,该校被评为中国国侨办海外"华文教育示范学校"。作为有注册、有许可、目前全意大利唯一一所被教育部门纳入多元文化教育计划的华文学校,其独特、鲜明的办学模式一直受到托斯卡纳大区、佛罗伦萨省市教育机构的重视,被誉为多元文化教育领域最注重教学质量的学校,连续多年作为中意文化交流的典型在意大利教育部全国教育大会上介绍经验。

应本刊邀请,该校校长暨创始人潘世立先生介绍了该校的办校历程、学校管理、交流合作等相关情况,其办学理念和管理模式值得海外华校借鉴。该校凭借系统规范的制度、过硬的教学质量、全面深入的交流合作,坚持走规范化、系统化、专业化的发展道路,不断转型升级,得到了学生、家长、社会各界的广泛认可。不仅如此,潘校长还以学校作为中意文化交流的平台,极力为中意文化交流牵线搭桥,充分发挥华文教育的桥梁和纽带作用。

问:您于20世纪90年代初走出国门,2001年创办了佛罗伦萨中文学校。哪些因素促使您决定创办中文学校?或者说您创办中文学校的初衷是什么?当时的背

---

* 本文刊于《世界华文教育》2020年第2期。

景环境是怎样的?

我在中国原本就是从事教育工作。20世纪90年代初,已步入中年的我赶上了"出国热""下海热"。和每一个满怀热忱与憧憬的游子一样,我希望走出国门为自己和祖国争得荣誉,以"华侨"这个词为傲。刚出国的前几年,生活非常艰辛。摸爬滚打了数年之后,我渐渐走近佛罗伦萨这座城市:习惯了意大利的饮食,认识了一群意大利的朋友,了解了意大利的历史演变……我做过生意,也尝试过其他行业,寻寻觅觅绕了一圈,发觉最适合自己的仍是教育这一行。因为我发现自己和其他出海的侨胞们与这个国家始终存在冲不破的隔层,由于语言不通难交流,由于文化差异难融合。几年、十几年、几十年,佛罗伦萨的华侨子女由于远离祖国的母语环境,对中文日益生疏,逐渐西化;佛罗伦萨的意大利民众对中国的认识还停留在旧时期;欧洲缺乏中华文化的传播者……我决心以教育之缘,搭一座中意文化之桥。

2005年,胡锦涛主席曾说:"无论是从我们民族优秀传统文化的传承角度考虑,还是从我们骨肉同胞的亲情考虑,我们都应在海外华文教育问题上给予帮助,给予支持。"这句话推动了全球的华文教育发展,欧洲的华文教育机构、学校像雨后春笋般出现。搞教育出身的我深知教育是文化的媒介,更是一个国家最主要、最强大的武器,于是也准备投入华文教育之中。看见一群群侨胞子女在制作皮包的工厂内跑来跑去的情景,我产生了办学的念头。办学本不是一件容易的事,在异乡创办一所中文学校更是阻力重重。有一段时间,常有侨胞为给家人申请护照找我代写中文信。虽是举手之劳,却让我感慨万分。特别是看到那些黄皮肤、黑头发却操着一口洋腔洋调,连自己的中文名字都不会认、不会写的中国孩子,我的心中涌起了一个教育工作者强烈的责任感。回想起在瑞安市教育局工作时,下乡挨家挨户动员父母送孩子上学的情景,我决心不管有多难,都要创造条件,让孩子们有一个学习中文、感受中华文化的地方。

1996年10月的一天,我儿子学校的意大利语辅导老师玛丽娅女士邀我去学校交流我儿子升学之事,偶然谈到儿童的心理、生理及教育规律时,玛丽娅女士得知我在中国也是一名教育工作者。我们两人的谈话很默契,从那时起我们便开启了中意文化教育交流的历程。当时,意大利政府放宽移民家庭团聚政策,大量侨胞子女入学(大部分来自中国温州),意大利学校的老师缺乏对刚来的中国孩子的教学经验,他们都指望在中国留过学的玛丽娅女士。在我的牵线下,玛丽娅女士于1996

年圣诞节组团访问中国。时任浙江省瑞安市教育局初教科科长的黄良桐安排接待、参观学校，使玛丽娅女士达到了赴华访问的预期目的。第二年，瑞安市与佛罗伦萨市的五所学校结为姐妹关系，开展了两市教育界领导的互访。我校就是在佛罗伦萨市政府和瑞安市政府构建意中文化交流的氛围中产生的。

校舍、师资、教材、生源、经费，每一个都是决定学校生存发展的大问题，每一个对于我来说都是难题。从1996年开始筹划，我用了整整五年时间，四处奔走，频繁与中国相关部门联系协商。筹办中文学校的消息一经传开，立即得到中意两国政府和相关领导的高度关注。2000年，瑞安市政府和佛罗伦萨市政府签订了教育文化交流协议，每年从瑞安市的结对学校中选派两名优秀教师，由佛罗伦萨市政府邀请出国任教，解决了学校的师资问题。中国驻佛罗伦萨总领事将中文学校的创建工作列为领事工作的一项重要内容，中国国侨办免费提供所有教材。意大利COSPE协会（协助发展中国家协会）主席玛丽娅女士对我帮助很大，她帮我出谋划策，与当地政府及有关部门沟通，落实校舍和教学设备。2001年7月，意大利佛罗伦萨中意文化交流协会成立，作为中文学校的领导机构。2001年9月，学校开始启动招生，我圆了在海外办学的梦。

其实最艰难的日子里我也有过动摇。特别是听到一些闲言碎语，说中国人在意大利生活，会说意大利语、能赚钱就行了，甚至有人怀疑我办学是为了赚钱。我心里非常难受，但还是选择了坚持，因为传播母语、弘扬中华文化的神圣使命感支撑着我，何况还得到了那么多的关注和支持，我感觉自己并不孤单。

问：贵校在开办之初就定位于高质量的正规学校。在办学过程中，贵校是如何实现这一定位的？学校具有怎样的特色？

根据这一定位，学校在开办之初就制定了一整套符合国外办学实际的完备的教育管理制度，始终秉承"以特色求生存、以制度求质量、以交流求发展"的办学理念，牢记"提高中文教育水平，增强弘扬中华文化力度，让本地区更多的华侨华人子女接受更好的教育，培养既懂意文又懂中文的好公民"的宗旨，以"积极向标准化、正规化、专业化方向发展，努力打造一所新型的中文学校"为办学方向，致力于华文教育事业的发展和开拓。

"三以"和"三求"办学理念是在创校初就定下的，随着学校的发展壮大使

"特色"不断增多、"制度"不断完善、"交流"不断深化。目前的特色有：融入当地，建立联盟学校，构建交流、和谐、共处的中意文学校关系；进入居住国教育部门的多元文化教育体系，了解生活在意大利的其他国家移民的文化；利用当地资源，与意大利托斯卡纳大区政府合作，是有挂牌的正规、标准的学校；在中意文化教育交流中产生，现又为中意文化教育交流做平台，做中意交流的使者；具有一整套的学校管理、教学管理制度。

学校为半日制学制，教材与中国同步，校舍与意大利当地学校融合。为使华侨子女学习意大利语和中文两不误，意校初中生下午不上课，教学时间上我们便设定为下午3点30分至5点学习中文；意校小学生下午4点30分放学，我们安排下午5点至6点30分学习中文。这种时间安排符合本地实际情况、符合学生身心发展规律、符合教学有关要求。我们的教学理念是：以愉快的教学方式让学生愉快地学；用新颖的方法，引导学生主动参与学习；采用启发性的教育，培养学生的质疑和自学能力；采用现代而又不拘一格的教学方法；重视课堂教育与课外活动相结合；要求家庭安装中文台。我们充分利用信息科技为教育带来的新契机，开辟网络，让老师与孩子在网上对话，及时解决疑难问题。根据教学目标和教学对象的特点，通过教学设计，合理选择和运用现代教学媒体。2009年，学校便为所有班级都配备了多媒体教学设备，各班均可采用多媒体教学，并与传统教学手段有机结合，共同参与教学全过程，形成合理的教学结构，达到最优化的教学效果。2013年，学校与保罗茨落学校合作，实现校园无线网络全覆盖，成为佛罗伦萨乃至意大利第一所无线网络覆盖全校的中文学校。每个教室均可直接上网查找有关教学资料，老师和学生上课用笔记本电脑互动，极大地丰富了课堂教学的手段，也极大地调动了学生的积极性。

学校除中文外，不断开发多元课程。星期一至星期五下午学习语文，星期六下午设英语、数学、舞蹈、电子琴、象棋、历史、手工制作、剪纸、书法、美术等科目；学校有文艺队，参加当地社区、华侨华人社团文艺演出活动，广受好评；参加全意大利华校学生才艺比赛得到"状元奖"。学校还利用多方资源，不定期举办文化讲座、比赛、参观考察等活动。如受中国国侨办委派来欧洲任教的翁献琼老师曾专门开课介绍家乡温州的非物质文化遗产，还举办过高中班的书法作品展示暨书法知识竞赛、以"我们一起读诗，传承中国文化"为主题的校园诗会，组织学生参观"纪念孙中山先生诞辰150周年暨第三届意大利中华诗书画作品展"等。这些活动营造了浓厚的中华文化氛围，展示学生学习的成果，培养学生热爱中华文化的情怀，使他们在实践当中真正领悟到中国文化艺术的魅力，激发了他们进一步学好中文、了解博大精深的中华文化的兴趣。

我校有一支合格、年轻而有活力的专业教师队伍。建校后，前十年的师资分为三类：一是瑞安市教育局选派的教师，基本上采用一至二年轮换制，或是温州大学选派的在读研究生，一批任期六个月；二是由当地留学生协会推荐、我校考查录取的留学生；三是原来在中国是正式教师、后因家庭团聚或劳工申请而来的，经过我们的考查、试教而录用。建校十周年后也分为三类：一是中国来自浙江、温州名校的国侨办外派教师，一批任期一年或二年；二是中国的浙师大、上师大选派的即将毕业或已毕业的研究生，一批任期一年；三是在本校任教十五年左右的本土教师。我校的教师具有丰富的教学经验、渊博的知识、广泛的信息量、过硬的教学技巧，能很好地调动学生的学习兴趣，达到事半功倍的效果。我校一直以高质量的教学效果吸引生源。

问：贵校虽办学时间相对较短，但已成为目前全意大利唯一一所被意大利教育部门纳入多元文化教育计划的华文学校，办学模式一直受到意大利政府和教育机构的重视。请您简单介绍一下意大利的多元文化教育计划，贵校是如何获得意大利教育部门认可的？

意大利是一个移民国家，有很多外来移民，非常重视多元文化，每年由教育部召开一次全国性的多元文化教育交流会，居住在意大利的外国移民都有代表参会交流如何"搭桥"、如何开展母语教育、如何对待难民孩子等的经验。佛罗伦萨中文学校每年都受邀参加会议，我们的融入做法、办学模式、牵线搭桥等方面得到了意大利教育部的认可。如2014年9月，意大利教育部国际交流司副司长Giuseppe Marucci先生视察我校时说，佛罗伦萨中文学校这种和意大利学校融合办学的模式很有特色，不仅能营造学习中文的氛围，提高学生学习兴趣，也能促进意大利学校和中文学校的交流，更有利于华人社会和意大利社会的融合发展。他表示，会将佛罗伦萨中文学校的办学模式通过正式的报告反馈到更高的管理层，进而将这一模式推广到更大范围。

由温州大学华文教育研究所严晓鹏博士领衔的团队曾对意大利华文学校进行了持续的调研,对佛罗伦萨中文学校等华校开展了案例研究,他们研究发现:佛罗伦萨中文学校以"中意文化交流"为发展出发点,以"促进中意多元文化交流融合、搭建中意教育沟通桥梁"为发展目的,形成了一套正规化、制度化、合法化的华文教育模式,这种模式最终获得了意大利各级教育部门的高度肯定,并特许建立意大利华文教育集团,准许其教育模式在意大利全境推广。

佛罗伦萨中文学校是建立在意大利移民文化教育体系上的学校,当地意大利学校的老师对学校做出了这样的评价:华人的孩子学习中文不仅没有影响学习意大利文化,反而激发了他们学习意大利文化的兴趣。

问: 在教学、教师和学生管理及学校日常运行等方面,学校制定了哪些制度,以保证及提升教学质量,促进学校规范化发展?

一所正规的学校,必须有一套完备的制度,这样做事才有据可依。我亲自设计了校徽,为校歌作词,明确制定了校风、教风、学风等,并在教学及管理中不断完善各项制度:

学制制度。建校初我们根据当地实际情况,以《幼儿汉语》4本教材作为学前班一年的课本;以《汉语》试用版12本教材加拼音教材作为小学三年的课本;初中为二年,采用北京华文学院编的《汉语》初中版;高中二年,采用北京语言大学的《发展汉语》。2015年开始陆续改用中国的人教版课本,与中国的教材同步进行教学。这样能使生活在国外的孩子通过认真学习也能具有与国内同等的中文水平,同时也便于进行教学质量的比较,把中国基础教育中先进的教学方法运用到海外中文教学中,有利于教学水平的提高。过渡期间,我校围绕教材改革主题,因地制宜,大胆尝试改革创新,开展了一系列教学研讨活动,通过集中学习、熟知教材、分析教材,开展赛课、评课,检验实效,力求实现教改的平稳过渡,并邀请龚爱敏老师等优秀的外派教师,为全体教师开展教改示范课观摩活动,促使全校教师改进教学模式,逐渐掌握适合本校华裔学生的教学方法,有效推动了教学改革的顺利进行以及整体教育教学水平的提升。随着教改的行进,学制制度也有所改变,以人教版一至九年级《语文》教材作为小学四年、初中二年的课本;以必修一至必修五普通高中《语文》教材作为高中二年的课本。

招生制度。每年4—5月报名，招收当地愿意学中文的7—18周岁的华侨华人子女，按照年龄与学生的上课时间编班，9月16日正式上课。现有小学一年级（学习一上、一下、二上教材）6个班；小学二年级（学习二下、三上、三下教材）5个班；小学三年级（学习四上、四下、五上教材）5个班；小学四年级（学习五下、六上、六下教材）5个班；初中一年级（学习七上、七下、八上教材）5个班；初中二年级（学习八下、九上、九下教材）5个班；高中一年级（学习必修一、必修二教材）（由于学制调整，今年没有高中一年级）；高中二年级（学习必修三、必修四、必修五教材）3个班。2014年开始举行初中升高中入学考试，2015年开始举行小学升初中入学考试，在办学模式升级、建立完整的教育体系，以及向标准化、正规化、专业化方向又迈出了一大步。考试结束后，根据学生综合测试成绩，按照择优录取的原则录取新生，以保证生源质量和教学质量。

奖励制度。我校实施奖学金（制定《意大利佛罗伦萨中文学校学生奖学金评比条例》）、奖教金（制定《意大利佛罗伦萨中文学校教师奖教金评比条例》）制度，以《学生一日常规》《学生守则500分》《教师的职责和要求》为依据评出得奖者。每年"六一"节请总领馆领事和当地政府官员颁奖。

流动红旗制度。依据《流动红旗评选的检查办法和要求》，每周对各班的情况进行评估，为优胜班级授予"流动红旗"，每月为获得"流动红旗"次数最多的班级授予"文明班级"称号，每年为获得"文明班级"称号次数最多的班级授予"优秀班级"称号，并在每年的"意中儿童文艺汇演"活动中给予表彰。学校还建立学习、出勤、纪律登记册，每天有值日教师、流动红旗值日生（配有胸牌）维持课余秩序，从而强化学校常规管理，规范学生行为，不断提高学生的整体素质，培养学生自我控制意识，养成良好的文明礼仪素养和行为习惯，营造整洁、文明、充满活力的校园氛围。

教研活动制度。开学第一周，学校组织教师开会，校长布置本学期的工作任务，学习学校有关规章制度；第二个星期教师集中汇报各班情况，校长总结部署新的要求；一个月后进行教学探讨，教师互相交流教学经验。每月组织一次主题研究，如为推动制作PPT，请内行的教师主讲并展开讨论；为做好备课工作，专门开展教案比赛，我校林佳佳老师的教案在全球"华文教育·教案比赛"中获二等奖；召开写作指导专题研讨会、识字教学专题研讨会、学生个案分析研讨会；等等。

"六一"活动制度。建校以来，每年的"六一"活动我们都举行丰富多彩的庆祝活动，每年都有新内容。这也是我校向社会、向家长、向领导汇报的日子，每年都会邀请中国驻佛罗伦萨总领馆总领事、当地市长、教育局局长和社会有关人士与家长、学生们一同欢度节日。近几年来，我们的"六一"活动成为中意交流合作的平台，从原来的校内体育场提升到大剧场演出，从原来的只有中文学校学生演出发展为与意大利学校学生同台演出，从COSPE、保罗茨落学校、中文学校三单位联合举办发展到同托斯卡纳大区政府联合举办，剧场租赁费用由大区政府支付。近年来，每次活动都有政府参与、当地居民观看。

作文比赛制度。我校从2005年开始把2月份定为作文竞赛月，每班评出5篇作文，2月底由学校组织评比，评出的优秀作文参加"世界华人学生作文大赛"。从2005年至今，我校每年都参加这一大赛，每年都有学生得奖。近几年又参加了"华人少年作文交流展示活动"，改定11月为作文竞赛月，参赛人数越来越多，质量一年比一年高，获奖也逐年增多。2018年、2019年两年，每年各奖项都有40余篇作文获奖。

校刊《百合花园地》出版制度。从2013年1月创办校刊以来，除暑假外，一月一刊，很受学生和家长欢迎。

家庭、学校关系制度。每年新生入学前，学校与家长签订《教育协议书》，明确学校、教师、家长、学生的责任，共同督促、鞭策孩子学好母语，弘扬中华文化；学生来、离校一律由家长负责接送；设置《家长学校联系册》，及时进行书面沟通；建立家长群，督促教师多联系家长；进行家校联系问卷调查，开展个性化教学。我们还举办过家校合作专题研讨会，促使教师学习借鉴好经验、好做法，架起家校交流的桥梁，让家长真正成为学校教育的同盟军，为孩子们的健康成长保驾护航。

问：贵校对于学生的培养目标是"既懂意大利文化知识又懂中国文化知识的合格公民"。为实现这一目标，学校做了哪些方面的工作？

在联盟学校，我们定期组织意大利语老师和中文老师零距离交流，比较在两校读书的同一个华裔学生的不同表现、成绩、到校情况，找出教育的共同点；帮助意大利学校做好家校联系工作；中文学校招新生时规定其先入意大利学校读一年，在意大利学校读二年级时方可入中文学校；中意文学校的老师互相听课。

我告诉学校的老师们，我们所教育的对象都是黑头发、黄皮肤的中国孩子，可是他们大都是在意大利出生的，他们的个性、思维、所接触的事物、了解的东西与国内的学生是不一样的，所以在教学上要针对学生的实际备好课，促使他们学好意大利和中国的两种语言和文化。我们要求学生在学好意大利语的基础上学好中文，为他们融入当地社会做好准备，培养他们像我们校歌中所唱的"献身世界发展"的精神；同时我们老师要弘扬中华文化，为中意文化交流做出贡献。

问：贵校与当地哪些机构有着怎样的交流合作？这些交流合作对学校、对当地华文教育的发展起到了什么作用？

"合作"是学校的特色之一。我校长期与COSPE协会合作，共同成立"意大利佛罗伦萨中意文化交流协会"，通过协会与政府沟通得到他们的支持。合作办学一方面有利于提高华校的社会知名度和合法性，使华校得到更好更快的发展；另一方面也有利于COSPE协会加强与中方的交流。我们长期合作，交流中意文化，共同传播博大精深的中国文化。我们的合作模式得到了当地政府、总领馆、媒体等的高度评价。

现在，合作范围更大了，程度更深了。2014年初，佛罗伦萨中文学校正式与意大利托斯卡纳大区政府、COSPE协会、意大利佛罗伦萨甘地学院、意大利保罗茨落学校、意大利佛罗伦萨中意文化交流协会等"牵手"，成立"意大利佛罗伦萨中文学校合作联盟"。此举开创了海外华校与当地政府合作办学的先河，为海外华文教育和中华文化走向世界起到积极的促进和带动作用。联盟单位间开展姐妹学校的师生互访、校际交流，开启中意教育界高层领导互访、学校教师互派，进一步扩大中意文化交流与合作，为中意文化交流起到积极的示范作用。

在意大利教育部的支持下，2015年COSPE协会和我校成立了意大利华文教育集团理事会，推广我校华教模式，目前成员单位有曼托瓦木兰花中文学校、拿布丽中文学校。佛罗伦萨中文学校现已成为一所托斯卡纳大区政府、COSPE协会、甘地学院、意大利佛罗伦萨中意文化交流协会四单位联盟合作的中文学校，为华校融入当地社会共同发展开了先河。

我校与当地联盟学校、COSPE协会、意大利意中文化教育交流研究中心、意大利教育部、托斯卡纳大区政府、佛罗伦萨市政府、岗比市政府等单位均有合作关系，参与有关会议、交流活动。我们的老师受邀去意大利学校教中文、历史、英语，深受意大利学生欢迎。意大利教育行政官员和媒体也经常到校与老师座谈、采访，多次得到意大利国家电视台报道。我校学生每年有好几次受当地大区、省和附近几个市政府邀请去参加文艺演出。我本人受意大利教育部邀请参加全国教育会议四次，受邀参加意大利内政部会议一次，每次都作大会介绍。这些合作交流提高了学校的知名度，为学校开展活动或未来发展开启绿灯，使他们相信学校、了解学校，为我们更好地讲好中国故事打下基础，为促进社会和谐、构建和睦相处的环境做出努力，加快融入当地主流社会。

在中国驻佛罗伦萨总领馆的指导下，佛罗伦萨区域内各侨团越来越团结，我校与佛罗伦萨华侨华人联合总会、佛罗伦萨华侨华人妇女联合会、留学生学者联谊会一起开展过多次活动，这也为中文学校相关业务的开展提供了便利。同时，中意各机构的大力支持也让海外华文教育发展得越来越好。

问：贵校如何发挥中意交流合作平台的作用？这一身份对于学校自身有什么影响？

佛罗伦萨中文学校在中意文化交流中诞生，现又作为中意文化交流的平台，极力为中意文化交流牵线搭桥，在意大利历史上创造了五个第一：托斯卡纳大区与温州瑞安市首次建立五所姐妹学校（1997年）；佛罗伦萨市教育局与瑞安市政府首次签署中意文化教育交流协议（2000年）；托斯卡纳大区首次邀请瑞安市教师来意交流、教学（2001年）；托斯卡纳大区首次组织中小学生访问杭州文澜中学和温州少艺校（2008年）；中国国侨办外派教师首次来意大利教中文、传授中国文化、进行交流（2011年）。

为搭好中意交流之桥，佛罗伦萨中文学校与COSPE协会长期合作，20年来先后成立了意大利佛罗伦萨中意文化交流协会、意大利托斯卡纳大区联盟学校、意大利意中文化教育交流研究中心。经过我们牵线搭桥，目前中国有浙江的杭州、湖州、温州和瑞安以及江西九江等地的学校与意大利学校成为姐妹学校，结对的姐妹学校之间每年都定期进行互访。姐妹学校的数量不断增加，地域范围已从佛罗伦萨一地扩展为米兰、都灵、博洛尼亚、布雷西亚等地，中国选派的老师从瑞安市级提升至国务院侨办级。我校经常陪同意大利教育部、托斯卡纳大区政府、佛罗伦萨联盟学校组织的各类访问团访问中国；经常接待中国来访的政府、学校、学生代表团。佛罗伦萨中文学校分别与温州大学、浙江师范大学、上海师范大学、九江学院签订了文化教育合作协议，接受过中央电视台"远方的家"栏目、瑞安电视台"世界瑞侨"栏目来校采访录制，我和太太谢群获邀去温州电视台"天下温州人"栏目接受采访、录制节目。这一身份使社会、家长、学生对学校都有极高的评价，得到了合法的认可，为学校管理和教学的顺利进行提供了保障。

时下，"一带一路"让中国梦与世界梦相连。在"一带一路"的号召下，华文教育已然成了接力棒。佛罗伦萨中文学校借助教育的力量助力华侨孩子们奔赴在实现梦想的路途上。正如中国驻意大利佛罗伦萨总领馆王文刚总领事参加"2019佛罗伦萨中文学校意中儿童文艺汇演"活动致辞中所感慨的："我们的孩子是幸运的一代、幸福的一代，因为他们可以享受良好的教育，友好的意大利人民欢迎我们的加入。学好中文，不仅能传承中华文化，也能使华侨们融入社会，团结意大利朋友，更能让中国人开拓创新，有所成就。"

问：您在中国从事教育工作十几年，丰富的经验在海外办学中得到了充分体现。您认为，海外华校的校长或主要责任人应该具有哪些方面的素质、能力，乃至情怀和精神，才能更好地应对海外华文教育的特殊性？

我认为，一名优秀的华校校长应有一定深度的爱国主义思想及民族情怀；有强烈的事业心和责任感，有坚韧不拔的抗挫能力；具有一定的国际交流层面上的经验；具有较为系统的教育学和心理学知识以及教育管理经验；顾全大局，有开拓精神，善于处理突发事件；平易近人，团结教职员工，能融入当地工作氛围之中。

非常感谢潘校长接受我们的采访，您的经历和感悟使我们对海外华文教育、对华校融入当地社会有了更深入的认识和了解，您的理念和经验对于其他海外华校的发展、对于促进中外文化交流有着宝贵的借鉴意义。佛罗伦萨中文学校从筹建到不断发展壮大的历程，也是"华文教育的意大利模式"从探索到成形，进而不断推广、深化的过程。希望贵校越办越好，贵校的模式得到更大范围的推广；希望贵校更好地发挥桥梁作用，促使中意之间的文化交流不断深入。

（策划：邱丽媛　李嘉郁）

意大利新移民子女的中文教育[*]

——意大利本土化实践道路

一、引言

意大利作为欧洲华侨华人聚居的主要国家，目前共有 30 万华人华侨。意大利的华人移民历史并不长，80% 以上现有中国侨民是在 1989 年以后进入意大利的。由于意大利政府对非欧移民采取比较宽松的政策，到 21 世纪初的十来年期间吸引了大批中国移民进入意大利，意大利华侨社会迅速形成。移民数量的增长带来了移民后代的华文教育问题，意大利华文教育由此应运而生。现阶段新侨移民家长对子女的中文教育非常重视，希望子女保持对中国身份和文化的认同，为子女的中文学习提供和创设力所能及的条件，并希望通过华文教育来全面培养和提升子女的素质和能力。根据新移民的教育需求，我们将意大利本土化中文教育的目标确定为：全面学习和掌握中华语言，了解和传承中华文化，发展全面能力和素质，成为国际多元化的侨二代。如何开展本土化华文教育？本文以意大利罗马中华语言学校（以下简称"中华学校"）的本土化实践为例，阐述华文教育本土化的可能性、可行性，为中华语言文化在海外的传承提供参考。

二、意大利华文教育本土化的实践

（一）优化本土化办学环境

意大利华文教育相对于整个欧洲起步较晚，到 2000 年时，只在罗马、米兰、

---

[*] 作者：蒋忠华，意大利罗马中华语言学校。本文刊于《世界华文教育》2023 年第 2 期。

普拉托这几个华人聚集的城市有一到两所中文学校。当时整个社会和华人家庭对中文教育很不重视，很多家长没有要送孩子去中文学校的意识，还完全没有学习中文的氛围。如何改变这种环境呢？我们认识到，要以行动改变观念，以观念引导行动。

首先，从文化入手，加强中华文化传播传承，提升社会对办学的重视程度。在办学初期，罗马中华语言学校就从中国文化的推广入手，利用意大利的多元文化特点，带领学生参加各种国际文化交流活动，如国际文化节、意大利民族节、罗马博览会及社区文化活动等，中国学生现场表演中国舞蹈和中国功夫、讲述茶文化、与市民面对面沟通。以文化为突破口，通过国际文化的交流和推广，让社会各界了解到中文学校不仅能传授中文知识，更能弘扬和传承中国文化。如此一来，当地政府更加支持中文学校办学，特别是愿意为华校提供公立学校的校舍，保证有利的办学场地。华人社会更加重视和支持华文教育，华人家庭的观念有了改变，开始愿意并主动送孩子到中文学校学习中文，也开始重视孩子对中文的学习，积极配合学校的一切教学工作。

其次，以组织为抓手，创建语言文化组织，立足当地，助推本土办学落地生根。意大利政府注重多元文化之间的交流和融合，大力支持民间的文化协会。因此，中华学校确立了以"中华协会"的名义做文化项目、以"中华学校"做华文教育的同步思路。"中华协会"与当地其他文化协会和多所大学一起组织语言和文化活动，合作进行文化交流，申请文化和教育项目。比如，2007年到2013年间，中华学校与罗马第三大学及多个文化协会一起申请了欧盟移民语言项目，定期帮助中国移民家长和华二代孩子进行意大利语课程培训。"协会"和"学校"两条主线并行，立足当地，优化环境，助推本土办学，形成了良好的办学基础和环境。

（二）构建本土化课程体系

1.依据学生基础，选用中国同步的人教版教材

因意大利的移民历史并不长，目前华裔学生基本是第二代和第三代，对祖（籍）国文化并不陌生，从第一代传承下来的文化基础和语言意识都还很强。第一代和第二代父辈们的意大利语还不是很流畅或根本不会，因此在华人移民社会的大环境里，普通话是唯一的沟通语言。有数据显示，意大利华裔移民家庭90%以上

都是浙江籍侨胞，而浙江籍侨胞有各自的方言，有的方言之间差异较大，即使是父母同为温州籍的家庭里，也存在无法完全用方言沟通的情况，因此在家庭中普通话是主要的沟通语言。在这样的环境下，华裔儿童耳濡目染，从小以中文为母语。以此为背景，我们选用了与中国同步的人教版教材。

2.考虑现实需求，开设素质教育课程

随着意大利华人家庭对孩子素质培养重视程度的不断提高，我们将华文教育与其他素质教育相结合，这是当前我们华文教育课程与教学的一大特点。

结合意大利华裔学生的特点，中华学校树立了"传承中华语言与文化、促进中意文化交流、培养国际多元化侨二代"的培养目标，设置多元化课程——以中文课程为主、兴趣课程为辅展开对学生全面的素质培养，即在开设中文课程的同时，开设英语、中国数学、本土意大利语和其他各种艺术体育课程等。

3.保持文化认同，与中国的课程进度同步

每年都会有大量的中国学生在国内上过几年小学或是小学毕业升初中之际来到意大利，他们到中华学校插班就读时，在教材、教学进度、教学模式上都能衔接得非常快。这些孩子中文基础比意大利本土长大的华裔孩子要好很多，因此他们在中文学校里找到了一份自信，对他们融入意大利学习和生活起到了积极的作用。同时，使用中国同步的人教版教材这种中文母语教学模式能够激发他们的文化认同感，犹如为班级注入了一股新鲜的血液，极大地促进了本土出生的华裔孩子对中文的投入程度，提升了整体的华文水平。

另外，在意大利本土长大的孩子回到中国后，插班到当地学校也可及时进行课程的无缝衔接，如此实现双向接轨，学生的中文学习也不会因在两国之间往来而耽误时间。

4.适应入学年龄，构建幼小中高全过程课程体系

意大利新侨民普遍学历不高，主要经营个体生意，多与中国有商贸往来。家长们经常在中意之间往返，他们看到中国国力提升，深感学好中文具有一定的市场价值。很多人甚至觉得子女学好中文比学好意大利语更重要，要求孩子在家里说汉语，保持良好的中文环境。他们认为应让孩子尽早接触中文，3岁起就送孩子就读中文幼儿班，适龄时就读中文学校（表1）。由此陆续开办幼儿班、幼儿衔接小学班，年级分明，分班细致。中华学校从幼儿、学前、小学、初中再到高中，共有

20多个不同年级的中文课（表2）。

表1　罗马中华语言学校十年间（2006—2016年）学生入学年龄统计表[①]

年份	2006—2007	2008—2009	2009—2010	2011—2012	2013—2014	2015—2016
入学平均年龄	12岁	10岁	8岁	7岁	5岁	3岁

表2　罗马中华语言学校陆续开设的课程（2006—2020年）

年份	2006	2008	2011	2012	2014	2015	2020
年级	小学语文	初中语文	学前班	幼儿大班	幼儿小班	高中语文	高中其他课程

5.应对疫情挑战，创新推出线上课程

疫情初期，中华学校就实行"停课不停学"机制，并迅速将线下课程转到线上，成功完成了从线下"中华学校"到线上"中华云"网校的转换。

（1）开展线上公益文化大课堂

与中国有关单位合作举办线上公益课程，邀请专家名师给疫情下的学生开设了15期45场"公益文化大课堂"。除了文化课，还讲授与疫情相关的普及课程，从心理上和行为上给予正确的疏导和指导。

（2）开展各类线上夏令营活动

组织全校学生参加中国侨联及地方侨联主办的"亲情中华"等各类网上夏令营，促进学生对中国历史文化的了解和掌握，为疫情下的学生们带去了丰富的文化体验。

（3）开设家长学校线上培训课程

因华侨新生代在多元文化背景下成长，和父母之间存在着文化差异，也有部分留守青少年回到家庭在融入国外生活时所产生的不适应，以及现在网络时代带来的负面影响，使海外华侨家庭的教育问题越来越突出。中华学校和浙江省华侨网络学院合作，开设家长课程，致力于服务华侨家庭，提升青少年心理健康水平，改善日益紧张的亲子关系，提升家长的教育意识，体现海外家校合作的重要性。

[①] 资料来自：蒋忠华. 试论意大利华裔华文母语教学模式的基础与特点——以罗马中华语言学校为例[J]. 世界华文教育，2018（3）.

（4）实现网络组织和管理机制

带领全校教师团队积极探索网络教学，给予线上培训和技术指导，实现对教师管理从线下到云端的创建、突破和重组，以及对班级组织、课堂教学、作业批改、远程考试、校园线上活动等内容的细化培训和管理。

（5）"中华云"网校应运而生，线上课程体系不断完善

线上教学开拓了"跨时空、跨地域"的教育模式，一些没有中文学校的边远地区孩子闻讯而来，德国、比利时、荷兰、法国、希腊等欧洲其他国家的华侨子弟也加入了学习中文的行列。实现了在线测试和在线报名，并将进一步在平台上实现在线阅读和资源共享，创造华文教育"线上+线下"未来双模式，造福更多华侨孩子，传播中华文化，促进意大利华文教育新模式发展。

通过疫情前和疫情防控期间的课程对比（表3和表4）可见，在基本保留原有课程内容的基础上，又因本土需求增开了意大利语同步课程、华侨联考高中课程、电脑编程等课。

表3 疫情前课程表

课程科目	中文	数学	英语	意大利语	口才	篮球	美术	钢琴	珠心算	书法	作文
一周课时数	6	2	2	2	2	2	2	2	2	2	2
班级数	25	5	2	3	1	2	2	2	3	1	1

表4 疫情防控期间课程表[①]

课程科目	中文	数学	英语	意大利语	意大利语同步课	美术	编程	作文	华侨联考高中课程
一周课时数	4	**1.5**	**1.5**	1.5	**6**	1	**1**	1.5	语文3+数学2+英语2
班级数	25	**8**	**5**	3	**5**	2	**3**	1	3

（三）开展本土化教学

本土化教学的开展包含五个方面的内容：学制和课时设置、母语教学模式、教学目标内容、本土教学方法设计、教学质量检测。

---

① 表中加粗字体为疫情防控期间增开新课程或课时有所改变。

1.学制和课时设置

因我们的学生具有中文母语基础,根据中国的人教版教材的特点,中国的学校每周设10节语文课,一学期20周,总授课时间为200课时。我们按每周6小时中文课设置:从9月开学到第二年6月整个学年学一册书,40周的总课时是200多课时,跟中国的总课时设置相近。

跟意大利本地学校上课时间相互穿插,每年设三个学期:第一学期为9月到第二年的1月30日;第二学期为2月到6月中旬(意大利学校放暑假的时间),第一学期和第二学期分别是课后制或周末制教学;第三学期为暑假全日制教学,每年6月中旬到8月中旬,每天6小时中文课,每周5天。一年学完上下两册教材:9月到第二年6月学一册,暑期里两个月时间(全日制教学)学一册书。每个单元有测试,并举行期中和期末统一考试。这样与中国同步,一年学完两册书,六年学完小学,三年学完初中;另外加上三年幼儿学前教育和两年高中课程,形成"12+2"的中文体制。

2.母语教学模式

在海外,华文教育是一种非母语环境下的母语教学。限于环境,很多地方走的是二语教学的路子。对于意大利华裔而言,中文虽是母语,所处社会却是意大利语环境,由此所进行的华文教学基本上是基于二语教学理论的,从教材选用、教学方法到教师背景都是对外汉语教学模式。但是,我们使用的是母语教学模式:使用中文进行母语教学。

由于意大利华侨多为新移民,对祖国有着深深的依恋感。中国的人教版教材"以推进素质教育、促进学生发展的思想为指导,使学生在生动、活泼、主动的学习中,培育热爱祖国语言文字和中华优秀传统文化的思想感情,丰富语言的积累,具有初步、实用的各项语文能力,同时为思想品德的熏陶和人文精神的培养,为培育学生的创造力提供凭借"[①]。这正好契合新移民的心理需求,他们渴望自己的子女传承中华文化,掌握祖国语言,"认祖归宗"的思想深深根植于第一代华侨心里。家长们对人教版教材的认可,有助于支持和配合教学,帮助学生在学习上取得进

---

① 见《九年义务教育全日制小学语言教学大纲(试用修订版)》,转引自:蒋忠华.试论意大利华裔华文母语教学模式的基础与特点——以罗马中华语言学校为例[J].世界华文教育,2018(3).

步。以此为基础，全面实行中文母语教学模式。

3.教学目标内容

确定适合本土的教学内容和目标，是本土化教学的重要内涵。随着本土化教学模式的不断深入，中华学校从听说读写考各方面制定了适合本土的目标和内容（表5）。

表5　罗马中华语言学校教学目标内容表（小学—高中）（听说读写考）

教学大纲和重点	1.根据中国统编版课程大纲，结合学生实际设置教学目标，组织课堂教学。 2.注重知识和能力的转化，培养语文能力，注重联系学生生活实际进行理解和运用。 3.注重基础知识，不只掌握字词，更注重阅读和写作的能力培养。 4.注重练习和巩固：课课听，课课练，课课批，课课有作业，单元有作文。 5.关注学生身心成长、品质培养、个性培养、世界观形成、人文素养的培养。
听写量	一年级5—10字/课，二年级15—20字/课，三年级25—30字/课，四至六年级30字以上/课，初中40字以上/课
听写内容	课课听写：重点词、重点句、重点段
说话（口头）和书面表达、训练、巩固	编、写、演文本故事，课前讲故事，辩论赛，演讲；校园活动（诗朗诵大赛、诗词大会、才艺赛、小主持人赛、作文大赛、中文歌曲大赛，各种形式的表演） 采用中国同步配套练习；课内指导、课外练习、课课完成、及时订正
朗读、背诵	每日晨读，预习朗读，课堂指导，朗读训练，当堂背诵，语音作业，每日打卡
作文	一年级50—100字，二年级150—250字，三年级300—350字，四年级400—450字，五年级500—550字，六年级600字以上，七年级700字以上，八年级800字以上，九年级900字以上，高中1000字以上
考试	1.采用中国同步配套试卷。 2.严格考试纪律。 3.通过考评，不断查漏补缺，提升成绩。 4.每年升级考必须达标，不及格者留级，毕业考通过才毕业。

4.本土教学方法设计

（1）借鉴中国统编版《语文》的优质教学资源

利用丰富的教学资源，借鉴中国统编版《语文》的优质课堂实录、优质课教案。

（2）积累本土有效的经验方法

了解学生实际情况，有针对性地根据学生实际，从教案、教学目标、PPT对中国统编版教材教学法进行完善，组织本土优秀教师进行经验交流；建立校本教师培养机制；经过长时间的尝试和积累，逐渐形成校本教学方法。

5.教学质量检测

（1）报名前测试，根据中文水平（不同年龄）插入合适的班级，期末根据成绩决定升级或留级。

（2）根据中国的人教版教材特点，结合学生实际情况，使用配套练习册（每课一练）和试卷，一册书有10次考试，其中8次单元考试，2次统一考试（期中考试和期末考试）。

（3）统一考试检测各班实际水平，再通过各班考试结果，老师进行总结分析、交流、查漏补缺，决定学生是否留级。

（4）小学、初中、高中举行一年一度的毕业过关考试。

（四）创建本土化管理机制

有效的教学需要科学的管理机制，中华学校为落实本土办学，创建起本土化管理机制。

1.严明的教学纪律

（1）教师纪律

除了常规的教师纪律规定以外，还依据本土实际，设置校本"教师教学手册"，在教学要求、教学计划、教学达标等方面设置了具体内容和任务，让教师在明确内容目标的同时，更有的放矢，使教师的自我成长更有方向性。这套适合本土的严明的校纪校规，保证了教学任务的顺利落实。

（2）学生纪律

除了常规的学生纪律规定以外，学校还依据本土实际设计了校本学生规定：（网）课堂纪律、作业要求、写字达标、考试标准等，并以学校官方名义发布纪律要求，形成良好的学风，也让教师教学有基本保障。

（3）班级班规

除了校级校规以外，学校将权力下放给各班老师，由各班班主任在校级纪律基础上根据班级实际情况制定相关的班级班规，有效地保障班级教学的落实，尤其是在作业完成、班级活动设计等方面能取得良好的效果。

2.高效的家校合作

从本土化角度出发，中华学校创建了学校家委会，并通过以下四项内容实现高度的家校合作：

（1）家委会机制的有效运行

家委会是家校合作的桥梁，是能深入理解学校精神的主力军，也是在重大学校决策上能给予共同支持和帮助的团队力量。家委会在班上起表率作用，团结其他家长支持和配合学校工作；能够协调家校之间、老师和家长间的关系，促进彼此间的沟通；收集家长对学校的建议或意见；家委会主动参与学校相关活动，协助和配合好班主任工作，在每次校园活动中协助班主任老师组织学生。

（2）在教学方面的家校高度配合

从高质量教学效果要求出发，让家庭支持学校一切教学活动，配合老师完成系列教学活动。课前强调出勤、预习卡；课堂上要求遵守纪律、记笔记，打开网课摄像头；课后通过听写、读课文、作业督促（辅导、发送）、留堂补写作业等方式配合教学；学期和期末的家校合作活动有入学考、单元考和统考的成绩单发放、颁发奖状、升学/留级、分班、家长会等。此外，还包括家长对校园文化活动的有效配合。

（3）家长培训学校的有效开展

只有家长教育意识提升了，水平提高了，华文教育才会真正同步提升。为提升家长教育水平，学校和温州大学合作，特别为华侨家长开设家长学校课程，课程内容包括青春期孩子教育问题、孩子心理健康方面的知识、欧洲华人孩子教育问题系列培训课、欧洲华人家庭成功教育案例分享、家长对于不同性格孩子的引导——多子女家庭教育现状问题、中西方孩子教育差异对比，等等。学校与浙江华侨网络学院合作，邀请中国的专业教授根据以上六大课程方向安排培训课，内容不重复，逐一开展，通过校委会将每周的家长学校课程推送给全校每一位家长；同时还组织"本土家长案例讲座+交流会"，更有针对性地解决众多家庭的教育问题。

（4）对孩子成长和未来规划的共同关注

中文学校渐渐成为华裔孩子们的交际场所，发展出他们的"交际圈"，是陪伴他们成长的重要环境。相当一部分学生除了在校园内交往外，更在校外延续着彼此的友情。不少家长非常鼓励孩子们在中文学校结交朋友，形成自己的成长交际圈。高年级学生表示自己的朋友以华裔同龄人为主，大都是同一所中文学校的同学。同时，上中文学校已成为他们与意大利主流学校同步进行的重要活动，中文学校是华裔学生们形成文化认同的重要场所，不仅是学习中文的地方，更是少年儿童中华文化认同形成的一个重要环境。针对孩子的成长和未来规划，中华学校帮助孩子对主流学校择校（给予建议和提供注册信息）、帮助刚从中国来的留守少年融入（本土意大利语培训和作业辅导）、帮助推荐回中国上重点大学（暨南大学本科招生点）、组织学生进行语言等级考级（HSK罗马考点）。

（五）重视本土化校园文化活动

校园活动是培养、锻炼、实践和提升老师和学生全面能力的最佳途径，是凝聚家长真心和力量、实现家校合作的最佳机会，是学校向社会各界传递学校精神风貌和教学成果的最佳平台。举办校园文化活动是推进华文教育本土化的重要途径之一。

（1）校本文化活动：一年一度的春节庙会、春节晚会、毕业典礼、母亲节诗歌创作和诗朗诵、暑期汇报演出、主持人大赛、才艺大赛、留学夏令营等。

（2）中国国侨办系列文化活动：承办"海外华裔青少年中华文化大赛"、"中国寻根之旅"夏令营、"亲情中华·为你讲故事"夏令营、中华文化大乐园、"文化中国·水立方杯"中文歌曲大赛、世界华人作文大赛、国际书画大赛等大型有影响力的文化活动。

（3）意大利中文学校联合总会：意大利朗诵大赛、"以艺抗疫"歌唱大赛、中华文化大赛、教师研讨会等。

（4）当地国际文化艺术交流：如文化节、艺术节、意大利传统节日（复活节、圣诞节）艺术博览会、电视台展示等。

（5）校园内外的亲子活动：如亲子游、"爱在五月，感恩母亲"给母亲写诗、朗诵诗、妈妈团体诗朗诵、六一儿童节亲子运动会、暑期汇报演出、校园阅读活动、"我和我的祖国"观影活动等系列传统活动。

（六）建设本土化师资队伍

面向新移民子女，从本土出发，从华文教师角色定位、教师校本培养机制等方面建设教师团队。

1. 华文教师角色定位

结合学校办学的培养目标,将中文教师的角色定位为:语文老师+班主任+文化组织者。教师需掌握五项技能:一是了解新侨家庭特点,掌握学生语言基础和性格特点。这是一切教学的基础,在此基础上实现因材施教。二是掌握中国统编版教材特点,运用本土有效教学法。这是掌握教学技能、拥有华文教师专业能力、达到高质量教学效果的必要条件。三是掌握文化传播传承方法,编排文化表演节目。让文化和教学双管齐下,学以致用,实现文化认同。四是明确班主任工作,关注学生身心全面健康成长。帮助新侨家庭实现对孩子的培养和期待,解决融入问题、身心发展问题、叛逆期问题,实现个性发展、才能发现、未来规划等。五是学会与家长的沟通方式和技巧,取得家长高度配合。

以上五项技能,学校带领老师通过家长访谈、报名测试、考试分析、校级会议、教研会、公开课、模范教师榜样、分享会、老带新模式、开学家长会、期中交流、期末交流会、学校开放日、微信群交流等相关活动,日积月累地促成。

2. 建立校本培养机制

(1) 岗前岗后持续培训,实现专业能力的全面提升

建立校本培训机制,因新教师教学经验不足,由教研组对新教师进行培训:学习教学方法、备课、写教案、上课方式、布置作业、课后批改、准备测试题;如何与家长沟通;班级管理和课堂管理等。上岗前,随老教师跟班学习(听课和学写心得,写教案一个月);上岗后,马上开公开课,明确自身问题,促其快速成长。新教师由教研组组长或校长亲自带教一个学期,等完全成长后再放手。

(2) 树立全校榜样教师,树立学校标杆

发挥教师团队里正能量教师力量,让其芬芳满园;经常请模范教师和正能量教师做经验分享,使模范和示范的作用代代传承,源源不断。

(3) 定期开展校本教研,确保教学质量

学校通过多种渠道培养本土教师,但最主要的是进行校本培训。每学年举行8次16期高、低段教师的教学研讨会,由老教师开示范课、新教师开公开课、其他老师听课,分析教学得失,并通过教研会上的点评、分享、交流,达到让教师共同成长的教研目标。同时还要求每位参会老师对公开课内容提前备课、写教案及会后

的总结文章。

3. 重视留学生培养

重视留学生培养，解决师资数量不足的问题。意大利留学生具有以下四个特点：一是数量足。随着意大利政府马可·波罗和图兰朵计划等留学项目的实施，大批中国学生来意大利留学后受聘中文学校任教，成为师资主力，其数量占师资总数的一半以上。二是基础佳。任教的留学生具有良好的人文素质、较标准的普通话、较高的责任心、充足的时间和充沛的精力。三是时间巧。留学生大学的课业基本在周一到周五，暑期就可以来中文学校进行全日制教学。四是接受度高。留学生多为年轻人，领悟能力强。

总之，要分析师资现实问题，利用本土资源解决问题，创建本土具备造血功能的"师资加工厂"。源源不断，"近水解近渴"，选择可造之才倾力培养。能力可后补，专业可培训，勤能补拙。

（七）利用本土化资源整合

教育本土化需从本土需求出发，利用和整合好本土资源，为本土化办学提供丰富资源。一是紧靠当地侨社侨团、中国驻意大利大使馆，为中文学校与当地华人社会的紧密联合办学提供良好资源；二是建立与中国高等院校的多项合作关系，帮助本土教师提升知识，实现学历教育；三是与意大利本地大学或文化协会进行文化和语言等相关项目合作；四是与中国的网络学院合作，服务华侨家庭，提供家庭教育课程，实现家校合作；五是与国内家乡政府申请线上教师外派，或与院校机构合作课程，弥补师资缺乏问题。

三、积累本土化实践经验

十五年来，中华学校始终坚持华校自身本土化资源、本地化教学特色是无可取代的这一办学理念和思路，结合当地实际需求和实情，立足本土，使学校逐步创设起本土课程、教学方式、本土师资和管理方法等，通过利用和整合、探索和实践，逐渐形成适合自身的本土化模式。

（一）扎根当地，全面做好本土工作

从本土需求和现实情况出发，教学内容符合当地实际：从办学场地到课程设置，从教学目标到授课方式，从课堂组织到教学检测，从团队建设到教师考核；利用当地资源，团结华人社团，加强家校合作，创建良性华文环境；参与华人社团活动，借助华人社会力量，与华人社会共同推进华文教育。

（二）以教育为本，坚持质量推动发展

办学质量是学校的生命力，坚持以教育为本，坚持"教学有效，管理有方，服务有用"三位一体的教育理念，将高质量教育作为办学目标，形成当地品牌化效应，达成高质量的华文教育。

（三）以文化活动为载体，诠释华文教育内涵

重视校园活动，文化和教学相辅相成。这里的文化既指对中国文化的推广和传承，也指国际文化交流活动的参与。华文教育的内涵除了学好中文知识，了解和掌握中国文化，也包括让中文成为华二代未来发展的工具。学校可通过中国的春节联欢晚会、母亲节诗朗诵、中国寻根之旅夏令营、中华文化大乐园等系列品牌文化活动，大力推进华文教育的发展。

（四）紧跟时代脚步，不断更新办学理念

当前，华文教育随着新时代教学进程，在强调多元文化的同时，如何传承中华传统文化、深化华文教育的改革无疑是一个重要的课题。不仅如此，聚焦新时代华文教育事业的转型、变革与升级，开展多层次、多形式、多途径的华文教育研究，推动学科发展，显得尤其重要。在新时代引领之下，要不断创新，脱离传统模式，采用线上线下相结合模式，并采用市场化和公益性双轨制，不断提升和升级转型。

（五）加大合作力度，形成内外合力

新冠疫情暴发以来，华文教育结构和模式都发生了很大的变革和改变。疫情防控期间从线下到线上迅速转变，在后疫情时代，需要我们集合新思路从"融合、国

际"等视野将华文教育放到更大的国际视野里去思考和实践。加强与中国的合作，背靠中国，获取语言文化资源；加强与全球华校合作，汲取同行经验；加强与当地主流学校交流，获取国际融合渠道，借助一切内外合力来实现后疫情时代华校的发展。

四、结论

综上所述，华文教育本土化实践之路是因地制宜、结合实际，化危机为转机，突破自身困境，实现不断转型升级的过程。在后疫情时代，宜遵循当地法规，根据面临的新形势和新机遇，在深耕本土化的基础上，继续以"融合、国际"的办学理念和办学模式，促进华文教育未来发展。

意大利华人家庭语言规划与华语传承 *
——一项基于NVivo14的质性研究

一、研究缘起

中国人移居意大利的历史可追溯至20世纪20年代,那时他们主要依靠贩卖珍珠、丝绸等小生意维持生活;二战时期,在意大利的中国移民受到法西斯迫害,大多数在第二次世界大战结束后返回了中国;20世纪八九十年代,中国重新出现了移居意大利的热潮,1975年至2000年持有意大利居留许可的中国移民数量从402人激增至6万人左右(包含丽、夏培根,2022);进入21世纪,意大利的中国移民持续上升,截至2024年1月,持有意大利居留许可的中国移民数量为267090人[①]。

本文试图探究在这样的社会背景下,意大利的中国移民家庭如何规划子女的华语学习和使用。家庭是海外华语传承的关键阵地和坚实堡垒,华人家庭语言规划对华文教育和华语传承有重要影响,近年来已经成为学界关注的热点。但从已有研究成果来看,东南亚和北美洲地区的华人家庭受到了最多关注(康晓娟,2015;李国芳、孙茁,2017;白娟,2019;范立立,2019;薛炜俊,2019;梁德惠,2020;李璇,2020;王玲、支筱诗,2020;刘慧,2021;陈溯,2022;成珈萱,2022),欧洲地区华侨华人家庭的语言规划研究得相对较少:Van Mensel(2018)调查了一个布鲁塞尔的华人家庭,发现该家庭虽然采用"一人一语"家庭语言教育模式,但父母在语言实践中并不会严格执行这一规划;董洁(2019)采用民族志的方法调查了一个荷兰华人家庭和一个西班牙华人家庭,发现两个家庭的家庭语言规划方式有显性和隐性之别,两个家庭的子女都有方式各异但本质相同的"失声"经历,即他们或是因为交谈时不用普通话而得不到回应,或是因为父母不想让他们听到某些内容

---

* 作者:张未然,中国传媒大学;成珈萱,广州市花都区邝维煜纪念中学。本文刊于《世界华文教育》2024年第4期。

① 意大利国家统计研究所 [OL]. (2024-10-27). http://stra-dati.istat.it/?lang=en.

时而刻意采用方言；盛静（2023）探讨了英国十个中国移民家庭的语言管理，尤其是父母在子女的英语发展和母语保存中的作用，发现这些家庭的父母虽然采用各种方式尝试保存子女的母语，但都收效甚微。目前还暂未见到有专门针对意大利华人家庭的家庭语言规划研究，此外现有成果缺乏对诸如规划困难、规划问题、规划动因等更多内容的探究。

课题组针对三个意大利华人家庭的家庭语言规划开展了质性研究，研究问题主要包括：三个华人家庭的语言规划现状如何？表现出怎样的共性和差异？三个家庭的父母们在进行家庭语言规划时遇到了哪些困难？本次调查能够为海外华文教育提供怎样的启示？

二、数据收集和编码过程

（一）调查对象基本情况

本次研究的三个意大利华人家庭均于20世纪90年代移民意大利，目前分别居住在三个不同的大、中、小城市，当地华人数量有明显差异，孩子们的中文水平也不尽相同，基本情况如表1所示。

表1 被访谈意大利华人家庭基本信息

	祖籍	居住城市规模	当地总人口	当地华人数量	家庭基本情况	孩子中文水平[①]	是否与祖父母同住
A家庭	浙江温州	中型港口城市	约20万	约300	经营服装店，三个孩子：21岁（男）、18岁（女）、16岁（女）	儿子和小女儿中文交谈顺畅，大女儿水平相对较弱	是
B家庭	浙江文成	大城市	约147万	约3万	经营酒吧，四个孩子：30岁（女）、23岁（女）、22岁（女）、20岁（男）	三个女儿可以用中文进行顺畅的日常交流，儿子相对较弱，意大利语和英语水平更好	否
C家庭	浙江青田	小城市	约3300	14	经营酒吧，三个孩子：21岁（男）、18岁（男）、8岁（男）	三个孩子都无法用中文顺畅交流，大儿子水平相对稍高	是

---

① 三个家庭的孩子们都未参加过HSK考试，他们的中文水平主要依靠其父母的判断。

（二）访谈问题

课题组采用半结构化访谈的方式对三个华人家庭进行了深度访谈，访谈语言为中文，访谈对象为母亲或父亲，每次访谈持续45—60分钟。访谈问题主要包括：（1）介绍家庭成员基本情况和居住地情况（包括总人口和华侨华人数量、当地的中文学校情况等）；（2）孩子是否学习了中文[①]？为什么要让孩子学习中文？（3）家庭语言是什么？是怎么考虑的？在家里会鼓励或者要求孩子说中文吗？（4）如何处理孩子中文学习和其他语言学习的关系？孩子只在家里说中文吗？（5）孩子目前中文水平如何？为了提高孩子的中文水平，您都做了哪些努力？（6）孩子上的是什么样的学校？除了在家里说中文，孩子还有其他机会说或者学习中文吗？（7）家里有老人吗？老人在家庭语言规划中发挥了怎样的作用？（8）在规划孩子中文学习的过程中，是否遇到过困难？根据家长回答进行了必要追问。

（三）编码过程

访谈结束后，经过文字转写，将访谈材料导入质性分析软件NVivo14，逐步对访谈资料进行开放式编码、轴心编码和核心编码。

在开放式编码阶段，将文本资料打散为句段并赋予概念，围绕家庭语言规划这一主题，对三份访谈资料进行了逐句分析编码，并确保未出现与主题无关的概念，最终析出30个概念；轴心编码旨在发现和建立开放式编码所析出的概念之间的关联，通过对概念的归类和整合，共整理出10个范畴；在核心编码阶段，根据轴心编码整理出的各范畴的含义及关联，确定"家庭语言信仰""家庭语言实践""家庭语言管理""家庭语言规划困难"四个核心范畴，最终编码结果如表2所示。

表2 访谈材料编码结果

核心编码	轴心编码	开放式编码	参考点
家庭语言信仰	中文学习文化价值认知	促进身份认同	7
		助力文化认同	2

[①] 因为访谈时发现访谈对象更习惯于使用"中文"这一说法，所以本文中"中文"与"华语"并存，不强调二者概念上的差异。

续表

核心编码	轴心编码	开放式编码	参考点
家庭语言信仰	中文学习实用价值认知	帮助家庭情感交流	2
		提供回国出行便利	1
家庭语言实践	家庭语言使用倾向	父母孩子间使用中文	6
		孩子间使用意大利语	5
		父母间使用中文	3
		祖辈孩子间使用中文	1
	家庭语言使用障碍	父母孩子间交流不畅	2
		祖辈孩子间交流不畅	2
家庭语言管理	设定中文学习目标	希望孩子能够熟练运用中文	1
		希望孩子能成为多语者	2
	营造中文使用环境	父母主动使用中文	6
		送孩子上中文学校	4
		为孩子请中文家教或保姆	3
		送孩子参加中文夏令营	3
		送孩子回中国老家生活	2
	提供中文资源	提供中文频道或动画片	3
		上中文网课	1
		购买中文书籍	1
	监督中文学习	制定语言契约	2
		监督中文读写	2
家庭语言规划困难	语言环境影响	社会语言环境以意大利语为主	7
		中文使用的社会环境少	13
		父母子女日常交流机会少	2
	教育资源限制	中文教育资源有限	5
		教材与教学方法不适用	2

三、研究结果分析

（一）家庭语言规划现状

1. 家庭语言信仰

三个家庭的父母都是第一代移民，作为家庭语言规划的主要制定者，他们都十分重视孩子的中文学习，强调中文的文化价值和实用价值。

首先，在中文的文化价值上，父母们都认为中文学习可以促进子女的身份认同和文化认同，参考点如：

> 他们能继续学习中文的话，对国内的文化也好，对国内中国人的认同度也好，对华夏的文化也好，肯定会增加他们的认识度。（A家庭：身份认同和文化认同）

> 我们毕竟都是中国人……就觉得我们是中国人，就是应该要认识中国字，然后又会说中国话，应该是这样子，觉得很自然地就这样让他们去学。（B家庭：身份认同）

> 除了语言水平更高一点之外，也希望他们更多地了解一下中国的传统文化，包括古诗或其他一些文化知识。（A家庭：文化认同）

> 毕竟是中国人，他们跟人接触的，我觉得还是跟中国小孩多……那个证件是证件（指自己和孩子们已入意大利籍），人永远是中国的。自从参加了那些夏令营，我看得出来他比较喜欢跟中国人接触。（C家庭：身份认同）

三个家庭的父母都是第一代移民，他们自己对中国人和中国文化有强烈的身份认同和文化认同（即使C家庭的母亲从法律层面来讲已经加入意大利籍，但在访谈时依旧认为自己是中国人），希望通过中文学习提升子女的身份认同和文化认同，所以他们尤其重视借助中文学习让子女了解中国文化。

其次，父母们还重视中文的实用价值，包括促进家庭情感交流和提供出行便利等，参考点如：

鼓励孩子说普通话,因为像我父母一样,他们毕竟是属于很传统的中国老人嘛,说跟孙子孙女不能沟通,那才是痛苦的。(A家庭:促进情感交流)

之前不是过海关都要填表格什么的,对吧?……我考虑他们长大以后肯定要自己去的,自己出出进进的。这样子如果不认识中文的话肯定就不方便,所以这也是一个目的。(B家庭:提供出行便利)

2.家庭语言实践

本次调查的三个家庭被访谈时或曾经与祖父母共同生活,从家庭语言使用倾向看都是父母子女间使用中文、子女间使用意大利语、父母间使用中文、祖辈子女间使用中文。不过具体情况三个家庭略有不同,详见表3。

表3 三个家庭的家庭语言实践

内部家庭语言实践	父母与子女	子女之间	父母之间	父母与祖父母	祖父母与子女
A家庭	普通话	意大利语	方言	方言	普通话
B家庭	普通话	意大利语	普通话[①]	方言	祖父母说方言、子女说普通话,存在交流困难(祖父母普通话水平低,老大可以听懂方言,其他三个子女听不懂方言)
C家庭	普通话,夹杂意大利语	意大利语	方言	方言	祖父母说方言、子女说普通话,很难交流(祖父母不会说普通话,孩子能听懂方言但不会说)

三个家庭的内部语言实践表明:家庭语言变异随说话者不同而不同(斯波斯基,2016),三个家庭的父母和孩子交流时都刻意使用普通话(C家庭会夹杂简单意大利语),因为父母们都希望借此提升孩子的中文使用频率和中文水平;孩子们之间则主要用意大利语交流,证明意大利语此时已经成为他们的优势语言,尤其是B家庭,即使三个女儿可以流畅地使用中文,但她们交流时仍然选择意大利语;A、C两个家庭都与(外)祖父母共同居住,父母和(外)祖父母使用方言交流,则是因为(外)祖父母中文水平较差,父母需要迁就祖父母。

---

① B家庭的父母因为方言差异较大,也用普通话交流。

此外，B家庭和C家庭的父母和子女、祖父母和子女间都存在交流障碍，如C家庭子女的中文都不好，共同居住的外婆和孩子之间几乎无法交流，因为外婆只说方言，孩子们能听懂但不会说，只能用中文回答，外婆几乎听不懂。

3. 家庭语言管理

三个家庭的语言管理措施涉及设定中文学习目标、营造中文使用环境、提供中文资源、监督中文学习四个方面共12条举措。其中家长们对中文教学目标的设定既包括对子女中文水平的要求，也包含对子女多语能力发展的希望；对营造中文使用环境的举措较多，包括父母在家里主动使用中文、送子女上中文学校、为子女请中文家教或保姆、送子女参加中文夏令营、送孩子回中国老家生活等；提供中文资源则包括为子女提供中文频道或动画片、让子女上中文网课和购买中文书籍；监督中文学习则主要是制定语言契约（要求孩子在家里尽可能说中文）、监督中文读写等。

不过，三个家庭的语言管理方式也存在差异：

A家庭所在城市华人数量不多（约300人）且并不聚居，当地最早也没有中文班，可以说中文学习社会环境和资源条件并不太好。但A家庭父亲有强烈的语言规划意识，为了让孩子学好中文付出了极大努力。比如为了营造孩子的中文使用环境，他先是为孩子请了中文家教，还考察过普拉托的中文学校，发现效果不佳后，主动联络圣安娜大学孔子学院派中文教师去当地授课（每周两次），到访谈时，教学已经持续9年，学生最多达到26人（三个班）。

B家庭位于大城市，当地华侨华人（约147万）和中文学校都很多。B家庭充分利用这些有利条件，采取了最为多样的家庭语言管理措施，包括送孩子上中文学校（持续6—7年）、为孩子请中文家教或保姆、送孩子回中国老家生活、为孩子提供中文资源、监督子女中文学习等。参考点如：

（中文台）我们家里有的，一直从小到现在都有。

在家里真的每天都会很认真教他们读写。

C家庭地处小城市，当地华侨华人数量很少（14人）且没有中文学校，父母因为工作的原因与孩子每天见面的时间也不多，所以C家庭的语言管理措施最少（主要靠孩子自学和参加夏令营）且难以充分落实。孩子没有上过中文学校，二儿子曾

经尝试过网课,但因为课程持续时间太长而放弃了。参考点如:

> 一次要两个小时……对我的孩子有难度了,坐在那里听不懂,就觉得好像要睡着了。

(二)家庭语言规划困难

对意大利的华侨华人来说,因为身处非中文的社会语言环境中,家庭语言规划的制定和执行会比中国的家庭面临更多的困难与障碍。具体来说,本次调查发现三个家庭的语言规划困难主要来自语言环境影响和教育资源限制两个方面。

在语言环境的影响上,首先是来自以意大利语为主导语言的社会语言环境带来的子女对使用意大利语的语言适应。周庆生(2023)曾提出移民语言适应的概念,认为它是指"移民群体长期持续跟居住国主流群体发生语言接触,从而引起移民群体原有语言生活方式发生变化"。本次调查的三个家庭的子女们都在意大利学校就读,除在家里外,周围都是意大利语环境,因此都表现出明显的意大利语适应,甚至即使在家里子女间对话也更习惯使用意大利语(见表3),参考点如:

> (孩子们)一进入小学之后意大利语的需求明显增加,星期六星期天同学聚会也用意大利语交流,这种占有率很快就提升了,所以中文就慢慢地说得少了。(A家庭)

> (孩子们)意大利已经占据了太多时间,他们满口意大利语,中文接触很少了。(C家庭)

语言环境带来的另一个主要困难则来自中文环境的缺乏,虽然三个家庭的家长在家庭内部通过各种举措增加子女的中文接触机会,但子女一旦走出家门,就很少有使用中文的机会,如C家庭的母亲说:"中国人太少了,没地方怎么交流,他接触的在学校、回家边上的邻居啊都是老外了,是不是?中国人接触得太少了,除了自己几个亲戚朋友之外,没有再多的接触了。"B家庭即使所在地华人较多,但因为其中一个孩子的社交圈以非华侨华人为主，也影响了他的中文水平："他现在跟老外差不多，因为他现在都是大学了，上高中（开始）我儿子好像接触到的都是老外，中国人就很少，他现在也没有一个中国同学，他有的时候跟我交流，有些特定的什么词语什么名称什么的，有些也不会说中文。"这些都在一定程度上不利于子女中文水平的提高。

此外，本次访谈的三个家庭的父母均是从事个体销售及餐饮行业，这些劳动密集型行业工作时间长且有可能昼夜颠倒，就像C家庭的父母在经营酒吧时，曾经有很长一段时间和孩子几乎没有什么接触，这就使得他们家庭语言规划的执行缺乏充足的时间保障："接触得太少了，因为他去上学的时候我们还在睡觉，因为我上的是晚班，很迟的。下午回来的时候我们又上班了，吃饭的时候也就是匆匆忙忙聊两句就好了。"

教育资源的限制则源于中文教育资源的匮乏和中文教育资源的不适用性。前者包括中文学校（A家庭和C家庭当地原本都没有中文学校）、网课资源、中文频道、中文书籍等的获取困难。如A家庭所在地最早没有中文学校，孩子如果想去中文学校学习中文就需要去邻近的佛罗伦萨和普拉托，这就给家长增加了很大负担。A家庭的父亲这样说："距离呢，也不现实，他们一个星期上三个下午……我得跑四五趟就会很麻烦。"后者则主要是现有的中文教育资源不适合三个家庭子女的学习需求、语言水平和学习风格。例如C家庭尝试让老二上中文网课，但最终作罢，因为没有适合孩子年龄和水平的班级："（网络课程）有一次他也参与了，一进到里面都是小孩，那些小孩六七岁的，因为他要从零开始学，他就觉得我长得这么高了，跟那些小孩在一起就不乐意；后来我把他放到大一点那个班里面，他既听不懂，又跟不上。"另外，A家庭父亲让孩子们使用中国的《语文》教材而非国际中文教育教材，也是因为他认为后者并不适合孩子们的水平和对中国文化的需求："刚开始的时候，2010年刚成立的时候，（教材）是从孔子学院带过来的，是上中下三册的，那个主要是为外国人编写的，中国文化古诗之类的都没有。孩子多多少少都有点中文基础，所以2011年一年都学完了……除了语言水平更高一点之外，也希望他们更多地了解一下中国的传统文化，包括古诗或其他一些文化知识。"

四、对未来海外华文教育的启示

（一）推动家庭语言规划指导，促进家庭在华文教育中更好地发挥作用

本次访谈的三个家庭父母均从事个体销售及餐饮行业，这是目前在意华侨华人群体的主要职业。这些工作往往需要较长的工作时间，甚至可能导致像C家庭那样父母和子女间缺乏基本的日常交流时间，从而为家庭语言规划带来困难。三个家庭父母受教育水平均不高，这一点也很有代表性，据陈勇、罗徽（2021）统计，当前在意大利工作、生活的华人以小学和初中文化水平者居多。父母的受教育水平较低有可能会影响他们对孩子的家庭教育包括华文教育的正确规划，虽然在本次调查的三个家庭中父母们都很重视孩子的华文教育，但他们在语言意识形态和语言管理上仍然存在一定的误区。比如不重视子女的方言学习和方言传承，没有充分发挥自身隔代沟通的桥梁作用，从而造成祖父母和子女之间交流匮乏等。

未来如果要更好地发挥家庭在华文教育中的作用，有必要加强对海外华人家庭的语言规划指导（尤其是针对受教育层次不高的华人父母）。如华文学校和华文教育专家可以通过开设相关的家长培训课程，帮助家长了解如何树立正确的家庭语言信仰，以进行高效的家庭语言管理。意大利部分中文学校已经开始为家长们开设家长学校课程（蒋忠华，2023），但多聚焦于提升子女心理健康水平、改善亲子关系，如果能在其中也加入家庭语言规划指导的相关内容，对于提升家庭语言规划效果将很有帮助。

同时也可以加强对海外华文教师的相关培训，充分发挥华文教师的桥梁作用，帮助华人父母更好地进行家庭华文教育。例如暨南大学华文学院就曾承办过海外华文教师"家庭华文教育及小儿童华文学习"线上研习班，将幼童华文教学和家庭华文教育结合起来，帮助华文教师们就"如何更有效地做好家校衔接、形成家校合作与联动有全面深刻的认识"[①]。

目前来看，对于如何加强华人家庭语言规划指导、提升华人家庭华文教育效果

---

① 参见：暨南大学华文学院. 华文教育新里程, 从家庭出发 [OL]. [2024-10-27]. https://hwy.jnu.edu.cn/2022/1122/c13404a729535/page.htm.

在理论探讨和实践层面都处于探索阶段，仍需学界、华文学校和教师以及华人家庭父母的共同努力。

（二）加强适合家庭场域的华文教学资源研发，编写家庭华文教育"家长用书"

上文谈到，A家庭父亲要求子女在中文班使用中国的《语文》教材，除了因为现有的国际中文教材不适合孩子的水平外，还因为他希望孩子们能够了解更多的中国文化（包括古诗、成语、国学故事等）。由此反映出海外华人家庭父母对于子女华文教育的基本诉求，即更强调在华文教育中实现文化传承中的作用。蒋忠华（2023）也曾分析过意大利华校使用中国人教版教材的原因，包括学生的中文水平普遍较好、可以提升学生的文化认同感、方便学生回到中国后进行课程的无缝衔接等方面。

另外还应该看到，除了像B家庭那样生活在华人数量和中文学校都很多的华人家庭外，也有不少像A、C家庭那样散居在各个中小城市的华人家庭，如果当地没有华文学校或中文班，家庭便成了华二代接受华文教育的唯一场域。因此，未来要加强专门适合家庭场域的华文教学资源研发。这类教学资源在研发和建设的过程中应该有别于针对外国人的国际中文教育资源，强调种族认同和中国文化认同；也应该有别于中文学校使用的华文教学资源，契合家庭特点和需求，适合亲子共读共学。考虑到当前意大利第一代华人移民普遍文化水平不高，还应该同时加强辅助华人父母进行家庭华文教育的教学资源建设，比如编写家庭华文教育"家长用书"、在教材中增加"家长知识框""家长提示""家长辅导方法"等。

（三）加强数字华文教学资源的宣传力度，创新华文教学资源国际传播形式

本次调查中的C家庭因为当地没有中文学校，一直都有在网上进行中文学习的需求，但是母亲对于现有可利用的数字华文学习资源缺乏起码的了解，孩子目前只能通过一对一网课和观看中文动画片来学习。因此，未来一是可以如上文所说加强对家长的家庭语言规划指导，二是可以通过微信公众号、海外社交媒体平台、中文学校等加强数字教学资源和教学平台（如"中文联盟""全球中文学习平台"）在海外华人家庭中的宣传力度,帮助华人家庭父母对如何获取华文教学资源有更深入的了解。

鉴于当前海外华文学习者多为Z世代(1995年至2009年出生的一代人)和α世代(2010年以后出生、14岁以下的少年儿童)的华人青少年,未来还应该积极探索华文教学资源的创新性国际传播形式。在这方面已有优秀案例可供借鉴:2022年9月,语合中心在TikTok发起了"魔性"中文四声调舞蹈挑战赛(#4tones4dance),截至2022年12月,网友们上传全部视频的总播放量就达到了约81亿次。"四声+舞蹈"既抓住了声调这一最能体现中文特色的传播内容,又利用了舞蹈这一在社交媒体中深受青少年喜爱的传播形式,探索出了中文国际传播潮流化、时尚化的新途径。

五、结语

从1970年中意建交至今,生活在意大利的华人数量增长了百倍。本研究通过对三个在意华人家庭语言规划的质性研究,分析他们家庭语言规划的现状,发现在语言信仰上,华人父母重视利用中文学习增强子女的身份认同和文化认同的作用,同时也重视中文的实用价值;在语言实践上,父母、子女和祖父母之间存在不同的语言使用倾向,同时也伴随着语言水平限制造成的交际障碍;在语言管理上,三个家庭的父母都会采取多样化的语言管理措施,但因为语言规划意识和教育资源的差异导致三个家庭在语言管理方式上的不同。另外,本研究还分析了三个华人家庭在进行语言规划时面临的困难,包括语言环境影响和教育资源限制两个方面。本次调查启发我们:一是要加强对海外华人家庭语言规划的指导,二是要加强适合家庭场域的华文教学资源研发,三是要提升数字华文教学资源的可及性。借助本研究,一方面希望能激发学界对不同国家华人家庭语言规划的关注,另一方面也希望能为华人家庭语言规划更好地助力华语传承提供参考。

参考文献

[1] 白娟. 华文教育中的家庭语言政策驱动机制和影响分析 [J]. 语言战略研究, 2019 (4).

［2］包含丽，夏培根．中意建交以来意大利华侨华人社会的变迁——以国家在场理论为中心的分析［J］．华侨华人历史研究，2022（2）．

［3］陈溯．泰国清迈华人家庭语言规划调查研究［D］．昆明：云南师范大学，2022．

［4］陈勇，罗徽．意大利华侨华人高中生子女辍学意愿调查与分析［J］．温州大学学报（社会科学版），2021（4）．

［5］成珈萱．北美知识移民家庭语言管理研究［D］．北京：北京外国语大学，2022．

［6］董洁．家庭中的"声音"：海外华人家庭语言规划案例二则［J］．语言战略研究，2019（2）．

［7］范立立．印尼巴淡华人家庭语言规划调查［D］．广州：暨南大学，2019．

［8］蒋忠华．意大利新移民子女的中文教育——意大利本土化实践道路［J］．世界华文教育，2023（3）．

［9］康晓娟．海外华裔儿童华语学习、使用及其家庭语言规划调查研究——以马来西亚3—6岁华裔儿童家庭为例［J］．语言文字应用，2015（2）．

［10］李国芳，孙茁．加拿大华人家庭语言政策类型及成因［J］．语言战略研究，2017（6）．

［11］李璇．缅甸华人家庭语言规划研究［D］．南京：南京大学，2020．

［12］梁德惠．美国中西部城市华人移民家庭的语言规划研究［J］．云南师范大学学报（对外汉语教学与研究版），2020（2）．

［13］刘慧．柬埔寨华人家庭语言规划与华语传承调查研究［J］．语言战略研究，2021（4）．

［14］斯波斯基著，张治国译，刘海涛审定．语言管理［M］．北京：商务印书馆，2016．

［15］盛静．中国移民儿童的双语发展与家庭语言管理：以移民至英国的中国家庭为例［J］．语言政策与规划研究，2023（1）．

［16］王玲，支筱诗．美国华裔家庭父母语言意识类型及影响因素分析［J］．华文教学与研究，2020（3）．

［17］Van Mensel L．著，程京艳、赵慧译．多语社会中的多语家庭——布鲁塞

尔三个多语家庭的语言实践［J］.语言战略研究，2018（1）.

［18］薛炜俊.新加坡华人家庭语言规划及认同研究［D］.广州：暨南大学，2019.

［19］周庆生.论移民语言适应［J］.语言战略研究，2023（4）.

后疫情时期西班牙华文学校面临的挑战与对策 *

一、西班牙华人社会及华文教育概况

西班牙以前是一个传统的人力资源输出国,但目前它是移民人口比例最高的共同体国家之一,移民数量占总人口的 9%—12%。其中,中国移民占据重要位置。据西班牙国家统计局(National Institute of Statistics of Spain)统计,截至 2020 年,西班牙有 20 多万中国移民。

据记载,中国人第一次来到西班牙是在 16 世纪末。伯纳迪诺·德埃斯卡兰特(Bernardino de Escalante)在《航海论》(1577 年出版的首批欧洲书籍之一)中说,他的信息来源包括"来到西班牙的中国人自己"("来到西班牙的中国的自然土著人")。胡安·冈萨雷斯·德·门多萨在其《历史上最著名的事情——中国伟大国王的仪式和习俗》中写道,1585 年,"三个来自中国的商人"抵达墨西哥,"直到他们到达西班牙和其他更遥远的王国才留下来"(Juan González de Mendoza,1588)。20 世纪 80 年代,中国移民大量涌入其他欧洲国家,如法国和意大利,这些国家的经济状况比西班牙好得多。此时,第一批大规模中国移民也出现在西班牙,不过这次中国移民的总人数只有 5000 人左右,主要以餐饮业为生。20 世纪末至 21 世纪初,大批华人开始涌入西班牙,这时期华人从事的行业呈现出了多元化的发展,从早期的餐饮业向服装业、房地产、零售、批发、服务、教育、美容、媒体等多行业发展。同时,在华人社区,随着华人人数的增多,相继出现了专门服务于社区中国移民的华人超市、华人理发店以及华文学校。而近些年,西班牙华人移民群体发生了重大变化,主要是通过买房移民的中青年人,其文化素质较早期的华人移民有显著的提高。

西班牙的华文教育可追溯到 20 世纪 80 年代,但真正兴起于 20 世纪 90 年代末。1995 年年初至 2002 年 6 月,旅西华侨华人各社团分别在西班牙马德里、巴塞

---

* 作者:潘丽丽,西班牙博思语言学校。本文刊于《世界华文教育》2021 年第 2 期。

罗那、塞维利亚、马拉加、格拉纳达、瓦伦西亚、毕尔巴鄂、阿利坎特开设中文学校（章志诚，2003）。1995年，多个旅西同乡会共同创立巴塞罗那华侨子弟学校。1996年10月，西班牙华侨华人协会和西班牙华侨华人妇女联合会创办马德里华侨华人中文学校。1996年8月，西班牙南部华侨华人协会成立之后的第一件大事便是筹办中文学校。1997年，南部华侨华人协会相继在塞维利亚、马拉加、格拉纳达创办华文学校（章志诚，2008）。

由于21世纪初移民潮让中文学习有了大量的需求，华文学校也如雨后春笋般在西班牙涌现。西班牙华文学校以周末制为主，即主要的上课时间集中在周六和周日两天。办学形式大概有以下几种：

（1）华侨华人社团集资办学。这种办学形式占大多数。由各侨团自筹资金，借用当地中小学校舍，或借用华侨华人社团活动的场所上课。为了落实办学资金，不少华侨华人社团成立校董会或基金会，推选董事长，轮流管理基金会。这类办学形式在华文学校大规模出现初期为主要的形式。

（2）华侨华人宗教团体集资办学。这种办学形式只占小部分。

（3）华侨华人私人出资创办华文学校。这种学校近几年成为西班牙新兴华文学校的主体力量。

近年来，在优胜劣汰的竞争机制下，各华文学校不仅提高教学水平，也开设了一些和当地学校接轨的课程及美术、音乐、舞蹈等课外选修课程，华文教育呈现多元化且繁荣发展的势头。虽然目前西班牙全境内的华文学校覆盖率整体较高，但一些华人人口相对较少的城市还是没有华文学校。

二、疫情下华文学校面临的困境和挑战

2020年，一场突如其来的全球范围内的公共卫生事件，致使世界政治、经济格局发生重大变化，也给西班牙华文教育带来了非常重要的影响。从目前来看，新冠疫情对海外华文教育的影响主要表现在以下几个方面。

（一）华文教育从线下转到线上带来的挑战

疫情下，西班牙的华文学校纷纷把线下课堂搬到了线上。西班牙华文学校的办

学形态之前大部分是传统的学校形态,即"有形的学校形态",主要表现为学校有固定的校址或场所,有固定的学生班级,有统一的教学计划、教学内容和教学方式等;而互联网线上教学环境下,这种单一的"有形的学校形态"将被逐步打破,如学校的管理结构、教师结构、教学结构、学生结构、家长结构、设备结构、资金结构等,都不可避免地要发生变革(贾益民,2020)。把传统的办学形态成功转型到线上教学并不是一件容易的事。李宇明(2020)在北京语言大学汉语国际教育研究院与《世界汉语教学》联合举办的一次线上形势研判会上提到:"新冠疫情促使中文教育转移到线上。这种'被迫行为'随着疫情常态化防控和信息技术的发展,线上中文教育也将常态化。'教学+教务'的线上中文教育是发展方向。"虽然疫情防控期间随着网课的逐步开展,西班牙各华校教师的网课教学水平和信息化教学技能得到了显著提高,但是如何把线上完整的教学模式与教务相结合并不是一件容易的事。特别是一些老教师,对线下课堂有着丰富的教学经验,但是线上的智能化教学手段、网上互动教学等给他们带来了相当大的困难和挑战。同时,让很多华校困扰的是,每所华校几乎都存在一批思想传统的家长认为网课不可能带来任何效果,导致华校生源的流失。

(二)疫情下的经济状况及生源流失

据马德里华商中文学校黄英校长判断,西班牙中文学校在2021年6月前肯定是不能恢复线下课的,疫情过后,生源和师资都会受到影响。一方面,长时间的疫情让西班牙整个经济陷入了萎靡状态,而华侨华人的收入状况也受到了一定的影响。有些把中文看作兴趣课的家长也逐渐取消了中文课程。另一方面,由于西班牙的疫情一直处于非常紧张的状态,而西班牙当地学校一直正常开放,各学校陆续都出现了一定数量的学生感染。即使学校有学生感染一般也不封校,只封闭出现感染学生的班级,一般两周后继续开放。为了安全因素,不少华人家庭把孩子送回国读书。在整个疫情的低迷期,不少华侨举家回国发展,移民潮现已减弱甚至出现逆增长趋势。

再者,因为部分家长不熟悉线上教学模式,对线上教学持怀疑态度,并不接受这种新型的学习模式,这些都造成了华校生源的流失。

（三）师资队伍不稳定

马德里华商中文学校黄英校长认为，现在不少学生已适应线上教育，因为网课不受时间、地点的限制，对一些地区偏远、家长无法送孩子上学的家庭，网课已成为首选。不少教师本来就想自主创业，之前最大的困难是校舍，而网课解决了这个问题，所以当地会有不少本土教师开办的网校出现，这些因素也会使生源分流、师资流失。另外，因为疫情关系，原来在华文教育师资队伍里面占重要比例的留学生队伍目前只出不进，华校在疫情后一段时间内很有可能会出现师资紧缺的情况。另外，疫情过后各校很有可能都会走线上课程结合线下课程的混合模式，在西班牙原本就师资紧缺的大环境下，如何培养线上线下两套专业的教学班子对于华文学校来说也不是一件易事。

（四）各类线上教育机构的冲击

近几年线上教育开展得如火如荼，特别是在疫情这根导火索下，线上教育进入了一个蓬勃发展期。中国境内及美国等其他国家的中文线上机构也纷纷对准了西班牙的华文教育市场。他们在西班牙华文教育市场的运作模式主要有两种：一是"直销"模式，通过在海外华文媒体投放广告等方式直接招生授课；二是通过MCN模式，做好授课平台、培训好师资并和西班牙的部分中文学校合作开课。中国的在线课程运营模式相对于国外华文教育界来说，技术层面要成熟很多，AI等智能技术、高智能平台的运用都是竞争优势。不仅如此，中国的在线教育机构都有自己的策划团队、销售团队、课件制作团队等，在商业运作模式上及产业化方面更具竞争力。而西班牙华校由于长期运营在当地较为宽松的竞争环境下，多数华校抱持传承中华语言文化的情怀，把"华文教育"作为一份传承性的事业，所以在商业运作模式上并不具优势。西班牙乌兰教育校长乌兰老师也表示，中国的机构特别是不了解华侨华人状况的线上教育机构会影响西班牙华校的生源，他们的优势在于具有充裕的资金优势来开发各种线上教育产品，虽然他们对当地孩子们的生活环境和家庭教育情况并不了解。

（五）学校经营成本具有不可预见性

虽然一大批西班牙的华校都由协会出资开办，具有不以营利为目的的公益性质,但是学校的正常运营还是需要一定的资本,如场地租赁、水电开销、税务费用等。受到疫情的影响,部分学生家长收入降低,学生生源人数减少,一些线下活动被迫停办,西班牙华文学校的经营状况堪忧。西班牙塞维利亚中文学校刘阿赫老师对疫情后学校的管理运营经费表示担忧。疫情后线下学生人数会减少,涨学费也必然行不通,而固定的房租、水电费、税务、教师工资等开支并不会减少,这些无疑都为疫情后学校的正常运营画上了问号。巴塞罗那萨尔瓦多中文学校校长周永悦也认为西班牙华文教育发展形势不容乐观,将需要很长时间的缓冲期,想要完全恢复到疫情前的入学率非常困难,也将会是一个非常漫长的过程。

三、后疫情时期西班牙华校的应对策略建议

(一)提高西班牙华文学校师资教学水平及信息化水平

马德里华侨华人中文学校郭纯纯老师认为,不管是后疫情时代还是疫情过后的常态,线上教育一定会极大地改变教育,不是冲击,而是改变!换句话说,这种改变是科技和时代发展的必然趋势,疫情只是加速了这种进程而已。疫情在很大程度上让线上课程在西班牙华文教育界被家长广泛接受。后疫情时代,网课必将成为西班牙华文教育界的常态。西班牙孔子文化学校麻卓民董事长认为华文教育与华人经济发展关系密切。因疫情对华人经济产生的影响,势必会影响华文教育。在中国的在线教育对海外华文学校的影响难以避免的情况下,华校唯有努力提高自己老师的网络教学水平。不管是传统课堂教育还是线上教育,"教学"是根本,提高西班牙当地华文师资的教学水平和信息化技能是根本。海外本土华文教师了解所在国的国情和文化背景,对在本土出生长大的华裔孩子有着深入的了解,这种本土的一线经验是他们所独有的,应该最大程度发挥这种优势,同时多学习和接受新科技、新知识,颠覆性地提高网课技能,增强网课对学生的吸引力。此外,学校也要及时制定一套规范教学和网课质量的把控机制。

(二)探索"线上+线下"课堂模式

面对疫情的种种挑战,马拉加中文学校的李洪川校长却认为不应对西班牙华文

教育的形势持悲观态度。疫情下华文教师的信息化教学水平有着飞速提高，而且疫情赋予的西班牙线上华文教育常态化让之后的教学之路有着更大的发展空间，"线上+线下"的上课模式一定会成为一个趋势。目前，因为距离和上课时间受限，西班牙的各种华校基本还是周末制，而且因为教学时间短，中文课的教学效率并不特别理想。而线上课程让华校在周一到周五开设中文课程成为可能。"线上+线下"模式可以被理解为工作日的线上课堂结合周末的线下课堂，这种模式将大大提高中文课的教学效率。另外，网课虽然有很大的优点，但拉开了人与人的距离。而大家之所以对线下课堂这种教学方式强烈认同，是因为其作为一种传承了千百年的教育模式，不仅仅具有充分的教学互动和学习氛围，还肩负着一个更为重要的使命，就是让学生学会如何与人相处，建立社会规则意识，树立正确的人生观和价值观，认识并逐步融入社会。因此，线下的华文课堂依旧是华文教育的必需品。而对于传承中国语言和文化的华文教育事业来说，线下文化知识交流活动是非常重要的一部分，如让西班牙的华裔青少年聚集在一起参与中国文化类演出、参与传统的中国节日活动，并通过参与这些活动向西班牙当地社会传递中国传统文化信息，这些都会让西班牙的华裔青少年建立一种特殊的身份认知和文化认同感，在多元文化中融入祖（籍）国的背景信息，真正成为有中国魂的国际人。所以，"线上+线下"模式从另一个角度上来说，也可以被理解为线上的中文及文化类学习结合线下的中文及中国文化交流类活动。

（三）课程内容要结合当地教育特点和移民群体背景进行优化设计

社会是发展变化的，每个行业的需求也是在不断地变化与发展。西班牙早中期的移民状况造就了中文学校的兴起。如何教好中文这门语言课、传承好中国文化成为各大中文学校的主要目标和责任。而当下，西班牙华人移民群体发生了重大变化，如近五到十年的华人移民群体主要来自买房移民的新一批具有高素质及文化水平的人才。他们对于二代学业上的规划和要求与早期的移民又有了很大的区别，普通的中文语言及文化课程已经不能满足他们的需求，而他们更加注重如何通过有效学习让孩子快速接轨到当地的课程，融入当地的文化体系。随着时代的发展，跨文化双向族群认同的建构令旅西华人二代移民对传统的以教授华语为首要且单一目标的华文教育产生了新的诉求。作为针对这一诉求的主动响应，综合化的教育模式首先在部分办学条件较好的大型华校得以开展。一方面，华校用中国传统文化等兴趣课程提高母语文化的吸引力，巩固二代移民对母语族群的认同；另一方面，增设各类旨在帮助学生融入当地主流社会的课程与活动，如西班牙语培训、文化课补习、邀请当地警察部门开展安全讲座、与当地足球队进行交流等（谷佳维，2020）。

西班牙是一个具有多元文化、多语言环境背景的移民国家，每一个自治区都有自己独特的文化背景和教育政策。很多大区拥有自己的双官方语言，在教育体制上也有差异。比如西班牙的巴塞罗那地区和瓦伦西亚大区，在义务教育阶段除用西班牙语作为官方语言授课外，学生还须用加泰罗尼亚语学习不同的课程。多数华裔青少年因家庭语言是中文的关系，西班牙语和当地第二官方语言能力较弱，那么就需要针对这类学生开设当地语言及学科补习类课程。此外，因现阶段的华人家长多数为80后、90后，很多家长本身已经是华二代，对于课程丰富性和专业性的要求也不断提高，开设具有中国特色且具有优势的课程，如数学思维课程等，都是非常不错的课程导向思路。另外，因为华侨华人中也存在着很大一批缺乏西班牙语言及文化知识背景的成人群体，如果把"华文学校"的职能进行拓展变成"华人学校"，比如针对华侨华人成人开设西班牙语、英语等语言类课程及市场营销类等商科课程，或许也是一个有效的课程设计思路。

相较于中国的在线教育机构，西班牙的华文学校因处在西班牙各个不同的地区，熟悉各个地区的多元文化背景，了解当地的法律法规、教育体制、学生的实质性需求等，在课程设计以及教学目标和教学内容精准化设置上是具有极大的优势的。而结合当地教育环境、不同华人移民群体背景和需求对教学内容进行优化设计，也是应对疫情后整个教育领域挑战的一剂良方。

（四）建立区域化华校联盟或共同体

因为传统模式下的区域性竞争，西班牙的华文学校多是"独立发展"的。新形势下，面对来自各方面的冲击和压力，有着相似背景、成长经历及目标的华校应通过"抱团取暖"的方式构建命运共同体，共同对抗疫情下的困境和挑战。

1.科学规划西班牙华文学校及华文教育

面对外来的各类资本和市场运作化的冲击，西班牙华校间应该互相交流合作且必须集思广益，共同研究制定华文学校及教育教学发展的规划，比如学校形态、办学模式、教学目标、课程内容设计、教学评估、市场运作、教师团队建设、学生结构、设备购置、资本运营、校园文化等。高质量华文教育的关键还在于师资队伍。学校间可以通过教师研讨会、国别化师资培训等方式提高华文教师的教学水平和质量，共同培养和建设一支有信息化教学素养的本土华文师资队伍。

2.从信息化建设角度共建华文教育云平台

虽然当下互联网环境提供的是技术条件和手段，其本身并不意味着就是高质量的华文教育。但是互联网技术运用得好必然会提高华文教育水平和教学质量，这是毋庸置疑的。首先，西班牙华文学校可利用自身处在西班牙当地、能够深入当地教育环境和文化背景的优势，共同开发国别化信息技能平台。如建设互联网网络环境，配置必要的互联网教学技术设备和技术系统，培训专业的网上教育技术人员，充分利用多模态、融媒体技术。其次，华校可共同建设网上学习资源，为教师提供网络教学资源，为学生提供网络学习资源，以丰富教学和学习内容。再次，共同出资开发西班牙网络教学APP等来推进本土化的线上线下相结合的华文教学模式。

3.建立国别化华文教育研究团队

西班牙各个华校经过多年的教学实践与培养，都拥有一批专业素质高、有丰富本土化教学经验的一线华文教师，由各校筛选组建一支西班牙华文教育研究团队并不是一件难事。通过西班牙华文教育研究团队深入研究，建设西班牙本土化的各类教材库、课程库、微课库、教学技能库、语言知识库、文化知识库、宣传库、测试库、文化活动库等；通过建立国别化华文教育团队研究建设云教育环境下的教学资料库等资源，实现共建共享，将有助于当地华校的发展。

（五）打好"情感和情怀"这张牌

互联网技术的快速发展及其在教育上的应用，使得各类资本纷纷把目光投向海外的华文教育市场。的确，在高科技应用于教育领域方面，西班牙的华校是处于劣势地位的。但是任何高新技术都是人研究创造出来的，是为人掌握、为人服务的，所以"人"还是第一位的。应该正确看待互联网技术在华文教育中的角色，它只是教育的辅助品，人类独特的"情感交流"永远都不可能被技术所取代。因而积极转变观念，打好"情感和情怀"这张牌显得非常重要。海外华校和其他中文线上平台最本质的区别是海外华校的创办者及大多数在当地任职多年的本土教师本身都是华侨，和当地华侨华人家长一样有着相同的身份背景以及相似的在异乡生活的困苦和经历，对家国有着共同的情怀，这也造就了海外华文教育界独特而炽热的情怀。西班牙华校本身和学生及家长的距离就比较近，能够有效进行情感沟通，了解学生及家长近期的一些难处并通过华文学校在当地"桥梁"的作用适度帮助他们处理一些问题，加强和当地西班牙语学校老师之间的沟通，合理分析学生的各方面优势，和家长一起为孩子的未来共同制定学习规划，这些都是打好情感牌的一些方式。再者，海外华校的另一个优势是虽以教授中文课为主要形式，但目的却不仅仅为了教授语言，而是帮助孩子树立正确的世界观、人生观、价值观，让孩子建立正确的身份认同感。传播中国文化是海外华校的毕生使命。而在这一"教育"过程中，传播的方式并不仅仅是老师教学生，也表现在学生与学生之间的横向传播。在一个线下真实学习环境中，学习者带着共同的身份情感和认知，语言的学习和文化的感知将变得更加容易。西班牙鸿轩中文学校张星月校长、马拉加中文学校李洪川校长、塞维利亚中文学校刘阿赫老师、瓦伦西亚墨谦书院王校长都表示很多家长送孩子到华文学校是因为他们想让孩子和有着相似背景的孩子在一起学习，孩子不仅仅可以学习华文，更是同一身份之间的平等沟通和学习。从这一层面上来思考，华文学校在多元文化背景下华裔孩子建立正确的身份认同中起着关键性的作用，打好"情感牌"也是西班牙华文学校发展的一个关键性因素。

四、结语

最后，我们借用西班牙华文教育界几位资深教师的话来结束本文的讨论。

马德里华侨华人中文学校郭纯纯老师："作为传统的海外华文教师，这种本土的一线经验也是我们独有的优势。个人认为更大程度发挥这种优势，多接受新科技新知识，颠覆性地提高网课技能才是长期生存的根本。"加那利华侨华人爱心中文学校韩彩云校长："我们每个华校的力量是渺小的，海外华校须联合起来。"乌兰教育校长乌兰老师："我们在夹缝中求生存，怀揣高远的精神价值，教好每一个遇到的孩子，相信会走得更远。都是大白话，也是心里话，希望我们一起营造氛围，做实事，做长远。"

参考文献

［1］谷佳维．从留根教育到综合素质教育：西班牙华文教育发展的新趋向［J］．华侨华人历史研究，2020（1）．

［2］贾益民．新冠疫情对海外华文教育的影响及应对策略："新冠疫情对国际中文教育影响形势研判会"观点汇辑［J］．世界汉语教学，2020（4）．

［3］李宇明．改善中文的世界供给："新冠疫情对国际中文教育影响形势研判会"观点汇辑［J］．世界汉语教学，2020（4）．

［4］章志诚．欧洲华文教育的历史与现状［J］．八桂侨刊，2003（1）．

［5］章志诚．西班牙侨领与马德里中文学校［J］．侨园，2008（3）．

［6］Bernardino de Escalante. Discurso de la navegación que los portugueses hazen a los reinos y provincias del oriente［M］. y de la noticia que se tiene del reino de China, Sevilla, folio（100）. 1577.

［7］Juan González de Mendoza. The history of the great and mighty kingdom of China and the situation thereof［M］. English translation by Robert Parke, in an 1853 reprint by Hakluyt Society, 1588.

西班牙私立学校汉语教师的培养*

教学活动是由教师和学生两者共同完成的。教师在教学中发挥主导作用，学生在教学中发挥主体作用，两者共同努力，才能促使教学顺利、有效地完成。2017年夏至2018年夏，笔者以汉语教师志愿者的身份，在西班牙加纳利斯拉斯帕尔马斯孔子学院汉语教学点内的一所国际学校幼儿园实习，对当地私立学校的汉语教学有了更深入的了解，并发现了一些不足和问题。其中突出的问题是，汉语教师难以胜任海外的教学工作。海外私立学校汉语教学的长久发展，要求我们建立一支高质量的汉语教师队伍。

一、西班牙的汉语教学

（一）近年来的发展成就

据中国驻西班牙大使馆教育组统计，西班牙有100所左右的中小学开设了中文课，主要集中在西班牙南部的安达卢西亚大区，其中有26所公立中小学，2018年又扩大到32所，并且把中文课纳入了国民教育体系，作为学制课程。[①]

除了本土教师对汉语教学的贡献外，孔子学院总部/中国国家汉办在西班牙共开设了8所孔子学院，每年选派大量公派汉语教师和汉语教师志愿者，教学点也不断增多，覆盖西班牙各行政区，提升了孔子学院的文化影响力。

（二）加纳利斯拉斯帕尔马斯孔子学院的汉语教学

笔者所在的加纳利斯拉斯帕尔马斯孔子学院（简称"拉斯孔院"），依托中国

---

* 作者：陈思宇，华东师范大学。本文刊于《世界华文教育》2019年第4期。
① 孔子学院. 中文教学在西班牙结硕果 [OL].（2018-11-28）. http://www.hanban.org/article/2018-11-28/content_753883.htm.

的长春师范大学和西班牙的大加纳利斯拉斯帕尔马斯大学，建立在大加纳利岛的拉斯帕尔马斯市，是一所注重汉语教学、推广汉语考试的孔子学院。与拉斯孔院有汉语教学合作关系的学校，有以下几个特点：

1. 以私立学校为主

拉斯孔院与大加纳利岛的拉斯帕尔马斯市的Hispano Inglés Colegio（以下称"西英双语学校"）、Colegio Arenas（以下称"阿莱纳斯学校"）、Tirajada市的Colegio Arenas Sur（以下称"阿莱纳斯南部学校"）、兰萨罗特岛的Daos Colegio（以下称"道斯学校"）有着多年的教学合作关系，以上学校都为国际化私立学校，注重英语教育，教学体系涵盖学前、小学和中学。拉斯孔院每年向国际学校选派合格的汉语教师，参与学校的汉语教学。

2. 教学点数量众多且分散

西英双语学校2013年开设汉语课程，经多年发展已基本形成符合自身办学需求的汉语教学模式。学校分设小幼儿园、大幼儿园、小学一二年级、小学三四年级、小学五六年级、初中和高中六个校区，所有校区均开设汉语课程，除小学五六年级校区有一名全职的华裔汉语教师外，其余各校区的汉语教师都为拉斯孔院选派。

阿莱纳斯学校与阿莱纳斯南部学校原为一所学校，后分成两所独立的学校。阿莱纳斯学校开设在大加纳利斯的北部，小学三年级至六年级和初中部开设汉语课。阿莱纳斯南部学校开设在该地区的南部，小学一年级至六年级开设汉语课。

除了大加纳利岛的教学点外，兰萨罗特岛也开设汉语教学点。该岛屿的道斯学校分设主校和Queens两个校区，汉语课程在学前和小学教育中开设。其中，主校的教学年级为2—5岁幼儿和小学一年级至六年级，Queens校区的教学年级为2—4岁幼儿和小学一年级至五年级（5—9岁）。

3. 教师需求量大

拉斯孔院覆盖的汉语教学点数量多，每年对汉语教师的需求量也较大。2017—2018学年，加纳利斯岛的西英双语学校共安排2名公派汉语教师和8名汉语教师志愿者，阿莱纳斯学校有1名公派汉语教师和2名汉语教师志愿者，阿莱纳斯南部学校有1名汉语教师志愿者。兰萨罗特岛的道斯学校，主校安排了2名汉语教师志愿者，Queens校区安排了1名汉语教师志愿者。

2017年拉斯孔院面向各教学点，共安排了17名汉语教师（所有教师不参与孔子学院的教学任务），教师人数众多。公派汉语教师和汉语教师志愿者，都是参加并通过了孔子学院总部/中国国家汉办的选拔考试和岗前培训后派出的。

4.教学任务量大

各教学点的汉语教师，教学的对象包括多个年级、多个班级，学生水平差异较大，备课和教学的任务繁重。比如西英双语学校的高中部，一名公派教师要教授高中三个年级所有班级的汉语课程；阿莱纳斯南部学校的汉语教师志愿者，一人要教授小学六个年级，约220名学生；Queens学校的汉语教师志愿者，教学对象的跨度为2岁的幼儿至9岁的五年级学生，而且由于学校2015年才开设汉语课程，该教师还负责学校的大纲编写和汉语教材整合工作。

教学对象的多样性，增加了教学任务的难度。

二、教师建设的问题及挑战

开设汉语课程的私立学校大多为实力雄厚、教学体系完善、教师资源丰富的国际学校，学校注重培养学生的外语能力，培养国际化思维，开设的第二语言课程为英语、德语和汉语。但是从实际教学情况和教学效果来看，教师与学生、与学校及自身的发展等方面，暴露出了一些问题和不足。

（一）职前培训不够"对症"

1.学校与教师的沟通渠道不畅

汉语教师志愿者到岗赴任时（通常为7月至8月），各私立学校还处在暑假假期，因此各私立学校的汉语教师主要依靠孔子学院的选派，各个教学点的教学主管在教师选派中的参与度较低，导致后期在实际教学中，发现选派的汉语教师不能完全符合学校对教师的要求。从教师的角度来看，教师在进入学校教学前的准备阶段没有实地参观学校的机会，也没有机会与学校的教学主管沟通交流，因此对学校的教学情况知之甚少，准备工作大多具有盲目性，导致教师在教学初期要花费大量时间适应新的工作环境，不能较好地融入学校的教学环境中。

2.教师缺乏少儿汉语教学的经验

汉语教师志愿者中，大多数为在读研究生，缺乏足够的教学经验。教师在派出前参加的课堂教学技能培训，其预设教学对象多以中小学或成人课程为主，大多数教师制定的教学大纲和教学计划不能适应学校的教学环境。

同时，教师缺乏海外汉语课堂的管理经验。在已有的教学点中，除了西英双语学校的中学部、阿莱纳斯学校的初中部开设汉语课外，其他学校的汉语课主要在幼小阶段开设。幼儿园学生年龄小，自控能力差，喝水、上厕所、随意走动等情况在课堂上随时发生，客观上增加了课堂管理的难度。有成人教学经验的汉语教师在应对低龄化的课堂时，固有的课堂管理经验和策略都难以发挥作用。一方面，教师要绞尽脑汁设计各种教学活动，激发学生的兴趣，集中学生的注意力；另一方面，要兼顾学生的心理变化，课堂不能过分紧张也不能过分活跃，各种问题让教师时常面临课堂纪律难以控制的情况。

所有私立学校的汉语课，都没有安排课堂管理教师（通常为教学主管或班主任）管控课堂，客观上又增加了教师管控课堂的压力。如西英双语学校的大小幼儿园，学生年龄从一岁半到五岁，每个班级25人左右，汉语教师既要完成教学任务也要管理好课堂纪律，难度很大。

（二）新手教师难以融入当地的教学环境

拉斯孔院的汉语教师志愿者的任期为一年，选择留任的教师人数少，导致教学点的汉语教师频繁更换，流动性大。学校与孔子学院合作多年，也不愿意花费物力和人力在教师的职业技能和素质的培养上，进一步加剧了汉语教师对学校和学生缺乏深入了解的情况，降低了教师和学校的融合度。

拉斯孔院的汉语教师身处教学点，但不属于学校全职教师的体系，仅被学校视为课程教师。因此除了汉语教学工作外，学校的学年活动安排及家长会的召开，汉语教师都不参加，教师无法登录学校的教师系统，无法第一时间了解学校的各项活动安排和计划。学校对汉语教师的不重视，无形中孤立了汉语教师，使他们难以融入已有的教师群体。

由于汉语教师不参加学校的家长会，与学生家长缺乏交流和沟通，难以得到来自外界的肯定和支持，后期教学中常出现对自己教学能力的怀疑，否定自己的教学成果，进一步滋长了消极情绪。如西英双语学校的大幼儿园，在第二学期有班级家长会，学校要求汉语教师对教学大纲和教学情况做简单说明，当时有家长问到"为什么汉语课没有作业?""孩子这么小,能学会汉语吗?"的问题,班主任和学校主管没有给汉语教师机会,抢先进行了回答,不利于汉语教师形象的树立,打击了教师的积极性。

(三)教师缺乏积极的自我调整意识

1. 缺乏工作的长远目标

大部分新手教师缺乏长远的工作目标。学期初,因为对学校缺乏了解,新手教师生怕违反学校的规章制度或者给学生留下负面的印象,认为自己是学校的"他者",导致教学中畏首畏尾,缺乏创造力和自信心。同时,对学校教学模式的不熟悉和棘手的课堂管理状况,使得教师排斥教学,不愿设立长远目标。

汉语教师所带年级和班级数量多,备课和教学任务重,大部分教师在教学初期就产生了劳累感。如阿莱纳斯南部学校的汉语教师,教学对象贯穿小学一至六年级,各班级学习进度不同,备课需要兼顾各个年级及各个班级学生的情况。该校要求每周要有小测验,学期要进行期中和期末考试,除教学外,教师还要负责练习册的编写和考试题目的整理,经常出现加班的情况,严重影响了教师对工作的积极态度。

2. 教学中积极性不足

两三个月的过渡期结束后,教师对新鲜的教学环境、教学对象又失去了兴趣,每日的教学活动基本相同,尤其是教授幼儿的汉语教师,教学内容简单,教师有时敷衍了事,教学水平难有大的提高和突破。如道斯学校Queens校区的幼儿汉语课,开设时间不长,加上教师缺乏学前教育的经验,时常在课堂上组织学生观看视频(如播放中文动画片等)。但学生的语言水平和理解力有限,他们只关注有趣的动画和好听的音乐,表面上看似管控了课堂,吸引了学生的注意力,激发了学生的热情,实际上学生没有任何长进,对教学目标的完成也没有促进作用。

主观创造性的缺乏和客观教学环境的限制,使得教师在工作中缺乏进取心和探索精神,长此以往,不利于教师的职业发展,更不利于汉语教学的发展。

3. 语言学习的动力不强

在西班牙语的环境下,很少有汉语教师积极主动地学习西班牙语,提升知识储备的意识不强。选派到教学点的汉语教师,仅有少数具有西班牙语的教育背景,大部分为汉语国际教育、中文或其他相关专业，西班牙语能力不足的问题凸显。尽管私立学校注重英语教育，规定教师的教学语言为英语（除西班牙语课程外），但由于学生年龄小以及中西文化间的差异，汉语课堂的教师用语缺乏准确性，不能引起学生的共鸣和注意，增加了课堂管控的难度。

尽管孔院为汉语教师开设了免费的西班牙语课程，但对汉语教师没有硬性要求，实际完成课程学习的汉语教师人数也很少。该课程教师是拉斯大学一名有着丰富西班牙语教学经验的语言教师，每周上两次A1/A2水平的课，每次为三个小时；B1及以上课程每周上一次课，每次三个小时，时间选在汉语教师没有教学任务的时段内。2017年至2018年，只有两名教师连续参加了西班牙语课程的学习；有三名教师每月上两次课；外岛的三名教师由于路途遥远完全没有参加西班牙语的学习；其他汉语教师，因教学压力、西班牙语难等各种主观原因，都陆续放弃了学习。西班牙语学习上的不积极，进一步阻碍了汉语教师课堂用语的准确性和多样性。

三、教师队伍建设的启示

海外的汉语教学，缺乏目的语环境，因此教师对教学的作用极其重要。汉语教学的不断发展，汉语国际化的进一步推广，需要我们打造一支教学能力强、能适应复杂教学环境的教师队伍。上文对拉斯孔院教学点情况的介绍和教师工作中、职业发展中面临问题的讨论，暴露出汉语教师志愿者的培养及海外汉语教师队伍的建设，需要学界进一步开阔思路，找到新的突破点。以下，本文提出几点启发式建议。

（一）加强岗前培训的针对性

崔希亮（2012）和陆俭明（2016）都提到，作为一名汉语教师必须具备应有的知识结构、能力结构和思想心理素质。在孔子学院总部/中国国家汉办组织的汉语教师选拔考试和岗前培训中，对这三个方面的能力和素质都极为重视。可见，汉语教师在岗前培训之前，已经具备了这三个方面的素质，并具有可塑性；在岗前培训中，能力和素质也得到了进一步的训练和提升。

但中国的多数培训，存在针对性不足的问题，导致实际教学中的操作性不强。吴应辉（2016）提出，当前中国的汉语国际教育师资培养存在单一化培养与多元化需求之间的结构性矛盾，集中表现为通用型教师多，国别化、区域化、语别化教师少，存在明显的结构性失衡和供需不匹配。派往拉斯孔院的汉语教师志愿者，在教学技能的培训中以成人或中学生为模拟的教学对象，而实际工作是被派往幼儿园或小学从事教学。对教学对象的不熟悉，使得教师在学期初的适应期过长。

本文认为，岗前培训中应加强孔子学院与中国国家汉办、各培训点的信息共享，进一步细化对所需教师的能力要求及即将赴任的教学环境的描述，各孔院的汉语教师候选人可相互结成小组，在具体化的岗位要求下，有针对性地进行练习。

另外，现有的岗前培训理论课程，大多以高校教师为主讲人，讲授内容覆盖的学科范围广，理论性突出。在实际教学中，面对具体的问题时教师往往难以直接发挥作用。通过孔子学院总部/中国国家汉办的教师资源库，各培训点可针对培训人员派往的国家和地区，邀请已有外派经历的汉语教师志愿者或公派教师介绍实际的教学环境，分享有针对性的教学经验，帮助即将赴任的教师提升实践能力。

（二）增强孔院、教学点和教师之间的认同感

在面试和选派汉语教师时，不能按经验行事，应主动调查并掌握各教学点对教师的需求，进一步了解教学点的发展和现状，邀请相关学校的主管教师参与到教师选拔和岗位分配的环节中来。

教学初期，教学点应安排教师观摩课堂，创造多种机会帮助新教师了解学生和学校的生活。如西英双语学校在教学第一天，会由学校主管带领教师参观学校，并安排教师观摩英语教师的课堂。

新手教师自信心的缺乏，一个重要原因是教学经验不足。在教学初期，孔院和教学点可以联手对教师进行培训，孔院培养的重点应是教师汉语知识的积累和相关教学资源的应用，教学点应针对教师的课堂组织及管理能力加强培养。与拉斯孔院有合作的学校，每周都有固定的教师研讨会，但仅为学校的全职教师（班主任或学科带头人）。今后，可适当向汉语教师开放，方便汉语教师了解学校的学期计划，有针对性地开展教学。

（三）教师要不断加强职业意识培养

岳刚德（2009）指出，职业意识是教师对自身地位、价值、素养和活动方式的认识、评价及态度，是教师自觉能动性的观念表现，更多地体现了教师对从事职业的对象的认知、体认与把握，并由此衍生出一种角色意识和服务意识。而教师的专业意识首先表现出来的是一种专业自主意识，这种专业自主意识是通过专业自觉和自律实现的，它是指教师对所从事的专业（学科）性质有必要的认知，对专业的知识内容有较全面系统的掌握，对专业对象的认知心理特征有一定的把握，并且清楚应当通过怎样的方式和方法在专业活动中有效地传授知识、道德示范和促进儿童健康人格的养成。

新手教师在实际工作中遇到困难，往往选择逃避或自我否定，对个人的教师身份意识不到位，不利于自身的职业发展。派往西班牙的汉语教师中，有西班牙语教育背景的教师，应积极学习并掌握汉语知识、汉语教学方法，提升自身的教学水平；汉语国际教育专业的教师，应努力学习西班牙语，了解西班牙的文化，积极融入教学所在地的文化。

吴应辉（2016）指出，国际汉语师资需求是一个动态发展的过程，而以汉语为母语并消除了在任教国的跨文化交流障碍、具有双语双文化特征的"超本土汉语教师"是国际汉语教师的高端形态。在多语多文化教学背景下，教师要有持久学习的勇气和热情，提升自身的职业发展意识，丰富和完善自身的知识和能力机构，积极与学校主管、其他学科教师沟通，了解学校教学的发展，做到心中有学校，才能树立"我是学校一分子"的认同感，不断找到事业发展的自信心和动力，获得学生、学校和家长的认可，实现自我价值和社会价值。

马国彦（2014）提到，教师成长仅有经验是不够的。如果教师满足于获得经验而不对经验进行反思，那么其发展将在很大程度上受到限制。这里所说的反思是指向行动和实践的反思，而非缄默式的反思。因此，反思性首先指教师对教学中的成败得失进行评估，既包括对行动的反思，即教学前的设计和教学后的总结，也包括行动中的反思，即教学过程中对突发事件或超出预期情境的处置。

此外，更重要的是教师自身在实际教学中对自我教学能力、钻研能力、心理素质的培养。只有教师意识到自身主体的重要性，才能以开放的姿态，广泛涉猎，成为能胜任教学任务的、优秀的汉语教师，促进汉语教师队伍体系的建设。

参考文献

［1］崔希亮．汉语教师的知识结构、能力结构和文化修养［J］．国际汉语，2012（00）．

［2］陆俭明．对汉语教学要有这样的认识［J］．语言战略研究，2016（2）．

［3］马国彦．国际汉语教师培养三题［J］．世界汉语教学学会通讯，2014（2）．

［4］吴应辉．汉语国际教育面临的若干理论与实践问题［J］．云南师范大学学报（哲学社会科学版），2016（1）．

［5］岳刚德．教师职业意识和专业意识之比较［J］．全球教育展望，2009（12）．

英国华文教育的新政策和新发展*

英国的华文教育发展已经有数十年的历史，随着中国在国际舞台上的不断崛起和中英两国经贸往来的日益增强，英国的华文教育也得到了越来越多的关注和支持。

一、英国华文教育的现状和问题

（一）英国华文教育的现状

根据英国中文教育促进会最近梳理的《英国华文教育基本情况汇报》[①]中的部分内容，目前全英华文学校数量达到159所，在校学生有22478人，华文教师有2163人。从这些数字可以看出英国华文教育的发展规模。

从学校分布上，各领馆区内华文学校数量如下：驻英国使馆伦敦领区有115所华文学校，曼彻斯特总领事馆领区有26所华文学校，爱丁堡总领事馆领区有14所华文学校，贝尔法斯特总领事馆领区有4所华文学校。大部分中文学校都是不以营利为目的的、公益性的周末中文学校。

（二）英国华文教育面临的问题和挑战

英国的华文学校建校之初，很多创建人都是凭着一个简单的意愿，希望自己的孩子在国外继续学习中文，学习中华文化。这种模式的中文学校，在当前市场经济形式下的管理和运行上，都面临着巨大的问题和挑战。

教材：教材是学生学习中文的主要依据，影响着教学质量和效果。在英国，几乎所有华文学校都使用《中文》（2020）教材。修订版考虑了周末学校的特点，但是口语交流方面仍有不足。此外，该教材内容不够本土化，对于没有中文背景的学

---

* 作者：王彩育，英国中文教育促进会，伦敦普通话简体字学校。本文刊于《世界华文教育》2023年第4期。
① 英国中文教育促进会内部调研。

生较为困难。因此，华校需要尽快引入符合当地需求的新教材，不断更新教学内容，实现教材本土化。

师资：华文学校一直面临着师资力量不足的问题，很多学校缺乏正规的华文教育师资。因此，英国华校应该积极寻找和培养优秀的中文教育师资，提供培训和支持，不断提高师资队伍的水平和素质。

校舍：在英国有校舍的华文学校是极少数的，这些学校一般是华人协会管理下的华文学校，多数是老华校。据调查，只有4所学校有自己的校舍，绝大多数学校是租用当地中小学教室，或租用社区活动中心。以前因为当时的政策对少数民族的文化学习有多方支持，租金相对便宜，而今校舍租金有逐年增加的压力。

资金：英国中文学校的资金主要来源于学费、捐赠和赞助等，很多学校资金短缺，难以满足日常运营和发展需求。从调查中得知，现在华文学校的办学经费来源主要是学费。其他的来源，如华人社团的资助、个人或商家的捐助都大幅度减少，政府的资助也基本没有。同时，学校的运营成本在加大，经费主要用在校舍的租用和教师的报酬。办学经费不足是华文学校办学最大的问题之一。

竞争：随着华人社区的不断发展，越来越多的中文学校涌现出来，这也意味着学校之间的竞争日益激烈。因此，学校需要寻找差异化的发展战略，如提供个性化教育和特色课程等，以吸引更多的学生和家长。同时，学校也需要与其他学校和机构建立合作关系，实现资源共享和互惠互利。

数字时代和乌卡时代（VUCA）的巨大挑战：目前，我们正处在一个快速变革的时代——数字时代和乌卡时代。乌卡时代即充满着波动性（Volatility）、不确定性（Uncertainty）、复杂性（Complexity）和模糊性（Ambiguity）。华文教育面临的巨大挑战包括：适应数字化转型的要求，探索数字化教学模式；适应学生多样化的需求，提供多样化的教学内容和教学方法；为教师提供更多的培训和支持，以吸引和留住更多的优秀师资；加强教育资源的配置和分配，确保所有学生都能够享受到优质的华文教育；提高自身的教育质量和竞争力，以在国际竞争中占据一席之地。

为了应对这些挑战，加速数字化转型已成为华文教育发展的一大方向和必然趋势。作为华文教育工作者，我们需要勇于创新，抓住数字化转型带来的不确定性，发现隐藏在不确定性中的机遇，迎接数字时代和乌卡时代的挑战。这是我们的重要任务，也是推动华文教育不断发展的关键。

二、英国汉语教学的新政策

（一）中国对海外汉语推广的支持

多年来，中国政府一直积极支持海外汉语推广，以促进中华语言和文化的传播。其中，国家汉语国际推广领导小组办公室的成立是一个重要举措，旨在统筹规划和协调国际汉语推广工作。此外，中国政府还组织编写教材和培训师资，向全球汉语教授学校和机构赠送教材和设备；实施"汉语桥"工程，大力推广海外汉语教学；通过广播和电视向世界各地播放汉语节目，传播中华文化。这些举措有效地推动了海外汉语教育的发展，为中文的传播和推广做出了积极的贡献。

（二）英国汉语教学的新政策

英国华文教育的新政策和发展可谓前所未有。自2002年起，中文就成了英国国民教育体系的一部分，作为基础教育外语语种之一，成为初中、高中会考的外语科目之一。随着孔子学院和孔子课堂的不断增加，越来越多的英国学生开始学习汉语。

2015年10月，习近平主席对英国进行国事访问，开启了中英关系的"黄金时代"，华文学校进入了高速蓬勃发展的阶段。同期，英国政府宣布了一个意向：希望公立学校每年有5000名学生学习汉语。英国政府的不断投入也为中文学习提供了强有力的支持，展现出英国政府致力于促进中英文化交流的决心。

2016年，政府设立了"卓越汉语教学"项目，全方位鼓励学生学习汉语，对推动公立学校的中文学习发挥了很大的作用。

2019年，卓越汉语教学项目进展迅速，参与项目的中小学达到了76所，学习汉语的学生超过每年5000名的目标。同时，成功招募和确保1800名七年级学生开始和继续学习汉语，计划每年保留20名持有普通话教育证书的教师。这个项目每年耗资330万英镑，赠给参与项目的学校。

英国政府公布，从2021年9月至2024年8月，将耗资1640万英镑，用来延续和更进一步推动卓越汉语教学项目。

2023年，英国教育部又投入1500万英镑的语言学习经费，增加学生的语言学习投入。其中，一项单独的110万英镑分配给卓越汉语教学项目，目标是到2024年9月再有21所学校参与项目。

三、英国华文教育的新发展

疫情的冲击让华文教育的生态发生了重大变化，教学模式从线下到线上，到目前的线上线下双轨融合发展，对华文教师的信息素养提升、数字化教学资源的建设完善、传统和现行教学模式的创新发展都提出了更高的要求。

（一）多模态的国际华文教育

多模态的国际华文教育是指在教学过程中，采用多种感官和符号资源进行交际和学习。这种教学方法不仅可以更好地激发学生的学习兴趣和积极性，同时也可以增强学生的理解能力和记忆力。在国际化的华文教育中，多模态的教学方式可以更好地满足不同国家和地区的学生对语言学习的不同需求，同时也可以更好地传递中华文化的内涵和精髓。

多模态的教学方式可以采用多种手段和符号资源，如语言、图像、声音、视频等，同时也可以结合虚拟现实、增强现实等技术，创造更加真实、直观的学习体验。例如，在教学中可以利用图片和视频展示中国的历史文化、美食、旅游景点等，让学生更好地了解和感受中华文化的独特魅力。

在多模态的教学中，教师需要具备相关的技能和知识，同时也需要不断地创新和更新教学方法，以适应不断变化的教学环境和学生需求。同时，教育机构和政府也需要提供相应的支持和投入，推广和普及多模态教学的理念和方法，提高国际华文教育的质量和水平。

（二）多元文化的华文教育

随着全球化和信息技术的不断发展，越来越多的国家和地区开始关注和学习汉语和中国文化，这也促使华文教育的发展和变革从单纯的语言教学演变为更多的跨文化交流和理解。在这种背景下，多元文化的华文教育成了一个重要的趋势。

多元文化的华文教育强调了解和尊重不同的文化背景和价值观，同时也通过教学和交流促进跨文化的交流和理解。这对华文教师提出了更高的要求，需要具备跨文化的意识和能力，并且能够通过教学活动促进学生的跨文化交流和理解。

此外，随着中国经济和文化的不断崛起，越来越多的中国企业和品牌开始走出国门，为华文教育提供了更多的机会和挑战。华文教育需要适应全球化的趋势，培养具有国际视野和跨文化交流能力的人才；同时也需要更好地推广和传播中国文化，增强中国的软实力。

（三）人工智能科技和ChatGPT

人工智能科技和ChatGPT对海外华文教育产生了积极的影响。首先，ChatGPT等自然语言处理技术可以帮助海外华文教育工作者更好地进行语言教学。这些技术可以提供个性化的学习体验，根据学生的学习进度和能力定制教学内容和方式，从而提高学生的学习效果。其次，ChatGPT等技术也可以用于课程设计和教学大纲的制定。教师可以利用这些技术分析学生的学习情况，了解学生在学习过程中遇到的难点和问题，从而优化教学大纲和教学内容。此外，ChatGPT等技术还可以用于设计互动学习游戏和评估学生的作业并提供反馈。这些游戏可以提高学生的学习兴趣和参与度，同时可以通过技术手段对学生的学习情况进行评估和反馈，从而更好地指导学生的学习。总之，人工智能科技和ChatGPT等技术为海外华文教育带来了更多的教学工具和方法，可以帮助教师更好地完成教学任务，提高学生的学习效果。

华文教育工作者要不断学习研究，完善自身教学能力，利用新科技来改善教学，提高工作效率。以下是一些更具体的例子，以展示如何将ChatGPT作为一个教学工具应用于华文教育：利用ChatGPT的智能语音识别和自然语言处理技术，为学生提供汉语口语和听力训练；为学生设计汉语学习游戏和互动体验；利用ChatGPT生成的问题和答案模板，设计汉语练习、作业和测验；为学生提供快速而准确的作业评估和反馈；利用ChatGPT的自然语言处理技术和机器学习算法，对学生的学习进度和成果进行评估和评价；使用ChatGPT搜索和分析大量的汉语语料库，以便进行深入的研究和撰写有关汉语的学术论文和文章。

（四）新形势下英国华文教育的发展趋势

汉语的地位提升：随着中国的崛起和全球化的趋势，越来越多的人开始学习汉语。更多的中学计划将汉语列为中学外语考试课程，需要进行大纲的制定和考试改革。

小学汉语教育的发展：越来越多的小学将开设课后汉语和中国文化兴趣活动，但是资源的建立和提供是发展的瓶颈，需要更多的支持和投入。

教师培训的发展：华文教师的培训将会获得很大的发展，但培训课程内容的制定和课程的设置需投入极大的力量。

教材的研发：一批本地开发的教材将会问世，教学大纲的制定和对汉语语言习得的研究是保证高质量教材产生的基础。

欧洲语言交流平台的建立：建立欧洲语言交流的平台，是融入主流语言教学的途径，需要广泛的合作和可观的投入。

最后，适情的规划、广泛的合作和可观的投入极为重要。

四、问题与思考

（一）教学大纲：学历教育和非学历教育

针对学历教育和非学历教育，需要分别制定不同的教学大纲，以满足不同类型的学生的需求。在教学大纲的制定过程中，需要考虑到学生的年龄、语言能力和文化背景等因素，并根据学生的需求和目标制订相应的教学计划和教学内容。

（二）适用教材：本土教材和中国教材

海外华文教育需要使用适合本地学生的教材。有些地方可能需要本土教材，因为这些教材更能符合当地的语言和文化环境。但在其他地方，中国的教材可能更加适用，因为它们更加贴近中国的语言和文化。在选择教材时，需要综合考虑各种因素，确保所选教材能够满足学生的需求和教学目标。

（三）师资力量：师范教育和各种培训

为了提高海外华文教育的质量，需要建立一支高水平的教师队伍。这需要从师范教育开始，为未来的华文教师提供必要的教育。此外，还需要为已经从事教学工作的教师提供各种形式的培训和继续教育，以持续提高他们的专业水平和教学能力。

（四）研究交流：习得、教学和合作交流

在海外华文教育领域，研究交流是非常关键的。需要开展相关的研究，以提高教学质量和效果。此外，还需要与其他机构和学者进行交流，分享教学经验和研究成果，开展合作项目。

（五）认可支持：社会、政府和语言同行

海外华文教育需要得到社会、政府和语言同行的认可和支持。因此，需要加强与相关机构和政府的沟通与合作，提高他们对海外华文教育的认识与理解。同时，也需要加强与其他语言教育机构和教师的交流与合作。

新的时代对华文教育提出了更高的要求，未来的华文教育将呈现数字化、全球化、全民化、多元化、专业化发展趋势。身为华文教育工作者，我们要做好准备，迎接挑战，为在海外传承中华语言文化做贡献。

参考文献

暨南大学华文学院. 中文［M］. 广州：暨南大学出版社，2020.

让东方清风转动世界同好的风车*
——荷兰丹华文化教育中心二十周年校庆活动述评

荷兰丹华文化教育中心（以下简称"丹华"）于1999年10月筹建，由黄音创办的丹华中学和李佩燕创办的青年语言文化学校合并而成，2000年6月5日正式成立。丹华设有幼儿部、小学部、中学部、高级语文班和成人汉语班，共有20多个班级、500余名学生，是荷兰最大的中文学校，2011年获中国国务院侨办授予的海外"华文教育示范学校"荣誉称号。全校共有40多名优秀中文教师和志愿者，其中30名教师拥有中国国侨办海外华文教师资格证书，10名教师被评为"海外优秀华文教师"，李佩燕校长于2007年荣获中国国侨办颁发的"华文教育终身成就奖"。

丹华是典型的中国新移民在欧洲开设的华文学校，其创办、运营、教育教学及与主流社会和中国的交融联通等方面都集中体现了这类学校的发展轨迹，丹华的成功经验值得海外华校借鉴。2019年4月，丹华举办了成立二十周年系列庆典活动。庆典历时两天，内容丰富，意蕴深远，集中展现了丹华二十年的办学成就及未来愿景。庆典大致分为三部分：鹿特丹市中心图书馆汉语阅读区开幕式、华文教育学术讲座、师生文艺展演。以下试为记叙分析。

一、鹿特丹市中心图书馆汉语阅读区开幕式——交流、融合与共建

26年前，在中国从事教育工作多年的李佩燕来到荷兰，发现当地图书馆没有中文书籍，随着越来越多的人学习中文，这一问题日益突出。让中文书籍进入荷兰图书馆成了她的愿望。经过积极联络，终于促成暨南大学捐赠的书籍落户鹿特丹市

---

* 作者：李嘉郁，北京华文学院。本文刊于《世界华文教育》2019年第3期。

中心图书馆，其汉语阅读专区的首批 500 本图书全部由暨南大学出版社赠送，涵盖古今小说、诗歌、文学、岭南文化等多个方面，适合不同年龄段的读者。

2019 年 4 月 19 日，汉语图书阅读区开幕式在鹿特丹市中心图书馆举行。中国驻荷兰大使馆领事部秘书袁春华、丹华校长李佩燕和联合创办人黄音先生及学校师生、暨南大学华文学院院长邵宜、鹿特丹市中心图书馆馆长 Theo Kemperman 和图书馆有关负责人、荷兰中文学校代表，以及专程从中国前来参加庆典活动的专家学者等近百人出席。

袁春华致辞，他代表中国驻荷兰大使馆祝贺汉语图书阅读区在鹿特丹市中心图书馆设立，感谢李佩燕校长和丹华老师为此付出的努力，以及暨南大学的积极赠书。他以自己身为两个孩子的父亲教育孩子学习中文的经历，强调了学习中文的重要性："相信许多父母和孩子——不只是华裔，还有其他族裔的民众——都会来阅读和借书，由此了解中国文化。这不仅有益于他们个人，也将促进中荷文化交流。"馆长 Theo Kemperman 表示，"丹华 20 年的努力感染了我们，我们双方决定在图书馆设立汉语阅读专区"，"鹿特丹市中心图书馆以能够用中文图书的方式为鹿特丹和周边的华人群体服务感到骄傲，通过这种方式，我们可以联系更多的华人和鹿特丹人，共同参与，共同思考"。他感谢李佩燕校长和许多中国朋友在此过程中起到的重要作用。暨南大学出版社社长徐义雄因故未能前来出席活动，他委托邵宜宣读了贺信。"希望这些书籍能够帮助当地华文学校办学，广大鹿特丹读者从中能有收获。"信中说，"鹿特丹是陆上和海上丝绸之路交会处，广州正致力成为'一带一路'重要枢纽城市。希望中文阅读专区能够成为新的窗口，增强两地交流，增进友谊。"

汉语阅读区的开设意蕴深远，从中我们可以清楚地看到华文学校在沟通中外、促进文化交流及在当地建设和谐社区等方面的努力和成就；同时，华校自身的人文追求与精神气质也在其中发挥着无形的却是不可估量的作用。

其事肇始于 2018 年中国国务院侨办院校团组对丹华的访问，其间暨南大学出版社表示愿意捐赠部分中文书籍给海外汉语学习者作为参考。丹华通过鹿特丹观景台文化基金会联系到鹿特丹市中心图书馆，经双方多次商讨终于达成合作关系。该图书馆决定接受暨南大学出版社赠送的汉语书籍，并在图书馆建立汉语阅读区，为荷兰华裔和其他汉语学习者提供学习场所。在本次开幕式上，馆长特别指出："鹿特丹市中心图书馆致力于建设一个包容性的社会……对于有很多不同背景的居民的城市，这不是自然而然的，也不是容易的事情。所以，丹华愿意和我们的城市、我们的图书馆一起，对其他人开放，这是一件非常好的事情。"同时，他也充分肯定了丹华团队特别是李佩燕校长倾力教育、贡献社区的精神："我们和丹华文化教育中心的李校长以及学校相关负责人开始接触的时候，就意识到我们在跟一位特别的校长和一个特别的教育中心打交道。她们的热情，她们的毅力，特别是她们二十年来在丹华所投入的精力感染了我们。在这样的情况下，我们双方在图书量已经不小的鹿特丹市中心图书馆成立一个汉语阅读专区的计划就不难了。"丹华为了将这一合作成果扩大，又多次拜访鹿特丹市中心图书馆，商讨有关活动的举办。在本次开幕式之前，丹华已经以公开课的形式，利用暨南大学捐赠的有关书籍，分别围绕文化、自然与民俗三大主题，在图书馆公共区域成功举办了汉语阅读和文化体验活动，课间不少感兴趣的荷兰人也走上前来观看茶和茶具，跟老师探讨茶文化，并对这一公开课的形式表示称赞。这次活动也深受鹿特丹市中心图书馆方面的赞誉，他们委派专业摄影师记录整个活动经过，计划依此做一次丹华的展览。

可以说，除了中文图书的社会意义，丹华团队的勤谨敬业也是促成其事的重要因素，这一点得到了鹿特丹观景台文化基金会的充分肯定，这也是其乐于为丹华和图书馆沟通联络的动因。基金会负责人Linda女士表示，这是一次深入连接中荷文化的活动，对孩子们的成长具有十分有益的影响。基金会致力于非遗保护，希望让鹿特丹的文化及社区不被遗忘，通过组织居民间的互动联系，彼此了解，互相学习，从而使城市和社会更加美好。该基金会与丹华的合作始于10年前，"我们从2009年开始与丹华合作，10年来，我和摄影师Joop一起，不断为丹华的师生拍摄。我们所展览和展示过的项目、所有记录的故事和照片都会被鹿特丹档案馆保存。因此，丹华也成了这个城市历史的重要组成部分"。此次为庆祝丹华成立二十周年，他们还专门举办了摄影展览，展示鹿特丹华人社区历史和丹华校史，以及丹华学生的写作和绘画作品。

鹿特丹市中心图书馆汉语阅读区的建成，固然源自李佩燕校长多年的华教情怀，源自著名侨校暨南大学沟通中外、推广中华文化的初心，但其在运作过程中能够得到当地各方组织的认可和支持，则体现了多元文化政策下，有关各方在促进民族间的了解沟通及建立一个包容和谐社会的诚意与实践。这也提示我们，当今时代，华文教育不仅要致力于教育华裔下一代，造福本族群，亦应关注自己在当地的角色身份，重视发挥社区建设、社会服务方面的功能，这不仅是华文教育长远发展的保证，亦应成为华文教育今后的主要目标之一。

二、华文教育学术讲座——新探索·新发展·再出发

作为丹华成立二十周年系列庆典活动之一，2019年4月20日上午，主题为"新探索·新发展·再出发"的华文教育论坛在鹿特丹伊拉斯姆斯（Erasmus）大学礼堂举行，华侨大学贾益民教授、暨南大学邵宜教授、厦门大学李明欢教授、北京华文学院李嘉郁教授等四位华文教育专家分别发表了学术演讲。荷兰中文教育协会主席陈华钟以及荷兰各大华文学校师生、华文教育工作者等近百人参加。当天适逢联合国中文日，活动因而具有了特别的意义。

丹华成立伊始，便强调活力与创新，体现在教学科研上，即为注重引进先进理论，提高教学质量，致力于教材教法的探索出新，同时关注世界华文教育新动态、新趋势，结合自身需求，努力实践标准化、专业化、正规化之"三化"的发展目标。学校多年来成功编撰系列本土化汉语和文化教材，依托《中华字经》施行的汉字教学法成效卓著，在教学管理、教师培训等方面制度严明。本次校庆活动中特意安排的学术研讨，即是其强调科学引领、专业办学理念的体现，这实际也是海外华文学校发展的总体趋势。

李佩燕校长表示，虽然丹华此前多次举办过各种论坛，但如本次高水平、大规模、汇集中国华文教育顶尖专家、代表世界华文教育高水平的论坛尚属首次，这也体现了中国国侨办和中国高校对海外华文教育的关心和支持。她还阐释了本次论坛的主题："丹华一直走在荷兰华文教育的前列，我们接收各种新的信息，同时不断进行新的探索；荷兰越来越多的人从事华文教育，华文教育取得了新的发展。"她说："成立二十年来，丹华取得了一些成绩，但这已是历史，我们要以现在为新的起点，再次出发。"

贾益民教授、邵宜教授、李明欢教授和李嘉郁教授分别作了题为"新时代世界华文教育发展理念""谈谈华文教育的'标尺'""丹华经验之意义和启示"和"华文教育的性质、功能与使命"的主旨演讲，从不同角度阐述了华文教育的现状和

未来发展方向，并从不同角度就如何做好华文教育提出了具体意见。贾益民教授指出，中国特色社会主义进入了新时代，这一重要判断具有重大历史意义，而且必将对世界产生巨大而深远的影响。这对华文教育和汉语国际教育来说，同样具有重大意义和深远影响。新时代为华文教育及汉语国际教育创造了新的无限机遇和广阔天地，同时也为华文教育和汉语国际教育在新时代的新发展提出了新要求、新任务、新目标。因此，探讨新时代世界华文教育和汉语国际教育发展理念，就成了摆在华文教育界面前的重大课题。他提出并分析论述了新时代世界华文教育发展十大理念，即新时代、全球化、大华文教育、融入主流、多元驱动、民间力量、转型升级、华文教育+、产教融合、华教安全，认为应以之推动新时代世界华文教育大发展。邵宜教授指出，教育的目的是让人类传承文化科技成果，以创造未来更加美好的世界。除此之外，华文教育还负有传承本民族语言文化的责任。既然是办教育，就必须遵循一定的办学规范，追求相应的办学质量。海外华文教育的发展，各国不尽相同，有的早，有的晚，有的较为成熟，有的才刚刚起步，需求和标准不可能也不应该刻板统一，但是作为一种语言文字，华文毫无疑问存在客观的统一标准。如何解决这个矛盾需要两个方面的准备：一是制定面向海外的统一的华文测试标准，并以此指导华文教学全过程。二是必须丰富华文考试类型，制定专门针对华文教育发展相对滞后、水平相对落后的国家和地区的过渡性华文考试标准。二者的关系是统一的，华文水平测试（HSC）是华文学校追求的终极目标，有条件的学校可以一步到位，直接并轨。过渡性标准是为了接驳统一的标准化考试HSC制定的，因而具有指向性和动态性特征，这也是华文教育今后一个时期内的重要研究工作。李明欢教授介绍了欧洲华人社会历程和欧洲中文学校概况，特别分析了丹华的经验与启示。她认为，丹华的成绩体现在规模化、专业化和标准化，成功经验在于有一位懂教育、善管理的好校长，凝聚了一群爱学生、会教学的好老师，在不断创新和超越自我进程中建立并完善了一套行之有效的好制度。李嘉郁教授指出，华文教育与华人社会血肉相连，今天的华文教育蓬勃发展，内涵丰富，功能多元，华文教育变得复杂多面。对华裔来说，学习汉语可以有很多途径，华文学校不是唯一的选择，友族也会积极学习汉语，华语不一定是华人的标志，华文学校也不再是华族的学校。凡此种种，都促使我们再次深入探讨华文教育独特的意义和价值。华文教育负有培养华裔下一代中华文化气质的使命。民族文化是华文教育最鲜明、最独特的标志,华文教育中的文化教学非止于知识的传授,更应注重中华文化的精髓要义,体现中国人崇尚的气节、修养乃至审美取向。例如,文化教学和教材中应以适当方式介绍具有中国传统文化意象的物事,如琴棋书画诗酒茶之类,这会在今后的岁月里潜移默化地影响学习者的生活方式和心境历练。

袁春华代表中国驻荷兰大使馆祝贺论坛召开,他指出,本次论坛既有丹华二十年教学经验的总结和提炼,又有新时代世界华文教育理念的探索和研究,以及华文教育性质、功能与使命的阐述和发挥,主题鲜明,内容丰富,蕴含深刻,将会帮助大家更好地认识并开展华文教育工作。

三、师生文艺展演——汉语、文化、中国情

4月20日下午,丹华二十周年庆典活动之师生文艺展演在鹿特丹伊拉斯姆斯大学礼堂隆重举行。中国驻荷兰大使馆临时代办陈日彪、鹿特丹市政府代表Linda Malherbe、中国国侨办和中国华教院校代表、荷兰华校师生家长,以及德国华校代表等800余人出席活动。

陈日彪代办代表中国驻荷兰大使馆向丹华全体师生表示热烈祝贺。他指出,华文教育是中华文化在海外传承弘扬的"留根工程"、海外华人社会繁荣发展的"希望工程",也是惠及海外侨胞生存发展的"民生工程"。荷兰华文教育的发展,离不开一代代华文教育工作者的无私奉献、接续奋斗。陈日彪代办充分肯定丹华二十年的办学成绩,其对于推动鹿特丹地区华文教育事业的发展、激发华裔子弟对中华文化的兴趣、促进中文在当地的传播、增进中荷文化交流以及人民间的理解和友谊做出了积极贡献。希望丹华再接再厉,以二十周年庆祝活动为契机,推动学校取得新的更大的进步。他还赞扬了李佩燕校长以无私奉献、执着忘我的精神从事教育工作50年,希望广大华文教育工作者继续发扬华文教育精神,推动荷兰华文教育再上新台阶。他勉励荷兰华裔青少年好好学习,从中华民族的历史和文化宝库中汲取精神营养,为中华文化的发扬光大做出自己的贡献。鹿特丹市长哈迈德·阿卜塔立(Ahmed Aboutaleb)专程写来贺信,祝贺丹华成立二十周年:"语言和文化是中荷友谊和交流的纽带。传播中国语言和文化,有益于促进中荷各领域的友好交流,有益

于加深中荷人民的相互理解和友谊。这正是丹华文化教育中心的重要价值和角色。"贺信还写道:"学生们在鹿特丹及周边地区长大,能在丹华学到更多有关中国语言和文化的知识,能受益于中荷双方的文化,这不仅有益于华人社会,也有益于整个城市。因此我代表市政府对贵校为社会所做的宝贵贡献表示由衷的感谢!"华侨大学华文学院书记纪秀生,丹华名誉主席、荷兰中文教育协会主席陈华钟分别致辞,祝贺丹华成立二十周年,希望再接再厉,再创辉煌。

校长李佩燕致辞,回顾了丹华的成长轨迹,感谢中国驻荷兰大使馆、中国国务院侨务办公室和中国华教院校多年来的关心支持,感谢众多丹华人的无私奉献。

这场文艺展演是庆典活动的高潮,以生动形象的方式集中展示了丹华二十年来在教育教学、教师队伍建设、校园文化构建等方面的努力与成就。

认字与阅读是困扰许多海外华校的难题,丹华经过不断摸索,2007年起应用《中华字经》进行教学,取得巨大成功,现场表演的《中华字经》课堂教学情形正是这种教学方法与成效的再现,而学生们用娴熟的汉语表演的各种歌舞、曲艺、诗朗诵等更是丹华汉语和中华文化教学优质高效的鲜活展现。几位丹华校友的友情出演不仅令在场观众欣赏到他们的才艺,其对母校的深切情感尤使人感到丹华在"育人"方面的用心与执着。培养华裔孩子保持中华优秀传统文化的同时完美融入当地,这是所有华校都必须努力实现的一个目标。一名学生在纪念册上写道,"感谢丹华的所有老师们,你们的坚持和付出换来的是华裔后代的从容自信",他表示,当年在丹华,除了学习中文知识,还在各种活动中感受中华文化,增强了自己的身份认同感,不再纠结于中西文化带来的差异感,在丹华学生的心里,"牡丹和郁金香同时绽放着各自的美丽"。

丹华教师一向致力于中西先进教育理念的学习与实践,在教学中不断探索,他们对华文教育的倾心投入正是无数海外华文教师的缩影。本次活动中,丹华教师表演了自己创作的诗歌《海外华教颂歌》,回顾了办学二十年的苦乐历程,表达了自己要"将五千年华夏的灿烂传扬""让中华文化萌发在他乡"的殷切希望,以及愿为"中荷文化桥梁""为丹华而歌,为华文舞蹈"的深厚情怀。

海外华文教育能有今天蓬勃发展的局面,固然有很多因素,但是海外华教人秉持于心的"华夏情"与中国的关注和支持仍然是其根本所在。李佩燕校长表示,丹华经过二十年不断学习、探索和总结,形成了"坚持、创新、活力、凝聚"四大校风。不论遇到任何困难，诸如资金缺乏、教材短缺、搬迁校址等，丹华人始终选择"坚持"。她还说："祖（籍）国对游子的牵挂、对华文教育的关爱，是丹华人不竭的动力和源泉。"本次校庆活动中，中国与海外华教界的密切协作、相互支持也得到了充分体现，丹华校歌《一片丹心为华教》正式发布，歌中唱道："让东方吹来的清风，转动世界同好的风车。让满园绽放的郁金香，点缀千载文明的笔墨。"优美的歌声感动了全场。校歌即由丹华姐妹学校中国华侨大学与丹华人共同创作完成，成为丹华校园文化的标志之一。

典礼最后，李佩燕校长动情地表示："昨天的回忆，我们珍惜，因为她留下了我们砥砺前行的足迹；明天的憧憬，我们向往，因为我们将为丹华再创辉煌。我们以此表达对伟大祖（籍）国母亲的深切之情。"

新世纪以来，海外华文教育呈现出格局、性质、角色、功能多元且不断变动的态势，华文学校应结合自身特点，多方筹划如何争取更好的生存空间与发展平台。二十年来，丹华的付出是巨大的，也是成功的。虽然丹华作为新移民在欧洲开办的华文学校，必然带有其来自创办者和当地华人群体的特征，所在国政府和民众对待民族文化教育的政策和态度也在学校发展历程中打下鲜明的印记，但是丹华无论在教育教学还是贡献当地，以及促进中外文化交流等方面的努力与成效仍然是具有普适性的经验，值得华教人士思考借鉴。

德国巴伐利亚中文中心学校经营管理模式探析*

德国巴伐利亚中文中心学校成立于1995年。当年几位热心的家长为了给孩子一个学习中文的机会，自发创立了这所公益协会制学校。经过一代代人的努力，从最初的20多名学生发展成了当今拥有730多名学生[①]、40多名教师，德国规模最大、影响最广的中文学校之一，并荣获海外"华文教育示范学校"的称号。

学校自成立二十余年来，一直保持迅猛的发展势头，离不开全校师生、家长及相关人士的支持，离不开各界的协助，也得益于学校良好的经营管理理念。本文尝试对学校的经营管理模式进行梳理和总结，希望可供其他华文教育同仁借鉴，共同致力于华文教育事业发展。

一、理事会及各项制度

由家长组成的校理事会义务担负着学校管理的责任。理事会共有九名成员，包括七名理事、一名校长助理、一名财务助理，都是兼任学校工作。学校所有家长和教师都能成为协会会员，七名理事由协会全体会员大会在家长中选举而出，每两年选举一次。学校管理工作繁重且没有酬劳，二十多年来是什么激励着十几届理事们前赴后继，一棒接一棒地将一个中文学习班发展成一个具有相当规模的规范学校？是文化传承的动力和"老吾老，以及人之老；幼吾幼，以及人之幼"的公益精神。为了自己的子女以及其他华裔孩子有个良好的中文学习环境，很多家长都愿意做出贡献，等接手了这份工作就更能感受到责任之重大。这是家长和学生们自己的学校，每一场活动都需要倾心投入，成与败都取决于理事们的努力。没有合同的约

---

* 作者：李烨，德国巴伐利亚中文中心学校。本文刊于《世界华文教育》2020年第3期。
① 收录时，学生人数已超过900人，还在持续增长中。

束，没有薪酬的回报，主人翁的责任感驱动着理事们的工作。而学校管理得有条不紊，每一场活动的成功举办，学校规模的日益扩大，在业界所得到的广泛认可与赞誉，这些所带来的自豪感和成功喜悦是给理事们的丰厚回报。

七名理事的职责分别为校长、副校长、教务、总务、财务、信息技术和对外联络，各人根据自己所长所好独当一面，分工明确。例如，电气工程师接了信息技术的活儿，专管学校网站建设；人脉广泛的商会会长负责对外联络；熟悉教师情况的老理事管理教务安排。学校重要事务都由理事们集体讨论后投票决定，七名理事共七票，校长和其他理事享有同等决定权。民主和透明的管理原则保证了理事会和谐的气氛和学校的有序运转。每年的会员大会上，理事会做财务报告，向家长和教师公开财务账目，所有开支的原因和数额一目了然，会员们都可以监督是否每一笔钱都用在了刀刃上。学校的财务助理本身就是财务专业出身的家长，熟悉法律法规，确保学校的财务工作符合地方规范。学校每隔几年做一次问卷调查，询问家长和学生们对教学进度、教材教法、学校管理等方面的看法，然后根据意见和建议进行改进。

高质量的教学和严格的管理让学校在家长心目中声誉卓著，不少慕尼黑周边城市的家长不畏几十公里的路程送孩子来学校就读，每年学校招生时报名人数都大大超过招生名额。为保证公平公正，理事会规定，严格以年龄和中文水平为录取标准。招生学前班面试合格的学生以年龄大小排序，年龄大的孩子先入学；其他年级的插班学生以插班考试的成绩为标准，在名额不够的情况下中文水平高的学生优先录取；所有特殊情况都由理事们集体讨论投票决定。每年新招的100多名学生中没有一个是因为与某位理事有私人关系受到照顾而入学的。理事会的风清气正赢得了家长的尊重和信任，也避免了矛盾。用现任校长的话说就是，没有特权也是保护了理事们免受各种人情的纠缠。

每两年选举一次理事，也就意味着每两年班子都有调整。责任心和成就感让大部分理事都自愿做了不止一届的工作，不少人连续担任了四五届的理事，成了学校的中坚力量。基本上每次变动的人数不超过半数。新老理事交接的不仅是学校的工作，更是对这份工作的热情。老理事们言传身教、身体力行的榜样作用把集体的精神代代相传。治校的基本法则是有法律效应的《巴伐利亚中文中心学校协会章程》，章程的修订须由协会全体会员大会通过并得到地方法院的批准。《巴伐利亚中文中心学校管理规定》是具体工作的指导，此规定由理事会负责制定与修改。所以每一届理事会都有法可依，不因人员变动而产生管理上的断裂和混乱。

学校网站不仅是学校的对外窗口，更是学校管理的重要工具。理事会里的电子工程师根据学校的需求，量体裁衣设计了一套管理软件。前台网站用于发布各类信息，而后台是学校数据库，包括所有学生的数据和重要文件。有了数据库的支持，新生面试、班级分派、学费收缴、邮件分发等工作就免去了原始的手工操作，通过电脑检索加快了速度并提高了准确性。报名新生通过前台网页登记注册，理事会在网站后台根据家长需求分班，教师在网站数据库得到班级学生信息，财务通过网站查看学费缴纳情况。学校网站的建设对学校管理的高效性、连续性、正规化发挥了巨大的作用。

家长代表是老师和理事会的好助手。每个班级学生人数在20—25人，不少工作需要家长代表的协助。每个班级都有一名热心的家长代表帮助领取教材设备，筹办班级活动。全校范围的朗诵比赛、作文比赛有家长代表们组成的评委团，烧烤、郊游等集体活动有家长代表帮忙组织安排。各班的班级微信群提供了教师与家长以及学校与家长的快速交流通道。

今年春天，德国新冠疫情形势严峻，市场口罩紧缺，中国驻慕尼黑总领馆给辖区内的华侨华人发放防疫物资，学校也得到了该总领馆给学生和教师配送的健康包。此时德国学校停课，商店关门，警察在外巡逻严禁人群聚集。为将急需的防疫物品尽快送达学生手里，5月7日理事会收到领馆信息后即刻请教师通过班级微信群通知家长到领馆网页登记，此信息当晚就发送给了所有家长。各班级将已登记的名单在班级微信群接龙列表，理事会统计各班级所需的总数。5月8日、9日物资抵达学校，10日各班家长代表在预定的时间分批到学校操场领取本班物品，然后马上通过安全的方式转发给本班学生。在家长代表们的帮助下，六百多份健康包带着中国对海外华侨的关爱就这样以最快的速度送到了学生手里。学校高效率的健康包分发工作得到了家长们的交口称赞。

二、师资队伍建设

师资力量是一个学校教学质量的关键因素。学校拥有一支优秀的教师队伍，所有任课教师均具有高等学历和丰富的教育教学经验。许多人无论是在国内还是海外都一直从事着教育工作，熟悉现代教育理念，具备丰富的教育心理学知识。有多位教师荣获中国国侨办颁发的海外优秀华文教师称号。

寻找合格的中文教师是理事会的首要任务之一。要让这个职位具有吸引力，资金的支持必不可少。理事会的理事们是义工，两位助理得到少量津贴，因公益协会的性质租借到州政府的优惠教室，学校的其他开销都是精打细算，学费收入主要用在支付教师工资上。学校的教师工资一直保持着德国同类中文学校的最高工资标准。

学校通过各种途径招聘教师，在中文报纸和网站登载招聘广告，动员人数众多的家长群推荐。履历合乎要求的申请人首先被邀请来校面谈，然后约定时间上一节公开课作为试讲。试讲课由教学经验丰富的老教师和几位理事分别打分评定。试讲通过即安排作为代课教师，通过代课了解学生程度、熟悉班级情况，一段时间后可作为正式教师带班。新教师均由各教研组组长指导，帮助其尽快了解学校制度，解决工作难点。

严格的招聘程序保证了教师的业务水平，合理有效的管理制度保障了认真的教学。《巴伐利亚中文中心学校教学大纲》是教师教学的准绳。各年级的教学目标、教学进度、教学内容，包括作业、考试、评奖等都有明确规定。新学年开始，教师将根据大纲制订的教学计划上交教务理事，教学计划里包含本学年每次上课的内容和每单元的重点教学目标。如果学期中因特殊情况无法完成预定课程，需及时通报理事会，商量解决方法。

每年一度的全体教师大会上，理事会总结前期工作，介绍当前学校各项安排及变动，解答各类问题，让教师了解学校各项安排。每学年教师必须开班级家长会，介绍教学教法、班级动态，并听取家长意见。每学年各班至少给家长开一次公开课，增进沟通，让家长对孩子的中文学习起到帮助和促进作用。理事们有权不预先通知，临时进教室听课，采用随机抽查的方式了解课堂教学情况。

教研组制度的建立加强了理事会和教师间的沟通与交流。全校的十二个年级分为四个年级组：低年级组、中低年级组、中高年级组和高年级组。每个年级组设一位教研组长。教研组长定期和年级组教师们碰头，交流各班情况，协调平行班进度，做好上下年级的衔接。各教研组长、正副校长和教务理事组成的教务委员会也定期召开教务会议，了解各年级组情况，调整现行教学安排，讨论各种问题的解决方法。

为提高教学质量，跟上教学法和教育理念不断更新的时代步伐，理事会非常重视师资培训。邀请中国国侨办专家讲师团来慕尼黑讲学，组织教师们参加网上培训，鼓励教师参加慕尼黑孔子学院及中国举办的各类培训活动，并请参加培训的教师回校后交流经验。为丰富教学内容，学校购置了多台多媒体投影仪，让课堂使用多媒体成为常态，而理事们就是教师使用多媒体的技术指导。2020年因新冠疫情德国所有学校停课，理事会马上研究了上网课的可能性，编写了网课软件使用守则，给教师们做了网上教学培训。教学活动很快就通过网络恢复正常，学生的出勤率和实体课一样高。几次网课之后，开网上教师会交流经验，分析利弊，改进方法，提高效率。网课的及时推进保证了在特殊情况下本学年的教学任务得以顺利完成。

一个好的团队不只是高效运转的机器，也是一个充满关爱和凝聚力的集体。每年的全体教师大会上，理事会给在校任教五周年、十周年、十五周年的教师献花并颁发奖金，鼓励大家继续为华文教育做出贡献。目前有两位老师已经在学校任教二十年。每年五月的教学研讨会是教师们的快乐节日。平日里忙于工作，匆匆碰面只是寥寥数语，研讨会上就有了畅叙长谈的机会。5月的一个周六，大家上完课即刻出发，晚间在郊外酒店研讨交流。研讨会有专题讲座也有分组讨论，议题涉及教学的各个方面，大家一起交流分享，取长补短。第二天周日的活动是郊游，在阿尔卑斯山的青山绿水间享浮生半日清闲，在欢声笑语中增进友情。通过研讨会，大家专业上相互促进，精神上相互支持。慕尼黑十月啤酒节上也少不了我们教师和理事的身影，他们穿上巴伐利亚的民族服装，端起硕大的啤酒杯，在啤酒大棚热烈的氛围里感受集体的快乐和温暖。中国春节期间，学校有春节团拜会，除理事和教师外，家属们也被邀请参加聚餐。校长借此机会感谢家属们对学校工作的支持，并按中国传统给教师们发红包，多才多艺的老师们登台献艺表演节目，过一个大家庭一样热热闹闹的春节。

三、融入当地教育体系

为使中文学校的学习与德国本地的教育机制相接轨，2014年在慕尼黑总领馆戴继强领事的帮助下，学校和巴伐利亚州文教部达成协议，巴州文教部为学校学生开设汉语集中学习班，参加的学生可将汉语作为德国文理中学毕业考试科目。

原先慕尼黑仅有两所中学可以将汉语作为毕业考试科目。学生从十年级开始学习三年汉语，每周三至四课时，毕业时可将汉语作为毕业会考的科目。这个课程只是针对这两所中学的学生，而中文学校的学生散布在慕尼黑各地的文理中学中。即便学生正好在这两所中学就读，从零开始的学习内容对他们也不合适。文教部为我校学生专设的集中学习班就解决了这个问题。集中学习班从十一年级开始学习两年，每周三课时。上课时间安排在周五下午，因为各个中学在周五下午都没有必修课。上课地点在慕尼黑市内公共交通便利的一所中学内，学习内容包括巴伐利亚州中学汉语课本以及教师根据学生水平增加的补充材料，保证学生学有所得，而考试要求则按照州汉语教学大纲执行。我们的学生在此课程中普遍取得了优良的成绩，可以归入德国中学毕业成绩的总分。

每年的12月，中文学校就开始了来年9月汉语集中学习班的报名工作，凡是在德国文理中学读十年级的学生都可报名；来年2月将名单上报州文教部，文教部给各个学生所在的文理中学发通知；一般5月进行书面考试，确认是否达到入学要求；9月中旬开学后正式上课。

汉语集中学习班开设至今已有六届学生受益，参加人数逐年增加，2020年的报名人数达到了2014年的一倍多。在对毕业生的回访中，我们看到了非常好的反馈成果。参课学生汉语毕业考试成绩优良，对选择理想的大学及专业起到了很大的作用。这大大提高了高年级学生学习中文的积极性，让学生们在中文学校多年的努力不仅是在将来，而且在当前的德国中学毕业成绩单上有所体现。这个项目开创了在德中文学校与德国文教局合作的先河，推进了汉语教学逐步融入当地教育体系的步伐。

四、华星书屋

2016年，学校收到了中国国侨办捐赠的六百套共三千多册中文书籍，内容包括汉语学习、文学、历史等多个门类。看着这一箱箱远涉重洋而来的珍贵物资，大家喜忧参半。高兴的是，教师的教学有了新的助力，学生的阅读材料得到了很大的补充；

忧心的是，怎样才能充分利用好这个资源。作为一个周末上课的中文学校，我们没有自己的场地，仅在周六租用州政府提供的教室，并在教学楼的地下室长期租借了一个小房间作为放置教材、投影仪及其他教学用品的仓库，根本没有开设图书馆或阅览室的条件，甚至这些书籍往哪儿堆放都成问题。在教学楼附近租用其他房屋开设图书馆也不现实，因为租金之高超过学校的承受能力。理事会商量后决定，首先解决书籍的放置问题。因为中国国侨办所赠的每种书都有五本相同的，学校仓库只放两本用于借阅，另外三本暂时存放到理事们家中，需要时再送回学校。这样学校仓库压力就减少了一大半。重新调整小仓库的物品架使之更加紧密合理，螺蛳壳里做道场，增加了能容纳一千多册书的书架。下面的事情就是考虑怎么让大家借阅。

学校仓库空间非常狭小，容纳不了大批想借书的读者入内，网上图书馆成了最佳选择。专业图书馆软件费用高昂，那就寻找免费又实用的图书管理软件。理事们群策群力，最后选中了独一码图书管理软件。副校长施晓雷博士负责图书馆的筹建，他钻研了图书分类和编目的技术，准备好了所有书籍所需的编目条。因理事们平日都有全职工作，一到周六，大家挤在地下室的走道里分类整理，为每一本书贴上了标签，并将书籍代码录入图书馆数据库。这样奋战了一个月，终于为三千多册书登记造册，做好了借阅的准备。家长、学生和教师们只要在手机上下载独一码软件，就能浏览学校图书馆的藏书目录，注册登记、交付少量押金后便可免费借阅。为此，学校特聘了两名图书管理员，周六将预订的书籍从仓库里取来交给读者。图书管理员还将大家感兴趣的一些书籍拿到教学楼走廊里，方便读者借阅。图书管理员借书时扫描信息入库，督促定期归还，保证了图书馆的长期运转，把中国所提供的资源好好利用了起来。

五、各类活动及各界支持

我校学生为五至十八岁的海外华人子女。全校分一到十年级，再加上学前班和阅读班，目前共三十一个班。教材在暨南大学所编《中文》的基础上增加了中国历史、地理、习俗等文化内容。以教学大纲为依托，注重教师个人特色的发挥，既着力于课内文本教学，也注重课外知识延伸，语言培养与文化熏陶并行，基础与能力并重。

除中文课程外，学校各类活动是增加学校吸引力、提高中文学习兴趣的热点。每年的期末联欢会是一学年的高潮。千人的大礼堂座无虚席，各班学生登台表演，节目从话剧、朗诵到歌舞、小品，精彩纷呈。联欢会上的毕业典礼隆重而热烈，毕业生回顾十一年风雨无阻的中文学习，既有完成学业的激动，又有即将离校的不舍，台上学生、台下家长都是热泪盈眶，感慨万千。高年级学生在低年级的表演中回顾自己在中文学校的过往，低年级学生在高年级的节目里展望自己的未来。联欢会上还为学生们颁发奖状，激励大家继续努力，取得佳绩。学校定期举办作文比赛、朗诵比赛、中文歌曲大赛，并积极参与全德中文大赛以及各级机构主办的各类作文比赛。我校学生在各类全德及全世界的中文作文、朗诵及绘画比赛中屡获大奖。参赛提高了学生的学习兴趣，获奖更是对学生学习效果的认可和鼓励。除了比赛外，学校组织的烧烤和郊游是学生和家长放松身心的好机会，欢声笑语的活动让每个参与者都体会到集体的温暖和归属感。为推广中华文化，学校还与慕尼黑孔子学院和慕尼黑文化中心积极合作，学校舞蹈队活跃在慕尼黑各种活动的舞台上。

感谢祖（籍）国为海外华侨华人学生举办的寻根之旅夏令营，这是海外青少年感受中华文化的最佳方式，是学生们翘首以盼的活动。每年春天，很多学生和家长就开始询问今年的夏令营去哪儿。夏令营期间，学生们领略大好河山、学习各具特色的地方文化、感受祖（籍）国人民的深情厚谊，和世界各地的华裔学生结下了深厚的友谊。夏令营不仅让学生开阔了眼界，大大提高了中文学习的积极性，而且培养了独立性，增强了自信心。夏令营的领队都是学校老师，他们认真负责，纪律严明，对学生关爱有加。好的领队老师能让家长们放心地托付自己的孩子，也让各地夏令营承办单位交口称赞，学校夏令营队伍还获得了承办单位"最佳组织纪律奖"的锦旗。有些学生原本已准备放弃中文学习，但在参加了夏令营后决定继续坚持学下去。为了让想参加夏令营的孩子们都能有机会参加，学校负责对外联络的叶伟理事殚精竭虑，四处联络，为学校争取到宝贵的夏令营名额，2019年学校参加夏令营人数达到上百名。

学校始终与慕尼黑总领馆保持着密切的联系。领馆领导一直关心着学校的发展，为我们无偿提供教材，提供各类师资培训的机会。学校也是全德中文学校联合会的成员，积极参加联合会举办的各类活动，与兄弟学校资源共享，共同提高；积极扶持慕尼黑及周边新开设的中文学校或学习班，为他们提供经验，推荐教师。帮助新学校一方面可为更多孩子创造学习中文的机会，另一方面也缓解了我校每年招生时名额供不应求的紧张状况。学校与慕尼黑其他中文学校的关系是互补互利，没有生源的竞争，只有质量的竞争。我们相信，各校办出自己的特色，满足不同学生和家长的需求，才能最大程度地推动海外中文学习的热潮。

六、结语

随着慕尼黑及周边地区华侨华人家长对子女中文学习重视程度的不断提高，学校也面临着更大的压力和挑战。一方面需继续提高教学质量，不辜负家长和学生们的信任；另一方面尽可能地增加班级数量，满足需求。我们期待着学校能顺利地运行下去，期待下一届的理事会能够保持传统，勇于开拓，凝聚各方力量继续发展，传承中华文化，促进中德交流，为社会做出更大贡献。

捷克共和国华文教育发展概况*
——以布拉格中华国际学校为例

一、引言

"一带一路"倡议顺应时代发展潮流，符合历史发展规律与各国人民利益，为沿线各国的经济发展增添了新活力，同时也增强了各国对中国文化的认同感。作为国家间人文交流的一项长期基础性工作，华文教育是施行"一带一路"倡议的平台与媒介，更是中国构建文化软实力的重要方式和中外文化交流与融通的重要渠道（陈鹏勇，2017）。

捷克共和国地处欧陆中心，素有"欧洲十字路口"之称，为各方往来必经之地，也是最早与新中国建交的国家之一。一直以来，中捷两国关系持续良好发展，在政治、经济、文化、教育、科技等方面积极开展合作。特别是现今，捷克成为中国倡议的共建"一带一路"重要国家，是中国企业在中东欧地区主要的投资目的地之一。

随着"一带一路"倡议的不断深入，中捷两国的相互了解也逐渐加深，两国人民的交流愈加活跃，与此同时，捷克的华文教育研究理应得到足够的重视。但搜索各大期刊数据库网站，有关捷克华文教育、捷克对外汉语教学甚至介绍捷克本土教育的著述都寥寥无几，时效性上也比较落后。因此，本文旨在通过对捷克华文教育现状的概述分析，抛砖引玉，希望能够得到更多有识之士的关注，为捷克华文教育的发展寻求新的突破口。

---

* 作者：张立博，北京经济管理职业学院，中国驻捷克大使馆。本文刊于《世界华文教育》2020年第3期。

二、捷克华文教育概况

(一) 欧洲华文教育历史沿革

海外华文教育作为全球华侨华人的"留根工程""希望工程",历史悠久、备受关注。其中亚洲,特别是东南亚地区凭借其得天独厚的地理人文优势始终走在世界华文教育的最前沿;其次美洲、大洋洲、非洲的华文教育也相继崛起;而欧洲华文教育兴起时间较短、基础差、底子薄(章志诚,2003)。

总的来看,欧洲华文教育既没有东南亚华文学校那种拥有4000多万华侨华人的庞大族群和文化共情基础,也没有北美华文教育雄厚的"精英文化"根基和数以百万计新移民的强大后盾(耿红卫、张巍,2018)。从20世纪"一战"后开始,欧洲华文教育才开始萌芽,虽然也有近百年的历史,但在"二战"期间华文教育发展基本处于停滞状态。直到20世纪60年代开始复办,经过几十年的艰难发展,真正繁荣起来也只是近20年的时间。而捷克作为中东欧小国,第一批华人仅能追溯到20世纪90年代中期,迄今不到30年的历史。相应地,华文教育发展也相对滞后。

(二) 捷克华文教育现状

1. 华校总体数量不多

目前,捷克境内主要的华文教育机构集中在首都布拉格。在布拉格,有关华文教育的机构有4家——布拉格中华国际学校(Chinese International School of Prague)、布拉格爱华学校(Chinese Language School)、捷克东方学堂以及布拉格泓蒙汉学堂。布拉格金融管理大学和捷克东南部奥洛穆茨市帕拉茨基大学的孔子学院主要承载教授外国人汉语的职责。

2. 各华校发展规模不均衡

布拉格中华国际学校是捷克境内建立最早且规模最大的一所华文学校,始创于1995年,是经捷克政府批准成立的具有从事教育和语言教学资质的独立法人教育机构,也是捷克第一所以汉语作为授课语言的全日制中文国际学校。学校拥有一座独立教学大楼及较完善的教学软硬件设施,师资力量相对雄厚,除本地教师外,还有中国国侨办、孔子学院外派教师的支持,同时也有来自中、美、捷具有名牌大学学位的各专业的优秀教师加盟。学校采用系统规范的教学体系，课程依据中国教育部教学大纲和国际文凭组织（International Baccalaureate Organization，简称IBO）大纲，涵盖小学、初中和高中各阶段，与中国的中小学在语文、数学等主修科目上做到同步、同轨。可以说，布拉格中华国际学校是捷克华文教育的主体所在，非常具有代表性。

布拉格爱华学校曾于2017年12月接受过CCTV-4"远方的家"和"华人世界"栏目组采访，在捷克华人圈反响强烈。学校在布拉格市中心拥有一间中文图书馆，每周三至周日对所有想看中文图书的人免费开放，并可以借阅。学校的主力教师最高拥有18年教龄，普通话水平达到一级，曾为普通话测试员。学校除常规课程，还开设幼儿启蒙、成人中文、非华人中文等定制课程，并坚持每班不超过16人。

创立于2015年8月的捷克东方学堂，总部位于布拉格4区SAPA。学堂的建设是靠着自身的努力一点一滴发展起来的，初始由几位华人家长凑了5个孩子、请了一位中文老师起步，借用佛光会的一间屋子暂作教室。随着华人间口耳相传，送来的孩子越来越多，现在已经发展到拥有5间教室、9名教师、几十名学生，在布拉格1区、2区、10区都有教学点。教学内容除了语文、数学等常规学科外，学堂还针对不同人群开设对外汉语、英语、捷克语以及舞蹈、钢琴、古筝和国画等艺术类课程。

布拉格泓蒙汉学堂在捷克青田同乡会的支持下于2019年9月正式成立。学堂虽然刚刚起步，却有着许多现代教学理念和手段，呈现多样的教学形式，坚持"一泓清泉，启蒙心田"的学校家庭共育的社区式生态教育模式。学堂师资力量不弱，由拥有数年在捷教学经验的资深老教师和在捷攻读文理科专业的在读博士新生力量组成了目前共计13名的教师团队。学堂的教学安排与捷克国情相契合，开设覆盖一年级至七年级的语文、数学、外语基础科目，悦读者、全科讲座、茶艺课等特色科目，以及钢琴、吉他、古筝、街舞等艺术科目。

综上所述，布拉格的华文学校虽然数量有所增加，但都是近几年才建立起来的私人办学机构，成立时间较晚、学生数量不多、多借用出租房屋进行授课、师资力量偏薄弱，因此还需更多时间进行自我完善以图更大发展。

3.各华校之间相辅相成

虽然各华校规模上不均衡，但都有其存在的价值。布拉格中华国际学校虽然各方面优势明显。学校本部位于布拉格市中心，虽交通便利，但对于南城华侨华人接送孩子有些不便。捷克东方学堂正好为城南打工子女和平常不方便去市中心接送孩子的家庭创造了学习中文和其他课程的条件。布拉格爱华学校主打小班教学，针对性突出，操作灵活，可为学生量身定制私人课程，也为有需求的成年人开设成人班。布拉格泓蒙汉学堂成立较晚，但实力不俗，特别是先进的教育理念为捷克的华文教育注入了新鲜血液。因此，捷克各华校之间并没有出现明显的竞争局面，而是相辅相成、优势互补，共同为捷克的华文教育服务。

（三）捷克华文教育现状成因探析

欧洲的华侨华人主要是通过两次大规模迁徙构成的。一次是20世纪五六十年代的香港英国政府新界农民移居英国，人数超过5万；一次是20世纪70年代印支难民逃往西欧，其中华裔超过10万人，绝大部分在法国容身，其余散居西欧各国（高伟浓、杨晶，2004）。因此，欧洲的华侨华人大部分集中在西欧等发达国家。捷克作为欧陆中心小国，移民政策相对保守，同时由于地理人文差异较大，对中国文化的认同度较低，时至今日，还有捷克人问中国男性是否还留着辫子。而在捷克居住的大多数中国人因对捷克语不甚精通以及中欧文化差异较大等问题，也始终无法和当地人深入交流，融入当地主流社会并非易事。凡此种种，造成在捷克生活居留的华人数量始终没有快速增长起来。

据捷克内务部最新发布的外国人居留报告，截至2019年7月底，持有居留许可的外国人总数为581589人，其中永久居留296199人，排名前三位的国家依次是乌克兰、斯洛伐克和越南。而持有中国护照的仅有7605人，列在第十二位，仅占外国人总数的1.3%。因此，人口数量的限制使捷克当地的华文教育机构与一些欧盟大国相比，规模不大，数量不多。而华校数量、规模的限制使它们之间无法产生实质性的竞争，只能互相补充，共同服务于捷克华文教育。

三、布拉格中华国际学校二十余年发展成果

受惠于中国的国家政策，特别是中国国务院侨务办公室的大力支持，在热心教育事业有识之士的促成下，捷克的华文教育于1995年在困境中起步。经过二十

几年的发展，捷克第一所中文学校布拉格中华国际学校已成为捷克华文教育的领头羊，可以说是捷克华文教育的最有力代表。

学校秉承"格物致知，厚德载物"的办学宗旨，积极开展爱祖（籍）国、爱家乡、传承和传播中华文化活动，促进多元文化的交流与融合，注重中西方教育相结合，与时俱进。布拉格中华国际学校是中国国家汉语推广和教学权威机构"孔子学院/课堂"成员之一，于2007年成立了捷克第一所"孔子课堂"，并被中国国务院侨办授予海外"华文教育示范学校"荣誉称号。同时，中国的暨南大学授牌布拉格中华国际学校"暨南大学优质生源基地"；中国华侨大学在布拉格中华国际学校设立"华侨大学捷克招生处"。

（一）学校自身发展成果

1.教学对象覆盖面广

学校从最初只有几十人的小学部发展到现在的华裔小学和初中教学部、高中教学部和非华裔教学部，面向旅居捷克6岁至18岁的华裔青少年及居住在捷克的各个国家的非华裔学生，为他们提供从小学、初中到高中全面系统的教育。针对非华裔学生，主要对其进行汉语培训，然后按需求使之进入系统班继续学习。

2.课程体系兼顾中西

学校采用系统、规范的课程体系，与中国教育体系和国际教育体系双接轨，提供从小学到初中9年系统的中文基础教育和4年高中教育，包括2年国际高中文凭（International Baccalaureate，简称IB）等课程。华裔部小学和初中课程依据中国教育部《九年义务教育教学大纲》，使用汉语普通话授课，采用中国教育部统编教科书，教学进度与中国同步。小学阶段开设中文、数学、英文等主修课程；初中和高中阶段开设中文、数学、英文、历史、地理、物理和化学等主修课程。

学校与布拉格6所英、美国际学校合作开设的高中中文课程依据国际教育文凭组织的教学大纲，提供高中（大学预科）语言A类和语言B类"语言和文学"等国际文凭课程。

3.教学模式规范灵活

学校实行全日制教学模式，即从周一至周五每天下午（14:20—17:35）连续4个45分钟标准学时的教学设置。同时，学校还为学习中文、英文、数学等课程的学生开设各年级周末班，提供灵活选课学习方案（每周一至周五下午+周末时段任选）。

灵活规范的教学模式看似矛盾，实则对立统一。这种教学模式以学生为本，极大地满足了各学生群体的需求。

4. 课外活动丰富多彩

学校提供书法、绘画、舞蹈、音乐和计算机等选修课程。同时，学校艺术团设有舞蹈队、腰鼓队、合唱团、诵读团、古筝班、钢琴班、书法班、绘画班和摄影班等学生课余文化艺术学社，为学生提供多种课余兴趣课程。

自2012年始，学校积极组织学生参加中国国务院侨办华裔青少年"中国寻根之旅"夏令营系列活动。2012年7月至8月的"多姿多彩之贵州营"和"中华文明发源之山东营"、2015年7月的"陕西铜川着汉服、行汉礼活动"，让这些孩子在"寻根"的过程中，切身感知到中华文明的博大精深、传统文化的独特魅力，增强了他们对中华文化的认同。这些活动极大地激励了学生们的学习热情，受到了热烈的欢迎。

学校还邀请中国同胞来到捷克，感受文化、增进友谊。2019年7月15日，布拉格中华国际学校与中国香港特别行政区的40余名中学生欢聚捷克首都布拉格，在伏尔塔瓦河"布拉格号"游轮上举行旨在建立中国香港特别行政区的青少年与"一带一路"共建国捷克华裔青少年彼此了解和交流的"民心相通之香港青年新跑道"联谊活动。

由于布拉格中华国际学校在传播中国文化中贡献突出，2018年7月，中国民族民间舞蹈等级考级中心在布拉格中华国际学校设立欧洲首家中国舞蹈考级指定考点及培训点。2019年，布拉格中华国际学校作为捷克赛区主办单位，携手10个捷克侨团作为联合承办单位，成功举办2019年"文化中国·水立方杯"海外华人中文歌曲大赛捷克赛区的活动。这些成果都是对学校多年来的努力做出的肯定。

5. 升学就业出路多样

学校的历届毕业生中，曾有学生考入过英国剑桥大学、帝国理工学院、伦敦政经学院，美国加州大学伯克利分校、华盛顿大学，加拿大多伦多大学，澳大利亚悉尼大学等世界著名大学。他们中有的已成为北美著名医院的医生、国际IT公司技术总监，获得大学博士学位、北美精算师资格证书等。还有很多毕业生考入捷克查理大学、捷克理工大学和布拉格经济大学等当地著名大学。近年来，一些毕业生也被学校推荐就读于中国的"985工程"和"211工程"名牌大学。可以说，通过在布拉格中华国际学校的学习，学生们获益良多，为他们今后的人生道路打下了坚实的基础。

（二）侨务公共外交成果

近年来，随着中国经济的崛起与综合国力的提升，华文教育已不仅仅是单纯的中国语言文化教育，更被赋予了侨务公共外交等多元化的功能。华文教育与侨务公共外交在"公共外交""文化软实力""塑造中国形象"等方面的交集越来越多，逐渐成为推行中国和平发展战略、构建全方位文化交流合作的良好平台（陈鹏勇，2015）。布拉格中华国际学校在推进中外人文交流、传播中华文化、弘扬中国精神等方面也发挥了积极的作用。

1. 承办各类活动，传播中国文化

自拥有独立教学大楼以来，布拉格中华国际学校常年邀请捷克当地师生参加各类文化活动。2010年2月，学校举办"同住地球村，共度中国年"中华民族服饰展示会。同年3月，举办中国厨艺日，现场教授捷克师生学用筷子、包饺子、拉面等。同年，学校举办了一场名为"中国风"的文艺演出，节目有中国少数民族舞蹈、钢琴独奏以及中国二胡、武术、茶艺表演等。在现场，观众跟着小老师一起学说中文。学校还举办了国际乒乓球友谊赛，用中国的国球拉近与捷克民众的感情。2015年春节，学校师生还在布拉格老城广场组织"春节文化体验活动"。

2. 积极参与捷克当地活动，树立中国良好形象

学校多次参加在布拉格举行的捷克国际语言教育展、国际舞蹈节和捷克中小学文化月活动。活动期间举办专场汉语示范课介绍中国语言文化，内容从甲骨文到汉语拼音，从中国地理、气候和人口到当代中国和北京冬奥会，吸引了众多观众参与活动。

在"中捷建交周年"系列活动中，布拉格中华国际学校学生作为捷克当地华侨华人代表与捷克各界举办庆祝活动，中捷两国孩子同唱一首歌、同跳一支舞，增进了友谊，加深了了解。

3. 配合中国的巡演团，参与各类汇报演出

2009年，学校舞蹈队的孩子们和孔子学院"友谊之旅"巡演团举行中捷两国

建交 60 周年文艺演出，得到凤凰卫视欧洲台电视报道。中捷政府官员、教育文化界的嘉宾、捷克汉学家、布拉格中小学校长等 1000 余人观看了晚会，现场气氛热烈，反响积极。

2010 年，布拉格中华国际学校连同山西大学赴欧洲孔院巡演团参加中国文化月活动，在捷克首都布拉格举办虎年音乐会，让在座的捷克民众零距离感受古筝、二胡、扬琴、笛子、板胡等中国乐器的魅力。

4.利用当地资源，庆祝"六一"国际儿童节

"六一"国际儿童节发源于捷克，是为了纪念第二次世界大战中布拉格近郊利迪策村不幸遇难的 88 个儿童而设立的。因此，每年的六一节活动学校都会与捷克当地的机构合作，举办参观利迪策纪念馆、邀请捷克著名儿童作家玛丽·里瓦伊与中捷儿童共度"六一"、与捷克师生一起参观中国驻捷克大使馆等活动，为孩子们带来一次次难忘的、有意义的儿童节。

捷克的华文教育在热心教育事业的有识之士的共同努力下，从无到有、从小到大，一步步成长起来。经过二十多年的发展，不仅在自身发展中也在侨务公共外交上取得了诸多成果，而且随着自身的壮大，这一成效越加显著。

四、捷克华文教育存在的问题及对策

捷克华文教育存在的一些问题与整个欧洲华文教育普遍存在的问题有相似点。较突出的有：

（一）华文教师流动性较大

学校得到中国国侨办、孔子学院的协助，师资基本能够得到保障，但流动性较大。外派教师专业化程度较高，但大多受签证、合同的限制，服务时间较短，任教一两年就回国，岗位由轮换教师接替，这样师生之间总处于相互熟悉的状态，不利于教学的延续性。捷克华文教育整体来说规模较小，没有能力专门开设培养、培训华文教师的机构，如果能把当地优秀的华文学习者推荐到中国相关机构，比如中国华文教育基地接受专门的汉语及师资培训，这样不仅有利于华文教师专业化的提升，也有利于教师队伍的稳定。

（二）中文教材本土化程度不够

捷克的华文学校基本全部使用中国的人教版配套教材，产生于中国本土的中文教材，无论从编写形式上还是教材内容上都不能完全契合在欧洲长大的孩子们的实际，会出现"水土不服"的情况。王春和（2009）认为教材中祖（籍）国与学生所在国家、地区的文化并重，中文课本要简单易懂并且配上本土语言，使学生在熟悉的背景中学习中文，从而对祖（籍）国产生情感。目前来看，捷克的华校只有联合其他欧洲地区的华校，与其通力合作，先开发出适合欧洲地区的"本土化"教材，才能在此基础上慢慢形成有捷克本地特色的华文教材。

随着习近平总书记2016年的来访以及"一带一路"倡议的逐步落实，中捷两国关系日益紧密，虽然个别捷方政客反华情绪抬头，然而政策大环境始终向好，相信借着这股东风，加上有识之士的持续关注，捷克华文教育将迎来新的发展契机。

参考文献

［1］陈鹏勇．华文教育的侨务公共外交功能论析［J］．东南亚研究，2015（6）．

［2］陈鹏勇．"一带一路"战略视域下的华文教育发展研究［J］．高教探索，2017（6）．

［3］高伟浓，杨晶．二战后欧洲华文教育的历史与前景的初探［J］．暨南大学华文学院学报，2004（2）．

［4］耿红卫，张巍．欧洲华文教育的现状分析与策略研究［J］．海外华文教育，2018（6）．

［5］王春和．首届世界华文教育大会会议简报［OL］．（2009）．http://www.hwjyw.com/zt/worldChinese．

［6］章志诚．欧洲华文教育的历史与现状［J］．八桂侨刊，2003（1）．

欧洲华文学校的发展逻辑及行动策略*
——以欧洲浙江人创办的华文学校为例

保持民族精神的血脉延续，维护中华文化的传承发展，一直是旅欧华人的传统愿望和内在需求，开办中文学校就是这种愿望和需求的直接结果。不同于东南亚的华文学校，欧洲的华文教育起步较晚，华文学校的大幅发展主要集中在20世纪70年代以后，随着中国改革开放，特别是加入世界贸易组织以后，中国与欧洲各国的往来交流日益频繁，全欧华侨华人数量迅速增加，其中四分之三集中在西欧、北欧和西南欧（高伟浓、杨晶，2004），华人主要来自浙江。在欧洲社会多样的人文环境、欧洲国家多元的文化政策，以及华人华侨强烈的"中国根"意识的相互作用下，使得欧洲华文学校呈现既具共性又具特性的发展逻辑。欧洲多数的华文学校是浙江人创办的，这些华文学校依靠创办人或校长的个人魅力动员当地华侨华人以人力、物力、财力的方式参与到华文学校的建设服务当中。由于"民族传承"的愿望诉求，华文学校创立之后一般能较好地进入当地华侨华人的生活、情感和思想深处，成为华人华侨内心深处"中华文化情愫"的传承地，进而成为华侨华人社会生活的重要部分。回顾欧洲华文学校的发展历程不难发现，不少学校因为种种原因而走向消亡，但也有部分学校顽强地发展并不断壮大，成为远近闻名的热门学校。欧洲华文学校有着怎样的内在发展逻辑？欧洲各华文学校应制定怎样的发展策略来促进自身的持续发展？带着这些问题，通过对意大利佛罗伦萨中文学校、法国华侨华人会中文学校和荷兰乌特勒支中文学校这三所中国国务院侨务办公室授予的欧洲"华文教育示范学校"的案例研究，笔者对欧洲华文学校发展逻辑进行剖析，以期探寻出适合欧洲华文学校发展的行动策略。

---

* 作者：严晓鹏，温州大学。本文刊于《世界华文教育》2016年第2期。

一、欧洲华文学校性质：内生性的汉语教育传播机构

孔子学院和华文学校都是目前欧洲重要的汉语言文化教育传播机构。以组织发展的动力源划分，前者是外源性机构，其发展主要依赖政策支持、政府投入等外部资源；后者华文学校是内生性机构，其成立大多是基于当地文化的一种行动自觉，其发展主要依靠学校自身的作用因素。具体来说，华文学校从成立到运作，在较大程度上都属于华人社会自身的主体行为。

华文学校开展以汉语为教学媒介语的学校教育，也包括以学习汉语为主要目的的中华语言文化教育。但是，华文并不是汉语和中华文化的简单相加，其潜在的文化功能是帮助华裔学生不断确认自己的文化归属意识（张胜林，2001）。因此，华文学校是在华侨华人"根"的意识作用下建立起来的，凝聚着华侨华人们对祖（籍）国的情感，对中华优秀传统文化的眷恋。欧洲的华文学校一般隶属于当地华人社团，社团通过华校来推广中华民族语言，传承、弘扬中华文化，保持华侨华人的民族特性。华文学校的创立，大多是为了让当地华侨华人的孩子学习祖（籍）国文化，帮助他们在所在国落地生根的同时，吸取来自祖（籍）国的营养。华文学校的办学经费、师资来源、校舍及课程设置、教学安排等都围绕学生的需求展开，体现出了自身的内生能力。

从办学经费看，欧洲华文学校的办学经费来源较为多样。有的主要依靠所属华人社团的资助；有的主要依靠学生的学费；还有的依靠学生家长的捐赠。一般而言，政府没有对华文学校进行资助，华文学校的办学经费要自己募集，自负盈亏。以法国华侨华人会中文学校和意大利佛罗伦萨中文学校为例，前者是法国华侨华人会直接投资创建的中文学校，后者办学经费的主要来源是学生的学费。

从师资来源看，欧洲华文学校的教师主要依靠华文学校自己招聘，教师的工资费用由学校承担。近年来，中国国务院侨务办公室加大了对欧洲华文学校的投入力度，向一些办学较好的示范性华文学校派遣了华文教师，费用由中国国务院侨办统一支付，但派遣的教师数量毕竟比较少，比例较低。华文学校师资的主体还是依靠华校自身招聘。如意大利佛罗伦萨中文学校和荷兰乌特勒支中文学校这两所中文学校，其教师中除个别是中国国侨办派遣外，大多数是由华文学校自己招聘的全职或兼职教师。

从校舍来源看，与公立学校校舍由政府建设或政府提供资金建设不同，欧洲华文学校的校舍除一小部分华文学校的校舍由侨社提供外，大部分华校的校舍主要依靠租赁，租赁费用由学校自己承担。尽管当地政府大多会在校舍方面为华文学校提供一定程度的支持，但这种支持仅限于减免校舍租金。荷兰乌特勒支中文学校已经历了六次搬迁，校舍仍然依靠租赁。

从课程设置看，欧洲华文学校的课程主要依据学生的学习需求来设置。学生对某种课程具有强烈的需求，华文学校一般会设立该课程，反之则不然。为了迎合学生需求，荷兰乌特勒支中文学校就在开设中文课程之余，另外开设了兴趣班，教授中国文化手工艺术、武术、合唱声乐、围棋等课程。显然，这种以需求为导向的课程设置体现出欧洲华文学校扎根于华人社会，服务于华人社会的办学宗旨，也为华校的生存与发展提供了动力。

从教学安排看，欧洲大部分华文学校的教学时间一般安排在周末，或者是当地学校放学之后的工作时段。华文学校教学时间安排灵活，使华人孩子既能较好地接受所在国的教育，又能不忘"根"地学习中国文化，提升自己的综合素质。以法国华侨华人会中文学校为例，该校的课程主要安排在每周三、周六上课，这一时间段正是法国当地学生的课余时间。

通过上面的分析，无论欧洲华文学校创立的目的还是其今后发展的动力，都源自欧洲当地的华人社会对华文学校的教育需求和华人华侨对祖（籍）国的情感及对中华文化的眷恋。华文学校是当地华侨华人传承中华优秀传统文化行动自觉的产物，具有较强的内生性特征。

二、欧洲华文学校的发展逻辑：内生性的发展

欧洲华文学校是内生性的海外汉语教育传播机构，获取内生性的发展动力实现学校的持续发展成为华文学校的首要任务。欧洲华文学校的内生动力主要源自两个方面，一是华文学校促进人（特别是华人华侨）的发展；另一是华文学校服务当地社会（特别是华人社会）的发展。促进人的发展，体现了华文学校的办学宗旨与培养目标，同时也顺应了当地人，特别是当地华侨华人及其子女对中文学习的需求，因此教育需求是欧洲华文学校发展的一个重要动力源。同时，华文学校也要服务当

地社会，特别是当地华人社会的发展，这样华人团体才可能源源不断地为华文学校提供支持，因此社区关系也是欧洲华文学校发展的一个重要动力源。当然，影响欧洲华文学校发展的动力源还有很多，如学校所获政策支持、学校治理结构等，但基于对欧洲华文学校的内生性特征与其自身的资源禀赋结构的考虑，笔者认为由促进人的发展而内生的教育需求和服务当地社会发展而内生的社区关系是欧洲华文学校发展最主要的动力源，它们一起决定着欧洲华文学校的可持续发展。

（一）教育需求：欧洲华文学校的生存之基

欧洲华文教育的需求，与巨大的华侨群体是分不开的。欧洲华侨华人数量越多，华文学校教育需求就越大。目前，中国人的足迹遍布欧洲各地，并以勤劳肯干和聪明才智在侨居国不断地得以发展壮大。华侨华人在欧洲当地社会的生存、延续和发展，对欧洲华文教育提出了现实的需求。据相关媒体不完全统计，目前约有超过250万华人散居欧洲各国，这250多万华人对欧洲华文学校有着巨大的需求（李明欢，2009）。同时，随着中国大国崛起进程的加快，特别是中国经济在美国次贷危机后的坚挺表现，加强了汉语的实用价值，使许多非华裔青少年也加入学习中文的队伍当中。两股力量汇集在一起，构成了华文学校旺盛的教育需求。而欧洲各华文学校在招生、课程设置、教学安排、教学质量、社区活动的灵活安排，增强了华文学校的吸引力，使得更多的孩子愿意到华文学校学习汉语。在60多万华侨华人聚居的法国，法国华侨华人会中文学校每学期都要面临名额有限导致部分学生报不上名的情况，因此，该校正在筹划创办一所规模更大、能吸收4000名左右学生的中文学校。

欧洲华文学校的办学一般自负盈亏，他们的办学经费绝大部分来自学生的学费。市场化的运作需要有教育需求作为保障，如果没有足够的教育需求，华文学校就不能招收到足够的学员，华文学校就会失去生存的基础，进而被华文家教或华文培训班代替。很显然，欧洲华人数量的进一步增长、全球化的潮流和中国与欧洲各国教育文化交流的增多，使华文学校的教育需求进一步扩大，保证了华文学校依靠自身市场运作就能生存。荷兰乌特勒支中文学校从创办之初的几十位学生的中文学习班发展到如今拥有约500名学生、涵盖从幼儿班到成年人班的完整教学层次的规范教学单位，正是该校立足市场教育需求的结果。

(二)社区关系:欧洲华文学校持续发展之本

欧洲的华文学校与当地社区有着天然的、不可分割的关系。华文学校的学生大都是本社区内的华侨华人子弟;华文学校的负责人大都是社区内华人社会的名流;华文学校的教师也大都是本社区的华侨华人;华文学校的宗旨之一是服务社区。大多数华文学校在创办初期都或多或少受到当地社区关心中国或热爱汉语的相关人士的关心与帮助。一般而言,华文学校从创办开始就成了当地社区中文教育最主要的阵地,成为当地社区传播中华优秀传统文化不可缺少的一部分。

关于学校与社区关系的互动模式,有学者以互动主体的主动程度为标准将其划分为:社区主导参与模式、学校主导参与模式和学校社区共建模式等几种主要模式(黄葳、王晓燕,2006)。就华文学校与社区关系而言,目前欧洲华文学校建构社区关系的方式较为多样,社区也表现出了积极参与学校建设的热情,应属于双方共建模式。大多数华文学校都会将"引进来"和"走出去"相结合,经常请当地社区成员参与华文学校的重大活动,同时也积极参与社区建设或庆典活动。华文学校还通过建立家长学校、家长委员会等形式,让社区成员参与到华文学校的发展过程中来,从而进一步改善社区关系,获取社区更多的支持。此外,华文学校作为新移民向老移民学习当地社会生活经验的一个重要场所,具有促进华侨华人融入当地社会的作用。一般来说,华侨华人们刚移居到欧洲时,由于人生地不熟,相对缺少同伴的支持。在儿女上华文学校之后,他们在来华文学校接送孩子的过程中能认识许多华侨华人朋友。在等孩子放学的几分钟时间里,他们会谈论自己的育儿经验,谈论当地社会,特别是华人社会发生的重大事情。一些有学识、有经验、成功融入当地主流社会的家长有时还会介绍一下自己融入当地社会的历程和经验教训,这就能使刚到当地社会的华侨华人少走弯路,迅速融入当地社会。意大利佛罗伦萨中文学校一直十分注重促进社区关系良性发展,该校每年的重大活动除了邀请学生家长和侨团人员外,还会邀请当地政府和教育部门的官员前来参加,该校也会经常参加当地政府和社区组织的各类活动,并且会积极推出一些增强社区关系的互动性活动。这也使得该校与当地的侨团和华人社会、政府部门、社区组织及教育机构都建立了良好的关系。

华文学校作为一个内生性海外汉语言文化教育传播机构,缺乏政府的强力支持，一切资源都需要其本体与外部环境交换获取。欧洲的华文学校规模较小，抵御风险的能力相对较弱，然而其与社区形成的天然的鱼水关系，使其在即使遇到极端困难的情况，也能从社区中获取教师、学生等办学最重要的资源。事实上，不少欧洲华文学校的学生资源都来自其所在的社区，教师也大都具有志愿或半志愿工作的性质。华文学校的许多活动都与社区活动结合在一起，部分华文学校甚至被纳入了当地社区的教育发展规划，这也为华文学校的可持续发展提供了强有力的保障。

教育需求是华文学校的生存之基，而社区关系是华文学校可持续发展之本。其实，只要进一步对华文学校进行深入分析就不难发现，对于任何一个华文学校来说，教育需求都是最主要的因素。有教育需求学校才能获取生源，才能从其他组织获取资源支持；有生源学校才可能发展师资，进而保证学校的生存。华文学校的内生性组织性质使教育需求成了影响华文学校存亡最为重要的因素。本文所研究的这三所华文学校以及欧洲很多生命力顽强的华文学校都在很大程度上对此做了印证。因此可以说，目前，教育需求和社区关系是影响欧洲华文学校生存与发展最为重要的因素。欧洲华文学校内生性的组织性质决定了其内生性的组织发展逻辑，也决定了欧洲华校的可持续发展之道。

三、欧洲华文学校发展的行动策略：扩大教育需求，夯实社区基础

欧洲华文学校是内生性的教育传播机构，遵循着内生性的发展逻辑。基于促进人的发展与服务当地社会发展的内生性目标，华文学校旺盛的教育需求和良好的社区关系能够保证其在不依赖外力推进的情况下，实现可持续发展。因此，欧洲华文学校发展的行动策略必须遵循华文学校发展的内生逻辑。

（一）找准华文教育定位，扩大教育需求

华文教育定位包括华文教育总体目标定位、人才培养目标定位、服务面向定位等。准确的华文教育定位，能帮助欧洲各华文学校以社会需求为导向，根据自身条件和发展潜力进行教育的发展规划。

1.认清欧洲华文教育的"两重属性"

有一些欧洲华文学校对华文教育存在教育定位认识模糊,认为华文教育就是中文教育,而忽略了华文教育对当地华族的本真意义,即民族文化教育的重要作用。其实,欧洲华文学校在当地进行华文教育具有"两重属性"。对当地华侨华人来说,华文教育是当地华侨华人的民族文化教育,是当地华族为了维持民族传统、民族文化、民族风俗,进而深化民族内涵,促进民族持续发展而进行的民族语言文化教育;对当地非华裔而言,华文教育既可看作本国少数民族语言文化教育,也可看作外语教育,是当地多元文化教育的一部分。明晰了华文教育在当地社会的属性,欧洲华文学校就能有针对性地进行招生方面的宣传,并在教育教学中提高针对性,从而提升华文学校的教学质量,进而扩大教育需求,保证华文学校的可持续发展。意大利佛罗伦萨中文学校在开设汉语课程的同时,还开设民族特色鲜明的书法、绘画、音乐等兴趣课;荷兰乌特勒支中文学校将中国民俗文化融入汉语课程教学中,这些举措都是学校认识到华文学校作为海外民族文化教育的重要载体,在延续海外华族传承发展方面的重要使命。作为荷兰最早成立的中文学校之一和荷兰中部地区最大的中文学校,荷兰乌特勒支中文学校还积极推动和协助当地学校开设中文课程,促进中文在荷兰的普及和推广。

2.对于有条件的欧洲华文学校推动华文教育与中国语文教育的接轨

基于对华文教育的语言文化教育和民族文化教育双重属性的认识,海外华文教育也可被视为是中国语文教育的延伸,特别是华侨比较集中的欧洲国家的华文学校可以通过将自身课程体系与中国的义务教育接轨,建立学分互认制度的方式来实现与中国语文教育的对接,从而促进欧洲华文学校的课程建设,提高教育水平,推动教育需求增长。此外,由于中国经济的高速发展,受中国政府的政策支持以及欧洲经济的衰退和波动等多重因素影响,海外华侨华人中的专业人士回国创业、工作、定居条件越来越好,形成了一股回流现象(周龙,2013)。以浙江省为例,进入21世纪以来,回国定居的浙江华侨人数呈现快速上升的趋势,回浙定居华侨的侨居国主要集中在西欧国家,美国次之(季安照、袁靖华,2008)。面对华侨回流高峰时期的到来,欧洲华文学校将自身教育体系与中国的义务教育进行衔接十分必要,这将成为拉升教育需求增长的有力推动因素。首先,接轨的华文教育有利于归国华侨子女迅速融入国内生活,继续接受国内教育,学生家长更乐于接受；其次，接轨的华文教育对于那些想要在将来回中国发展的新一代华侨华人来说，更具吸引力；最后，接轨的华文教育有助于华文学校获取更丰富的教学资源、提升师资水平，从而以更高的教学质量提升教育需求。

3.充分认识欧洲华文教育服务对象的特殊性

欧洲华文学校作为欧洲华侨华人群体融入当地社会和保持民族传承的特殊产物，既具有作为知识输出、教书育人的教育机构的共性，也有其作为内生性的语言和文化传播机构的特性，突出表现在学校服务对象的复杂性。华文学校有别于传统的学校，就读学生的入学具有随机性，且流动性强、年龄分化大、汉语水平参差不齐，有些学生刚到侨居国，家长通过让其进入华文学校来更快融入华人群体和当地社会；有些学生在侨居国的全日制学校就读的同时，利用课余时间在中文学校学习，一旦课业加重或者课余时间被占用，则会中断中文学习。因此，华文学校在开展教学的时候，不仅要考虑学生的汉语言水平差异，也要考虑学生的年龄差异和家庭及教育背景差异，同时建立学生的学习进度追踪档案，时刻关注在读学生和潜在生源的需求变化，不断提升和完善课程和班级设置，使学校的教育更能满足学生需求。

（二）夯实社区基础，提升服务能力

俗话说"远亲不如近邻"，良好的社区关系是欧洲华文学校可持续发展的根基。欧洲华文学校要从两方面着手稳固社区关系：一方面是要服务好当地华侨华人，成为华侨华人沟通和活动的重要场所；另一方面则要提升面向整个社区的服务能力，立足社区，广泛开展各种敦亲睦邻活动，融入主流社会。这两方面相互促进，互为补充。意大利佛罗伦萨中文学校从建校起就十分注重社区关系的处理，通过六一儿童节、元旦、中秋节、春节等节日，定期举行面向整个社区的大型活动，包括联谊会、晚会、文化交流会、艺术展览等多种形式，不仅丰富了当地华侨华人的文娱活动，也促进了中国文化的宣传推广，增强社区的多元文化交流，提高社区对华文教育的接纳度。

1.服务华侨华人，提升学校形象

欧洲华文学校的内生性发展逻辑决定了其与当地华侨华人群体天然的内在联系。社区内的华侨华人群体是华文学校学生和教师的主要来源，服务好社区内的华侨华人是华文学校赖以生存的根本，进一步提升服务能力是华文学校稳定发展的保障。首先，欧洲华文学校要积极加强教师和家长间的联谊，且与当地华人社团保持沟通联络，参与和协助社团开展活动，从而加深与区内华侨华人的关系。其次，欧洲华文学校要与中国相关组织机构以及国侨办、侨联等部门积极联络，将中国优秀的文化艺术引入社区，同时开展多种形式的文娱活动，丰富区内华侨华人的生活。第三，欧洲华文学校要充分利用自身优势，强化与当地主流社会的沟通，代表华人团体向主流社会争取华人的合法权益和平等地位，从而提升华文学校的形象和影响力。

2.服务辐射社区，加深社区关系

在欧洲当地的社区中，与华文学校发生直接或间接联系的社会组织十分广泛，包括地方政府、工厂、学校、旅馆、医院、非政府组织以及众多的居民群众。因此，欧洲华文学校要在做好为华侨华人服务的基础上，进一步提升自身的服务能力，拓展服务范围，把社区中与自身有关的各个成员都作为服务的对象，使华文学校成为当地社会学习汉语、传播中华民族文化的最主要阵地，成为当地社区文化建设不可缺少的一部分。欧洲华文学校应进一步强化与社区相关组织的互动，通过输出教育和文化服务，造福于当地社区和民众，为社区的发展创造良好的人文环境。同时，华文学校要进一步发挥促融作用，提升促融质量，使华文学校成为当地民众与华侨华人相互沟通与理解的平台和主阵地，以促进社区内当地民众与华侨华人之间的沟通协作。荷兰乌特勒支中文学校与当地政府一直保持良好关系，每逢学校举办新春庆、建校周年庆等重大活动都会邀请当地政府、教育局等相关官员来参加，该校也积极参加当地政府和社区组织的一些活动，通过加强与社区联动来提升学校与社区的关系。意大利佛罗伦萨中文学校一直十分注重加强与意大利政府和教育部门的沟通合作，积极参加意大利教育改革研讨会，将学校纳入意大利多元文化教育计划，从而在当地主流社会树立学校的良好形象，发挥积极影响力。此外，该校图书馆还免费对社区开放，为社区提供了一个良好的中文学习环境。

参考文献

［1］高伟浓，杨晶．二战后欧洲华文教育的历史与前景的初探［J］．暨南大学华文学院学报，2004（2）．

［2］黄葳，王晓燕. 学校与社区关系及其改善策略［J］. 教育科学，2006（10）.

［3］季安照，袁靖华. 当前浙江华侨回国定居现象探析［J］. 教育科学，2008（6）.

［4］李明欢. 欧洲华人社会剖析：人口、经济、地位与分析［J］. 世界民族，2009（5）.

［5］张胜林. 华文教学的学科性质、定位与学科特性初探［J］. 华侨大学学报（人文社会科学版），2001（3）.

［6］周龙. 新时期华侨华人专业人士回流现象探析［J］. 广西社会主义学院学报，2013（2）.

第三部分 美洲

以学生和社区为本　助推教育创新[*]

——访全美中文学校协会会长倪小鹏博士

【编者按】全美中文学校协会是全美最大的以中国留学人员和新移民为主体的非营利性华文教育组织，自1994年成立至今，已有会员学校500多所，遍及近50个州的大中城市。多年来，协会以团结协作、坚持不懈及开放交流的精神为中华语言文化在北美地区的传承和传播做出了重要贡献。新冠疫情发生以后，协会迅速响应，帮助众多华校转型线上，得到一致肯定。本刊编辑部邀请协会新任会长、教育技术专家倪小鹏博士，分享疫情以来协会的工作内容、机制和成效，充分展现了协会长期以来在华教组织的可持续发展问题上的积极探索。倪会长就疫情仍然持续、社会局势复杂多变、线上教育迅速发展的背景之下海外华校如何发展、化危机为生机等问题发表见解，他指出：华文教育发展的根本在于教育理念和教学观念的转变，真正以学生为中心实现教学、教材、家庭、学校、社区、师资培训等相关方面的联动；引导华人群体特别是华裔青少年关注华人在当地的历史和贡献，有助于培养华裔青少年的双向文化认同，华文教育和华教组织应当并且可以在这方面发挥特殊作用。在充分认识和评估华文教育现有问题的基础上，倪会长强调，未来协会的工作重点是加强资源共建共享，促进线上线下整合，重新定义师资培养和扩充教学目标。相信全美中文学校协会的个性化探索能够为众多海外华校同仁提供发展思路和借鉴。

问：首先祝贺您当选为第十四届全美中文学校协会会长。自1994年成立到现在，协会已走过27个年头，始终坚持弘扬中华文化，为促进中美教育文化交流和中美民间友好往来做出了重要贡献。历任会长和成员都鼎力支持协会工作，形成了

---

[*] 本文刊于《世界华文教育》2022年第2期。

有效的工作机制，为协会工作积累了丰富的经验和财富。请您谈谈疫情以来协会的主要工作内容、工作机制和成效。

全美中文学校协会是全国性的非营利教育组织，旨在加强全美中文学校之间的交流与合作，促进中国语言和文化在美国的传承和教育。疫情给协会工作带来了很多挑战，但在理事会成员的群策群力和各位会员学校的支持帮助下，协会取得了辉煌的成绩。疫情防控期间，协会的主要工作内容就是帮助华校转战线上教学。其中第一步是从各种各样的技术中，比如同步技术Adobe Connect、Webex等，或异步技术如Moodle、Google Classroom等，研究和确定适合美国中文学校情况的工具和平台。根据美国华校的特点，我们确定了两个首要条件：免费和易用。经过讨论和尝试以后，我们选择了Zoom作为实时的教学工具和Google Classroom作为异步课程管理系统，这两个工具都符合我们的基本要求。第二步是对华校老师做培训工作。2020年2月1日我们在协会的华文大讲堂推出第一期培训，普及在线教学工具。大讲堂参加人数首次超过了500人，创下历史纪录，说明它满足了当时的需求。一个星期后，我们又推出了关于在线教学的教学法培训，如多媒体原则、互动原则、合作学习等。通过这两次培训，老师们基本入门，能够开展线上教学了。之后我们还针对不同的教学需求开展了一系列进阶培训。在5月份学期快结束的时候，怎样开展线上评估就成为很多学校管理者和老师关心的问题，此时我们及时推出线上评估方案供老师选用。这样一个学期下来，基本上就完成了从线下转向线上这样一整个过程的转变。虽然是应急措施，但总体效果很好，很多家长赞扬我们华校转型比公立学校做得好。这是对协会疫情防控期间工作卓有成效的一个肯定。

除了提供培训和技术支持，我们也鼓励华校之间实践经验和资源共享以及参与设计各类线上活动。例如2020年秋季，协会组织线上研讨会，让各地教师们分享他们的线上教学心得和经验；2021年组织线上元宵吟诵晚会；等等。协会刊物也征集和推出了线上教学的论文和经验分享。

另外，疫情防控期间也见证了协会运作的民主机制。由于疫情影响，原定于2020年举行的第13届协会大会需要延期一年，此为协会大事。按照章程，理事会的提案须经会员投票表决，才能成为最后决策。协会理事会在5月份组建独立的特别会议工作小组，负责此次投票工作的程序、验票、汇总报告。特别工作小组的目标是确保会员投票表决的过程做到公平、公正、公开，工作结果直接向全体会员报告，接受会员学校的审核。即使是在疫情这样特殊的情况下，协会的运作仍按章程办事，通过严格的网上实名投票程序，确定理事会延迟一年换届。我们强调民主机制，保证协会的健康稳定发展。

问：华教组织作为非营利机构，大多有一个特点，就是其成员来自各行各业，业余参与华教工作，组织管理相对松散，但教育教学管理本身又是非常专业的事情，因此华教协会组织或华校的管理是很多华文教育工作者非常重视也非常欠缺的地方。在组织的架构、内部管理和运作方面，协会有哪些经验可以分享和借鉴？

全美中文学校协会最大的特点是民选的机构，人员来自各行各业，是经常变动的。管理名下的各个部门和项目，并保证代代传承和工作开展，最重要的经验就是完善组织制度。制度的完善首先是建立章程（Bylaws）并且遵守这个章程，遵照约定的程序来执行事务。协会有了章程，也就有了一个对内对外的"契约"，无论谁参与其中，都需根据协会性质、宗旨、规范来开展工作。协会在制度管理上还是蛮严格的，包括选举制度，每一票都不容有失。

当然时代在变迁，如果章程太细太具体也会遇到问题，会不容易适用当前的情况，反而会限制工作开展的灵活性，而修改章程需要遵照的组织制度比较复杂。所以，我们希望章程是确定大的框架、总体方向和普适性的内容；在章程之外再辅之以协会工作标准指南，工作指南的修改不需要全体大会通过，也不需要向政府机构报备，各届理事会可以根据实际情况修订和更新，给协会运作带来很大的灵活性。

总的来说，我们是自下而上的社区性非营利组织，最重要的就是建立一个共同的契约，让大家都能够相互遵守和承诺，形成一种围绕共同信念的力量；然后建立有灵活性的工作标准指南，以适应时代变化和实际情况。

问：协会领导成员都是各行各业的精英人士，可以说是为了华教事业这个共同的目标走到一起来了。那么在具体的工作角色安排上，协会是如何做到兼顾协会需要和发挥个人专业优势的？

协会自1994年建立以来，华教同仁奉献才智和爱心、秉承义工文化，代代相传、精神可嘉。促进协会发展，发挥人才优势，我认为有三点非常重要。第一是愿景建设。义工们热心奉献，但不可能凭借行政等级或者报酬多少来激励每个人发挥其优势和潜能，而是需要让大家理解和认同协会的初衷：我们一起促进中华语言和文化的教育，一起促进华裔后代成长和发展。只有建立这样一个愿景和共识以后，我们才能带着包容的心态去对待每位义工。每个人的性格、专业、特长都不一样，我们要围绕共同的目标来发挥各自的特长和作用。比如有的擅长教学，就多负责教学教务工作；有的擅长财务，就让他来管理财务运作；有的是做视觉设计和文字工作的，那就让他在宣传方面独当一面。我们没有从上到下的约束力，但愿景的力量很大，可以把大家的能力发挥出来，劲儿往一处使。

第二是通过组织制度和文化建设来保证个人优势发挥的良好环境。前面讲的规章制度就确定了协会运作规范。出现违规的问题时，可通过组织制度来约束。协会在文化建设上强调两点：民主程序和会员服务。例如，全美中文学校协会的换届选举是很有名气的，理事会成员的提名、选举和任期都需要遵守严格的民主程序。另外，我们非常强调来自会员、服务会员的理念。协会以前组织的夏令营、教师培训，以及疫情防控期间帮助会员学校教学转型等都在会员学校中留下了很好的口碑，就是因为参与其中的义工发挥了他们的潜能和优势。

第三我认为快乐地工作、快乐地玩才能发挥义工的优势。和我在美国参加的其他专业协会最大的不同，是我们协会的理事会和干事会成员、会员学校负责人、历届老义工一般都有比较好的关系，大家常常能玩到一起，想到一起。我们也常安排外出参观学习等活动来促进大家的交流和理解。如果大家做华教事业玩得开心，自己快乐，别人也快乐，那么协会工作就能做得更好，团队就更有包容力。

问：目前我们面临的挑战很多，比如疫情的持续、中美关系的胶着等，在这种形势下，协会未来工作的思路是怎样的？

我们现在处于一个特殊的时代，持续的疫情和复杂的时局带来了前所未有的挑战，也突然把对先进的科技手段的需求和依赖推到人们面前，把提升和转型的机遇推到人们面前。前两年网课转型艰难。疫情一定会过去，但实体回归会面临更多挑战。我想最基本的工作思路是用科技带动教学变革，用理念引领教学创新，合作共赢，以此来满足会员学校当下的需求和适应新的变化。线上线下模式整合、开展立足北美、立足当代青少年的华文课程，以及学校建设、校际课程和资源合作等都大有可为。

问：新冠疫情已经持续了两年，给美国中文学校带来极大的挑战，比如注册人数下降、线上线下双轨操作给教师的压力、社区活动难以开展、线上教育商业机构冲击等，而且目前看来疫情很有可能持续较长时间，那么中文学校应当如何顺应当前的形势进行转型升级？

中文学校需要理解我们的"客户"——家长和学生，了解他们的需求。但是家长和学生的需求是不一样的，有的时候甚至是相反的。我们以前在满足家长的需求方面做得比较好，但是在满足学生的需求方面其实是不够的。

这个时代教育的重点已经从知识的记忆转向创造性的应用；从培养听话的学生转向有情意的个体。怎样实现这样的转变呢？从教学观念讲就是强调从教向学转型；在教学方式上突出输出和应用，课堂上的主要任务是做互动、演讲、练习，这样孩子就有更多的机会做语言输出。以前孩子们讲故事可能就是背出来的，现在也许我们可以让孩子利用图片或是其他材料边想边说、边说边看，孩子可能讲得不流畅，但这种不流畅的语言才是真正的学习过程。当孩子们结结巴巴地表达的时候，作为老师要做的是去保护他的这种学习机会，不要在孩子还不完美的阶段就抹杀了孩子的兴趣。在摸爬滚打的过程中的学习也许更长久。

问：未来一段时间里疫情还将持续，线上线下教育并行已成为不争的事实。最近不少华校校长都对国内教育机构"出海"表示忧心忡忡，并且后者在事实上也已经给海外华校造成了不少影响和压力。而您对此提出的看法是"要相信有些东西只有我们（指华校）能做到"，强调华校要利用自己的"双向文化背景"进行转型。请具体说一说您对"利用双向文化背景"的看法。

网上商业机构冲击造成部分学生分流，这是正常现象。我们也不可能限制家长选择商教课程。中文学校并不是简单地提供付费课程，要更加强调我们的社区性。我们华校重要的是起到双向文化的桥梁作用，不仅通过双向文化背景来帮助孩子既跟父母的祖籍文化和语言相关联，又跟美国本土学校和社区建立联系。我们强调社区性建设，希望孩子们把华夏文化推广出去，让他们感觉自己的语言和文化在公立学校或者社区是有影响的。比如我们中文学校在中秋节、春节时会组织孩子到社区中心去布展，展览包括语言、习俗、食物、剪纸等，让其他族裔的人了解我们的中国文化。其他族裔的儿童可以看、可以吃、可以玩，无形之中也学到了一点汉语和文化，从而给予我们的孩子一种积极的反馈，能给他们增添更多的自豪感。这样获得的文化自信和认同比我们父母老师的说教要有用得多，而且孩子无形中就成了文化大使，也丰富了当地多元文化，这些不是花钱买课就能学到的。

大家已经看到资本的灵敏和大量的商家竞争，他们可以竞争，也一定会竞争，我们欢迎他们并希望他们做好。但我们需要承担他们做不了的事，尤其是社区的责任和建设，这些再怎么网络化也无法本地化，只有我们能一起来合作共建新的课程和社区活动并由各个会员学校把它本地化和项目化。我们在这里办学，不仅仅是字、词、句的教学，更是双文化、认同、自信心和华裔环境的建设。我们做的是育人育社区的工作，我们培养的不只是一棵一棵的树木，而是一片又一片的文化森林。这是我们的使命。

问：我们注意到，协会近期提出要开展面向华裔青少年的美国华人历史教育，强调华人对美国社会发展的重要贡献，反映了华人群体的"觉醒意识"，并且认为这种教育将有助于缓解华二代的身份认同危机，促进文化了解和交流。您是如何看待这一问题的？这种呼声对华文教育和中文学校的发展将产生怎样的影响？华文教育的具体工作应当在哪些方面有进一步的努力？

疫情以来，美国亚裔受到的歧视对家长和学生，尤其对家长是一种刺激：我们貌似成功，可在社会上还是有可能被歧视。华二代，尤其青少年会比较敏感，在"是美国人还是中国人"的认同上有困惑，加上在学校或其他场合碰到歧视，会形成一种心理危机，会向父母抱怨说："我生活在美国，为什么我要学习中文？"现在关注华二代的身份认同危机问题呼声很高，而身份认同和心理健康又不是通过简单地开一门课就能解决的问题，只能通过各种活动和支持让孩子领悟和成长。比如我们鼓励孩子们去研究华裔的历史，研究华人在美国的生存史。我们可以提供材料、提供线索，让他们有机会去做研究、做访谈，了解老一代华人的经历，让他们有机会练习批判性思维，通过自己的研究获得的东西才是真正的认同。协会现在有个专门的工作部门针对华二代开展这方面的工作，协会也举办了几期关于北美华人历史的大讲堂活动。我们希望先做一些铺垫工作，能够让校长和老师们有一点意识去关注诸如北美的华裔历史；接下来再整理编辑教育教学的素材和教案，提供给老师们。当然，这是一个系统工程，华校只能起到一部分作用，很多时候父母教育、家庭教育、社区教育更重要。

问：移民二代的身份认同危机和心理健康可能是很多移民群体所面临的共同问题，而华人家长们望子成龙、望女成凤的"传统"在某种程度上加剧了问题的严重性。这个问题在学习中文上也有体现，很多孩子表示学习中文是父母的要求而不是自己的选择，并且是否学中文甚至成了代际冲突的一个表现。请您谈谈对这个问题的见解。

同意。认同危机来自实际社会环境外，还有一个原因来自孩子跟父母的代沟。望子成龙、望女成凤的父母很多，"威逼利诱"孩子去学，孩子往往产生怨恨，华人父母都被打上了"虎妈""虎爸"的标签。如果自己的孩子都不能认同父母的思维，希望孩子有文化上的认同就很难。父母总觉得努力工作为孩子创造好条件，花了大量时间和金钱送孩子去滑雪、滑冰、跳舞，孩子就得样样出彩、门门拿A。不少家长虽然用心良苦，可在家里首先制造了文化冲突、认同危机，再加上青少年的叛逆性，中文学习的代际冲突是很常见的。所以中文学校的生源结构往往是金字塔结构：低年级学生多，越往上越少。孩子小的时候只能听父母的意见去上中文学校，到高中以后就不肯去了。

问：您曾经特别提出，教学观念不变的话，技术设备再先进也不行，学生的学习体验也不会变。在现有的条件下，有哪些途径可以实现教学观念的转变？

教学观念转变的第一步是把孩子看作一个有创造力、有好奇心的个体，而不是信息的接收器。我们要还孩子自由，要尊重孩子的年龄和心理特征。不少老师习惯于照本宣科，上课以讲为主，就算使用技术也是来强化教的力量，例如用PPT做板书。但是如果转变观念的话，PPT是不是可以用作学生学的工具，比如让学生用PPT来编写他们的故事？这就是观念的转变：PPT技术从教具变成了学具。协会在有意识地促进这方面的转变，比如增加相关培训，尤其强调翻转课堂、任务式教学、情境教学等；或者鼓励课堂里要有一定的时间让学生练习和表达。这种转变很重要，和孩子在公立学校的经验可以接轨。他们在本地学校往往是比较宽松的，教室里看上去乱哄哄的，但学生常常做出有创造性的东西。如果中文学校能够给予他们一定的尊重和自由，孩子的天性就发挥出来了，会做出一些很好的学习作品。我认为这是一个转型的时代，希望中文学校能够抓住这个机会，把危机变成机遇。

还有教材转型的问题。理想的教材最好是从学生的角度出发，学生愿意读并有互动性和适应性。过去的教材在内容上当然也是专业的，但编写者不了解孩子的成长环境，因此孩子对内容很难理解和建立关联。现在很多教材都在走向数字化、多媒体化，这样在中文教材的内容设计上互动化、个性定制、自适应大有可为。虚拟现实的整合也并非不可能。由于教师往往是跟着教材走，如果我们教材转型了，教师教学观念转变也就容易了。

问：协会通过哪些方式开展师资培训？成效如何？

教师对学生的成就和态度至关重要，协会一直以来非常重视师资的培训。根据协会和中文学校的实际情况和资源，培训大概有五个方式：

第一，来自中国的资源，比如中国国侨办的名师巡讲、华文教育基金会的名师讲堂等，内容都非常专业。

第二，协会的自主培训，比如通过大讲堂让本土有经验的专家和教师来分享，涉及更多华校关心的一些普遍性问题，比如体演文化教学法、Kahoot工具、AP考试准备等。

第三，线上自定步骤的培训（Self-paced）。这种培训模式是希望教师能够随时随地地接受培训，而不是系统的长时间的集中培训。举一个例子，如岗前培训。任何一位教师、任何时候要来华校从教的话，我们要求教师完成基本的上岗培训，了解有关教学的基本内容：教学法、教学心理、语言学科教学。这个项目是我们目前的一个规划。

第四，教师研修。这是由一些资深的、对教学充满热情的教师自主发起的教学研修。有的教师可能没有接受过系统的教育教学培训，但是发自内心地热爱教学，不停地琢磨教学问题。比如祖荀中文学校的陈荣基老师，对中文教学很有钻研精神，他愿意公开自己的课堂，和其他老师一起研讨得失。从协会的角度来讲，我们可以为他们提供平台，发挥特长，研修提升，然后以点带面，起到教学示范作用,带动整体的教学进阶。

第五,各学校的本地培训。这种培训根据本地华校情况开展,比如规章制度、教学考勤等。

总之,我们希望通过师资培训的多样化,促进普遍性和具体学情结合,以满足不同会员学校、不同阶段教师的不同需求。

问: 众所周知,您是专门从事在线教学开发、数字媒体设计、教育质量评估等研究的资深专家,有着非常深厚的线上教育的背景。请您谈一谈,当前线上教育技术的主要趋势如何?结合语言文化学习的特点,有哪些技术可以优先考虑应用到华文教学?

线上教育是一个大的趋势,已成为教育不可分离的部分。教学会更加数字化、网络化,再说远一点,会结合智能化和虚拟现实发展;教材也会更多地整合多媒体、互动、游戏和自适应等元素。但是不管这个趋势如何发展,我们通过线上手段来加强实体的学习体验或本地的社区连接,最关键、最重要的还是我们的整体教学设计,包括目标、内容、任务和评估的设计。好的教学一定能够使学生的学习个性化和情境化。举个例子:现在流行的概念"元宇宙",如果结合华文教育的话,那可以用它来设计《清明上河图》的场景,让孩子身临其境,和里面的小贩、脚夫或者官员互动甚至完成实际交际任务,这样技术就和教学情境、教学任务结合起来了。又如,教材一定是要互动的,但这种互动更多的是心理上的互动。很多人把互动理解为设计按钮,按一下跳出你想要的东西来,但那只是物理上的互动,更重要的是教学内容要和学习者产生心理上的互动。就像我们看电影,你跟电影是没有按钮互动的,但是看到好的电影你会哭、会笑、会难过,这就是因为心理上互动和共鸣的作用。好的互动性教学就是这样一种不只是让学生按来按去的物理意义的互动,更重要的是心理层面的互动,这种心理上的互动能让孩子的心沉浸到教学材料里去,产生持久的学习或者深度学习。

问: 在当前形势下被推选为协会会长,在我们看来似乎有着特殊的意义。您的这种专业背景是否会在未来协会的工作内容中有所体现?请具体谈一谈。

我想先感谢各位会员学校和学校负责人对我的信任!大家的推选主要根据过去的项目和将来的纲领,这个我在竞选演讲中已经把未来协会工作的方向说得比较清楚了。具体地讲，主要有三个方面：

一是资源共建共享。目前各华校普遍反映的一个问题是生源下降、商业网教竞争、学校双轨模式等生存和发展的问题。如何增强竞争力、降低运作成本、提升社区凝聚力，最好的方法就是华校间的资源共建共享。前几年，全美中文学校协会开发的易趣识字软件就是一个成功的案例。搭好平台，筑巢引凤，各地热心的老师和义工主动帮助，各种教材迅速收齐，吸引了来自世界各地600多所学校3000多名用户，形成低成本、高收益的项目效应。在其他方面，如教案、课件、课程、社区活动方面都有大量的共建共享的机会，最终实现共赢效应。

二是师资技能的重新定义和培训。我们在去年年会前做了一个调查，另一个普遍性需求是管理人员和教师对线上线下融合和数字化转型的兴趣。当我们华校老师体验了网络利器和对技术的依赖以后，华校课程还会完全地恢复到疫情前的纸笔教学吗？最好的走向就是利用网课中获得的技能，进一步提升和互相兼容。从协会的角度就是怎样更好地准备、培养、扩充教师线上线下融合的技能。对管理人员来说，也需要在社区活动中发挥线上线下融合的优势，促进学校和社区双向的、持续的交流。

三是教育目标扩充。不知您是不是注意到近来有大量的关于多元文化、二代身份认同、自信心、心理健康方面的讨论？这些我统称为soft skills（软技能，即人际交往的技巧）。在目前的社会大环境氛围中，我们中文学校是否应该仅仅满足于教文字和语言的hard skills（硬技能，即为从事某种专业或工作所具备的能力），而忽视身份认同、社会融入、领导力等方面的soft skills？难道我们能满足于只教中华五千年文明，而忽视华人在北美两百多年艰苦奋斗的经历？满足于只会讲我们第一代移民勤劳勤奋、成功体面工作，而忽略二代经历的心理上和认同上的困惑、挣扎吗？答案是否定的！所以，这给我们带来第三个课题：开展立足北美、立足当代青少年的华文课程和学校建设。这些东西是商业机构和资本做不了的事。

问：目前我们在教师、教材等多个方面，集多方之力、以多种途径支持华文教育发展，但仍有许多改进空间。在华文教育的资源配置问题上，您认为应当如何处理才能更好地形成合力，促进华文教育工作高效开展？

这个话题很大。资源配置包括人力、物力、财力，具体的内容包括教材编写、教师外派、寻根夏令营、名师讲堂、孔子学院等。有些比较复杂，具体操作甚至受制于各种政治和制度约束。我这里只想从教育学的角度来谈谈如何形成合力，促进华文教育有效开展。当今的教育思潮强调以学生为中心、社会化学习、批判性创造性学习。如果我们认可这样的思潮的话，那么资源建设和配置就比较容易说清楚了。一是资源要本土化或者容易改变成本土化材料和活动。虽然华校孩子有华夏基因，但他们的生存环境和目标环境是在北美。教材和活动设计需要考虑学生的经验，理解他们的思维方式，要能和他们的生活结合起来，要能和他们将来的目标有一致性。二是资源建设要情境化。各类资源旨在创造更多的社会交互和语言应用环境，无论纸质资源还是数字资源，其中的内容要允许他们去应用所学的语言、分析看到的文化，并有实际环境中的真实任务。三是资源建设和配置上需要向高层次发展。华校高年级学生往往发现教材里面的语言对他们来说很难，但是思想内容和教学活动又比较幼稚，他们在自己的本地学校已经开始做大量的研究报告了。因此，在布鲁姆目标层次上、资源建设上也需要往分析、综合、创造方面提升，这样华校的教育就不会和他们本地学校脱节。如果我们能从各个方面一起向以学生为中心、社会化学习、高层次目标方面着力，华文教育工作就会更符合学生的需要，更高效、更有意义。这里有很多事情可以做，我也诚邀有识之士和优秀团队一起来商讨和研发，形成合力，把华教工作推向新的层次！

（策划：白娟　李嘉郁）

百年侨校的新探索*
——旧金山南侨学校办学情况报告

一、学校概况

旧金山南侨学校是由老一辈华侨在一百年前创办的华文学校。20世纪初，移民到美国的华人逐年增加。为了传承中华文化，旧金山华人社团南海福荫堂联同南海各商号东主，不畏当时种族歧视的强权，创办了旧金山南侨学校，于1920年正式开学。随着华人社区日益壮大，为了满足人数不断增加的求学华裔，南海福荫堂决定拨款购地并兴建南侨学校新校舍，新校舍于1926年落成并一直沿用至今。学校主教学楼共三层，有标准课室六间及配套的教学设施，可容400多名学生同时在校学习。从此，南侨学校不但成为华裔后代学习华文的地方，也成了旧金山华人重要的社交活动场所。

南侨学校不仅有深厚的历史渊源，更有优秀的文化传统。"诚朴勤爱"是南侨学校的校训，这四个字集中概括了南侨学校光荣的传统和良好的学习精神，它不仅是老一辈华侨对华裔后代的厚望，更是南侨学校长盛不衰的源泉所在。一百年来，南侨学校严守诚信、朴实、勤奋、博爱的办学方针，坚持严谨教学，培养德才兼备的双语人才，向世人诠释了一所海外华文学校的历史责任。学校曾邀请大量有影响力的华人领袖和优秀教师到校讲课，他们优秀的品格和学术造诣熏陶着一代又一代华裔子弟，也使南侨学校形成了良好的学习风气。一百年来，南侨学校培育了学生十多万人，分布在世界各地，许多人都成了社会各界的杰出人才。

随着中国经济的持续发展和国际地位的不断提高，学习华文已成为学生外语

---

* 作者：谭粼，美国旧金山南侨学校。本文刊于《世界华文教育》2021年第1期。

必修课和一种社会时尚,"中国通"与华语精通者更容易获得就业机会。与此同时,华文教育日趋本土化,教学对象也从单一的华裔发展到多个族裔。为适应新一轮"汉语热"的需要,南侨学校开设的华文课程由幼儿班直至高中三年级,贯穿学生成长的全过程。学校终止了以往的繁体字和粤语教学,改用普通话及简体字授课,并采用由中国暨南大学出版的《中文》教材。2009年10月,南侨学校被中国国务院侨办评选为首批海外"华文教育示范学校"之一。目前学校学生共1000多人,开设40个中国语文班和6类课外班,课外班也紧扣汉语学习内容,有中文课程、中文聆听、阅读理解、中文电脑、书法、常识等;周末还开设中华民族舞蹈、中国书画、中国美术、珠算等课外班;中学部加设中国文化课、翻译课以及中文AP班。

旧金山的华文教育在1993年5月即得到了学区的认可。凡就读本校的学生,每学年上课达120小时、本校考试合格者可获取10个学分,两学年便可获取20个学分。这20个学分可移至该生所读公立高中学校的成绩单上。南侨学校是第一批获学区认可的华文学校,每年有近百名学生获得外语教育学分。2018年,学校通过了美国WASC教育机构的认证,成为旧金山地区第一所获得认证学分的中文学校。WASC即美国西部学校联合会,是全美六个区域较权威的认证机构,它的认证在美国西部各个公立和私立学校、大专和大学都有效。这一美国官方机构评审有较高标准,是对学校教学品质的保证。

南侨学校走到今天,得到了旧金山南海福荫堂先贤及历届董事鼎力支持、各侨团热情赞助、历任校长及教职员通力合作,这些为学校稳固发展奠定了基础。与此同时,学校也在不断探索新的、更具特色的教学模式和课程设置。这些探索使得这所百年侨校与时俱进,不断焕发新的生机。

二、兴趣教学

目前,海外华文教育共同面临一个难题:低年级的学生队伍庞大,而随着学生年龄的增长,学习华文的人数逐步减少。南侨学校多年来一直大力推广兴趣教学,希望激发学生对中文、对中国文化的兴趣,从而更好地学习中文。主要有以下做法:

（一）课堂教学和暑期班

课堂上激发学生学习华文的兴趣，是学校提高教学质量的重要条件。教师须依据学生的心理规律，努力激发学生学习的主动性。第一，上课时，老师要先向学生讲明每节课的学习目标和学习要求，课堂上应该理解和掌握的学习内容，特别要向学生解释所学的内容与日常生活实践有何联系，以唤起学生的主动学习意识，提高教学效果。第二，采用集体备课的方法，凝聚集体智慧，用联系生活的教学内容和新颖的教学方法来激发学生的学习兴趣，避免教学内容和教学方法上的形式化、空洞化，让课堂教学引人入胜。第三，培养学生良好的学习习惯，鼓励学生们走上讲台，以自我学习、小组学习等多种形式，使他们获得成功、愉快的体验。

2004年起，南侨学校开办暑期班，设置了丰富的中英文、数学、书画、手工、歌舞、健身、武术、电脑等课程，教学内容丰富，教学方法新颖，尤其是游戏、成语、动漫、儿歌等深受学生喜爱。学校还把每年的开学典礼、结业典礼、毕业典礼和暑期班汇演，办成一场场弘扬中华文化的盛会，让学生们在充分展现个人才华、感受暑期生活愉快而充实的同时增强集体荣誉感。

（二）兴趣课堂与纪录片

从2017年起，学校著名纪录片导演杨晔、优秀毕业生梁依婷开始拍摄并制作校园系列纪录片《南侨学校的故事》，共八集：《毕业》《手狮舞》《功夫梦》《家乡菜》《皮影戏》《六尺巷》《水钟》《百年南侨》。纪录片全程由学生自编、自演、自行拍摄和制作，真实地记录了华裔后代学习中国文化的过程，引起了校园内外以及社会各界的热烈反响，也成为南侨学校的一张名片。2018年，学校选送的三部纪录片《毕业》《功夫梦》《手狮舞》皆获得首届美国小金人国际电影节入围奖；2019年选送的纪录片《六尺巷》更是获得本届电影节最佳纪录片大奖。

最初，策划纪录片的目的是配合推广兴趣教学。如2016年中央电视台猴年春晚节目当中，歌曲《六尺巷》备受关注。南侨学校就给课后中文五、六年级的学生安排了一堂专题课，让学生更好地感受其中彰显的中华传统美德。纪录片《六尺巷》讲述的故事，就是这样一堂特殊的兴趣教学课。故事发生在2018年的夏天，面塑大师商运平随中国国务院侨务办公室组织的"名师巡讲"团来到南侨学校，带领同学们一起学习中国的传统手工技艺徽派面塑。一天深夜，这些小小的面人"活了"，因为争占宅基地的问题，在课室里争吵不休。这些面人能否解决矛盾？发生在面人世界里的故事给同学们带来了什么启示呢？这次课程不仅让同学们体验到了中国非遗传统文化——面塑，更重要的是学到了安徽的民间故事以及故事背后的道理。

这些纪录片是华文教育领域的一个创举，不仅可以更好地推广学校，也给学生搭建了精彩的平台。每一集纪录片我们都会邀请不同年龄的学生参加，让他们从中学习中文、了解中国文化。纪录片反过来也促进了教学，如《皮影戏》《水钟》，都是由拍摄纪录片带出来的新的兴趣课程。学生们被课堂上的皮影戏深深地吸引住了，决定自己上阵表演《西游记》里面的故事《三打白骨精》。角色很快就分配好了，可是孩子们却不知道如何把这些角色表演出来，怎么办呢？在短短几个月的时间里，南侨学校摄制小组带领这群孩子在课堂上学习皮影戏；到动物园去观察猴子的生活习性，研究如何诠释孙悟空这个角色；美术老师教学生们给皮影上色；然后大家一起商量如何搭台，一起彩排。从一个经典故事到一场表演，每一个环节都是学生学习的机会。在《水钟》兴趣课程里，笔者和校董胡桐带领学生们举办了一场水钟计时大赛。学生在欢乐中学习中文，也了解到中国古人的智慧。

（三）面向未来课程

在华文教育上推陈出新已经不是学校的唯一要求，从整体教育上赋予学生与时代相匹配的竞争力，正成为一种追求。这也是华文教育的一种创新和升级。[①]

2019年1月，南侨学校率先开设了电子和机器人班，这是旧金山湾区第一个教授机器人相关知识的学校课程。该班由学校校董胡桐亲自授课，采用小班制形式，每班人数为10人左右，报名年龄为8岁以上。主要学习有关电子的基本知识，如电路、电源、开关、马达、电磁等，还有机器人的基本知识，如逻辑、马达控制、传感器、电脑程序等。这不仅能使学生学到电子、机器人和人工智能等相关知识，而且能培养学生的动手创造能力和团队合作精神。

---

① 南侨百年：旧金山南海人创造的华文教育奇迹，《南方日报》2020年1月16日。

以电子和机器人班为代表的面向未来课程，是南侨学校针对时代发展趋势进行的教育新探索，希望赋予学生与时代相匹配的竞争力，为华裔孩子将来成为高端人才打下基础，充分体现了华校的育人情怀。

（四）各种比赛和活动

学校有计划地开展以学习和传承中华文化为主要内容的各种比赛及表演活动，如举办校内诗歌朗诵比赛、书法比赛、才艺表演等赛事；组织学生参加"汉语桥"杯华人少年作文比赛等活动；组织学生前往中国参加"寻根之旅"夏令营活动，打造出了学校课外活动的一个个亮点，凸显了学校的办学特色。学校还设立了福荫堂奖学金及各侨社的奖助学金，比赛和学习成绩优秀者均可获奖。

2009年以来，学校逐步与中国多所学校成为姐妹学校，两地师生共同开展了"手拉手"等一系列海外交流活动。2011年、2013年和2015年，南侨学校受中国国侨办委托，成功承办了三届"中华文化大乐园"活动，让当地华裔青少年在轻松欢乐的气氛中学习中国传统文化，在旧金山掀起了学习中华文化的热潮，产生了巨大的社会影响力。2016年，温州市少年艺术学校组织"中华文化大乐园优秀学生才艺交流团"，与我校学生在旧金山大明星戏院联合举办演出，得到了华人社区的高度好评。

三、结语

南侨学校在飞速发展的同时仍存在很多问题，主要有办学经费紧缺、办学场地及设备不够、没有形成合理的教师梯队等。学校将继续秉承优良的办学传统，推进转型升级，以更加开放和务实的姿态继往开来，再创辉煌。

当代美国中文学校的发展历程简述*

一、引言

"新侨"这个名称出现应该有几十年了。顾名思义,就是来美国的华侨华人"新移民"。虽然新老是相对概念,本文把它定义为1950年以后来美国的华人,是依据比较明显的社会历史特征。

第二次世界大战以后,尤其是1965年美国移民法改革以后,华人移民美国的途径逐渐多样化起来,通过移民绿卡和留学继而留在美国的情况越来越普遍。这些新移民不再是当年来美国淘金、修铁路和农业劳工的直系亲属(虽然不少新移民可能跟老侨有远近不等的亲属关系),来源也远远不限于广东的"三邑""四邑",而是全国各地。他们大部分有较高的教育水平,从事稳定且技术含量较高的职业,有比较强的经济能力,而且新侨的规模越来越大。20世纪50年代,美国华人总数由过去几十年的历史低谷回升到11万以上,超过1882年排华法案之际的历史高点;40年后的1990年更是达到160万;再30年后的2020年已经超过500万。

新侨之"新"不只在时间和数量方面,更有许多新的社会特征。这时期的华文教育也较老侨时期有许多新的特点。

二、20世纪50年代至80年代中期中文学校的发展

1943年废除排华法案是美国华人历史发展的一个里程碑,1965年美国移民政策改革更是个分水岭。美国的平权运动在移民法方面的改革是至此完全废除一百多年来歧视华人的移民政策。1965年开始,美国给中国2万移民名额(实际上是面

---

* 作者:郑良根,全美中文学校协会。本文刊于《世界华文教育》2023年第3期。

向中国台湾地区），另外给中国香港地区 600 人的名额。由此催生了好几批华人移民大潮：一是美国政府向在 1949 年前赴美的中国留学生颁发了特别保护法，既拨款救援，也允许他们工作和留在美国。这批中国留学生总数有四五千人。这个数字现在看来不算大，但此前有几十年禁止中国移民，即使是 1943 年废除排华法案后，每年也只允许 105 名中国人移民美国。这一下子"放进来"四五千人是个不小的数字。二是随后放开接收中国香港地区和东南亚地区的华侨，及 1949 年前后滞留而来的华人和亚裔美国人（Asian American）。三是此后更多的学生从中国台湾地区赴美留学，多数留下来成为新的华一代。数年后这些新移民在美国的后代进入学龄，催生了新侨中文学校。

从华文教育总体看，从中国台湾地区来美国的学子无疑是这一波新侨移民的主要代表，也是推动中文学校发展的主导力量。

波士顿地区牛顿中文学校是美国最早开办且延续至今的新侨中文学校之一。据创建人之一赵钟英女士回忆，20 世纪 50 年代后期，当地有几十家相似的中国新移民家庭，有时大家聚餐聚会，1959 年成立了"社会俱乐部"（后来改名"中国文化协会"）。附近有老侨中文学校，但都是教广东话的。为方便教自己的孩子，其中五家人发起开办了"国语"中文学校，开始有三十来名学生。后来借到牛顿市一所中学作为校舍，再后来成立了牛顿中文学校。这时候已经是 60 年代，是第一所不在唐人街的新侨中文学校。此后，开始出现新一波中文学校大发展。1961 年宾州费城明德中文学校成立，1962 年老侨纽约华侨学校因新侨增多开设周日学习班，1963 年北加州柏拉阿图（Palo Alto）"国语"中文学校成立。

这些学校有新的特点：都是周末"课余补习"中文（学习"国语"、繁体字和注音符号），并开设舞蹈、绘画、武术等各种文化类的课程。最常见的是两小时中文课、一个小时文化课。办学目的仅为文化传承，没有升学和考试方面的目的。办学地点在新侨居住相对密集的市镇，通常都在唐人街之外，学校名称大多为"××（地名）+中文学校"。

中国台湾地区来的留学生家庭创办中文学校，也走过艰苦的岁月。牛顿中文学校最早的教材是手抄的，管理人员和教师都是免费的义工。南加州洛杉矶的西区中文学校，始于 1967 年六个留学生家庭组成的"互助组"，轮流在各家教中文，还曾经到公园上课。①

1970年至1980年，新侨中文学校进入高速发展期。这些学校的创办者和管理者文化素养较老侨高。他们一开始就有传承中华文化的历史责任感，大部分都作为非营利组织并依照美国法规登记注册。他们更关注历史发展的趋势，重视交流学习，交换办学经验，共同发展。1974年，由宾州明德中文学校周培基教授发起，六所中文学校响应，成立了美东中文学校协会。这是美国华文教育历史上的第一个跨城市跨州区的"行业协会"，标志着办学理念和管理水平走向成熟，走向"合纵连横""强强联手"更高层次的发展。如今，这个协会已经发展成最大的地区协会之一，涵盖大华府、弗吉尼亚州以东和以北的中文学校较为密集的十来个州五六十所学校，包括前文提到的牛顿中文学校。

紧接着，1976年南加州中文学校联合会、美中中文学校学会成立；然后是1978年的北加州中文学校联合会、1982年的休斯敦中文学校联谊会、1984年的美西北区华文学校联谊会……春风吹来百花开。十来年间，涌现出十几个地区中文学校协会（或称联合会、联谊会等），各携数个或数十个会员学校。

1993年年底，南加州中文学校联合会许笑浓会长发起成立全美联合总会的倡议，得到当时绝大多数地区协会的响应。1994年4月，全美中文学校联合总会（The National Council of Associations of Chinese Language Schools，NCACLS）宣告成立，有10家地区协会为会员。据记载，当时全美总计约400所中文学校，约5万名学生，遍及美国42州。联合总会的主要功能是组织各地区协会之间的交流、协调，开展有共同兴趣而单个学校和地区协会难以完成的大型活动。如全国各协会相互学习、举办研讨会、开展师资培训、进行教材开发、组织各类学生竞赛等，也曾经连续多年举行SAT中文和AP中文的模拟考试以及开展考试推动工作。

三、20世纪80年代后期以来中文学校的发展

1989年芝加哥希林中文学校成立，标志着中国背景的新侨中文学校的兴起。

---

① 许笑浓口述.亦见西区中文学校［OL］.［2022-12-10］.https://www.westsidechineseschool.com/history.

这背后当然有深远的历史背景。1971年，中华人民共和国成为联合国安理会常任理事国。同一年，中美通过"乒乓外交"，从民间到政府，关系开始"解冻"。1978年年底，中国与美国建立外交关系。与此同时，中国实行改革开放，开始派留学生到以美国为首的西方先进国家，80年代中后期又开放了自费留学。

美国自1979年开始专门给中国每年2万移民名额，同时接收中国赴美留学生。1987年又把给香港英国政府的配额从600增加到5000。① 从此，开始了新一轮移民美国和赴美国留学的高潮。华一代再创新高，还带来不少在中国出生而在美国长大的1.5代。这些跟20世纪60年代自中国台湾地区赴美的移民和留学生情形很相似，不过规模更大、持续时间更久、人数更多。

人口资料显示，美国华人总数从1950年至2000年几乎每十年都达到或者接近于翻倍（见图1）。其中，前期是因为来自东南亚地区的华人和中国台湾地区的留学生等进入，80年代后期开始，中国大陆新一轮留学和移民潮人数更多。而且这个时候基数大了，翻倍后的数量就更高。据统计，至2014年，中国的移民绿卡

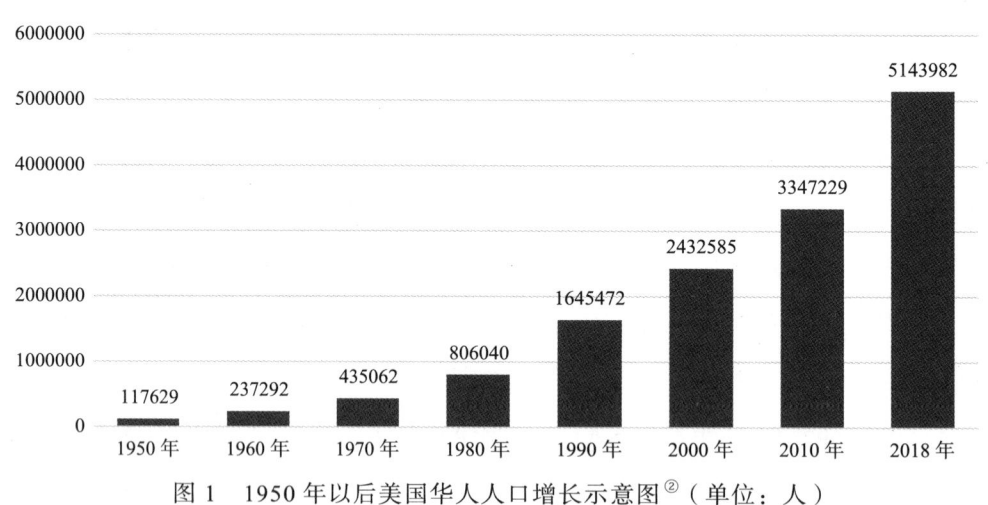

图1 1950年以后美国华人人口增长示意图② （单位：人）

---

① 参见 Iris Chang（2003）。
② 美国华人人口增长示意图依据人口调查资料，摘自维基百科［OL］.［2023-04-05］. https://zh.m.wikipedia.org/华裔美国人；合法移民的来源对比，依据美国国土安全部公布的移民统计资料整理：Yearbook of Immigration Statistics, 2011［OL］.［2023-04-10］. https://www.dhs.gov/immigration-statistics/yearbook。两者应该是有联系的，但是信息来源和统计方法不同。比如，移民数字依据实际审批的记录，应该很可靠，但是难免有些记录和分类可能不准确，而且不能涵盖"合法"之外的各种途径；人口普查则基于实际状况，但是不能确保每人都参与。所以，两者是从不同角度分析，不一定能完全对应。

总数达到220万左右；至2018年，达到250万以上。可以推算，从20世纪80年代到2020年，较早拿到绿卡的人无论是否已经转为美国公民，其中处于生育年龄的华一代应当有不低的比例，他们产生的华二代就是中文学校的生源。可以推想，250万绿卡加上他们的直接后代，总数应当是300万以上。换言之，目前美国的华人总人口约520万，其中有中国背景的人口为60%以上，远远超过老侨和历年从其他国家或地区来的华人的总和。

到20世纪80年代后期，中国移民下一代逐渐进入学龄，需要办中文学校，以教授普通话、汉语拼音和简化字为主要内容。1989年芝加哥希林中文学校率先宣告成立，其时明尼苏达大学也出现中文班（后来成立明华中文学校）；1991年，波士顿剑桥中文学校成立；1992年，佐治亚亚特兰大现代中文学校成立；密歇根州立大学和德州农工大学都出现了中文学校；同年，芝加哥希林中文学校成立了第二所，即后来的瑞华中文学校；1993年，大华府希望中文学校、佐治亚州萨瓦纳中文学校、密歇根州安华中文学校成立；1994年，休斯敦华夏中文学校、北卡夏洛特中文学校、德州奥斯汀长城中文学校、犹他州盐湖城东方中文学校和俄亥俄州哥伦布现代中文学校成立；1995年，以新泽西和纽约为中心的华夏中文学校、西雅图西北中文学校、克利夫兰当代中文学校、南加州希望中文学校、北加州新意中文学校成立……如雨后春笋，蓬勃发展。这是中国留美学人兴起的第一轮建校高峰。

1994年，倪涛博士和洪朝晖博士两人在大华府相遇，谈起各自办中文学校的经历，并联系他们所知道的类似学校，一共联系到5家。以这些中文学校的名义，于1994年5月10日联合发起筹备全美中文学校协会的倡议。这份倡议刊登在1994年6月10日的《人民日报（海外版）》上。这是当时中国华人在美国最重要、涵盖面最广的媒体。1994年10月，全美中文学校协会（The Chinese School Association in the United States，CSAUS）在大华府宣告成立。1994年10月至11月联系到16家中文学校，举行邮寄选举。笔者接收邮寄选票和统计，共收到14份回复，以此选举产生第一届会长和理事会。1995年10月，协会召开了第一次全国大会，由俄亥俄州哥伦布现代中文学校王建军博士领导筹备，有四五十所学校共百余位代表参加大会。此后，协会每两年召开一次全国大会，2023年将举办第14次。

1995年开始是新建中文学校的"井喷"期，十多年里持续高速发展。到2002

年,这样的中文学校已经有 225 所,学生 4 万—5 万名;2008 年达到 300 多所,学生约 8 万名;2010 年达到 400 余所,学生约 10 万名,再创历史高峰。①

协会"对外"联合会员的力量,寻求各界的资源和支持,为美国华文教育开创优化环境;"对内"加强会员之间的联系、交流、合作,尤其是开展大型的活动,为会员学校提供了良好服务和有力支持。协会在中文教材研发、"中国寻根之旅"夏令营、教学研讨、教师培训、各种学生竞赛以及跟友会合作推进 SAT 和 AP 中文考试等许多大型项目中,都有长期的努力和卓著的成果。这些历史的足迹,大部分都保留在协会 29 年来一百多期《协会通讯》季刊和 2015 年编印的《做在当代,功在千秋》纪念册里。②

概括起来,联合总会的中文学校始于 20 世纪 50 年代,在 20 世纪 60—70 年代进入高速发展期;而协会的第一所学校 1989 年才出现,快速发展是在 20 世纪 90 年代,相隔 30—40 年。

四、规模演变:当代中文学校知多少

美国到底有多少所中文学校,有多少名学生,向来欠缺严谨的统计。有时候只好使用业内人士"合理可信的估计",比较"严谨的统计"也是有过的。王学瑛(1996)收录了联合总会于 1995 年做的一份统计报告,详细列出各州的学校、教师和学生数量。统计结果有 634 所学校,82675 名学生。③1995 年已经有不少中国背景的简体字中文学校,但那时两大协会还没有直接联系和讨论过合作事宜。调查主持人许笑浓最近告诉笔者,她记得其中包含了 13 所教简体字的学校,学生最少的只有 3 人。这个数字跟上文所说 14 所学校参与协会 1994 年邮寄选举的情况非常接

---

① 以上数据分别来自:全美中文学校协会.季度通讯[J].2002(4);全美中文学校协会.全美中文学校协会第七次全国代表大会会议手册[C].2008;全美中文学校协会.全美中文学校协会第八次全国代表大会会议手册[C].2010.
② 郑良根、张星钰等 2015 年编,未正式出版。
③ 协会 1994 年参与首次选举的 16 所学校名单没有保留下来。联合总会 1995 年调查的主持人许笑浓告诉笔者,当时打电话调查,碰到教简体字的学校,就简单询问学生总数和教师总数,没有要求他们填写调查表,学校名单也没有保留下来,但是至今清楚记得是 13 所学校。1995 年中后期,简体字学校出现了很多,而联合总会的调查是在 1995 年上半年,相信两组数字中大部分学校是重合的。

近。这些数字也说明,虽然两大协会同在1994年成立,但在协会开始起步的时候,联合总会已经有二三十年的经验、几百所学校,接近其历史高峰。

全美中文学校协会第一次比较"严谨的统计",是2002年笔者带领协会团队做的,跟当时能找到的每一所学校都联系过,分州列出各地的学校、教师和学生数量,报告发表在《协会通讯》2002年第四期。当时教简体字的学校有225所,学生约5万名,教师2600余名,分布在41个州。协会后来经常做类似的统计,在每两年的全国大会上,由会长总结,或者理事会会员作工作报告,都会更新会员学校数和学生总数。最新估算的数字是,在册的会员学校总数400—500所,学生约12万名。

后来一直没有见到过联合总会的统计数字。已故姚道中先生于2010年文著中引述联合总会的网站信息,称学校约1000所、学生约10万人。这个说法沿用了很多年,流传甚广。[1]就当时中国的数据来说,台湾地区背景的中文学校的高峰是在2000年至2005年左右,大陆背景的中文学校是300来所,学生7万—8万人,已经基本"追平",此后大陆背景新移民的中文学校持续发展,后来居上。但联合总会会员学校开始长期趋缓趋降。实际上,学生数早已开始大幅回落。以北加州规模较大的圣荷西中文学校为例,从2005年的约580名学生到2009年的约530名,四年下降了9%,其后的下降速度可能更快;另一位业内的朋友告诉笔者,2005年她在北加州一所学校当校长,学生总数500多名,2022年只有100来名(疫情前的2019年也不到200名),降幅很大。

笔者试图对联合总会系统的会员学校进行粗略的查证。凡是能查证的地区协会,其会员学校数量常见下降,而且几个大协会的学校数量"萎缩"更加明显。如北加州协会列有102所学校,我们辗转找到比较可信的81所,还有部分协会找不到会员名单来核对,最后比较确定的学校有350所左右。同时,也有一些协会没有列出会员学校数量。综合考虑,我们谨慎地估算,联合总会系统中国台湾地区背景的中文学校总数目前应该是接近而不超过400所。

学生总数似乎更难统计、更难估算,不过也有一些线索。如今看来,联合总会1995年的统计是翔实可信的。此后,许多学校的规模有过扩大,即人数有所上

---

[1] NCACLS.ORG网站十多年前出现过问题,后来重建NCACLS.NET,姚道中先生引述的信息已经无法查证。现在看来,这些数字可能是一个离实际有点远的估计。

升。可是最近二十年左右，大部分学校人数又明显下降，"回落"了不少。依照合理和可信原则，笔者认为目前就当时中国的数据来说，台湾地区背景的中文学校学生大约为6万名；大陆新移民背景的中文学校近500所，学生约12万名。考虑到有些学校在两个协会里都挂了名，说继承语中文学校总共约800所、接近18万名学生，应该是比较接近事实的。[①] 从本文引述的移民资料看，最近几十年里，来自中国的移民中大陆是台湾地区和香港特区合计的两倍还多。在美中国学生有这样的人口基数，说大陆背景中文学校的学生数大致是台湾地区背景的两倍也完全可能。

但中国大陆背景的学校数量却远远没有达到两倍。一个可能的原因是，中国大陆背景的学校普遍规模更大，有多所千人大校"巨无霸"，更有总校分校"连锁店"的运作方式：纽约和新泽西一带的华夏中文学校有24所分校，大华府希望中文学校有8个校区，休斯敦华夏中文学校有5处分校，西北中文学校和亚特兰大现代中文学校各有3所分校，还有好多超过（或者曾经超过）千人的单所学校。另外还有不少学校建立"文化中心"，多元化结构，以适应和提升中文学校作为华人活动中心并对外推广中华语言文化的多种功能（李嘉郁，2001）。而在中国台湾地区背景的学校里，超500人的学校就很少，超千人和"连锁"的大型学校笔者没有见到过，即使有也一定很稀少。目前已知的一所是纽约华侨学校，这所学校从老侨时期延续下来，因中国台湾地区新移民增长，在20世纪70年代学生曾达到过3000多人，为全美华文教育史上最高。但近年来已经大幅回落到近千人，疫情影响后目前有600来人。[②]

五、教学语言系统：粤语与"国语"，繁体字与简体字

如前所述，老侨时期中文学校的教学语言几乎都是粤语。最早的非粤语学校

[①] 世界华语文教育学会报告（2021）也认可中国大陆系约500所学校、美国总共约800所学校这两个数字。这样算起来，则中国台湾系的学校总数可能少于400所。另有一个来自"业内"的最新数字：2022年12月3日，在全美中文学校协会举行的线上网络教学专题研讨会上，联合总会副会长奚藻勋介绍，共有13个地区协会、300多所会员学校。

[②] 信息来自电话采访和纽约华侨学校［OL］.［2023-04-05］. https://www.nychineseschool.org/。笔者另有姐妹篇：美国老侨华文学校的历史沿革［J］. 世界华文教育，2023（2）。

可能是 1911 年孙中山先生开创的夏威夷华文学校（1927 年改名中山学校，2000 年停办），当时就用"国语"教学，彰显革命气象。新侨中文学校开办以来基本上都用"国语"（1978 年麻州牛顿粤语学校是个很特别的例子），并促使存续下来的老侨学校先是粤语、"国语"并存，尔后大部分学校完全改用"国语"。不过这个转换的过程很长，从 20 世纪 50 年代开始至今已经七十多年，现在还有专门教粤语的学校，或者还有学校保留着粤语班。① 粤语现在已成为被保护的语言，如加州旧金山大学近年来就明确提出"保护粤语"的口号。但这些并不影响普通话（"国语"）成为全美中文教育界的"主流语言"。

中华人民共和国成立以后，20 世纪 50 年代中期开始推行现代汉语规范化，其三大要素是普通话、汉语拼音和简化字。全美中文学校协会从一开始即以此作为自己标志性的特点，至今还保留在协会的徽标里。

这三大要素，如果从纯学术角度来看，都有语言系统发展演变的自然基础。其中，普通话跟先前通用而且在中国台湾地区仍然使用的台湾普通话内涵其实相通，但是汉语拼音和简化字在大陆的推广，造成了海峡两岸在语言文字政策上的明显分歧。这种分歧影响到美国的中文作为第二语言的教学，也影响到美国的华文教育。

1971 年中华人民共和国恢复在联合国的合法席位后，简体字得到全世界包括美国的官方认可。从 19 世纪后期开始的美国大学中文教育，和 1962 年以后兴起的中小学中文教育，从此都渐渐关注并转换为教简体字。虽然美国的教育体系比较"自由"，没有一刀切的官方指令，这种转换刚开始也许有个人偏好的因素，可能逐个逐个地发生；但在经历一段较长的时间后，就成为一种共同趋势。现在，大学和中小学里主要都是简体字教学，也可能繁简并存，不一定带有明显的政治倾向。

老侨时期华文教育当然都教繁体字。中国背景的中文学校中，台湾地区背景的新侨中文学校也都坚守繁体字，对汉语拼音则持比较开放的态度；而大陆背景的中文学校则无一例外地教简体字和汉语拼音。因此，两种背景的学校也常常分别称为"繁体字学校"和"简体字学校"。老侨华文学校融入新侨中文学校后，一部分保持繁体字，一部分改为简体字，可能主要取决于主管人员和家长的背景。几十年

---

① 关于老侨时期中文学校和粤语教学的历史，同上页注②。

来,繁简系统一直各"守"一方,"泾渭分明"。笔者曾经在一所繁体字学校任教数年,也建议过增设简体字班以适应越来越多的中国新移民子女教育的需要,校长当场就礼貌地拒绝了。这是笔者后来办中文学校的起因之一。据了解,好多简体字学校也有过类似的经历。

有几所学校率先打破对注音符号和繁体字的固守。一是 1972 年成立的底特律中文学校。当时创办人和主要生源是香港和东南亚来的华人为多,照例应该是教繁体字和注音符号,而这所学校却教汉语拼音。另一所是纽约国际中文学校,也是迄今我们发现的最早的新侨中文学校之一。1956 年创办时名称是联合国中文学校,其服务对象主要是联合国职员家庭,有 20 多名学生。20 世纪 70 年代中期,学校搬到纽约华埠,改名为纽约国际学校,并于 1976 年改教汉语拼音和简体字,用自己学校编写的教材。相比当时地处中国城、周围邻里有好多"老牌"的中文学校都教繁体字和注音符号,显得非常特别。还有的学校,如伊利诺伊大学香槟分校的中文学校,教繁体字没有变,但是 1972 年就对汉语拼音持欢迎态度。①

繁简之分对美国华文教育带来的影响还表现在更多的方面。大学和中小学在教学中都难免要对此做出选择。尤其是有志于在中文方面深造的大学生,既有繁简字体之扰,也可能还有前往中国大陆还是去中国台湾的困惑。美国教育界 1994 年开设 SAT Ⅱ 中文考试,2007 年开始 AP 中文考试,在考题研发时都有过繁简字体、拼音与注音符号如何处理的挑战。美国华文教育界的两大协会,2001 年前后就有良好合作,2012 年以后合作升级,互称"友会",至 2016 年联合中小学教师协会一起成立中华语言文化联盟,经常在一起商讨合作事宜。但是在会长、理事会的层面上讨论比较多,而在会员学校的层面上似乎相互"敬而远之",鲜见实在的合作项目。主要原因之一就是教学语言系统的繁简分别,兼以拼音与注音符号之分别。

学生、家长、教师和管理人员的来源背景很可能跟繁简系统的演变混合在一

---

① 这三所学校最早教拼音。麦礼谦(2001)也引述了前面两个例子。笔者曾跟底特律中文学校胡红星博士及其后十多任校长和几十名教师长期共事,熟知其发展历程;也与在纽约国际学校工作过三十多年的黄嘉萍校长交往多年,从而了解该学校的历史。伊利诺伊大学香槟分校(University of Illinois at Urbane-Champaign)由张盈盈领头于 1972 年开办了中文学校,学生多的时候有两个班。依一位华人教授同事的建议,她说服众多家长率先教授汉语拼音,其女儿张纯如、儿子张纯恺都在这里学过中文。张盈盈不久前还跟笔者回忆到此事,庆幸当年及早改教汉语拼音。

起。老侨学校的选择，取决于其人员的来源背景。比较多的老侨学校在20世纪50年代以后继续使用最普遍的繁体字和注音符号；另外一部分后来融入中国背景的中文学校，如亚利桑那州的祖荫中文学校和旧金山的所有老侨中文学校，很多年前就教简体字和汉语拼音了，即融入了中国背景的中文学校。我们分析了一下，这些学校里相关的家庭，包括管理层、教师以及家长，都是以近几十年从中国来美国的华一代为主，学生则以他们带来的华二代为主。

类似的改变也可能发生在中国台湾地区来的华人办的新侨中文学校。如底特律中文学校，1972年由香港英国政府、东南亚华人创办以后，不久中国台湾地区来的华人成为其主要管理者，教繁简字体的问题有些变通处理方法。进入20世纪90年代后，中国大陆华人增多，尤其是1994年出现第一位中国大陆的学者任校长，也出现中国大陆背景的教师，简化字和汉语拼音成为唯一的选择。中国台湾地区来的华人家庭选择了退出，另组南密中文学校，从此底特律中文学校成为中国大陆背景的家庭"专属"。波士顿地区牛顿中文学校是另一个实例：从创办以来一直都是中国台湾地区来的华人家庭，也是美东中文学校协会的会员。20世纪90年代以来中国大陆背景的华人增多，1994年开始繁简并存，此后又"顺应民意"全教简体字和汉语拼音，使用中国大陆编的教材。从此牛顿中文学校绝大多数都是中国大陆背景家庭的学生。1995年副校长朱伟忆作为代表参加了全美中文学校协会的第一次年会，成为协会早期的会员之一，同时仍然保留在美东中文学校协会（隶属联合总会）里。[①]

六、继承语中文学校的两大组织比较

美国外语教学领域最近几十年兴起继承语（Heritage Language）的概念，且各州对继承语学校各有相关的定义和规定。全美中文学校联合总会和全美中文学校协会是美国中文继承语学校的两大协会，两者先后都因应各自当地的需求产生，可谓"应运而生"。除了极少数的例子，后发的中国大陆新移民中文学校和协会基本上是"自发"的，并没有怎么研究和借鉴先前的学校和协会，就如同中国台湾地区背

---

① 有关牛顿中文学校的信息，本文参考了学校网站信息、世界华语文教育学会（2021）报告和协会最近与现任校长的访谈，部分信息得到过前校长（也是协会现任副会长）夏铭的确认。

景的中文学校和联合总会并没有在建校建协会之前先去深入研究老侨的华文学校一样。各自都是一来就展开工作,边做、边学、边改进。可能是社会环境使然,两大协会在许多方面都相通。不过,两者还是有一些不同之处。

联合总会的会员是先行成立的各个地区协会。加入总会后,地区协会保持独立运作,各会长自然成为总会的理事会成员。总会会长一年一届,常有连任共两年。成立至今29年,已经有22位总会长。而协会的会员是学校,会长和理事会都在全国大会上由会员学校的代表直接选举产生。每届任期两年,会长不连任(偶有几届因故延至三年)。现任会长是第十四任。

联合总会系统的地区协会既然各自是独立运作的协会,就各有自己的工作方法和计划,各自有完整的组织结构,各自与自己的会员学校有密切的、直接的联系和各自内在的"向心力"。相比之下,协会直接面对数百个会员学校,十来名理事会成员在全美国范围不一定"均分",跟各个会员学校更未必都熟悉,因而难免有"叫不动"的困境。2013年笔者担任协会副会长期间,倡导并试行地区联络中心制度,以弥补理事会人少不利于跟会员学校广泛交流的缺陷,促进协会"上情下传"和会员学校的"下情上达"。联络中心根据地区需要来设立,主任由协会任命,从当地具有华文学校工作经验和热心支持协会的"老校长""老朋友"中选拔。第一期建立了8个联络中心为试点,此后数届逐步巩固扩大。目前有18个联络中心覆盖全美国。实践证明,联络中心确实能够推进协会的工作计划在各地有效展开。但是其功能也只限于辅助协会工作,远远不如联合总会的各个地区协会那么稳固和功能强大。

联合总会只能在地区协会之间做协调和分享,做各个地区协会难以完成的全国性的大活动。有些全国性的活动,比如总会召集的全国大会,地区协会会配合参加,而具体的学校就会感觉"隔了一层",参加者相对较少。笔者见过几次联合总会的全国大会,因参加的学校代表较少,整个大会常常不足百人。最近一次2022年在圣地亚哥举行,也是不到一百人。而全美中文学校协会跟会员学校的关系更加直接和亲近,每两年一次的全国大会各学校参加者众,规模通常更大。1999年以后全国大会基本上都有200人以上;2014年、2016年、2018年数次大会连创新高,分别达到300多人、400多人和500多人;2021年冬季在圣地亚哥举行大会,疫情中戴着口罩开会,也有300多人到场。筹备的时候只怕人们不敢来开会,而临近大会时却出现爆满而一房难求的情况。

换一个角度看，联合总会主要由各个地区协会协调，联合总会跟各学校的联系比较弱，其发展空间主要在于地区协会不便于展开的全国性的项目；而中国背景的中文学校各种活动都由协会统一协调，常规规模更大，效率更高。另外，协会的联络中心系统还有很多发展空间。

七、结语

综上所述，以"国语"教学、繁体字和注音符号为特征的中文学校在1950年以后开始出现，1960年至1970年进入快速发展期，高峰期在2000年前后。

以普通话、汉语拼音和简化字为特征的中文学校在1989年以后出现，第一波快速发展在1995年前后。目前有些地区可能已经过了最高峰，有些地区还在高峰上。全美中文学校协会是唯一的全国性的组织，现有近500所学校，十余万学生。

两大协会构成新侨学校的两大分支，各融入了一些老侨时期延续下来的中文学校。我们注意到，也有一部分学校同时参加了两个协会。

但是，我们没有"结论"。因为，华文教育在路上。

这里只能分享几点感想。华文教育是环境的产物，应需求而产生，随社会条件而生存和发展。无论何种类型的中文学校，都是因"需求"推动发展，由生存条件决定发展高度。

最近三年来的疫情使华文教育严重受挫，比大学和中小学的中文教学受到的影响严重许多。这可能跟继承语中文学校的"业余"性质相关。因为，作为"业余"的学习，没有升学的必须性，在疫情防控期间处在首先被"砍"的位置。很多学校因为学生减少，租不起教室，或者租不到教室，或者租到教室而学生和教师不敢来上课。也幸亏有现代科技，华文教育借助网络教学得以存活下来。美国华文教育以及整个中文教育，疫情前的2019年还是历史上的最好时期。[①] 所以，本文的所有数据和分析，都是基于2020年疫情之前的"正常情况"。疫情发生以后的种种挫折和困境，我们都视为暂时的、特殊的现象，不影响我们对正常情况的审视和评判。

---

① 全美中文学校协会《2022美国华文教育行业调查报告》（2023年5月发表）称，大约有一半的学校认为，学生数量最高的年份在2018年之前。换一个角度看，即还有一半的学校认为此后更高，即2020年疫情到来之前，学生数量正在高点上，后疫情时期有希望再续高峰。

接下去的前景，短期而言，疫情正在成为过去，恢复已经在路上；长远看，更主要取决于华人尤其是新生代华一代的数量。

华文教育发展的第一关键是生源，是学龄人口，尤其是华二代、华三代的人数，以及他们对于学习中文的重要性的定位。只要美国移民政策延续下去，只要新的华人家庭持续进入美国，即不断产生新的"华二代"，华文教育就有"刚需"，就会持续发展下去。

参考文献

［1］李嘉郁．谈谈北美地区新型中文学校的社会功能［J］．八桂侨刊，2001（4）．

［2］世界华语文教育学会．北美中文学校发展经验暨周末制中文学校体系研究成果报告［R/OL］．（2021）．https://www.ocac.gov.tw/OCAC/File/Attach/36091302/File_273709.pdf.

［3］张海惠．北美中国学：研究概述与文献资源［M］．北京：中华书局，2010．

［4］Iris Chang. The Chinese American［M］. New York: Penguin Group, 2003.

［5］Lai, H. M. Retention of the Chinese Heritage, Part II, Chinese America: History and Perspectives, 1［M/OL］.（2001）. https://link.gale.com/apps/doc/A72890621/AONE?u=anon~3a3f7f2&sid=googleScholar&xid=186a719d.

［6］Xueying Wang（王学瑛）. View from Within: A Case Study of Chinese Heritage Schools in the United States［M］. 1996.

巴西华文教师现状及师资培训调查研究[*]

巴西是南美洲最大的国家,近二十年来经济持续发展。同为"金砖五国"(BRICS)的中国与巴西合作交流不断深入,2012年全面升级为战略合作关系,中巴关系已逐渐成为经济全球化深入发展背景下新型国家关系的典范(袁一平,2013)。与此同时,去往巴西的中国移民数量也呈明显的上升趋势。截至2007年,在巴华侨华人已达25万左右,集中居住在圣保罗市、里约热内卢市和首都巴西利亚市(中华人民共和国国家统计局,2013)。据2014年前任驻巴西国务院侨务办公室侨务领事李斯宁估算,在巴西的合法中国移民绝大部分居住在圣保罗市,预计在30万人左右(陈雯雯,2015)。

良好的中巴政治、经济合作关系给巴西带去了大量中国新移民,也使得学习中文的华裔学生数量不断增长。但由于巴西基础教育落后,华文教育起步晚、发展缓(徐捷源、邓幸光等,1998;零页,2006;陈雯雯,2015),以及错综复杂的教学情况,对巴西华文教师提出了更高的要求。

目前,关于巴西的华文教师现状及师资培训研究成果较为鲜见。本文旨在通过此调查,为海内外华文教育工作者以及相关政府机构了解、研究巴西华文教师情况提供一定的参考。

一、研究方法

(一)调查对象

本调查时间为2014年5月—2014年9月,调查范围包括里约热内卢、圣保罗、贝洛等巴西主要城市及地区,涵盖17所华文学校近120位一线华文教师,得到了多位当地华校负责人和华文教师的支持。为了更好地反映巴西当地华文教师的

---

[*] 作者:陈雯雯,北京华文学院。本文刊于《世界华文教育》2017年第3期。

情况，本调查不包括中国外派到巴西孔子学院的中文教师。

（二）研究方法

调查问卷在设计上主要分为华文教师现状、师资培训情况两大部分。由于所调查的华文教师分布较广，笔者采用了线上和线下相结合的方式进行问卷调查。线上利用"问卷星"专业调查软件，调查对象可通过扫描二维码进行《巴西华文师资调查问卷》答题。

（三）调查材料

本调查发放调查问卷共计113份，实际回收有效问卷77份；获得巴西华文学校教师的访谈录音12份。此外，笔者于2014年外派圣保罗期间，从事了一年的华文教学以及为期一个月的师资培训，这些都为本文的写作提供了很大的帮助。

二、调查与分析

（一）基本情况

1.年龄、来源

表1 巴西华文教师年龄、来源

来源 年龄	中国		巴西			其他	小计
	大陆	台湾地区	出生在中国的巴西籍华人	出生在巴西的巴西籍华人	巴西本土人		
21—25岁	0（0.00%）	0（0.00%）	14（100.00%）	0（0.00%）	0（0.00%）	0（0.00%）	14
26—30岁	5（50.00%）	3（30.00%）	0（0.00%）	2（20.00%）	0（0.00%）	0（0.00%）	10
31—35岁	2（66.67%）	0（0.00%）	0（0.00%）	0（0.00%）	1（33.33%）	0（0.00%）	3
36—40岁	8（80.00%）	1（10.00%）	0（0.00%）	0（0.00%）	0（0.00%）	1（10.00%）	10
41—45岁	6（85.71%）	0（0.00%）	1（14.29%）	0（0.00%）	0（0.00%）	0（0.00%）	7
46—50岁	1（33.33%）	2（66.67%）	0（0.00%）	0（0.00%）	0（0.00%）	0（0.00%）	3
51—55岁	3（33.33%）	5（55.56%）	1（11.11%）	0（0.00%）	0（0.00%）	0（0.00%）	9
56—60岁	5（55.56%）	2（22.22%）	1（11.11%）	0（0.00%）	0（0.00%）	1（11.11%）	9

续表

来源 年龄	中国		巴西			其他	小计
	大陆	台湾地区	出生在中国的巴西籍华人	出生在巴西的巴西籍华人	巴西本土人		
61—65岁	1（10.00%）	8（80.00%）	1（10.00%）	0（0.00%）	0（0.00%）	0（0.00%）	10
66—70岁	0（0.00%）	2（100.00%）	0（0.00%）	0（0.00%）	0（0.00%）	0（0.00%）	2

从表1的情况来看，受调查的77名教师中，35岁及以下的教师有27人，36岁到50岁20人，51—70岁30人。结果显示，巴西的华文教师年龄从21岁到70岁年龄差较大，正处在年轻教师与年老教师并存且逐渐更新换代的过程中（陈雯雯，2015）。

结合年龄我们再进一步看教师来源，表1显示，巴西的华文教师主要来源于中国（大陆和台湾地区），来自大陆的华文教师呈现年轻化趋势，而来自台湾地区的华文教师则呈现老龄化趋势。造成上述现象的主要原因在于，同为第一代移民，台湾地区移民较大陆移民早二十年左右。大陆移民到巴西是最近二三十年的事情且移民势头迅猛，而台湾地区移民较为集中在20世纪五六十年代（高伟浓，2012）。另据走访得知，现在台湾地区移民巴西的人数不断减少，而且台湾地区移民的第二代子女极少有人愿意从事华文教师行业。

与欧美等国家不同的是，中国的移民，无论是大陆新移民还是台湾地区老移民，这些华文教师大多保留中国国籍。据了解，他们或是为了往返中巴两国方便，或是为了从事其他工作，他们普遍认为中国比巴西国籍更为方便有利。另外，根据巴西移民局的规定，持有工作签证满4年可以申请永居，超过40年自动归化为巴西国籍。在我们的调查中发现，仅有6位教师加入巴西国籍，占被调查人数的7.79%。

值得注意的是，出生在巴西的巴西籍华人以及本土巴西人也开始加入当地华文教师的队伍中来。

2. 来巴西及从教时长

尽管巴西的中国移民，来自台湾地区的移民要早于大陆，但是他们存在一个共同的现象，那就是来巴西的时长与从教时长并不成正比。从调查问卷的情况来看，受调查的77名教师中，来巴西时间在5年及以下的华文教师占32.47%，11—

20年的华文教师占20.78%，21—30年的占10.39%，31—40年的占15.58%，40年以上的占9.09%；教汉语5年及以下的华文教师占48.05%，6—10年的占23.38%，11—20年的占16.88%，21—30年的占11.69%，30年及以上的没有。

由此我们可以得知，教汉语并非这些华文教师来巴西后的第一职业，许多来巴西时间较长的华文教师也是新手教师。在进一步的访谈中我们得知，他们初来巴西时多数抱有赚钱的想法。作为"金砖五国"（BRICS）之一的巴西，近些年来由于经济持续快速发展，与中国之间的贸易往来日趋频繁，吸引很多人加入贸易行业。他们或是自己开店，或是在中巴贸易公司工作等，但由于门店不正规、营利减少，或是为了照顾家庭等因素转行做了教师。原来因为没有正规的公司给他们开具"蓝色工作证"，他们不能享受巴西的公共福利，如公费医疗、养老保险等；做华文教师，尤其是正规私立学校的华文教师，虽然赚钱不多，但是解决了"工作证"问题，也就没有了后顾之忧。

3.学历、专业、语言背景及性别

从调查问卷统计结果来看，关于巴西华文教师的背景可谓"两喜一忧"。可喜之一是巴西华文教师的整体学历较高，一半以上的教师有本科及以上学历，其中不乏一些名牌大学毕业的研究生（详见图1）。可喜之二是从巴西华文教师语言背景来看，大多数的华文教师是双语教师，其中葡萄牙语达到中级正常交流及高级流利沟通的占61.04%，初级基本会话的占35.06%（详见图2），42%的教师在讲课过程中会部分使用葡萄牙语进行讲解。这些都为教学工作的顺利开展提供了一定的基础支持。

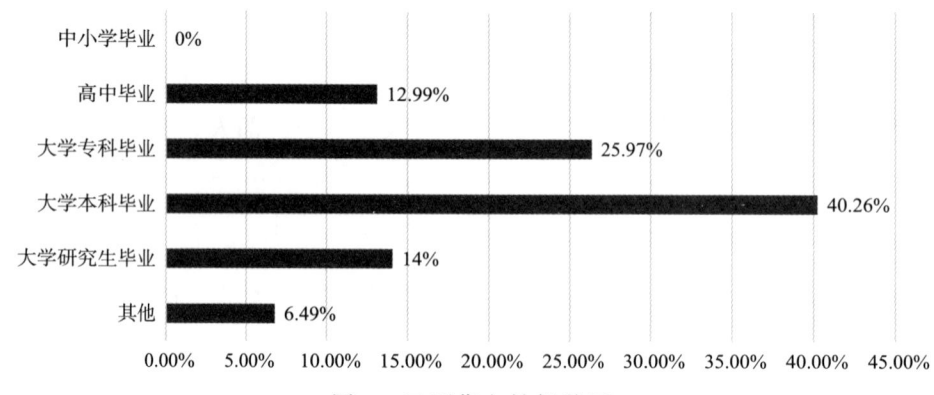

图1　巴西华文教师学历

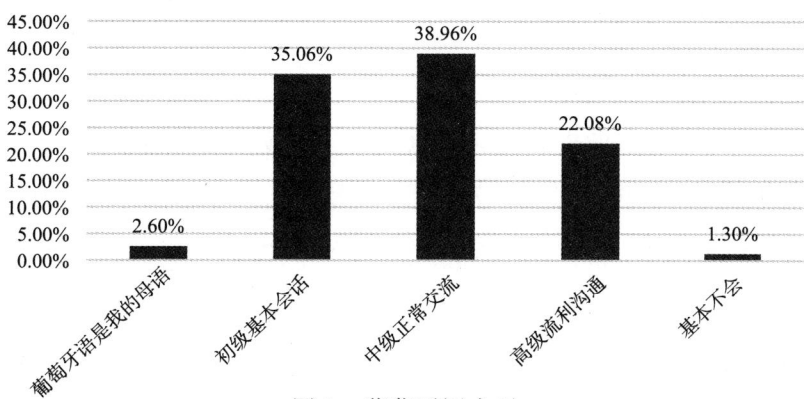

图 2　葡萄牙语水平

但从专业背景来看，对口专业所占比例较小。其中，中文专业仅有 15.58%，对外汉语专业仅有 3.9%，其他大部分华文教师所学专业涉及国际关系、化学、美术、工商管理、会计、室内设计、生物医学、新闻及企业管理等诸多领域。

另外，同其他国家一样，缺少华文男教师是普遍存在的问题。在受调查的 77 位华文教师中，从业华文女教师比例高达 87.01%。由于宗教信仰问题，有的学校只要女教师。

（二）教学情况

1.工作性质

据估测，巴西华文教师人数在 500 位左右（陈雯雯，2015）。学校允许华文教师在多所学校兼职，即使是正式聘任的教师也可以在其他学校兼职。根据调查，79.22% 的华文教师在私立学校教授中文，27.27% 的教师在教会学校，公立学校仅占 6.49%。这样的分布主要与如下两种情况有关：一是由于开展华文教学的华校多为非正规的私立中文补习学校（班），绝大多数不属于巴西政府严格意义上的正规的私立学校，为此导致了教师流动性较大；二是和巴西基础教育阶段私立学校认可度远高于公立学校有关（梁延秋、方彤，2008）。根据访谈我们了解到，稍有些钱的家庭都会把孩子送到私立学校进行基础教育，但是在高等教育阶段，公立学校认可度则高于私立大学，如久负盛名的圣保罗大学，为此很多学生在基础教育阶段就读于私立学校，其目的就是最终能考入公立的大学。

2.上课时间、课时量及薪资

根据我们的调查，周一至周五上午上课的华文教师占 50.65%，周一至周五下午上课的华文教师占44.16%,周一至周五晚上上课的华文教师占19.48%,周六、周日上课的也分别占到45.45%、23.38%。以上数据显示:周一到周五华文教师上午和下午上课所占比重几乎相当,这是由于巴西的教育体制是半日制教育,这也是许多华文教师兼职多所华文学校的原因之一;晚上上课较少的原因在于巴西治安较差,考虑到学生和教师的安全等因素,晚上较少安排课程,除非在相对安全的高档社区;周六、周日上课教师相差较大的主要原因在于巴西人比较注重休假,周六和周日是休息日,商场和学校常常关闭。

从课时量来看,周课时量10节及以下的占46.75%,11—20节的占29.87%,21节以上的占23.38%。

从教师福利待遇来看,由于每课时工资30—50R$(巴币)不等,可推算出这些华文教师的月薪平均水平为1000R$。也就是说,80%左右的华文教师工资低于全巴西教师的基本工资。据了解,全巴西教师的基本工资为每月1697R$(参照:当地麦当劳汉堡包1个12R$)。除此以外,有近15%的华文教师是义工。

3.教学对象和教学环境

教学对象较为复杂。一是学生人数多少不一,有的学校一个班里只有两三个学生,有的则有三四十学生;二是年龄跨度大,经过走访,笔者发现有的低幼班(3岁前的孩子),十几个低幼孩子只有两个老师在"上课",也有70多岁的巴西本地人学习班;三是复式教学较为普遍,据调查63.64%的学校是复式教学。

面对华文作为第一语言的华裔,以笔者所教的学生(私立学校)为例:他们上午为葡萄牙语课程,下午为两个时段四小节的华文课程,在15:30—17:00这个时段里有8个学生,使用的是人教版《小学语文》,但是其中有2个学生学习二年级(上)、1个学生学习三年级(上)、5个学生学习三年级(下)。由于来上课的学生并不固定,课堂往往是同班级不同级别、同级别不同进度、同进度不同年龄的复式教学,情况极其复杂。每个教师上课前包里会放不同年级的教材和参考资料,大大增加了教师的备课量。在华文作为第二语言的教学课堂上,也不同程度存在上述问题。

至于教学环境,一方面学生人数多少不一、年龄跨度大、复式教学交叉进行;另一方面74.03%的学校未配备多媒体设备,仍然是"一块黑板+一根粉笔"的传统教学方式;此外76.62%的学校华文教学未分技能。复杂的教学环境却是简单的教学手段,这些无疑也对华文教师的教学能力提出了更高的要求。

4. 教师准入机制和教学评估

大部分学校在面试华文教师时没有严格的准入机制，录用时主要看是否有教学经历、学历、葡萄牙语水平和对小孩是不是有耐心等，并不像其他国家那样需要考取当地的教师资格证，这种情况也与用人学校基本上都是非正规的私立学校和宗教学校有关。

据走访和笔者的亲身教学经历，学校对华文教师也缺乏教学质量评估。老师教得好坏在于"家长的口碑"、学生结业汇报演出的"节目"、展览板作业展出等，而非具体的教学质量评估。教师上课内容、教学方式方法、期中期末考试等也就因人而异，质量难以保证。很多教师在教小学《语文》时使用的是跟中国基本一致的教学方法，甚至连参考书也是一样的。同时，这些教师在教巴西学生时大量使用葡萄牙语进行教学，效果不是很理想，很多学生一个学期下来只会几首简单的童谣，使得许多学生的华文水平长久停滞在初级阶段。

（三）以往师资培训情况

据调查，以往师资培训，参加中国由国务院侨务办公室主办的教师占25.9%，国家汉办举办的占37.66%（主要针对孔子学院教师），没参加过师资培训的占20.78%。据了解，在巴西很少有教师能厘清中国的国侨办和国家汉办的关系，只要有师资培训这样的机会，大部分学校都会组织教师去参加。

中国国侨办在对巴西华文教师师资培训上起到了很大的作用，既有短期集中培训又有长期驻扎。据了解，中国国侨办曾多次派遣中国师资对巴西华文教师进行短期师资培训，提高了华文教师的执教水平，鼓舞了华人子女学习中文的热情和积极性，受到各中文学校及家长和孩子们的欢迎。从2011年起，中国国侨办不断选派外派教师到巴西"华文教育示范学校"任教，除了承担教学任务外，还协助当地的教学管理并开展针对性的师资培训，效果良好。另外，中国国侨办还邀请巴西华文教师来中国进行师资培训。

在师资培训及科研方面，中国台湾地区移民创办的华文学校由于建校较早，自成系统，与中国台湾地区侨务会关系密切。巴西中文教学协会从1991年成立至今已经举办过多次师资培训并定期召开教学研讨会，从1972年起不断派遣师资到巴西任教、免费赠送教材、举办巴西中文教学研讨会、每年派教师来巴西做师资培训,并选拔优秀教师回到中国台湾地区进行再进修等。对于教学突出及教学时长较长的华文教师予以一定的奖励并颁发证书。

(四)对师资培训的期待

据统计,94.81%的华文教师希望在巴西参加由中国教师讲授的师资培训,89.6%的华文教师希望有机会来中国参加师资培训,值得注意的是,近10%的华文教师从未来过中国。巴西是世界上距离中国第二远的国家,地理上的距离使得很多华文教师不了解当代中国是什么样子,在我们走访和实际教学中发现,很多教师对中国的印象还停留在改革开放初期的时候。

在对巴西华文教师希望每年参加师资培训次数的调查中可知,46.75%的教师希望每年至少1次,35.06%的教师希望至少2次,10.39%的教师希望每年至少3次,可以看出华文教师参加培训的愿望比较强烈。

巴西华文教师认为每次师资培训时长最好在2天以上的占33.77%,3天及以上的占28.57%,每次最好集中培训,时长以2—3天为宜。

对华文教师而言,根据调查,期待值排名较靠前的培训课程有:心理学、教育学、中国文化、现代汉语语法、口语课、听力课、拼音课[①]、普通话正音课、汉字课、手工课、教案设计等(详见图3)。在面对较为复杂的教学对象时,94%的教

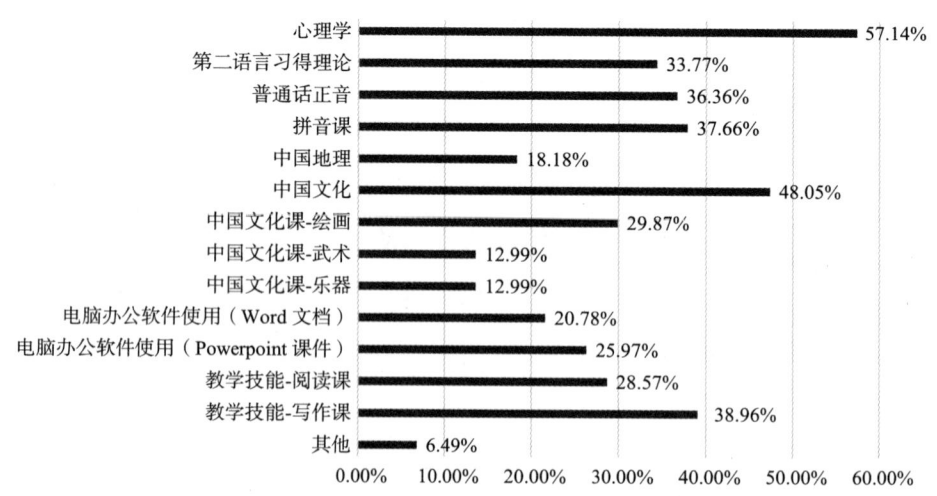

图3 希望开设的师资培训课程

---

① 71.4%的教师认为拼音教学比笔画教学重要,另外据调查,目前课堂教学使用的字体中,简体字占88.57%,繁体字占25.71%。

师认为在教学生中文的同时传承中华文化同样重要，同时80.6%的华文教师也希望华裔学生能够融入巴西社会。

笔者和同事也在任教的圣本笃学校，根据学校和教师的要求，对十多位华文教师开设了师资培训课程，包括巴西华文教育的现状、华文作为母语教学的教学理论和方法、华文作为第二语言教学的教学理论和方法、多媒体教学手段的运用及中华文化系列课程等，教学反响较为热烈。

三、总结

（1）巴西华文教师主要由中国移民构成，其中大陆移民趋于年轻化，台湾地区移民趋于老龄化，在新老华文教师交替的过程中，尤其要关注到大陆新移民华文教师数量不断增长的趋势。

（2）巴西华文教师在知识素养方面，尽管整体学历水平、葡萄牙语水平较高，但是由于从教前学科背景较为复杂，在华文教学时专业知识有所欠缺，这使得巴西华文教师在师资培训知识理论方面要熟悉母语教学法和第二语言教学法，熟悉教育心理学，了解学前和中小学儿童心理学。

（3）巴西华文教师在教学技能方面面对的教学对象复杂，而采取的教学方式方法单一且不系统，需要相关政府部门和合作院校派遣学前教育、中小学语文教师和以中文作为第二语言教学的教师来巴西外派和讲学。另外，由于巴西是南美洲唯一说葡萄牙语的国家，英语普及率低，长期外派的教师最好掌握葡萄牙语，至少做到简单交流。

（4）巴西华文教师整体待遇不高，作为职业，华文教师并非巴西华文教师移民后的第一选择和最优选择，这需要中国政府相关部门和当地华人组织、学校一起努力提高教师待遇，尤其是能重点扶植海外"华文教育示范学校"，使其真正成为当地学校的标杆。

（5）由于无标准化教学质量评估，再加上巴西国民基础教育较差，尚未纳入巴西外语体系的华文教学在基础教育阶段更是困难，大部分华文教师任教于非正规的私立学校（补习班），录用时没有严格的"准入"机制，导致华文教师队伍参差不齐，学期结束后对教师教学质量也缺乏评估。因此，引进教师标准化评估测试，使教师队伍制度化、规范化势在必行。据了解，已经有巴西华文教师考取了华文教师高级资格证，期待华文教师资格考试早日全面实行并有更多的教师考取此证书。

（6）巴西华文教师在中华文化传承方面，自身在加强文化学习知识的同时，也要具备培养学生良好品格的能力（品德和人格），注意用优秀的中国传统文化去引导和教育学生。巴西华裔学生容易出现人格、品行上的问题，对他们的品德教育需要引起足够的重视。

参考文献

［1］陈雯雯. 巴西华文教育现状探析［J］. 华文教学与研究，2015（2）.

［2］高伟浓. 拉丁美洲华侨华人移民史、社团与文化活动远眺（上）［M］. 广州：暨南大学出版社，2012.

［3］梁延秋，方彤. 当代巴西基础教育政策及其影响浅析［J］. 外国中小学教育，2008（10）.

［4］零页. 巴西华文教育概况［OL］.（2006）. http://qwgzyj.gqb.gov.cn/hwjy/129/60.shtml.

［5］徐捷源，邓幸光等. 巴西华人耕耘录［M］. 巴西：巴西美洲华报编印，1998.

［6］袁一平. 华人移民巴西200周年纪念特刊——华人移民巴西二百年简史［N］. 南美侨报，2013（1—14）.

［7］中华人民共和国国家统计局. 金砖国家联合统计手册［Z］. 北京：中国统计出版社，2013.

巴拿马华文教育百年历程与未来展望*

巴拿马共和国，通称巴拿马，位于中美洲地峡，官方语言为西班牙语。世界闻名的巴拿马运河位于国家的中央，它连接大西洋及太平洋，划分了南北美洲，拥有重要的战略与经济地位。巴拿马建国于1903年，至今仅有一个多世纪的历史。根据中华人民共和国外交部官网于2023年7月更新的巴拿马国家概况，巴拿马人口约440万（2022年），华裔占比为7%。[①]巴拿马华人群体曾经历排华事件等挑战，其间不少华人被迫改名换姓或与当地人通婚。[②]谭坚（2004）指出："35%的（巴拿马）人口可以在他们的家族谱系中找到中国人的血缘。"[③]巴拿马的文化社会背景充满了多元性和包容性，它融合了西班牙、美洲原住民、非洲和亚洲等不同文化的影响，从而形成了自己独特的文化。本文主要研究巴拿马本地华文教育百年历程与未来展望，希望以此为媒介，让更多的人认识巴拿马以及了解当地的华文教育，同时借由巴拿马这一窗口更加了解整个中南美洲地区的华文教育发展状况。

一、巴拿马华人社群简介

华人社群是巴拿马社会的重要组成部分，同时，巴拿马华人群体也是中美洲最大的华人群体。华人抵达巴拿马要追溯到19世纪中叶，第一批华人劳工先辈共

---

* 作者：钟采珊，巴拿马国际学校联合学府。本文刊于《世界华文教育》2023年第4期。
① 中华人民共和国外交部. 巴拿马国家概况［OL］.（2023-07）. https://www.fmprc.gov.cn/web/gjhdq_676201/gj_676203/bmz_679954/1206_680080/1206x0_680082/.
② 信息源自笔者访谈，受访者为巴拿马著名华裔作家、研究者、巴拿马胡斯托·阿罗塞梅纳博士奖章获得者郑美真女士（2023-09）。
③ 据巴拿马移民局于2004年公布的数据，带有中国姓的巴拿马华人（有华人血统者）占全国人口的10%。各类新闻与文章中关于巴拿马华人占巴拿马总人口比例的数据有一定出入，这与研究者对"华人"概念及界定范围的不同有关。

计705人在1854年3月30日乘坐"海巫号"取道加拿大与牙买加抵达巴拿马，参与巴拿马运河铁路修建（郑美真，2021）。到了20世纪早期，巴拿马华人已在其他经济区域扮演了重要的角色；他们拥有超过600家零售店，据说当时整个国家都依赖于他们店铺的供应。①华人为巴拿马的铁路建造、运河开凿的后勤支援，以及巴拿马的独立战争等做出了贡献与牺牲。2004年，为了纪念和颂扬华人在150年的时间内对巴拿马做出的巨大贡献，巴拿马国会通过了政府的一项特别提案，将每年的3月30日定为"华人日"。2017年6月13日，巴拿马政府宣布建立与中华人民共和国的正式外交关系。2021年11月，巴拿马政府宣布，从2022年起将中国农历新年定为巴拿马全国性节日，并将春节庆祝活动融入巴拿马的国际旅游推介计划。②这一决定意味着承认巴拿马华人社区对巴拿马的身份认同、种族多样性和多元文化所做的积极贡献。

二、巴拿马华文教育的起源与发展

（一）起源

华文教育在巴拿马的起源可以追溯到华人社群最早的定居时期。当时的教育，尤其是华文教育，并不是他们的首要关注点。大多数华人主要从事务工和贸易活动，注重经济发展和社区建设，努力融入当地社会。然而，他们对传承华人文化和语言的意识始终存在，一部分华侨将自己的孩子送回国内接受教育，等到初中毕业以后便接回巴拿马继续完成学业，以保留孩子的"中国根"；也有一些华人家庭在社区内进行了一些基础的华文教育。巴拿马99%的老华侨有着说粤语的血统，他们绝大部分来自广东省一带，其中来自广州花县（现为花都区）的人数最多，约占70%；其余大多来自中山、恩平、台山、新会等。③此阶段的华文教育是基于家

---

① May Expel. Panama Chinese: Those Who Refuse to Pay a Head Tax to be Deported Tomorrow [N]. The New York Times, 1913-11-12 [2021-11-04].

② 巴拿马社会发展部. Gobierno Nacional instala el Año Nuevo Chino como "Evento País" y formará parte de la oferta de Panamá [OL]. [2021-11-12]. https://www.mides.gob.pa/2021/11/12/gobierno-nacionalinstala-el-ano-nuevo-chino-como-evento-pais-y-formara-parte-de-la-oferta-de-panama/.

③ 信息综合自老华侨采访、维基百科及杨发金. 走近巴拿马华人（上）[J]. 侨务工作研究，2006（6）.

乡方言和传统文化的教育，例如学习客家话或粤语。

（二）兴起与发展

1.全日制三语学校

随着华人社群的逐渐扩大和发展，华人开始更加重视华文教育。目前，巴拿马共有三所经巴拿马教育局承认的全日制学校，均位于巴拿马首都巴拿马城。

中巴文化中心中山学校是巴拿马历史最长、规模最大的华人学校。该校在20世纪30年代叫"永新小学（音）"，当时只有2名教员、约30名学生；40年代改名叫"中华文明小学"；1985年改称"中山学校"并沿用至今。1986年，中巴文化中心中山学校迁入新校址，由祖籍广东中山的侨胞陈奉天等正式创立成为一所中英西三语学校（郑美真，2021）。中山学校设施完备、教育体系完善，据2018年数据，该校从幼儿园到高中有学生约1700人，其中华人子女占三分之一。①

2002年1月，巴拿马仁爱书院经巴拿马教育部批准成立，同年3月正式开课。该校实行中英西三语教学，是巴拿马第二所私立华校。仁爱书院第一年共招收幼儿园小班、大班和一年级学生27人。经过多年发展，该校从2013年起已设有幼儿园、小学、初中和高中部。2017年，仁爱书院启动扩建校区、改善设施的计划，并在2022年正式投入使用新建的高中教学楼、体育馆和礼堂。根据多年的招生情况来看，该校华人学生比例为70%至75%。2020年，仁爱书院的学生人数达到900人左右，但由于疫情对经济的冲击，学校招生不易且有少部分学生转校或退学；2023年仁爱书院的学生总人数为850余人。学校为2024年定下的招生目标为学生总人数达到950人。②

2021年8月，中英西三语国际学校——巴拿马联合学府（United School of Panama）正式成立，该校为巴拿马第一所将华文列入必修课程的国际学校。该校生源广泛，目前有来自世界各地约40个国家和地区的幼儿园至小学六年级的学生近300名。联合学府计划以每学年往上增加一个年级的方式，循序渐进地实现涵盖

---

① 中国新闻网.国侨办主任裘援平访问巴拿马两次"现场办公"［N/OL］.（2018-02）. https://www.chinanews.com.cn/hr/2018/02-24/8453950.shtml.
② 信息源自电话采访，受访者为巴拿马仁爱书院董事会成员Dina Chan女士（2023-09）。

幼儿园至高中课程（PK4—12）的办学目标。①

2.周末制中文学校

除以上全日制三语学校以外，巴拿马还有一些由社会各界组织因顺应悄然升起的汉语热潮而创办的周末制中文学校，这类学校同样肩负着重要使命。

巴拿马科隆中华公所成立于1910年，现任会长吴小文先生表示，该公所在几年前开办过中文班，但疫情后便停止办学。与科隆中华公所位于同一地区的巴拿马科隆市华人基督教教会中文学校始于2000年，现有4位教师、65名学生。该中文学校使用暨南大学出版的《中文》教材，为学生提供拼音班及另分为3个级别的中文课程。②

2001年，巴拿马华人工商总会中文学校由巴拿马华侨捐资创立，并与中国的暨南大学签订了合作协议。其招生对象以6岁以上的华裔儿童、青少年为主，疫情前有学生300多人，疫情防控期间暂停办学两年。2022年10月1日，该校恢复办学，2023年有学生约150人。该校在疫情前曾多次组织带领华裔学生回国参加"寻根之旅"冬令营活动。③

2008年6月，巴拿马基督教华人教会中文学校正式成立，第一年共招收学生42名。该校中文班由拼音班及分为12个级别的中文课程构成，使用暨南大学出版的《中文》教材。除中文课程外，学校还开设各种乐器班，学生可在课间进行户外活动，如打篮球、打羽毛球、打乒乓球等。该校生源主要为6岁以上的华裔儿童、青少年，此外也有少部分拉美裔学生。2019年，该校招生人数近350人，但疫情后学生人数下降，2023年共招收学生130余人。④

近五年来，随着中国与巴拿马的双边关系日渐密切，当地也有少部分公立、私立及国际学校为学生提供中文选修课程或兴趣班。⑤

---

① 笔者自巴拿马联合学府创校起即担任该校中文项目负责人至今。
② 信息源自电话采访，受访者为巴拿马科隆中华公所现任会长吴小文先生、巴拿马科隆市华人基督教教会中文学校前校长冯彼得先生（2023-09）。
③ 信息源自电话采访，受访者为巴拿马华人工商总会现任会长兼中文学校校长钟锦明先生（2023-09）。
④ 信息源自电话采访，受访者为巴拿马基督教华人教会中文学校校长侯保行女士（2023-09）。
⑤ 据笔者了解，St. Mary School Panama、Boston School International、The Oxford School、Instituto Cultura等巴拿马学校都正开设或曾开设中文选修课程或兴趣班。

三、巴拿马华文教育当前面临的挑战及其对策

（一）巴拿马社会对华文教育的需求变化

华文教学在巴拿马呈现出欣欣向荣的景象，但同时暗含一个值得关注的问题：如果根据将华文教育视作"以华文为母语和主要的教学媒介，以培养学生对祖（籍）国和中华文化的认同和热爱为目的的学校教育"这一概念内涵（梁英明，2004），巴拿马真正的华文学校寥寥无几；但若无视巴拿马国情和社会发展情况，硬生生地将传统的华文教育和华文学校的那一套搬进巴拿马是不可取的。除巴拿马教育部对当地办学的学校有一定的课程设置等要求，当代巴拿马华侨华人家长更多希望孩子在多语言和多样化的环境中学习和成长，成为新时代的国际化人才。以下是可参考的解决办法：

第一，新时代的华文教学具有新的内涵，应该且必须承担新的任务。因此，我们的认识也必须与时俱进。对于巴拿马中英西三语私立学校或国际学校而言，培养新一代华侨、华裔应当以教出精通中文和中华文化、具有宽广的国际化视野和强烈的创新意识、能够经受多元文化的冲击、在做国际人的同时不至于丧失中华民族的人格为目标。另外，在此类学校的生源构成中，外国学生是不容忽视的群体，我们也有责任将其培养为懂中文、尊重中国、喜爱中华文化的友好交流使者，使他们成为各国之间的沟通桥梁。巴拿马周末制中文学校办学的主要目标群体为华侨、华裔学生，此类学校更应担负起华文教育的重任，帮助华侨和华裔学生寻根，注重他们的文化身份认同及"祖语"传承。由于巴拿马独特的历史背景，粤语和客家话在当地华侨华人家庭、侨社、商贸活动等场景中被广泛使用。此类学校应以华语（普通话）教育为主，但鉴于方言在文化习得和传承方面有重要作用，也应鼓励学生多接触和使用自己的家乡话。校方可在传统节日活动（春节、清明节等）或特殊节日活动（巴拿马华人节等）中组织安排以各方言为主或带有家乡因素的活动。

第二，巴拿马华校应推广使用新中小学生汉语考试（YCT）和汉语水平考试（HSK），以推动当地华文教育的标准化、正规化。联合学府是巴拿马首所计划将标准化汉语考试纳入课程设置的华校。该校已于2023年5月与孔子学院洽谈考试有关事宜，计划于2023年下半年完成首批华校新中小学生汉语考试（YCT）工作。

第三，巴拿马华校要学会抱团取暖。依据当前情况，巴拿马也应建立华校联盟或中文学校协会，将各华校的领导和教师们聚集起来，实现信息资源共享，共同举办大型活动或比赛等，共同促进华文教育的发展。

第四，巴拿马优越的营商环境和中巴两国密切的合作关系吸引了大批中资企业来巴拿马投资兴业，因此巴拿马华校也应加强与侨社和商界的联系及合作，为优秀的华文学习者推荐实习或工作机会，促成多赢局面。

（二）真正适用的教材难寻

巴拿马几乎每所学校选用的教材都不相同：中巴文化中心中山学校使用中国台湾地区远东图书公司出版的教材；巴拿马仁爱书院的幼儿园至二年级使用自编教材，其余年级使用西语版的《今日汉语》；联合学府参考市面上不同的教材，根据学生情况、教学目标和考试大纲自编教材；周末制中文学校大多使用暨南大学出版的《中文》。这些教材或多或少都存在以下问题：第一，不符合当地国情和社会情况，不够贴近学生的生活。第二，相同教材在面对不同受众时容易产生内容过难或过易的问题，同一本教材无法满足在同等语言水平下不同年龄及背景的学生。

以下是可供探讨的策略：与中国的大学教育者及本土华文教师合作，共同编写针对巴拿马的本土化华文教材，使之更有针对性和实用性。巴拿马华校和华文教师应充分了解当地情况以及市面上已有的教材，尽量编写保证教材内容、教学目标和教学要求的适合本校学生情况的教材；或以某本教材为主，进行二次创作，"用教材教"而不是"教教材"，使学生更好地理解所学内容，达到学习目标。

（三）分班问题难

由于师资力量不足、教学空间不够、课时安排调整难等现实问题，巴拿马的全日制华校目前难以根据学生的语言能力实行有效的分班制度，班上学生年龄相仿，但华文语言能力参差不齐，并且学生的文化背景大相径庭。周末制华文学校做到了按学生语言水平进行分班教学，然而有些班上的学生年龄跨度较大，同样不利于教学。分班进行差异化、多元化教学是巴拿马华校多年来难以真正克服的问题。

以下是巴拿马联合学府对此难题的解决方案，以供探讨：校方在师资力量不足、教学空间不够等情况下最大限度地实施按华文语言能力和年龄为主要参考的分班制。以该校三年级（8岁至9岁）40多名学生为例，新学年的具体实施方法是：对学生统一安排华文语言能力检测；校方整理和分析数据，以学生华文语言能力为主要参考，同时就学生文化背景、课堂表现等进行讨论；综合多方面考量，校方定下三年级老虎班（中高水平班）和狮子班（中低水平班）的学生名单；进行跨部门合作，如信息技术部门需要根据华文部的特殊情况，调整学校的成绩管理系统；华文教师为该年龄段的老虎班和狮子班的学生制定不同的教学大纲、课程目标和教学计划；华文教师在教学中需不断反思自己的教学方式，调整教学方法，最大限度地应对学生多样化的差异，使每个学生都能得到充分的发展。

四、结语

早在巴拿马建国以前，华人已在当地留下了深深的印记。巴拿马的华文教育历程见证了华人社群的融入与发展，通过传承华文和中华文化，华人子弟们找到了自己的定位。未来，期望巴拿马华文教育能更多元化、全面化，华校在教育学生坚持传承华文和中华文化的同时，还要注重培养学生的创造力、批判性思维和国际视野。与时俱进的华文教育将为巴拿马华人社群和中巴两国的发展带来更大的机遇和贡献。

参考文献

[1] 梁英明. 关于华文学校和华文教育概念的商榷 [J]. 侨务工作研究，2004（6）.

[2] Chen P.（郑美真）. Los chinos de Panamá [M]. Panamá: Management Development Corp，2021.

[3] Juan Tam（谭坚）著，徐光普译. 巴拿马华侨150年移民史 [M]. 中国台北：秀威资讯科技股份有限公司，2004.

古巴中文教育概况 *

一、引言

古巴官方语言为西班牙语，实行的全民免费教育制度共分三级：第一级为学龄前教育，第二级包括小学、初中和大学预科，第三级为公费制高等教育。

古巴中文教育最早发端于清政府筹建的"古巴中西学堂"，该学堂于1886年11月正式开馆，是"官督商办"背景下清政府在美洲地区筹建的第一所海外华文学校（庄国土，1989）。随后，南京政府支持下的古巴华侨小学（1936年10月）、古巴教会主导下的公教华侨学校（1955年10月）与基督教长老会中华学校（1957年4月）、华人社团与当地语言学校主导下的"华文补习学校"（1997年）、中古教育部合作下的哈瓦那大学汉语教学中心（2002年11月）与哈瓦那大学孔子学院（2009年11月）等中文教育机构相继成立，古巴中文教育在外来推力主导下断断续续地走过了一百多年（杨新新，2024）。

纵观一百多年的古巴中文教育发展史，21世纪可作为古巴中文教育的重要分水岭。从中文教育的性质来看，21世纪以前的古巴中文教育主要表现为"以传承中华文明为主要目标"的中文作为母语的教育，即华文教育；21世纪以来的中文教育则主要表现为"以分享中华文明为主要目标"的中文作为第二语言的教育，即狭义上的中文教育。从其发展特点来看，21世纪以前的古巴中文教育时断时续、跌宕起伏，在外部环境的作用下几经生死，多次处于长期停滞状态；21世纪以来的古巴中文教育则呈现出"持续、稳定、系统"的发展之态，较少因外部环境的变化而长期停滞。本文重点探讨21世纪（尤其是孔子学院成立）以来的古巴中文教育概况。

---

* 作者：郭九，河南科技大学；丁汀，北京语言大学。本文刊于《世界华文教育》2025年第2期。

二、古巴中文教育发展现状

2001年，随着中国教育部与古巴高等教育部签署2001—2004年度教育交流协定，古巴中文教育整体进入稳步发展阶段。据不完全统计，古巴目前共有33个机构开设过中文课，具体包括中小学、大学、政府机构以及社会机构四类。按照学习者所处的教育阶段，这四类教育机构可分为基础教育领域、高等教育领域以及社会教育领域三类。

（一）基础教育领域中文教育发展现状

基础教育领域的中文教育主要包含两类：第一类是中古教育部中学中文教学项目下的罗德里格斯中学中文教育；第二类是哈瓦那大学孔子学院（以下简称"哈大孔院"）面向青少年及儿童开展的各项中文教育项目。

1.罗德里格斯中学的中文教育

罗德里格斯中学的中文教育得益于古巴政府2018年出台的"可以在有条件的教育机构开设除英语外的第二外语"的教育政策。2019年，中古教育部签署合作框架协议，支持在指定古巴中学开展汉语教学；2020年，中国教育部中外语言交流合作中心与古巴教育部签署中古汉语教学合作协议，指出将在古巴初级中学开设汉语选修课，标志着中文教育朝着正式进入古巴国民教育体系迈出了关键一步；2022年，古巴中学中文教学项目在哈瓦那罗德里格斯中学正式启动，中文课成为该中学的选修课，开启了古巴中学中文教育的先河。目前，该校三期学员累计约390名，开设综合性汉语课程。该校学员普遍喜欢中文，对中文及中华文化充满热情，部分学员已在2024年的"汉语桥"世界中学生中文比赛中取得了优异成绩。

2.哈瓦那大学孔子学院的中文教育项目

（1）孔院青少年班

"孔院青少年班"是2011年开设的面向14—17岁青少年（即高中阶段）的为期四学年的周六中文班。该班学员以古巴学生为主，也有部分长期在古巴经商就业的华侨华人子女。自2017年以来，该孔院青少年班已累计有100余名学员毕业。目前，该孔院青少年班共开设1—4级6个班，近70名学员。

（2）中国传统艺术馆中文班

中国传统艺术馆最早由哈瓦那华区促进会创建于1995年，旨在振兴和保存古巴境内的中国艺术和传统。早在1997年，为满足古巴华人及其后代"学习中文，了解中国文化"的需要，中国传统艺术馆整合哈瓦那各华人社团开办的华文补习班，与亚伯拉罕·林肯语言学校联合成立"华文补习学校"（杨新新，2024）。哈大孔院于2011年在此设立教学点，是对中国传统艺术馆开办中文教学传统的延续。中国传统艺术馆中文班主要面向14岁以下的古巴及华裔儿童，开设语言课程和体验类文化课程。据不完全统计，自2016年以来，中国传统艺术馆中文班累计注册学员240余人，极大地拓展了基础教育领域小学阶段的中文教育范围。

（3）"孔院小友"兴趣课堂

"孔院小友"兴趣课堂是哈大孔院与安东尼奥·马塞奥小学于2022年合作开设的、面向该校优秀学生代表的中文课程，其主要特色是趣味性，即通过趣味故事、游戏、手工活动等让学习者体验、感受中国语言文化。"孔院小友"兴趣课堂的语言课程以《汉语乐园》为主体教材，同时结合学习者兴趣进行主题式教学。此外，孔院还与马塞奥小学联合举办文化活动，如"皮影戏·中国故事"、儿童节中国文化体验活动等。截至目前，"孔院小友"兴趣课堂累计为三年五期约20名学生开设了中文课程。

（4）哈瓦那法国国际学校中文班

2019年，哈大孔院与私立学校——哈瓦那法国国际学校建立合作关系并设立教学点，孔院为该校学生开设每周两次、每次两个半小时的中文课。由于其国际学校属性，该校只接收外国学生和持有双重国籍的古巴学生，学员覆盖幼儿园到高中部。目前，该校共有来自30个国家的约130名学生，选修中文课程的学生累计90余人。

综上所述，基础教育领域的中文教育虽然起步晚、发展慢，但是近年来却呈现出良好的发展态势，基本覆盖了基础教育领域从小学到高中等不同阶段的学习者。当然，由于起步时间、语言政策、课程性质等因素的影响，古巴基础教育领域的中文教育目前仍然比较薄弱，未来还会有较大的发展空间。

（二）高等教育领域的中文教育现状

高等教育领域的中文教育以哈大孔院的成立为分水岭。哈大孔院成立前，哈瓦那大学外语系汉语教学中心承担了高等教育领域的中文教育工作；哈大孔院成立后，中文教育的中心逐渐转移到哈大孔院，该孔院逐渐成为开展中文教育的核心力量。

1.哈瓦那大学外语系汉语教学中心的中文教育

2002年11月1日，古巴首个大学汉语班在最古老、规模最大的哈瓦那大学外语系正式开课，注册学生40人。2005年年初，汉语教学中心首批学员结业。2009年哈大孔院成立前，汉语教学中心主要开设了基础汉语、商务汉语等中文课程。作为古巴高等教育领域中文教育的发端，哈瓦那大学外语系汉语教学中心为哈大孔院的成立奠定了坚实的基础，目前职能已归入该孔院。

2.哈瓦那大学孔子学院的中文教育

2009年，哈瓦那大学孔院成立。高等教育领域中文教育开始以哈大孔院为中心，并逐渐辐射到哈瓦那大学旅游系、外语系、传播系以及古巴国际关系高等学院等。

2018年，哈大孔院联合哈瓦那大学旅游系开设汉语作为第二外语的学分选修课，首批学员30人。目前，旅游系开设两个中文班、总计18名学员，开设课程为突出旅游特色的基础汉语课程。

2020年，哈大孔院联合哈瓦那大学外语系正式开设汉语作为第二外语选修课，并纳入学分系统。目前，哈大外语系整体学生规模为520人左右；师资包括志愿者教师1名、中国留学生兼职教师1名、古巴本土中文教师2名。此外，还开设汉语笔译与口译、语言学基础、中国历史文化等短期专题课程。

2023年3月7日，哈大孔院联合古巴国际关系高等学院开设中文作为第二外语选修课，纳入学分系统。目前，该校首期课程报名学员47人，主要开设基础汉语课程，选用《HSK标准教程》为主干教材。

2023年3月21日，哈大孔院联合哈瓦那大学传播系开设非学分的中文课程，首批注册学员23人。目前，主要开设汉语入门等基础汉语课程，主干教材为《HSK标准教程》。

综上所述，古巴高等教育领域中文教育起步早、发展较为系统和成熟。相较于基础教育领域，高等教育领域生源规模较大且较为稳定。但是，从目前的区域分布来看，高等教育主要集中在哈瓦那，哈瓦那地区以外的高等中文教育几乎为零，这给古巴未来的中文教育布局指明了方向。

（三）社会教育领域中文教育现状

社会教育领域的中文教育主要指哈瓦那大学汉语教学中心以及哈瓦那大学孔子学院面向社会人员开展的中文教育。

2002 年哈瓦那大学汉语教学中心成立后，曾联合古巴外资外贸部开设商务中文课程；曾与古巴外交部、旅游部、文化部等机构合作开展为期数月或一年的在职中文班，以应对两国日益密切的政治、经贸、科技与人文交流需求；也曾为古巴国家芭蕾舞团少儿舞蹈部、芭蕾舞艺术馆、古巴现代舞团等机构的学员开设汉语班。

2009 年哈大孔院成立后，陆续开辟了古巴武术学校、贝贝青少年舞蹈学校、中国传统艺术馆、古巴翻译局、亚洲之家博物馆等教学点，为古巴外资外贸部公务员、中兴公司外籍员工、华为公司外籍员工、古巴社区老年大学等开设中文班。同时，还为古巴的几家旅游公司开设"中文+旅游"课程。

目前，哈大孔院面向社会教育领域开设的中文课程主要包括两大类：一类是常规语言课程，即面向成人常年开设的初、中、高三个级别的常规语言课，共计 11 个班 190 余人。另一类是语言文化专项课程，语言专项课程主要包括汉语正音、高级汉语听说、高级汉语阅读等，文化专项课程主要包括中医课堂、刺绣课堂、书法、国画、中国国情与文化常识等。

综上所述，古巴社会教育领域的中文教育起步早，发展较为系统和成熟，所涉机构多为古巴重要政府部门和社会机构，为古巴中文教育的发展提供了重要支持和保障。

三、古巴中文教育发展特色

自 2002 年哈瓦那大学汉语教学中心建立、2009 年哈瓦那大学孔院成立以来，古巴中文教育主要呈现出两大发展特色：一是以服务、师资、教材等为着力点，积极推动本土化建设；二是以艺术、旅游、中医等为着力点，积极促进"中文+"课程建设。

（一）本土化建设

1. 服务的本土化

李宇明、施春宏（2017）指出："管理就是服务，让当地管理机构和教师成为主要管理者、推动力,是值得肯定和进一步发扬的。"服务的本土化,是古巴中文教育本土化的典型表现。作为哈瓦那大学的二级学院,哈大孔院在部门设置、人员配备、规章管理等方面均实现了本土化,与大学下设的其他院系差别不大。如设有中外方院长办公室、教务教学、文化活动、行政管理、信息技术、资产管理、后勤维护等各个部门和负责人,本土行政人员30人左右。在学生报名、组织教学、教务档案管理、考试、毕业、国际交流等均遵循哈瓦那大学规范流程,纳入统一管理。

2.师资的本土化

师资的本土化是国际中文教育长远发展的重要保障。为促进古巴中文教育深远发展,哈大孔院采取"教—学—练"模式,建立了"学生助教—实习教师—正式教师"的培养链条。自2016年起,该孔院与哈瓦那大学心理学院、教育学院合作,面向有志于从事中文教育事业的优秀学员,开展"中文+师范教育"的职业技能、孔院教务与档案管理、考试规范等方面的培训。目前,该项目已经培养了70余名本土中文教学人才,18名学员成为该孔院的正式教师,进行独立授课。

3.教材的本土化

教材本土化是中文教育本土化的重要途径。为此,古巴中文教育工作者积极探索适合古巴学生或西语母语者的中文教材,完成了《新思维汉语》系列教材、短期教材《汉语入门》、夏令营交际手册《中国,我来了》等本土化教材及学习资料的编写。其中,《新思维汉语》可谓古巴本土化汉语教材的典型代表,该教材基于首任中方院长李艾老师十几年的拉美地区教学经验及拉美地区汉学家的意见编写而成,注重汉西对比,突出西语学习者的重难点,是一套专门供母语为西班牙语的学习者使用的本土化系列教材。该套教材既适用于大学课堂的教学,也可供在职人员业余自学,已在古巴、西班牙及拉美地区多所大学使用,反响良好,是一套实用易学、特点鲜明的教材(郭九,2023)。

(二)"中文+"课程建设

1."中文+艺术"课程

2002年汉语教学中心创建之初,就与古巴众多艺术团体积极合作开展语言项目、联袂举办艺术演出,这一举措促成了古巴中文教育二十多年来注重中文与艺术教育相结合、以本土艺术团队推广中国文化、用艺术扩大传播受众的成功实践与优秀传统。自2011年起，哈大孔院陆续成立了"和"合唱团、孔院乐队、"春之声"儿童合唱团、话剧社、舞蹈队等艺术社团，前后有100多名学员参与，公开演出60余场。此外，哈大孔院还围绕书法、国画、舞蹈、古琴、戏曲、茶艺、麻将、围棋等诸多艺术主题，开发了大量的"中文+艺术"课程。近年来，"中文+艺术"这一特色课程，不断助力学员在世界大学生、中学生"汉语桥"比赛、拉丁美洲和加勒比地区中文才艺大赛等赛事上取得佳绩。

2."中文+旅游"课程

早在2004年，为迎接中国国家领导人访问古巴，汉语教学中心联合隶属于古巴旅游部的国家饭店为酒店工作人员开设中文专项培训班，以提升其服务水平。2018年起，哈大孔院联合哈瓦那大学旅游系开设汉语作为第二外语的学分选修课，以增强"中文+旅游"的课程属性。2022年，该孔院联合哈大旅游系开设"中文+旅游"特色课程，以增强"中文+旅游"的专业属性。2024年，该孔院先后面向古巴Viajeros旅游公司、Ecotur旅游公司的一线导游开设了"中文+旅游"课程，"中文+旅游"逐渐成为古巴中文教育的特色课程，在丰富内涵建设的同时，为古巴的经济支柱产业——旅游业培养了更多专业型和复合型人才。

3."中文+中医"课程

古巴中文教育在中医领域也不断深耕、壮大、蓬勃发展。2011年哈大孔院开设中医讲座课程，吸引了众多慕名前来的中医爱好者；2018年，该孔院开设古巴高等教育部承认的大学中医理论与实践选修课，来自古巴高等教育大学、哈瓦那医学院等高校的26名大学生报名参加了该学期的课程；2022年，参与中医常规及短期研修课程、讲座的人数高达760余人；2024年，该孔院各类中医课程注册人数近240人，自主举办的中医讲座、论坛达到13场。

作为全球中医孔子学院联盟的一员，该孔院不仅针对不同群体开设中医入门、中国传统医学、中国文化全景·中医篇等种类繁多的中医课程，而且积极参与各类中医学术会议，与同行交流、推广中医文化。得益于古巴"中文+中医"课程的长期实践与发展，该孔院在中医学术研究方面取得了重要成就，与哈瓦那大学出版社合作出版了中医著作《中国传统医学——针灸、艾灸与草药》。该书为中医医疗实践提供了重要参考，处于古巴中医研究的前沿。

四、古巴中文教育发展问题

1962年以来，美国一直对古巴实行单方面经济、商业和金融封锁。美国的经济封锁给古巴造成了巨大损失，对古巴人民的日常生活以及卫生和教育等关键部门造成了显著的不利影响。[①]在这种背景下，古巴中文教育事业的发展面临着重重挑战。

（一）物资匮乏，条件艰苦

古巴经济结构比较单一，工业制造能力不足，食品、纺织、轻工等日用品，机械设备、化工、工业制成品等均依赖进口。体现在教育领域，则是教学设备、办公耗材、文化活动用品的匮乏。此外，各种生活必需品都无法保障稳定供应，赴古巴任教的中文教育者生活条件非常艰苦。同时，古巴电力供应长期处于紧张状态，夏季尤易发生频繁停电现象，2024年10月以来，更是多次发生长达多日的全国范围大停电，严重影响教师生活与教学秩序。

（二）通信基础设施较差

古巴通信基础设施发展较为滞后。《对外投资合作国别（地区）指南（古巴）》（2024年版）相关数据显示："古巴通信基础设施受限于投资有限、基站数量少、网络覆盖差、上网速率低、资费高。"受此影响，本地工作人员信息化水平普遍有限，如档案管理、图书馆借阅系统依然主要采用手工记录和分类的方式，缺乏有效的信息管理系统。学生在硬件设备端、网络服务端都存在不便的情形，教师备课、接受远程培训等也因网络条件受限。因此，古巴中文教学如今仍采取传统的授课方式，现代教育技术、新型教学设备、云端网络资源、智能化教学手段都无法充分融入和利用。

（三）师资队伍不稳定，流动性大

受古巴经济影响，本土教师收入普遍较低，导致古巴中文人才倾向于在旅游行

---

① 以上数据来自：联合国. 187∶2！联大连续第32年要求终结美国对古巴的封锁［OL］. https://news.un.org/zh/story/2024/10/1133056.

业、中资企业工作，或从事自由职业，或出国从事薪水更高的工作。受此影响，古巴中文师资队伍流动性较大，哈大孔院很难从社会上吸收本土教师入职，在岗年轻教师往往入职两年左右就会出于各种原因离职。加之古巴官方对于境外资助的管理规定严格，中国面向本土教师的支持项目很难落地。因此，教学工作及文化活动严重依赖中方教师，而中方教师及志愿者普遍任期为一年或两年，教师队伍流动性大。

（四）中文教育覆盖区域不足

古巴华人主要集中在哈瓦那、圣地亚哥等中心城市。20世纪30年代以来，在哈瓦那华人建立古巴华侨小学的影响下，圣地亚哥、圣克拉拉等城市也曾短暂开办过华侨小学，但到1949年，这些华文教育机构几乎全部停止办学。此后至今，古巴境内开展的中文教育主要集中在哈瓦那，哈瓦那大学孔院仍是古巴唯一一所孔院。2018年以来，哈大孔院陆续与马坦萨斯市政府、马坦萨斯大学、当地侨社及武术学校接触，多次赴实地考察，计划在马坦萨斯开辟首个省外教学点。但由于疫情阻隔、古方人事变动，且受制于交通条件、派驻教师的安全及生活条件保障等难题无法突破，至今仍未成功建立。由此可见，以哈大孔院为中心，向古巴各个省市开拓教学点的发展模式，在当地现实条件制约下很难实现。

（五）缺少学历教育，未能深入古巴国民基础教育体系

2002年哈瓦那大学汉语教学中心成立至今，古巴一直未能设立中文相关专业。究其原因，师资队伍是主要限制条件之一。近年来，哈大孔院师资队伍虽然能保持一定的规模，但整体上跟本土教师一样，人员流动性较大。因此，仅从古巴中文师资队伍的学历、职称、资质、稳定性等因素考量，难以满足申请中文专业的条件。同时，古巴政府对教育领域的管理较为审慎严格，古巴《外国投资法》（第118号法）明确规定"外商合资、独资企业不得进入医疗、教育、国防领域"，中文教育至今无法大范围融入中小学教育体系。目前，古巴中学中文教学项目仅在哈瓦那罗德里格斯中学一处试点，开设中文选修课程，尚未在其他中小学开展，距离深入古巴国民基础教育体系还有很长的路程。

五、古巴中文教育发展对策

（一）推动教育方式转变，拓展学习群体

以新冠疫情为契机，因应远程教育的客观需求，近年来哈大孔院也在逐步推动教育方式转变。如充分利用语音实验室，积极与哈瓦那大学虚拟教育平台（EVEA）、哈瓦那大学创新与发展基金会等网络平台开展合作，开设了多门中医线上课程，如中医历史、中医基础理论等，将中医文化推向更多的城市，触及巴西、墨西哥等地更广泛的学习群体。2023年，古巴高等教育部发布《远程教育决议》，计划在计算机技术允许的范围内推广远程教育模式，实现更大的覆盖面，触及古巴各地，覆盖更多的专业领域和人群。[①]我们相信，未来古巴通信基础设施将进一步改善，网络教学方式也会越来越普及。随着网络条件的提升，该孔院将上线更多的中文及文化课程，古巴中文教育将触及更多的中文学习者。

（二）建设中文专业，深化学历教育

相较于普通的语言课程和培训课程，中文本科专业拥有科学完整的课程体系，将从语言教学、学术研究、国际交流、文明互鉴等方面对学生进行全方位、系统化培养，进而助力学习者获得国际认可度高的毕业证书。因此，开设中文本科专业，能够培养出系统掌握中文、全方位了解中国文化、具备较高跨文化能力的国际化专业人才，这也是古巴中文教育未来发展的长效机制。早在2016年，哈大孔院就筹备申请中文教育学士学位，开设中文专科或本科专业。2024年，哈瓦那大学校长兼古巴国务委员、古共中央委员米里亚姆·尼卡多教授接受新华社专访时表示："希望在古巴开设中文学士学位课程，如果一切顺利，我认为一年后我们就可以开始考虑开设学位课程。"相信随着中文专业建设的进一步深化，古巴中文教育将会获得长远发展。

（三）向内挖掘，储备师资队伍

2016年以来，为解决古巴中文教育师资短缺问题，哈大孔院转向内部发掘人

---

① 以上数据来自：远程教育决议［OL］. http://mint.mes.edu.cu/sites/default/files/2023-10/documento/resolucion-de-educacion-a-distancia_no15-de-2023ok_1.pdf.

才，培养并储备本土中文教师队伍，每学期都会组织富有经验的中方教师、本土教师及教务人员，或邀请中国的教学专家前往古巴，面向该孔院及外语系的本土教师和学生助教，开展教学技能及教务管理培训。同时，在报名申请国际中文教师奖学金时，优先推荐参与本土教师培养项目的优秀学员，以吸引学生广泛参与。这一举措虽然无法扭转教师队伍的强流动性，却能保障本土教师的持续供给。未来，随着中文专业建设的深入发展，我们将通过系统化的专业人才培养，形成中文师资培养的长效稳定机制，进而从根本上扭转师资队伍的强流动性。

（四）优化布局，扩大中文教育朋友圈

受城际交通等因素的影响，古巴目前开展中文教育的城市主要集中在哈瓦那市，其他区域的中文教育需求仍亟待满足。因此，古巴各级政府部门、地方高校也积极支持在其他城市开展中文教育，以优化布局、扩大受众范围。2016年9月，古巴公共卫生部代表团到访哈大孔院，咨询申请开设中医孔子学院事宜；同年11月，古巴公共卫生部代表团访问同济大学，希望双方就建设孔子学院等议题展开合作；2020年，古巴驻华大使表达了与河北外国语学院在古巴东部地区合作开设第二所孔子学院的意向；2023年，马坦萨斯市文化遗产保护办公室致函哈大孔院，希望在马坦萨斯市联合创建中文课堂项目；2024年，古巴其他区域孔子学院建设取得突破性进展，古巴圣地亚哥东方大学于10月、12月先后与河南科技大学、烟台大学等中国高校，分别签署了共建孔子学院意向书和孔子学院申办报告。未来，随着古巴第二所孔子学院的建立、远程教育技术应用的成熟与普及，古巴中文教育布局将更加合理，中文教育覆盖区域也会越来越广，惠及更多的古巴民众。

（五）建设内生性发展机制，增强中文教育原动力

古巴中文教育的发展机制主要为政策导向下的外力推动制。无论是21世纪之前的中文教育，还是21世纪以来的中文教育，均受制于政策和外力。不同的是，21世纪之前的外力频繁更迭，中文教育也随着外力的更迭时断时续；21世纪后的外力则相对稳定，中文教育也随之呈现出稳定持续之态。但是，从长远发展来看，内生性需求才是中文教育纵深发展的原动力。因此，建设基于"需求"的内生性发展机制，才能为未来的中文教育输入源源不断的发展动力。近年来，随着古巴中文

教育的深入发展,古巴中文学习者获得了在古巴外交部、国家翻译局、中国国际航空公司等机构的良好就业机会,这极大地激发了古巴学习者学习汉语的内生性需求。未来,我们应以日渐密切的中古关系为契机,通过多样化的课程、趣味性的活动,深度挖掘古巴籍学习者以及古巴华裔的中文学习需求,进而吸引更多热爱中文且急需中文技能的学习者参与到中文学习队伍中来。

六、结语

21世纪以来,古巴中文教育始终坚持以扎根本土、服务当地为导向,通过中文教学、文化活动、学术交流等形式,向古巴民众提供了优质且丰富多彩的中文教育服务。未来,随着高等教育领域中文专业的建立、基础教育领域中文教育的深入发展、古巴东部地区中文教育布局的优化等长远发展之策的实施,古巴中文教育将行稳致远,逐渐实现深度融入古巴国民教育体系的目标,为中古文化交流与文明互鉴做出新贡献。

参考文献

[1] 郭九. 古巴本土化汉语教材现状及发展建议:新形势下世界华文教育的理论与实践探索学术会议论文集 [C]. 北京:民族出版社,2023.

[2] 李宇明,施春宏. 汉语国际教育"当地化"的若干思考 [J]. 中国语文,2017(2).

[3] 商务部《对外投资合作国别(地区)指南》编制办公室. 对外投资合作国别(地区)指南(古巴)[M]. https://www.mofcom.gov.cn/dl/gbdqzn/upload/guba.pdf,2024.

[4] 杨新新. "时断时续":外来推力作用下古巴华文教育的办学历史及特点 [J]. 广东社会科学,2024(6).

[5] 庄国土. 中国封建政府的华侨政策 [M]. 厦门:厦门大学出版社,1989.

使命就是方向 *

——记参与库拉索第一所华文学校的初建

从2014年9月16日抵达库拉索国际机场的那一刻起,从笔者踏进了库拉索华侨会所大门并接过黄冠雄校长递过来的厚厚一沓学生入读库拉索华文学校的报名表的那一刻起,笔者的身上便有了一张不言而喻的名片——"中国外派教师"。

三年来,侨胞们、孩子们纷纷亲切地称呼笔者"黎老师",笔者知道大家敬重我更多是因为"中国外派教师"这一特殊身份,而非笔者本身。因为在笔者身上寄予了侨胞们对华文学校的期待,对中华文化的向往,对祖(籍)国的深情。库拉索华文学校需要建立,而专职教师只有笔者一人,所以笔者独享数千名侨胞"专宠"的待遇。应如何回报这份敬重呢?笔者给予侨胞们的应该是与这"专宠"有着同等分量甚至更惊喜的回报——把库拉索华文学校建立起来!这是笔者的使命,更是笔者的理想!

三年来,这一使命在笔者心中扎根,笔者马不停蹄地向前走,不敢停下自己的脚步。

笔者走进侨胞的生活,了解学生的思想、中文的底子、成长的环境及家庭的影响,客观地分析生源、研究生源,从而制订学校的开课方案。授课中,笔者注重个别辅导、口语训练,以小组的团体学习带动全班及个人进步,注重优秀生的培养及使用,以快带慢、以优带差,形成良好的帮扶机制。经过一系列的摸底及实践,笔者重点探究及落实教学内容的编排、授课内容的取舍,真正实现因材施教。

让学生在一节课内爱上中文是很容易做到的,但是让学生持久地喜欢中文并能坚持回校学中文就有难度了。为了让学生对中文产生持续的兴趣,课堂中笔者为学生量身定制了"五语课堂"、"肢体中文"、"复习—新课—练习—测考—作业"五

---

* 作者:黎艺青,荷属加勒比库拉索华文学校外派教师。本文刊于《世界华文教育》2019年第3期。

环教学、"口令式管理"等教学方法，有效解决了库拉索学子"学中文难"的困惑。笔者根据自身特点，将中文的词句编排成舞蹈动作、肢体语言，将中文课堂变成律动而有趣的乐园，让孩子们在音乐中学中文，在舞蹈中学中文，在抑扬顿挫的诵读中学中文，在松弛有度的管理中学中文，在劳逸结合的节奏中学中文。

华文学校在当地的建立不是上好一节中文课就可以办到的，它需要在当地民众心中树立良好的形象和威望，让学校值得信赖、值得托付，只有这样才能使华文学校在当地扎根。为此，笔者向库拉索华侨会所及校董会提出了在活动中展现我校办学实力的"内强素质、外树形象"的办学设想。

我们在中文课堂之余组织学生勤练舞蹈、武术、演唱、朗诵、书法、绘画、剪纸、制作美食等基本功，连续三年策划了三届校园文化艺术节系列活动。其中由200多人组成大型表演唱《茉莉花》、由60人组成三支舞蹈队分别表演的舞蹈《茉莉花》《加勒比弄潮》《中华傲》、由当地著名歌星Amey与我校17名女生联手表演的原创歌曲表演唱《Bo Mirada》、由荷兰籍学生Yoep及库拉索文化中心教师Lisset合唱的中国歌曲《月亮代表我的心》、由学校武术队表演的咏春拳、由学生亲手绘制的书画作品制作而成的长达三十多米的书画长廊及美食节活动等都成了学校的品牌。学生的精彩演出所展现的中华儿女的"精、气、神"不仅获得了华人社会的高度认可，更得到库拉索当地政府及民众的充分肯定，为华文学校树立了良好的办学形象。

三年来，库拉索华文学校的办学成果被库拉索当地多个电视频道直播和转播，被20多份当地报纸报道，还接受了广东电视台、《南方日报》、《江门日报》、江门电台、恩平电视台等中国媒体的专访。

如今，报读中文学校的学生不只有华人子弟，我们的学校也逐渐得到了当地人的关注及期待，当地学校的校长、政府人员、银行职员、油厂工人等通过各种渠道表达了他们想要报读我校的意愿，我们也招收了小部分荷兰籍及当地的学生就读。大型活动的成功组织已经让我们不需要疲于宣传就可以获得源源不断报读我校的生源，库拉索华文学校已初步解决了"生存下来"的难题，学校的发展已迈入了第二阶段。

我们只有始终将侨胞每天长达12—18个小时忙碌的工作之余难以照顾孩子的实际困难放在心上，把为侨胞解决教育及照顾孩子的难题放在第一位，华文学校才能长久地得到数千侨胞的信赖和支持。为此，笔者提出了学校今后三年的办学建议：

（1）狠抓质量关，继续办好现有的周末中文学习班，还可适当增收当地学生，以回报当地社会对华人子弟的照顾。

（2）办好托管班。由于当地学校的放学时间为中午 12：30 至 15：00，大部分家庭在星期一至星期五的下午时段无暇顾及孩子的学习与生活，导致孩子无人监管。孩子大部分消遣是与手机等电子用品为伴，部分孩子有难以与人沟通、不喜与人交流、态度冷漠等自闭倾向。有的家长不得不将孩子托付给当地补习费不低的补习班进行辅导，加重了侨胞特别是打工一族的年轻侨胞的经济负担。所以，若学校建立托管班，照顾孩子的健康用餐，请来当地补习教师辅导孩子学习当地课程及作业难题，这既可以让孩子在中文学校劳逸结合，与同学结伴学习、游戏，还可以大大减轻孩子的孤独感，增进孩子的心理健康，同时可减少孩子补课费用的支出，让孩子们"有专人管"，这对侨胞及孩子而言是有百益而无一害的。

（3）开办华人幼儿园。针对华人幼儿缺乏家人照顾的现状及华人子弟在当地社会的发展需求，笔者提出了开办四语（中文、英文、荷兰文、帕皮阿门托文）幼儿园的建议。要办一所让华侨华人放心、让当地友人向往、让孩子享有与当地教育接轨又富有中国特色的优质国际性幼儿园。

（4）面向当地成年人开办中文学习班。针对不同专业，设置专业性强的中文培训班，让当地有志于学习中文的职业人士或有意愿到中国留学或贸易的学生及成人获得专业的中文辅导，让库拉索当地社会也享受到中国对海外华文教育支援的果实。这不仅能更好地促进中国与当地社会的友好往来及长远合作，同时也是回报当地社会对华侨华人及其子弟多年厚爱的有效办法。

如果华文学校在今后的发展中，能多考虑侨胞对中文教育的期待和实际需求，多考虑华文学校在当地社会中担当的角色及中库文化交流、中库友谊的桥梁作用，华文学校的发展将会更加广阔和富有意义。

回顾库拉索华文学校建校的三年，笔者不禁感慨，华文学校的发展是如此步步扎实又如此不易，在中国驻威廉斯塔德总领事馆、国务院侨办、广东省侨办、江门侨办、各级教育部门、恩平市第一中学等多方合力下，我们终于携手把荷属库拉索第一所华文学校办了起来。虽然这也许是世界上教师最少、教室最少的一所华文学校，但就是在这所仅有一间教室的学校里，我们不惧怕白手起家、从零开始，兑现着一所华文学校对当地华侨华人及当地社会该有的责任与义务。

笔者曾在建校初期时提出了学校发展的四步方针：生存下来—发展下去—壮大起来—打造名校。回望这个目标，笔者可以充满信心地向祖国及侨胞们汇报：今天，这所海外华校已经生存下来并逐渐成长壮大，只要继续狠抓质量关，离创办海外华文教育名校的那一天不会遥远！

第四部分 非洲

南非华文教育发展现状、问题与因应对策*

一、引言

华文教育是海外华侨华人社会发展的必然产物与内在要求,在促进中外人文交流、推进国家语言传播能力建设、提高中国文化软实力等方面发挥着重要作用(贾益民,2018)。近年来,非洲成为华侨华人增长速度最快的地区之一(吕挺,2016)。根据庄国土(2020)调查,截至2017年,先后共有约120万华侨华人移居非洲,其中,南非有30万左右,是非洲华侨华人数量最多的国家。南非华文教育始于20世纪初,起步较早(周南京,1997),但其发展历经坎坷,跌宕起伏(吴小伟、杨道麟,2013)。随着中国经济的发展和综合国力的不断提升,特别是中南两国建交以来,南非华文教育进入了一个新的发展阶段,办学规模、办学层次、管理运营、教学水平等都取得了长足进步,对弘扬和传播中华文化,增进中南人文交流做出了积极贡献。新时代,南非作为海上丝绸之路的终端,"一带一路"倡议的持续实施给华文教育带来了前所未有的发展机遇。在这样的背景下,加强南非华文教育研究显得尤为迫切。

现有相关研究主要集中在南非华人族群现状及华人族群与当地社会的关系。有些研究从历史角度梳理了早期种族隔离政策下南非华侨华人的沧桑变化与生存状态(谭志林,2015),发现受种族隔离政策影响,南非华侨华人群体被迫在适应与转变中不断谋求发展机会(徐薇、姚橄榄,2018)。新移民的增加给南非华人社会带来新机遇,如投资领域拓宽、开始参政议政等(万晓宏,2007),同时也促使南非华人群体开始主动了解南非社会,提高自身跨文化适应能力。虽然如此,南非新移民群体仍然面临严重的经济和社会问题(陈肖英,2012),他们在基本价值、家庭观念、消费观念、社会交往、文化交流、居住格局等方面与南非人有明显差异,甚

---

* 作者:鲍蕊,浙江师范大学。本文刊于《世界华文教育》2023年第1期。

至冲突，对南非文化有明显的隔阂，始终持有一种"保持距离"的态度（陈凤兰，2012）。在经济层面上，新移民群体在南非建构起了具有"桥与墙"双重功能的民族聚集区经济社会，强化了中国新移民自身的族群认同，导致他们普遍缺乏主动融入当地社会的明确动机（陈肖英，2012）。就社会安全方面来说，新移民群体屡遭抢劫，社会安全隐患十分严重（万晓宏，2007）。

目前学界关于南非华文教育研究比较匮乏，理论成果不多，实证研究也比较乏力。一些学者（周南京，1997；岳阳阳，2011）梳理了20世纪初期以来南非华侨华人创办的各类各级华文学校，并探析了各阶段华文学校发展成败的相关影响因素，如南非的种族隔离政策、中国综合经济发展水平等。万晓宏（2007）描述了南非华文教育发展现状，分析了造成华文教育发展困境的主要原因，如南非官方语言种类繁多、南非年轻人缺少持之以恒的学习态度以及华文教育开课时间与南非人日常生活习惯冲突等。吴小伟、杨道麟（2013）进一步分析了新时期南非华文教育的发展特点，如教育层次逐步提高、教育政策制度化和规范化、教育内涵扩大化、教育形式多样化等，并就南非华文教育未来发展提出相关建议。以上这些研究对了解南非华文教育的历史及现状提供了较好的参考与借鉴，为后续相关研究奠定了基础。然而，鲜有研究从内部人视角，通过实证研究方法考察南非华文教育。基于此，本文通过问卷调查试图考察南非华文教育发展现状及存在的问题，并提出未来发展策略，以期促进南非华文教育健康可持续发展，具体研究问题如下：

（1）南非华文教育发展现状如何？

（2）南非华文教育存在哪些问题？

（3）如何更好地推进南非华文教育发展？

二、研究设计

本研究通过问卷对南非华文学校校长（$n=7$）、行政人员（$n=2$）、华文教师（$n=28$）进行调查，试图从宏观和微观两个视角全面透视南非华文教育发展现状及其存在问题。华校校长和行政人员问卷内容包括两部分：第一部分聚焦华校办学背景，包括办学形式、办学层次、招生对象、课程设置、师资队伍等基本信息；第二部分从华校管理者角度探索华文教育存在的问题,共有 27 道"李克特题"。华文教师问卷也有两部分:第一部分是教师从教情况,包括从教时间、专业背景、教材使用、教学语言、从教原因等基本信息;第二部分是从华文教师角度考察华文教学中存在的问题,共有 28 道"李克特题"。两个问卷中"李克特题"均按照五级量表设计,每道题目有 5 个选项,从"完全符合"到"完全不符合",采用五点计分法,即"1=完全不符合","5=完全符合",得分越高,表明符合度越强。问卷通过问卷星发放,回收率为 100%。

三、南非华文教育现状

通过对华校管理者和华文教师问卷中背景信息内容的归纳分析,南非华文教育现状结果显示如下:

(一)办学规模

南非华文学校办学规模基本在 100 人到 500 人不等,全职本土工作人员较少,本土教师和行政人员均为 2—5 名。绝大多数华文学校办学主体是当地华侨华人社团,只有南非中国文化和国际教育交流中心中文学校是由当地中资企业资助筹建。至于校舍问题,三所华文学校拥有自建校舍,两所华文学校租用临时校舍,两所华文学校租用长期校舍;七所华文学校运营经费主要依靠侨领募捐和学生学费;有两所华文学校还接受当地基金会资助;另各有一所华文学校受中国国侨办和中国驻南非使领馆资助。七所华文学校办学情况如表 1 所示:

表 1 南非七所华文学校办学规模

学生人数	本土教师人数	行政人员人数	办学主体	校舍	资金来源
<50 人 ($n=1$) 150—250 人 ($n=4$) 300—400 人 ($n=2$)	2—5 名($n=7$)	2—5 名($n=7$)	华侨华人社团 ($n=6$) 中资企业 ($n=1$)	临时租用 ($n=2$) 长期租用 ($n=2$) 自建 ($n=3$)	侨团($n=6$) 当地基金会($n=2$) 中国国侨办($n=1$) 中国驻南非使领馆 ($n=1$)

（二）教育层次与办学形式

在教育层次上，南非华文学校普遍开设小学和初中阶段的语文课程，其中，有四所华文学校提供幼儿园教育，五所华文学校有高中教育。此外，树德书院还开设葫芦丝、古筝、书法等成人业余兴趣课程。至今没有华文学校提供学历教育或专业教育。在办学形式上，南非华文学校主要有周末制和全日制两种，但全日制华文学校较少，只有一所斐京华侨公学，其他华文学校均为周末制办学。近几年，随着南非华文教育需求的不断增长，华文学校办学形式开始呈现多元化趋势。有些华文学校开始开设"课后补习班"，如非洲华文教育基金会中文学校为学生提供课后"一对一"补习。此外，私人家庭式辅导机构也日渐增多，成为一种新的办学潮流。华文学校教育层次和办学形式情况如表2所示。

表2 南非七所华文学校教育层次和办学形式

本研究通过问卷对南非华文学校校长	办学形式
幼儿园（$n=4$） 小学教育（$n=7$） 中学教育（$n=6$） 高中教育（$n=5$） 业余教育（$n=1$）	非全日制（$n=6$） 全日制（$n=1$）

（三）管理模式

就管理模式而言，调查结果显示，绝大多数南非华文学校（$n=6$）采取校董会领导下的校长负责制，即由校董会负责筹措资金，校长由校董会任命，负责华文学校的运营与行政管理，同时作为管理人员参与教师招聘、招生宣传等相关工作。只有非洲华文教育基金会中文学校实行教务长负责制，由校长来负责学校的行政管理，教务长负责日常的教务管理工作。

（四）教学对象

调查结果显示，南非华文学校的教学对象主要以学校所在地及周边的华侨华人孩子为主，较少招收当地学生。目前只有全日制华校斐京华侨公学华裔与非华裔学生兼收。例如疫情之前斐京华侨公学有400—500名学生，其中，华人及亚裔学生约占10%。此外，除了青少年学生以外，树德书院还开设汉语兴趣班、警察班、社区警民服务班、银行班等各种成人培训班，扩大华文教育在当地的影响。

（五）师资队伍

就师资队伍来说，调查结果显示，南非华文学校师资主要有两种类型：一种是本土教师，主要是当地华侨华人；另一种是孔子学院公派教师及志愿者。从整体上看，本土教师人数不多，主要集中在全日制华文学校斐京华侨公学，目前共有5名本土教师，且均为中国台湾地区早期移民。其他华文学校教师主要是孔子学院公派教师及志愿者。此外，疫情之前南非华文教育基金会中文学校还从中介机构聘请了几位专职本土教师。

（六）华文教材

调查结果显示，南非华文学校目前使用最为广泛的教材是暨南大学出版社出版的《中文》(小学版)，有四所华文学校同时配有人民教育出版社的《语文》作为参考，个别华文学校还根据学生需求，分别使用《轻松学中文》《跟我学汉语》《HSK标准教程》教材作为补充，而两所中国台湾地区侨团资助的华文学校使用台湾地区编写的简体字版教材《学华语向前走》。此外值得一提的是，有两所华文学校使用本土华文教师自编的教材，但尚不成体系，整体来说，本土华文教材开发程度较低。

（七）课程设置

在课程设置上，调查结果显示，七所华文学校均以语言教学为主，十分类似中国的语文教学。此外，三所华校还开设数学课，其中两所华校开设了中国文化课。值得一提的是，南非中国文化和国际教育交流中心中文学校开设"中文+"课程（"中文+导游"）。由此可见，南非华文教育以语言教学为主，课程设置整体比较单一。

综上所述，可以说南非华文学校总体办学规模不大；主要采用校董会领导下的校长负责制进行管理；以周末制办学为主；聚焦中小学语文教育，幼儿园和学历教育相对较少；生源主要是华裔学生；教师大多为孔子学院公派教师及志愿者，本土教师十分稀缺；教材以中国出版的汉语教材为主，尚无体系化的本土教材。

四、南非华文教育存在的问题

对两份问卷中"李克特题"进行均值统计分析，结果显示，南非华文教育主要存在以下六方面问题。

（一）缺少南非政府政策和资金支持

所在国政府支持是华文教育事业发展成败的决定性因素（吴应辉，2016；郭熙，2020）。就南非当地政府对华文教育支持情况来看，调查结果显示，"华文学校缺少当地政府支持"的均值为4，"华文学校需获取当地政府支持"的均值为3.8，"华文学校缺乏办学资金"的均值为4，这说明南非政府在政策和资金方面对华文教育的支持力度十分有限。

（二）教学师资严重缺失

毋庸置疑，师资队伍是海外华文教育持续发展的根本保障。华文教学师资的缺失主要体现在数量和质量两个方面：一方面华文教育普遍师资短缺；另一方面缺少具有专业水准的师资，即师资专业化程度低（吴勇毅，2010）。就南非华文师资数量而言，调查结果显示，"华文学校师资数量紧缺"的均值为4.2，在所有问题中均值最高，说明南非华文教育师资极其短缺。就华文师资技能训练来看，"华文教师参与教师技能培训和训练的机会少"的均值为3.25，"华文教师要提升自己的专业知识与能力"的均值为4，"华文教师需不断提升自己的教学水平"的均值为4.11，这说明南非华文师资需加强职中和职后技能培训，提升师资质量。此外，"华文教师与当地主流教育体系的教师交流少"的均值为3.54，这从另一方面反映华文师资群体与当地主流教育互动较少，尚未融入主流教育体系。

（三）生源单一且流失严重

就南非华文学校生源来看，调查结果显示，"华文学校学生主体单一"的均值为3.3，"华文学校生源减少"的均值为3.7，结合上文对南非华文教育教学对象的分析可知，南非华文学校生源比较单一，以华侨华人孩子为主，较少招收本地学生。另外，因疫情影响，很多华裔学生回国，这在一定程度上导致了华校生源流失。然而，新时期的华文教育已由传统的华侨教育转变为面向华人的华文教育（吴勇毅，2010）。也就是说，华文学校教学不应只局限于华侨群体，而需面向更广泛意义上的华人，甚至还包括所在国当地人。因此，南非华文学校需拓宽招生对象，推进学生主体多元化。

（四）华文学校办学条件差

办学条件差是各国华文学校面临的一个普遍问题。就南非华文学校办学条件而言，调查结果显示，"华文学校没有固定校舍"的均值是3.2，"华文学校现有校舍需要维护与更新"的均值为4，"华文学校办公教学设备设施陈旧"的均值是3.2，"华文课堂教师缺少多媒体等现代教学设备"的均值为3.39。由此可见，华文学校整体办学条件不太理想，这在一定程度上会降低华文教育质量，弱化华文教育的吸引力，制约其可持续发展。因此，南非华文学校需更新教学设施设备，融合现代教育技术，改善办学环境，提高竞争力。

（五）华文教育行业标准缺失

规范化、标准化、专业化是世界各国华文教育奋斗的目标。"标准缺失将使质量管理无据可依，无章可循"（吴应辉，2016）。就南非华文教育标准建设而言，调查结果显示，"华文教育缺乏统一的课程大纲"的均值为3.3，"华文教育缺乏华文水平测试标准"的均值为3.3，"华文教育没有统一的师资认证制度"的均值为3.5，这些说明南非华文教育不规范、不统一，极易造成华文学校各自为政、各行其道的局面。此外，就教师招聘来说，"华文学校没有统一的教师招聘标准"的均值为4.2，这似乎说明南非华文师资准入门槛较低，在一定程度上也会影响华文教育整体教学质量和教育水平。

（六）华文教材脱离学生需求

从南非华校当前使用的教材来看，调查结果显示，"华文教材内容脱离南非当地文化"的均值为3.57，"华文教材不贴近当地华人生活"的均值为3.29。由此可见，目前南非所使用的华文教材脱离南非当地生活和文化，本土化程度不高。此外，就现有华文教材整体设计而言，"华文教材内容陈旧"的均值为3.25，"华文教材不符合少年儿童的兴趣和需求"的均值为3.11，"华文教材课后习题类型单一"的均值为3.21，"华文教材整体设计单调"的均值为3.18，"华文教材缺乏其他教辅材料"的均值为3.18，这些说明当前所使用的华文教材在内容、设计、配套学习资源上吸引力不强，亟须更新，以满足学习者需求，提高学习效果。

五、促进南非华文教育未来发展对策

基于南非华文教育的现状与存在的问题，我们从宏观、中观、微观三个层面探讨南非华文教育未来发展对策。

（一）宏观层面

1.制定南非华文教育发展顶层设计

顶层设计即指从宏观层面对一国语言传播实践的长期战略和整体设计等进行决策和规定（央青，2011）。当前，南非华文学校总体仍停留在扩大办学规模等短期目标上，零乱分散，缺失长远规划。据此，华文学校管理者需着眼华文教育健康和谐与可持续发展，把南非华文学校作为一个整体进行统筹，制定长远发展规划，构建华文教育完善的人才培养体系、施教体系、教材体系、教师培训体系、帮扶体系、质量监管体系和考核评价体系等保障体系，推动南非华文教育事业的全面协调与整体发展，提高华文教育办学水平。

2.增强中南两国政府扶持力度

受南非多语语言政策背景影响，相较于一些传统语言科目，汉语作为一门新兴语言优势不足。据了解，汉语作为第二附加语言选修课程只在当地几所学校试行，尚未在公立学校大面积开设，推广力度不大。另外，南非政府对华文学校发展几乎没有任何资金支持，华文学校自负盈亏，仅靠侨团募捐及学生学费不足以维持正常运营，也非长久之计。因此，华文学校需主动与当地政府沟通，使当地政府直接参与华校建设与发展，争取当地政府重视和保护，以获得政策和资金上的支持，改善华文学校办学环境、师资力量等软硬条件。同时，中国政府也应加大对海外华文教育支持力度，在办学经费、师资培养、教材开发等方面给予充分保障，共同为南非华文教育发展保驾护航。

3.成立南非华文教育组织管理机构

"组织是事业发展的基本保障，没有组织的力量无异于一盘散沙，无法形成合力"（吴应辉，2016）。纵观华文教育发展，所在国华教机构都为本国华文教育发展做出了重大贡献。南非目前尚无一所管理华文教育的机构，各华校闭门办校，彼此之间较少沟通，合作更少，埋下资源浪费和恶性竞争的隐患，制约华文教育长远发展。南非可借鉴东南亚华文教育发展的成功模式，成立联合管理机构，统筹南非华校资源，优化资源配置，促进各华校间加强联系、资源共享、合作共赢，形成发展合力，提高华文教育治理能力。

（二）中观层面

1.增强与中国高校或相关机构的合作

发展与中国高校或相关机构的合作可使海外华文学校共享中国的学校资源，进而缓解其师资、教材短缺等棘手问题（刘华、程浩兵，2014）。南非华文学校应加强与中国相关主管单位、高校的合作，寻求更多的华文教育资源，提升华文教育办学层次，拓展华文教育深度。如非洲华文教育基金会中文学校与中国的同济大学签订协议，学生高中毕业后可以申请到同济大学读本科，使华文教育与学生未来职业发展紧密结合，提高华文教育影响力。此外，通过与中国高校合作，可以定向培养本土华文师资，解决本土华文师资短缺这一根本问题，促进华文教育可持续发展。

2.大力开展"华文教育+"

随着"一带一路"建设的深入推进，南非华文教育需突破单一的语言文化教育，向语言文化教育与职业教育、中资企业、信息技术相结合转型，大力发展"华文教育+"。如南非中国文化和国际教育交流中心开展的"华文+银行""华文+导游""华文+酒店管理"等"华文教育+职业教育"培训班，延伸办学领域，使华文教育与职业能力培养结合起来，解决当地社会华语专业人才的缺口问题。同时，华文教育也要关注南非中资企业，精准对接中企所需，发展"华文教育+产业化"，深化"校企合作"，探索"产教融合""协同育人"新模式，使华文教育与学生就业直接挂钩，提高华文学习者的幸福感和获得感，助力华文教育长远发展。

3.打造中文国际学校

南非华文学校可借鉴法国的成功经验，尝试走国际学校路线，突破传统供给模式，实施"供给侧"改革，华裔与非华裔学生兼收，接受当地政府统一管理，采纳统一课程标准，完善课程体系，大力发展本土师资队伍，融合现代教育技术，开发完善的本土教学资源体系，使南非华文教育融入当地主流教育体系，真正成为当地教育生态的重要组成部分，成为受南非教育部门乃至全球教育界承认的国际教育，使中文真正走向世界。

（三）微观层面

1.强化本土师资培养培训

师资是华文教育本土化发展的重要保障。当前南非华文教育师资主要依赖中国师资的输送，这不利于华文学校稳定发展。比如疫情防控期间，很多教师任职到期后回国，新教师又无法派出，导致一些华文学校因缺乏师资而倒闭（如新堡市阳光中文学校）。因此，强化本土华文师资培养是华文教育可持续发展的必然选择。为此，可通过中南两国高校合作办学，建立一套完整的本土华文教师培养制度，由单向输出向定向培养、合作培养方式转变，从"输血"转变为"造血"，实现华文教育本土师资自给自足。另外，通过"请进来"和"走出去"相结合策略，一方面，邀请中国的华文教育专家赴南非进行教学辅导和系统培训，组织教学研讨会，加强交流，取长补短，提升本土师资专业能力；同时，鼓励本土华文教师"走出去"，到中国大学深造，增强自身造血功能，保障华文教育发展行稳致远。

2.开发本土华文教材

本土教材研发是华文教育最重要的资源建设内容之一，编写适合当地国情和华人需要的统一教材也是各国华文教育一直努力的方向（陈真，2007）。为此，组织专家学者及一线华文教师对南非华文教育基础大纲、学生年龄层次、学习需求等进行充分调研，在此基础上深入探讨本土教材内容、设计与编排，使华文教材真正贴近学习者日常生活，实现学以致用，学有所用。

3.推动华文教育信息化改革

信息化时代，大数据、人工智能、虚拟仿真等数字技术的出现与应用倒逼传统教学改革与创新。华文教育需搭上信息数字技术的"快车"，充分利用网络资源优势，推进信息技术与华文教学的深度融合，转型升级，开展线上学习、智慧教学、远程教育等，延伸学习空间，使学习者根据自己的需求选择合适的学习内容和学习方式，激发学习兴趣，提高学习效率。

参考文献

［1］陈凤兰．南非中国新移民与当地黑人的族群关系研究［J］．世界民族，2012（4）．

［2］陈肖英．南非中国新移民面临的困境及其原因探析［J］．华侨华人历史研究，2012（2）．

［3］陈真．东南亚华文教学的发展趋势、问题及对策研究［J］．云南师范大学学报（对外汉语教学与研究版），2007（4）．

［4］郭熙．新时代的海外华文教育与中国国际语言能力的提升［J］．语言文字应用，2020（4）．

［5］贾益民．新时代世界华文教育发展理念探讨［J］．世界汉语教学，2018（2）．

［6］刘华，程浩兵．近年来海外华文教育发展的现状、问题及趋势［J］．东南亚研究，2014（2）．

［7］吕挺．非洲华侨华人新移民教育需求分析与供给模式探索［M］．华侨华人蓝皮书：华侨华人研究报告（2016）．北京：社会科学文献出版社，2016．

［8］谭志林．南非华人社会地位变迁——以南非华人协会胜诉BEE为例［D］．广州：暨南大学，2015．

［9］万晓宏．南非华人现状分析［J］．八桂侨刊，2007（1）．

［10］吴小伟，杨道麟．南非华文教育浅论［J］．八桂侨刊，2013（1）．

［11］吴应辉．东南亚华文教育发展问题的表象、本质、措施与机遇［J］．浙江师范大学学报（社会科学版），2016（1）．

［12］吴勇毅．新时期海外华文教育面临的形势及主要变化［J］．浙江师范大

学学报（社会科学版），2010（2）．

［13］徐薇，姚橄榄．南非华人的历史、现状与文化适应［J］．广西民族大学学报（哲学社会科学版），2018（3）．

［14］央青．泰国汉语快速传播对其他国家顶层设计的启示［J］．西南民族大学学报（人文社会科学版），2011（2）．

［15］岳阳阳．南非华文教育的嬗变［J］．青春岁月，2011（22）．

［16］周南京．南非华侨华人教育概述［J］．八桂侨史，1997（3）．

［17］庄国土．21世纪前期海外华侨华人社团发展的特点评析［J］．南洋问题研究，2020（1）．

肯尼亚中文教育的发展现状、困境与对策*

一、引言

肯尼亚是中国"一带一路"倡议沿线重要的支点国家，中肯两国交往源远流长，600多年前，郑和率领的船队就曾到达肯尼亚东部沿海城市蒙巴萨和马林迪，带去友谊与贸易。1963年12月14日两国正式建交，开启了长期友好交往的历史。

过去二十年间，中国大力推进与肯尼亚的教育合作项目，自2005年非洲首家孔子学院落地内罗毕大学以来，中文教育在肯尼亚不断发展，为当地经济社会进步和中肯人文交流做出了积极贡献，肯尼亚成为中国在非洲的重要经贸合作伙伴和中非产能合作先行示范国家。

近年来，中肯人文交流不断深化，两国贸易往来日益频繁，中文教育在肯尼亚也呈现出多元化蓬勃发展的态势。肯尼亚的部分高等教育机构与中国的大学合作创办了中文专业，孔子学院及其下设课堂和教学点的教学质量不断攀升，面向华裔青少年的华文教育机构开展的语言教学和文化活动丰富多彩，成了当地多元文化的重要组成部分，架起了两国文明交流互鉴之桥。

2020年，肯尼亚教育部宣布将中文课程纳入当地国民教育体系，开始在全国所有中小学推广中文教育，首批试点学校有31所。根据肯尼亚教育部门的改革方案，小学四年级到高三的学生都可以将中文作为选修课程。同年12月，肯尼亚教育部部长乔治·马戈哈（George Magoha）表示，中文教育促进了中肯双方的相互了解，肯方将继续支持中文教育。在这样的大背景下，肯尼亚本土学校的中文教学也开始普及，民办与私立中文培训机构不断涌现并快速发展。

尽管机遇良好，肯尼亚的中文教育发展也面临着很多不确定因素。如何在新形势下于各类挑战中寻求突破，推进肯尼亚中文教育的可持续发展尤为重要。

---

* 作者：李静，山东师范大学。本文刊于《世界华文教育》2024年第3期。

二、肯尼亚中文教育的基本情况

（一）各阶段教育基本数据及主要特点

肯尼亚地跨赤道，东临印度洋，自然资源十分丰富，国土面积约 56.91 万平方公里，人口数量约 5498.57 万，其经济发展水平在非洲大陆居于中上。该国的教育主管部门为教育部，外语教育主管部门主要机构为 2013 年成立的肯尼亚教育部课程发展研究院。现行的国民教育体系为两年学前教育、八年义务初等教育、四年中等教育和四年高等教育。自 2017 年以能力为基础的课程（CBC）改革推行以来，考虑到 2—8—4—4 制的一些缺点，肯尼亚正推出学制改革，在 470 所学校试行 2—6—3—3 制。即原来的小学八年改为小学六年加初中两年，试点的第一批小学生于 2023 年 9 月起进入七年级学习。根据肯尼亚教育部及统计局 2021 年数据，各教育阶段的基本情况见表 1 所示。

表 1 肯尼亚各教育阶段基本数据统计表

教育阶段	初等教育	中等教育	高等教育
学校总数量（所）	31552	10487	77
公立学校数量（所）	23392	8933	40
私立学校数量（所）	8160	1554	37
学生总数量（万人）	1003	330	54.6699
公立学校学生数量（万人）	858	260	48.93
私立学校学生数量（万人）	145	70	5.7399
学龄人口（万人）	1020	350	56.2
教师总数量（万人）	31.5251	19.8752	2.1726
公立学校教师数量（万人）	21.8077	11.3155	1.3258
私立学校教师数量（万人）	9.7174	8.5597	0.8468
非永久性合同教师占比情况（%）	11.7	43.97	50

如表 1 所示，肯尼亚初等教育学龄人口约 1020 万人，入学率为 99%。但根据肯尼亚教育部官方同年的统计数据，学前教育的入学率仅为 65.14%。全国初等教

育学生总数量增加到约 1040 万人，中等教育学生总数量增加到约 369.2 万人，高等教育学生总数量增加到约 56.3 万人，职业教育学生人数约为 56.25 万。此外，根据 2020 年肯尼亚教育部数据，全国继续教育与成人教育学生约有 18.9443 万人，成人教育中心 4932 个。从教育财政投入上看，肯尼亚政府十分重视国家教育事业的发展，教育经费一直保持在政府总财政支出的五分之一左右，并逐年递增。

肯尼亚的教育特点包括以下几个方面：第一，基础教育重视社会、经济和技术的需求，同时强调各级教育内容要与学生年龄相适应；不同于很多国家基础教育重视知识型教学，肯尼亚中小学教育更侧重于社会生存技能和知识普及。第二，努力实现教育平等。除了具有强制性、免费性、普及性的特点外，肯尼亚义务教育还努力体现平等。第三，肯尼亚是非洲地区较早发展私立高等教育且私立高校规模较大的少数国家之一。第四，开展了广泛而全面的扫盲教育，加强文化与教育之间的协同作用以及官方和民间的共同参与。第五，职业教育实践水平不高。

（二）语言教育政策及开展中文教学政策

肯尼亚是一个多民族多语种国家，2010 年 8 月颁布的《肯尼亚宪法》确定该国官方语言为英语和斯瓦希里语。其他使用较为广泛的部落语言有基库尤语和卢希亚语。

19 世纪肯尼亚成为英国殖民地后，英语传入肯尼亚，并成为该国正式场合中使用的主要语言，常见于法律文件起草、法庭诉讼、印刷媒体等。在学校教育中，除斯瓦希里语外，所有主要科目都以英语为教学语言。

张军广（2019）认为，肯尼亚的语言教育政策大致经历了两个阶段：由殖民者主导的阶段和由国家独立规划的阶段。殖民者主导的时期，英语的重要地位开始确立；国家独立以后，英语作为教学语言在肯尼亚获得了更高的地位；后殖民时期的英语语用逐渐导致了肯尼亚社会阶层的分化。英语的使用先是被认为是被异化的外国人的标志，后被特权人群标榜为有修养的表现，"本土部族语言在语言教育中逐渐被边缘化"（张军广，2019）。

肯尼亚现行的外语政策是小学四年级开始进行外语必选课的学习，2018 年，肯尼亚教育部为学前和小学生推出了新课程的第一个试点路线图。新教学大纲在试行一段时间以后，在所有小学和中学课程中全面实施，学生们除了学习官方语言，同时可以学习中文、法语、阿拉伯语等外语。根据教育部 2021 年统计数据，该国法语学习者约 5.3 万人，中文学习者约 1.84 万人。

肯尼亚政府支持中文教学计划，2020 年教育部宣布将中文教育纳入国民教育体系，中文课程审批由肯尼亚教育部课程发展研究院负责，该研究院发布了支持开展中文教学的《肯尼亚小学高年级汉语课程设计》。此前已有不少国际学校将中文作为选修课程进行教授。

（三）肯尼亚中文教育发展历史概述

肯尼亚与中国自 1963 年建交以来，友好合作关系发展顺利。两国于 1980 年 9 月签署了文化合作协定。1982 年起，中国每年向肯尼亚提供至少 10 个奖学金名额。1994 年两国又签订了高等教育合作议定书，由中国向肯尼亚埃格顿大学提供教学科研仪器，并派遣两名教师。

2005 年，中国在肯尼亚首都内罗毕建成非洲第一所孔子学院——内罗毕大学孔子学院，2009 年起开始招收中文专业本科生。经过多年的发展，逐步构建了包括本科学位课程、基础中文课程和特色中文课程组成的课程体系。2007 年，内罗毕广播孔子课堂建立，成为海外第一所独立孔子课堂，标志着中文教学走出校园，为更多当地普通民众提供更加便捷的学习中国语言文化的机会。医岭中学教学基地的启动，更是标志着"广播孔子课堂将该国中小学层次的汉语教学推到了一个新的高度"（郑治，2013）。2008 年 12 月，山东师范大学和肯雅塔大学签署合作意向协议，肯雅塔大学孔子学院成立。2009 年，基苏木中小学汉语教学点开设。

2013 年中国提出"一带一路"倡议。作为该战略在非洲的重要支点，肯尼亚是新丝绸之路建设中获得中国资金援助最多的国家之一。2013 年 9 月，全球首家农业特色孔子学院埃格顿大学孔子学院成立并开始招生，在埃格顿大学及其附属中小学进行中文教学的同时，为周边农民进行农业技术培训。

"一带一路"倡议推行之前，肯尼亚的私立大学，如 KCA 大学和美国国际大学也提供中文证书课程。内罗毕及周边地区的小学和中学，如帕克兰高中、基安布高中、联盟女子高中等学校引入了汉语俱乐部和相关活动，作为其共同课程活动的一部分。虽然没有广泛传播，但汉语学习在肯尼亚开始兴起并有所发展。自"一带一路"倡议推行以来，越来越多的私立学校、中小学、各级各类教育机构开始进行中文教学，在内罗毕市教汉语的私立学校有 30 多所。

2014 年 5 月 11 日，中国政府和肯尼亚政府发表联合声明，双方表示将进一步扩大人文交流，加强在文化、教育、科技、卫生、体育、新闻、人力资源开发等领域的合作，密切民间团体和学术机构的联系。2015 年 3 月 30 日，全球第一所以纺织工业技术和服装设计为特色的孔子学院——莫伊大学孔子学院正式揭牌成立，为中肯两国语言文化和纺织服装搭建了合作之桥。肯尼亚的四所孔子学院开设了各类中文学分课程和非学分课程，包括证书班、水平班、中文专业专科班和本科班，与中国的合作院校共同培养中文硕士研究生，为当地学生参加汉语水平考试提供了便捷的服务。自 2005 年至今，共招收注册学员累计近 3 万人，参加中国文化活动体验的人数达到 20 多万人次。

与此同时，肯尼亚的华文教育快速发展，海外华语中心、华韵学堂、爱德曼中文学校等数家华文教育机构涌现。在过去的十余年里，华文教育机构通过中文课堂教学、文化活动及组织中小学生汉语水平考试（YCT）等，完成了教授中国语言和文化的核心任务，同时也加强了中国和肯尼亚之间的文化联系。

肯尼亚海外华语中心 2009 年 1 月在肯尼亚教育部正式注册成立，专门从事汉语教学和中国文化的传播工作，设有普通班、商务班、汉语水平考试（HSK）班、企业培训班等，同时向广大肯尼亚华裔少儿提供汉语和中国文化教育。2011 年，该中心与中国国际广播电台肯尼亚分台合作，正式挂牌成了广播孔子课堂基地，同年与兰州大学合作，成为兰州大学文学院汉语国际教育硕士的实习基地。

华文学校中肯文化教育中心——肯尼亚华韵学堂成立于 2016 年，是在"一带一路"倡议下筹建的中文教育机构，也是肯尼亚第一所由中国人独立开办的中文学校，以传播和发展中华文化为宗旨，为旅肯侨胞和华侨华人子女搭建了一个文化交流平台。2017 年 2 月该校正式对外开放招生，目前教职员工十余名，每年在校学龄学生 100 多名，短期学生数百名，开设有少儿课堂与成人课堂，涵盖了汉语、中国传统艺术等课程，为华人家属开办了成人舞蹈、太极等中国特色课程，并与华侨图书馆合作建设了非洲华文学校的第一个图书漂流站。

爱德曼中文学校则是由有着 20 多年历史的实力雄厚的中资房地产公司——爱德曼房地产公司出资创办的。学校面向所有接受以中国教育大纲为基础、中西合璧教育模式的学生进行招生，旨在为当地华人儿童提供专业、完整、高品质的教育，尤其对3—6岁的当地华人适龄儿童学前教育事业做出了积极贡献。学校目前有中国籍员工7名，授课教师以中国教师为主，搭配肯尼亚助教，中英双语授课，帮助学生掌握中文听说读写的技能，并培养他们对中华文化的理解和欣赏。该校还与聪明树签署了早幼教一体化战略合作协议，加入了中国华文教育基金会"名师讲堂"华文教师远程培训等项目。

肯尼亚华文教育机构注重传承和弘扬中华文化，通过教授汉语、中国历史、文化等课程，让学生了解和认识中华文化的深厚底蕴和独特魅力。在教学方法上注重结合多元智能理论，通过多样化的教学方式和手段，如游戏化教学、情景模拟等，全面培养学生的各项智能。这些华文学校还与肯尼亚华人艺术团、肯尼亚中国妇女联合总会、各华人商会组织、中资企业、媒体等机构保持良好的合作关系，共同助力"一带一路"建设。

除了华文学校之外，肯尼亚还有一些由当地人开办的中文机构，比如创立于2011年9月的私立汉语文化培训中心——肯尼亚中国文化培训中心，已经为500多名学生提供了汉语口语技能培训，并成为汉语水平考试分中心。此外，提供中文语言培训的知名机构还有肯尼亚语言学校、肯尼亚外语与职业研究学院、Oracle语言中心、ACK语言学校等。

2017年中国与肯尼亚确立伙伴关系，肯尼亚成为中国在非洲的全面战略合作伙伴。2022年1月6日，肯尼亚总统乌胡鲁·肯雅塔在蒙巴萨会见中国国务委员兼外交部长王毅时表示，肯中各领域务实合作，人文交流不断深化，为肯尼亚创造了大量就业机会，改善了人民生活。中文学习正成为肯尼亚年轻人就业的关键因素之一。随着汉语学习者数量的不断增加，中华语言文化传播在带动当地经济发展方面发挥了重要作用。

（四）相关研究综述

有关肯尼亚中文教育的综合研究包括国际中文教育发展历史和现状研究、国际中文教育发展面临的问题和对策研究、发展方向研究等。目前已出版或发行的影响较大的相关书籍有李佳宇、万秀兰（2022）《肯尼亚文化教育研究》，该书聚焦肯尼亚的国情文化、教育历史、各阶段的教育政策、教育行政，以及中肯教育交流等，对肯尼亚的中文教育内容也有所涉及。此外，南开大学赵鹏（2010）梳理了肯尼亚汉语教学的历史演变。

从相关文献的发表情况来看，有关肯尼亚中文教育专题研究方面的论文和著作数量更多，数据分析也更翔实，包括教师教育研究、教学法研究、教材研究、教学资源建设研究、课程建设研究、文化活动设计研究、HSK/HSKK等汉语水平考试情况研究等几个方面。有不少国际中文教育专业的硕士和博士学位论文以肯尼亚作为研究对象国，如段洁（2013）对肯尼亚海外华语中心的教学模式和教学资源以及斯瓦希里语教材的编写情况进行了分析。相关研究还有于鹏（2014）、邓雨佳（2019）等。2021年，由肯尼亚莫伊大学学者奥凯时·克里斯多福·奥杜尔（Okech Christopher Oduor）撰写，东华大学赵晓临、符裕、顾欣怡翻译的《"一带一路"倡议下中肯文化融合的可持续性》探讨了中肯两国文化对"一带一路"倡议可持续发展的影响。肯雅塔大学汉语教师苏珊·万吉拉的博士论文（Wachira, Susan Wanjiru, 2020）对肯尼亚汉语作为外语学习者所采用的词汇学习策略进行了描述和分析。

综上所述，在肯尼亚中文教育蓬勃发展期间，专家、学者对这一领域的话题产生了浓厚的研究兴趣，并在调研基础上进行了相关研究，为肯尼亚中文教育的发展提供了总结和借鉴。

三、肯尼亚中文教育发展的困境与对策

2019年，国际中文教育大会开启了国际中文教育体系构建的新时代。素有海外"留根工程"之称的华文教育被明确纳入国际中文教育领域，百年未有之大变局使新时代的中文教育发展面临机遇和挑战并存的局面。

（一）肯尼亚中文教育发展面临的问题

目前，肯尼亚中文教育中普遍存在的几个主要问题包括：

（1）政策落实不力，受众群体有限

当地中小学中文教学虽已纳入国民教育体系，但政策的推行范围有限，真正教授中文课程的学校数量很少，许多学校反映，虽有政策鼓励，却没有相关落地措施和资金支持。尤其是政策推出后受到全球疫情的影响，许多中小学不得不停止线下

授课，改为线上或直接取消中文课程。大学的中文教育也同样面临挑战。在肯尼亚的教育结构中，高等教育环节是非常薄弱的，大学数量少，且能支付汉语学习费用的肯尼亚人又占总人口的极少数。

华文学校的学生群体因地区、学校规模和性质等因素而有所不同。大多华文学校面向华侨华人子女，也有一些学校可能更注重面向本土推广中文和进行文化交流。但总体而言，华文学校的学生群体主要包括华侨华人子女、华裔后代以及对中国文化感兴趣的外国学生。这部分群体数量有限，通常是因为家庭背景、文化传承、个人兴趣等原因选择就读华文学校。

（2）课程开设困难，教师数量不足

肯尼亚的课程设置要经国家教育部统一批准，在中小学增设一门选修课是牵一发而动全身之事，故而在公立学校开设汉语课程是一项任重而道远的计划，只有少数私立的国际学校可以自主开设一定数量的选修课。语言课作为一门非技能性的课程，在宣传与推广上也面临着与其他选修课程和其他语言类课程的竞争，学生在接受新课程时必然会考虑其实用性和经济效益，大多数学生更愿意选择已有较为悠久历史的法语课。所以，想要在当地学校长期开设汉语课并非易事。而许多现有中文课程设置存在低水平的重复现象，未能做到因地制宜，未能有效衔接，影响了教学效果。

中文纳入国民教育体系的一个必然结果就是试点中小学的中文教师需求量增加，而现有中方教师和本土教师数量均难以满足需求。大学则严重缺少高层次的本土汉语教师，课程设置与课程改革更是需要数年的反复论证，程序非常繁琐。像内罗毕大学和肯雅塔大学虽已获批开设中文专业，但目前许多本土汉语教师的语言水平却难以达到当地大学对任课教师的规定。对于普通中文课程的教授，有些本土教师的读写教学能力也亟须加强。他们过多依赖或单一使用拼音教学，忽视汉字书写，导致许多学生学习习惯不佳，汉字书写能力较差。

此外，华文教育机构的师资力量相对较弱。华文学校多为独立办学，缺乏中国合作院校定期派遣中方师资、国外合作院校帮助招聘本土教师的优越条件。由于缺乏具有丰富教学经验和专业知识的华文教师，这些机构往往很难持续提供高质量的华文教育。由于地理位置和经济条件等的限制，吸引和留住优秀的华文教师也面临一定的困难。

（3）教学资源匮乏，教材水土不服

肯尼亚的华文教育起步较晚，教材和资源相对匮乏，这使得学生难以获得系统、全面的华文教育。由于华文教育在非洲英语国家的普及程度不高，课程设置和教材开发等方面的投入也相对较少。面向幼儿的华文教育机构在当地通常要依赖华人社区的支持，而华人社区在当地的资源和影响力有限，导致教育机构在获取足够的教材、教学设备等资源方面存在困难。

有些中文教学点基本无专项拨款，学校财政困难，需要依靠政府或企业赞助来开展文化活动，教学资源建设不足，非学历课程的教材尤为缺乏。现有的中国教材到肯尼亚课堂上，出现了不适应非学历制的短期速成教育而导致教学计划与教材进度无法并驾齐驱的问题。国别化教材缺乏，现有的部分斯瓦希里语版教材不受青睐，无法适应当地学生的思维习惯和学习习惯。

（4）网络条件不佳，数字资源不足

得益于铺设海底的数条电缆，肯尼亚宽带互联网速，包括网络上传和下载平均速度已领先其他非洲国家，但其4G覆盖率仍仅为30%左右。2021年疫情防控期间，肯尼亚小学中文教学使用Google Classroom、Zoom、Classdojo等网络平台的人数仅有2000余人。肯尼亚的网费高，网速却较为缓慢，大学和华文学校网络条件较好，部分中小学和偏远地区学校网络硬件条件堪忧。这使得一些需利用网络教学的汉语教材，如《长城汉语》及一些中国高校团队研发的优秀教学课件的利用受限，优秀的课程资源、多媒体资料无法在课堂上运用，大大限制了将汉语课生动化、具体化的教学理念的应用。

另外，在很长时间里，肯尼亚中文教育机构重视传统媒介中文教学资源的发展，忽视了数字化教学资源的建设，导致对建设可共享的、规范化的、国别化的中文教学资源库的需求日趋强烈。

（5）文化活动表层化，单向传播效果差

近年来，中文教育机构在文化活动举办方面的瓶颈开始凸显。一是文化教学内容多以低层次的文化技艺为主。如书法、太极拳、茶艺、剪纸等仍是许多机构的主流文化活动，缺少对中国文化的哲学精神和人文内涵的挖掘，难以使肯尼亚民众真正了解中国、认识中国、理解中国。二是以传播者为主体的单向传播效果不佳。例如有些文化活动，由于缺少对当地民众文化需求和欣赏水平的了解，很难在当地引起反响。组织一场文化活动需要耗费大量的人力、物力和财力，然而当地民众对活动的热情和参与度却很低，活动的效果不尽如人意。

（二）因应对策与建议

针对中文教育在肯尼亚的政策推行力度不足、缺乏师资支持、数字化建设有待提高等诸多问题，提出相应的对策如下：

（1）鼓励学校响应政策，加强宣传扩大生源

政府需要积极推进中文教学在当地中小学的普及进度，鼓励未被列为试点的一些公立学校积极为未来开展中文教学做准备。比如非试点学校卡哈瓦苏卡瑞基督教学校积极响应政策，邀请了肯雅塔大学中文教学团队到学校进行交流，商讨为其全体语言教师进行中文培训，以促进其教学人员的专业素质提升，培养中文教师后备军，为将来全面实现高年级学生的中文学习做准备。

华文学校则需要通过宣传提高华裔和非华裔儿童家长对华文教育的重视，扩大生源，还可以与当地的教育机构、社区组织等建立合作伙伴关系，共同推广中文教育，扩大影响力。比如通过中文进社区宣传活动、举办公益文化活动等来扩大宣传力度；通过提升培养质量来增强市场竞争力；通过留学中国交换生项目、赴华夏令营项目或奖学金项目，让学生感知中国，体验中国文化的魅力；通过与企业合作，提高HSK、HSKK、YCT等中文水平考试在当地的认可度；通过建立示范教学点来实现以点带面的效果等。

（2）调整现有课程内容，加强本土教师培训

鉴于新开专业和课程的难度，建议各教学机构可从内部课程的内容改革入手，从市场需求出发，根据当地教育部门课程改革方向来适时调整教学内容。以肯雅塔大学为例，该校十分重视中文教育与当地政府推行的基于能力的课程（CBC）改革相适应，自2014年以来不断进行课程设置和教学内容的调整，成立课改小组，多次邀请中国专家及肯尼亚课程发展研究院专家进行指导。在原有中文课程基础上，结合职业技能培训和专门用途汉语讲授，改进了课程教学内容在难度、学生接受度等方面的问题。

除了课程的调整，本土中文教师培训也需要进行改革，扩大范围，创新培训模式。一方面，努力构建整体性、系统性、协同性的人才培养体系，促进中肯双方学

分互认、人才合作培养与联合办学，探索针对在职汉语教师的终身教育硕士阶段培养方案，组织和实施各种本土汉语教师讲习班、赴华短期教师培训班；另一方面，通过设立交流项目、督促本土教师运用多样的教学技术、举办汉语教学研讨会等策略来提高本土教师教学水平，建设高质量和充足数量的后备汉语教师队伍库，实现师资队伍由传统的国际中文教师向专业化、全能型教师的转变。

（3）整合平台教学资源，组织编写本土教材

由于清关流程复杂不便等因素，许多华文学校的汉语书籍数量非常有限，教材种类不足。各学校教学资源比较分散，未能得到充分的整合利用。鉴于此，可适当鼓励当地中小学与其他中文教学机构合作，进行资源共享，突破资源供给的时空局限，实现路径拓宽、领域拓展。同时积极鼓励处于教学一线的中文教师开发编写本土化教材，取材当地实际，使之更能贴近学生需求。肯尼亚中文教材经历了三个阶段：起步阶段（20世纪90年代—21世纪初）以引进中国教材为主，本土化改造阶段（21世纪初—2010年）对引进的教材进行本土化的改编，自主开发阶段（2010年至今）。目前肯尼亚已有几十部自编本土教材，其中2023年9月发布的本土化中文教材《东非实用中文课本》是首套结合东非中文教学特点编纂的中文教材。

（4）开展数字资源建设，提供中文在线课程

陆俭明（2020）指出，"人工智能时代各个学科的学术研究都将逐步走上数字化之路"。2019年，在长沙召开的国际中文教育大会就已经提出了"开发适合当地的本土教学资源，利用先进信息技术推出系列数字教学资源"的要求。以肯雅塔大学为例，2021年起，笔者所在教研团队开始开展肯尼亚中文教学数字化资源库建设项目，首先在学习中文的肯尼亚学生群体中就其学习方式偏好开展调查，结果如表2所示。

表2 调查对象学习方式简表

学习方式	响应个案数	响应百分比（%）	个案百分比（%）
传统课堂	65	28.4	100
网课	19	8.3	29.2
文化活动	62	27.1	95.4
APP	41	17.9	63.1
大众媒体	42	18.3	64.6
总计	229	100	352.3

项目组通过问卷调查法和访谈法了解了肯尼亚大学师生对线上汉语资源的需求。调查结果显示，学生学习汉语的动机具有融合型动机和工具型动机相融合的特点，他们最感兴趣的内容是中国人的现代日常生活，选择率高达90.8%；其次是与现代生活相关的旅游、大众娱乐项目，占比89.2%；然后是中国社会的人际关系和社交常识等项目。

2021年4月，项目组投放使用网络汉语资源库1.0版本，收集了学生对网络汉语资源库的评估建议，并运用SPSS26.0对回收的65份有效问卷中的量表部分进行了效度和信度检测，对所收集数据进行了量化分析，并将分析结果用于资源库升级完善。在数据库升级后，再使用问卷对同一批学生进行后测，从后测结果分析数据库2.0版本的升级效果，如图1所示，网络汉语资源库经过升级完善，使用感明显优于从前。

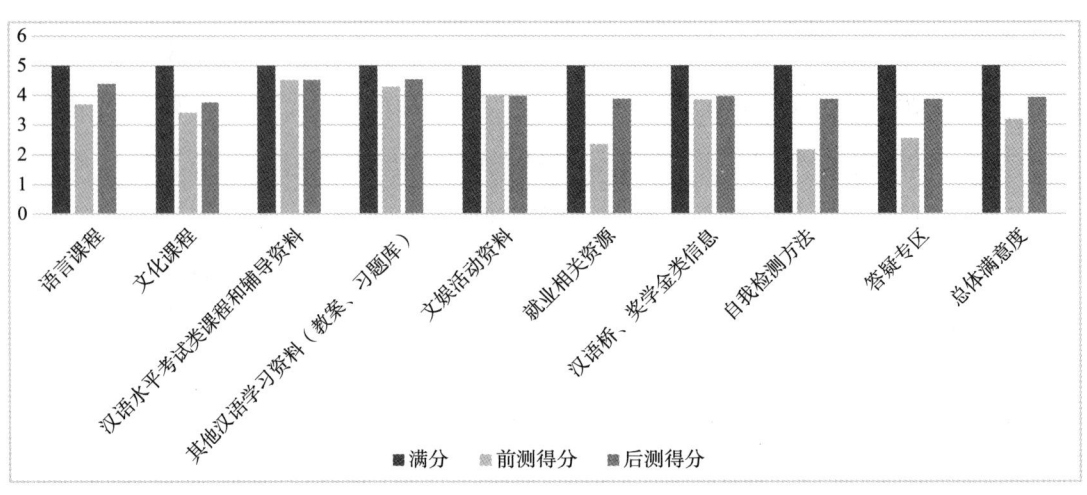

图1　资源库1.0版和2.0版各项内容满意度数据对比

除了数字化资源库的建设，肯雅塔大学和莫伊大学各自开发了针对本校学生的在线教学平台。自2022年起，肯雅塔大学更是完成了几十门汉语数字课程的录制工作并在线上推出，供学习者注册使用，为肯尼亚的其他中文教学机构做出了表率。

（5）丰富文化活动层次，多向互动提质增效

文化活动组织需要充分考虑传统文化和当代文化的比例及文化的海外认可度，需要根据实际情况调整目标定位，"优化传统文化产品的结构层次，将塑造

具有国际特色和时代精神的文化理念等措施作为破题之道"（潘荣成，2018）。开展文化活动时注意语言教学与文化活动的平衡，以促进相互了解、促进语言教学为目标。

文化活动组织还需要考虑文化交流的形式、表达技巧、传播内容等因素，注重文化融合。在海报宣传设计、文化活动内容、参与人员构成、文字语言表达、文化元素展示等方面尽量融入中国和肯尼亚两国的元素内容，举办中肯文化创意比赛、中肯友谊摄影大赛等促进双方文化交流的活动，提高当地学生对中华文化的兴趣。

四、肯尼亚中文教育发展的未来趋势展望

首先，未来中文教育会朝数字化、信息化方向发展。尽管肯尼亚的中文数字化资源建设刚刚起步，未来的中文教学进入数字化、智能化时代依然是大势所趋。国际中文教育数字化转型的根本目的是"建立国际中文教育数字生态"（宋继华、张曼、何春，2023）。教材的"立体化"、学习资源的"交互型"、云计算、智慧教育将不断应用于国际中文教育。据此，我们要"推动信息素质培养纳入专业核心课程，提升国际中文教师信息化教学意识与能力"（李宝贵，2020）。

其次，对"中文+"复合型人才的需求会增加。学科交叉也是中文教育产业转型的要求，对于国际中文教育，吴应辉、梁宇（2020）指出"其理论体系和知识体系构建不仅关系到学科发展，更关乎国际中文教育事业的稳步发展"。在肯尼亚，由于产业融合、渗透所带来的对复合型人才的需求，正在成为众多企业招聘时所要面临的重要课题。肯尼亚已启动以能力为基础的课程（CBC）和国家教育管理信息系统（NEMIS），如何培养复合型中文人才也是将来中文教育需要考虑的课题。

第三，中文教育会朝区域国别化和本土化方向深入发展。"区域国别研究与国际中文教育交叉融合有其完备自洽的逻辑体系"（王辉、史官圣，2023）。未来不仅需要本土教学人才培养模式、本土化课程、国别化教材的深化变革，也会带动一批汉学家的成长。陆俭明（2023）指出："国际中文教育的真正使命是培养两方面人才：一是懂中文、会中文的双语或多语人才；二是高水平、高素质的中文人才，包括中文教师、中文翻译家和汉学家、中国通。"肯尼亚的汉学研究必将会随着汉语教学需求的增加而加强，对中国的研究也不再仅仅是个别学者的个人学术兴趣，

而会成为现实的社会需求，青年汉学家研修计划已经受到本土教师的青睐。

五、结语

几十年来，肯尼亚的中文教育从落地生根到迅速发展，为数万学员学习中文、了解中国文化提供了便利条件，加强了中国与肯尼亚的教育文化交流合作，促进了两国的友好关系和多元文化发展。

新时期，随着中肯关系的日益深化和中文在肯尼亚外语教学中地位的不断提升，中文教育将继续得到推广和普及。未来肯尼亚的中文教育模式将朝自主化、本土化、职业化、数字化方向发展。克服各类挑战，突出中文教学的针对性、互动性和实用性，构建适应形势变化的中文教学和中华文化传播新模式势在必行。中文教育的发展需要各方共同努力，将困难与危机转化为机遇，不断探索新的发展路径，才能促进肯尼亚中文教育的可持续发展。

参考文献

[1] 邓雨佳. 肯尼亚华文学院汉语教材使用调查与教学实施 [D]. 兰州：兰州大学，2019.

[2] 段洁. 肯尼亚汉语教学模式和教学资源分析与探索 [D]. 兰州：兰州大学，2013.

[3] 肯尼亚教育部课程发展研究院. 肯尼亚小学高年级汉语课程设计 [S]. 2020.

[4] 李宝贵. 后疫情时代国际中文教育如何转型 [J]. 人民日报（海外版），2020-07-03.

[5] 李佳宇，万秀兰. 肯尼亚文化教育研究 [J]. 北京：外语教学与研究出版社，2022.

[6] 陆俭明. 顺应科技发展的大趋势语言研究必须逐步走上数字化之路 [J]. 外国语（上海外国语大学学报），2020（4）.

[7] 陆俭明. 国际中文教育必须重视和加强汉语书面语教学 [J]. 华文教学与研究，2023（4）.

［8］潘荣成.中国文化对外传播面临的问题及其对策——基于文化层次性的研究［J］.理论月刊，2018（5）.

［9］宋继华，张曼，何春.教育数字化转型与国际中文教育数字生态建设［J］.云南师范大学学报（对外汉语教学与研究版），2023（5）.

［10］王辉，史官圣.区域国别研究视角下的国际中文教育：内在逻辑与范式建构［J］.世界汉语教学，2023（1）.

［11］吴应辉，梁宇.交叉学科视域下国际中文教育学科理论体系与知识体系构建［J］.教育研究，2020（12）.

［12］于鹏.肯尼亚汉语教学中的教材建设问题［J］.国际汉语教学研究，2014（3）.

［13］赵鹏.肯尼亚汉语教学的历史和现状［D］.天津：南开大学，2010.

［14］奥凯时·克里斯多福·奥杜尔."一带一路"倡议下中肯文化融合的可持续性［J］.赵晓临、符裕、顾欣怡，译.非洲研究，2021（1）.

［15］张军广.肯尼亚语言教育政策演变及发展现状［J］.语言政策与语言教育，2019（2）.

［16］郑治.肯尼亚广播孔子课堂开启中小学汉语教学新局面［J］.海外华文教育动态，2013（1）.

［17］Wachira, Susan Wanjiru. Vocabulary Learning Strategies Employed by Kenyan Learners of Chinese as a Foreign Language in Kenya［M］. Kenyatta University，2020.

尼日利亚中文类学历教育本土办学实践与思考[*]

尼日利亚地处西非，人口和经济总量均列非洲第一，是非洲地区具有重要影响力的地区性大国。1971年尼日利亚与中国建交后，两国关系发展平稳，现已成为中国在非洲的第一大工程承包市场、第二大出口市场、第三大贸易伙伴和主要投资目的地国。2018年9月，尼日利亚加入"一带一路"倡议并成为非洲地区关键节点，越来越多的中资企业在尼日利亚投资兴业，当地民众学习汉语的动机持续高涨，为中文教学与传播、中文类学历教育奠定了坚实的现实基础。吴应辉（2023）对新时代新征程背景下的国际中文教育发展进行反思并主张"更加重视对发展中国家的支持配合"，可以预见开展对非中文教学是未来全球中文教育事业发展的重要方向。尼日利亚作为非洲大国，具有明显的人口红利优势和经济发展潜力，今后必将成为非洲中文教育的重镇，而中文类学历教育在这一历史进程中发挥着重要作用。

海外中文类学历教育以中国语言、文化为教学基本内容，同时开设与中国文学、历史、政治、经济等有关的课程，以培养既通中文又懂中国的人才为目标，毕业后颁发相应的学历学位证书。截至目前，尼日利亚境内共有两所高校开展中文类学历教育，即纳姆迪·阿齐克韦大学（Nnamdi Azikiwe University，简称"Unizik"）与拉各斯大学（University of Lagos，简称"Unilag"）。其中，纳姆迪·阿齐克韦大学开设的是汉语语言学专业，拉各斯大学开设的是中国学专业，本文中的中文类学历教育指的就是汉语语言学专业和中国学专业。本研究基于纳姆迪·阿齐克韦大学和拉各斯大学中文类学历教育本土办学实践，剖析两校中文类专业的定位与培养目标的来源，分析对比两校中文类学历教育基本情况、办学实践、办学评估，考察尼

---

[*] 作者：黄长彬，山东师范大学。本文刊于《世界华文教育》2024年第3期。

日利亚中文类学历教育本土办学现状以及存在的问题，并据此提出具体化、合理化建议，助推尼日利亚中文教育实现高质量可持续发展。

一、尼日利亚中文类学历教育基本情况

（一）纳姆迪·阿奇克韦大学"汉语语言学专业"学历教育简况

纳姆迪·阿齐克韦大学成立于1991年，位于尼日利亚东南部的阿南布拉州（Anambra State），该校于2008年成立孔子学院，中方合作院校为厦门大学，成立之初的孔子学院主要负责非学历汉语教学。2012年，纳姆迪·阿齐克韦大学文学院依托孔子学院成立中文系并开始进行中文专科招生；2014年，汉语语言学专业通过尼日利亚教育部高等教育委员会评估并升级为本科项目，中文系作为文学院直属系，与英语系、伊博语及亚非研究系、现代欧洲外语系等并列，且由孔子学院主导运作。该校汉语语言学专业[①]的办学理念包括两个方面：一是满足对中国研究的需求，而不仅仅是研究其语言，培养精通中文并且在中国文化、历史、政治、哲学、经济和外交政策等方面都具有广博知识的毕业生，为汉学研究做出贡献；二是中国崛起为世界大国带来了相应的机遇与挑战，中文系展望未来，努力将学生培养成为具有对中国知识有深厚理解的学者，为非洲提供发展所需的人力和专业知识，以应对未来可能存在的任何挑战。

纳姆迪·阿齐克韦大学汉语语言学专业自2015年本科专业招生以来，迄今已开办9年，历年招生人数也呈现总体上升趋势。从最初年招生不足20人到2023年招生人数逼近100人，详见图1所示。

（二）拉各斯大学"中国学专业"学历教育简况

拉各斯大学成立于1962年，位于尼日利亚最大城市和经济中心拉各斯州（Lagos State），该校于2009年成立孔子学院，中方合作院校为北京理工大学，孔子学院成立后至今一直负责非学历汉语教学。2013年，尼日利亚教育部批准

[①] 资料来源：纳姆迪·阿齐克韦大学中文系［OL］. https://arts.unizik.edu.ng/dept/chinese-studies/philoso-phy-and-objectives-of-chinese-studies/.

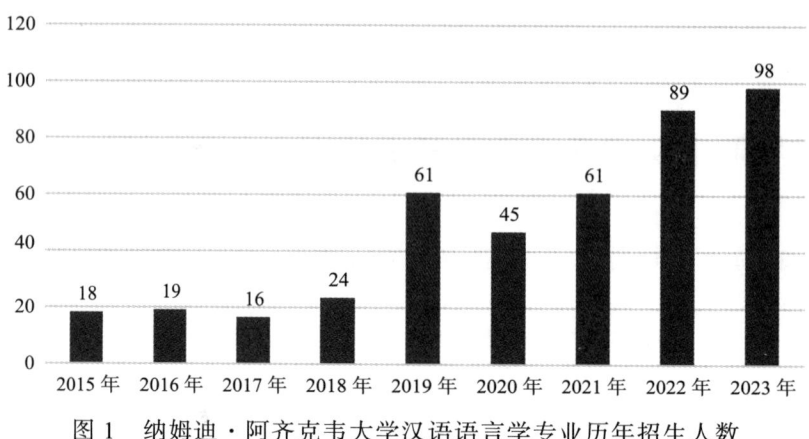

图 1　纳姆迪·阿齐克韦大学汉语语言学专业历年招生人数

文学院语言学及亚非研究系（Linguistics, African and Asian Studies）与苏州大学[①]合作共建中文系并设置"中国学"本科专业，两校实施"1+2+1"[②]培养模式，即尼日利亚期间的教学由拉各斯大学负责，赴华交换期间的教学由苏州大学负责[③]。该校中国学专业的办学理念[④]包括六个方面：（1）使学生能够掌握汉语口语、阅读和写作的能力；（2）使学生掌握汉译英、英译汉以及两种语言口译等必备技能；（3）通过专业学习以训练和提升学生对于汉语文本的批判意识；（4）为学生在教学、笔译、口译、管理、培训及旅游等领域就业提供充足训练；（5）让学生了解中国人民的社会、文化、商业、政治和外交等，促进国际理解与合作；（6）让学生了解中国作为世界重要力量为全球投资所做出的贡献，理解中国对非洲、对尼日利亚的政策。

从图 2 可知，拉各斯大学从 2015 年至 2023 年每年招生均为 25 人。主要原因是拉各斯大学语言学历教育实行小班授课，在本土师资不足的情况下不希望扩大招生数量而影响培养质量。

---

① 苏州大学于 2010 年入选教育部"中非高校 20+20 合作计划"院校，并与拉各斯大学签署合作备忘录。
② "1+2+1"是指拉各斯大学中文系学生第 1 学年在本校开展专业学习，第 2、第 3 学年赴苏州大学开展交换学习，第 4 学年返回本校着手毕业。
③ 按照最初的办学计划，中国学专业由拉各斯大学和苏州大学共建，并不依托拉各斯大学孔子学院。但办学过程中发现，拉各斯大学无法提供足够的合格师资，导致目前必须依托孔子学院中方师资开展教学。拉各斯大学孔子学院本土教师 Chidigo 提到，目前孔子学院仅有两位中方教师承担中国学专业部分课程。
④ 资料来源为拉各斯大学中国学专业课程大纲。

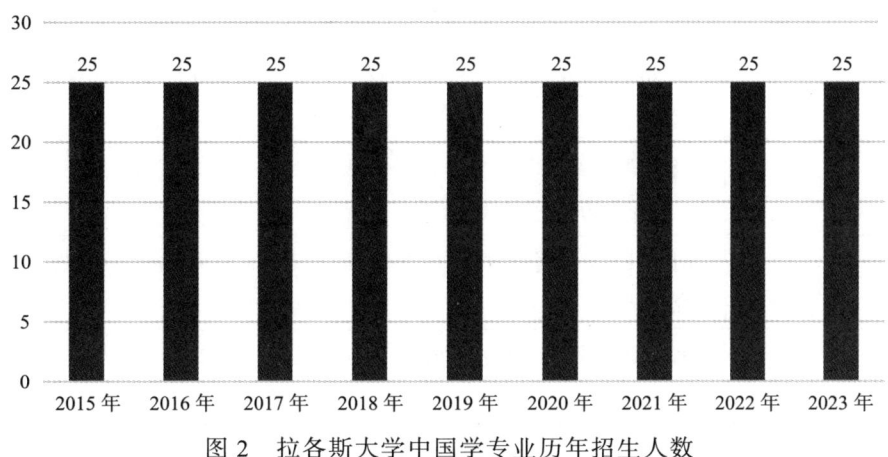

图 2　拉各斯大学中国学专业历年招生人数

二、尼日利亚中文类学历教育办学实践

办学实践是在一定的办学理念指导下开展的具体教育教学活动。纳姆迪·阿齐克韦大学和拉各斯大学的中文学历教育虽然在办学理念上表述不同，但人才培养目标基本一致，均主张以中国语言文化教学为主线，进而对中国社会各方面开展教学与研究，培养满足中尼两国经济社会发展需要的本土人才。两校在各自办学理念的指导下，开展了各自的办学实践，而办学实践一般集中体现在专业的课程（course）设置上。两校课程设置见表1和表2。

表1　纳姆迪·阿齐克韦大学汉语语言学专业课程设置

年级	学期	课程
一年级	上	初级汉语/汉字造字法与发音/汉语听力/汉语阅读/中国古代历史辅修课：初级法语Ⅰ/初级西班牙语Ⅰ（2选1）
	下	汉语口语/汉字书写/汉语会话/汉语量词与数字/中国现代历史 通识课程：科学史与科学哲学/尼日利亚民族与文化/基础伊博语/尼日利亚文学导论
二年级	上	中国文化概论/中级汉语Ⅰ/汉语写作/汉语阅读/HSK3级
	下	汉语语法导论/中级汉语Ⅱ/汉语论文写作/实用翻译/中国文学概论

续表

年级	学期	课程
三年级	上	高级汉语Ⅰ/高级汉语听力/高级汉语口语/中国概况/现代汉语语法/中国经济导论
三年级	下	高级汉语Ⅱ/高级汉语口语Ⅱ/中国现代文学/语言实践/汉语作为第二语言教学：理论与方法/现代汉语词汇
四年级	上	中国宗教哲学导论/中国与全球化/高级汉语Ⅲ/中华文明史/汉语语言学概论/研究方法
四年级	下	中国政府与政治/高级汉语Ⅳ/中国对非外交/中国现代经济/汉语形态学导论/毕业论文

表2 拉各斯大学中国学专业课程设置

年级	学期	课程
一年级	上	必修课：汉语发音入门Ⅰ/汉语语法入门Ⅰ/汉语视听入门Ⅰ/汉字正字法Ⅰ 专业必修课：/汉语写作入门Ⅰ/汉语会话Ⅰ/汉语数量入门Ⅰ 辅修课：法语/俄语/伊博语/约鲁巴语（4选2） 通识课程：英语语用/哲学与逻辑/尼日利亚民族与文化
一年级	下	必修课：汉语发音入门Ⅱ/汉语语法入门Ⅱ/汉语视听入门Ⅱ/汉字正字法Ⅱ 专业必修课：汉语写作入门Ⅱ/汉语会话Ⅱ/汉语数量入门Ⅱ 辅修课：法语/俄语/伊博语/约鲁巴语（4选2） 通识课程：非洲通论/计算机入门
二年级	上	必修课：汉语语法要义Ⅰ/汉语阅读理解Ⅰ/古典文学导读/汉语写作文学导论 专业必修课：汉语戏剧导读/汉语形态学导论Ⅰ/汉语词汇学概论 辅修课：创意艺术/英语/哲学/历史（4选1）；法语/俄语/伊博语/约鲁巴语（4选1）
二年级	下	必修课：汉语语法要义Ⅱ/中国文化概论/文学赏析/汉语句法入门 专业必修课：汉语阅读理解Ⅱ/中国诗歌入门/汉语形态学导论Ⅱ 辅修课：创意艺术/英语/哲学/历史（4选1）；法语/俄语/伊博语/约鲁巴语（4选1）
三年级	上	必修课：翻译原理入门/汉语形态学研究/汉语发音研究Ⅰ/中国文化与文明 专业必修课：汉语口语文学/中国古典文学/高级阅读理解/当代中国诗歌/中文电脑导论
三年级	下	必修课：翻译理论与实践/汉语语音研究/汉语句法结构研究/中国对非政策 专业必修课：中国文学概论/研究方法/中国文学与哲学/中文电脑应用/汉语语义学

续表

年级	学期	课程
四年级	上	必修课：汉语音韵学/实用英译汉/汉语句法分析/中国文学批评 专业必修课：汉语语体学/实用汉语Ⅰ/世界文学研究/应用语言学Ⅰ/汉语应用语言学Ⅰ 辅修课：创意艺术/英语/哲学/历史（4选1）；法语/俄语/伊博语/约鲁巴语（4选1） 通识课程：企业管理与尼日利亚商业环境
	下	必修课：实用汉译英/当代中国散文/毕业论文 专业必修课：当代中国文学批判/中国对非外交/实用汉语Ⅱ/汉语应用语言学Ⅱ（4选2） 辅修课：创意艺术/英语/哲学/历史（4选1）；法语/俄语/伊博语/约鲁巴语（4选1）

从课程类型来看，拉各斯大学中国学专业4个学年均设置了多种类型的课程，包括必修课、专业必修课、辅修课和通识课程；纳姆迪·阿齐克韦大学汉语语言学专业在课程类型方面略显不足，仅在第一学年设置了辅修课和通识课程，且对于必修课和专业必修课也无区分。

从课程数量来看，拉各斯大学中国学专业设置课程总计达70多门，纳姆迪·阿齐克韦大学汉语语言学专业设置课程为40多门，在数量上明显少于拉各斯大学。其中一个重要原因是拉各斯大学中国学专业在苏州大学交换学习期间也能够拥有丰富的课程资源。

从课程内容来看，两校都注重语言能力的培养，从一年级到四年级按照语言能力发展规律均设置了相应的语言要素课，如语音、汉字、词汇、语法和语用等，还设置了相应的语言技能课，如视听、写作、会话、阅读、翻译等。同时，两校也都注重语言之外的"中国研究"，开设了中国经济、中国历史、中华文明等课程，但拉各斯大学中国学专业这方面课程设置精度更高，还设置了诸如中国文学、中国哲学以及中文电脑等课程。此外，两校均注重开展基于非洲视角的中国对非政策研究，开设了中国对非政策等课程，以提升专业建设服务中非关系发展的效能。

三、尼日利亚中文学历教育质量评估

尼日利亚联邦教育部（Federal Ministry of Education, FME）每隔五年对高校学历教育办学情况进行质量评估并进行认证，其执行部门是教育部下辖的半国营（parastatal）机构国家大学委员会（National Universities Commission, NUC）。根据《学位授予和人才培养学科目录》，教育部指派相关考评人员组成专家组对具有本科生培养和学位授予资格的学科及专业进行全面审查，实施步骤包括：（1）实地查看教室、图书馆、语音室和实验室等教学硬件设施是否满足教学需求；（2）走访学生及授课教师，了解学生的学习及对课程的反馈，以及教师的意见和建议；（3）根据本科专业评估清单（表3）要求，审查办学机构的基本资质和条件等资料；（4）举办评审专家与系部负责人座谈会，进一步听取负责人汇报，并最终确定评审结果。

表3 专业评估材料清单

	专业评估材料清单				
1	学术人员（专业、学位、职称）	7	过去三年的考试试卷	13	考试不当行为记录
2	非学术人员（全职或兼职、资质）	8	既往评估材料	14	系预算分配情况
3	在校学生名录（一年级至四年级）	9	考试答案小册子	15	系质素保证小组成员的名单及资格
4	学生入学档案	10	考试评分方案	16	教学和非教学人员获得各类资助证明
5	教职员及非教职员的个人档案	11	学生论文	17	与国内外机构合作证明材料
6	系管理手册	12	外部审查员报告	18	毕业生就业能力的证明材料

结合前期的实地考察与走访、资料审查等结果，评审专家组将从学术成果、师资、硬件设施、图书资源、经费支持和雇主评价等6个方面形成评价意见，并出具《学术项目认证报告》。纳姆迪·阿齐克韦大学汉语语言学专业和拉各斯大学中国学专业分别于2017年和2023年[①]接受了教育部举办的教学质量评估，两校均顺利通过审查。这表明当地教育主管机构欢迎中文类学历教育本土办学在尼日利亚生根、认可中文教育项目在尼日利亚成果、支持中文教育项目在尼日利亚落地。

---

① 2017年教学质量评估完成后，按照五年一评的原则，应于2022年开展教学质量评估。受疫情及其他因素影响，最近的一次教学质量评估于2023年完成。

四、尼日利亚中文类本土学历教育办学思考与对策

非洲国家和地区的汉语教学普遍具有"起步晚、底子薄、条件差"的特点（黄长彬，2020；黄长彬、陆书伟，2020），中文类学历教育更是如此。若从 2015 年正式开始招生算起，尼日利亚本土中文学历教育尚不满十年，办学过程中不可避免地存在一些问题亟待提升，但也摸索出符合当地特定教学条件的办学模式。

（一）两校中文类学历教育本土办学特征

第一，组织关系方面。纳姆迪·阿齐克韦大学文学院中文系主要依托孔子学院开展教学，师资主要由孔子学院中方教师及本土中文教师构成，能够充分开发利用孔子学院中方师资资源；拉各斯大学文学院中文系由拉各斯大学和苏州大学合作共建，在尼日利亚学习期间的师资主要依托拉各斯大学本土教师，赴华交流学习期间的师资主要依托苏州大学，孔子学院仅个别教师承担中文系教学任务。

第二，课程设置方面。纳姆迪·阿齐克韦大学的中文学历教育专业名称为汉语语言学专业（本科），侧重语言文化教学与研究；拉各斯大学开设的中文学历教育名称为中国学专业（本科），倾向于全方位研究中国，中文学习仅是专业教学的一部分。从专业名称来看，两校专业定位是存在差异的，即前者重语言本体，后者重实际应用。但两校课程设置并不存在本质不同，并未实现差异化办学。

第三，招生培养方面。两校均探索出符合本校实际的学生赴华交换学习模式，其中纳姆迪·阿齐克韦大学汉语语言学专业的课程学习主要在尼日利亚国内完成[①]，部分学生申请"国际中文教师奖学金"[②]赴华学习一学期或一学年；拉各斯大学依据与苏州大学校际合作协议，每年均派遣中国学专业学生赴华交换学习。但招生规模上两校差异较大，纳姆迪·阿齐克韦大学汉语语言学专业招生规模不断扩大，目前年招生量已接近百人；拉各斯大学中国学专业年招生量稳定在 25 人以内。

可见，纳姆迪·阿齐克韦大学汉语语言学专业与拉各斯大学中国学专业在组织关系、课程设置、招生培养等方面，既存在共同点，也存在一定差异，且逐渐形成

[①] 尼日利亚教育法案（NPE）规定，语言类本科学位修读期间必须在该语言的母语国交流学习一年，即"海外一年"（year-abroad）。
[②] 原称"孔子学院奖学金"。

各自的办学特征。不过,两校中文类学历教育本土办学在上述层面仍有需要改进的地方。

(二)尼日利亚中文类学历教学本土办学对策

李宇明、施春宏(2017)提到,汉语国际教育的本土化是当前汉语国际教育理论与实践中的一个热点问题,也是一个学术前沿课题。不仅如此,本土办学还是一个现实问题,即国际中文教育未来能否实现本土化及其本土化程度将决定事业能否实现可持续发展以及转型升级。结合尼日利亚中文学历教育实际,今后应在以下方面发力:

第一,理顺组织关系,密切多边合作。现有两所高校中文学历教育的专业归属大致相同,即同由大学文学院中文系统筹管理,但在具体操作层面:纳姆迪·阿齐克韦大学汉语语言学专业主要由孔子学院承担教学与管理工作,且中文系实现与孔子学院合署办公,便于中外方密切合作与管理;拉各斯大学中国学专业由拉各斯大学与苏州大学共建,其中拉各斯大学文学院牵头承担专业教学与管理工作,苏州大学提供学历生来华交换学习条件,但在实际操作过程中对孔子学院师资[①]有较大依赖。可见,在组织关系方面两校特色鲜明但也存在不足,纳姆迪·阿齐克韦大学汉语语言学专业由孔子学院直接负责协调,教学与管理较为顺畅、高效,但在教学资源方面有限;拉各斯大学中国学专业由多方参与,在资源方面优势明显,但参建各方互不隶属,教学与管理松散且协调难度大。

第二,围绕专业定位,优化课程设置。课程设置是专业建设的核心,"直接关系到人才培养的质量和整体办学水平,对于提高教学质量,深化教育改革,培养合格人才具有十分重要的意义"(赵菁,2008)。现有两所高校中文学历教育的专业定位虽各有侧重,但总体目标基本一致,即培养"既通中文又懂中国"的复合型语言人才。从现有课程设置来看,两校在"懂中国"即中国通识教育方面安排较为全面,包括政治、历史、经济及外交政策等,尤其是对现当代中国进行了全方位介绍。然而,两校在"通中文"即语言教学方面仍存在缺陷,均侧重语言理论和文学

---

① 拉各斯大学孔子学院中方合作院校是北京理工大学。按照中国学专业的办学规划,该专业办学主体是拉各斯大学和苏州大学,孔子学院不参与教学与管理。因此,最初北京理工大学对口建设的拉各斯大学孔子学院对中国学专业的支持力度并不大。

理论的讲授。比如开设了诸如汉语造字法与发音、汉语量词与数字、汉语语法导论、中国文学概论、现代汉语语法、中国现当代文学、汉语语言学概论、汉字正字法、汉语语法要义、古代文学导读、汉语形态学导论、汉语词汇学概论、翻译原理入门、汉语句法结构研究、汉语音韵学、中国文学概论、汉语语义学、当代中国散文等大量语言文学理论课程，导致学习者本科毕业时在听说读写等技能方面仍然较差，大多数中文类学历教育学生经过四年专业学习仍然无法达到HSK高级水平[①]。

第三，笃定语言教学，提升培养质量。中文类专业人才培养的首要任务应是语言教学。语言教学是国际中文教育的主业已成为学界的共识（李向农、贾益民，2011；崔希亮，2022；黄长彬，2023），刘彬、陈琛琳、虞青文（2024）也指出，中文教育应注重其听说读写的语言技能培训，培养汉语应用型人才。然而如前文所述，两校中文类学历教育学生经过四年本科学习大多仍然无法达到HSK高级水平，语言教学效果不佳的原因当然是多方面的，有外在的原因也有内在的原因。外在因素包括学期短导致语言学习不够连贯，罢工频繁导致语言学习经常中断，以及教材、师资等；内在因素主要是办学机制问题，主要体现在尼日利亚中文类学历教学招收的学生都是汉语零起点，学生入学后在语言不过关的情况下需要借助教学媒介语（通常是英语）学习专业知识，如语言学理论、汉语语法理论、中国历史及经济等，导致语言学习与专业学习杂糅，语言课来不及消化、吸收就要同步学习专业课，结果是语言水平低导致专业课学习也很吃力，最终语言能力发展缓慢、专业学习一知半解。未来应引入中国留学生学历教育模式，考虑对零起点学生进行为期一年的预科教育，通过HSK4级后才能开始专业学习，即：前期聚焦语言技能教学，专注提升语言能力和水平，后期开展理论教学与中国通识教育。

五、结语

学历教育和非学历教育是海外国际中文教育的两种形态。长期以来，海外国际中文教育以非学历教育为主，学历教育处于弱势。以本文提到的尼日利亚中文教

[①] 正常零起点汉语学习者经过一年的连续正规学习，大多可以通过HSK3级或HSK4级考试。相较之下，中文类学历教育四年无法通过HSK4级考试，学历教育的语言教学质量可见一斑。

育为例，每年非学历教育招生人数在千人以上，而中文学历教育招生人数仅百人左右。需要承认的是，中文类学历教育的发展程度代表一个国家和地区中文教学的层次和办学水平。中国对外汉语教学经过70多年的发展，在2019年实现留学生学历教育和非学历教育基本持平，但海外国际中文非学历教育仍然是主流，学历教育规模和质量亟待提升。

本研究在梳理尼日利亚中文类学历教育本土办学实践的基础上，围绕两所高校本土办学过程中存在的问题，从组织关系、课程设置、培养方式等维度提出了因应对策。除以上对策外，今后还应注意提升中文人才培养的层次，尼日利亚两所高校中文类学历教育的一个重要任务是培养本土"种子"教师。而本土中文教师的培养具有"高阶性"（罗世琴，2023），强调更广博深入的知识与科学的认知态度，本科阶段的教育教学尚无法满足高层次人才培养需求，亟须探索开展本土硕士、博士层次人才培养。同时，应适度扩大办学规模，循序渐进提高招生人数，确保招生数量与办学质量实现动态平衡，最大限度满足当地社会和市场的人才需求。另外，还要注意推动差异化办学，尼日利亚两所高校中文类学历教育的专业名称不同，但办学理念和课程设置相似，未来若能实现差异化办学，培养多元语言人才，则能更好地服务当地经济社会发展。

参考文献

［1］崔希亮．世界格局剧烈变化背景下的国际中文教育［J］．天津师范大学学报（社会科学版），2022（4）．

［2］崔永华．汉语教学的教学类型［J］．语言文字应用，1998（2）．

［3］黄长彬．"一带一路"视域下尼日利亚汉语教学事业发展策略研究［J］．国际传播，2020（6）．

［4］黄长彬．尼日利亚中资公司"中文+"市场需求调查研究［J］．语言战略研究，2023（6）．

［5］黄长彬，陆书伟．非洲地区孔子学院布局现状及可持续性发展策略研究［J］．云南师范大学学报（对外汉语教学与研究版），2020（1）．

［6］李向农，贾益民．对外汉语与汉语国际教育：专业与学科之辩［J］．湖北大学学报（哲学社会科学版），2011（4）．

［7］李宇明，施春宏．汉语国际教育"当地化"的若干思考［J］．中国语文，2017（2）．

［8］刘彬，陈琛琳，虞青文．世界经济欠发达地区中文教育发展策略研究［J］．当代教育理论与实践，2024（3）．

［9］罗世琴．新时期国际中文教师培育及长效机制建构［J］．民族教育研究，2023（2）．

［10］吴应辉．新时代新征程国际中文教育新使命新行动思考［J］．四川师范大学学报（社会科学版），2023（4）．

［11］赵菁．北京语言大学汉语言本科专业课程体系的建设与发展［M］．汉语国际教育研究．北京：北京语言大学出版社，2008．

教育经济学视域下的非洲华文学校构想*
——以赤道几内亚为例

一、导言

当前，中国在世界经济中的迅速崛起，正在改变和重塑各国经贸关系。如果按照传统的GDP衡量标准——市场汇率来计算，2021年中国经济占美国经济的比重已经上升到78%；以购买力平价（Purchasing Power Parity，PPP）来衡量，中国的PPP水平则比美国高出15%。在世界经济格局中，中国已经取代美国，成为全球经济增长的主要引擎。[①]

这种结构性的变革随着全球新冠疫情防控形势影响的持续发酵，也渗透到了全球劳动力市场的供求关系中。特别是对于广大发展中的非洲国家而言，中国在脱贫攻坚战役、疫情防控措施、高新技术发展、参与全球治理等方面取得的历史性成就，都起到了启发借鉴和正向联动的作用。伴随着非洲各国民族主义意识和发展道路反思意识的增强，中非"一带一路"蓝图指导下的经贸往来与合作进一步纵深走实，越来越多的新项目、新市场需要更多中非间的跨语言、跨文化交流人才；越来越多的非洲国家更加重视与中国的文教合作交流；越来越多的非洲学子希望到中国深造学习；更有越来越多的中资机构和华侨华人扎根当地，在参与中非经济建设和广阔的社会生活过程中，感到了对后代的教育中传承中国文化与培养国际化视野的重要性和紧迫性。这些宏观和微观的动因，都对在非华文教育提出了更深刻、更具体的要求。

赤道几内亚是中国与中非地区战略合作的重要国家之一。中国与赤道几内亚在提高国民经济人力资本的基础领域（医疗卫生和教育培训领域）有着良好的合作基

---

* 作者：许逢春，暨南大学。本文刊于《世界华文教育》2023年第2期。
① Allison G, Kiersznowski N, Fitzek C. The great economic rivalry: China vs the US[J]. Paper, Belfer Center for Science and International Affairs, Harvard Kennedy School, 2022: 16-17.

础和发展前景。中国与赤道几内亚（以下简称"赤几"）于1970年建交，1982年两国签署文化合作协定。自1977年起，中国开始接收赤几奖学金留学生来华学习，到2019年，在中国学习的赤几学生总数达到1000余名，其中奖学金留学生280余名。2015年5月，赤几国立大学孔子学院挂牌成立。但这并不能满足赤几目前的劳动力市场供给和当地华侨华人对华文教育的需求。这就促使我们从教育经济学的视角探讨在赤几调动各方资源，建立产权明晰、规模适度、效益最优、可持续发展的华文学校的必要性和可行性。

二、筹划与举办

（一）在非华文学校的典型性挑战：基于PEST模式和SWOT模式的宏观和微观环境分析

赤道几内亚是典型的油气资源国家，政治局势相对稳定，产业结构单一，面临发展经济学中提出的几个基本问题：低生产率农业的支配地位和工业的缺乏、低水平的资本积累、"自然资源的陷阱"以及松散的治理体制。随着国际政治经济新格局的变化，近年来政府开始加强内部治理，重视工商业发展，并号召民营资本积极参与推动经济多元化发展的2035年远景目标。奥比昂总统多次公开强调对青少年的教育问题，认为提高青年人的技术职业素质，减少失业率是国家长治久安的重要手段。

赤道几内亚教育体系分为初等、中等和高等三级。小学实行五年制义务教育。儿童年满6岁入学，其中约1/4在私人或教会学校就读。小学入学率为87%。中学学制七年，现有学校40所[1]。教育资源紧缺，而且分布非常不均衡，学生大部分集中在首都马拉博、陪都巴塔及省会或县级城市，这些城市中的公立小学人满为患，往往一个班级多达80个学生。全国只有赤道几内亚国立大学一所大学，与西班牙的大学有合作协议。

专业化的职业教育和高质量基础教育属于社会稀缺资源。在巴塔和马拉博都有法国教育部、法国企业与赤几政府合作建立的法语学校，这种学校采用与法国国内相同的九年一贯学制，条件优越，由法国教育部外派师资，学费不菲。国家鼓励民间资本

---

[1] 以上数据来自中国驻赤道几内亚大使馆经济商务处. 对外投资合作国别（地区）指南——赤道几内亚（2021年版）[M/OL]. http://www.mofcom.gov.cn/dl/gbdqzn/upload/chidaojineiya.pdf.

参与投资办学，并承诺在相关手续和税收政策中给予倾斜和优惠。上文述及的中、赤几教育合作与交流属于政府层面，目前该国尚无中、赤几民间资本参与的合作办学。

如果运用传统的PEST模式和SWOT模式分析赤几华文学校项目，会发现该项目具有非常明显的优势和机遇潜力，同时面临的挑战也具有典型性：

（1）需要合理整合各方产权与出资额度；

（2）本地社会的市场化水平较低，给预估学校最优规模带来了困难；

（3）需要接轨当地劳动力市场需求和供求关系，慎重确定教育目标，探索效益最优的教育模式；

（4）需要研究面对新冠疫情等突发状况的举措，实现可持续发展；

（5）需要研究如何有效运用社会资本吸引当地社会精英人才，打造学校品牌。

我们将把这五项挑战放入赤几华文学校的投建、培养目标和发展规划环节中加以分析。

（二）赤道几内亚劳动力市场的个性特征

赤道几内亚劳动力市场的特殊性主要是由本国的经济结构决定的。赤道几内亚属资源型经济国家，经济结构单一，国民收入的80%来自油气产业，工业基础薄弱。目前大部分工业用品和农业产品主要依赖进口，物价水平较高。近年来，国际油气价格波动对赤几国民经济产生了很大的负面影响。

表1 2015—2019年赤道几内亚国内生产总值

年份	GDP总值（亿美元）（按美元国际汇率计算）	实际经济增长率（%）	人均GDP（美元）（购买力评价）
2015	132	-9.1	29335
2016	113	-8.5	26148
2017	123	-4.9	24387
2018	122	-7.0	22304
2019	121	-4.6	21506

资料来源：EIUdataservice经济学人信息部。[1]

---

[1] 转引自：中国驻赤道几内亚大使馆经济商务处. 对外投资合作国别（地区）指南——赤道几内亚（2020年版）[M/OL]. http://fec.mofcom.gov.cn/article/gbdqzn/.

赤道几内亚长久以来实行生育自由政策，由于宗教信仰原因，堕胎属于违法行为，2020年10月才确立了家庭计划生育自由权。20世纪90年代油气资源的发现带来了赤道几内亚经济的突飞猛进，随着医疗卫生条件的改善和人民生活水平的提高使人口数量增长迅速。2019年6月统计全国总人口约为130万，目前人口结构良好，但普遍教育水平偏低，难以满足经济发展的现实需求，限制了人口红利的发挥。赤道几内亚公立免费小学中，40%—60%的女童和60%—80%的男童能够坚持学习到小学毕业，30%—40%的女童和50%的男童能够坚持到初中毕业。全国只有一所大学，即赤道几内亚国立大学。

世界银行数据显示，2017年赤道几内亚失业率为6.9%。虽然劳动力资源充裕，但由于教育落后和缺少就业培训，缺乏有技能和经验的劳工，随着国际石油价格的波动和周边劳动人口的涌入，失业率持续升高。"2019—2022经济复苏议程"提出以前，国家主要通过对企业岗位配比的政策要求减少失业人口，但收效甚微。目前政府正在加紧布局提高国民劳动力水平，追赶人口红利阶段对经济发展的积极影响。

另外，赤道几内亚对外贸易发达，拥有中国企业承建的中西非第一大港——巴塔港。拥有马拉博和巴塔两座国际机场，蒙戈莫和安诺本岛也各拥有一座机场。外来人口占比一度很大，外国投资公司众多，主要来自美国、中国、法国、西班牙、马来西亚、西班牙、黎巴嫩、日本、俄罗斯、朝鲜、葡萄牙、摩洛哥等。近几年，由于国际石油价格波动和新冠疫情的影响，赤几外来人口急剧减少。但随着石油产量回升、新油井的探明、黄金等有色金属开采权的开放和赤几多元化发展路线的实施，预计将迎来外企和外资的回流和增加。政府对引进外籍劳务控制极严，外来企业难以招到具有专业技术和较高教育水平的当地员工，成为外企用工的一大难题。

三、投资与产权

在教育事业中的产权，可以理解为资源稀缺条件下人们使用资源的权利。华文学校的直接投资主体可以包括：政府（资助或持股）、企业、社团、基金的直接投资；国内外个人对教育的捐赠；受教育者个人和家庭为受教育者支付的各种费用等。项目负责人应当在收益结构原则和能力结构原则之间找到合理的结合点，并综合考虑赤几特殊的经济发展条件、本地收入水平以及人力资本存量等因素，实现教育投资的合理负担。赤几华校多元和灵活的办学体制，要求其平衡各方利益和诉求，运营必须面向市场，走进市场，适应市场，积极运用市场机制。通过结合教育剩余索取权和剩余控制权，及时做出合理决策，要求教育机构拥有独立明晰的产权。

在赤几华校的举办和相关注册手续中，应该考虑到以下具体事实。

（一）尽量避免陷入刻板印象

1912年非洲第一所华文学校在毛里求斯成立之后，非洲华校纷纷兴起。但普遍面临难以适应当地劳动力市场、殖民当局或当地政府的限制措施、生源短缺、资金不足、师资缺乏的困境。因此笔者建议，可以采取与"中华文化中心""侨社文化基地"等相结合的注册形式，灵活切入，淡化传统观念中对教育政治功能的强调，避免陷入相关刻板印象。

（二）赤道几内亚税收体系比较复杂，税费较高，而且经常进行临时性调整

进行投资时务必认真了解当地当时的税收规定，控制投资规模，充分核算税赋成本，尽量发挥谈判本领以获得税收优惠。同时通过整合投资份额明晰产权，以避免学校运营过程中的相关财务障碍和风险。

（三）妥善处理土地契约关系

赤道几内亚土地法规定，该国土地分为国有和私有两种。其中只有私人土地可以自由出售、租赁和转让，但政府可随时以国家规划发展需要为由予以征用和开发。因此，在赤几投资建校必须妥善处理与政府国土规划部门的契约关系。

（四）教育收益率

经济基础决定了教育实践所必需的物质基础和条件，经济发展决定了教育发展的规模和速度。赤道几内亚是非洲国家中基础设施水平较高的国家，电力和燃气充足，目前已经实现网络全覆盖，主要的建筑材料和大部分日常消费品都依靠进口，

物价较高，人口贫富差距较大。赤几的人均收入水平虽然不算低，但这是产业和社会结构造成的。赤几华校的规模应当量力而行，充分考虑教育收益率（the returns to education）水平。

在办学时以高质量的基础教育为品牌，采取灵活多样的课程模式，以提高学校的市场适应能力。当地已在运营的法国学校或西班牙文化中心可供参考。

四、培养目标

（一）解决当地华侨华人和驻外人员子女的华文教育问题

根据中国驻赤道几内亚大使馆经济商务处的统计数据，仅2019年一年，中国企业在赤道几内亚新签承包工程合同30份，新签合同额6.84亿美元，完成营业额5.82亿美元。2017年10月20日，赤道几内亚中国商会暨中国对外承包工程商会赤道几内亚分会成立，包括26家会员单位。会长单位为中国路桥工程有限责任公司，副会长单位为中国建筑工程总公司、青岛太平洋公司、中国葛洲坝集团有限公司、中国水电建设集团、中国机械工业集团公司和威海国际公司。

在赤几运营的华人企业主要为建筑、木材、通信、酒店餐饮等几大行业。赤几和平统一促进会、赤几华侨建筑企业联合会、赤几华人商会等几大侨团会务活跃，在当地社会和华侨华人社会拥有较为广泛的动员力和影响力。

华文教育、华文报刊和华侨华人社团是海外华侨华人社会的"三宝"，对在海外传播中国文化、共建"一带一路"、促进中外民心相通乃至参与公共外交等事业都具有重要意义。在海外华文教育普遍取得重大进步的大背景下，非洲华文教育有着巨大的上升潜力。赤道几内亚的典型性环境和特殊性地位，使在当地举办"量身定制"的华文学校有潜力成为中国在非华文教育的代表性项目，从而取得海外华校兼顾社会效益和经济效益努力方面的新突破。

（二）研究当地劳动力市场需求

教育最基本的功能是培养适合当地劳动力市场的人才，以推动当地社会经济的发展。教育需求是指人们对教育有支付能力的需要，是获得教育服务的愿望与对教育的支付能力的统一。通过三年来对赤几政府官网的追踪观察可以发现，赤几政府十分重视与各国开展技术和职业培训合作，对于提高本国劳动力水平的期待日益强烈。例如，赤几总理曾数度以"青少年犯罪率上升和失业"为议题召开各大部委会议；2022年3月赤几政府官网报道，中部非洲发展银行提供68亿中非法郎（约合1037万欧元），用以实施妇女发展倡议，提高妇女教育水平，促进就业[①]；2022年3月20日，赤几总统夫妇出席赤几国立大学人文系国际研究生落成仪式[②]；等等。

再观现状，政府在马拉博设有"十月十二日就业培训中心"，由西班牙援外署于1980年援建，赤道几内亚劳动部管理。政府在巴塔建有"莫德斯托·核内工学院"，2005年在马拉博建立了"石油技工培训中心"，为石油工业培养钳工、木工和机修工。可以说赤几在教育硬件设施上下了很大功夫，但目前这些学校面临的普遍问题是缺乏合格的师资力量以及部分必要的硬件设施，职业技术培训运转体系不健全等，并不能满足劳动力市场的需求。

2018年11月，中国援助赤道几内亚职业技术学校正式移交给赤道几内亚政府，目前正为中非六国培训海关学员。但在优秀生源的选拔和师资力量方面仍然存在不足。民办华文学校的建立，能够为中、赤几的技术职业教育合作项目培养优秀的生源，或者通过选拔和联合培养给以技术和师资方面的助益和支持。

（三）开设针对其他特定需求的培训班

赤道几内亚地处中非西部几内亚湾的战略要地，是重要的石油输出国组织（OPEC）成员国，在积极参与中非地区性发展的同时与周边各国经贸往来密切，且是非洲唯一一个同时属于西班牙语区、法语国家组织（OIF）和葡萄牙语国家共同体（CPLP）的国家，具有较好的文化和经贸辐射潜力。除了旅赤几同胞的文化教育要求和本地国民的学习需求，各国商旅人士在此会聚，形成了本地实际上非常多样化的文化圈和文化需求。

---

① 赤道几内亚政府. Guinea Ecuatorial se beneficia de un crédito de 6.800 millones de CFA concedido por el BDEAC［OL］.［2022-03-10］. https://www.guineaecuatorialpress.com/noticias/guinea_ecuatorial_se_beneficia_de_un_credito_de_6800_millones_de_cfa_del_bdeac.

② 赤道几内亚政府. La pareja presidencial preside el acto de inauguración del Centro Internacional de Postgrados de Guinea Ecuatorial［OL］.［2022-03-20］. https://www.guineaecuatorialpress.com/noticias/la_pareja_presidencial_preside_el_acto_de_inauguracion_del_centro_internacional_de_postgrados_de_guinea_ecuatorial.

笔者曾经在法国教育部在巴塔开设的学校任教，教授英语和介绍中国文化。在与师生、家长和本地教育界人士的接触中发现，对于学习汉语或者了解中国的热情和需求广泛存在于当地社会的各个阶层、各个领域。民办华文学校在开设针对特定需求的"定制班"方面，拥有更多的灵活性，具有特殊的优势，可与孔子学院形成互补共促的局面。

五、培养措施

（一）使中国语言和文化的传播主动走进社区，产生实实在在的效益

一所独立和专门的华文学校更能感知当地社会的实际需求，锚定当地劳动力市场的需求目标。例如，可以与当地劳动部门合作，举办"基础职业技能+语言"的课程，直接为中资企业输送具备沟通能力的当地技工，促进就业；参与赤几政府多元化经济战略和妇女教育项目，争取国家政策优惠和直接投资；与本地媒体和文化部门合作，成立传媒公司，为周边商贸往来提供信息和相关咨询服务；与赤几高校加强沟通交流，共同挖掘本地艺术资源，促进文化交流；等等。

（二）取得最优效益

为了取得最优效益，赤道几内亚华文学校还可以发挥自主产权优势，加强与当地企业的合作，设立学校实习基地；通过与企业和政府联合组建招聘平台，建立畅通的就业信息渠道，促进当地人力资源合理流通；拓展企业入驻培训、商务踏勘考察、学术会议交流、旅游服务等领域的市场；开展多种多样的体验型文化活动，如书法、诗歌、戏剧、舞蹈、武术、美食等，加强与本地社区的互动，满足甚至创造新的文化需求。

（三）提升教育边际效用

如果能与中国的汉语水平考试接轨，争取华文教育智库和网络华校的资源支持，增强与当地孔子学院的互动交流，同时合理整合各种需求，定期举办社会性课程和各种文化活动，形成逐步规范化、正规化发展的民办华文教育模式，必将使赤

几华文教育项目更具时代感和吸引力，提高华文教育的边际效用，有利于学校在灵活适应市场的同时实现多元化发展。

（四）获得可持续发展

华文教育把握住主要形势和方向，及时处理好与各方的关系，积极应对劳动力市场的变化和政府政策导向调整。笔者认为，其中最重要的就是保持与中国教育体制的联动（这种联动机制包括课程、师资、学制、技术以及商务方面的内容），梳理好"源"与"流"的关系，以获得持续的发展动力。

在应对突发情况不能开始线下教学时，可以充分利用网络和现代教育技术，打造适应特殊时期、可供业余时间灵活学习的教学模式。

另外，非洲民办华文学校还应该重视教育品牌的塑造和培育。可以先参与一些成熟的海外华文教育品牌建设，如由中国海外交流协会主办的"中华文化大乐园"夏令营活动等，由暨南大学牵头创办的"全球华校联盟"等，逐步形成自身的品牌效应。随后在赤几教育市场的容量之上，可以考虑对周边地区的辐射。

最后，也要注意学校发展中的关系营销战略。华文学校要加强与赤几国家政府部门、政界人士、商界和文化界的接触和沟通，寻找合作机会，建立互利互惠的合作关系。例如，聘请他们担任名誉校长、顾问，邀请其到访中国的相关机构，参与学校重要活动，等等。

六、结语：关于非洲民办华文学校的发展潜力

在目前的非洲华文教育中，担当中流砥柱的依然是中国国际中文教育基金会主持的非营利性教育机构孔子学院。诚然孔子学院拥有强大的师资力量和官方教育资源支持，但在当前复杂的国际局势下，这也难免引起一些敏感度极高的国家和地区政府的犹豫，或是成为某些国家吹毛求疵的炒作借口。笔者认为，以当地经济基础和劳动力市场需求为主要导向的非洲民间资本、民营企业、民间机构和社团自主办学，更能发挥经济这只"看不见的手"的作用，将文化力量转化为能够促进当地社会发展的可见的经济力量。正如阿尔及利亚驻华大使哈桑·拉贝希在2022年4月9日的首届中非文明对话大会上说的："用非洲人最能接受的方式帮助非洲，这一

切都将帮助我们实现互利共赢。"①这正是中国传统文化中"群而不党""和而不同"的新时代阐释。

  相较于世界其他地区的华文教育，非洲华校方兴未艾，前途可期。伴随着"一带一路"沿线建设与中非共赢合作的进一步展开，非洲必然成为中国企业与民间资本活跃的一大热点地区，这为非洲华文学校的发展带来了新的契机。如果学校兴办之初就能认真考察本地资源和市场需求，增强联动和布局意识，广泛借鉴世界各地区华校积累的经验，就能够实现自身可持续发展，亦有潜力成长为海外华文教育的强大生力军，成为中国文化软实力中的重要组成部分。

---

① 马子倩. 非洲驻华使节：中国"用非洲人最能接受的方式"帮助非洲［N/OL］.（2022-04-12）.《青年参考》微信公众号。

非洲三国华文教育见闻与思考*

2016年2月，通过走访、参观，我们①与非洲肯尼亚内罗毕广播孔子学院课堂、赞比亚中文国际学校、毛里求斯新华学校及相关教育部门机构进行交流，访谈代表人物，主要目的是了解当地华侨华人状况、当地学校与华校汉语教学状况及需求，考查学生汉语学习现状。希望借此机会进一步宣传华文教育，从而加强中非华文教育界的合作交流。本文还加入了2016年至2017年的一些补充调查数据。

一、非洲三国华文教育概况

（一）肯尼亚（以内罗毕广播孔子学院课堂为例）

1. 成立历程

肯尼亚内罗毕广播孔子课堂于2007年6月在内罗毕正式挂牌成立，这是孔子学院总部/中国国家汉办与中国国际广播电台在海外建立的第一所广播孔子课堂，2012年3月首任中方院长李凌到任。2012年5月，肯尼亚内罗毕广播孔子课堂实体化办学正式启动，下辖两个同时成立的汉语国际教育和文化交流基地——"YCT考点及汉语言教学文化交流基地"（简称HHHS医岭中学基地，或医岭中学孔子课堂）和"HSK新汉语水平考试考点及培训基地"（简称CICCK海外华文学校培训基地，或海外华文学校孔子课堂）。随着逐步扩大办学规模，内罗毕广播孔子课堂下属合作校达到三所：公立的医岭中学、私营的海外华文学校、私立的BRAEBURN布拉依本国际学校。

"YCT考点及汉语言教学文化交流基地"是肯尼亚广播孔子课堂与肯尼亚寄

---

* 作者：李春风，北京华文学院。本文刊于《世界华文教育》2018年第3期。
① 此次参观调查人员有暨南大学华文学院郭熙教授、北京华文学院专修部姚敏副处长及笔者。在成文过程中，多次与二位探讨，并得到郭熙教授指导。特此致谢。

宿制公立学校内罗毕医岭中学（Hospital Hill High School，HHHS）合作建立的；"HSK新汉语水平考试考点及培训基地"是与中国信息文化交流（肯）有限公司（China Information and Culture Communication Kenya Ltd，CICCK）海外华文培训学校合作建立的。

2013年年底，肯尼亚内罗毕广播孔子课堂与肯尼亚知名的国际学校——肯尼亚布拉依本国际学校教育集团（BRAEBURN SCHOOLS LTD.）合作，筹备启动了第三大中小学汉语国际教育基地，即布拉依本孔子课堂，于2014年4月开学。该机构的汉语教学使布拉依本来自全球80多个国家地区不同种族、年龄段的孩子们有机会学习和掌握汉语，了解汉语背后的中华文化，强化多种文化间的交流、合作。

2.课程设置

目前，肯尼亚内罗毕广播孔子课堂初步建立和形成了多层次互补、较为综合全面的中小学汉语国际教育办学网络，涵盖当地官办中学、海外华文培训学校和私立国际名校。

HHHS开设《基础汉语》（*Elementary Chinese*）初级班和中级班，注册学员年均50人左右，还面向医岭中学低年级全部班级学生开设中华太极武术班，同时建立以汉语班和武术班学员为主的孔子课堂舞蹈合唱队和武术队。同时，也开办过针对校内外方教师的汉语培训班。

CICCK海外华文培训学校在肯尼亚比较有名。2016年2月20日，我们在路上一问到CICCK，很多人都可以熟练指路。CICCK海外华文培训学校孔子课堂目前有四个不同层次的汉语班，包括初级一班和二班、中级一班和二班，周六上午有一个华文子女班，学生20多人。这20多人中，有的是在中国学过汉语的，有的是在本地出生，有的是混血，其中以新侨为主。至2017年4月，注册学员保持年均在校70多人。学校建有课堂合唱组、周末书法和剪纸班。同时，李凌院长不定期担任文化系列讲座教师。

布拉依本孔子课堂开设四个年龄组别的汉语班：3—5年级组，6—8年级组，9—13年级组以及在校的中国孩子汉语班。每班招生人数在10—15人不等，总招生人数最多时达百人。使用的教材有《新实用汉语（一）》《汉语乐园》《快乐汉语》以及中国的北师大版《语文》和相关文化类补充教材等。

自2012年5月至2017年7月,中国国家汉办先后向课堂派出10名汉语教师和志愿者(包括李凌院长),一半人员已完成任期卸任回国。截至2017上半年,三大课堂基地有在岗教师志愿者4人,另有申请的待派教师志愿者在参加培训中。

3.取得的成绩

肯尼亚学习汉语的本地人约为1000人。YCT考试中心是内罗毕广播孔子课堂考点在肯尼亚目前建立的首家针对当地和外国中小学生汉语考试的正规考点。CICCK课堂基地的HSK考试中心也是继内罗毕大学HSK考点之后的肯尼亚第二大汉语水平考试中心,同时也提供HSKK各级汉语水平口试。考点是肯尼亚目前完全面向当地社会考生的考试中心。

截至2017年6月,内罗毕广播孔子课堂HSK和YCT汉语考试中心共举办了13期40余场各类汉语水平考试,考生总数近400人。内罗毕两个课堂的学生在HSK汉语水平考试及YCT中小学生汉语考试中都取得了不错的成绩,越来越多的校内外考生报名参加汉语水平初、中、高三级口试。

内罗毕广播孔子课堂舞蹈合唱队在2013年8月至2016年年底连续四年举行的肯尼亚全国音乐节大赛中,先后取得中学年级组东方歌舞系列竞赛单元亚军和季军的桂冠,使内罗毕广播孔子课堂品牌在当地社区小有名气,也为中华文化的推广做出了积极且十分重要的贡献。2013年起,课堂与合作校定期举办以中国新年为主题的年度"中华文化周"。文化周面向基地校广大中外师生,体验内容有中国农历新年及中国节俗讲座、中国节日饮食文化视频影像片展放、中国汉字书写方法及中国书法、学中国剪纸、学包中国饺子、品尝中国美味、观摩大型春节访肯海外慰问文艺汇演等系列活动。旨在通过一系列中华节俗和传统文化体验活动,更好地向肯尼亚当地学生传播中华文化,激发他们学习汉语的兴趣。类似的传统中华文化节日和推广活动在三所基地校都会以不同的形式和内容不定期举办,极大丰富了课堂的日常汉语教学,提升了学员们对中华文化的兴趣,使课堂汉语教学与中华文化推广工作走上了良性促进、共同发展的轨道。

借助汉语水平考试,内罗毕广播孔子课堂不仅检验了教学质量,同时大批优秀学员也自2013年起不断脱颖而出,先后有约20人通过夏(秋、冬)令营、中学生汉语桥大赛等总部项目,获得赴华短期学习、培训、体验的"门票",甚至是赢得一学期赴华深造的孔子学院奖学金,实现了他们来华学习考察、参观体验、观摩交流的梦想。

（二）赞比亚

赞比亚从事汉语教学的主要教育机构是赞比亚中文国际学校，我们还走访了赞比亚孔子学院中文课堂和赞比亚教育部。

1. 赞比亚中文国际学校

赞比亚中文国际学校从2009年开始有周末班、晚上班；2012年开始有全日制幼儿园、小学，这是学校发展的主线；也有面向成人的汉语辅导班。全日制华文教育只在幼儿园、小学阶段进行，小学文凭是得到教育部认可的。所以，该校10岁以上的学生比较少。学生数量为幼儿园230人左右，成人100余人，教师16名。该校实行董事、校长制，校长向董事汇报学校动态。周末制语文班的学生年龄从五六岁到十八九岁不等，一年级学生7人，五年级有七八人。全日制每天上一节汉语课，根据学生年龄设计课时时长，最大年龄阶段的学生是40分钟/课时。该校还被评为海外"华文教育示范学校"，得到中国国侨办资助，这对该校的发展起到非常好的推动作用。

赞比亚中文国际学校校长刘小燕认为，赞比亚很多华侨存在下一代的教育问题，很纠结孩子在哪儿读书。所以很多国内过来的人，都在一、二年级以后就将孩子送回国进行基础性教育。

2月22日，我们在走访校园和课堂的时候，看到校园里除了华裔面孔，还有印度裔、非裔等面孔，非裔面孔居多。课间，所有学生都在一起欢快地玩耍。孩子们天真无邪地用汉语跟访问团成员打招呼，给我们背诵《木兰诗》，还有的高年级学生跑上来主动与我们攀谈。

2. 赞比亚孔子学院中文课堂

赞比亚孔子学院依托学校英文名称为Roder Park School，中文为花园学校。该学校是当地一家颇有声望的私立学校，中文教学虽然开展时间不长，却开展得有声有色，中文课堂上学生们表现积极活跃。

3. 教育部高等教育司

我们与教育部高等教育副部长进行会谈，了解政府教育部门的需求。部长表示热烈欢迎。他说本来教育部部长要与访问团会面，但他现在在以色列，而此次会面事先已得到了赞比亚总统的同意。他还说虽然正在参加一个非常重要的会议，总统还是让他出来按照约定时间与我们会面，可见赞比亚总统和政府对中赞关系的重视。在回顾了中赞的友谊关系、中国政府对赞比亚的帮助以后，他说："你们有机会来到赞比亚，了解赞比亚的真实情况，对中赞的关系很有帮助。我希望赞比亚的在位官员和我的同事们也有机会到中国去交流，进而进一步推动中赞文化交流。还有大学，如赞大等，学生们有幸去留学。如果还有短期合作交流更好，这对他们开阔眼界非常有必要。"接着，部长提出了几点建议：（1）可以考虑有一些分校或结对的学校，实现资源共享。赞比亚学校的资源很落后，可以派他们去中国学习。（2）像北京华文学院或其他学校的设备可以淘汰到赞比亚来。我们这个部门经常去各大学考察，设备严重缺乏，如能帮助我们解决这个问题那真是雪中送炭。（3）高等教育部门是教育部的新兴部门，需要更多的来自中国高校的支持。（4）在赞比亚的中国孩子很容易适应赞比亚生活，赞比亚人民也很友好。赞比亚有73种民族语言，中国孩子可以学一些当地语言，这样也有利于与赞比亚人民友好相处。最后，他说很荣幸参加本次会谈，坚信这是开始，以后会有更多的合作往来。赞比亚政府欢迎中国的经济、文化、农业等方面的部门都到赞比亚交流。

（三）毛里求斯

毛里求斯新华学校成立于1912年11月10日，至今已有一百多年的历史，现任董事长邓旭升，校长林训祥。该校经历了发展、全盛、衰落时期。历史上曾有全日制小学、初中班，首批小学生于1929年毕业。20世纪30年代，学生人数超过了200名；初中班1941年开班，第一届毕业生在1943年毕业。当时学校的课程除了主科中文，还有英语、法语、刺绣、图画、音乐、体育等。通过每年为学校筹款，举办多种活动，诸如举行作文比赛、演话剧、表演歌舞等，学生们的素质得到很大提高，增强了团队与爱国的精神。新华学校因此赢得了很高的声誉，留尼旺、罗帝利等地的华侨也纷纷把自己的孩子送到新华学校读书，该校曾被誉为非洲最高华文学府。40年代末，新华学校达到全盛时期，学生人数达到千名之多，教师39人，共有18班。50年代后，当时普遍认为念西文才会有更好的谋生机会，受这种观念影响，学生人数逐渐走下坡路。1972年第29届初中生毕业以后，中学班就无法继续办下去了。70年代中期，小学班停办。停办后，学校重组董事会，开幼儿班和周末班，但只有周末班延续至今。2012年，在校学生人数已有300多人，共有13个班级（由学前班到中五）。截至2017年，有12个班，从小学到初中三年级，预备班和一年级分别有两个班，平均一个班24—25人，13名教师中12名是授课教师，1名是图书管理员，使用暨南大学华文学院编写的《中文》教材，每册书都有同步A、B两本练习册。

新华学校单纯靠公益性周末补习授课，校舍是租用的，教师多是公益性个人行为。近年学生数量减少，汉语教学只能在周末进行补习。

中国政府每年颁发奖学金给这里的优秀学生到中国留学，并不定期派教学人员来此培训中文教师或邀请教师到中国观摩教学。2009年，新华学校荣获中国国侨办的海外"华文教育示范学校"称号。

二、非洲华文教育的特点及困难

（一）特点

三国华文教育的共同特点是三国都对汉语学习有需求。其中肯尼亚与赞比亚两国老侨较少，多为二代新侨；多数华人愿意送孩子回国进行基础性教育；本土人有比较强烈的汉语学习需求和动机，但受汉语难度及学习习惯影响，其后续学习效果不可预测，能坚持学成的比例较小；华文教育虽然起步较晚，但很有发展潜力。

毛里求斯既有老侨，又有新侨。居住在毛里求斯的华人中，很多人都是华侨二代、三代甚至四代。在毛里求斯出生的华人，多数不会说汉语普通话，年纪大一点的人可能还会说方言，但是年轻人除了在新华学校补习班学习或者请中文家教的，基本都不会说汉语了。很多家庭经济条件好的年轻人，长大后也不愿意留在毛里求斯，都希望能去欧美或者中国留学，学成之后也多愿意留在海外生活。年近70岁的管先生是二代华人，在毛里求斯出生，他的汉语就是在新华学校学习的。他说他们同龄的很多在毛里求斯出生的人都已不会说汉语了，有的可能会说父母的方言，但更多的都是说当地语言。他在孩子小的时候，专门请人来教孩子汉语。毛里求斯新一代的华人将越来越少。但据统计，毛里求斯旅游业发展迅猛，仅2015年，到毛里求斯旅游的中国人人数激增九倍以上。随着越来越多的人向往到毛里求斯旅游，相关服务行业也将随之发展，届时将对毛里求斯华侨华人人数产生新的巨大影响。

（二）困难

通过对这几所学校负责人的访谈，我们总结了几点当前非洲华文教育的主要困难。

（1）学习汉语费用昂贵，学习周期比较长，难度比较大。这是制约非洲本地学生学习汉语的一个主要因素，尤其是对非洲赴华留学生来说，一般只有奖学金学生才会有意向来华留学，奖学金是他们最看重的。

（2）师资力量比较薄弱。各华校、汉语教育机构都表示缺乏优秀合格的师资力量，并表达了对合格汉语教师的需求。如肯尼亚内罗毕广播孔子学院院长李凌表示，该孔子学院对口的师资力量还比较薄弱，希望能得到对口援助。赞比亚中文国际学校刘小燕校长希望能与中国的院校联系，开展夏令营、冬令营等短期团队合作，并且她们也需要师资培训的力量。毛里求斯新华学校教师多是公益性个人行为，李林曼都董事向访问团成员表达了对文艺、音乐、歌舞方面的华文教师培训及视频资料的强烈需求。她说，本校开展的音乐、舞蹈等文化课受到学生的极大欢迎，但是她们现在年纪大了，对一些新的舞蹈、歌曲已经跟不上。她们希望能有这方面的师资培训或者相关教师到她们那里进行培训、交流。

（3）缺少适合本土的教材。各地华校纷纷表示，希望教材里能多介绍一些中国文化、历史、地理知识等内容。通过这些文化的交流学习，"让小孩子们多认识祖（籍）国，了解祖（籍）国的历史、地理等文化知识，给孩子灌输爱国思想。"（新华学校李林曼都董事语）这些需求，我们华文教育界应重视起来。

三、发展趋势及几点对策

（一）发展趋势

本次考察我们看到，非洲汉语教育教学有着巨大的发展潜力，汉语将成为非洲语言教育中的热点。中非历史上就是亲密的合作伙伴关系，随着中国经济和旅游业的发展，越来越多的非洲人都有强烈的学习汉语的愿望。肯尼亚华侨华人联合会、肯尼亚中国和平统一促进会副会长高玮认为，现在华文教育和汉语教育是很有发展潜力的。我们曾偶遇一位赞比亚青年，他用英语向我们咨询如何才能到中国学习汉语，路上很多非洲人都可以说简单的"你好""谢谢"之类的汉语。这些都说明汉语将成为非洲语言教育中的热点。

非洲新侨的增加是华校发展的潜在动力。越来越多到非洲工作的中国人，抓住发展机会，最后选择留在非洲谋生。留在非洲的中国人越多，就越催生华文学校的诞生。而华校的长足发展，应该与国内华校建立联系，进行师资培训、教材本土化等方面的研究。这些也是国内外相关院校建立潜力合作、发展的契机。

（二）对策

通过以上这几点认识我们认为，对外汉语界应当重视非洲汉语传播市场及非洲汉语教育界的需求。郭熙教授一直强调华校健康发展的几个重点：学习语言尤其是汉语，要从娃娃抓起；华校生存是要健康可持续性的，单纯公益性的华校生存举步维艰，应该考虑走商业道路；华校最好进入国民教育体系，取得政府认可的文凭。据此，对非洲汉语教育发展的可实施的具体措施有：

（1）顺应侨胞的爱国情感，进行语言文化输出，这也是华校应承担的社会历史责任。十天的参观考察走访，给考察团带来了深深的震撼。有感于海外华人的赤子之心，只有离开中国侨居海外的人才能怀有的眷恋之情，尤其体现在老一代华侨群体中。老一代华侨华人对祖（籍）国怀有深深的眷恋之情，对中国的传统文化也怀有浓浓的情感。对新一代年轻人的变化，虽有不满但也无奈。他们非常希望新一代能够继承并发扬中国的传统文化，这种感情是以语言传承作为输出方式，语言是载体。因此，我们应该顺应侨胞的爱国情感，进行语言文化输出和传承，承担起华校应承担的社会历史责任。

（2）海外华校应该适时变革，勇于变革。海外华校尤其是具有悠久历史的华校，反而不易适应时代发展，其老旧的管理模式可能阻碍其发展。只有经历这种变革之痛，才能浴火重生。比如有的华校管理和发展模式过于陈旧，不能很好地适应时代发展，如果不进行变革，未来之路也许越走越窄。可这些在我们看来是不能够与时俱进的行为，何尝又不是他们死守着的家国信念在支撑。他们要延续的是一种"根"的情结，是希望能够传承百年前的文化传统之魂。这是时代发展之殇。希望他们能早日找到发展之路，度过变革的阵痛，既能传承海外华校传统之魂，又能适应时代发展之需，将华文教育之路走得更远更长。

（3）成立华文教育研究中心。我们认为，在非洲成立华文教育研究中心很有必要，该中心一旦成立，将起到辐射作用。可以与中国国侨办合作，并请相关研究博士到当地，一边授课，一边收集资料写论文。可以与中国的华文教育院校合作，合作项目一旦谈成，则该项目达到的目标有：与中国相关院校对接，让越来越多的学生到中国看看，哪怕只是一两个星期；经济条件好的学生可以到中国学习；学得好的学生可以在中国的学校读四年本科，进行专业学习。

（4）积极转型，尝试与中国的大专院校合作。以政府机构、各华校、汉语教育机构、商会为桥梁，积极主动联络，为非洲的汉语教育提供帮助。特别是在华文教学、教师培训和文化交流方面主动提供服务，建立长期合作机制，推动非洲的华文教育水平，进一步宣传并加强与国内外华文教育界的合作交流。以新华学校为例，当前学校的办学模式很难让学校保持持续性的良性发展。一方面，应该充分利用场地，尤其是周一到周五的时间，也可以利用起来进行教学、培训等活动，以校养校；另一方面，应与中国政府建立联系，进而取得中国政府支持与中国院校加强合作，派遣老师。学校最好得到本国政府支持，建成全日制学校。积极拓宽视野，借鉴已转型成功的华校的经验，如澳大利亚墨尔本新金山学校的教学管理模式有招收幼儿园、小学全日制学生，或者幼儿园免费学习中文后再升入收费的小学等。新华学校的所有董事也都强烈表达了想与中国院校合作的愿望。

（5）借鉴孔子学院的发展经验，形成发展合力，保留发展特色。在华文教育中，孔子学院似乎是绕不过去的。孔子学院宣传力度较大，与各公立学校合作，有的甚至能够进入国民教育体系。与其与孔子学院分散力量，不如形成合力。华文教育体系借鉴孔子学院的发展经验，孔子学院也可利用华校华文教育的基础发展中小学幼儿汉语教育。这样既利用各自的优势，又能保留各自的发展特色。

第五部分 大洋洲

植根中华　融入当地*

——访澳大利亚中文教师联会主席、澳大利亚首都地区社区语言学校协会主席李复新博士

【编者按】 20世纪80年代末90年代初，在多元文化政策的基础上，澳大利亚开始制定一系列语言教育政策推动非英语语言（Languages other than English, LOTE）教育的发展。澳大利亚"面向亚洲"的需要以及中国经济的崛起，使得华人创办的华文学校、简体字和汉语拼音获得了良好的发展契机。李复新博士正是这一背景下的澳大利亚和新西兰汉语教材和汉语拼音教学的拓荒者、亲历者和推动者。25年来，李复新博士通过推广汉语教材、创办中文学校、推动中澳文化和教育交流合作等，为澳大利亚华文教育、汉语教学和社区语言教育做出了极大的贡献。近年来，李复新博士先后当选为澳大利亚首都地区中文教师协会主席、澳大利亚中文教师联会主席、澳大利亚首都地区社区语言学校协会的首位华人主席，这既是对李复新博士多年来致力汉语教学事业所取得成就的肯定，也是澳大利亚华人社会和主流社会对汉语教学的地位和价值的认可。李复新博士既是华人在澳大利亚"落地生根"的佼佼者，也是澳大利亚语言教育政策演变的亲历者，更是澳大利亚当代华文教育发展的推动者。本期专访邀请到李复新博士，他为我们生动地呈现了澳大利亚当代语言教育政策和华文教育、汉语教学和社区语言教育的发展背景、发展状况和未来前景，对我们了解、认识海外华文教育现状和研究相关问题有相当重要的启发意义。

问：您是从汉语教材推广做起，然后才进入华文教育领域的，能否介绍一下您从教材推广走上办学的过程？

---

* 本文刊于《世界华文教育》2019年第1期。

今年正好是我在澳大利亚的第25年，四分之一个世纪，从我个人来讲，应该算是走了三步曲。我硕士研究生毕业以后，从华东师范大学到人民教育出版社（以下简称"人教社"）工作了七年半。在人教社的时候，我有三个职务，第一是教育理论编辑室的编辑；第二是当年的中国教育学会教育学研究会秘书，当时叫全国教育学研究会，挂靠在人教社，社长叶立群先生是理事长，我给他做研究会秘书；第三还有一个中国课程教材研究所，我是助理研究员。作为人教社重点培养对象又有这个课程教材研究所的职务，我得到世界银行贷款资助的联合国教科文组织的一个编辑出版项目，被选派到澳大利亚访问了半年。当时的澳大利亚联邦教育部有两个全国性直属机构，第一个是课程公司（Curriculum Corporation），专门从事教材研发和出版；第二个是澳大利亚教育研究理事会（Australian Council for Educational Research），专门负责考试，澳大利亚中小学所有的考试和出题都是这个理事会负责。我在课程公司和皇家理工大学的出版系进修了半年就回国了。随后在人教社又工作了近两年之后，由于爱人得到了澳大利亚蒙纳什本大学的全额奖学金，我也获得最高全额奖学金，于是在1995年10月底我又回到澳大利亚蒙纳什大学攻读博士学位。因为职业的关系，我又带上了人教社的《语文》课本想去推广，其实那时候学中文的人也寥寥无几。后来人教社的总编辑魏国栋编审访问墨尔本，去了以后就联系上我，说人教社出版的《标准中文》的教材要在海外发行，问我能不能做澳大利亚新西兰的发行总代理。我说："我是做编辑和文字出身的，发行教材是市场经营行为，我恐怕不行。"魏总编说："你是人教社出去的编辑干部，大家对你知根知底，这件事交给你办不会走样，我们放心。"就这样，在当时来说，除了我的兴趣以外，也算是给我布置的一个任务，从那时候起我利用学习之外的业余时间开始慢慢地宣传汉语教材。

屈指算来，从1993年开始到2018年正好是25年。25年前，市面上的教材基本上都是新加坡、马来西亚、中国香港特别行政区和中国台湾地区的繁体字中文教材。当时我们只有两套中国的简体字中文教材，一套是人民教育出版社出版的《标准中文》，一套是暨南大学出版社出版的《中文》，《标准中文》是1988年8月出版的，《中文》是1988年10月出版的，前后差两个月。这两套教材应该是中国改革开放之后，中国最早的具有里程碑意义的对外汉语系列简体字中文版教材。这两套教材的落脚点不同：人教版《标准中文》教材，是为赴美国和加拿大留学的中国留学生的子弟学习中文用的，当时是希望孩子们在父母学成回国之后跟随父母回国"落叶归根"后中文还能跟上国内的教学。因为当时的留学生带出去不少孩子，这些孩子们到海外去以后，跟着父母在当地学习，等父母要回来的时候，他们要能够在国内的学校插班，不至于中文太落后，所以目标是"落叶归根"，当然其实没想到出去的大部分人都留下来了。暨大版《中文》教材的理念是"落叶扎根"，是为了在海外的第二、第三代的华裔子弟不忘中华语言文化而学习用的。虽然我原来是出版社编辑出身，但是发行和宣传教材那完全是两码事，是从零学起的。

但是也正是从那时候开始，澳大利亚的中文教学开始使用简体字教材。此前都是繁体字，这个与教材发行有关系，因为有什么样的教材，就有什么的教学，给一本繁体字教材就得教繁体字，给一本简体字教材就得教简体字。所以就澳大利亚的教材来讲，简体字教材和汉语拼音教学，业界共识认为我是一个简体字汉语教材的拓荒者，从业余爱好到专业推广这条路一走就是25年。现在我是澳大利亚中文教师联会第五任主席，是第一个地地道道的华人主席。这与我当年在主流学校推广汉语教材和教学不无关系。一个优秀老师可以扎根于一个课堂或一个学校，她/他只使用一种教材，而教材的推广是全国性的，特别是我的初衷就是要为整个澳大利亚的中文教材更新和升级。

万事开头难，经过了两年才有收获。后来最多的时候有300多个政府学校和40多家中文学校都用我们的教材，这个数字对中国的学校来讲不算什么，但是在澳大利亚，这个数字就很可观了。后来到了2009年10月，中国国侨办开始通过驻外使领馆全部免费或象征意义收费为所有的中文学校供应教材，特别是墨尔本的中文学校，像新金山中文学校、新一代中文学校、新世纪中文学校等都更换了免费赠送的暨大版《中文》教材。我所建立起来的《标准中文》教材市场一夜之间发生了天翻地覆的变化，我痛失了自己建立的教材市场。但这是国家政策，要以大局为重；我也幸运地于2005年7月与孔子学院总部/中国国家汉办签署了第一个海外汉语教材总代理协议，不过后来在2009年澳大利亚珀斯开办第一个孔子学院之后又开始在主流学校送教材，我们只好调整方向，因为这也是国家对外汉语推广政策的大局。

所以我就是这样，从学习教育基本理论，到编辑和秘书，再从教育理论转到了汉语教学，然后又从教育研究做起了汉语教材推广，就这样一路走来。汉语教材的推广是1993年在墨尔本开始的。在堪培拉，许多人都知道我是澳大利亚标准中文学校的创办人,但在堪培拉以外的全澳都知道我是推广汉语教材和教学的,其实我创办的中文学校比推广教材要晚了10年,而且中文学校的资金来源也就是从汉语推广所获得的微薄利润而来的。那后来为什么要在堪培拉办这所中文学校?2001年12月23日,我们全家搬到了堪培拉,那时候堪培拉没有像样的中文学校,我觉得推广教材这么长时间,可以说对教材最有发言权,因为做出版的大有人在,但是对各种教材都能够了解的可能不是很多,我算一个。所以那个时候就觉得我要办一个学校作为教材的试验田,一种新教材问世以后,我就可以先在学校里面试用一下。学校当时用《标准中文》,也用《中文》,除了人民教育出版社出版的教材,还有北京语言大学出版社的《新实用汉语课本》、华语教学出版社的《当代中文》、澳大利亚本土教材《我的母语》(My Chinese)等。总之,我们在堪培拉创办的学校是15年历史,但是在澳新地区发行汉语教材是25年历史。

问:您做了这么多年汉语教材推广,那现在澳大利亚汉语教材的情况大致是什么状态?真正需要的是什么样的汉语教材?我们也一直在谈本土化的教材,那澳大利亚汉语教材的本土化应该是什么样子?

我觉得首先还是看学生的需要,就是需要能够适合于学生的有针对性的教材。我们现在的教材一般是普适性的,因为从出版的成本来讲,要顾及教材的成本,最好能一本教材走天下。但是从学校来讲,每个学校的情况不同,学生不同,那教材也应该有所不同。虽然在澳大利亚汉语学习者占学生总比例高达4.7%,这是很高的比例,但毕竟是一个人口小国,一部教材不出个三五千册的话,出版社就得亏损。所以虽然推广汉语是国家政策,但是不管是谁来做都要掂量一下自己的盈亏得失。但从教学来讲,我们的确是需要结合本土元素的教材。这就是为什么澳大利亚比较受欢迎的是在昆士兰州出版发行的本土教材《你好(Ni Hao)》。这本教材的编者在本体知识和知识的更新方面可能比不上其他教材,但她一直在澳大利亚,对当地情况很了解,所以她的教材在本土是最受欢迎的。这套教材比较对澳大利亚中小学学制的路子,比如教材配套练习、课时的安排等,跟当地的规定是比较一致的。老师们教起来比较得心应手,销量一直不减。具体说来,澳大利亚的学校一年下来是36个教学周,每周两到三小时,一年一共是110个小时左右。所以按这个节奏来编教材的话,一年下来一本书教完很顺利,学生拿到结业证书也很有成就感。否则教了一年，一本书没教完，教师不好交接，学生也觉得别扭，下一年再接着学的时候，书已经破破烂烂了。所以这套本土教材始终很受欢迎。

在澳大利亚，开不开课是校长的决定，教材是老师的选择。2005年的7月23日，我跟中国国家汉办签署了第一个海外教材发行的总代理协议。那个时候《你好》这套教材就已经比较受欢迎了。我开始引进海外教材到澳大利亚以后就对它冲击不少，因为这个教材刚好跟人教社出版的中国国家汉办编的《快乐汉语》和《跟我学汉语》比较相近。中国国家汉办的这两套教材是彩印，漂亮，还便宜，内容也新颖，业界为之眼睛一亮，所以销量很好，老师们都愿意用。但是过了两三年，有些老师又不买了，还是改用《你好》。原因就是中国教材在课时还有一些其他形式的安排方面不像《你好》那样更适合当地。在内容上来看，差别也不是很大。我觉得中国教材的内容和难度以前好多是直线上升的形式，初级还算好，中高级的难度"啪"就上去了，差距就好大。那本土教材从一年级到初中之前是螺旋式的，到高中的时候才是直线上升。

即使是华裔学生，他们学习汉语也大多只是为了保留语言文化传统，所以在教材编写上，重视内容的不断重复和兴趣的激发是非常重要的，一上来就太难，学生受不了。我记得以前商务印书馆出版了一本黄政澄先生的《新编汉语教程》，书很好，特别厚，别说初级学生了，就是高年级学生教两年也教不完。后来《新实用汉语课本》出版以后，那本书在澳大利亚的大学里基本上就被代替了。

总体来说，首先是教材的针对性；第二是教材的知识量；第三是编排的形式，要少讲多练；第四就是教辅和阅读材料远比教材重要，现在这两类也很少。教材其实已经大同小异了，"似曾相识燕归来"。2016年4月，我给新南威尔士州中文教师协会和山东友谊出版社牵线，出了一套60本的《天天读中文》(*Read Chinese Everyday*)，目标群体就是政府小学，目前大家看了都感觉耳目一新，但是也还不够，编得比较急，课文基本上是中文的，也没有汉语拼音。我想第二版要修改，但是它的理念是不错的。大书是给老师用的，小书是给学生用的，这也是一个尝试。我觉得这套书的编者很有经验，但我也跟主编，也就是新南威尔士中文教师协会主席徐凡说过，教材的编写应该有五年周期，第一年投放市场，第二年试用，第三年收集信息，第四年准备改版，第五年正式改版，要是不改的话就会被淘汰了，她和团队现在就是在做改版的事。1993年11月，我第一次到悉尼参加国际图书博览会的时候,人家对汉语教材都不感兴趣,现在就大不一样了,要"《天天读中文》"了!

问:您介绍了自己走上汉语教材推广和办学的过程,令人感触很深。特别是提到了教材引领教学的问题,对于增加我们对海外的了解和编写教材很有启发。您本人是教育学专业的博士,在这过程中您的专业是不是也起到很大作用?

是的。我本人大专是学英语出身的,并教了四年中学,后来在华东师范大学读教育基本理论专业的硕士学位,又到澳大利亚读哲学(教育学)博士学位。1998年年底,新金山中文学校创办人孙浩良让我去他那里担任校长,我也乐意。正好墨尔本育华中文学校需要一位校长,这所学校是柬埔寨的爱国华人办起来的,他们非常有办学热情,但想找专业人士去做管理,所以他们就找到了孙校长。他们觉得我是学教育基本理论的,来管理学校再合适不过。我也考虑到要是理论联系实际的话,中文学校是一个很好的落脚点,用现在的话来说是"接地气"。跟他们校管会面谈了一上午后,我就去育华中文学校兼职做了校长。在读博士研究生期间,我在系里就给中文老师、希腊老师和意大利老师上过一门课,叫非英语语言教学法(LOTE Methodology)。虽然年轻,但因为我是做教师的,所以现在墨尔本一些退了休的语言老师还是把我称为老师的。后来中文教育成了我工作的一个重点,这和教育研究不一样,可是我学习的那些理论知识对我还是有帮助的。当时我在育华中文学校每周都要听课,给老师们指导。我给他们首先讲授的是五段教学法或是告诉他们怎么来安排教学会更好,让他们把课堂组织好。那时候新老师没有现在这么多培训,他们说:李校长您真内行,讲的东西让我们能够马上在课堂上操作!我觉得我不是语言学或汉语科班出身,但是教育理论和方法对我还是有帮助的。因为就海外的汉语教师来讲,要么是本体的知识很扎实,要么就是懂教学法。现在澳大利亚中文教师联会里有近3500名会员教师,其中15%是非华人,也就是土生土长的澳大利亚人。他们的本体知识跟我们是没法儿比的,因为我们是在中文的环境里泡出来的,但是他们很会教学,懂得教学法。墨尔本有一批澳大利亚当地教师,当年教中文是特别有名的,他们的中文底子可能没有我们中国的老师好,但是教学都不错。我觉得两者都好的话是求之不得的,当然如果有一个方面不错的话对另一方面也会有帮助。

问：您刚才说了个人的专业知识在事业上能发挥重大的作用。那从您个人的观点来看，在澳大利亚那样的一个社会环境里，要办好一所中文学校，需要哪些条件呢？

澳大利亚虽然从国体上来说是君主立宪，但是从法律运行上来讲，澳大利亚是个多元文化国家，强调的是多民族多元文化融合在一起，这一点也反映在了教育上。20世纪70年代，澳大利亚执行的是白澳政策，白人的地位是最高的，对外族有歧视。70年代末80年代开始，工党政府废除了白澳政策，澳大利亚打开国门向世界开放，特别是向亚洲开放。这样首先是日本人来到了澳大利亚，然后陆续有中国人来。它的多元文化政策包括非歧视性移民政策，就是不管你是什么人，只要你符合移民的标准，不管你的肤色、民族、种族、宗教是什么，那我们都是平等的。到了1989年4月，澳大利亚联邦教育部长与各州教育部部长联席会议，发表了一个重要文件就是《关于学校教育的全国性目标》（*The Common and Agreed National Goals for Schooling in Australia*）。这个文件首次提出澳大利亚中小学要开设非英语语言课程，中文是其中一科。这时候亚洲人来得多了，中国人来得多了，有些人就开始做中文辅导，或者是在那些马来西亚人开的老华校里面教书。中国来的老师先是做中文教师，慢慢熟悉了学校的运作以后自己再开学校。这样中国人办的学校就逐渐做起来了，包括墨尔本的新金山中文学校等一批学校都是这样做起来的。

要办一所中文学校，首先要注册一个协会，或者按协会法直接注册一个学校，这种以协会法人注册的机构都是非营利的。"非营利"和"公益性组织"是两个概念。前者是可以挣钱，不过挣了钱要用于发展，不能作为分红进自己腰包。所以学校该收多少就收多少，也可以拿工资，可以聘请教职工。但到年底如果有剩余的钱，就不能给大家分了。

其次是要有固定的校舍，如果在自己家车库里教是不算数的。即使是用政府学校的校舍，有关部门或协会每年也都要定期检查一遍。

第三是教师要有培训。我今年当选了澳大利亚首都地区社区语言学校协会的主席，这个协会的功能之一就是政府给我们教授37种语言的57个学校拨款，首先是政府拨款到我们协会，然后由我们协会再发给各个学校。我们在对学校进行资质审查的时候，要求之一就是学校每周要开语言课两小时以上，然后按学生人数进行补贴。其次是学校的教师每年必须参加五个小时的教师培训，进行教育培训的机构也需要有政府认可的资质。

问：通常我们关注的是澳大利亚华文学校，实际上华校是澳大利亚社区语言学校的一部分，那么澳大利亚的社区语言学校整体发展状况是什么情况？

1989年4月，澳大利亚联邦政府和各州政府第一次提出了中小学要学习LOTE。到了1992年，政府就专门设立了款项，按学生人数进行补贴。这个政策在全世界来讲都是独树一帜的。像美国、英国民间开办语言学校没问题，但是都没有政府补贴，甚至以前在印度尼西亚苏哈托时代开办华校都是不合法的。在澳大利亚办学的话，第一年是完全靠自己，第二年如果能存活下来，通过了我们协会的审核，就可以享受政府相应的补贴。政府是看你的学校活下来了才给补贴，否则就没有。所以这个政策实际上是锦上添花，而不是雪中送炭。其他方面的支持就是办学保险，教师培训和场地方面的支持。全澳各个州对社区语言的支持是不一样的，比如新南威尔士州、南澳大利亚州的政府学校给社区语言学校的场地就是免费的，鼓励政府学校分享和充分利用他们的资源。但墨尔本和堪培拉这些地方就要交租金，2019年我们协会的主要工作之一是跟政府就此事进行协商，因为政府给学校的补贴，学校再交给政府学校，无异于把钱从左口袋装进了右口袋，社区语言学校等于没有实质性受益。

拿我们2019年的工作来讲，第一是跟踪政策导向；第二是社区学校的资质审核，如果我们审查的时候发现这个学校已经不存在了，就得马上停掉补贴；第三是学生的安全管理。我们每个老师都要有一个WWVP卡（Working with Vulnerable People，和弱势群体工作证），相当于是一个无犯罪记录的证明。这个证件是政府发的，如果我没有这个证件，就不能跟学生打交道，这也是办学的基本要求。另外，我当选澳大利亚首都地区社区语言学校协会主席后，提议并在全国通过了一项决议，就是将每年5月的第三个星期六作为澳大利亚社区语言学校日（National Community Language Schools Day），获得全国联席会议通过了。那么2019年5月18日，全澳所有的社区语言学校都会在当地参加有关活动、表演、演出或是展览，也有研讨会。另外，2019年10月5日，澳大利亚社区语言学校全澳大会将在堪培拉召开，我是总召集人，这次大会对未来澳大利亚社区语言教学将有很大的促进作用。

澳大利亚联邦政府有一个雄心勃勃的计划，就是通过这一系列的措施，希望把社区语言学校变为国家义务教育的一部分。这样一来，社区语言学校得到的补贴要比现在高得多，但要按照公立学校的标准来运行。同时对教师的要求也与公立学校是一样的，每年要有20小时的培训，否则就不能上课，这是一个重大的课题，也是重大的趋势。

问：其他社区语言学校，比如希腊语、越南语、韩语的社区语言学校是什么状况？与这些学校相比，中文学校有什么特点？其他历史较长的社区语言学校，有什么值得中文学校借鉴的经验和做法？

现在澳大利亚社区语言学校的第一大语言就是中文，也可以说是教得最好的，时间也比较悠久。其实在社区语言的范畴里，华人当家作主那几乎是没有的事，是看别人眼色的。其他的族群更接近主流社会，比如希腊人、意大利人，他们的英文普遍比中国人好。2018年10月，我在墨尔本参加语言教学政策论坛的时候，与会代表就说现在对教师培训还不能强制性统一要求，因为现在全国没有配套，资金没有到位，没有办法普及培训。现在很多中文教师英语还是不太好，所以他们也鼓励我们用中文来培训中文教师。但这只是一个权宜之计，因为你要长长久久地在当地教中文的话，也不能只是中国人跟中国人打交道。希腊人、印度人、意大利人、越南人在英文沟通方面都没问题，也带动了他们的思维方式，他们在教学法方面就比我们好。来自中国香港特别行政区和中国台湾地区的中文教师也很不错。1995年，我在大学做助教时接触到中国台湾地区的一些中文教师，他们在教学法方面就已经做得很好了。因为他们从20世纪80年代就开始对外推广汉语，有很多经验。比如有一次我去听课，有个小孩就跳起来说："老师，我不想学中文！"老师就说："你知道吗？你学中文是因为比别人聪明一倍，你就得学中文啊！"孩子们就很高兴，觉得自己比别人聪明才需要学中文。这个老师很机智，给我印象很深刻。

问：您是澳大利亚教师联会的现任主席，同时也是森隆集团创办人、澳大利亚标准中文学校校长，还是澳大利亚首都特区中文教师协会主席，澳大利亚首都特区社区语言学校协会主席等；您的社会活动也很多，在促进中澳两国文化交流方面做了很多工作，比如设立尼山书屋、为母校昌乐一中、昌乐外国语学校和昌乐北大公学双语学校与澳大利亚的往来牵线搭桥等。通过这些社会活动，您希望自己在澳大利亚中文教学的发展中能够发挥什么样的作用？或者说，在您的心里有没有一个理想的发展目标？

头衔确实是有很多，但是有时候我自己都不明白自己在做什么，因为这些职务是义务的，不仅没有收入，甚至还要倒贴点，别人也会说，你这是在做什么？但是做什么事情不能都只讲究钱。澳大利亚是一个崇尚奉献的国家，在特定的位置上为大家服务是一种荣幸，而且也不是人人都可以得到的机会。在我的职务中也有相关的，比如我们的澳大利亚尼山国际出版社，刚刚出了第一本书《论语精华》（Essentials of the Dialects of Confucius）英中版。我们将来也要在当地出本土教材，比如我们编了中文的澳大利亚国家课程标准，已经在试用了，2019年要出版。至于个人的梦想，我觉得自己就是澳大利亚华文教育战线的一个老兵，今年正好是25年，当年阴差阳错读了师范学了教育，现在觉得歪打正着了，学教育、做教育、终身办教育，很满足，做了自己喜欢的事。至于理想，想得到的已经得到了，没敢奢望的苍天也给了，还有意外之喜。所以刚才说的那些头衔，不一定都是我非做不可的，但是表明我没有离开这个圈子。

在所有的职务和头衔中有三个职务我非常满意。第一个是澳大利亚中文教师联会，代表的是主流社会的大中小学的汉语教学，也就是华文教师和汉语教师在主流社会里的发展，这是我工作的重点；第二个是华文教育，是在华人自己的圈子里开办中文教育，如中文学校；第三个就是社区语言，这完全是从澳大利亚作为多元文化社会的角度来行事，目前我是第一个州立华人主席（相当于省主席）。这也算是我自己走了三步：我觉得第一步，比如说我原来当大学学生学者联谊会主席，包括现在的澳大利亚山东联谊会主席，都是在华人圈里自娱自乐；第二步是在全澳范围内，一个以华人教师为主体的社团主流社会从事教育，算是华人在主流；第三步是担任澳大利亚首都地区社区语言学校协会主席，这完全是跟非华人打交道，思维方式是完全不一样的。比如，我跟协会其他人在一起吃中国饭时喝汤，我觉得里面的骨头是好东西，就礼让给斯里兰卡人，可是他会觉得不高兴：为什么让他啃骨头？这就是文化差异。所以这第三步对我自己也有很大的影响，我也是在学习怎么跟其他文化打交道，如何调整思维方式。平心而论，澳大利亚社会是公平的，如果你的能力、资历和水平跟他差不多，他是不会选你的，但是如果你明显比他优秀很多，或者资历深厚，他一定会佩服你、推崇你。所以华人要融入的话，一定是要付出很多，必须是更加优秀才可以。

要说未来还有什么样的念想？我就特别希望将来澳大利亚联邦政府在做语言政策的决策时，特别是中文教育政策的决策时，澳大利亚中文教师联会能够成为他们的咨政机构。因为我们毕竟是个行会，不能说由我们来制定政策，但是制定政策时如果政府能想到来问问我们的看法，是不是很有成就感？这是我的未来目标。我当时在当选中文教师联会主席时提出了三大目标，第一是以教师培训来提升整个澳大利亚中文教师的素质，这就是我们为什么这么密集地进行培训的缘故。第二是在当地我们也跟其他一些协会合作，比如澳大利亚现代语言协会，它以法语教师和日语教师为主。我们的澳大利亚中文教师联会应该是澳大利亚唯一一个单语协会。此外，还有一个澳大利亚中学校长协会和小学校长协会，是比较大、比较有影响力的。毕竟学校开不开汉语课是校长说了算，所以跟他们的合作也比较重要。第三是希望能成为联邦政府制定决策时的咨政对象。这样从业界来讲，我们就有一个渠道来反映我们的情况，表达自己的呼声。现在语言学习成了澳大利亚两党在大选时相互争夺的阵地，如果在议会或国会里面有华人的席位，而且这位代表又对汉语教育特别内行，那就是华人社会和汉语教学真正的代言人，因此华人应该积极参政议政。这是汉语教学真正的政治地位，澳大利亚汉语教学走上层路线提高政治地位，这个是很重要的事情。陆克文当政时期，大家可能对他那种对华人社区若即若离的作风不甚满意，但那时是澳大利亚汉语教学日子最好过的时候。在国家层面制定了"亚洲语言计划（National Asian Languages and Studies in Schools Program）"，推动了国家课程（National Curriculum）计划，中文等四种亚洲语言（日语、韩语、印尼语和中文）成为国家课程的优先语言（Language as Priority）；在学校层面，中文教师有或多或少的补助用于教学资源，得心应手。2015年5月，新南威尔士州高戈区（Kogarah）选区工党议员柯斯民（Chris J. Minns）当选议员后，在议会的就职演讲中强调要在新州政府学校中把中文当作必修课。虽然这个目标与现实还有很大的距离，但是说明朝野上下对澳大利亚第一大社区语言——中文的重视。

问：很多研究也表明，华人家长对孩子的英文水平和升学问题感到忧虑，在多方面权衡之下忽视或是放弃孩子的中文学习，对这种现象您是怎么看的？

现在澳大利亚华人社会包括主流社会已经形成要学中文的共识,这个是没有问题的。从华人的角度来讲,首先我们考虑的是文化传承,华人孩子如果不学中文,就谈不上跟家人用中文沟通。其他非华裔是看到中国经济的发展,看到中文的经济价值。他们学习中文,将来在工作中、在职业发展方面就会有更多的机会,这在澳大利亚是有共识的,无论是政府官员还是家长都是这么认为的。但是从学生的角度来讲,十年级是一个很重要的门槛,十年级要是读好了,后面两年高考阶段的学习问题就不大。澳大利亚的高考不是一次性的考试,考试时间跨度为两年,每门课按四次成绩的平均分来计分。所以这个时候学汉语的学生会严重流失。在这种情况下,我自己的两个孩子也是想放弃,我们只能软硬兼施让他们继续学下去。在学习中文方面,作为家长我们有高度一致的共识,那就是必须学中文,必须说中文,家里的正式语言是中文。我说过:"即使是澳大利亚标准中文学校只剩下两个学生,那就是你们俩。"他们没辙,得继续学!新南威尔士州那么大的地方,现在每年报考HSK的学生也就百十来个人。全澳一年下来考HSK的学生也就是千八百人,墨尔本有五百多,悉尼现在好一点,有三百多个,堪培拉一年八十几个,这就是事实。

问:近年来,不少中文学校的中文考试成绩获得教育部门的学分认可,这对华文教育产生了怎样的影响?

取得资质认可以后,对学生学中文是一种吸引,因为他学了以后就不光是凭兴趣学,光靠learning for fun(学着好玩)的话就随时可以中止,到了高年级的时候要是他学的中文能够管用,能够得到认可,那中文学校的学生考中文肯定比政府学校学出来的要好得多。所以有了资质以后,学生就能一举两得;没有资质的话就靠兴趣或是家长的推动。现在澳大利亚小学和初中学习汉语的学生是稳中有增,高中学汉语的学生就下降得非常厉害,原因就是这个阶段学汉语对他高考没有什么帮助了。而且中文课还占用了其他课的时间,所以首先就把中文放弃了。这是一个全国性的现象。

问:多年来中国在师资培养、教材、华裔青少年活动方面以及政府间的合作方面给予了海外华文教育极大的支持,您本人也是组织者和参与者之一,就您多年来的经验看,这方面有无可改进提升之处?还有哪些方面有待拓展?

比如说教师培训,能不能是国内的培训和国外主流机构的培训相结合?为什么这么说?现在可能很多人不想谈,因为国内的教师本体知识很扎实,也很新,但是到教学实践时就会遇到问题。比如课堂管理方面,你要是惩罚孩子,那可能警察就来了。所以中国的教师就得有一个教学法上的转变,比如班级的总体掌控,对水平不一致的学生怎么管理和教学,还有怎么跟家长打交道,需要很多这样实在的策略进行转变。有很多教师在中国都是科班出身,但是上课采用的教学方法跟在国内差不多,这样学生就慢慢流失,到年底评估的时候就有反馈了。这就会直接影响到这些教师的工作量,所以让这些年轻教师能够学会怎样教当地孩子很重要。国外主流机构对教师培训的方法,在某些方面的确是比国内做得要好。所以我觉得可以做一些机构联合培训,比如我们可以把中文教师送到某个政府学校去培训,中文教师虽然不是在政府学校工作,但是政府学校的教学方法,比如兴趣为主的方法,都适用于中文学校。

再比如说教材,我们一直在说本土教材,从行业的角度来看,要做一本这样的教材要有好多的考量,比如说成本问题。但是从方向上来说,我觉得澳大利亚是值得这么去做的。要说在大学里教中文,谁也比不了美国,但要说中小学汉语教学,包括社区语言学校,澳大利亚是世界领先的。所以澳大利亚的本土教材是值得我们下功夫去做的。如果你先出1000册的教材,又出得好了,大家都想用,那再出三五千册都是可以实现的。再通过五年的使用周期,跟踪使用情况,修订后出第二版,但编写和修订一定要考虑到当地的实际情况,这样就能实现长期的良性循环。

我们在编教材的时候,要求不能太高。有的教材是把内容安排得特别紧凑,很满,这样会有问题。比如我们学校现在是111课时,每次课大约3小时。因为我们是澳大利亚首都地区教育部课程资格认证学校,这个课时量是教育部规定的,就是不能少于110课时,当然也不能多于这个课时量,因为中文毕竟不是主科而是副科。所以要是把教材内容的量做得太大的话,是完不成教学目标的。所以教材和练习册的内容太多了,老师就很难处理,学生做不完,课程不能按计划顺利进行。我们也不可能另起炉灶再编一套教材,更何况编教材也不是轻松的活儿,甚至是出力不讨好。所以老师们还是希望有好的教材,能轻松上手,顺利完成教学任务。

我觉得可以在一些学校建立教材的示范点。在澳大利亚的主流学校里是老师选教材，中文学校里是学校选教材，老师教教材。如果一种教材编好了以后，有一些学校作为实验点，让人看到这个教材的适用性，然后再给予一些专业上的支持，它就有一种示范作用。老教师在用什么教材的时候，其他人会有从众心理，会跟着用。他们首先会觉得这个教材用了这么多年，肯定有合理之处。其次会觉得这个教材你能教的话我也能教得比你还好。第三就是习惯性扎堆儿。所以就"三教"而言，教材是物质的东西，是基础，要是当年我们再继续用繁体字教材，那现在我们就用不了简体了。

问：一直以来，华文教育的目标之一就是培养华人的认同，包括对中华语言文化的认同、族裔身份的认同等。从当前澳大利亚华文教育和华人社会的发展来看，在认同培养方面有哪些特点？您本人如何看待"认同"问题？

首先澳大利亚的多元文化政策是鼓励社区传承和发扬自己文化的，让你的孩子把自己的语言文化传承下去。其次是说我们的孩子怎么教。具体到中文来说，我当年做中文学校慢慢推广也是有一个过程，他们会接受，就是说要传承、传播自己的语言文化这件事情，你不能靠非华人来做，他不懂，人家接受之后你还是得自己一步一步去做。第三个很关键的问题，我注意到最近有些官方表态就很重要，比如说你在所在国的贡献也是爱国的表现。我们不要认为一个人是华人就应该怎么样，而是说我们要注意华人的根虽然在中国，但是他生活的目标是在当地社会。就像有人跟我说，如果你能比现在做得更好，做成了别人做不成的事，那就是爱国的表现，因为你做的事可能别人做不到，你做到了就是为华人为祖（籍）国争了光。我觉得这句话非常有见地，非常令人感动。

所以我觉得我们将来就是让孩子认同这一点。我带两个孩子回中国山东去扫墓都没问题，他们都知道是他们的祖先长眠于此。我也跟他们说，首先你要在澳大利亚靠自己站住脚，自尊自强自立。我带孩子们坐飞机，回中国的时候升了头等舱，老大就说："爸爸，我刚开始坐飞机你就让我坐头等舱，那我以后怎么办？"我就跟他说："我不是让你去提早享受和摆谱，而是想让你开开眼界，让你知道社会有等级、服务分层次，如果你将来要享受这样的服务，你自己得优秀才行。"他也知道由俭入奢易、由奢入俭难。我跟他们说，爸爸没钱，你们要靠自己奋斗，他们现在也觉得只能靠自己了。他们很节俭,不乱花钱,他俩都考入了堪培拉最好公立学校里的英才班,这个班的教学比私立学校还好,还省了一大笔钱。

所以我们说,即使他有这个语言文化背景,我们也要跟他强调要融入这个社会,要不忘自己的根,对这个社会有一种融入和奉献的精神,我觉得这样他的成长会更顺利。你要是反复跟他强调要认同自己祖(籍)国的语言文化,也许有些孩子是不接受的。但是在他小的时候,如果我们坚持让他有这种意识,耐心地灌输,那么他终究会有醒悟的一天。这次我带了77名师生去我的山东老家,这些孩子也许将来会有诺贝尔奖获得者,也许会有澳大利亚的议员甚至总理,我想他们都会记得来过中国。只要有了这样的体验,就不用担心他将来会怎么样。当然,俗话说"儿大不由娘",孩子们将来要真的没有这个意识,那也由不得我们,我想这个概率也不大。前段时间我也在反思,忙了这么多年,我也没有顾得上他们,所以我打算给他们开"为学做人讲习班",以"做人篇、励志篇、做事篇、为学篇、礼仪篇、奉献篇"给他们系统地讲如何做人做事,我要带他们去国会、去农场、去听音乐会、去北京大学和剑桥大学这样的名校访学等,充分地体验生活。既去国会参加国宴,也要到农场去体验农活;既去音乐会陶冶情操,也要去大学体验访学。我觉得教育就是传、帮、带,孩子们只要是堂堂正正地做人,将来踏踏实实的,认同问题我一点儿都不担心。再者我要是做到这个程度他还不认同,那我真是无计可施、黔驴技穷了。

李复新博士着重分享了他对于澳大利亚华文教育、汉语教学和社区语言教育中的教材、教学法、教师培训以及社区语言教育和文化认同等方面的洞见,使我们认识到,一方面澳大利亚的多元文化政策使得包括汉语在内的社区语言具有了相对宽松的发展环境,另一方面澳大利亚政府对于社区语言教育的支持和规范也在促使其向本土化、正规化、专业化的方向发展。这也启示我们在制定有针对性的华文教育规划、编制相关教材、制订师资培养和培训方案时,应该有意识地考虑与澳大利亚本土的实际情况相结合,并进一步加强中澳双方的交流和合作。

(策划:白娟 李嘉郁)

当前海外华校教师在职培训的若干问题与建议*

——以澳大利亚新南威尔士州华校模式为例

进入 21 世纪后，随着中国综合国力的迅猛发展，且在国际事务中发挥着越来越重要的积极作用，全球持续不断地出现中文热。海外华人社团创办的多种形式的华校和中文课堂在规模和教学质量两个方面都有令人瞩目的发展。海外华教界有识之士都认为，要确保办学质量进一步提高，急切需要提高师资水平。根据现有教师队伍的总体资质来看，教师的在职培训显得尤为重要。鉴于目前相当部分海外华校负责人和教师未必具有华语教学师范教育背景，如何充分认识到教师在职培训的重要性以及如何推广有效的在职培训，不论是华校负责人还是教师都有必要通过交流学习，提高认识和实践的水平。

本文首先将从理论和实践两个方面，尤其结合海外华人社团学校的具体情况，谈谈华校教师在职培训的重要性。然后将以澳大利亚新南威尔士州（以下简称"新州"）华校模式为例讨论两个问题：（1）澳大利亚华校办学特点以及教师在职培训的相关问题；（2）目前澳大利亚新州华校教师可以参加的多种形式的在职培训计划。最后提出若干建议。

一、教师在职培训是教学质量不可或缺的环节

师范教育专家普遍认为，任何院校的教师职前教育培训都不完整，也不可能完整。因为作为基础教育的第一线，中小学在教学的内容和方式两个方面都在不断更新变化。合格的教师不仅需要掌握学科知识和技能，更应掌握如何传授相关学识

---

* 作者：张学丰，澳大利亚悉尼大同中文学校。本文刊于《世界华文教育》2021 年第 2 期。

和技能的方法，后者只有通过多年的实践方能成就。为了拓展教师来源，发达国家（包括中国）的大学非师范专业毕业生都必须额外完成师范学位课程，并获得有关部门的资格认可才能进入教师职业。即便有了相关的学历和资格证书，步入教学一线的新教师也需要进一步完成入职培训。另外，此后每年都得参加多种形式、富有针对性的在职培训，如此方能成为独当一面的教师。职前学历再好，若不能通过在职培训不断提高自己的教学技能，势必影响教学质量。

教师的在职培训主要分两大类：一是提升学历的正规培训；二是体制内或校本短期培训，甚至校内每次数小时的专项研讨或同事之间的交流活动。对于多数教师和学校来说，第一类培训计划并非每位教师都有必要参加。因种种原因，多数教师没有这样的机会。提升教师的学历对整个教育系统来说具有长期深远的效益，但对个体学校来说则没有立竿见影的效果。从提高教学质量的角度来看，学校的办学效益和教学质量与学校能否为教师提供富有建设性和针对性的体制内或校内在职培训密切相关。Mizell（2010）指出，就上述两大类教师培训而言，针对教师每日具体教学工作的体制内或校内在职业务培训活动才能获得最佳效果。培训活动若能让教师掌握随即就能在他们执教的学校加以运用的技能，才能让教师得到最大的收益。

二、澳大利亚新州华校办学模式特点

海外华人创办的社团学校多种多样，有的属于全科学校（如印度尼西亚巴厘岛的三语学校），甚至归属于主流基础教育系统。此外，更多的是从事推广华文教育的业余性质的学校。因所在国相关政策不同，办学模式也不尽相同，但在华文教育方面仍然有诸多相似之处。以澳大利亚新州为例，华人社团学校有以下若干办学特点。

（一）当地政府的支持

在发达国家中，澳大利亚是唯一在政策与经费方面都大力支持非英语民族社团创办本族语言学校的国家。政策层面上，自20世纪80年代，就允许社团免费使用公立学校的教室和场地创办本民族语言学校。有关部门明文颁布了办学必备的基本法规与政策，以及注册手续与运作基本要求（NSW Government，2020a）。社团协会、社团服务机构、教会或个人，若符合政府规定的要求，都允许创办社团语言学校。目前在新州教育部注册的有 70 种语言社团学校，学生总人数超过 36000 人，其中三分之一是华校学生。

20 世纪 90 年代初，新州州政府进一步向注册的社团语言学校提供学生人头经费（Per Capita Funding）。最初每位学生每年 30 澳元，2003 年增加到每人 60 澳元，2010 年前后又增加到每人 120 澳元。虽然这笔经费不足以使得华校不收取学费就能办学，但知情人士深感政府对社团语言教育扶持的力度相当大。2020 年，州政府还向所有社团语言学校额外提供了电脑与多媒体教学设备的经费，最多可得到每间教室 800 澳元。2020 年至 2021 年，联邦政府也首次向全澳社团语言学校提供总额 1000 万澳元的办学经费。这笔经费分两部分：根据学校规模，每所学校都能领到基本费；有教研能力的学校，在专业机构（如大学）的支持下，可以申请专项教研经费。

新州教育部自 1993 年开始一直委托大学为本州的社团学校提供社团语言教学资格证书课程。刚入职的教师可以没有这项资质，但来年必须参加资历课程。刚开设该课程时，学员需要交纳报名费（由 300 澳元逐步增至 700 澳元），但学费全免。2009 年之后，连报名费都免了。目前该项目由悉尼大学承办，2018 年得到州政府的追加资助，创办了社团语言教育学院（Sydney Institute of Community Language Education）。该学院开设的课程包括：社团语言教学资格证书（60 小时面授课程的强度，低于学士学位）、校长培训班、大专文凭班和硕士学位班。州教育部提供这些学历课程有效地提高了社团语言学校的教学质量，同时也为社团语言学校教师提供进入主流学校任教的途径，有望进一步提高主流学校的非英语语言课程的教学质量，扩充教师队伍。

除上述政策与经费方面的支持，新州教育部社团语言学校计划处（Community Language Schools Program）还向本州三个大区派驻教育官员，通过政府资助的多民族协会组织（NSW Federation of Community Language Schools）为社团语言学校教师提供专题培训课程，并每年举行学术研讨会。

（二）华校整体被边缘化与各自为政的运作模式

尽管澳大利亚当地政府为社团语言学校提供了经费和规范化的管理机制，总体来看，各民族社团语言学校在教师在职培训方面仍有被边缘化的趋势。以华校为例，不少中国教师移民澳大利亚前都具有中国的教学资质，中文教学能力和经验方面显然优于当地大学刚毕业的师范学生。但由于离开了中国的教学体制，而在澳大利亚又缺乏在职继续培训的机会，数年之后，主流学校大幅度推广多媒体教学，采用新的教学大纲，华校原本有经验的教师就跟不上形势了。这种被边缘化的趋势在2020年新冠疫情管控之下更为突出。不少华校由于长期不用网络和多媒体方式进行教学，缺乏这方面的在职培训，疫情防控期间要求改上网课时，学校运作就出现问题了。部分教师不能及时通过培训课程掌握网课方法，影响教学质量，学校流失了不少学生。更有甚者，有些学校则不得不完全停课，直到有关部门允许恢复线下课时才复课办学。

此外，在教学大纲、教材与教学资源以及教学法等方面，社团学校也明显落后。不少华校教师还时常抱怨来自中国的教材不适合当地学生，却未看到自己缺乏当代教师应当具备的自编、自选、自我补充教材的能力。再者，海外华校远离中国，又未融入当地主流教育体系，因此在教学大纲这一重大课题的认识与教学内容的选择等方面也存在认识不清、无章可循的现象。凡此种种，都与华文教育总体被边缘化不无关系。

在学校运作层面上，华校之间缺乏协调与合作的机制。由于各所华校均为自负盈亏的教育服务团体，校际的竞争影响了校际的合作与交流，使得华校在很大程度上都处于各自为政的状态。如何通过当地政府、相关机构或社团协会组织的机制增进华校之间的合作与交流，是一项亟待解决的问题。

（三）华校教师资质解析

悉尼地区华人社团创办华校已有近五十年的历史，此前也出现过家教形式的教学班。开创初期，办学人士都是出于对本民族语言和文化的崇尚之情，希望华人子弟能在异国他乡也有机会学习中文，传承中华文化。多数教学班教授粤语，多数教师没有正规的中文师范资质，有些教师只有初中文化。随着华人大社区经济与文化水平不断提升，澳大利亚华校规模和师资也得以提高。相对而言，华校教师的总体资质明显高于其他民族社团语言学校，但华校教师的资质仍然不够规范。下文呈现的是华校教师多种职前教育资质的基本状况：

（1）中国的大学对外汉语教学专业毕业，学士或硕士（目前低于总数的3%）；

（2）中国的师范大学（含本科与专科类别的高等院校）中文专业毕业；

（3）中国的师范大学非中文专业毕业；

（4）中国的非师范大学中文专业毕业；

（5）中国的非师范大学非中文专业毕业；

（6）中国的师范大学英语专业毕业；

（7）中国的非师范大学英语专业毕业；

（8）中国的幼师毕业；

（9）澳大利亚大学教育学院毕业，学士或硕士；

（10）澳大利亚大学非教育学院毕业，学士或硕士。

由于中国的大学对外汉语教学专业开设的年数不长，华人社团中具有该资质的教师不多，在华校任教则寥寥无几。对华校来说，中国的师范中文专业毕业并在中小学任教数年的教师可谓是最佳资质。此外，严格地说，多数教师都不具备师范中文专业的资质，其职前学历各种专业的都有。相当一部分中青年教师是通过学习英语才接触到语言教学法，对适合于中文自身语言特点的教学法认识不足。而师范中文专业的教师往往因为自身英语水平不足，无法进入主流学校中文教师行列。他们在教学过程中，往往因为英语水平不够，无法用英语解释关键词语，或多或少也影响了教学质量，尤其是教低年级没有中文基础的学生时，不足之处就显现出来了。

澳大利亚华校教师还有一项许多人未能意识到的不足之处，即他们多数人没有在当地主流学校任教的经验。华校的教学对象都来自主流学校，若不熟悉主流学校学生所习惯的学习方法和教师的教学法，以及课堂纪律管理模式和措施，当然会影响教学质量。不少经验不足的华校教师在面对海外出生的华裔子弟或非华裔子弟时，课堂纪律管理方面时常感到难以把握尺度，且各校都存在着课堂纪律过于松散或过于严苛的现象。

综上所述，有经验的华校负责人选聘教师时比较看重以下资历和能力：

（1）是否有中国中文教学经验；

（2）是否有中国非中文课程教学经验；

（3）是否有澳大利亚当地教师资质（如新州教育部要求的"社团语言教学资历证书"）；

（4）是否有澳大利亚主流学校的教学经验；

（5）是否熟悉常用中文教材并具备自编、自选、补充教材的能力；

（6）是否具有 2—3 年澳大利亚生活经历，熟悉当地中小学基本情况；

（7）是否有长期执教华校的意愿。

国内外基础教育系统专为学校领导班子成员设置了培训计划，因为校长或学校负责人在办学过程中发挥着至关重要的作用。在这方面，澳大利亚华校也有不足之处。上文曾提到澳大利亚有关部门对创办社团语言学校人员的资质要求并不高。因此，新州六十多所注册的华校中，真正具备师范中文专业资质的校长不多，甚至师范非中文专业资质的校长也不占多数。这种情况同样存在于其他民族社团语言学校。也正因如此，州教育部于 2018 年开始委托悉尼大学社团语言教育学院开设社团语言学校校长培训班，希望在课程设置和校务管理规划方面提高社团语言学校的办学水平。

（四）华校教师面临的挑战与压力

上文粗略谈到了澳大利亚华校师资的基本情况，总体上与主流学校相比有显著差距。但是，华校教师面对的教学挑战和压力却远甚于主流学校教师。原因是社团华校属于业余性质的教育服务，在硬件和软件两个方面办学条件都不完善，有诸多局限性。学校和教师承受的种种压力可以归纳为以下几个方面：

（1）华校对学生没有"义务教育"的约束力。对教师的教学方式和效果稍不满意，学生就可能走人或在本校内要求换班。

（2）学生的家庭背景差异悬殊，同龄学生的汉语水平参差不齐，而家长对子女学习中文的期望值也有差异。

（3）华校没有校内办公室和教学资料库，缺乏教学设施（打印机、Wi-Fi、多媒体教辅设备）。

（4）每年开学初注册的学生，州教育部都发给一份修读证书，但华校提供的学习成绩不被纳入主流学校的成绩报告单。

（5）新州是全澳选生中学最多的地区，当地华人称之为"精英中学"，招生率为同年段学生的 5%—6%。同时还在小学 5—6 年级特为高智能学生设置特殊班（Opportunity Class），当地华人称之为"英才班"，招生率仅为选生中学的半数。不少华裔学生为了备考小学特殊班和选生中学，小学阶段不上华校学习中文，或在考试的前一两年放弃中文学习，专心备考。只有真正喜欢中文的学生，以及十分重视子女中文学习的家长，才会坚持在华校学习中文。

（6）学校不隶属于专业团体和政府教育体系，管理不够专业化，教师缺少入职培训和在职培训的机会，缺乏内部交流的机会。

（7）教师工资没有统一标准，属于非法定工资类别（non-award wages），因此年轻教师不太愿意长期在华校执教。

尽管华校教师面对着诸多困难和压力，但据州教育部与悉尼大学联合进行的内部研究报告表明：至少在小学和初中阶段，具有规模的华校教学质量可与主流学校的教学质量相媲美。高中阶段，多数华校学生放弃了中文学习，或留在主流学校修读新州高中中文课程，或在私校修读国际高中（IB）中文课程，因此无法进行比较。

（五）华校如何取得良好的办学效益与教学质量

澳大利亚华校之所以能取得较好的办学效益和教学质量，有多种原因。总体来说，华校能发挥积极主动性，依据自身办学特点，在办学和教学方面采取不拘一格的应对措施。归纳各校的情况，华校能取得良好的办学效益，在澳大利亚多元文化教育界发挥着不可或缺的作用，原因如下：

（1）相对其他民族社团学校，广大教职员工对海外华文教育怀有使命感，富有敬业精神与奉献精神。

（2）各校班级学生人数一般少于主流学校班级人数，各班学生基本不按照主流学校的年级分班，而是按照中文水平分班，水平差距较小，有利于确保教学质量。

（3）华人家庭的支持，使得学生享有天然的家庭语言环境。

（4）华人大社区和社团协会的支持，使得学生有机会参与很多华人社团举办的文教活动，并通过华语多媒体获得信息，通过多种影像节目和资料学习中文。

（5）华校教师享有当地社团语言教育协会提供的进修机会以及华教协会举办的文教与教师培训机会。

（6）澳大利亚政府的支持与资助。

（7）中国的支持，不仅限于教材，还提供去中国进修的机会，并派出讲师团来澳大利亚特为华校教师提供课题讲座培训课程。其他民族语言学校未必有类似机会。

上述分析的若干原因在某种程度上可谓是华校独有的优越条件，主流学校的中文教学未必都能享有。比如说，主流学校的非华人学生往往缺少家庭和华人社团的语言环境，而且主流学校学习中文的学生往往缺少参加中国华教机构举办的文教交流活动的机会。更有甚者，不少主流学校由于中文教师人员不足，只好把不同年段、不同语言背景和不同能力的学生合班上课，难以达到因材施教的效果，影响教学质量和学生的学习兴趣。因而不少主流学校的学生不能坚持学习中文，充其量只学到了有限的汉语词句和肤浅的中华文化。

与当地其他民族社团语言学校相比，新州华校最具规模与质量。社团学校招生人数超过400名学生的社团基本上都是华校，2019年华校学生总人数超过12000名，约占新州各民族社团语言学校学生总人数的三分之一。可以这么说，华校的运作虽然仍有诸多不足之处，但总体成效显著，很有潜力。悉尼大学的统计数据表明，目前新州华裔学生总人数中只有15%在华校学习中文。华校若能有效地强化教师（包括校长）的在职培训计划，一定能大幅度提高总体办学规模与教学质量。

三、目前新州华校教师可以参加的在职培训计划

总体上说，新州有关部门以及华教界有识之士一直都很关心社团语言学校教师的在职培训，都希望社团语言学校能通过常态化的教师在职培训弥补教师职前学历不够规范的遗缺，提高师资水平。多年来，华校教师一直在不同程度上有机会参加以下各层次的在职培训。

（一）澳大利亚新州地区有关机构提供的教师在职培训课程

新州地区主要有以下机构提供社团学校教师在职培训课程：
（1）新州教育部与悉尼大学联合举办的资历与专题研讨培训课程；
（2）新州（多民族）社团语言学校协会举办的学术年会与专题研讨培训课程；
（3）澳大利亚（多民族）社团学校协会举办的学术年会；
（4）全澳或新州（主流学校）中文教师协会举办的学术年会；
（5）华校协会（如新州中文教育理事会、澳大利亚中文学校联合会）举办的教学研讨或专题培训课程。

上述机构提供的在职培训机会只有新州教育部与悉尼大学联合举办的资历课程属于"义务"范畴，即必修。社团学校教师可以先入职，之后则必须报名参加该资历课程的培训，完成学业后由所在华校上报州教育部登记注册。华校每年申请经费时都必须上报具有资质的教师名单。

新州或全澳社团语言学校协会举办的学术年会，因为研讨课题不针对任何特定语言，多数华校教师不参加。这一现象引起了悉尼大学社团语言教育学院专家的重视，目前已着手特为华校教师筹备具有针对性的华教研讨会。

全澳或新州中文教师协会会员基本上是公立或私立学校中文教师，只有个别华校加入了该协会。该协会在悉尼地区举办的中文教师研讨会欢迎社团学校教师参加，甚至州教育部有关部门还能为华校教师提供报名费，但参加的华校教师人数仍然不多。

新州当地华教协会为会员学校举办华教研讨会。譬如说，新州中文教育理事会已连续 30 年举办"全澳中文朗诵比赛"。该理事会多次举办中文朗诵辅导专题讲座，收到良好的效果，显著提升了主流学校和社团学校参赛学生的中文朗诵水平。但总体上说，社团学校协会在为会员学校教师以及学校管理人员提供在职培训课程方面做得不够，尚有很大的潜力。

2019 年年底全球发生新冠疫情之前，中国有关部门每年都派讲师团来澳大利亚华人比较集中的城市为华校教师提供高质量的专题讲座培训课程。讲师团与澳大利亚当地的华教协会合作，每次来澳讲学都有不少华校教师参加，达到了预期效果。

（二）校本培训计划

校本教师在职培训计划在主流学校被视为极为重要的环节。以澳大利亚新州为例，该州的教师资格理事会（Institute of Teachers）规定：教师（包括校长）每五年内必须完成至少 100 小时的教师行业认可的在职培训活动，否则将失去教师资格。其中 50 小时必须是相关部门认可的培训课程（NSW Government，2020b）。绝大多数教师都超额完成培训任务。原因是除了参加校外培训机构举办的培训活动（至少 50 小时），新州政府规定中小学每年都必须安排五天校务业务或培训日活动，其中也包括可以作为教师资格理事会规定的在职培训时数。可见新州中小学系统十分重视校本在职培训活动。新州有规模的华校也都有常态化的、不拘一格的、多样化的校本培训计划,但因为部分华校规模很小,学生总数只有数十人,加上学校负责人对校本教师在职培训的重要性认识不足,而且人力与教学资源不足,使得不少学校在这方面做得还不到位。

四、若干建议

基础教育界普遍认为,教师在职培训是教学质量不可或缺的环节。以上分析了澳大利亚新州华校办学模式的特点以及目前新州华校教师可以参加的各种在职培训计划。其中很关键的是,不论是新州教育部与悉尼大学联合举办的资历课程,或是专题培训课程,或是多民族社团学校协会举办的学术年会和专题培训课程,还是主流学校中文教师协会举办的学术年会,这些培训课程具有共同的特点:都不针对中文作为海外华人社团语言的特征展开研讨和培训计划。这些课程在总体上可以在某种程度上提升华校教师对当代语言教学法的认知和课堂管理的综合能力,但未必能行之有效地提高华校教师针对华校办学与教学特点(如教学对象)的教学能力。尤其是多民族社团语言协会举办的学术年会,针对的都是不同民族社团语言学校所面对的普遍性的课题,如相关政策与法规、语言教学的基本方法、多媒体的运用、课堂纪律管理等。总之,缺乏针对中文作为社团语言的相关课题,而且所有课程都用英语进行,导致参加这些年度学术会的华校教师不多。

2017年,作为新州(多民族)社团语言学校协会的执委,笔者力主在当年的学术年会上,除了主旨课题发言之外,在分场研讨的过程中增设了一个中文教学论坛。该论坛突破了以往颇为守旧的模式,三位发言人用中文研讨了针对当地华文教育的课题,清晰深刻,颇受欢迎,参会华校教师首次突破百人。

其实中文作为海外社团语言,在教学对象、教学内容和办学模式等方面均有其独特性,与主流院校推广的汉语教学不尽相同。遗憾的是,研究这一领域课题的人员不多。而华校教师往往又觉得华校毕竟属于不入主流的业余学校,在教研方面缺乏主动性。另外,华校协会组织领导班子对会员学校教师的在职培训计划的重要性也缺乏足够的认识,因此出现了一种依赖政府有关机构获得培训机会的倾向。从更深层次来讲,不少华校负责人和协会负责人对校本教师在职培训的重要性认识不足,也缺乏经验,因而忽略了这一极为重要的环节。

针对上述谈论的若干问题和种种现象，笔者希望针对澳大利亚新州华校今后的教师在职培训计划在此提出以下建议。因为澳大利亚其他地区的华校多少有相似之处，海外其他国家的华校或多或少也有相似之处，笔者也希望提出的几点建议有助于全球华教界针对华校教师在职培训这一重要课题的研讨与交流，达到抛砖引玉的作用。

（1）华校负责人都应增强对教师在职培训与教学质量密切相关的认识，规划每年的校外与校内培训活动；

（2）华教协会除了组织文教活动之外，应在会员学校教师培训方面发挥积极的作用，如为新教师提供培训课程，或举行办学与教学研讨会；

（3）华教界可以依托大学有关机构，以联席会的机制举行年度校务人员交流会和优秀教师学术交流会；

（4）华校可与所在公立学校洽谈，安排华校教师旁听该校的中文课，学习主流学校教师的教学法和课堂纪律管理；

（5）华校之间可以建立合作交流的关系，联合举办教学交流研讨活动，甚至相互听课；

（6）华校教师要提升自信心，勇于交流分享自己的教学经验和不拘一格的教学法，要相信华校在教学方面具有独特性和特色性，主流机构未必能提供最佳的培训课程；

（7）中国举办的华校教师培训计划应考虑安排海外优秀华校教师参加培训工作。中国派出的名师巡讲团应与海外优秀教师交流研讨。举行的专题讲座培训活动可以考虑增加当地优秀教师的课题，更有效地增进海内外名师的互动交流。

针对海外华校的办学与教学特点，以下可以作为教师在职培训的侧重课题：

（1）课堂纪律管理；

（2）教材与辅助教材的分析与选用；

（3）网络资源与多媒体教学；

（4）IT软件在教学与班级管理的运用；

（5）考试与教学评估；

（6）校务与管理。

最后说明，以上建议仅是笔者一己之见，但愿能促进海外华教界进一步的广泛研讨。

参考文献

[1] Hayes Mizell. Why Professional Development Matters: In Learning Forward [OL]. [2010]. https://learningforward.org/wp-content/uploads/2017/08/professional-development-matters.pdf.

[2] NSW Government. Community Languages Schools [OL]. (2020a). https://education.nsw.gov.au/public-schools/community-languages-schools.

[3] NSW Government. Maintaining accreditation [OL]. (2020b). https://education.nsw.gov.au/teaching-and-learning/professional-learning/teacher-quality-and-accreditation/ maintaining-accreditation.

第六部分

华教大家谈

美国的中文学校建设及管理经验分享[*]

【编者按】海外华文学校的特殊性之一体现在其民间性、公益性，一方面吸引了一批又一批的具有奉献精神的志愿者参与其中，另一方面也给华校的组织管理和长远发展带来较大的不确定性和不稳定性，使海外华校的运营管理成为近年来新老华校普遍面临的难题，也是华教工作者日益重视的议题。近年来，华文教育相关的研讨会、师资培训等都十分重视华校管理问题，不仅延请经验丰富的华校管理者分享经验，还专门开设面向海外华校管理者的培训课程等，利用线上教学平台拓展课程受众范围，以期提高海外华校管理者水平，夯实华校高质量发展的基础。2021年12月，在全美中文学校协会第十三次全国代表大会暨华文教育研讨会上，众多华校管理者从不同角度分享中文学校建设与管理经验，总结其要点，可见制度规范、志愿精神和植根社区等对华校立身当地的重要性。本期"华教大家谈"特选登部分代表文章，为海内外华教同行探索华校发展的普遍规律和当地特殊经验提供有益参考。

Bylaws，SPG 到 Local Policies 规章制度分级管理的探索[**]

一、安华中文学校发展历程及现行组织框架

安华中文学校位于美国密歇根州安娜堡，紧邻密歇根大学安娜堡校区。本组织成立于1993年，是在密歇根州注册的非营利组织，并享受美国税务局501（c）（3）免税资格。目前业务主要包括为社区提供K—12中文及其他科目教学、支持家长各类社团和社区活动、对中国贫困地区的学生进行资助（彩虹计划）三大板块。

2018年，安华董事会决议对安华中文学校进行结构改革，更名为"安华协会"。安华董事会承担战略决策、管理本组织财务及集资等重要责任；董事由协会

---

[*] 本文刊于《世界华文教育》2022年第2期。
[**] 作者：李竹，安华协会，安华中文学校。

会员选举产生。董事会下设"执行委员会",负责日常管理,包括对安华中文学校、活动中心和彩虹计划三个平等而相对独立运行的组成单位进行管理。同时执委会增设多个职能部门,向三个组成部门提供一致的专业支持(图1)。董事会任命一位董事任执行委员会首长,即执行长(President)。

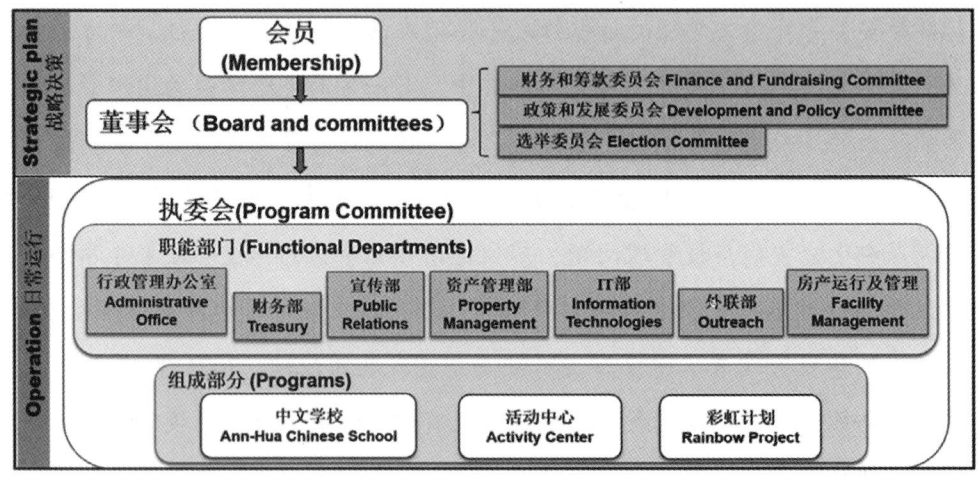

图1 安华协会现行组织结构图

二、管理制度分层级

安华协会的结构调整间接导致我们的管理出现了许多"真空"区域,很多工作没有规则可循,促使我们对管理体系也进行了升级。一般来说,管理制度可以分为管理原则、实施步骤和实施细则三个层次:最上层的原则性问题不会经常变动,而最下层的管理细则会因为实际情况变化而经常调整。因此,安华协会对本组织的政策层级也进行了相应划分(图2):最高一级为外部法律法规;其次为全组织需要统一遵守的规章制度;最低一层为各部门根据本部门特殊性而制定的一些内部规定或者细则。

这些管理规定,不一定都是因法律要求才制定,往往是为了满足本组织运行的需要。我们特别强调,制定规章制度时,要贴近本组织的实际情况,不能"纸上谈兵",尤其是要:(1)结合本组织的文化、管理理念等因素;(2)以执行单位为主体,考虑到现实需求、对执行力度的要求以及客观条件的限制因素之间的平衡关系;(3)定期重新审核和更新。

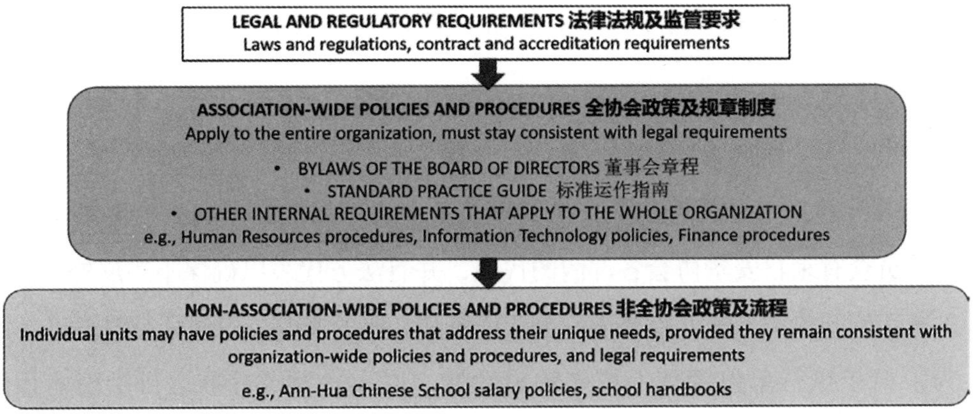

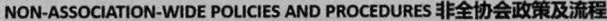

图 2　安华协会政策层级划分

以安华协会对教师编写的课件的版权归属为例。按照美国相关法律的规定，雇主有权拥有雇员编写的课件的版权。但是在很多重视学术自由的大学，学校会主动把版权一定程度上"还"给教职员工，以激发教职人员的创造性。安华协会同样珍视教师在教学中的创造性，并考虑到在校老师薪酬水平并不高，因此也决定由老师拥有其课件的版权，可以自由支配。这样既考虑到了鼓励创新的学术文化，也考虑到了老师自身的实际情况。

三、充分了解外部法规：以章程（Bylaws）为例

充分了解中文学校所在地的法律法规对学校管理和发展非常重要，但这又常常是我们一代移民的"短板"。我们经常会因为不了解本地法而畏首畏尾，生怕做了违法的事情，触犯了法律界限而不自知。

以组织章程Bylaws为例，安华协会作为在密歇根州注册的非营利组织，首先必须满足密歇根州非营利法。该类组织必须向州政府提交本组织的章程，而章程中关于本组织的组织结构、运营模式等规定必须符合法律对该类实体的要求；州政府在认可了章程的合法性后，才能向本组织董事会授予本组织的管理权。因为章程是州政府对本组织合法性认定的依据，因此章程修改一般需要向州政府通报，而不仅仅是组织内部的事情。章程里最好只涵盖州政府最基本的政策要求，例如本组织使命、董事会组成、决策机制等问题；而其他具体管理条例都可以由本组织自主规定，另行归纳，从而大大增加了管理上的自由度。

四、《标准运行指南》(SPG)和部门内部规定(Local Policies)

安华协会将全组织需要统一遵守的规章制度归纳在《标准运作指南》里，作为管理制度第二层级的主要组成部分。包含的政策一般应由相关单位先对政策的必要性、执行成本等问题通盘考虑后起草，初稿提交董事会下属的政策与发展委员会进行审核。该委员会有来自安华协会各部门的代表，并有法务代表以确保不违反外部法律规定。批准实施的政策，每五年要进行重新审核和必要的修改，以保证与时俱进。

为了给予执行单位管理上更多的灵活性，以不违背《标准运行指南》和外界法律要求为前提，安华协会下属部门还可以制定本部门内部的规章制度。这样的规定更加"接地气"，修改起来也更灵活，适合应对实际情况的快速变化。以疫情为例，安华协会按照密歇根州要求制定了一份应对办法，规定了一些最基本的防疫措施，例如社交距离、佩戴口罩、健康自检等。而中文学校为了保护学生安全，可以在学校内部提高管理要求，加大防疫力度，如加入测体温等步骤。

五、结语

经过近两年的努力，安华协会在规范化管理上面有了显著的进步，从Bylaws到SPG再到Local Policies，逐步建立起了相对完善的规范体系。同时我们也在实践中认识到，虽然制度管理对安华协会运行有一定的促进作用，但它无法取代人员管理。而人员管理水平直接影响人力资源的积累，对以志愿者为主体的中文学校尤为重要。安华协会未来的工作重点，将转向提高领导力水平、提高团队合作、扩大志愿者队伍上去。

融合志愿精神与专业化管理：美国中文学校的探索与思考[*]

如何在以志愿者为主体运营的周末中文学校中实现专业化、正规化管理，是海外华文教育领域一直存在的挑战和使命。笔者自十几年前投身华教事业以来，尝试结合自身组织战略管理的专业背景，观察思考美国中文学校共同面临的处境，期

---

[*] 作者：林骏，美国纽约州立大学纽波兹分校。

待用理论探讨与实证分析的方法，总结出一些规律性的经验与教训，以促进海外华文教育的进一步发展。在课题设立与实施的过程中，笔者得到了诸多同道的大力协助，通过几轮数据收集与报告研讨，研究取得了一定的成效，基本展示了美国中文学校运营的现状，希望能对华校如何继续发展带来一些启迪与思考。

志愿者运营的挑战：海外中文学校大多为志愿者运营的非营利性组织，除了给任课教师支付相对微薄的课时费，学校运营大多依靠志愿者。他们一般首先是学童家长，在先行志愿者的影响下加入学校的各种活动，其中的优秀者成为学校的中坚分子，并继续用自己的言行影响周围的人，滚雪球一般壮大志愿者队伍。志愿精神对家长参与社区建设很有感召力，中文学校由此积聚了大批充满爱心的人士，既降低了运营成本，又在精神层面保持了大家的管理热情。

奉献精神非常可贵，但也容易让志愿者难以长期处于付出状态。另一个挑战就是现代组织的一些管理准则难以实施，人情在处理日常工作中占了上风。久而久之，作为管理者运营的组织会出现问题，如组织需要的核心竞争力难以持续发展；团队难以稳定，离职率高；作为管理灵魂的领导人物难以一直存在；领导更替难以用制度保证。

研究的结果表明，志愿者在华校管理的经历中普遍能得到价值观的认同和朋友圈的确立，并能在职场技能上得到提升。但是，人力资源层面上的负面影响也是存在的，如倦怠状态、心理焦虑、情感失调，以及强迫自己与家长共情的浅层表面行为。尽管整体工作满意度高，但也伴随一定程度的离职意愿。

专业精神的存在一定程度上缓解了志愿者的焦虑情绪和负面影响。志愿者的利他精神、偏社会性人格和公民行为，有助于降低这些负面因素的产生概率。更重要的是，以教育工作者的身份和职业道德带来的专业精神，缓解了志愿者的倦怠状态和离职意愿，也提升了工作满意度。

领导人物对华校的建设和发展起到了举足轻重的作用。研究特意对两种领导风格的影响进行了深入探讨，发现自恋型人格的领导更容易产生心理焦虑；而更多的志愿者在中文学校感受到的是服务型的领导风格，他们因此能够在组织中更好地成长。

总而言之，在专业化管理的思想指导下，志愿者的积极性能够得以保护，发挥他们的长项，缓解心理与精神层面的负面影响，帮助中文学校保持竞争力并顺畅发展。

瑞华中文学校与社区合作的探索*

瑞华中文学校创立于1992年,是美国中西部地区规模最大的为华裔学生和家庭提供教育服务的中文学校。经过30年的发展,现在拥有教职员工60余人,提供K—9年级中文,中文AP、英文、数学、科学、演讲辩论、绘画、舞蹈、棋类、球类等140多门课程。如何让这所近千人的传统中文学校历久弥新,在激烈的网上教育竞争的背景下继续满足日益变化的需求,获得长足发展,这些都是学校管理者的主要战略考量和挑战。

Bolman和Deal(1997)在《组织重构》一书中认为,高效能的学校领导在面对纷繁复杂的工作事务时,应该采用多元的策略和方法来改变员工的行动及思维,并和学校的目标相结合、与时俱进。他们还进一步具体地提出了多元架构领导途径,以整合行为的观点来分析学校领导者在四个象限,包括结构化、人力资源、社会(政治)影响、文化符号(象征性)架构四个方面的互动(图3)。

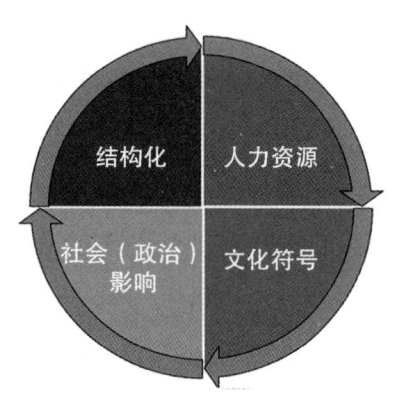

图3 多元架构领导者互动

首先,结构化架构(Structural Framework)根植于社会学,强调组织中的目标、规则和结构细节的完善、专业化和分工有益于组织效率和绩效的提升。在过去的五年中,瑞华中文学校对校董事会、校委会及选举机制进行全面制度化的完善,校委会分工细致、工作量化管理,教师分科及教学小组管理到位,简化、清晰组织架构,保留六人常务校委,增设临时特殊活动专务组。近年对校章的重新修订是最大的亮点之一,在法律上对四个象限进行了整合和稳固,赋予办校更为明确的意义和规则。

其次,人力资源架构(Human Resource Framework)基于心理学,探讨如何满足组织成员需求及成就感。组织需要员工提供建议、注入活力、贡献才能;而员工需要组织提供工作和表现机会、保持忠诚和工作热情。为巩固教师队伍的稳定度,鼓励教师参与各种交流,学校管理层制定有效促进教师积极性的绩效奖励机制,并

---

* 作者:孙金爱,瑞华中文学校。

用"请进来"和"走出去"两种方式与本地大学和社区合作，提供各种教师培训机会和资源。比如中北大学星谈项目 StarTalk 暑期教师培训和华文教师巡讲团，与此同时请专业人士整合教师资源，开设系统、新颖的教学课程。

第三，社会影响力/政治架构（Political Framework）主要以政治学为基础，强调如何获得社会影响力和配置资源。在 2020 年 1 月疫情之初，瑞华积极举办了为武汉抗疫的募捐活动，募捐采取学生创作美术作品义卖的方式，不但筹集到了善款，同时也让学生有机会参与，为武汉抗疫奉献爱心，短期内卖出自创作品 100 余幅，收到近 2 万美元善款。当美国疫情袭来之时，2020 年 3 月，瑞华中文学校组织发起了为当地医疗机构募捐的活动，校内外应捐热忱高涨，成为瑞华历史上最为壮观的一次募捐活动。短短一周内募捐的金额超过 4 万美元，迅速组织捐赠工作小组和 14 所医院、老人院、警察局取得联系捐赠抗疫物资，活动争相被华文媒体和 CCTV，以及当地英文报纸、电视广泛报道。因为自身的影响力，瑞华还积极参与社会热点的讨论，代表华裔族群发声，如本市大麻合法化的听证会、反对 Hate Asia Crime 和其他少数族裔团体及华人社团联合举行新闻发布会。

第四，文化符号又称"象征化"架构，根植于人类学，使用象征、仪式和故事以激励组织成员、增进凝聚力。除了提供日常的教学外，瑞华还积极为学生提供各种才艺展示的机会，打造专业形象。例如 2019 年"华瑞杯"全美中文朗诵大赛——瑞华中文学校和中北大学主办、多方协助、跨学校联合举办大型活动的尝试取得了极大成功，在短短两个月的时间里，收到了全国多州近 300 个高水平的预赛作品。除此之外，瑞华还为高年级学生提供各种机会，帮助他们回馈社会，比如申请"总统义工奖学金"、积极鼓励学生参加 AP 考试、增设"中文 AP 奖学金"、和其他机构一起为华裔高中生申请暑期政府部门实习的工作机会等。瑞华还鼓励高中生积极参与组织学校的社团活动，学生根据兴趣，自己组织了演讲、辩论俱乐部，举办讲座和比赛。为积极打造专业文化形象，瑞华不断与本地其他教育机构积极交流，比如和中北大学联合举办"听美国学生解读《红楼梦》"，把大学教授和专业研究团队带入学校与师生共享文化盛宴，受到极大的好评。中北大学的大学生也相继在瑞华实习，结合大学专业的学习和训练，应用到瑞华工作的方方面面，从助教、翻译工作，一直到活动组织、设计校庆视频和纪念册等，不但帮助大学生得到锻炼的机会，而且增进和大学的合作、促进专业资源分享。

经过 30 年的磨砺，瑞华中文学校步入长足发展，面对纷繁复杂的后疫情时代，将继续沿用理论指导学校的战略规划和管理，吸收"大道至简"的精髓，推动学校向系统化、专业化不断迈进，并将继续积极发挥社区中心的作用，担当好教书育人的责任。

希望中文学校的建设和管理经验交流[*]

希望中文学校自 1993 年 8 月 8 日成立以来，从一个只有 26 名学生的暑期班，成长为拥有 8 个校区和近 5000 名师生，横跨华盛顿特区、弗吉尼亚州和马里兰州的大型中文学校。经过无数希望人的辛勤浇灌，当年"希望"的种子，如今已经长成参天大树，硕果累累，桃李满天下。以 8 个校区和 5000 名师生之众，成为全美最大的中文学校之一，也是大华府地区最重要的华人社团之一。2009 年，希望中文学校入选中国国务院侨办首批海外"华文教育示范学校"名单，居美国 8 所入选学校之首。

一、理事会构成

希望中文学校的组织结构是理事会管理下的校区责任制。理事会成员为各校区经家长大会选举产生的 4 名理事，各校区校长为当然理事，任期为两年，可连任一届。由全体理事大会从理事中选举产生理事长一人，各校区选举一名非校长理事任副理事长。由理事长提名，经理事会通过，产生秘书长、总教务长、总财务长、宣传部长、技术主管等部门负责人。每学期举办全体理事大会一次，审核批准各校区的重大决议、财务预算与决算，由理事会各部门和各校区负责人作述职报告。在理事大会休会期间，由理事会执委会处理日常事务。执委会由理事长、副理事长和各校区校长组成，理事会各部门负责人列席执委会，提供咨询。学校的各项规章制度也随着学校的成长壮大，通过理事会不断进行修正。

希望中文学校自办学之初，即坚持"家长拥有，义工运作"的原则。学校为全体学生家长拥有，运作以义工为主，所有理事包括各校区校长和绝大多数管理人员

---

[*] 作者：陈卫平，大华府希望中文学校。

都不领取报酬。这是希望中文学校能够长期维持低成本运营、高效运作、快速发展的重要基础。

二、八校区分布与联系

希望中文学校下辖8个校区，按成立时间顺序分别为：马大校区（1993），洛城校区（1995），北维校区（1996），盖城校区（1998），赫城校区（2001），西城校区（2006），波城校区（2013），泰城校区（2015）。各校区由家长大会选举产生理事4人，连任不得超过4年。由校区的4名理事决定本校区的校长提名，并上报理事会，须经3/4及以上理事同意批准。各校区则尽量招募义工以降低学校的行政运作成本。值得一提的是，每个新成立的校区均得到了先成立的校区从财力到人力上的大力支持。在新冠疫情期间，学生可以自由挑选任一校区的网课，不再增加注册费用。各校区互帮互助，互通有无，这种精诚团结的精神，也是希望中文学校能够快速成长的重要原因。

三、财务管理

每学期理事大会的一项传统议程是审议各校区上学期财务决算和本学期的财务预算。这项议程随着学校规模的扩大，审议程序也随之加长。但作为一项财会监察制度，理事会一直坚持执行，以保证各校区财务运作公开透明。各校区的财务人员均由总财务长领导，总教务长有权调阅各校区的财务状况。

四、教师与教学

教师招聘由各校区组成招聘委员会负责。教师任教前需与校方签订教师合同，明确双方的责任与义务。教师如流动到其他校区任教，其在希望中文学校的年资和待遇不会中断。除各校区组织各种教师培训活动，理事会还不定期举办教师培训和教学研讨会，邀请海内外知名教育专家学者前来讲学。

五、文化活动

为传播中华文化、提高学生学习中文的兴趣，希望中文学校经常组织各类活动，比如演讲比赛、合唱节、体育节、校庆征文、抗战胜利征文等，其中以"希望杯"命名的文化活动受到学生们的喜爱。希望中文学校还在《新世界时报》上开办了"希望之星"专栏，为学生和老师提供了一个发表习作和教学交流的平台，至今已经开办了252期。

六、结语

光阴似箭，日月如梭。转眼间希望中文学校已经走过了29个辉煌的春秋。作为希望中文学校的创始者之一，能够亲身体验"希望"从小到大，从一棵小小的树苗长成参天大树，笔者为"希望"倍感骄傲和自豪。希望中文学校一直坚持"家长拥有，义工运作"的立校之本，经过一代代希望人的不懈努力，"希望"的校园已经遍布大华府地区。"希望"拥有完整的理事会和不断完善的章程，有严格的财务和管理制度。更重要的是，"希望"拥有一批又一批无私奉献的义工，拥有众多教学经验丰富、具有爱心、热爱中华文化的教师队伍，更有广大家长的大力支持。"希望"能够一步一个脚印走过来，还因为我们拥有一个齐备的、多功能的、形式多样的文化和教育服务平台，这个平台集学习、娱乐、健身、交友于一体，无论男女老幼都可以在"希望"这个平台找到自己的位置，我们会不断努力增加、扩展它的功能。这就是我们的"希望"。

关于中文学校的发展、植根华人社区的体会[*]

近十年来，美国各地的中文学校逐渐开始面临生存危机。在iPad陪伴下长大的孩子对传统的中文教学方法感到枯燥，中文语言教学中的课文与美国生活严重脱节，华二代对中文学习少有兴趣，华三代则更没有兴趣。自新冠疫情暴发后，大部分中文学校被迫采取网课教育，加上更多来自中国的网课的竞争，美国各地中文学校学生注册人数明显下降。

去年年底我在圣地亚哥召开的美国华人中文学校会议上，讲述了我们中文学校要抓住美国华人日常生活中所关心的问题，带领并团结华人社区各个社团凝聚力量做实事解决这些具体问题，引起了许多中文学校领导的共鸣。

---

[*] 作者：陈传起，奥斯汀长城中文学校。

中文学校在华人社区眼里不仅仅是学习中文的地方。无论是当前发生的重大事件，还是大家普遍关心的孩子教育和升学的问题，或是孩子健康成长和心理健康问题等，我们都要在各个社区的重大事务上站在最前头，扮演重要角色。

奥斯汀长城中文学校积极推动和参与各种华人文化宣传活动，每年的春节和元宵节我们都举办庆祝活动。每年的五月是亚裔月，奥斯汀长城中文学校参加奥斯汀华盟主办的奥城中华文化节大活动，给奥斯汀的居民一个体验中华文化的机会。在400人的演出剧场，有连续不断四个小时的高质量中华文艺表演。活动会邀请奥斯汀的各政府官员、议员及各候选人前来捧场。在展示大厅，有各种文化展台、20家夜市小吃摊、各种游戏点、小商品，还有赞助商和社团组织的展台。奥斯汀长城中文学校还举办了运动会和各种体育比赛。

新冠疫情刚暴发时，我们奥斯汀长城中文学校率先组织华人社区募捐25万美元，发动义工帮助购买防疫物资，打包寄往湖北武汉及其郊县援助同胞。新冠疫情在美国暴发后，我们又开展了"援奥"活动，获得了来自中国的支援，及时将防疫物资分发给最需要的单位和个人。

奥斯汀长城中文学校每年开办华二代教育和关于大学申请的讲座，而且非常关注华二代的身心健康以及写作和沟通能力。英文老师陈苇杭现为达特茅斯学院三年级学生，像很多在美国出生的华二代一样，她也曾因身处在两种文化之间而产生对自身身份认同的疑虑。幸运的是，她在写作和诗歌创作中找到了出口。她创建了Pen to Paper Education课程，旨在帮助学生通过探索多样的写作题材找到属于他们自己的声音。她还给密歇根安华协会、西雅图西北中文学校及费城的中文学校等做关于华一代父母与子女沟通的讲座，让父母从子女们的角度了解他们的想法和愿望是建立良好沟通模式的第一步，并分享作为华二代的挑战、在身份认同上找到自洽的个人体验、华裔家庭的沟通以及中文学校在搭建华人两代之间的桥梁作用等方面的体会。

中文学校要以人为本，教书育人，培养自信自强的华二代；抓住市场重点，重视基础教育，并与私营补习机构形成产业链，合作办学，以多元化的教育防止生源流失。

美国各州各大城市中文学校根植社区，加强相互合作，必将办得更好。

欧洲华文教育与新生代培养*

【主持人语】在这个多元文化交融的时代，华文教育作为连接过去与未来的桥梁，承载着传承文化、培养华裔的重要使命。随着新生代群体的崛起，他们的成长环境、学习方式以及价值观念都发生了显著的变化，这对华文教育提出了新的挑战与机遇。

2024年7月5日，为探索华裔新生代培养的优化模式，共同推进华文教育高质量发展，暨南大学意大利校友会在罗马举办了"华文教育与新生代培养"国际论坛，来自不同国家的专家学者和华教代表围绕华文教育现状与未来发展、华裔新生代文化自信培养、华裔新生代社会组织力提升、华裔新生代教育问题等议题展开了深入的研讨。英国中文教育促进会网校校长、伦敦普通话简体字学校副校长王彩育，法国华文教育协会代表、欧洲时报文化中心中文学校校长徐嘉蓉，德国九州中文学校校长严萍等诸位校长，从多维度、多方面分析了新生代所处的时代、环境及学习的特点，探讨了华文教育所面临的问题与挑战，提出了培养新生代文化认同、文化自信与社会组织能力的途径、路径及应对策略。

"华文教育与新生代培养"是欧洲华文学校共同关注的话题。葡萄牙淑敏语言文化中心副校长金洁也就此发表了看法，阐述了海外华文教学中中华文化穿插的实践启示。这些观点与见解不仅展现了华文教育的多样性和包容性，更为我们提供了宝贵的思考与启示。我们相信，通过大家的共同努力，华文教育一定能够更好地适应新生代的需求，为他们的成长与发展提供更加坚实的支撑；同时，我们也期待未来能够有更多这样的机会，共同探讨华文教育的未来发展，为新生代的培养贡献更多的智慧与力量。

---

* 主持人：蒋忠华，暨南大学意大利校友会，意大利罗马中华语言学校。本文刊于《世界华文教育》2024年第4期。

新生代华文教育面临的机遇和挑战*

在全球化快速推进和科学技术不断发展的背景下,海外华文教育的需求和环境发生了显著变化。随着新一代海外华裔青少年成长环境的多元化及信息技术的日益普及,传统的华文教育模式正面临新的机遇与挑战。因此,如何有效地针对新生代的学习特点,优化和创新华文教育模式,成为当前华文教育工作者亟须思考并解决的核心问题。这一变化不仅要求我们重新审视华文教育的目标和内容,也对教育工作者的教学能力和适应性提出了新的要求。

一、新生代成长的时代写照——VUCA时代和BANI时代

当前世界正处于一个飞速变革的时代,第四次工业革命、全球化、数字化浪潮以及录播时代的到来,诸如OpenAI的ChatGPT和人工智能技术的迅猛发展,正在深刻地改变着我们所处的世界。在此背景下,两个重要的概念"VUCA"和"BANI"得到了广泛关注。它们为我们理解当代社会提供了新的视角,尤其对于新生代所处的环境,具有重要的解释力和借鉴意义。

VUCA(Volatility、Uncertainty、Complexity、Ambiguity)是一个反映我们时代特征的术语,意指波动性、不确定性、复杂性与模糊性。自冷战结束以来,VUCA逐渐成为描述全球环境及商业社会变化的主流概念。全球经济的动荡、地缘政治的紧张局势以及科技创新的飞速进展,导致了整个世界的不断波动和变化。VUCA不仅体现了新生代成长的时代背景,还深入地揭示了当今社会普遍存在的复杂性和模糊性,成为理解当代不稳定社会现象的核心框架。

随着新冠疫情的暴发,另一个概念开始逐步取代VUCA,那就是BANI。BANI由四个关键词组成,分别是脆弱(Brittle)、焦虑(Anxious)、非线性(Nonlinear)和不可理解(Incomprehensible)。在BANI框架下,未来被视为不可预测的,且常常呈现出非线性的变化模式,即看似微小的事件可能会引发巨大的转变,例如疫情的蔓延便充分展现了全球系统的脆弱性及不确定性。

BANI时代强调,当今社会的脆弱性更为显著,个体和组织面临的不仅仅是不

---

* 作者:王彩育,英国中文教育促进会,伦敦普通话简体字学校。

确定性，而是根本性的不理解。全球化与技术进步的加速带来了社会的焦虑感与对未来的恐惧。新生代所处的环境比以往任何时候都更加复杂，其成长背景充满了急剧变化和多层次挑战。

二、新生代所处的环境分析

1. 全球化背景

多文化接触：全球化的加速使得新生代成长于一个多文化、多语言并存的社会环境中。在这一过程中，他们从小便接受来自不同文化的影响，尤其是在海外华人社区中成长的个体，这种多元文化交融的环境容易造成文化认同的模糊性。对于新生代而言，主流文化的认同感往往强于对祖辈传统中国文化的认同，这使得他们的文化认同逐渐向所在国的文化倾斜。文化认同的转变不仅仅是语言的适应，更涉及价值观、行为模式和身份认同的复杂交织。

跨国交流增多：全球化的另一个显著特征是跨国交流的日益频繁。新生代比以往任何一代人都拥有更多的机会与不同文化背景的人进行接触与交流。这种跨文化交往不仅拓宽了他们的国际视野，还促使他们形成更加开放、多元的思维模式。这对他们的个人发展、文化认知和世界观产生了深远影响，同时也为华文教育提供了新的契机。

2. 科技和数字化的发展

数字原住民：作为"数字原住民"，新生代从小就处于一个高度数字化的环境中，广泛接触智能手机、平板电脑、互联网等科技产品。他们习惯通过这些数字设备获取信息、进行社交以及完成学习任务。与前几代人相比，他们对于数字工具的依赖性更强，信息获取的方式也发生了显著变化。在这样的环境下，传统的华文教育模式若不适应数字化趋势，将难以吸引新生代的注意力和兴趣。

在线学习普及：伴随着科技的进步，在线学习逐渐成为新生代重要的学习途径。丰富的在线教育资源、学习应用、电子书以及数字化课程为新生代提供了极大的便利。这使得他们更加倾向于利用数字化工具进行自主学习，灵活掌握学习进度和内容。在线学习的普及也意味着华文教育需要相应地转型，采用更加现代化的教学手段，以迎合新生代的学习习惯。

3. 教育多样化

多样化教育体系：新生代通常在所在国的教育体系中接受教育，这些教育体系往往灵活且多样化，在注重学生个性化发展的同时，也提供了广泛的课程选择和丰富的课外活动。相比传统的应试教育，这些多样化的教育体系鼓励创新思维、批判性思考以及实践能力的发展。对新生代来说，这样的教育模式可能与华文教育中注重传统教育模式和内容产生冲突。如何在这种环境下保持华文教育的有效性成为亟须解决的问题。

语言环境复杂：新生代的语言环境往往复杂多样，家庭中可能主要使用中文交流，而在学校和日常社交活动中则以所在国语言为主。双语甚至多语环境的影响不仅加大了他们对不同语言的掌握难度，也对他们的文化认同产生了深刻影响。在这种复杂的语言环境中，如何保持并提升他们的中文水平成为华文教育工作者面临的一项重要挑战。

三、新生代的学习特点

在新生代所处的全球化、多元化和数字化环境中，他们的学习特点呈现出明显的时代特征和个性化倾向。本文从多任务处理能力、学习方式偏好、学习动机多样性以及社交学习等四个方面对新生代的学习特点进行深入分析。

1. 多任务处理能力

注意力分散：新生代习惯于在多任务环境下学习，经常同时使用多个数字设备，如智能手机、平板电脑和电脑，并在这些设备之间切换，处理来自不同来源的多种信息。这一特点使得他们在处理多个任务时能够保持较高的效率，并具备较强的信息筛选和处理能力。然而，随之而来的问题是注意力的分散化。多任务环境下，他们的专注力可能较难持续，容易受到外界因素的干扰，这对学习的深度和持久性可能产生负面影响，需要通过教育干预来帮助他们提升专注力。

信息获取快速：新生代成长于信息爆炸的时代，得益于对互联网及数字工具的熟练掌握，他们能够快速获取并处理大量信息。这种快速获取信息的能力使他们能够应对复杂多变的知识体系，对学习内容的更新和变化有较强的适应能力。然而，尽管他们能够迅速找到所需信息，如何筛选信息的真实性与可靠性却成了新的挑战。教育工作者在培养其信息处理能力的同时，也应加强其批判性思维的训练，以帮助他们更好地应对海量信息。

2. 学习方式偏好

互动和参与：新生代倾向于互动性强的学习方式，传统的单向讲授模式在他们看来已经难以维持长期的兴趣和投入。相较而言，他们更喜欢通过互动、讨论、项目合作等方式参与学习。例如，教育游戏化（Gamification）、翻转课堂（Flipped Classroom）等教育形式能够有效激发他们的兴趣，使他们在实际操作与合作中获得知识与技能。这种互动学习方式不仅能够增强他们的学习体验，还能够培养团队协作与解决问题的能力。

自主学习：随着数字化工具和在线资源的丰富，新生代更加习惯自主学习。他们善于利用互联网资源，自主探索并解决学习中的问题。这种学习方式使得他们拥有更多的自主权，能够根据自己的兴趣与需求进行知识扩展。而且，由于在线教育资源的普及，他们更倾向于通过自学的方式来提升技能与知识储备，逐步形成自我导向的学习模式。教育者应当鼓励这种自主学习模式，同时提供有效的指导和监督，以帮助他们更好地规划学习路径。

3. 学习动机多样

兴趣驱动：新生代的学习动机更加多元化，不再仅仅为考试成绩或学校要求而学习，个人兴趣逐渐成为其学习的核心动力。例如，他们可能通过学习中文来了解中国文化、历史、科技等领域。这种兴趣驱动的学习方式不仅能够提高学习效率，还能增强他们的内在学习动力。因此，华文教育工作者在设计课程时，可以将学习内容与学生的兴趣相结合，以此来提升学生的参与度和主动性。

实用性导向：新生代对于学习内容的实用性有着高度关注，他们更倾向于学习那些能够在现实生活中直接应用或有助于未来职业发展的知识和技能。例如，实用的语言技能、技术知识以及职业相关的培训课程更能引起他们的兴趣。针对这一特点，华文教育可以将课程设计与实际生活场景相结合，提供应用型的教学内容，以提升学习的实用性和相关性。

4. 社交学习

社交媒体影响：新生代深受社交媒体的影响，并在学习过程中积极利用这些平台。通过社交媒体，他们能够方便地分享和获取学习资源，参与在线学习社区，进行跨区域、跨文化的交流与学习。社交媒体的普及使得他们能够随时随地接触到最新的学习资源，并通过社交网络进行知识的传播与交流。这种社交化的学习方式增强了他们的互动性与参与感，推动了学习的社交化进程。

同伴学习：在学习过程中，新生代非常重视同伴的影响力。他们倾向于通过与同伴的互动来学习，并在这一过程中互相支持与合作，形成学习小组，共同解决问题。同伴学习不仅提高了学习的积极性，还能够通过集体合作激发创造力和批判性思维。教育者可以通过设计合作性学习项目或任务，利用同伴间的互助学习来提升课堂效果。

综上所述，新生代的学习特点受到全球化、多文化和数字化环境的深刻影响，展现出多任务处理能力，偏好互动与自主学习，拥有多样化的学习动机，并积极利用社交媒体和同伴关系来促进学习。对于教育工作者来说，理解并适应这些学习特点是提升教学效果的重要前提。未来的教育应进一步结合新生代的这些特点，通过创新的教学方式来满足他们的学习需求，帮助他们在全球化和数字化背景下更好地成长和发展。

四、新生代华文教育面临的挑战与应对策略

1. 文化认同的弱化

挑战：全球化背景下，华裔学生逐渐被所在国的主流文化所影响，对中华文化的认同感有所减弱。这削弱了他们对学习中文的兴趣，使得华文教育的文化传承任务愈加艰巨。

应对策略：为了增强学生的文化认同，华文教育应将中华文化融入语言教学，结合传统与现代元素。例如，通过文化活动、节庆、艺术表演等形式，增强学生对中华文化的感性认知。同时，开展跨文化交流项目，使学生能够深刻理解和感受到中华文化的魅力，从而提升他们对自身文化身份的认同感。

2. 学习动机的多元化

挑战：新生代的学习动机已经从单纯的文化传承或家族责任转向更多元化的动因，诸如职业发展、个人兴趣等。这使得传统以文化传承为主要目的的课程内容显得单调，难以激发学生的学习热情。

应对策略：华文教育需要根据学生的兴趣与需求，制订个性化的学习计划和丰富的课程内容。例如，将现代科技、商业、艺术等领域与中文教学结合，开发实用

性与趣味性兼具的课程。同时，鼓励学生参与探究式学习和项目式学习，使他们能够在实际场景中运用所学知识，增强学习的实用性和参与感。

3. 科技和数字化时代的挑战

挑战：现代科技的飞速发展改变了新生代的学习习惯，他们更加倾向于通过智能设备和在线平台进行学习，传统的课堂教学模式在数字化时代面临严峻挑战。

应对策略：华文教育工作者应提升数字教学能力，充分利用现代科技工具，如在线教育平台、学习应用程序等。同时，采用虚拟现实（VR）、增强现实（AR）等创新技术，让学生通过沉浸式体验学习中文。例如，开发能够模拟中华文化场景的VR体验，使学生在虚拟世界中感受中国的历史、艺术与科技发展。这不仅提升了学习的趣味性，还增强了学生的文化认知。

4. 师资力量不足

挑战：在一些地区，华文教师的数量不足，且教师的教学水平与新生代多样化的学习需求不匹配。尤其在应对数字化教学方式与学生的个性化需求时，部分教师能力有限。

应对策略：加强教师培训是解决这一问题的关键。教育机构应组织数字化教学技能、教学方法创新等方面的专业培训，帮助教师适应现代化教学工具。同时，还可以通过跨国师资合作，邀请国内外专家交流经验，提升本地华文教师的教学能力和文化敏感度。政府和华文教育推广组织也应加大对师资力量建设的支持力度，为教师提供更多学习与发展的机会。

5. 课程内容的适应性

挑战：传统华文教材可能过于重视语言知识的传授，而忽视了语言的实用性和趣味性。新生代的生活背景与以往有很大不同，教材需要与他们的实际生活更加贴近。

应对策略：华文教材的内容应进行现代化改编，注重实用性。例如，可以结合现代科技、经济、文化发展的主题，如将高铁、移动支付、共享单车、网购等中国现代"四大发明"纳入教学内容，使学生通过学习中文了解中国的现代发展。此外，教材应注重生活场景中的语言使用，增加实际应用的练习环节，让学生能够学以致用。

6. 家长和社区的支持

挑战：华文教育的效果很大程度上依赖于家庭和社区的支持。然而，许多家长由于工作繁忙或对华文教育的认知不足，未能为孩子提供足够的支持。

应对策略：教育机构应加强与家长的沟通，举办有关华文教育意义的家长会或研讨会，提升家长对中文学习的重视程度。同时，可以在社区中开展文化节、语言竞赛等活动，营造一个有利于华文学习的氛围。社区和教育机构的合作能够有效加强华文教育的社会支持网络，为学生的学习创造良好的外部环境。

7. 教育政策和资源

挑战：不同国家和地区对华文教育的支持力度差异较大，部分地区缺乏系统的华文教育政策和资源支持，导致华文教育推广面临困难。

应对策略：华文教育的推广者应积极争取当地政府的政策支持，通过多方合作推动华文教育的制度化与资源投入。设立专项教育基金，支持华文教师培训、教材研发和数字教学平台的搭建。同时，加强与国际教育组织的合作，借助其资源推动华文教育的全球化发展，改善海外华文教育的整体环境。

五、结语

新生代华文教育面临的挑战既带来了压力，也为教育工作者提供了创新的机遇。面对全球化、多元化和数字化的趋势，华文教育者需要积极探索新的教学方法，结合现代科技手段，设计更符合新生代需求的教学内容和模式。通过加强师资培训、更新课程内容以及争取家长和社区的支持，华文教育工作者有望在新形势下推动华文教育的持续发展。这样，才能帮助新生代在全球化的背景下，既掌握中文语言技能，又能够继承和发扬中华文化。

华校提升华裔青少年社会组织力的五大路径[*]

"海外华裔青少年社会组织力的提升"是海外华裔青少年成长过程中的一个有趣且多维的课题。海外华裔青少年拥有社会组织力，对个人、家庭及社会都有着积极的作用，而华校在提升华裔青少年社会组织力中扮演着举足轻重的角色。笔者将结合法国华校的一些实例，探讨华校在海外华裔青少年社会组织力的提升方面发挥

---

[*] 作者：徐嘉蓉，法国华文教育协会，欧洲时报文化中心中文学校。

的作用。

什么是社会组织力？在社会学中，社会组织力通常指个体或团体，通过组织、协调、领导和沟通等，实现共同目标的整体合力。就海外华裔青少年而言，社会组织力表现为，在海外华裔青少年社会化的过程中，随着成人意识的觉醒，在追求独立的自我意识、形成鲜明的个人性格时，多元思想文化和道德价值观不断重组，并逐步发展形成的整体合力。这种合力具有突出国际的、多元文化的社会人属性。

为什么海外华裔青少年要提升社会组织力？随着全球化加速发展，各国移民数量增加，海外华裔群体规模日益庞大。海外华裔青少年不仅仅是家庭的一部分，更是所在国家社会的一员，他们在自身文化认同与所在国社会期望之间扮演着多重身份。一方面，祖（籍）国传统文化潜移默化地熏陶着他们的灵魂；另一方面，居住国主流文化又深刻影响着他们的思维。作为生活在多元文化环境下的一员，具备较强社会组织力的华裔青少年不仅能更好地融入华人社会和当地社会，也能更好地应对外界的文化挑战，增强对身份的自信，同时也更有能力组织跨文化交流活动，促进多元文化的共存与融合。不管是从华裔青少年自身成长来看，还是从多元文化社会和谐发展来看，海外华裔青少年都非常有必要提升社会组织力。

青少年的成长环境不外乎家庭、学校和社区。华校作为学校教育的一个小分支，与家庭和社区相辅相成，共同帮助海外华裔青少年提高社会组织力。

一、提供语言教育，提升祖语传承力

就华裔青少年而言，他们接触到的第一个"社会"是"华人社会"；在华校的语言教育中，社会组织力则首先体现为祖语传承力，祖语传承力越强，华裔青少年融入华人社会的程度就越高。海外华文教育是任重道远的留根工程，华校为海外华裔青少年提供了学习祖先语言的机会。语言学习的过程是他们对祖（籍）国逐渐了解的过程，也是从被动认同族裔身份转变为主动认同的过程。熟练掌握华文的华二代、华三代，能较好地避免跨代关系中的代际冲突，增强与祖（籍）国的文化联系和身份认同，而身份认同的强弱直接影响他们在社会活动中的参与程度及角色立场。

第七届全球华语朗诵大赛中，法国赛区涌现出了多个原创作品，其中《我是中国和法国的孩子》和《爷爷的诗、爸爸的诗、我的诗》就生动体现了祖语传承力在华裔青少年成长过程中的影响。同时，语言学习能够提升表达能力和沟通能力，帮助青少年在华人社区内外更加自如地展示自己、融入社会,为其参与社会活动打下坚实基础。

二、传承中华文化,提升文明交流力

在文化教育活动中,社会组织力体现为文明交流力。中华文化是海外华裔青少年身份认同的核心要素之一。华校通过语言教学、文化课程和举办活动等,让青少年学习和传承中华传统文化。在组织和参与这些活动的过程中,华裔青少年不仅增强了对中华文化的热爱,还锻炼了组织和协调能力,增强了凝聚力和文化自豪感。

海外华裔青少年生活在多元文化的环境中,华校通过引导学生了解并尊重不同文化,培养他们开放包容的心态。双语优势也为他们在跨文化传播中扮演文化桥梁的角色提供了可能性。华二代、华三代可以用中文讲述"中国故事",也能够用目标语言翻译和诠释"中国故事",还能用中文介绍居住国文化的"世界故事",实现不同文化的交流与互鉴。

欧洲时报文化中心中文学校利用学生假期,每年举办三至四期中华文化大乐园,既有各种中华传统文化的工作坊,也聘请专业的中文讲解员带领学生参观当地博物馆。这种跨文化的交流经验有助于青少年在不同文化环境中组织活动,提升沟通能力和领导能力,促进中外文明互鉴。

三、引入社会资源,提升国际胜任力

在国际交往中,社会组织力体现为国际胜任力。华校积极与当地和其他国家的社会组织、企业等建立合作关系,为学生提供多样化的资源与支持。通过邀请社区领袖、企业家、学者等开展讲座、分享会和座谈会,为学生提供广阔的社交网络和信息资源,扩大他们的社交圈;通过举办国际交流活动、海外游学、跨国研讨会等方式,帮助学生了解全球不同地区的文化和社会现象,培养青少年的国际视野。在拓宽视野的过程中,在领袖学者的引导下,学生可以学习到如何在不同文化背景下开展组织工作,锻炼其跨文化协调能力,培养未来的国际胜任力。

法国华文教育协会的多所学校都将游学活动列入了学校工作之中,小到一天的 Citywalk、品牌旗舰店参观、校友分享会,大到两三周的欧洲各国甚至日韩的游学等。在读万卷书、行万里路中,培养中国心、打开世界眼,提升华裔青少年开展国际多元文化交流的胜任力。

四、组织赛事活动，提升未来领导力

在青少年群体活动中，社会组织力体现为未来领导力。华校通过组织文化节、展览、工作坊等跨文化活动以及各种类型的赛事活动，将中华文化带入多元文化公共空间的同时，也为学生提供了展示才华、锻炼能力的平台。参与赛事组织，优秀青年学生脱颖而出，未来领导者初现。如巴黎三语宝贝中文学校的辩论赛全程由学生们策划、宣传、组织执行；Z世代华星小记者训练营以学员们为主力，制作发布短视频、播客、博客，记录生活，展示中华美食、传统艺术、节庆习俗等文化内容。

此外，华校开设了先进的科学类课程或体验活动，如编程、机器人、3D打印、无人机等，让青少年感受科技魅力，培养其创新意识和实践能力，为适应未来信息化社会、成为具有信息素养的未来领导者打下基础。如华裔青少年用新兴技术为各类活动提供更多的创意和可能性，在实践中学习如何组织活动、协调团队、解决问题，从而提升社会组织力。

五、投身社会实践，提升社会服务力

社会实践是锻炼社会组织力的最佳途径。青少年终究会成长为社会人，社会组织力最终要回馈社会，因此在社会化的过程中，社会组织力最终体现为社会服务力。

投身华人社会服务，奠定社会服务力基础。华人社会是华裔青少年社会服务的"实践场"。华校与社区和华人组织合作，能够为华裔青少年提供更多的参与社会事务和文化实践的机会。每年各城市的社团活动日，以及春节、中秋等传统节日，都是华裔青少年了解中华文化、向其他族裔展示中华文化的大好机会。

投身广阔社会服务，实现社会服务力价值。华校安排学生们参加社区服务工作，如环保活动、慈善活动、义工工作等，是华裔青少年回馈当地社会、实现社会服务力价值的不二路径。如巴黎奥运会期间，在不少比赛场馆都能看到华裔青少年志愿者的身影；夏令营时，学生们亲身体验了重庆"棒棒"们的辛苦生活。法国中华青年联合会更是将志愿服务贯穿在日常生活中，协会组织华二代、华三代提供文书代写、法律咨询、治安协助等服务，使青少年了解社会运作模式、增强责任感。

华裔青少年通过亲身体验社会服务，锻炼组织和管理能力，在服务过程中感受到团队协作的力量，提升团队合作、解决问题和沟通组织能力，提高自身的社会责任感和奉献精神，最终形成了社会组织力"源自社会—回馈社会"的良性互动，实现了华校开展此项工作的价值目标。

综上所述，"祖语传承力""文明交流力""国际胜任力""未来领导力""社会服务力"共同构成了华裔青少年的社会组织力。华校通过语言文化教育、活动赛事组织、国际交流以及社会实践等多种途径，赋能华文教育，在实践中锻炼华裔青少年的领导力；加强家校合作，在合作中培养华裔青少年的责任感；开展社区服务，在交流中增强华裔青少年的公民意识；通过全人教育，提升华裔青少年的自身整合力和社会组织力，助力其健康成长、快速成才、稳步成功。华校开展的华裔青少年社会组织力提升工作，具有重要的教育意义、社会意义和未来意义。

海外华裔新生代文化自信培养[*]

一、海外华文教育与海外新生代教育

海外华文教育历史悠久，其服务对象、教育目标及方法也随着时代的变化而不断演变。从单一针对移民第一代进行中文和文化教育，到海外华文教育的对象，几乎完全转向华裔新生代，海外华文教育逐步成为针对华裔新生代的教育，共经历了以下四个阶段。

1. 以第一代移民为教育对象

19世纪末至20世纪中期，大量华人移民到世界各地，这些移民大多来自中国南方地区，在移民国从事餐饮或小商业活动，接受教育的目的是帮助他们保持与祖（籍）国的语言和文化联系。这个时期的教育形式多为社区自发组织的私塾或同乡会组织设立的学校。

2. 移民子女教育受到关注

20世纪中期至20世纪70年代，华人移民子女开始在当地出生、成长，这些

---

[*] 作者：严萍，德国九州中文学校。

华裔子女在当地教育体系中接受主流教育，但家长希望他们也能学习中文、了解中华文化。这一时期，华文教育开始关注华裔子女，旨在帮助他们继承中华文化，并保持其民族认同，传承家庭文化，同时提升双语能力。这时的海外开始出现了针对华裔子女的周末或课后中文学校。

3. 系统化的华裔新生代教育

进入20世纪80年代后，中国在世界的移民人数翻了一番，移民模式趋于多样化，移民结构趋向于留学和技术移民，第二代和第三代华裔人口骤然增加。在保留祖（籍）国语言和文化传承、文化认同的基础上，华文教育开始强调培养华裔新生代的双语和跨文化交流能力，为他们在全球化背景下的发展提供优势。

4. 现代化的华裔新生代教育

21世纪至今，全球化的经济交流催生了中国人海外移民的新模式。技术性和高技术型、学者、企业家、专业人士以前所未有的速度增长，重构了移民职业结构。他们希望在海外的后代接受的教育不仅仅是语言和文化，更注重培养他们的全球视野和跨文化沟通能力，帮助他们在多元社会中找到自我定位。

二、华裔新生代及其特征

海外华裔新生代主要是指华裔移民在海外所生或成长的新一代。20世纪70年代以来，随着这些移民在新居住国定居，他们的子女，即在移民国出生或成长的一代通常被称为"华裔新生代"。这些华二代、华三代甚至华四代，有着与父辈截然不同的天然环境和生存体验，所以在思想、行为选择和价值取向等方面有着与老一代华人截然不同的特征。

华裔新生代生来就有与众不同的天然优势：第一，他们有双语或多语、双重或多重文化背景，有较强的文化融合能力。第二，他们有所在国高质量的教育以及中国优良的教育支持。第三，在职业发展上，他们今后有从传统小商业到高科技、金融、学术等多元化的职业发展可能性。第四，他们生在科技迅猛发展的时代，经济机遇和全球化的视野也给他们创造了无限的发展可能。

同时，他们也面临着诸多挑战和考验：

第一，华裔新生代所在国的语言都掌握得炉火纯青，但受出生地和成长环境所限，他们的中文水平和发展面临很大的实际障碍和瓶颈。

第二，双重文化背景是一把双刃剑，在滋养和润泽海外华裔的同时，有些华裔新生代可能会难以在中西文化之间找到身份和文化平衡，在保持自身文化和适应主流文化之间，可能会面临身份认同的困惑和文化冲突。

第三，尽管社会在进步，但种族歧视和刻板印象仍然存在，华裔有时还是会遭遇种族偏见和歧视，在融入主流社会时可能会面临障碍，在学校、工作和社会中会遭遇不公平待遇和"玻璃天花板"。

第四，本身中文可能达不到炉火纯青的这一代华裔子弟，今后他们的下一代语言和文化的教育和传承也是一个新的课题和挑战。

三、文化自信

文化自信在本质上是一种文化理念和文化观点，是一个国家或民族对自身族裔文化价值的肯定、传播与实践，是这个族裔对自己文化的独特性、传统的思想价值、生命力、历史价值和未来发展充满信心的一种精神状态和自我认同感。它包括以下七个方面：

第一，文化认同：对本民族文化的核心价值观念和道德标准（行为规范）的认同和坚守。

第二，文化自尊：坚信各民族文化都是平等的，反对文化歧视，没有自卑心理。

第三，文化包容：以开放包容的态度对待其他文化，在相互吸收借鉴的同时共同发展。

第四，文化使命感：有传承和弘扬民族文化的责任感和担当。

第五，文化传播实践：有了以上基础，一个人或者一代人有能力、敢于在国际舞台上展示和传播民族文化。

第六，文化创新：在保持文化传统的同时，不盲目守旧，敢于推动文化的现代化和创新，使其与时俱进，更有生命力。

第七，文化的世代传承与发扬：用发展的眼光看待文化传承，不仅仅在自身一代进行文化传播和践行，也有远见，重视下一代文化教育，立志和确保文化在下一代得到继承和发扬。

四、海外新生代文化自信的形成路径

第一，理解认同。华裔新生代需要对本民族文化和价值观有着比较深刻的理解和认同，并自带自豪感。

第二，积极传播。有责任心和担当，有意愿和能力在跨文化交流和国际舞台上积极传播中华文化，使所在国公众对中华文化有所理解，展现中华文化魅力。

第三，继承发扬。在理解认同和有意愿积极传播的基础上，有信心和能力将我们的文化精髓传递和传承给下一代，促进我们的文明和文化绵延不断、赓续发展。

五、如何培养海外新生代的文化自信

生在移居国、长在移居国，海外华文教育能够借助哪些力量，如何才能帮助和引导华裔新生代实现文化自信，让他们在发展完善自身的同时，促进中外文化交流和世界多元文化社会的发展？

1. 家庭教育排在首位

一个家庭对其子女在语言、传统、历史、艺术、文学经典、哲学思想等方面的教育，家庭中庆祝节日等文化活动，定期带孩子回国旅游探亲等，都是为他们打开了中华文化的第一扇窗口，让他们初探和走进中华文化的大门。

2. 海外华文学校为主力

在海外华校，华裔子弟能系统地学习汉语和与中华文化相关的课程，华校能为华裔创造把文化内容融入生活实践的实体环境，能创造与中国紧密相连的文化交流和实践活动机会，从而大大促进华裔新生代增强文化自信。

3. 社区支持

华人社区通常是海外华人自发组织的交流互助平台，孩子们在这样的社区中通过各种文化活动和教育资源，更能深入理解中华文化。孩子们看到和感受到与他们有相似背景的人取得的成就，感受到榜样和标杆的力量，从而更加增强自己的文化信心。在这种社区或是所在国参加各种文化活动和比赛，还能锻炼和提高他们的文化表达和表现力。

4. 个人成长

在孩子有自主学习能力后，他们通过自我阅读或是媒体可以看到、学习到很多

中国历史和名人故事、文学经典、哲学思想故事，能让他们为中华文化的深厚底蕴和伟大成就深深折服。

5. 参与当地文化活动

无论是所在国自己的文化活动，还是所在国的多民族文化活动，都能让孩子们感知文化的多样性和差异性，增强他们的民族情感和文化认同。

6. 借助当地主流社会影响

当地学校和主流社会所倡导的不同种族、民族之间相互包容、相互尊重、文明交流互鉴，当地主流媒体对华人、华校的正面报道，对于华人和华裔新生代来说都是极大的精神鼓励和支持，能大大增强华裔新生代对自身文化的信心。

六、华裔新生代的现状与未来展望

我们的华裔新生代积极向上、勤奋努力、思维活跃，不仅是当地学校中学习的佼佼者，在音乐、艺术、体育、学术等各个方面也常常名列前茅，在很多当地竞赛中独占鳌头，屡屡为所在国增光添彩，在当地人中有良好口碑，令人赞叹。

文化自信的形成和实现是一个复杂而长期的过程，需要多方携手进行系统的努力。无疑，他们的前景和现状一样充满希望和挑战，但可以肯定的是，我们的文化自信不仅来自我们文化的积淀、创新和发展，也来自祖（籍）国的日益强大和发展。

作为华裔新生代成长中的培育者、引领者和教育者，让我们在全世界各地，在海外华文教育的征程上共同努力，共同期待，共同祝福。

海外华文教学中的中华文化穿插实践给我们带来的启示[*]

在全球化的大背景下，海外华文教育对于华裔新生代的培养显得尤为重要。这一代年轻人生长在多元文化的环境中，他们既是中华文化的传承者，也是中华文化走向世界的重要力量。如何在华文教学中有效融入中华文化，培养新生代的文化认同和全球视野，成为一个亟待探讨的课题。通过深入观察和分析海外华文教学的实践，我们得以窥见华文教育与华裔新生代培养之间的紧密联系。

---

[*] 作者：金洁，葡萄牙淑敏语言文化中心。

一、中华文化在海外华文教学中的价值体现

1. 民族认同感的培养

通过结合传统节日、历史故事和成语典故的教学，学生在掌握语言的同时，增强了对自己民族文化的认同。

2. 教学内容的丰富

中华文化的融入，使得华文教学更加生动有趣，提高了学生的学习积极性。例如，通过讲述春节的由来和习俗，学生不仅学习了语言，还了解了中华文化。

3. 综合素质的提升

通过参与剪纸、蜡染、中国结等手工艺制作活动，学生的人文素养和综合素质得到了全面的提升。

二、海外华文教学中中华文化穿插的实践启示

1. 教学内容的选择与教学方法创新

（1）结合传统节日：通过组织学生庆祝春节、元宵节等活动，让学生在包饺子、猜灯谜、做汤圆中体验中华文化，体现了文化传承的重要性。

（2）融入历史故事：通过角色扮演游戏，如扮演《三国演义》中的历史人物，让学生在故事中领悟中华文化的精髓，展示了故事教学的魅力。

（3）成语典故的运用：在教授成语的同时，讲述背后的故事，如"精卫填海"，传递了中华文化的坚韧不拔和对目标的执着追求。

2. 教学方法的创新

（1）情境教学法：例如创设一个"茶馆"情境，让学生在模拟的茶馆环境中学习中文，增强了教学效果。

（2）任务驱动法：设计一个"寻找中国传统节日"的任务，让学生通过调查、研究并展示他们的发现，激发学生的探究欲望。

（3）多媒体辅助教学：利用视频和电影，如播放《功夫熊猫》，让学生通过视觉和听觉体验中华文化，使教学更加直观、生动。

淑敏语言文化中心在课程设置、课堂教学、文化活动等方面也进行了一系列实践：

（1）增设中华传统文化课程，如国画、书法等，体现了课程设置的重要性。

（2）教师在教学中适时引入中华文化元素，如通过多媒体展示中国传统音乐、绘画和舞蹈，展示了教学的灵活性。

（3）通过参加传统文化活动、海外华裔青少年寻根之旅等，以及承办中华文化大乐园等活动，让学生在实践中体验中华文化，强调了理论与实践的结合。

（4）国际交流：与其他国家的学校建立合作关系，进行文化交流项目。

（5）多元文化融合：在教学中融入其他文化元素，比较不同文化间的异同，增强学生的文化敏感性。

（6）个性化学习：个性化学习强调根据每个学生的兴趣、特长和学习风格来设计教学内容和方法。在华文教学中，这意味着教师要关注学生的个性化需求，如通过开设国画、民族舞蹈、中国历史地理、围棋等特色课程，让学生在兴趣驱动下深入学习，从而更好地吸收和内化中华文化。

三、结语

海外华文教学中的中华文化穿插实践，不仅为我们培养华裔新生代提供了宝贵的经验，更重要的是，在这个过程中培养了新生代的文化自信。在这个多元文化交织的世界中，华裔新生代需要坚定的文化自信来锚定自己的身份和价值观。我们的目标是让新生代在深入了解和传承中华文化的同时，也能在内心深处建立起对中华文化的自豪感和自信心。华文教师不仅是知识的传授者，更是文化自信的塑造者。通过我们的努力，新生代将能够在全球化的舞台上，以自信的姿态展现中华文化的独特魅力，用他们的行动和声音传递中华文明的智慧和力量。这种文化自信，不仅是个人成长的基石，更是中华民族在新时代背景下走向全面复兴的强大动力。我们还须继续探索，将中华文化的精髓更好地融入华文教学之中，为培养一代又一代具有文化自信的华裔新生代而不懈奋斗。

聚合华校力量
引领推动海外华文教育高质量发展*

【编者按】海外华文教育组织由海外华侨华人自主创办，在传承中华文化、促进文化交流、凝聚侨社力量、提升教育质量等方面发挥着关键作用。它们通过师资培训、教材研发、教学资源共享、校际合作、与国内外教育机构合作等主要工作，聚合海外华校力量，引领推动海外华文教育的高质量发展。

本期大家谈，我们聚焦泰国华文教师公会、印度尼西亚华文教育联合总会、柬埔寨柬华理事总会、意大利中文学校联合总会以及非洲华文教育基金会这五个华文教育组织多年开展华文教育的实践。泰国华文教师公会积极应对挑战，制订全方位发展计划，从加强教师专业化建设、提升教师素质，到推动教育标准化、优化学校管理，再到深化社区合作、形成教育合力，为泰国华文教育的可持续发展筑牢根基。印度尼西亚华文教育联合总会历经风雨，与中国华文教育机构紧密合作，在师资培训、专业招生等方面持续发力，团结各地华教机构，推动印度尼西亚华文教育转型与升级。柬华理事总会肩负着华文教育复兴的使命，通过教材建设、考核标准制定、师资培养和华校筹办等多方面的努力，推动柬埔寨华文教育朝着标准化、规范化、正规化方向稳步迈进。意大利中文学校联合总会秉持传承与创新的理念，致力于华文教育的规范化和高质量发展，通过师资培训、课程研发、组织竞赛活动以及积极开展国际合作与交流，提升了华文教育的质量和水平。非洲华文教育基金会从南非起步，逐步扩展至全非洲，通过整合资源、推出线上教学、举办文化艺术比赛、设立校长培训班等举措，提升了非洲华文教育的整体协作能力和教学水平，推动华文教育纳入当地教育体系，促进中非文化交流。

这五个华文教育组织的工作实践充分证明，只有汇聚华校力量，深化华文教育的标准化、正规化、专业化、信息化建设，才能有效应对资金、师资、生源等挑

---

* 本文刊于《世界华文教育》2025年第1期。

战，推动华文教育高质量发展。

泰国华文教育的挑战与机遇[*]

  1979年，泰国华文界酝酿成立泰国华文教师公会；1979年2月17日，在吞武里昭披耶大酒楼举行华文教师第一次联欢大会；1984年4月30日获政府批准，注册为正式合法文化团体。公会的宗旨是：增进泰国华文教师之间的友谊与合作，努力推广华文教育工作，充分发挥桥梁与纽带作用，促进泰中传统友谊和文化、教育、科技等方面的交流与合作。公会通过举办教师培训、交流日活动、学历提升班、中华文化大乐园等项目，提升教师教学水平，培养华文教育人才。还选派教师赴中国培训，举办免费培训班，组织冬夏令营等活动。此外，公会积极搭建中泰教育交流平台，如举办中国大学对泰招生政策线上说明会等，为泰国学生提供了解中国教育资源的窗口。公会还向华文学校捐赠智慧黑板，推动华文教育现代化。多年来，公会在团结华文教师、服务华文教育发展等方面发挥了重要作用，得到了中泰两国政府的高度肯定。

  泰国华文教育在历经波折后，如今正迎来前所未有的发展机遇。在泰国政府的积极支持下，华文教育的政策环境日益宽松，办学模式不断创新，教学资源日益丰富，为华文教育的发展提供了坚实的基础。然而，资金不足、师资短缺和生源减少等问题依然存在，需要各方共同努力，寻找破解之道。面对当前华文教育所面临的挑战，泰国华文教师公会积极应对，制订了一系列切实可行的发展计划和倡议。从加强华文教师的专业化建设，提升教师队伍的整体素质，到推动华文教育的标准化建设，确保教学质量的规范化和系统化；从提高华文学校办学的正规化水平，优化学校管理和资源配置，到全面提高学生中文水平，促进学生品德与能力协调发展，为学生的未来发展奠定坚实基础，再到深化与华文教育相关的社区组织、家长和其他相关者的协同合作，形成多方合力推动华文教育的良好局面以提升华文教育的质量与影响力。下面重点谈一谈公会的工作目标与具体实施方案。

---

[*] 作者：罗铁英，泰国华文教师公会。

一、加强华文教师的专业化建设

为了进一步提升华文教育的质量与水平，需加强华文教师的专业化建设。首先，教师公会通过组织系统的师资培训与培养，提高教师的专业素养和教学能力。同时，改善师资待遇，以吸引更多优秀人才投身华文教育事业。

在本土华文教师的培养方面，加大投入和培训力度，从数量和质量上获得双提升。通过系统的培训，确保华文学校的本土教师至少达到HSK5级水平，高中阶段的教师则需通过HSK6级考试。此外，所有教师都必须通过HSKK高级考试，以确保汉语口语能力能够满足教学需求。

加强对华文教师以及专业科目教师的培训和发展计划，通过提升他们的教学水平和专业科目教学能力，使其能够更好地适应教育改革的需要。培训内容应涵盖中国智慧、中文水平、教学技能、学科汉语、职业汉语、学历提升、师资资格等多个方面，以全面提升教师的综合素质。

最终目标是让所有华文教师能够取得国际中文教师证书或泰国教师资格证，以提升他们的专业能力和社会认可度。同时，根据所培养学生的质量和数量，给予教师相应的奖金、薪水以及到中国学习考察的机会等福利待遇，以留住优秀人才，为华文教育事业的发展提供坚实的人才保障。

二、推动华文教育的标准化建设

在教学上，教师公会致力于推动制定统一的教学大纲和考试标准。首先，将重点放在制定泰国统一的教学大纲和考试标准上，通过标准化的教学大纲，为教师提供清晰的教学目标和内容指导，使教学过程更加规范化和系统化；统一的考试标准则有助于客观评估学生的学习成果，为教育质量的提升提供有力的保障。

其次，大力推动教材建设。教材是教学的重要载体，教材内容应与泰国本地文化、社会和中国智慧、传统道德联系起来。要积极推动教材的本土化建设，通过融入泰国学生熟悉的文化元素和中国智慧、传统道德，使教材内容更加贴近学生的生活实际，从而提高学生对华文学习的兴趣和理解能力，使他们更容易接受和掌握。

再次，加强信息化建设也是推动华文教育标准化建设的重要举措。充分利用多媒体技术，增强教材的吸引力和互动性。通过生动有趣的动画、视频和互动练习等多媒体教学资源，激发学生的学习热情，提高他们的学习积极性和主动性，使华文学习变得更加有趣、富有吸引力。

最后，培训教师应更新教学理念与教学方法，采用多样化的教学方法和策略，以满足不同学习风格和能力水平的学生需求。鼓励教师运用启发式、探究式、合作式等教学方法，引导学生主动思考、积极参与、合作交流，培养学生的创新思维和实践能力，使华文教育更加符合现代教育的发展趋势，为学生的全面发展奠定坚实的基础。

三、提高华文学校办学的正规化

教师公会致力于提高华文学校的管理水平，通过优化管理结构和流程，引入先进的教育理念和技术，使学校的管理更加科学、高效和规范。通过积极拓展学校收入渠道，增加学校经济收入，为学校的良性发展奠定坚实的物质基础。

在学生培养方面，我们设定了明确的目标：五年内华文学校学生数量增加20%。通过加强招生宣传、提高教学质量、优化校园环境等措施，吸引更多学生选择华文学校。同时，将每周的华文课时提高至10课时以上，以确保学生有充足的时间学习华文知识，提高华文水平。

此外，我们将增加中学数量、扩大学生规模，以满足更多学生接受华文教育的需求。通过选定地区性示范华文学校，发挥其引领和示范作用，带动周边薄弱学校共同发展，实现互帮互助、资源共享，提升整个区域华文教育的整体水平。

为留住有经验的优秀华文教师，将提高学校教师工资水平与相关福利待遇，使教师的辛勤付出得到应有的回报，增强教师的职业归属感和幸福感。同时，合理配置学校的教师构成，包括本土教师、中国志愿者、中国国侨办外派、自聘教师等，形成多元化的教师队伍，满足不同教学需求，促进教师之间的交流与合作。

在学历体系建设方面，将健全幼儿园、小学、初中、高中、职校、大学等各个阶段的学历体系，对不同层次的证书、文凭和学位进行合理调整，以适应不同学生群体的需求和发展方向。提高初中、高中、职业教育、大学办学层次的学校数量，为学生提供更多的学习和发展机会。

为了扩大华文学校的地域辐射范围、提高生源质量，将设立初中、高中、职校、大学校园开放日，邀请周边地区的学生和家长参观学校，了解学校的办学特色和优势，吸引更多优秀学生报考。同时，加强不同区域、不同办学层次学校之间的生源互动、互荐和流通，实现资源共享和优势互补，形成区域性知名的代表性中学、职校和大学，提升华文教育的整体影响力和竞争力。

四、全面提高学生中文水平，促进学生品德与能力协调发展

华文学校致力于在学生高中毕业前将HSK6级考试的通过率提升至50%，这一目标旨在为学生打下扎实的中文基础，使他们能够更深入地理解和运用中文。为此，为不同年级的学生设定了明确的HSK考试目标：一、二年级的学生需通过HSK1级，三、四年级的学生需通过HSK2级，五、六年级的学生需通过HSK3级，初中学生需通过HSK4级，而高中生则需通过HSK5级。通过分阶段设定目标，确保学生在学习过程中循序渐进地提升中文水平。

学生HSK考试的安排也至关重要。我们将确保每年至少组织一次统一的HSK考试，为学生提供公平、规范的考试机会，让他们能够及时了解自己的学习进度和水平，明确学习目标和方向。同时，根据学生的HSK考试成绩以及在各类中文比赛中的表现，如演讲、歌唱、舞蹈等才艺比赛，选拔优秀学生到中国学习，为他们提供更广阔的交流平台和学习机会，进一步提升中文能力和文化素养。

此外，我们注重丰富留学渠道和信息平台，为学生提供全面、准确的留学信息和指导。通过与中国的高校和教育机构建立合作关系，拓展学生的留学选择，增加他们到中国深造的机会。同时，利用互联网等现代信息技术手段，建立便捷、高效的信息平台，帮助学生更好地了解留学情况，做好留学准备，实现他们的留学梦想。

五、深化与华文教育相关的社区组织、家长和其他相关者的协同合作

我们将根据学生的学业表现，给予家长相应的鼓励与认可。通过各种形式表彰那些在孩子华文学习过程中给予大力支持与配合的家长，激发他们继续为孩子的华文教育助力的热情。同时，积极邀请中资企业、商会以及社会机构的代表参与进来，共同设立鼓励奖项，为学生提供奖学金、学习用品等物质奖励，以及实习推荐、就业指导等机会，形成多方合力推动华文教育的良好局面。

在实践教育和实习机会方面，我们将加强与企业和社会各界的紧密合作。一方面，与本地及周边地区的中资企业、商会会员单位等建立稳定的合作关系，为学生量身定制实践教育课程和实习岗位，让他们在真实的工作环境中锻炼所学知识和技能，积累宝贵的工作经验，培养创新思维和实践动手能力；另一方面，积极拓展与社会组织的合作领域，借助社会机构的丰富资源和专业优势，为学生提供多样化的社会实践机会，增强学生的社会责任感和文化自信。

此外，我们还将致力于加强与其他国家和地区华文教育机构的交流与合作。通过组织国际华文教育论坛、研讨会等活动，邀请各国华文教育专家、学者、教师等分享先进的教学理念、教学方法和管理经验，实现资源共享、优势互补；同时，开展学生交流互访项目，让我们的学生有机会走出国门，到其他国家的华文学校学习交流，拓宽国际视野，感受不同地区的华文文化氛围，促进华文教育的国际化发展，为学生打造更加多元、广阔的学习和发展平台。

最后，希望华文学校作为中泰文化交流的重要桥梁，为中泰两国的友好合作和文化交流做出更大的贡献。

印尼华文教育的风雨历程与未来展望[*]

印尼是海外华人数量最多的国家。印尼华文教育的近代发展历程可以分为三个阶段。1965年以前，华文教育达到了鼎盛时期，当时由华侨主导，华文学校由全国华侨总会进行管理，与如今的私立学校存在诸多不同之处。然而，从1965年到1998年，印尼华文教育遭遇了一段极为艰难的时期，中印两国断交长达30余年，华文教育遭受了前所未有的沉重打击。

2000年，华文教育在印尼获得解禁，开始了复苏之路。1965年，华文学校留下的"火种"犹如"野火烧不尽，春风吹又生""星星之火，可以燎原"，全国各地当年被封时留下来的年轻教师们纷纷开办起补习班。凭借着对华文教育的炽热情怀，各省陆续成立了华文教育协调机构。2005年，在中爪哇省省会三宝垄，各地华文教育协调机构齐聚一堂，决定成立印尼华文教育协调机构联合秘书处。2017年12月，秘书处又改组为印尼华文教育联合总会。目前，该联合总会的成员涵盖

---

[*] 作者：郑洁珊，印度尼西亚华文教育联合总会。

了东爪哇华文教育统筹机构、中爪哇华文教育协调机构、西爪哇华文教育协调机构、日惹特区华文教育协调机构等21家单位。自成立以来，该联合总会在本土华文教师培养、印尼华文教育转型等方面努力多年，成功将全印尼20个省的华文教育协调/统筹机构团结在一起，共同推动印尼华文教育的发展。

来自祖（籍）国的帮助不仅是印尼华人的信心之源，更为当地华文教育带来了实实在在的软硬件支持。印尼华文教育联合总会与中国相关华文机构紧密合作，在华文教师师资培训、华文教育专业招生、"寻根之旅"冬夏令营等项目中，积极进行统筹、协办，并与各省华教机构一起落实，从各个领域推动华文教育不断向前发展。在华文教师师资培训方面，该联合总会与中国华文教育基金会、北京华文学院、四川大学、湖南师范大学等相关机构和学校合作，疫情防控期间通过组织各类线上师资培训、疫情后通过"走出去""请进来"两种线下方式努力提升本土华文教师的教学能力。在华文教育专业招生方面，自2006年至2023年，共协同招收700余名学生进入暨南大学、500余名学生进入华侨大学就读华文教育相关本科专业。

如今，经过印尼华文教育工作者的不懈努力，华文教育呈现欣欣向荣的景象，三语学校的创立为培养华文精英人才提供了良好的平台。然而，少数的"独秀"并不能代表"万紫千红"的春天，我们华文教育的另一半春天，实际上就蕴藏在遍布印尼大小城市、乡镇的华文补习班以及那些保留有祖（籍）国方言的小城市和小乡镇中。不同地区的语言环境对华文教育的现状有着重要影响。例如，在西加省的坤甸、山口洋等地，苏北省的棉兰与周边的小城市，占碑省，邦加一勿里洞省，巴淡特区，廖内省与廖内群岛省的小城市、小乡镇等地区，当地华人家庭使用的语言是祖（籍）国的方言，如闽南话、客家话、粤语等。对他们而言，学习华语并非二语学习。这些地区的孩子与二语学习的孩子在精神面貌上有着显著差异，他们对自己的身份有着强烈的认同感，学习华文时没有抵触情绪。十年来我们培养的华文教师大部分来自这些家庭。当然，这种情况也不是绝对性的，毕竟职业选择与经济效益有着直接的关系。一直以来，我们都在为我们的国家还留存着祖（籍）国的方言而感到庆幸，这是我们的祖辈留下的宝贵资源，我们有责任去保护并传承。然而，近年来我们发现，使用祖语方言的家庭正在逐渐减少，这令人痛心。今天，我们要呼吁大家重视这个问题，以身作则，这是推广华文教育最有力的途径。

接下来要探讨的第二个关键议题是华文补习班在印尼的兴衰。回首华文解禁之初，补习班犹如雨后春笋一般，迅速在印尼各地生根发芽，为印尼华文教育的传承与发展立下了汗马功劳；当下，补习班依然是华文教育不可或缺的重要支撑；展望未来，它们在推动华文教育的道路上仍将扮演着无可替代的关键角色。遗憾的是，三年的疫情对补习班造成了巨大的冲击，尤其是小城市及小乡镇的补习班，由于都是私立的，难以承受疫情的打击而纷纷关闭。疫情后复办的补习班数量有限，严重影响了华文教育在小城市及小乡镇的推广，这已成为印尼华文教育面临的一大危机，亟待我们共同破解。

印尼华文教育事业任重而道远。我们这一代人历经风雨，如今已经到了即将交接力棒的年纪，年青一代才是华文教育未来的希望与中坚力量。如何科学地凝聚年轻骨干，充分激发他们的积极性与创造力，如何顺应市场运作的规律，进一步健全机构的基本机制与体系，是我们当下迫切需要全力攻克的工作目标。我们满怀期望，年青一代能够持续不断地相互借鉴、取长补短，让印尼华文教育队伍焕发出蓬勃的生机与活力，让华文教育的薪火在印尼这片土地上代代相传、发扬光大。

柬埔寨华文教育的复兴与发展[*]

1970年以前，柬埔寨华校主要招收华侨子弟，他们虽身处异国他乡，但依然保留着华人的血脉与生活习惯，部分家庭依旧使用潮州话、海南话、客家话、福建话、广府话等方言。在这样的文化氛围中，华人普遍认同自己是中华儿女，秉持着传承华文教育的优良传统，坚信让孩子学习中文是义不容辞的责任。

然而，从1970年到1990年，柬埔寨内战不断，华文学校和各类社团纷纷被迫关闭，华文教育一度陷入停滞的困境。

1990年12月26日，柬华理事总会的成立开启了柬埔寨华文教育事业的新篇章。柬华理事总会团结带领当地的华人社团，汇聚各方资源，号召华侨华人出钱出

---

[*] 作者：钟耀辉，柬华理事总会。

力，全力投入华校的恢复与重建工作中。历经多年不懈努力，全国已有58家华校成功恢复办学，为华文教育的传承与发展注入了强劲动力。目前全国华校大概有本地华文教师1200人，学生5万人。

接下来，重点围绕教材建设、考核标准制定、师资培养和华校筹办等方面，谈一谈柬华理事总会多年来在推动柬埔寨华文教育的标准化、规范化、正规化建设进程中的努力。

一、教材建设

目前，柬埔寨华校普遍采用统一的教材——《华文》，该套教材是柬华理事总会在中国国侨办大力支持下，与暨南大学的专家学者合作精心编写而成，涵盖了小学至初中阶段的教学，为华文教学提供了系统、规范的教学内容。预计明年将推出新修订的版本，以适应时代发展的需求，进一步提升教材的针对性与实用性。然而，尽管统一的教材为华文教学提供了坚实的基础，但由于柬埔寨各省在教学水平、师资力量以及学生基础等方面存在显著差异，华文教学效果仍呈现出一定的不平衡性。以金边为例，当地学生由于能够接受到更为优质的教育资源，其华文水平相对外省学生而言更为出色，这也充分反映出在华文教育均衡发展方面，仍有诸多工作亟待开展。

二、考核标准制定

在测试方面，目前HSK的成绩主要应用于学生去中国留学，对于全面衡量学生学习华文的成效与水平尚存在一定的局限性。因此，柬华理事总会正在思考构建一套符合柬埔寨华文教育实际需求的统一测试体系。希望这套测试体系的建立不仅有助于准确评估学生的学习成果，还能为教师的教学提供明确的导向与科学的依据，从而促进华文教学质量的全面提升，推动华文教育朝着更加科学、规范的方向稳步迈进。

三、师资培养

柬埔寨华校的教师队伍主要由三个部分组成：中国外派教师、志愿者及本土教师。今年，中国国侨办外派了120余位教师，语合中心派了170多位志愿者。

为有效缓解师资紧缺问题，2018年4月，柬华理事总会师资培训中心成立，免费培训本土华文教师，学制两年。培训课程丰富多样，涵盖教师修养、汉语口语、语音、华文教材分析、课堂教学管理、中国历史文化、华文教法、小学数学教法、幼儿教育及心理、汉字书写、课堂教学实操等，由经验丰富的中国教师执教，生源为15—25岁、具备一定中文基础且有从事教学意愿的华校学生。

至今，培训中心已培养了三届本地师资，共计240余人，他们毕业后被分配到全国各地20多所华校任教。

此外，柬华理事总会每年会安排30—50位教师赴中国进行短期交流培训，通过这种系统培训与中国实地学习相结合的方式，逐步提升柬埔寨华文教师的教学技能和专业素养。同时，华侨大学、暨南大学等院校还提供华文教育专业奖学金，助力学生留学中国。从该专业毕业后的学生大多回国从事华文教育事业，这也是对华文教师队伍的一个有益补充。

为留住更多的优秀华文教师，柬华理事总会每个月投入约27000美元用于师资培养，73000美元为500多位本土教师补贴薪资，为华文教育的可持续发展筑牢师资根基。

四、华校筹办

双语教育、国际教育和综合性大学的筹办，是柬埔寨华文学校未来发展的关键方向。

中柬双语学校正积极推进转型，采用半天公立课程与半天华文课程相结合的模式。鉴于柬埔寨高考需使用柬文，我们致力于提升学历教育质量，确保学生能够熟练掌握柬文，满足正规教育需求。

目前，端华国际学校正处于建设阶段。国际学校将采用全日制教学模式，讲授柬文、中文和英文相关课程，为学生提供更广阔的发展空间。我们希望华校的孩子们在掌握中文的同时，能够具备国际视野，这是华校转型升级的重要目标，也是我们共同的愿望。

在高等教育领域，我们开办了柬华理工大学，同时还与南京工业职业技术大学合作建立了柬华应用科技大学。这两所大学均旨在打造综合性教育体系，为柬埔寨培养更高水平的技术人才。尤其以中文为主要教学语言，柬华应用科技大学的课程设置侧重职业教育，师资与教学资源主要由中方提供支持。另外，柬埔寨潮州会馆也在兴办端华大学，以推动华文教育从基础教育向高等教育发展。

方侨生会长每年慷慨捐助 200 万美元，全力支持华教事业；此外还有郑棉发勋爵、郑源来公爵等其他侨领的额外捐助。方会长及柬埔寨华侨们的慈善之举为柬埔寨华文教育的蓬勃发展提供了坚实保障。然而，我们也清醒地认识到学校未来可能面临的挑战，正积极寻求解决方案，努力实现华校的收支平衡与自主运营，以确保华文教育的可持续发展。

如今，中文的应用日益广泛，已成为柬埔寨不可或缺的重要语言之一。随着中国企业前来投资兴业以及中国游客的旅游考察日渐增多，柬埔寨对中文人才的需求也日益增长。无论是国际交流的场合，还是日常的商业往来，中文都发挥着至关重要的作用，这使得当地人们学习中文的需求持续高涨，纷纷投身于华文学习的热潮之中。现在华校已经成为面向全体柬埔寨人开放的柬埔寨中文学校，积极吸纳不同背景的学生前来就读。在政府层面的合作上，中柬两国携手并进，为推动中文教学的发展提供了强大助力。目前，柬埔寨政府已经把中文列入国立中学的外语选修课，学生可根据自身兴趣与需求，选择中文作为外语学习科目。但由于本土中文教师资源匮乏，目前仅在 20 所学校开展试点工作。未来，随着师资力量的逐步充实与教学资源的不断完善，相信中文教学将在柬埔寨国立中学得到更广泛的推广与普及。而当地华人经过数代的发展，已经是第四代、第五代华裔，已逐渐融入柬埔寨社会。他们学习中文的意义也早已超越了单纯的文化传承，其经济价值越发凸显。掌握了中文，能够改善生活品质，接触更多新鲜事物，为个人的未来发展有所帮助。

传承与创新：意大利中文学校联合总会的华文教育之路 *

意大利中文学校联合总会是在中国驻意大利使领馆和中国国务院侨务办公室的大力支持下，于 2017 年 8 月正式成立的。自成立以来，该联合总会始终秉持"传承中华文化，推广华文教育，团结奋进，互学互助，为创建意大利标准化、规范

---

* 作者：陈小微，意大利中文学校联合总会。

化、专业化中文学校而努力"的宗旨，致力于意大利华文教育的规范化和高质量发展。目前，该联合总会拥有教师总数超过 600 人，学生总数过万，规模庞大，影响力广泛。在陈小微女士的带领下，该联合总会已经连续两届成功换届，并在推动意大利华文教育方面取得了显著成效。

一、意大利中文学校联合总会工作的内外布局与实施

1. 对内工作

（1）通过师资培训与交流提升华文教育的质量

该联合总会始终将师资培训与交流作为提升华文教育质量的关键环节。为此，定期组织教师培训和交流活动，提升教师的教学水平和专业素养。通过邀请国内外知名教育专家举办讲座和研讨，教师们得以汲取前沿的教育理念和教学方法。同时，该联合总会还组织教师之间的教学观摩和互评活动，为教师们搭建了一个互相学习、共同进步的平台，不断推动教学方法的创新和教学质量的提升。此外，该联合总会还注重教师的个人发展，为教师提供更多的学习和成长机会，以适应不断变化的教育需求。

（2）研发适合当地学生的课程与教材

针对意大利学生的特点和需求，该联合总会积极研发适合当地学生的课程和教材。在课程研发过程中，该联合总会注重整合优质教育资源，广泛汲取国内外先进的教育理念和教学经验，力求打造具有意大利特色的华文教育课程体系。这些课程和教材不仅涵盖了语言知识的学习，还融入了丰富的文化元素，为学生提供了更加丰富、多元的学习内容，使学生在学习语言的同时能够深入了解和体验中华文化。

（3）组织各类丰富多彩的竞赛和活动

为了激发学生的学习兴趣和积极性，该联合总会定期举办各类丰富多彩的竞赛和活动。作文比赛让学生有机会展示自己的语言表达能力和创意思维，同时也锻炼他们的写作技巧；朗诵比赛让学生在声情并茂的朗诵中感受语言的魅力，提升语言的感染力和表现力；夏令营等活动则为学生提供亲身体验和实践的机会，让他们在轻松愉快的氛围中学习和成长。这些活动不仅提升了学生的语言能力和文化素养，还促进了学生之间的交流和友谊，增强了他们的团队合作意识和集体荣誉感。通过参与这些活动，学生能够更好地将所学知识运用到实际生活中，进一步加深对华文

教育的理解和热爱。

2. 对外工作

（1）积极与华文教育相关组织机构开展合作与交流

该联合总会积极与华文教育相关组织机构开展合作与交流，共同推动华文教育的发展。与北京华文学院、华侨大学等单位签署合作备忘录以及战略合作框架协议，与广州体育学院、温州大学意大利研究中心等高校和研究机构建立了紧密的合作关系。同时，还组织访问团赴国内外进行交流访问，加强与国际华文教育界的联系与合作。

（2）参与国际华文教育大会，展示意大利华文教育的成果与特色

该联合总会积极参与国际华文教育大会等重要活动，展示意大利华文教育的成果与特色。通过与其他国家和地区的华文教育从业人员进行交流和研讨，共同探索华文教育的新理念、新方法和新路径。

（3）通过各种渠道和平台推广华文教育

该联合总会还通过各种渠道和平台积极推广华文教育，提高意大利社会对华文教育的认知和认可度。通过举办各种形式的宣传活动和文化交流活动，让更多的意大利人了解和喜爱中华文化。

二、工作成效

通过以上一系列的工作，提升了华文教育的质量和水平：学生的语言能力和文化素养得到了显著提高；教师的专业素养和教学水平也得到了不断提升。扩大了华文教育的影响力和覆盖面：越来越多的意大利人开始关注和了解华文教育，越来越多的学生开始接受和学习中文。该联合总会的工作不仅推动了华文教育的发展，还促进了中意文化交流与合作。通过组织各种形式的文化交流活动，加深了中意两国人民之间的了解和友谊，为两国之间的友好关系注入了新的活力。

三、未来规划与展望

尽管该联合总会在推动意大利华文教育方面取得了显著成效，但仍面临一些问题和困难。例如，师资力量不足、教学资源匮乏、学生流动性大等问题都制约了华文教育的进一步发展。此外，如何更好地适应意大利教育体制和市场需求，也是该

联合总会需要思考和解决的问题。

第一，继续加强师资队伍建设：该联合总会将通过引进优秀人才、加强培训和管理等措施，不断提升教师的专业素养和教学水平。

第二，完善课程体系和教学资源：该联合总会将进一步完善课程体系和教学资源建设，根据意大利学生的特点和需求，开发更多适合当地学生的课程和教材。

第三，拓展国际合作与交流：该联合总会将继续拓展国际合作与交流渠道，加强与国内外华文教育机构的联系与合作，共同推动华文教育的发展。

第四，加强品牌推广和市场营销：该联合总会将加强品牌推广和市场营销工作，通过各种渠道和平台积极宣传和推广华文教育，提高意大利社会对华文教育的认知和认可度。

展望未来，该联合总会将继续秉承"传承中华文化，推广华文教育"的宗旨，不断加强自身建设，发展壮大。我们相信，在全体理事学校和教师的共同努力下，意大利华文教育一定能够迎来更加美好的明天。同时，我们也期待与国内外各界朋友携手共进，共同推动华文教育事业的繁荣发展。

非洲华文教育基金会：推动海外华文教育高质量发展的实践与展望[*]

非洲华文教育基金会的前身是南非华文教育基金会，成立于2012年，位于南非约翰内斯堡。创立的初衷是为了解决非洲大陆华文教育资源匮乏、教学质量参差不齐的问题。

一、非洲华文教育基金会的基本情况与发展历程

1. 从萌芽到规范：南非华文教育的奠基之路

在2012年之前，非洲大陆的华文教育几乎没有成规模的正规学校，大部分中文教学由一些中国台湾地区侨胞以家庭辅导的形式在自家车库里开展。这些辅导班规模通常只有十几人，且缺乏系统的教学体系和简体字教材，教学效果难以保障。

---

[*] 作者：韩芳，非洲华文教育基金会。

2012年，在中国国侨办和中国驻南非使领馆的鼎力支持下，该基金会主席韩芳女士联合当地200余名有志推动华文教育发展的爱心侨胞一起联合成立了南非华文教育基金会。该基金会斥重资租下了约翰内斯堡唐人街附近的一整幢办公大楼作为教学场所，并从中国引进先进的华文教材，同时积极招聘并培养优秀的中文教师人才。经过数年的不懈努力，南非华文教育基金会中文学校的学生人数从最初的十几人迅速增长至如今的300余人，学校也发展成为南非规模最大、教学质量最优的华文学校，为海外华文教育树立了标杆。

2. 应对挑战：疫情下的转型与发展

2019年，新冠疫情席卷全球，非洲各国的华校都面临停课的困境，许多学校因无法正常授课而濒临关停。在这一关键时刻，南非华文教育基金会果断做出战略调整，整合了非洲十余个国家的二十余所华教机构，共同成立了非洲华文教育基金会，将服务范围扩展至整个非洲大陆。

通过整合资源，该基金会在疫情防控期间推出了覆盖全非洲的免费线上教学课程。南非华文学校作为主要课程提供方，为包括尼日利亚、肯尼亚、博茨瓦纳等在内的十余个非洲国家的二十余所华教机构提供了系统的线上教学支持。这一举措不仅帮助许多学校渡过难关，还大幅提升了非洲华文教育的整体协作能力和教学水平。

3. 疫情后的新篇章：构建华文教育的全非洲网络

新冠疫情过后，非洲华文教育基金会继续拓展其影响力，成为全非洲华文教育的桥梁与纽带。该基金会不仅共享教学资源，还定期举办覆盖全非洲范围的文化艺术类比赛，如中文演讲比赛、书法大赛和中华才艺展示，极大地促进了非洲各国华校之间的文化交流与互动。

此外，为了推动全体华校的共同发展，该基金会还设立了华校校长培训班，邀请国内外知名教育专家为华校管理人员提供培训课程，帮助各校提升教育管理能力和教学质量。这种系统性的支持机制进一步巩固了非洲华文教育的整体基础。

非洲华文教育基金会的成长历程不仅是海外华文教育发展的一次成功探索，更是中华文化走向世界的重要实践。在未来，该基金会将继续书写非洲华文教育发展的新篇章，让中华文化在非洲大陆绽放出更加绚丽的光彩。

二、主要工作与开展情况

1. 非洲华文教育基金会内部协作

该基金会自成立以来，积极推进华文教育体系建设。目前，该基金会在整个非洲大陆的二十余所华文机构有数千名学生就读，包括肯尼亚、尼日利亚、安哥拉、博茨瓦纳、塞内加尔、津巴布韦、马达加斯加、莫桑比克、坦桑尼亚、毛里求斯等地都有我们的学生，涵盖4岁至成人的多个年龄段，为整个非洲大陆的华文教育发展做出了重大贡献。

该基金会旗下的学校采用中国暨南大学出版社出版的《中文》和人民教育出版社出版的《语文》作为主要教材，课程设置涵盖拼音认读、汉字书写、阅读理解以及中华文化等内容。与此同时，学校还开设了书法、武术、国画等多种兴趣班，丰富学生的课余文化生活，培养学生的多元兴趣与综合能力。

此外，该基金会还定期举办以及组织参加各类文化活动，如朗诵比赛、作文比赛、歌唱比赛、绘画比赛等，学生们屡次在各种大赛中取得优异成绩和各类奖项。每逢传统节日，该基金会积极组织手工体验活动等，进一步激发学生对中华传统文化的兴趣，加深他们对中华文化内涵的理解与认同。

2. 对外合作

该基金会高度重视与非洲当地政府及教育机构的合作，积极推动华文教育纳入当地教育体系。例如，该基金会南非分校已经在约翰内斯堡和比勒陀利亚的部分学校设立了中文课程试点项目，通过组织文化节、夏令营等多种形式，吸引非洲学生了解中国文化并参与中文学习。

同时，该基金会与中国十余所高校合作，成立了非洲高校招生基地，定期举办招生宣讲会，为非洲学子提供了更多回国学习的机会。

此外，该基金会始终关注非洲当地学生的教育和生活需求，多次向贫困学校和学生捐赠资金与物资，以实际行动践行社会责任。这不仅体现了对非洲教育事业的支持，也彰显了中非友好合作和深厚情谊。

三、成果与影响

在多方努力下，非洲华文教育基金会在华文教育领域取得了显著成果。首先，华文学习人数逐年增长，越来越多的非洲青少年开始学习中文，中文学习在华人社区和部分非华裔家庭中逐渐普及。其次，该基金会通过华文教育促进了中非文化交流，许多学生通过学习中文，对中国文化有了更深刻的了解，为未来中非合作培养了跨文化人才。海外华教组织在促进海外华文教育高质量发展中起到了不可替代的作用。该基金会不仅在教学模式和课程设置上不断创新，还致力于为华文教育争取更多的政策支持和社会资源，使华文教育逐步成为中非文化交流的重要平台。

四、问题与困难

尽管取得了一定成绩，但非洲华文教育基金会仍面临诸多困难：

第一，教师短缺且流动性较大：由于外派教师任期有限，导致学校的师资团队不稳定，教学连贯性受到影响。

第二，本土教师培养难度大：受限于资源不足、待遇低、发展空间有限，本土教师非常缺乏。

第三，教育经费不足：学校仅收取最低学费维持运转，校舍扩建、设备更新等资金严重短缺。学校仍然在使用最基础的黑板白板教具，急需升级设备，跟上信息时代的步伐。

第四，资源与需求失衡：以南非为例，南非目前有约35万华人，其中约翰内斯堡聚集了约25万华人，但只有不到1000名学生进入华校进行正规的中文学习。我们有足够的生源，却缺乏教师和校舍来容纳更多的学生。

第五，周末班制的局限性：周末上课的学校与全日制当地学校相比，难以充分发挥中文的文化影响力。华文教育如果仅停留在周末班层面，学生每周中文学习时间有限，难以形成系统的中文学习环境，这对学生中文水平的提升以及中华文化的深度传播都形成一定制约。因此，华教学校亟须探索如何从周末制逐步发展为全日制国际学校，以便更好地融入当地教育体系，扩大中文教育的覆盖面和影响力。

五、未来规划与展望

为解决上述问题，该基金会计划在以下几个方面持续发力：

第一，加强师资培养：推动本地教师队伍建设，与中国高校合作，设立华文教师培训项目,提升本地教师教学能力。

第二,加大资金筹措力度:希望获得更多来自中非政府和社会各界的资助,设立华文教育专项基金,推动校舍扩建和教学设备更新。

第三,推动全日制学校发展:探索华文教育从周末制向全日制国际学校发展的路径,使中文教育在非洲逐步从课外兴趣课程过渡到正式教育体系中,形成长期稳定的华文教育生态。

第四,促进文化交流活动:继续举办中非文化节、夏令营和学生互访项目,鼓励学生深入了解中国文化,激发学习中文的兴趣。

十余年来,非洲华文教育基金会以坚定的使命感推动华文教育发展,为中华文化的海外传播做出了重要贡献。未来,该基金会将继续以教育为纽带,通过加强资源整合、深化本地化合作及优化教学体系,推动华文教育实现可持续发展。同时,该基金会希望通过中文教育培养更多跨文化人才,为中非文化交流注入新动能。

展望未来,非洲华文教育基金会不仅致力于成为非洲华文教育的标杆机构,更希望成为中非友好合作的重要桥梁。通过知识的传递和文化的交融,该基金会期待携手非洲各界,共同书写中非友好发展的新篇章,为构建更加紧密的人类命运共同体贡献力量。